ALL IS THE MOST BASIC TOOL
CHITECTURE.
TADAO ANDO

ARCHITECTURE IS A TERRIBLY FOC
I THINK MOST STUDENTS KNOW TI
AT LEAST I ALWAYS TELL TH
PHILIP JOHNS

ro.

STRIPTEASE."
S BARRAGÁN

THE GETTY IS NOT A WHITE BUILDING.
RICHARD MEIER

I HAVE THE BUILDING IN MY HEAD
LIKE A COMPOSER HAS HIS SYMPHONY.
JØRN UTZON

THE WORLD OF LIGHT
W THAT EXISTS FREE OF ASSOCIATIONS
IC COLORS OR MATERIALS.
RICHARD MEIER

YOU WILL KNOW THAT THE HOUSE IS SUCCESSFUL
IF YOU GET UP ONE MORNING
AND FIND YOURSELF DANCING BAREFOOT THROUGH IT.
PAULO MENDES DA ROCHA

I FIND IT VERY MYSTERIOUS,
TECTURE. IT IS FILLED WITH DEATH
M—THE ARCHETYPES
ARKNESS.
RRE FEHN

I AM INTERESTED IN THE SHAPE OF THE BUILDING
ONLY AS A CONSEQUENCE OF THE ISSUES
ABOUT THE RESPONSIBILITY TOWARD MATERIALS,
PROCESS OF PRODUCTION, THE ABILITY TO RECYCLE, LIGHT, VENTILATION,
THE RELATIONSHIP TO THE OUTSIDE AND THE NATURAL LANDSCAPE.
GLENN MURCUTT

MUST BE TO ACHIEVE
NAMIC EQUILIBRIUM
CIETY, CITIES, AND NATURE.
RICHARD ROGERS

TWO ISSUES THAT I BELIEVE ARE PARTICULARLY IMPORTANT
IN THE FUTURE GROWTH OF CITIES: THE ROLE OF PUBLIC SPACES
AND THE QUEST FOR MORE ECOLOGICALLY RESPONSIBLE ARCHITECTURE.
NORMAN FOSTER

ANNOT MAKE ARCHITECTURE
UT STUDYING THE CONDITION
E IN THE CITY.
ALDO ROSSI

NEITHER ARCHITECTS
NOR ANYONE WHO IS CONCERNED ABOUT THE FUTURE
CAN IGNORE THE EFFECTS OF CLIMATE CHANGE
NOR THE WIDENING GULF BETWEEN RICH AND POOR.
RICHARD ROGERS

TURE SHOULD NOT BE A PERSONAL GESTURE.
S TO THE CITY.
EDS AN ARTISTIC INVESTMENT.
CHRISTIAN DE PORTZAMPARC

SHOPPING IS ARGUABLY THE LAST REMAINING FORM
OF PUBLIC ACTIVITY. . . . THE VORACITY BY WHICH
SHOPPING PURSUES THE PUBLIC HAS, IN EFFECT,
MADE IT ONE OF THE PRINCIPAL— IF ONLY—
MODES BY WHICH WE EXPERIENCE THE CITY.
REM KOOLHAAS

ST,
ELATIONSHIP WITH THE PEOPLE
VHO ARE TO USE THE BUILDINGS.
JØRN UTZON

ESPONSIBILITY OF THE ARCHITECT
EHIND BUILDINGS THAT ARE ASSETS TO CULTURE.
FUMIHIKO MAKI

AS WE HAD LEARNED FROM THE SPACES OF ROME,
WE LEARNED FROM THE SYMBOLISM OF LAS VEGAS.
ROBERT VENTURI

I HAVE NO MESSAGE TO TELL EVERYBODY
ID SAYING WE'VE GOT RESPONSIBILITIES
TO DO THINGS PROPERLY.
AT'S THE LEAST WE CAN DO AS ARCHITECTS.
GLENN MURCUTT

ANYONE WHO DOES NOT HAVE THE STRENGTH TO SIN
WILL NOT NECESSARILY BE A SAINT OR A GOOD ARCHITECT—
MORE LIKELY A BORE.
GOTTFRIED BÖHM

TECTURAL PROJECT IS A VOCATION
THER CASE, IT IS A CONSTRUCTION.
HOLD ONESELF BACK IN THE FACE OF THIS VOCATION
UT IT WILL ALWAYS REMAIN AN UNRESOLVED THING.
ALDO ROSSI

THE ROLE OF AN ARCHITECT IS SERVICE.
YOU ARE A SERVANT OF THE COMMUNITY.
YOU ARE, IN A WAY, "A HANDYMAN."
KEVIN ROCHE

ARCHITECT

프리츠커상 40주년 기념 개정증보판

건축가

프리츠커상 수상자들의 작품과 말

루스 펠터슨, 그레이스 옹 얀 편
황의방 옮김

ARCHITECT

까치

ARCHITECT : The Pritzker Prize Laureates in Their Own Words(Revised and Updated)

edited by Ruth Peltason and Grace Ong Yan

Copyright © 2010, 2017 by Black Dog & Leventhal Publishers
All rights reserved.

Korean translation edition © 2018 by Kachi Publishing Co., Ltd.
This edition is published by arrangement with Black Dog & Leventhal Publishers,
Inc., New York, USA through Bestun Korea Agency, Seoul, Korea.

역자 황의방(黃義坊)

1969년에 서울대학교 문리과대학 영문학과를 졸업하고, 1969년부터 1975년까
지 「동아일보」 기자로 일했다. 1975년에 언론자유실천운동으로 해직되었다. 「리더
스 다이제스트」 주필을 역임했다. 「콘티키」, 「드레퓌스」, 「환상을 만드는 언론」, 「세
계를 더듬다」, 「빌 브라이슨의 셰익스피어 순례」, 「살아 있는 길, 실크로드 240일」,
「순수와 구원의 대지 시베리아」 등 다수의 역서가 있다.

개정증보판
건축가 : 프리츠커상 수상자들의 작품과 말

편자 / 루스 펠터슨, 그레이스 옹 얀
역자 / 황의방
발행처 / 까치글방
발행인 / 박후영
주소 / 서울시 용산구 서빙고로 67, 파크타워 103동 1003호
전화 / 02 · 735 · 8998, 736 · 7768
팩시밀리 / 02 · 723 · 4591
홈페이지 / www.kachibooks.co.kr
전자우편 / kachibooks@gmail.com
등록번호 / 1-528
등록일 / 1977. 8. 5
초판 1쇄 발행일 / 2012. 1. 30
개정증보판 1쇄 발행일 / 2018. 4. 10
          3쇄 발행일 / 2024. 2. 26
값 / 뒤표지에 쓰어 있음

ISBN 978-89-7291-662-8 03610

이 도서의 국립중앙도서관 출판예정도서목록(CIP)은 서지정보유통지원시스템 홈페이지(http://seoji.
nl.go.kr)와 국가자료공동목록시스템(http://www.nl.go.kr/kolisnet)에서 이용하실 수 있습니다.(CIP제어
번호: CIP2018009596)

■■ 건축에서 나를 가장 놀라게 하는 것은,
다른 기술에서와 마찬가지로,
하나의 프로젝트는 완공된 상태에서 하나의 생명을 가짐과 동시에
서면 상태에서도, 드로잉 상태에서도 또하나의 생명을 가지게 된다는 사실이다.■■
알도 로시

2017

2016

2015

2014

2013

2012

2011

2010

2009

2008

2007

2006

2005

2004

2003

2002

2001

2000

1999

1998

1997

1996

1995

1994

1993

1992

1991

1990

1989

1988

1988

1987

1986

1985

1984

1983

1982

1981

1980

1979

차례

머리말

40년에 걸쳐 세계 도처의 뛰어난 건축가들의 공적을 평가해온 프리츠커 건축상(Pritzker Architecture Prize)은 가장 존경받고 또 가장 많은 사람들이 화제로 삼을 뿐만 아니라 고대하고 있는, 그리고 해마다 시상되는 독립적인 건축상이다. 40년의 연륜이 쌓인 이 상은 심사위원들의 결정이 가끔 놀라움을 불러일으키기도 하지만, 권위 있는 상으로서의 위치를 굳건히 확립하고 있다. 신중하게 선정된 수상자들의 건축물 사진과 수상자들이 직접 한 말과 쓴 글을 통해서 수상자들에 대한 이해를 높여주는 이 발간물은 해마다 만들어지고 있으며 우리 시대 건축의 가장 중요한 사상가들과 제작자들을 들여다볼 수 있는 창문이다.

1979년 하얏트 재단(Hyatt Foundation)에 의해서 제정된 프리츠커 건축상은 건축 작품을 통해서 재능과 비전을 드러내고 헌신적인 노력과 건축예술을 통해서 인류와 건축환경에 일관되고 의미 있는 공헌을 해온 건축가 또는 건축가들에게 해마다 시상된다. 프리츠커라는 이 상의 이름은 프리츠커 가문의 이름을 딴 것이다. 프리츠커 가문의 국제적인 사업의 본부는 시카고에 자리하고 있다. 프리츠커 가문은 오래 전부터 교육, 과학 및 문화 활동을 지원해온 것으로 유명하다. 제이 A. 프리츠커(Jay A. Pritzker, 1922–1999)가 그의 아내 신디와 함께 이 상을 창설했다. 하얏트 재단의 이사장인 그의 맏아들 토머스 J. 프리츠커와 그의 아내 마곳 프리츠커가 현재 이 상의 가장 적극적인 후원자들이다. 이 두 사람은 수상자 선정 과정에는 관여하지 않지만, 시상식 장소를 결정하고 또 오랫동안 이 상의 안정성과 비전을 유지하는 역할을 담당해오고 있다. 토머스 프리츠커는 이렇게 설명한다. "시카고 태생인 우리 가족이 건축에 관심이 많은 것은 놀라운 일이 아니다. 우리는 마천루의 탄생지, 루이스 설리번, 프랭크 로이드 라이트, 미스 반 데어 로에 등 수많은 건축의 전설적 인물들이 설계한 건축물들로 가득 찬 도시에서 살고 있기 때문이다."

예술과 과학 분야에서 괄목할 만한 공적을 세운 사람들에게 상을 주는 것은 오래 전부터 해온 일이다. 학계는 뛰어난 전문가들을 수상자들의 반열에 올리고 특수한 목적을 위해서 상과 메달을 수여함으로써 그들의 탁월함을 보상하는 오랜 전통을 지니고 있다. 모든 상은 성취를 인정하고 찬양하는 데에 그 목적이 있다. 때로는 상이 표준을 정립하려는 목적을 가질 수도 있다. 그런 의도가 분명히 천명되는 경우도 있고 단순히 암시만 되는 경우도 있다. 그러나 어떤 상이 다른 상보다 더 유명하고 가치 있는 것만은 분명하다. 프리츠커 건축상은 흔히 건축 부문의 노벨상이라고 알려져 있고 따라서 매년 새로운 수상자의 이름이 발표되는 것을 건축가, 건축학도, 비평가, 언론인들 그리고 일반 시민들을 망라한 모든 사람들이 학수고대한다. 몇 가지 요인들이 이 상의 강점과 연륜, 권위에 기여하고 있다. 우선 프리츠커상은 명확하고 야심적인 사명감으로 시작되었다. 예술의 후원자들이며 사업을 통해서 건축과 밀접한 관련을 맺어온 프리츠커 가문은 건축환경에 현저하게 공헌한 전 세계의 살아 있는 건축가들을 기리는 상을 제정했다. 그들은 건축이 다른 예술 분야와 비교해서 충분히 인정받지 못하고 또 널리 토론되지 않는 몇 안 되는 분야 가운데 하나라는 것을 실감했다. 따라서 이 상의 세 가지 중요한 목표—탁월함을 인정하고 이 분야에 대한 일반의 인식을 높이며 높은 표준에 도달할 수 있도록 다른 건축가들을 격려하는 것—가 정립될 수 있었다.

다른 많은 건축상들과는 달리, 프리츠커 건축상은 참으로 독립적이다. 이 상은 어떤 전문적인 협회나 학교, 또는 회사의 지배를 결코 받지 않는다. 심사위원단은 독립적인 전문가들로 구성되며 그 규모는 5명에서 9명 정도이다. 심사위원은 여러 해 동안 봉사하며 최소한 3년은 계속 일하도록 되어 있다. 그래야 신구 심사위원들의 균형이 유지되기 때문이다. 프리츠커 가문의 사람들이나 외부의 관찰자들은 심의토론에 참가하거나 배석하지 못하도록 되어 있다. 심의는 대개 그해의 처음 몇 달 동안에 이루어진다. 수상자 선정을 전적으로 책임지는 심사위원들은 건축, 사업, 교육, 출판, 문화 등 자기의 특정 분야에서 매우 존경받는 전문가들이다. 상의 국제적인 성격, 공개적인 후보자 선정 절차, 독립적인 심사, 넉넉한 상금(미화 10만 달러), 매년 수상자에게 상금과 메달을 수여하는 시상식을 가지는 것 등 이 상의 일부 운영지침은 대충 노벨상의 운영지침을 본뜬 것이다. 후보자 선정 절차는 특히 간단하고 공명정대하다. 매년 전무가 비평가, 건축가, 과거 수상자, 박물관장, 학자, 업계 전문가 등 건축에 대한 상당한 지식을 가진 200명 이상의 인사들에게 후보자 추천을 요청한다. 이외에도 자격을 갖춘 건축가라면 세계 어디에서나 후보자를 추천할 수 있다. 커뮤니케이션이 쉽고 빠른 요즘에는 후보자의 이름을 이메일로 재단의 전무에게 보내기만 하면 후보자 추천이 완료된다. 작성해야 할 추천서 양식도 없고 제출해야 할 서류도 없다. 프리츠커상 운영부서가 가능성 있는 후보자들에 대한 조사작업을 담당한다. 프리츠커상 심사위원들 또한 당대의 건축작품들을 직접 보기 위해서 매년 함께 여행한다. 이런 여행이야말로 프리츠커상 심의절차의 독특하고 의미 있는 특성이라고 할 수 있다. 건물을 직접 경험하기 위한 현장 방문에 의해서 심사위원들은 진짜 작품을 현장에서 분석할 수 있고 또 직접적 관찰에 기초한 올바른 결정을 내릴 수 있다.

매년 작성되어 수상자가 봄에 공표될 때 공개되는 심사평은 상이 어떤 특정한 전문가에게 수여되는 이유와 수상자의 건축의 중요한 특성들을 일일이 설명한다. 근래에 와서는 심사평이 더욱 길어지고 또 깊이도 더하게 되었다. 이러한 설명은 단순히 어떤 나라 출신의 어떤 건축가에게 프리츠커상이 수여되었다고 발표하는 데에 그치지 않고 한 걸음 더 나아가서 수상자들의 설계 의도를 부각시키고 건축이라는 광범위한 분야에서 프리츠커상이 차지하는 위치를 분명히 하려는 노력의 결과이다.

시상식은 수상자의 영예를 널리 알리기 위해서 건축적인 측면에서 의미가 있는 장소에서 열리는데, 매년 장소가 달라진다. 시상식 장소가 그해의 수상자와 연관이 있는 것은 아니지만, 이렇게 장소를 옮겨가며 시상식을 개최함으로써 이 상의 국제적 성격을 더욱 강화하고 전 세계 지역사회에 대해서 건축이 가지는 중요성을 전하는 계기가 마련된다고 볼 수 있다. 지금까지의 시상식 장소를 열거하면, 로마의 캄피도글리오(2002년, 수상자 글렌 머컷), 일본의 나라의 토다이지(1989년, 프랭크 게리), 프랑스의 베르사유 궁전(1995년, 안도 다다오), 독일 베를린의 알테스 박물관(1999년, 노먼 포스터), 러시아의 상트페테르부르크의 에르미타시 박물관(2004년, 자하 하디드), 워싱턴 시의 백악관(1998년, 렌조 피아노), 베이징의 인민궁전(2012년, 왕수), 암스테르담의 릭스 박물관(2014년, 반 시게루) 등이 있고 그밖에도 멕시코, 터키, 체코 공화국, 아르헨티나, 영국, 이스라엘, 스페인 등에서 그리고 미국의 여러 장소에서 시상식이 있었다. 매년 열리는 시상식에서 수상자로 선정된 건축가 또는 건축가들은 그들이 그들의 작업과 관련해서 행하는 일반적인 강의와는 달리 개인적인 관점에서 건축 이야기를 해달라는 부탁을 받는다.

물론, 건축된 작품들이야말로 수상자들의 가장 중요한 증언이다. 40여 년에 걸쳐 제작된 건축 작품들을 다루고 있는 이 책에 실려 있는 건축물들의 사진들을 검토해보면 아주 다양한 접근방식이 드러난다. 건축의 우월성이 어느 한 가지 정의, 타입, 또는 스타일에 한정되지 않는다는 것은 분명하다. 아마 한층 더 중요한 것은 이 책에 쓰인 말들—건축가들 자신의 목소리—이 이 상과 수상자들의 작품의 의미에 특이하고 중요한 측면을 강조하고 또 그것을 이해하는 데에 크게 기여한다는 점일 것이다. 건축가들 자신의 말과 생각을 반추하게 되면, 그들과 우리와의 거리가 한층 더 좁혀진다. 신중하게 선별된 글들은 건축뿐만이 아니라 사회적 책임, 지속가능성, 교육, 그리고 수상자들이 살아오는 동안 그들에게 영향을 끼쳤던 사람들 및 경험과 같은 다른 문제들에 대한 그들의 생각을 보여준다.

2017년도 수상자들에 대한 심사평이 말하고 있듯이, "그들[수상자들]은 이 질문에 대한 대답이 '약자택일'이 아니라는 것, 우리는 적어도 건축에서만은 그 둘을 모두 소망할 수 있다는 것, 즉 뿌리를 굳건히 내리고 두 팔을 세상을 향해 뻗을 수 있다는 것을 이해할 수 있도록 가장 아름답고 시적인 방법으로 우리를 도와주고 있다." 프리츠커상 수상자들은 그들 자신의 말과 글을 통해서 각자의 재능있는 개별성을 드러내면서 동시에 우리를 결합시키는 건축과 여러 연결고리들의 보편성을 보여주고 있다.

프리츠커상 위원회 전무
마사 손

개정증보판에 대해서

이 「건축가」 개정증보판은 프리츠커 건축상 40주년에 맞추어 발간된다. 기념하고 인식해야 할 많은 사항들이 있다. 이 책이 2010년에 처음 간행된 이후로 2017년까지 9명의 수상자가 새로 나왔으므로 그들이 이 개정증보판에 새로 추가된다. 에두아르두 소투 드 모라(2011), 왕수(2012), 이토 도요(2013), 반 시게루(2014), 프라이 오토(2015), 알레한드로 아라베나(2016), 그리고 금년 수상자들인 라파엘 아란다, 카르메 피헴, 라몬 빌라타(2017) 등이다. 44명 수상자들의 출신지역을 살펴보면 그야말로 전 세계를 망라하고 있다. 우리의 홈베이스인 미국을 필두로 오스트레일리아, 오스트리아, 브라질, 칠레, 중국, 덴마크, 프랑스, 독일, 이탈리아, 일본, 멕시코, 네덜란드, 노르웨이, 포르투갈, 스위스, 스페인, 영국 등이다. 이 책에 소개된 그들의 건축작품들은 지구의 한층 더 넓은 지역에 산재해 있다.

"더 넓은 지역"이라는 특성은 가장 최근의 수상자들의 작품들에서 특히 두드러지고 있는데, 이것은 주로 자연재해와 위기에 처한 사회에 대한 반응으로 나타난 현상이다. 이에 대해서 알레한드로 아라베나는 다음과 같이 말하고 있다. "건축의 발전은 사람들의 생활의 질을 개선하는 방법이다." 형태보다는 그 안에 사는 주민들을 더 걱정하는 반 시게루는 "의미 있는 건축"에 대해서 이렇게 말한다. "한 구조물이 사람들의 사랑을 받는다면, 그 구조물은 영원히 살아남을 것이다." 박식과 기품의 건축가 이토 도요는 "자연의 유동적인 질서"를 중시한다. 그의 "모두를 위한 집" 프로젝트는 "새로운 공동체 건축"을 추구한다.

왕수의 작품에서는 의미와 기억으로 부호화된 재료들이 두드러진다. 그가 폐허에서 수거한 벽돌과 기와를 다시 사용하는 것은 "시간을 보존하고 우리가 살려두어야 할 가치를 포함시키기" 위한 것이다. 건축가-시인 소투 드 모라는 재료의 선택과 건축 스타일을 창의력을 담는 캔버스 수준으로 끌어올린다. "건축의 최대 소망은······주어진 시간 안에 수천 년에 걸쳐 축적된 지혜를 담을 공간을 창조하는 것"이라고 그는 말한다. 아란다, 피헴, 빌랄타 같은 건축가들은 삶의 질과 세계적인 것과 지역적인 것의 결합을 중시한다. "우리가 비록 세계성에 대해서 열정적이지만, 우리는 우리의 건축이 그 특정한 위치에 깊이 뿌리를 내리기를 바란다. 우리는 뿌리와 날개를 모두 가지는 것이 좋다고 흔히 말하곤 한다." 사랑받는 건축가 고(故) 프라이 오토의 말에도 흔히 소망이 표현되어 있는 것을 볼 수 있다. "미래에 좋은 주거 및 도시 계획을 통해서 세계 평화에 기여할 수 있을까? 이 문제에 대해서는 우리는 단지 희망을 가질 수 있을 뿐이다."

프리츠커상 수상자들은 각기 말을 통해서, 건축물 제작을 통해서 그리고 아라베나가 말하는 건축 "행위"를 통해서 대화를 한다. 수상자들은 각자 그들의 독특한 방식으로 건축의 역할, 그리고 우리가 사는 세상의 "과거와 현재 그리고 미래"를 생각한다. 소투 드 모라는 그 특유의 표현력으로 건축가들의 역할을 이렇게 말한다. "우리의 역할은 세상을 개선하는 것이다. 아마도 설계를 통해서."

2017년 봄
R. P. 및 G. O. Y

서론

건축은 현대문화의 핵심에 자리잡고 있다. 우리가 우리 시대의 뛰어난 건물을 바라볼 때—우리가 그 속에서 일상생활을 하는 건물도 있고 관광객으로 찾아가는 건물도 있고, 단순히 머릿속에 그리는 건물도 있다—그 건물의 외형적 특징이 우리의 주의를 끈다. 그러나 우리가 모르는 것들이 너무나 많다. 우선 건축가가 무엇을 의도했을까? 어째서 저 건물은 저런 모양을 하고 있고 또 저런 재료를 사용해서 지어졌을까? 주위 경관과의 관계는? 당국의 어떤 규제를 받았을까? 그리고 건축가가 저 작품을 처음 구상하기 시작했을 때 그는 우리, 그러니까 일반대중에 대한 생각을 얼마나 했을까 등등의 의문이 떠오를 수 있다.

이 책은 건축을 주제로 한 특이한 책이다. 건축에 관련된 책은 흔히 비평가, 학자, 또는 저널리스트의 렌즈를 통한 내용이기가 일쑤이다. 그러나 이 책 「건축가」에서 우리는 망원경의 다른 쪽 끝을 통해서 본다. 이 책에서는 건축가—구체적으로 말하면 35명의 프리츠커상 수상자들—가 우리를 향해서 말하고 그들의 생각, 꿈, 철학, 영감, 그리고 그들의 건축작품이 받은 영향 등을 우리와 공유하게 된다. 이 책에서는 외부인은 입을 다물고 우리는 대신 창조자들 자신의 말에 귀를 기울인다. 그 결과는 계몽적이다. 전반적으로 건축가들은 생각이나 말은 강렬한 편이다. 건축가 시인으로 통하는 페터 춤토르(2009), 그는 돌을 김이 무럭무럭 나는 예술영화처럼 매력적으로 만들 수 있는 사람이다(스위스의 팔스에 있는 '온천탕'에 대해서 그는 이렇게 썼다. "……돌의 존재가 느껴지도록, 그 돌이 우리의 몸에 어떤 작용을 할 수 있도록 크고 청정한 덩어리 그대로 두어야 한다"). 이 견해를 프랭크 게리(1989) 같은 사람의 생각과 비교해보라. 게리는 [구겐하임 빌바오의] 그의 작품과 유산에 대해서 이렇게 지적한다("나에게 가장 중요한 것은 건물들을 짓는 것이다." 그리고 "결국 나의 작품은 나의 작품이다. 그것은 비평가의 작품이 아니다"). 또 "실재의 음악"을 강조하는 톰 메인도 있다. 루이스 바라간(1980)은 건축의 매우 개성적인 측면과 감성적 특질을 간단하게 그러나 영웅적으로 요약하고 있다. "나의 건축은 전기적(傳記的)이다." 이제 이 건축가들 한 사람 한 사람의 작품들을 보면, 당신은 특권을 가진 내부자, 다시 말해서 건축가 자신의 눈으로 보고 있는 것이 될 것이다.

여기에 소개된 건축가들은 매우 영향력이 큰 자기 분야의 지도자들일 뿐 아니라 세계에서 가장 훌륭한 건축가로 인정받는 프리츠커상 수상자들이다. 건축계를 주름잡으며 건축의 역사, 그리고 20세기 말과 21세기 초의 우리 건축환경을 만든 사람들이 바로 그들이다. 매년 시상되는 프리츠커상은 건축계의 노벨상으로 불려왔다. 공개적인 지명절차를 거치고 심사위원들의 독립성이 보장된다는 점에서 이 비교는 더욱 타당성을 가진다. 시카고의 프리츠커 집안이 하얏트 재단을 통해서 이 상을 제정한 것은 1979년이었다. 상으로서는 비교적 역사가 짧은 편이지만, 이 상의 영향력과 관록은 대단하다. 공표된 시상 목적은 "그 건축작품이 재능과 비전, 헌신의 요소를 담고 있고 건축예술을 통해서 인류와 건축환경에 지속적이고 의미있는 공헌을 한 생존하는 건축가를 기리기 위한 것"이다. 이 상은 어느 특정한 건축작품이 아니라 생애 동안 축적된 탁월한 업적에 대해서 시상된다. 1979년의 제1회 수상자인 필립 존슨에서 2010년도 수상자인 세지마 가즈요와 니시자와 류에에 이르기까지 수상자들이 이룬 업적은 인상적이고 뚜렷하다.

자신의 작품에 대한 건축가들의 언급에 초점을 맞추면서, 우리는 프리츠커상 수상자들을 소개하기로 했다. 수상자들은 지난 30년간 특출하고 광범위한 국제적 건축 선정에서 주도적인 위치에 있을 뿐 아니라 그들 다수는 적어도 그 이름만으로도 많은 독자들에게 익히 알려져 있기 때문이다. 사실 그들의 명성은 폐쇄적인 건축계 밖에까지 알려져 있다. 사람들의 이목을 끄는 유명한 건축물들이 이들의 작품이기 때문이다. 파리 루브르 박물관의 유리 피라미드는 I. M. 페이의 작품이며, 유서 깊은 베를린 국회의사당을 개수한 사람은 노먼 포스터, 유명한 시드니 오페라 하우스는 요른 웃손, 베이징 국가 경기장은 에르조그와 드 뫼롱, 히로시마 평화 기념관은 단게 겐조, 뉴욕 메트로폴리탄 미술관은 케빈 로치의 작품이다. 이밖에도 이런 알려진 작품들은 얼마든지 있다. 건축가들의 접근방식, 관심, 위치는 서로 다르지만, 각각의 건축물이 잘 다듬어진 철학을 가지고 당대의 건축 관행을 철저하게 따르면서 건축된 강한 개성의 작품이라는 사실이 이들 작품을 연결하는 끈이다. 이 수상자들의 작품에서 우리는 시대에 따라서 변하는 취향의 궤도를 볼 수 있다.

우리가 작업을 시작하면서 먼저 떠오른 의문 가운데 하나는 건축가가 자기의 생각을 끝까지 고수하느냐, 건축가가 애초에 가졌던 아이디어를 끝까지 고수하느냐였다. 다시 말해서 건축가가 자신의 말을 실천하느냐가 궁금했던 것이다. 작품은 증명한다고 흔히 말하지만, 우리는 그 말을 뒤집어서 이런 질문을 던져보았다. 건축가가 한 말, 그것은 우리에게 무엇을 말하고 있는가?

이 책 「건축가」는 연대순으로 편집되어 있다. 즉 출발점을 현시점인 2010년으로 잡고 프리츠커상이 처음 시상된 1979년의 수상자, 거침없이 말하는 달변가 필립 존슨("나는 건축은 이데올로기와는 아무 상관도 없다고 생각한다.……여러분도 알다시피, 나는 확신이라는 것을 가지고 있지 않다. 그러나 취향은 가지고 있다")까지 거슬러올라가며 수상자들의 말을 들어보는 것이다. 각 챕터는 대략 4–6개의 주요 건축작품들을 다루고 있는데, 각 건축가의 작품세계와 그가 그 분야에서 이룩한 공헌을 보여주는, 외경심을 불러일으키는 중요한 작품들이다. 이 프로젝트들은 작품목록의 풍요로움과 깊이를 보여줄 수 있도록 신중하게 선택되었다. 왜냐하면 그 프로젝트들—학교, 예배당, 상점, 공항, 박물관, 법원, 스타디움과 운동장, 사옥, 주택, 대사관, 기념관, 온천탕, 도서관, 호텔, 은행, 묘—은 우리의 다양한 생활과 관심, 욕구의 윤곽을 보여주고 있기 때문이다. 그러나 우리는 이 책에서 그 건축작품을 건축가들이 우리 귀에 대고 하는 말들을 통해서 살펴본다. 인터뷰와 강연, 글 등 다양한 소스를 통해서 수집된 그들의 말이 우리를 그들 자신의 생각이라는 특권적이고 흔히 사적인 영역으로 인도해줄 것이다. 이 책의 제목에 분명히 드러나 있듯이, 이 책은 "그들 자신의 말" 속에 드러나 있는 프리츠커상 수상자들에 관한 모든 것이다.

그들은 물질성, 지역주의, 지속가능성 등 지난 30년 동안의 가장 중요한 문제들을 포함하는 수많은 화제들에 대해서 할 말이 많았다. 사실 우리 시대의 가장 다급한 문제들 가운데 하나는 환경친화적 건축 관행과 지속가능한 기술의 사용이다. 글렌 머컷(2002), 리처드 로저스(2007), 노먼 포스터(1999)는 그들 건축의 핵심에 지속가능한 기술을 도입함으로써 사회는 물론이고 건축가들에게도 새로운 표준을 제시한 지도자들이다. 예를 들면, "기후반응적(climate-responsive) 건축" 같은 개념들을 처음 제시한 환경친화적 건축의 지도자이며 스승인 머컷은 지속가능한 건축은 지나치게 기술적일 필요가 없고 실상 평범하고 단순한 것들과 윤리가 이런 접근방식의 아주 중요한 부분임을 우리에게 알려주고 있다.

우리의 조사가 계속되면서 많은 놀라운 일들이 드러났다. 인간의 조건을 바라보는 렌즈로서의 영화의 중요성이 알도 로시(1990), 에르조그와 드 뫼롱(2001), 그리고 크리스티앙 드 포르장파르크(1994)에게 영향을 미쳤다. 장 누벨(2009)의 말처럼, "두 영역을 이어주는 수많은 교차로들이 있다." 많은 수상자들은 컴퓨터 및 기타 디지털 기술 그리고 라이노(Rhino), 3D 스튜디오 맥스, 마야 같은 3차원적 모델링 도구와 오토캐드(AutoCAD) 등의 건축 소프트웨어를 사용하는 설계의 장단점에 대한 명확한 견해를 가지고 있다(하디드 : 찬성, 웃손 : 결코 안 된다, 게리 : 내키지 않는 찬성). 드 포르장파르크와 고(故) 제임스 스털링(1981) 같은 건축가들로부터 우리는 건축이 격리되어 존재하지 않는다는 사실, 도시적이건 자연적이건 간에 건축의 성격이 그 주변환경에 의해서 결정적 영향을 받는다는 사실을 알게 된다. 도시와 자연은 고려되어야 할 등장인물들이다(고객 역시 등장인물이지만, 덜 드러나는 등장인물이다). 알도 로시는 이렇게 썼다. "그 도시에 대한 지식에 의해서 우리는 건축을 이해할 수 있을 뿐 아니라 건축가로서 건축물을 설계할 수 있다." 케빈 로치와 마키 후미히코(1993)는 각기 공공 봉사와 더욱 큰 선(善)의 가치를 역설하고 있다. 일찍이 제임스 스털링이 말했듯이, "그것이 방이건 건물이건 도시건 간에 그가 창조하는 환경의 질(質)로 인간의 정신을 드높이는 것이 건축가 특유의 책무이기" 때문이다. 개성이 아주 뜻밖의 방식으로 표출되기도 한다. 가장 두드러진 예가 고든 번섀프트(1988)의 경우이다. 그는 자신의 건축과정이나 이론에 대해서 말이 적기로 유명한 사람이었는데, 한번은 이렇게 잘라 말한 적이 있다. "나는 내 건축물이 나를 대신해서 말해주기를 바란다." 이 말과 회견자 베티 블럼에게 80세의 번섀프트가 한 다음 말을 비교해보라. "난 늙었어. 그런데 앞으로 10년쯤은 과거를 회상하며 살 수 있겠지." 예일 대학교에 세워진 바이네케 희귀 서적 및 원고 도서관에 대해서 번섀프트는 이렇게 회상했다. "바이네케를 보는 순간, 전율을 느꼈다고 내게 편지를 보낸 여자들이 있었다." 스타 건축가가 되거나 딱지가 붙는 함정에 대해서 메인은 분명한 견해를 밝히고 있다.

이 건축가들에게 자주 입에 오르내리는 또다른 화제는 그들이 현대의 거장들에게 빚을 지고 있다는 이야기이다. 몇 사람을 예로 든다면, 안도 다다오(1995), 단게 겐조(1987), 스베레 펜(1997)은 스위스의 건축가 르 코르뷔지에(1887–1965)의 영향을 많이 받았다고 말한다. 독일의 건축가 루트비히 미스 반 데어 로에

(1886-1969) 역시 많은 영향을 미친 거장이다. 루이스 칸(1901-1974)과 발터 그로피우스(1883-1969) 역시 마찬가지 경우이다. 수상자들 가운데 요른 웃손(2003)이 지역 정치의 피해를 받은 건축가로 자주 꼽히지만, 그가 설계한 시드니 오페라 하우스는 위대한 현대건축 작품들 가운데 하나이다.

이들 건축가 중에서 독자들은 유행을 퍼뜨리는 사람도 만나게 될 것이고 선언서 작성자, 지식인도 보게 될 것이다. 그런 사람들은 건축물을 짓는 데는 물론이고 학계와 문화계를 위해서도 에너지를 바치는 특별히 영향력이 큰 건축가들이다. 렘 콜하스(2000), 라파엘 모네오(1996), 로버트 벤투리(1991), 알도 로시, 제임스 스털링 등은 건축과 집필, 교수 활동을 통해서 다음 세대의 젊은 건축가들에게 영향을 미치고 있는 건축이론가들이다. 톰 메인은 자기는 "가상의 영역, 즉 학생들의 정신이라는 영역"으로 파고들고 싶다고 말한 바 있다.

2000년 이후의 의미 있는 변화는 여성이 프리츠커상을 수상하기 시작했다는 것이다. 2004년에 자하 하디드가 최초의 여성 수상자가 되었고, 2010년에는 세지마 가즈요가 그의 남성 파트너와 함께 사나(SANAA)라는 그룹으로 프리츠커상을 차지했다. 전통적으로 남성이 지배하는 건축 분야에서 현재 활동중인 여성 건축가들이 많이 있지만, 그들 자신의 회사를 이끌어가는 여성 건축가의 비율은 아직 놀라울 정도로 낮다. 세지마는 이렇게 말한다. "대형 프로젝트를 수행하는 건축가는 남성이라는 통념이 퍼져 있지만, 그것은 과거에 건축계에서 활동하는 여성이 많지 않았기 때문에 생긴 것이라고 나는 생각합니다." 하디드는 그녀답게 더욱 직설적이다. "내가 남자라면, 그들은 나를 디바라고 부르지 않을 것이다."

건축과 예술의 접점은 어디일까? 렌조 피아노(1998)를 비롯한 많은 건축가들은 건축도 일종의 예술이지만, 건축의 재료적, 구조적, 기능적 측면이 건축을 다른 예술과 구별하도록 만든다고 믿고 있다. 이와는 대조적으로 필립 존슨은 서슴지 않고 잘라 말한다. "건축은 예술이다. 다른 아무것도 아니다."

방대한 자료들을 편집하면서 우리는 가능한 한 원문에 손을 대지 않고 원래의 운율과 구문을 유지하려고 애썼다. 그렇게 해야 독자들이 다양한 건축가들의 면모를 가장 직접적으로 경험할 수 있을 것이라고 생각했기 때문이다. 필요할 경우 명백한 오류만을 수정했을 뿐이다.

이 방대한 자료를 편집하면서 우리는 건축에 대한 두 개의 서로 다른 견해를 종합했다. 우리는 우리 두 사람이 함께 광범위한 관심을 가진 독자들을 대표한다고 생각하고 싶다는 것이다. 루스 펠터슨은 여러 해에 걸쳐 예술 분야의 서적, 삽화가 들어간 책들을 편집한 경험이 있는 편집자 겸 저술가이다. 그녀가 편집한 책들 중에는 프리츠커상 재단의 전무를 역임한 빌 레이시가 저술한 「100인의 현대 건축가들」이 있다. 철학박사 그레이스 옹 얀은 근대 및 현대 건축을 전문 분야로 삼고 있는 건축사가, 교육가, 건축가이다.

우리의 기술과 관심이 서로 다름에도 불구하고, 우리는 각기 이 책을 편집하는 경험을 통해서 감동을 받았고 많은 것을 배웠다. 건축가들 개개인은 그들의 말을 통해서 우리에게 그들의 작품을 더욱더 잘 이해할 수 있게 해주었다. 이 책이 관심 있는 독자들에게 신선한 의미와 개념을 줄 뿐 아니라 위대한 건축물을 제작하는 과정을 더욱 고귀하게 하고 인간화하는 데에 기여했으면 하는 것이 우리의 바람이다.

2010년 5월
루스 펠터슨
철학박사 그레이스 옹 얀

기원 우리는 잘 조화된 건축이란 주위 환경을 제대로 이해하는 데에서 비롯된다고 믿는다. 우리는 비록 세계성에 대해서 관심이 높지만, 우리의 건축이 그 특정한 위치에 뿌리를 깊이 내리기를 바란다. 뿌리와 날개를 다 가지고 있는 것이 좋다고 우리는 자주 말하곤 한다.—라파엘 아란다, 카르메 피헴, 라몬 빌랄타, RCR 건축 제공

우리 모두에게는 "우리의 기원(origin)"이 있다. 이 기원은 우리가 한 곳에서 다른 곳으로 이동해도 우리 안에 변함 없이 남아 있다. 우리는 어떤 장소, 어떤 기후, 어떤 문화의 결과이다. 이 세계에서 거리는 점점 더 짧아지고 있다. 그러나 우리는 이 기원을 이해하고 존중하는 것이 중요하다고 믿는다. 이 기원이 그 안에 우리 모두가 표현되어 있다고 느끼는 공유된 창의성을 강화해줄 것이다.—「A + U: 건축과 도시 계획」 542, 특별호, 2015. 11

라파엘 아란다 RAFAEL ARANDA,
카르메 피헴 CARME PIGEM,
라몬 빌랄타 RAMON VILALTA

출생 라파엘 아란다 : 1961년 5월 12일, 스페인 히로나 올로트
카르메 피헴 : 1962년 4월 18일, 스페인 히로나 올로트
라몬 빌랄타 : 1960년 4월 25일, 스페인 바르셀로나 빅

교육 (세 사람 모두) 스페인 바르셀로나의 발레스 건축학교(ETSAV) 졸업, 1987

사무실 RCR Aranda Pigem Vilalta Arquitectes, C. Fontanella, 26,17800, Olot, Girona, Spain
전화 : +34 972 269 105, www.rcrarquitectes.es

주요 프로젝트 술라즈 박물관, 프랑스 로데즈, 2014; 레 콜스 레스토랑 마르키, 스페인 히로나 올로트, 2011; 바르베리 실험실, 스페인 히로나 올로트, 2008; 벨-록 포도주 양조장, 스페인 히로나 팔라모스, 2007; 토솔스-바실 육상 트랙, 스페인 히로나, 올로트, 2000

> **우리는 더 많은 낭비 없는 임시 건축물들을 지을 것이며,
> 축적이라는 개념을 포기할 것이다.**

벨-록 포도주 양조장,
스페인 팔라모스, 2007
양조장의 내부, 시음실 쪽을 들여다본 모습.
벽에 난 틈은 양조장 안으로 공기와
빛이 들어올 수 있게 할 뿐 아니라 하루 종일
다양한 그늘을 만들어준다.

협력

아란다, 피헴, 빌랄타는 강도 높고 지속적인 협력을 통해 작품을 제작해온 것으로 유명하다. 그들은 사실상 한 목소리를 내는 건축가들이다.

◀◀ 우리는 함께 특별한 것을 창조해왔다. ▶▶

학교를 졸업하면서 우리는 세상에 나가는 경험을 함께 하기로 작정했는데, 우리는 아직도 모든 일을 함께 하고 있다. 우리는 그렇게 시작했다. 우리 세 사람 가운데 그 누구도 다른 사무실에서 일한 적이 없다. 우리는 함께 성장했고 많은 이야기를 나누었으며 흥미를 느끼는 문제들에 대해서 깊이 있는 연구를 함께 했고 함께 여행도 했다. 이 모든 것을 통해서 우리는 서로를 쉽게 이해했다.─「A + U: 건축과 도시 계획」 542, 특별호, 2015. 11

아이디어는 한 사람 이상이 나누는 대화에서 나온다. 우리는 대화를 믿는다. 어떤 면에서 그것은 말로 하는 재즈와 같다. 한 사람이 무엇인가를 말하면 다른 사람이 그 뒤를 잇는다. 이런 형식의 대화는 당신을 예기치 않은 장소로 데려간다. 그것은 개인의 가치를 지나치게 중요시해온 현대세계에 대한 역작용이라고 할 수 있다. 우리는 항상 이 공유의 개념을 중시해왔다.─라파엘 아란다, 카르메 피헴, 라몬 빌랄타, 프리츠커상 비디오, 2017

이 여행을 공유하는 것은 이야기하고 안도감을 느끼고 자신이 없어서는 안되는 존재가 아니라는 것을 느끼는 것, 집단적 방식으로 풍요로워지고 온전함의 존재를 인식하며 그 적절성을 인정하는 것, 개별적인 이유를 밀쳐두고 공유된 창의력을 개인으로서는 도달할 수 없는 탁월한 수준으로 밀어올리는 것이다.─라파엘 아란다, 카르메 피헴, 라몬 빌랄타, RCR 건축 제공

우리는 "공유된 창의력"이 반드시 특별한 사람들이 아닌 사람들로 이루어진 그룹에 의해서 특별한 결과가 만들어지는 어떤 것이라고 한 스페인 철학자 J. A. 마리나의 말을 인용하기를 좋아한다.─「A + U: 건축과 도시 계획」 542, 특별호, 2015. 11

아침에 맨 먼저 하는 일은 우리 세 사람이 짧게 의견 교환을 하는 것이다. 다음에 스태프들과 함께 회의를 하거나 현장 시찰을 한다. 우리는 규모에 상관없이 모든 프로젝트에 대한 토론을 한다. 이견이 있을 때는 더 좋은 아이디어를 얻기 위해서 대화와 시험을 다시 한다. 새로 얻은 아이디어가 시행하는 데에 더 많은 시간이 필요하고 또 그 아이디어가 평범한 것일지라도 우리는 그런 노력을 아끼지 않는다.─「A + U: 건축과 도시 계획」 542, 특별호, 2015. 11

우리의 협력은 항상 용이했고 물 흐르듯이 거침이 없었다. 우리는 늘 많은 이야기를 나누었다. 차츰차츰 우리는 눈짓 하나로 의사소통을 할 수 있게 되었다. 처음에 그것은 더딘 과정이었다. 그러나 시간이 흘러 우리는 이제 40년 동안 함께 일해오고 있다. 우리는 이제 우리 신체의 여러 부분으로 의사소통을 할 수 있게 되었다.─라파엘 아란다, 카르메 피헴, 라몬 빌랄타, 프리츠커 건축상 비디오, 2017

어떤 프로젝트를 시작할 때, 우리는 그 장소를 방문하는 데에 매우 흥미를 느낀다.……우리는 그 장소를 읽는 데에 익숙해져 있다. 마치 그 장소가 그 특유의 알파벳─그 현장과 우리 사이에 확립된 알파벳─으로 우리에게 이야기하는 것 같다.…… 우리는 그 프로그램, 우리가 탐지할 수 있는 필요한 것에 대해서 생각하기를 좋아한다. 우리는 이렇게 시작한다. 우리는 상징이나 가정으로 시작하는 것을 좋아하지 않는다. 우리는 "이것이 뭐지?" 하고 묻는다. 고향에서 멀리 떨어진 곳에서 건축을 하게 되면, 우리는 그 장소를 이해하려고 노력한다. 새로운 장소를 이해하려고 열성을 다한다. 우리는 고향에서 하던 것과 똑같이 해서 단순히 그것을 그 장소로 이식하는 것을 원치 않는다. 우리가 공간과 공간 간의 관계를 이해하는 방식은 각각의 다른 장소의 본질에 도달하기 위한 탐구이다. 이것이 우리를 움직이는 동력이다.─라파엘 아란다, 카르메 피헴, 라몬 빌랄타, 프리츠커 건축상 비디오, 2017

발췌

「El Croquis」 특별호에서 이 세 건축가들은 84개 조항의 설문에 응했다. 세 사람은 성실하게 그리고 재치있게 대답했다. 다음은 그중 일부를 발췌한 것이다.

건축에 대한 설문

1. 건축을 설명하자면, 대답이 길어진다. 간단히 줄일 수 있겠는가?
   긴 여행의 꿈을 구체화하는 기술.
2. 건축가들은 건축물을 건설하는가?
   항상 그렇지는 않다. 우리는 가끔 그것을 파괴하기도 한다.
3. 무엇으로부터 배우는가?
   우리의 감각, 강렬하고 선택적인 응시.
4. 누구에게서 배우는가?
   작품이 스스로 말하도록 한 사람이라면 누구에게서나.
28. 새로운 것은 좋은 것인가?
   아니다. 오래된 것 역시 좋은 것이 아니다.
33. 침묵은 음악인가?
   물론이다!
36. 디지털 세상: 도구인가 물질인가?
   도구는 이용하고 물질은 조사한다.
82. 셋이 하나보다 더 좋은가?
   분명히 그렇다.─「El Croquis」 115/116(Ⅲ), 2003

올로트

1988년 학교를 갓 졸업한 사람들은 카탈루냐의 주도 바르셀로나에 머물면서 으리으리한 사무실에서 일하려고 하는 것이 당시의 풍조였다. 그 무렵 카탈루냐의 대다수 건축가들은 1992년에 열리는 바르셀로나 올림픽 관련 프로젝트에 참여하고 싶어했다. 하지만 우리는 매우 자연스런 욕망을 따르기로 했다. 우리 가족들이 살고 있는 올로트로 돌아가서 고향의 건축을 경험하고 그곳의 건축가들과 함께 일하기로 결정했던 것이다.—「A + U: 건축과 도시 계획」 542, 특별호, 2015. 11

잠깐 동안만 걸으면, 숲과 강이 있는 풍경의 한복판으로 들어가게 된다. 이곳에서의 경험은 대도시에서의 그것과는 매우 다르다. 자연에 대해서 조금 아는 것과 자연을 직접 경험하는 것은 다르기 때문이다.—「A + U: 건축과 도시 계획」 542, 특별호, 2015. 11

❰❰ 아이디어는 한 사람 이상이 나누는 대화에서 나온다. 우리는 대화를 믿는다. 어떤 면에서 그것은 말로 하는 재즈와 같다. 한 사람이 뭔가를 말하면 다른 사람이 그 뒤를 잇는다. ❱❱

히로나 올로트 2008
바르베리 연구실

우리는 10년 전에 이곳을 찾았을 때 "에스파이 바르베리"에 매혹되었다. 그래서 2008년 이 오래된 주물공장으로 이사했고 그후 무려 7년 동안이나 이곳을 떠나지 못하고 있다! 이곳은 1550년까지 거슬러올라가는 오랜 역사를 지닌 공장단지이다. 이 단지는 언제나 교회의 청동 종, 솥, 그리고 예술가들의 조각품 등이 제작되는 바르베리 예술 주물공장 단지였다. 이곳에서는 불과 흙, 물과 공기, 빛과 시간 그리고 자연의 힘을 쉽사리 느낄 수 있다. 우리는 시내 한복판에 있음에도 불구하고 이곳은 우리에게는 숨 쉬는 공간, 정적의 세계, 소우주이다.—「A + U: 건축과 도시 계획」 542, 특별호, 2015. 11

공유된 작업장인 바르베리 연구실은 협동적 환경의 특성이 잘 드러나 있다. 커다란 도서관 테이블이 놓여 있고, 그 주위에 둘러앉은 세 명의 대표가 프로젝트에 대해서 토론한다.

❝❝ 궁극적으로 상상을 현실로 바꾸는
마법이 연출되는 장소. ❞❞

20세기 초에 문을 연 원래의 바르베리 주물공장이 이 연구실의 모체가 되었다. 원래 쓰였던 건축자재인 목재, 돌, 세라믹이 뒤에 추가된 강철과 유리와 대조를 이룬다. 유리는 빛을 끌어들이고 열린 환경을 조성하는 역할을 한다. 유리로 둘러싸인 부속건물들은 또한 자연을 작업장으로 끌어들이는 기능도 한다.

기본적으로 우리 연구실은 3개의 구역으로 이루어져 있다. 우리가 "작업장"이라고 부르는 제1구역은 우리 세 사람이 공유하는 공간과 그 옆에 있는 또다른 공간, 즉 우리 스태프들과 경영진을 위한 공간으로 이루어져 있다. 의사소통을 원활하게 하기 위해서 모든 구역들은 시각적, 공간적으로 서로 연결되어 있다. 제2구역은 정원이 딸린 별채 "꿈의 홀"이다. 여기에서는 자연을 내부적, 외부적으로 만끽할 수 있다. 평온과 평화도 만끽한다. 정원은 명상을 위한 장소이다. 정원에는 자연스럽게 자란 식물들이 무성한데, 고사리가 자라는 바닥 위에 이 지방의 고유 수종인 너도밤나무가 심어져 있다. 이곳은 꿈꾸고 생각하는 장소, 마법이 연출되는 장소이다. 상상을 현실로 바꾸는 힘이 이곳에서 나온다고 할 수도 있다. 이곳은 교정의 장소, 큰 회합과 분석적 작업을 하는 장소이기도 하다. 제3구역은 주건물이다. 이 건물은 문화적, 창의적 프로젝트와 연관되어 있다. 기념행사, 설명회, 영사회, 전시회, 회의 등을 위한 커다란 다목적 공간이다. 일반인들을 향해서 열린 공간이라고 할 수 있다.—「A + U: 건축과 도시 계획」 542, 특별호, 2015. 11

작업환경 12명의 핵심요원이 있다. 일부는 이 지방 출신이고 나머지는 프랑스, 포르투갈 등 다른 나라에서 와서 이곳에 정착한 사람들이다. 요원 상호간에 신뢰감이 있다.—「A + U: 건축과 도시 계획」 542, 특별호, 2015. 11

오랫동안 버텨온 낡은 주물공장의 벽과 천정은 뭉근 불에서 나온 연기로 그을려 있고 정원에는 청동과 광물 덩어리들 그리고 용광로 굴뚝이 그 특유의 색깔과 냄새를 지닌 채 널려 있다. 흙과 불이 아직 남아 있어 매캐한 냄새를 풍기고 있다.—라파엘 아란다. 카르메 피헴, 라몬 빌랄타, RCR 건설 제공

우리의 세계가 여기에 자리를 잡고 뿌리를 내리고 정신을 살찌우고 있다. 정원에 있는 나무들과 고사리. 우리는 이 분위기에 둘러싸인 채 수많은 조각품을 제작해온 이 장소의 역사에 우리의 흔적을 더하고 있다. 조용히 우리의 작업을 수행하면서.—라파엘 아란다. 카르메 피헴, 라몬 빌랄타, RCR 건축 제공

재료

건축을 하면서 건축 재료가 공간을 교란시키는 일을 막기 위해서 몇 가지 재료를 특별히 신경을 써서 선택하곤 한다. 그런 선택은 쉬운 일이 아니다. 어떤 재료를 쓰느냐에 따라서 매우 다른 미묘한 변화가 나타나기 때문이다. 그러나 그 특별한 재료만이 그 공간이 더 순수하게 보이게 할 수 있다.—라파엘 아란다, 카르메 피헴, 라몬 빌랄타, 프리츠커상 비디오, 2017

▌▌ 공간은 어떤 한 가지 재료의 서로 다른 모든 속성들을 탐구할 때 비로소 가장 잘 표현될 수 있다. ▐▐

가능하면 언제나 우리는 자연의 재료들을 선택하려고 한다. 우리는 재료들에 대해서 솔직하게 이야기한다. 우리는 또한 소수의 재료를 사용하는 데에 아주 관심이 많다. 믿을 만한 진짜 재료들 말이다. 최소의 재료를 최대한 사용하려고 애쓰는 일이 옳다고 우리는 믿어왔다. 오직 하나의 재료를 사용함으로써 어떤 분위기를 창조할 수 있기를 우리는 희망한다. 이것은 우리에게 긍정적인 일이다. 재료의 균일성을 유지하면서 다른 미묘한 변화를 일으킴으로써 공간을 돋보이게 하는 어떤 틀이 창조될 수 있다고 우리는 믿는다.—아란다, 피헴, 빌랄타, 프리츠커상 비디오, 2017

자연

우리에게 풍경은 초록 이상의 것이다. 그것은 또한 하늘, 나무, 분위기도 포함한다. 그것은 우리가 관계를 맺고 싶어하는 장소이다.—아란다, 피헴, 빌랄타, 프리츠커상 비디오, 2017

우리는 자연이 공기, 불, 물, 흙 같은 요소들과 더불어 현대인들의 기본적인 욕구 대상이 되고 따라서 그런 요소들이 새로운 건축 작업의 토대가 되리라는 것을 믿는다. 그런 것들이 콘크리트, 유리, 강철 등의 자리를 차지하게(아니면 적어도 동등한 가치를 지니게) 될 것이다.—라파엘 아란다, 카르메 피헴, 라몬 빌랄타, RCR 건축 제공

우리는 "분위기"를 창조한다는 말을 자주 한다. 우리는 늘 사람들이 그것을 "느끼도록" 하는 건축물을 창조하려고, 느낌을 유발하고 편안함과 아름다움의 감정을 전달하려고 노력해왔다. 우리는 흔히 아름다움에 관해서 말하곤 한다. 우리는 이것—즉 아름다움을 전달하는 건축을 믿는다.……우리는 자연으로부터 많은 것을 배웠다. 아주 어렸을 때부터 그래왔다. 우리와 자연과의 관계는 솔직하고 직접적이다. 설명하기는 어렵지만, 그 관계가 우리에게 많은 가치를 주입했고 우리는 그런 가치를 우리의 건축과 삶에 응용하려고 해왔다.—아란다, 피헴, 빌랄타, 프리츠커상 비디오, 2017

처음부터 우리는 항상 풍경과 좋은 관계를 가지는 것이 중요하다고 생각해왔다. 이제 우리는 그것이 단순히 환경과의 좋은 관계를 창출하는 문제에 그치는 것이 아니라 공생관계를 창출하는 것, 다시 말해서 가능한 한 깊은 관계, 정서적 초월적 경험을 확립하는 문제라는 것을 안다. 그것은 이제 가까운 주변이나 풍경과의 관계에 그치지 않고 우주와의 관계로 확대된다.—「A + U: 건축과 도시 계획」 542, 2015. 11

일본

이 세 사람은 1990년에 일본을 처음 방문한 이후, 총 네 차례 일본 여행을 했다. 여행을 거듭할수록 일본에 대한 그들의 관심은 더욱 깊어졌다.

일본에서 경험하는 이 평온한 시간이 우리의 삶에 어떤 흔적을 남긴 것은 분명하며 그런 영향은 우리 건축에 분명히 나타나 있다.—「A + U: 건축과 도시 계획」 542, 2015. 11

우리가 일본의 전통 건축에 대해서 이야기할 때면, 우리는 일본 건축의 자연과의 연관성에 매혹되는데, 이런 연관성은 수십 년에 걸친 심오한 순화의 결과이다. 내부와 외부의 관계는 모호하고 부드럽다. 그것은 하나의 전체이며 자연과 건축물이 서로 상호작용을 하고 있는 것 같은 인상을 준다. 우리는 그 해결 방식, 그 수용 능력, 그 지혜의 완전함에 감동받는다.—「A + U: 건축과 도시 계획」 542, 2015. 11

▌▌ 이 지구에서의 우리의 덧없는 머묾에는 항상 겸손과 연약함이 있을 수밖에 없다. ▐▐

[일본은] 그 국민들이 아직도 집단이 개인에 우선한다는 것을 알고 있는 사회이다. 이런 분위기가 사람과 자연에 대한 깊은 감성과 존경과 무관하지 않다. 풍요롭고 푸른 풍경 구석구석에서 빛나는 완전함과 아름다움, 노력과 헌신을 감지할 수 있다.—「A + U: 건축과 도시 계획」 542, 2015. 11

지역/세계

지역과 지역 간의 거리가 점점 짧아지고 있지만, 우리는 이 기원을 이해하고 존중하는 것이 매우 중요하다고 믿는다.……—아란다, 피헴, 빌랄타, RCR 건축 제공

계속 변화하는 생활 속에서 우리는 우리 시대에 더욱 잘 어울리는 건축을 추구하고자 한다. 이제 그런 노력이 더욱 가능해졌을지도 모른다. 예술을 통해서 또 과학과 인문학을 통해서 더욱 넓고 더욱 인간적인 비전을 가질 수 있게 되었기 때문이다.—아란다, 피헴, 빌랄타, RCR 건축 제공

[세계적 문제들에는] 특수하게 대처되어야 하는 흔한 문제들을 이해하는 것도 포함된다. 그 세계성을 이해하는 것은 보통 수준의 복잡성을 지닌 일인데 평범한 수준의 토론의 대상이 된다. 하지만 그 특수성과 전문성은 전문적 해결책을 필요로 하는 세계적 가치이다.—「A + U: 건축과 도시 계획」 542, 2015. 11

히로나 팔라모스 2007
벨–록 포도주 양조장

접근방식 특이한 장소에 사적으로 포도주를 생산해서 소비하기 위한 창고를 짓는 것. 산 밑 계곡이 시작되는 지점의 보호된 장소— 이것이 프로젝트의 출발점이다. —"벨–록 포도주 양조장/RCR 건축", 「Arch Daily」, 2014. 8. 13

접근로는 무난하다. 포도원과 숲의 경계를 따라 나 있는 길을 따라가면 된다.—라파엘 아란다, 카르메 피헴, 라몬 빌랄타, RCR 건축 제공

> 건축은 누군가에게 아름다움과 정서를 경험할 수 있게 해주고 있다. ◀◀ ▶▶

이것은 하나의 대지가 아니고 서로 다른 공간들을 발견할 수 있는 산책로이다. 굽이치는 길이 하나의 경관을 이루고 있다. —"벨–록 포도주 양조장/RCR 건축", 「Arch Daily」, 2014. 8. 13

사적으로 포도주를 생산해서 맛 보는 장소가 될 저장실은 포도원과 숲 사이에 있는데, 그 일부가 지하에 있도록 설계되어 풍경과 건물이 하나가 되는 조화를 이루고 있다. 산책로의 지붕은 재활용한 강철판으로 비스듬하게 덮어서 만들었는데, 철판과 철판 사이에 틈을 만들어 자연광이 스며들어올 수 있게 했다. 방문객들이 포도주가 있는 지하로 내려오면, 지하실에는 재활용한 커다란 강철 통과 공중에 매달린 목제 통, 선반에 늘어선 포도주 병들을 볼 수 있다. 비탈이 끝나는 곳에 예배당이 있고 작은 강당도 하나 있다. —라파엘 아란다, 카르메 피헴, 라몬 빌랄타, RCR 건축 제공

감각 이곳에서는 모든 감각을 경험할 수 있다. 정적을 "들을" 수 있고 포도주의 향기를 감지할 수 있으며 건축 재료들의 강도, 온도의 변화를 느낄 수 있고 희미한 빛과 그늘도 경험할 수 있다. 그리고 마지막으로

포도주를 맛볼 수 있다. 포도주 양조장의 특이한 모양은 이 장소의 특별한 모양과 건축 재료들—재활용된 강철과 돌—의 산물이다. 이런 건축 재료들이 방문객들을 따뜻이 맞아주고 또 그들을 다른 시간을 느끼고 맛볼 수 있는 감춰진 세계로 데려다준다.—아란다, 피헴, 빌랄타, RCR 건축 제공

이 포도주 시음실의 빈 공간을 적시는 빛 때문에 물질은 분해된다. 실제 경계는 분명하지만 분위기 역시 변한다. 공간의 경계가 그늘 속으로 녹아 모호해지기 때문이다.—아란다, 피헴, 빌랄타, RCR 건축 제공

정신은 경계와 높이를 인식하지 못하지만, 몸은 이 길을 따라 내려옴으로써 숨겨진 뜻밖의 공간—호기심 많은 사람, 용감한 사람만이 스스로 발견할 수 있는 피난처—을 발견했다.—아란다, 피헴, 빌랄타, RCR 건축 제공

재료 결정과 휴식 이 굴착된 환경이 에너지 소비를 줄이는 데 이용된다.—"벨-록 포도주 양조장/RCR 건축", 「Arch Daily」, 2014. 8. 13

하나의 광물—철—이 그 강도로 또다른 재료—돌과 흙—를 지탱해준다.—아란다, 피헴, 빌랄타, RCR 건축 제공

안으로 들어가려면……우묵하게 파인 경사진 길을 지나야 한다. 그곳이 눈이 어둠에 익숙해지고 눈동자가 열리면서 서서히 인식되는 비스듬한 각도의 어두운 지하실로 들어가는 문이다. 안으로 내려가면 우리는 위아래로, 좌우로 비스듬하게 기울어지고 굽어지면서 우리를 감싸고 있는 흙과 바위의 무게를 감지하기 시작한다. 손으로 파낸 이 공간은 경사지고 또 구부러져 있다.……이 비스듬한 통로와

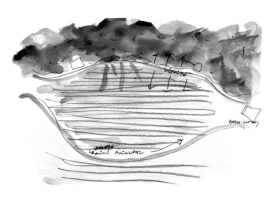

대조되는 더 큰 공간이 모습을 드러낸다. 여기에서는 인간의 기술이 벽을 기울게 해서 결정과 휴식의 느낌을 만들어냄으로써 주위의 압력에 저항한다.—아란다, 피헴, 빌랄타, RCR 건축 제공

두 프로젝트(벨-록과 마르키)는 공통점을 가지고 있다. 둘 다 경치와 관련이 있고 또 정체성이 모호하다. 벨-록의 경우는 그 용도가 모호하다. 포도주 양조장이면서 극장이요 또 음악 살롱이기도 하다. 둘 다 그것들이 있는 장소에 뿌리를 내리고 있다. 둘 다 주위와 격리된 구조물이 아니다. 뿌리내리고 있는 장소와 격리되면, 그것들은 존재하기 어렵다.—윌리엄 J. R. 커티스, 「El Croquis」 162, 2012

맞은편: 계곡은 숲에서 바다까지 뻗어 있다. 포도원이 저장실 위를 덮고 있고 접힌 지붕이 연구실과 보도를 보호하고 있다. 구조물 전체가 밖에서 포도주 양조를 하는 지하로 들어가는 산책로 모양을 하고 있다. 외부에서 흘러 들어오는 은은한 빛이 내부의 통로를 비춰준다. 더 안쪽에 있는 시음실까지도 주위에서 들어오는 빛과 공기 그리고 비를 받아들인다.

축하연. 시간, 야외 생활, 요리 솜씨, 그리고 무엇보다도 미래를 일깨우는 행사를 위한 모임.

히로나 올로트 2011

레 콜스 레스토랑 마르키

우리의 프로젝트들은 어느 것이나 내부와 외부와의 관계가 아주 중요하다. 외부를 안으로 끌어들이는 것이 늘 반복되는 과제이다.……우리가 몇 년 전에 레 콜스 레스토랑을 위해서 지은 마르키(marquee: 대형 천막 또는 가건물을 가리킨다/역주)의 경우에는 특히 내부와 외부의 공간을 조화시키는 것이 중요했다. 레 콜스 마르키 프로그램의 경우, 그곳을 이용하는 사람들을 우선 배려해야 했다. 우리는 사람들이 외부를 인식할 수 있기를 바랐다. 그것이 그들의 경험의 일부가 될 수 있기를 바랐다. 우리는 건물 안에는 존재할 수 없는 공간, 사람들이 그날의 시간의 변화와 기후의 변화를 느낄 수 있는 장소, 비와 빛이 달라지는 것을 분 단위로 알아볼 수 있는 장소를 만들고 싶었다. 생명과 자연 사이의 관계를 만들고 싶었다. 그것이 우리가 찾아온 목적이다.—윌리엄 J. R. 커티스, 「El Croquis」 162, 2012

우리들의 건축에서는 담으로 경계를 만들려고 하지 않고 다른 수단으로 그런 효과를 내려고 한다. 그렇다, 분명히 마르키는 이전의 여러 작품들의 주제를 종합하고 있다. 그중 하나는 경계가 모호하다는 점이다. 또 하나는 정의(定義)가 모호하다는 것이다. 이것이 건축 프로젝트인지, 조경 프로젝트인지, "자연" 프로젝트인지, "환경 보존" 프로젝트인지가 확실치 않다. 그 범위와 용도 역시 모호하다. 마르키는 여러 용도에 사용될 수 있다. 그것은 하나의 기능을 위해 건축되었지만, 많은 다른 기능들을 가질 수도 있는 것이 아닐까 생각되기도 한다.—윌리엄 J. R. 커티스, 「El Croquis」 162, 2012

이 모호성은 우리의 많은 프로젝트들에서 그렇듯이 재료에 대한 특별한 태도 때문이기도 하다. 우리는 어떤 특정한 재료에 구애되지 않을 때도 있지만, 어떤 재료에 집착하기도 한다. 강철을 쓸 때는 페인트를 칠하지 않는다. 그래야 시각적인 진동을 만들어낼 수 있다. 콘크리트는 아주 단단하게 굳어야 한다.……이 마르키

레 콜스 레스토랑은 비록 두드러져 보이지는 않지만, 시골 모임 같은 분위기를 풍긴다. 이것은 우묵하게 파낸 지형의 결과이다. 손님들은 구부러진 튜브로 만든 가벼운 투명한 지붕 아래 앉아서 식사를 즐길 수 있다. 덧붙여 말하자면, 파낸 돌들은 벽, 둑, 보도 등으로 대지를 위해서 재활용되었다. **맞은편** 스케치들은 건축가들의 시각적인 시 같은 것으로 건축을 진행하면서 그들이 사인처럼 사용해온 것이다.

프로젝트는 재료 중심적이면서도 비재료적이다. ―윌리엄 J. R. 커티스, 「El Croquis」 162, 2012

우리 마르키는 사람들이 꽉 차야 비로소 제 모습이 살아난다. 빌라 마이레아의 경우(알토, 1939년), 우리는 사람들이 없어도 존재할 수 있는 건축물이라는 인상을 받았다. 우리의 마르키의 경우는 다르다. 이 구조물이 살아나기 위해서는 사람들이 필요하다. ―윌리엄 J. R. 커티스, 「El Croquis」 162, 2012

본질의 환기. 옮겨진 돌은 담과 둑, 보도의 형태로 다시 되돌려놓여졌다. 강철 파이프가 마르키를 지탱하고 모양을 만들어준다. 한편 촘촘한 투명한 막이 햇볕과 비를 막아준다. ―라파엘 아란다, 카르메 피헴, 라몬 빌랄타, 「El Croquis」 162, 2012

스케치

여기 우리의 스케치를 소개한다. 이 스케치는 우리가 사용하는 여러 가지 기술 가운데 하나로서 우리는 여러 해에 걸쳐 이 스케치를 어떤 개념을 간단하면서도 매력적인 방식으로 표현하는 수단으로 사용해왔다. 이것이 표현하는 개념은 규모와 프로젝트의 단계가 다를 수도 있다. 이것은 일종의 수채화로서 때로는 굵은 붓, 때로는 가는 붓을 써서 때로는 검은 잉크로, 때로는 빛깔을 넣어서 힘차게 그려지는데, 프로젝트에 관한 여러 가지 암시를 담고 있다. ―아란다, 피헴, 빌랄타, RCR 건축 제공

우리 생각으로는 이 수채화 스케치보다 아이디어의 초기 형성과정을 표현하는 더 좋은 방법은 없다. 우리는 이것이 구체화 과정을 표현하는 데에 적합한 놀라운 도구라고 생각한다. ―아란다, 피헴, 빌랄타, RCR 건축 제공

스케치는 우리들 자신과 프로젝트의 공유된 진전에 대한 공통된 기준을 확립하는 데에 중요하다. 스케치는 직관적이면서 암시적이다. 스케치로 표현할 수 없는 것은 없다. 스케치가 특별히 지적인 표현 형식은 아니다. 그것은 암흑에서 빛으로의 여행을 시작하는 한 방식, 불명료한 설계도이다. 그것은 초기적이며 출구, 진전을 상징한다. ―아란다, 피헴, 빌랄타, RCR 건축 제공

> **어떤 시설이 가구나 물체들에 의해서 작동되어서는 안 된다. 어떤 사람의 존재가 시설을 작동시키고 그것에 의미를 주어야 한다.**

히로나 올로트 2000
토솔스–바실 육상 트랙

새로 건설되는 건축물이 풍경을 압도해서는 안 된다. 풍경 안에서 공존하면서 그 아름다움을 최대한 이용해야 한다. 건물과 주위 풍경이 어우러진 새 풍경이 또 하나의 풍경이 되어야 한다. 트랙을 달리는 어떤 선수라도 그것을 즐길 수 있다.—아란다, 피헴, 빌랄타, "RCR 건축 Creativitat Compartida" 전시회에서, 2015. 2

자연 환경에 둘러싸인 경기장은 기존의 풍경을 향상시키고 트랙과 필드에서 벌어지는 경기를 더욱 자연친화적으로 만든다. 이 시설은 오크나무 숲 빈터에 위치하여 근접한 숲과 밀접한 관계를 유지하고 있다. 구경꾼들의 좌석도 소규모의 단이나 빈터 사이의 경사면의 형태를 취함으로써 이 밀접한 관계를 훼손하지 않는다.

우리는 도시와 강을 끼고 있는 공원의 경계에 위치한 토솔스–바실 지역을 레저와 스포츠를 위한 구역으로 설정했다. 자연공원과 도시가 대조를 이루고 있는 주위환경에 어울리는 건축물을 만들어내려고 한 것이다. 이 글을 쓰고 있을 무렵, 우리는 통로와 수영장, 2 × 1 가건물 그리고 육상 트랙을 건설했다.

사실 이 대지는 화산의 용암 분출로 격리된 오크나무 숲 안에 있는 두 개의 빈터로 구성되어 있다. 따라서 육상 트랙을 만들 자리를 잡는 데에 무척 애를 먹었다. 육상 트랙이 자리잡을 만한 넓은 공간이 없었기 때문이다. 그래서 우리는 트랙을 고대 그리스에서 그랬던 것처럼 육상선수들이 아주 자연에 파묻힌 환경에서 달릴 수 있는 장소로 설계하기로 결정했다. 트랙은 빈터에서 뚜렷이 보인다. 이 프로젝트는 체육인들과 환경보호주의자들 양측 모두로부터 항의를 받았다. 체육인들은 트랙 안에 나무가 있다는 사실을 못마땅해 했고, 환경보호주의자들은 나무를 한 그루도 베어서는 안 된다고 고집했다.

트랙 안쪽에 있는 나무들은 불투명에서 반투명, 그리고 거의 투명으로 변하면서 계절에 따른 변화를 걸러주는 역할을 한다. 멀리 또다른 광경도 보인다. 전에는 경작지였던 빈터가 그 자체의 경계를 부수어버리는 긍정적 공간으로 열려 있는 것이다. 조명등들이 빽빽한 나무줄기들 사이에서 우뚝우뚝 솟아 있다. 층을 이룬 관람석은 경사면과 조화를 이루고 있다.—miesarch.com/work/2496

영감의 원천은 단순하고 고귀했다. 그것은 그리스에서 열린 최초의 올림픽 경기였다. 트랙과 전체 야외 시설은 체육인들에게 가능한 한 자연스러운 무대를 제공하면서 또한 풍경을 해치지도 않는다.

맞은편의 술라즈는 오직 코르텐 강철만으로 설계되었다. 그것은 시간이 지나면 변할 것이다. 이 같은 결정은 이 건물이 예술품을 수장한다는 개념에 따른 것이다. "따라서 박물관과 풍경이 화가와 그의 작품처럼 상호간의 피드백을 가진다."

로데즈 2014

술라즈 박물관

우리에게 자주 영감을 주었고 여전히 영감을 주고 있는 프랑스의 "빛"의 화가 술라즈를 위한 박물관[박물관의 설계은 우리가 오래 전부터 간직해온 꿈이었다. 술라즈가 태어난 도시에 가면 그의 여러 측면—그의 접근방식, 그의 태도, 그가 관여했던 일 등—을 볼 수 있다.—댄 호위스, 「Dezeen」, 2017. 3. 13

따라서 박물관과 풍경은 화가와 그의 작품처럼 상호간의 피드백을 가지며 하나가 된다. 그래서 그 어느 것 하나도 제거될 수 없는 다양한 관계를 보여준다. 이 새로 창조된 세계에 속하는 모든 것은 원래부터 있던 것들이기 때문이다. 작품과 박물관, 풍경: 술라즈와 로데즈.—아란다, 피헴, 빌랄타, RCR 건축 제공

우리는 가능한 한 공원에 피해를 주지 않을 수 있는 대지를 찾고 싶었다. 그리고 이 박물관이 주위의 통행량이 많은 곳에 자리잡았으면 했다.—데이비드 콘, 「건축 기록」, 2014. 8. 16

"뿌리 내린 건축"

건축은 하나의 물체, 어떤 장소에 얹은 고립된 단위가 아니라는 것을 이해하는 것이 매우 중요하다. 오히려 건축은 공간적 관계의 시스템이라고 해야 할 것이다. 이 말로 우리는 건축 형태, 풍경, 장소, 사람들 그리고 건축 개요 등 전체를 가리킨다. 이 모든 것이 합쳐져서 뿌리내린 건축, 풍경과 하나가 된 건축을 창조한다.—웨스턴 오스트레일리아 대학교 온라인 뉴스, 2017. 3. 15

불확실의 자유

미지의 것은 모든 가능성의 영역이다. 불확실, 모험, 미지의 것이 없다면, 삶은 반복이며, 변화가 없는 삶은 죽음이나 마찬가지다. 알려진 것은 과거이며 과거는 죽은 것이다. 불확실은 자유로 가는 길이다. 그리고 안전은 불확실을 이해함으로써 찾을 수 있다.—아란다, 피헴, 빌랄타, RCR 건축 제공

혁신(innovation)은 건축이 필요가 답을 필요로 하는 질문이 되는 아주 첫 단계에 있을 때, 그리고 그 대답을 마련하는 데에 모든 참가자들이 참여할 때에만 가능하다.—웨스턴 오스트레일리아 대학교 온라인 뉴스, 2017. 3. 15

미래

우리는 우리 주위의 세계를 이해하고 우리 자신을 그 세계의 일부로 보려고 노력하는 것, 자연의 기본적 역학관계의 중요한 측면을 이해하고 자연 질서에 순응해서 가능한 최선의 방식으로 계속 살아가려고 노력하는 것이 지극히 중요하다고 믿는다.—「A + U: 건축과 도시 계획」 542, 2015. 11

아마도 가장 중요한 목표는 건축이 완성되어 홀로 존재하는 특이하고 독립적인 물체들의 창조자로서 보기를 멈추는 것일 수도 있다.……다시 말해서 시각적인 것으로만이 아니라 또한 인간의 육체로 전체적인 반응, 물질적인 것(촉각으로 알 수 있는 것)이 가치를 되찾고 동시에 비물질적인 것(침묵) 또한 인식되는 반응을 일으키는 것을 목적으로 하는 어떤 것으로도 보아야 한다.—「A + U: 건축과 도시 계획」 542, 2015. 11

생활환경 건축가들은 특이한 건물을 짓고 싶어한다. 그러나 특이한 것은 반복될 수 없다. 따라서 많은 장소에서 많은 사람들에게 봉사한다는 측면에서 볼 때 그 가치는 제로에 가깝다. —마이클 키멀만, 「뉴욕 타임스 스타일 매거진」, 2016. 5. 23

이곳 칠레에서는 우리는 매우 구체적인 문제들에 당면하고 있다. 그것이 건축에서 멋대로 하는 행동에 대해서 내가 매우 비판적인 이유이다.…… 나는 한 가지 이유 때문에 건축을 하고 있다. 나는 프로젝트들을 전에 했던 것보다 더 잘 하기를 바란다. 단순히 다른 것이 아니라 더 훌륭한 것이 되기를 바란다. 단순히 설계에서뿐만 아니라 생활환경의 측면에서도 더 좋은 건축이 되기를 바라는 것이다. — 블라디미르 벨로골로프스키, 「건축가들과의 대화: 유명인의 시대에」, 베를린: DOM 출판사, 2015

알레한드로 아라베나
ALEJANDRO ARAVENA

출생 1967년 6월 22일, 칠레 산티아고

교육 칠레 가톨릭 대학교, 칠레 산티아고, 1991; 역사와 이론, IUAV, 이탈리아 베네치아, 1992-93; 조각, 베네치아 미술 아카데미, 이탈리아 베네치아, 1992-93

사무실 Elemental, Av. Los Conquistadores 1700, Piso 29 A, 752082 Providencia, Santiago, Chile
전화 : +56 229-637-500, info@elementalchile.cl www.elementalchile.cl/en

주요 프로젝트 UC 이노베이션 센터-아나클레토 안젤리니, 산 호아킨 캠퍼스, 칠레 가톨릭 대학교, 칠레 산티아고, 2014; 빌라 베르데 주택, 칠레 콘스티투시온, 2013; 세인트 에드워즈 대학교 기숙사, 미국 텍사스 주 오스틴, 2008; 샴 타워, 칠레 산티아고, 2005; 킨타 몬로이 주택, 칠레 이키케, 2004

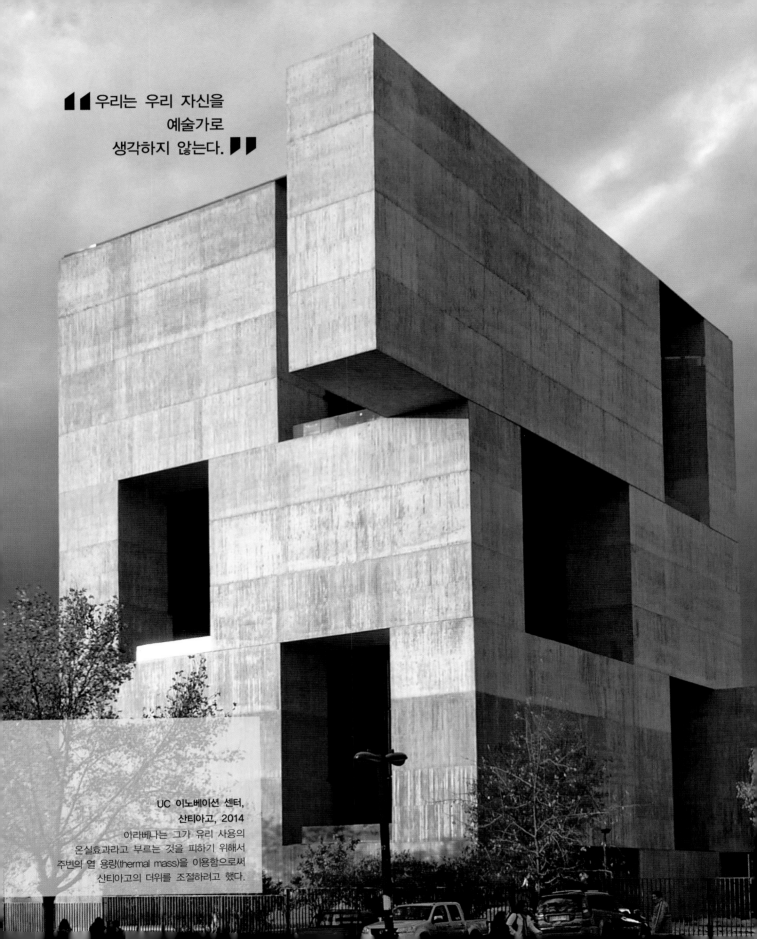

“우리는 우리 자신을
예술가로
생각하지 않는다.”

UC 이노베이션 센터,
산티아고, 2014
아라베나는 그가 유리 사용의
온실효과라고 부르는 것을 피하기 위해서
주변의 열 용량(thermal mass)을 이용함으로써
산티아고의 더위를 조절하려고 했다.

엘레멘탈

"우리는 단순히 토론만 하는 것이 아니라 건축하기를 원한다"고 나는 말했다. 그것이 우리가 엘레멘탈(Elemental: 그의 건축 회사명/역주)을 "행동 탱크(do-tank)"라고 부르는 이유이다. 조건 중 하나는 정책을 있는 그대로 받아들이는 것이었다.—켄 다다시 오시마의 알레한드로 아라베나 인터뷰, 「알레한드로 아라베나: 건축의 힘」, 도쿄: 토토 출판사, 2011

우리는 우리가 원하는 프로젝트를 겨우 수행할 수 있을 정도의 작은 사무실을 운영하고 있다. 내가 하고 싶은 일은 한 손에 펜을 들고 무엇인가를 그림으로써 공헌하는 것이다. 나는 행정가로서 나의 하루를 보내고 싶지 않다. 우리 사무실은 우리가 수행하는 모든 프로젝트에 내가 관여할 수 있을 만큼 작은 규모이다. 그러나 우리는 지진 후에 우리가 사는 도시인 산티아고 전체를 재건하는 일 같은 복잡한 프로젝트를 수행하기에 충분할 정도로 커야만 한다.—로키 커세일의 알레한드로 아라베나 인터뷰, 「Surface」, 2016. 7. 13

우리가 현실에 대해서 코멘트하는 방식은 신문사에 편지를 보내는 것이 아니라 프로젝트를 수행하는 것이다. 현실을 개선하는 나의 방식은 건축을 하는 것이다.—블라디미르 벨로골로프스키, 「건축가들과의 대화: 유명인의 시대에」, 베를린: DOM 출판사, 2015

> 결국 건축은 사람들이 사는 장소에 형태를 주는 것이다. 그보다 더 복잡한 어떤 것도 아니다.

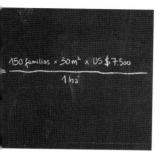

이키케 2004

킨타 몬로이 주택

나는 우리가 주택 건설 전문가는 아니라는 점을 분명히 하고 싶다. 우리가 칠레 킨타 몬로이 주택 개발사업을 시작할 당시 우리는 주택 건설에 대한 지식이 더욱 적었다.—매슈 로만, 탈 스코리 편, 「Perspecta」 42, 2010

문제의 발단 아라베나는 2000년 하버드 대학교에 재학 중이던 교통 엔지니어 안드레스 이아코벨리를 만났다. 두 사람은 그후 엘레멘탈을 창설했고 보조금으로 건설되는 주택사업에 관여하기 시작했다.

회사 엘레멘탈을 처음 시작했을 때 우리는 사회적 주택의 설계 방식을 바꾸려고 했다. 저렴한 비용으로 짓는 이런 주택들은 항상 부정적인 것, 충분한 재원이나 자원이 없기 때문에 어쩔 수 없이 해야 하는 일로 간주되곤 한다. 하지만 이런 기본적인 프로젝트는 아무리 자원이나 재원이 부족하더라도 상관없이 해보고 싶은 일이다. 이런 프로젝트에서는 필요 없는 것들을 거르는 능력이 중요하다. 그래서 우리는 불평을 하거나 우리가 할 수 없는 일을 꿈꿀 것이 아니라 우리에게 주어진 현실에 순응하는 것이 중요하다고 생각했다. 핵심으로 곧장 들어가서 중요한 일들을 실수 없이 단 한 번에 해내야 한다고 다짐했다.—켄 다다시 오시마의 알레한드로 아라베나 인터뷰, 「알레한드로 아라베나: 건축의 힘」, 도쿄: 토토 출판사, 2011

우리의 무지가 우리를 지나치게 엄격하게 몰아갔다. 모르면 모든 일을 이중 체크하고 결국은 언뜻 어리석어 보이는 질문들을 하게 된다. 이것이 때로는 프로젝트를 전진시키는 결과를 가져오기도 한다.—매슈 로만, 탈 스코리 편, 「Perspecta」 42, 2010

우리가 설정한 목표는 시간이 갈수록 가치가 커지는 어떤 일을 하자는 것이었다. 설계가 사람들이 가난을 극복하는 도구로 사용되어야 했다. 건축가로서의 나의 일은 이런 생각의 구체화였다.—벨로골로프스키, 「건축가들과의 대화」, 베를린: DOM 출판사, 2015

❝ 공적 건축의 경우, 사회에 더 깊이 뿌리를 내리면 내릴수록 더 좋다.……당신의 생산물은 가능한 한 복사 가능, 반복 가능해야 한다. ❞

❝ 칠레에서 내가 주로 하는 일은 지극히 제한된 자원으로 주택단지를 건설하는 일이다.❞

킨타 몬로이는 아라베나가 점증형 완성 주택(Incremental Housing)의 개념을 소개한 첫 프로젝트였다.

우리의 첫 프로젝트의 어려운 점은 7,500달러의 보조금을 사용해서 100가족을 수용해야 하는 것이었다. 여유 있게 하려면 5,000제곱미터의 대지가 필요했고 가족당 36제곱미터의 건평을 배정해야 했다. 그러나 이렇게 하려면 사회적 주택에 보통 배정되는 돈의 3배의 비용이 든다. 시장의 어떤 해결책도 이 문제를 해결할 수 없었다. 그래서 우리는 건축물로서는 토지를 매우 효율적으로 사용할 수 있고 주택으로서는 공간을 최대한 확장할 수 있는 방안을 생각했다. 1년 후, 각 가구의 가치는 2만 달러를 넘어섰다. 그러나 모든 세대주들은 주택을 팔지 않고 계속 살면서 가정을 개선해가는 쪽을 택했다.—아라베나, 엘레멘탈 제공

주택 프로젝트의 핵심이 시간이 가면서 그 가치가 커지는 데에 있다면, 그것은 투자이며 단순한 비용이 아니라는 사실이 가장 중요한 속성이 되어야 할 것이다. 그것이 엘레멘탈이 추구하는 바이기도 하다.—출처 미상

40제곱미터의 주택을, 작은 집이라고 생각하는 대신 그것을 반쪽의 좋은 집이라고 생각할 수는 없을까? 작은 집이라는 말 대신 '반쪽의 좋은 집'이라고 표현하면, 가장 중요한 질문이 "너는 어느 쪽 반을 짓느냐?"가 된다. 우리는 공적 자금으로 가족들이 개별적으로 지을 수 없는 집의 반쪽을 지어야 한다고 생각했다.—"나의 건축 철학은? 지역사회를 과정 속으로 끌어들여라", 아라베나의 TEDGlobal을 위한 강연, 리우데자네이루, 2014. 10. 9

우리는 집의 구조와 뼈대를 만든 다음, 그 반쪽에만 외벽을 치고 나머지 반쪽은 미래에 확장할 수 있도록 남겨둔다.…… 이렇게 함으로써 시각적 질서와 일관성은 물론이고 구조적 완전함도 보장할 수 있다.—블라디미르 벨로골로프스키, 「건축가들과의 대화: 유명인의 시대에」, 베를린: DOM 출판사, 2015

사실 빠듯한 예산이 우리에게 집의 반쪽만을 마련하도록 유도한 유일한 요인은 아니다. 돈이 더 있을 경우에도 우리는 건축면적을 늘리는 것보다는 면적 당 가치를 높이는 데 주력한다.—매슈 로만, 탈 스코리 편, 「Perspecta」 42, 2010

이 프로젝트를 간결하게 설명하는 일은 최적의 상황에서도 아주 까다로운 일이었다. 그러나 첫 번째 프로젝트였던 이 공사가 연륜이 얕은 회사에게 상당한 창의적 자유를 허용했던 것 또한 사실이다. 그 결과로 입주민 위주의, 입주자가 그 권한을 마음껏 행사할 수 있는 주택이 나올 수 있었다. 언뜻 보기에 단순해 보이는 아라베나의 다이어그램(**맞은편**)이 그 어려움을 표현해주고 있다.

오스틴 2008

세인트 에드워즈 대학교 기숙사

이 프로젝트의 진정한 테마와 어려움은 건축적인 것보다는 개인적인 것이었다. 프로젝트는 내가 칠레 밖에서 하는 최초의 프로젝트이다. 게다가 이 프로젝트가 진행되는 장소는 또다른 라틴 아메리카 국가가 아니라 칠레와는 전혀 다른 나라인 미국이었다. ─파바리지오 갈란티 편, 「Abitare」 495, 2009. 9

"물질의 특수성" 아라베나는 오래 전부터 그가 짓는 건축물로부터 직접 혜택을 받을 사람들을 만나는 데에 중점을 두었다. 그렇게 함으로써 그는 건축계의 편협한 제한을 피한다.

❮❮우리가 설명해야 할 대상은 시민들이지 다른 건축가들은 아니라고 나는 진정으로 믿고 있다.❯❯

아라베나의 말: "거친 환경에 저항할 수 있게 하기 위해서, 우리는 건물의 외벽은 딱딱하고 거칠게 하고 건물 내부로 들어갈수록 점점 더 부드럽고 섬세하게 하기로 했다."

그러나 역시 해결해야 할 문제가 있었다. 캠퍼스의 다른 건물들, 특히 오래된 건물들과의 원만한 조화를 유지하기 위해서 신축 건물의 적절한 건축 언어를 어떻게 결정해야 할 것인지를 논의해야 했다.
　이 논의는 주로 대학 평의원회에서 이루어졌는데 평의원들 중에는 건축가가 없었다. 내가 이 말을 하는 것은 다른 발언자들의 자격을 부인하기 위해서가 아니라 토의가 (공유되고 정상적인 의미에서) 수평적이고 공통적인 방식으로 진행되었다는 점을 분명히 하기 위해서이다. 그것은 건축가들 사이에서 일어났을 수도 있는 역사를 다루는 방식에 대한 학문적인 토론, 추상적인 원칙에 기초한, 대체로 이념적인 논의가 아니었다. 이 논의는 시민들 사이에 벌어진 논의였고 따라서 매우 구체적이었다. 더 좋지도 더 나쁘지도 않았지만 구체적이었다.…… 건물 전체의 출입구에 대한 논의가 아니라 벽에 낼 창문들에 대한 논의였다. 어떤 물체를 꼭대기에 얹어놓을 것이냐에 대한 논의가 아니라 지붕 모양을 어떻게 할 것이냐였다. 입체를 정의하는 데 필요한 선의 양에 관한 논의가 아니라 선을 어떻게 장식할 것이냐였다. ─갈란티 편, 「Abitare」 495, 2009. 9

우리는 비유적인 언어를 피하려고 애썼다. 모방작품도 피하고 90년 연륜의 건물들을 흉내내려고도 하지 않았으며 "내가 얼마나 멋진지 보아달라"는 투의 인간미 없는 상자 형태의 건물도 짓지 않았다. ─갈란티 편, 「Abitare」 495, 2009. 9

우리는 기숙사가 수도원과 비슷하다고 생각했다. 반복되는 작은 방들의 집합을 만들고 그것들을 더 큰 특별구역들과 어떻게 관련시키느냐가 문제였다. 수도원의 경우에는 수도승들의 방을 어떻게 배열하고 그 방들을 식당, 예배당과 어떻게 관련시키느냐가 문제였다면, 대학기숙사에서는 학생들의 방, 식당, 공동시설들을 어떻게 관련시키느냐가 문제였다. 모두 인간의 원초적 조건—자고 공부하고 먹는 것—을 충족시켜야 했다. 좀더 암시적 표현을 쓴다면, 심신에 자양분을 공급하고 그것을 소화시키는 것이 문제였다.―갈란티 편, 「Abitare」 495, 2009. 9

우리는 또한 뚜렷한 발자국을 만들기도 했다. 하지만 우리는 그것을 지리적 이벤트에 대한 반응으로서 만들지 않고 건물의 시야를 넓히는 방향으로 만들었다. 각각의 방들이 그 호젓함을 잃지 않으면서도 바깥을 내다볼 수 있고 자연광을 받아들일 수 있게 한 것이다. 우리는 또 빈 공간을 좁고 긴 땅으로 감쌌는데, 특별한 공간들에 일치시키기 위해서가

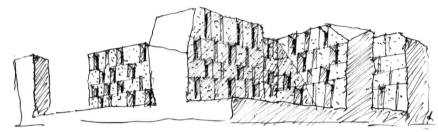

❝ 나에게는 칠레의 건축이 영감의 커다란 원천이다. ❞

아니라 바깥의 공간을 이끌어들이고 조정하기 위해서였다. 그렇게 함으로써 우리는 들판에 펼쳐진 고형체들만으로 이루어진 캠퍼스에 위상적 일면을 더해주었다. 실제로 우리는 이 "데카르트 협곡"을 마주하고 있는 기숙사 프로그램의 평범한 방들을 전체 프로젝트가 어느 정도의 점진적 변화—공공적인 것에서 중간으로, 평범한 것으로, 사적인 것으로 변하는—를 보여줄 수 있도록 배치했다.―갈란티 편, 「Abitare」 495, 2009. 9

독재체제 하에서의 교육

아라베나는 피노체트 체제에서 건축가가 되는 것이 어떤 것인지를 보여준다.

피노체트의 유일한 긍정적 측면은 정보 통제가 우리를 포스트모더니즘으로부터 구했다는 것일 것이다.……그 전에는 칠레 외부에서 어떤 일이 일어나는지 알기가 무척 어려웠다. 볼 수 있는 건축 잡지가 거의 없었고, 서양 음악을 접할 기회도 거의 없었다.……그나마 우리가 가진 것은 책들이었다. 책들은 잡지보다 덜 위험한 것으로 간주되었다. 우리가 본 유일한 현대 건축은 시자나 모라 같은 포르투갈 건축가들의 작품이었다.―블라디미르 벨로골로프스키, 「건축가들과의 대화: 유명인의 시대에」, 베를린 DOM 출판사, 2015

우리는 우리 스스로 우리의 정체성을 찾아야 했다. 우리의 교수들은 이론가가 아니라 전문업 종사자들이었다. 그들은 건물을 짓는 법을 가르쳤다. 지금 뒤돌아보면 그것은 매우 유용한 교육이었다.―마이클 키멀만, 「T: 뉴욕 타임스 스타일 매거진」, 2016. 5. 23

졸업 후 여행

나는 1991년에 졸업했는데, 졸업 후 맨 먼저 장학금으로 이탈리아, 그리스, 터키로 가서 처음으로 고대의 사원들을 찾아갔다. 당시 칠레에서는 영상을 통해서만 건축을 공부했다는 점을 이해해야 한다.―벨로골로프스키, 「건축가들과의 대화」, 베를린: DOM 출판사, 2015

나는 1992년 베네치아에 갔을 때 처음으로 내가 진정 건축 공부를 시작했다고 느꼈다. 완전히 다른 행성에 온 듯했다. 단지 어떤 건물을 그리려고 일주일간 그 건물을 찾아갈 수도 있었다. 나는 도리아 양식의 사원들을 그리려고 한 달간 시칠리아에 묵었다. 나는 모든 건물의 치수를 재면서 칠레에서 배우지 못한 건축의 역사를 흡수했다. 나는 로마네스크 양식의 건물들, 팔라디오, 알베르티, 브루넬레스키의 건물들을 보았다. 이런 건물들을 보면서 나는 마침내 건축이 지향해야 할 바가 무엇인지 깨달았다.―키멀만, 「T: 뉴욕 타임스 스타일 매거진」, 2016. 5. 23

칠레

칠레는 흥미로운 곳이다. 한쪽에는 태평양이, 다른 한쪽에는 안데스 산맥이 있기 때문에 어떤 면에서 칠레는 도서 국가이다. 우리는 모든

사람들로부터 아주 멀리 떨어져, 격리되어 있다. 이런 원격적인 조건이 멋대로 하는 풍조와 유행을 따르는 풍조로부터 우리를 보호한다. —벨로골로프스키, 「건축가들과의 대화」, 베를린: DOM 출판사, 2015

우리는 건축될 수 있는 것보다 더 복잡한 것은 그리지 않는다. 우리는 건축의 본질에 대해서 지적으로 억측하기보다 차라리 뭔가를 지어야 한다. —벨로골로프스키, 「건축가들과의 대화」, 베를린: DOM 출판사, 2015

[칠레의] 젊은 건축가들은 건축 유산의 압력을 받지 않았다. 가장 극단적인 방식으로 혁신하는 것을 두려워하지 않았다. —벨로골로프스키, 「건축가들과의 대화」, 베를린: DOM 출판사, 2015

수단이 부족하면 많은 제약을 강요당하게 된다.……건축가는 그런 작업을 정당화해야 하며 또 가난한 지역인 남부지방에서는 어느 정도 프로젝트를 완화할 수밖에 없게 된다. —로키 커세일의 알레한드로 아라베나 인터뷰, 「Surface」, 2016. 7. 13

작업 속도와 질의 양립 못지않게 중요한 가장 흥미로운 도전은 세계의 다른 곳에서는 그 노하우가 별로 알려지지 않은 어느 분야에서의 우리의 경험을 수출하는 것이라고 나는 말하고 싶다. 물적 자원이 부족함에도 칠레가 선진국 건축에 버금가는 질로 뭔가를 잘 할 수 있음을 보여줄 능력이 있다면, 우리는 우리에게 주어진 기회를 최대한 이용해야 할 것이다. —안톤 가르시아—아브릴, 「살아 있는 건축」, 2010. 1

도시

어떤 장소에 엘리트들이 많으면 많을수록, 그곳에서 지식이 창출될 기회가 더 많아진다. 한편 가난한 사람들에게 도시는 평등으로 가는 지름길이다.…… 그 결과 도시에는 부자와 빈자들이 공존하고 그들은 그 어느 때보다도 서로를 필요로 한다. —후안 파블로 코르발란, 마누엘 데 리베로, 프란시스코 J. 킨타나, 「Arichis」 3, 2009

우리는 도시가 평등으로 가는 지름길이라는 것을 보아왔다. 도시에서 전략적 프로젝트를 시행함으로써 소득 재분배를 기다릴 필요 없이 사람들의 삶의 질을 개선할 수 있다. —사무엘 메디나, 아비나쉬 라하고팔, 「메트로폴리스」 35, 2016. 4

완전의 정도

나는 매우 정확한 것을 좋아한다. 그렇다고 모든 것이 똑바르고 정돈되어야 한다는 뜻은 아니다. 뭔가가 너무 완전하다는 바로 그 이유 때문에 어떤 프로젝트가 생명을 잃는 경우도 더러 있다. 다소 덜 정돈되어 보이는 얼굴이 컴퓨터가 만든 완벽한 얼굴보다 더 매력적일 수도 있다. —벨로골로프스키, 「건축가들과의 대화」, 베를린: DOM 출판사, 2015

칠레에서 완벽하려면 비용이 많이 든다.…… 선진국에서는 많은 이유로 완벽할 필요가 있다.…… 물론 지금 우리는 여러 장소에서 작업을 하고 있고 따라서 우리가 칠레에서 하는 것을 다른 곳에서 가서도 꼭 하려고 노력할 필요는 없다. 다만 그때그때 상황을 파악하고 이해하려고 노력하면 된다. —켄 다다시 오시마의 알레한드로 아라베나 인터뷰, 「알레한드로 아라베나: 건축의 힘」, 도쿄: 토토 출판사, 2011

오늘날 많은 건축가들이 지구 도처에서 건축을 하고 있다. 마치 아주 자연스러운 일인 것처럼, 그러나 내게는 자연스러운 일이 아니다. 다른 곳에 가서 건축을 할 경우, 나는 스페인어 대신 영어로 설계를 해야 하는 경우가 많다. 또 미터 대신 인치나 피트로 생각해야 한다. 또 결핍의 문화에서 풍요의 문화로 이동해야 한다.(외국에 나가 공사를 할 경우 내가 예산을 빠듯하게 운영하면 고객들이 쩨쩨하다고 생각할 수도 있고 내가 긴축을 원할 경우 사용자들은 그것을 권리 침해라고 생각할 수도 있다.) 하지만 나는 주로 제3세계에서 선진국으로 가서 프로젝트를 이끌었다. 이런 일은 내게 전혀 낯설게 느껴졌고 아직까지도 나는 거기 익숙해지지 못했다. —갈란티 편, 「Abitare」 495, 2009. 9

이 건물의 설계는 여러 면에서 혁신적이었다. 학생들 간의 소통을 원활하게 함은 물론이고 열을 조절하는 데에 신경을 썼다. (투시할 수 있는 안뜰의 핵, 환기를 위한 열린 광장 등) 학생들은 **맞은편 중앙과 아래** 사진에서 볼 수 있듯이 트인 공간을 가로질러 서로를 볼 수 있다.

산티아고 2014
UC 이노베이션 센터—아나클레토 안젤리니

우리는 어떤 스타일도 가지고 있지 않다고 말할 수 있는 건물을 짓고 싶었다. 그런 건물은 어떤 유행도 따르지 않는 중립적인 건물이다. 이노베이션 센터의 가장 큰 위협은 그것이 너무 일찍 쓸모없어질지도 모른다는 것이다. 바로 이런 이유 때문에 이 건물은 스타일보다는 기능성에 중점을 두었다. —블라디미르 벨로골로프스키, 「건축가들과의 대화: 유명인의 시대에」, 베를린: DOM 출판사, 2015

회사와 사업체들, 더 일반적으로 말해서 수요가 대학의 연구자들, 그리고 그들이 내놓는 연구결과와 수렴하는 건물을 짓는 것이 목표였다. ─알레한드로 아라베나, 엘레멘탈 제공

5가지 중요한 요소가 이 건물의 형태에 영향을 미쳤다. 우선 환경적 관점에서 효율적인 건물을 짓는 것이 우리의 목표였다. 이런 기후에서는 태양열이 안으로 들어오지 못하게 막는 견실한 건물을 지을 필요가 있다. 우리 건물은 전면이 유리인 비슷한 다른 건물과 비교할 때, 에너지를 3분의 1밖에 소비하지 않는다. 그래서 우리는 추세를 따르는 대신 상식적인 선택을 하고 싶었다. 따라서 이 건물은 육중한 파사드와 우묵한 내부를 가지고 있다.

두 번째는 프로그램의 조건에 의해서 결과된 것인데 첫 번째와 잘 조화된다. 이 건물은 하나의 건축물이라기보다는 기반시설의 복합체로 구상되었다. 건물의 수직 공간에 산업용 크레인이 작동하고 있어 원하는 것을 무엇이나 사무실까지 끌어올릴 수 있다.

세 번째 요소는 사회적 상호작용과 관련된 것이다. 우묵한 내부는 안에 있는 사람들이 다른 사람들이 무슨 일을 하고 있는지 또 서로 어떤 상호작용을 하는지 알 수 있도록 되어 있어 협력을 유도할 수 있다. 우리는 더 넓은 복도, 엘리베이터 앞의 앉을 수 있는 공간, 공용 외부 테라스 등의 우연한 직접 대면의 기회를 자주 가질 수 있는 장소를 많이 만들었다.

네 번째는 특징이나 외양이다. 우리는 이 건물을 매우 안정되고 엄격하고 중성적인 건물, 그리고 산업시설처럼 보이는 장소로 만들고 싶었다.……

그리고 마지막으로 우리는 시간이 지나도 노후되지 않는 영구적인 재료를 사용하기를 원했다. 콘크리트는 그런 면에서 아주 좋은 재료이다. 콘크리트는 시간이 지날수록 더 단단해진다. 우리는 이 건물이 최소한 50년 또는 그 이상 사용되기를 바란다. 그래서 우리는 간단한 질문만을 생각했다. 이 건물은 시간이 지나면서 외양이 더 좋아질 것인가, 아니면 더 나빠질 것인가? 콘크리트, 목재, 강철은 시간이 지날수록 외양이 더 좋아지는 경향이 있다. ─벨로골로프스키, 「건축가들과의 대화」, 베를린: DOM 출판사, 2015

설계 유리 파사드의 거부, 그리고 다소 엄격한 기하학적 형태의 채택과 단일 재료 사용에 대한 집착은 유행을 내구성으로 대치할 수 있는 설계였다. ─알레한드로 아라베나, 엘레멘탈 제공

지속가능성 내부에 열린 안뜰을 두면, 건물 안에서 다른 사람들이 무슨 일을 하는지 볼 수 있고 또 빛을 더 잘 통제할 수 있다. 주변에 매스(mass)와 벽을 두면, 직접적인 태양 복사열을 방지할 수 있다. 창문을 열어 상호 환기를 할 수도 있다. 우리는 이런 창문들을 충분히 만듦으로써 창문들이 높은 광장─건물의 모든 높이에 있는 야외 공간─의 역할을 할 수 있도록 했다. 이것은 거창한 과학이 아니다. 세련된 프로그램이 필요한 것도 아니다. 이것은 기술의 문제가 아니다. 오래된, 원시적인 상식일 뿐이다. 이 상식을 따름으로써, 우리는 제곱미터당 매년 120킬로와트─유리 타워를 식히는 데에 드는 표준 에너지 소비량─를 제곱미터당 매년 40킬로와트로 줄일 수 있었다. 이렇게 올바른 설계를 하면, 지속가능성은 상식의 엄격한 적용 이외의 아무것도 아니다. ─"나의 건축 철학은? 지역사회를 과정 속으로 끌어들여라", 아라베나의 TEDGlobal을 위한 강연, 리우데자네이루, 2014. 10. 9

▶▶ 혁신 센터는 구조와 기능에 중점을 둔 건물이다. ◀◀

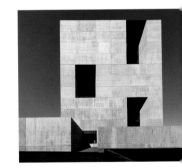

올바른 질문 던지기

모두가 기술이 대답이 될 것이라고 말하고 있던 60년대에, [영국의 건축가] 세드릭 프라이스는 이렇게 물었다. "무엇이 문제인가?" — 사무엘 메디나, 아비나쉬 라하고팔, 「메트로폴리스」 35, 2016. 4

우리가 짓는 건물들은 제대로 작동해야 한다. 주어진 예산으로 지어야 하고 또 어떤 목적을 충족시켜야 한다. 우리는 모든 위협—법, 환경, 시한, 재료, 기대—을 이해하려고 노력하는 것으로 시작한다. 대답을 시작하기 전에 질문을 설계하는 것으로 시작한다. 이것은 주로 작용하는 힘들을 이해하려고 노력하는 것이다. — 로키 커세일의 알레한드로

아라베나 인터뷰, 「Surface」, 2016. 7. 13

진정한 제한의 범위 안에서 어떤 문제에 대응하도록 자신을 훈련하는 것은 외부세계에 일하러 갈 때 당신이 공부하고 훈련한 것을 가치 있게 해줄 메커니즘을 가지면서 동시에 거리를 유지하도록 하는 것이다. 여기서 내가 말하는 제한은 결과적으로 새로운 대답을 유도하는 새로운 질문 쪽으로 당신을 유도하는 제한을 가리킨다. — 후안 파블로 코르발란, 마누엘 데 리베로, 프란시스코 J. 킨타나, 「Arichis」 3, 2009

◀◀ 지속가능성은 상식의 엄격한 적용 이외의 다른 아무것도 아니다. ▶▶

UC 이노베이션 센터의 경우와 마찬가지로, 이 설계에서도 열이 중요한 요소였다. 그러나 아라베나는 유리 타워를 설계해달라는 구체적인 부탁을 받았다. 그는 두 개의 건물을 하나로 합성하는 설계를 하기로 했다. 에너지 효율이 높은 내부의 건물을 유리 셸(glass shell)이 둘러싸고 유리 셸을 통해서 공기가 순환할 수 있도록 하는 구조였다.

산티아고 2005
샴 타워즈

우리는 컴퓨터와 관련된 모든 시설을 수용할 수 있는 유리 타워를 지어달라는 의뢰를 받았다. 우리는 이 건물 설계에 세 가지 문제가 있다고 생각했다. 그것은 컴퓨터, 유리, 그리고 타워였다. 대학 당국은 우리에게 모든 것이 디지털 기술에 의존하게 된 이 시점에 학생들을 가르치기 위해서 필요한 건물의 타입이 어떤 것인지를 생각해달라고 했다. 이제 컴퓨터 때문에 건축물이 변해야 하는가? 방(작업을 위한 방이든 수업을 위한 방이든 간에)의 개념이 아직도 의미가 있는 것일까? 우리의 대답은 물론 예스와 노 중의 하나였다.
　작업 공간의 패러다임이 역전되었기 때문에 예스였다. 지금까지는 훌륭한 자연광을 이용할 수 있는 방이 좋은 방이었다(도서관, 강의실 등). 그러나 이제 스크린을 보며 작업하게 되었기 때문에 (불편한 반사를 일

(으키지 않는) 어슴푸레한 빛을 이용할 수 있는 방이 좋은 작업 공간이 되었다. 따라서 우리는 적지 않은 연구를 하게 되었다. 외부로 통하는 구멍을 매우 신중하게 내야 했기 때문이다.

그러나 한편 우리는 컴퓨터와 그것이 교육, 즉 지식의 전달에 끼치는 영향에 대해서 그리 낙관적인 생각을 하지 않았다. 결국 두 사람(교수와 학생이든 두 학생이든 간에)이 멋진 그림자 아래서 커피를 마시며 나누는 좋은 대화 또는 복도에서 만나 생각나는 대로 나누는 대화보다 더 좋은 것은 없다는 것이 우리의 생각이었다(우리는 루이스 칸의 기관 [institution]—이 경우에는 학교—에 대한 오래된 개념을 머릿속에 떠올리고 있었다).…… 그래서 우리는 교육의 다음 단계에 대한 생각을 하는 대신에 가능한 한 생각을 후퇴시켜 더욱 고색창연하고 원시적인 상태로 돌아가야 한다고 생각했다. 나무가 우거진 비탈길, 자연스런 공원의 벤치, 또는 10층 높이에 있는 복도야말로 고아한 대화가 이루어질 수 있는 장소라고 우리는 기대했다.

유리와 관련된 문제점은 산티아고에서 유리 타워를 짓는 것은 자동적으로 온실효과를 생각해야 한다는 것을 의미한다는 점이었다. 우리에게는 모든 문제를 단 하나의 외벽으로 해결할 수 있는 커튼 월(이중의, 반사하는, 채색 유리)을 설치할 돈이 없었다. 설사 그런 돈이 있다고 해도 뒤에 냉방을 위한 에너지의 양을 생각하면 끔찍했다. 그리고 우리는 건물 전면에 거울 유리를 쓰는 것을 좋아하지 않았다. 천박해 보이기 때문이다.

그래서 모든 문제를 일거에 해결하는 하나의 외벽 대신에……몇 개의 외벽을 써서 각각의 외벽이 한 번에 한 가지씩 문제를 해결하도록 하는 편이 더 싸게 먹히겠다고 생각했다. 우리는 가장 바깥쪽에 단 하나의 유리 외벽을 설계했다. 이 외벽은 에너지 면에서는 아주 나빴지만 비바람을 막는 데는 아주 훌륭했다. 다음에 그 안의 건물은 섬유 시멘트로 짓기로 했다. 비바람을 막는 데는 나쁘지만, 에너지 면에서는 효율적인 건물이었다. 그 사이에 공기가 있다. 우리가 해야 했던 일은 단 하나, 태양열이 유리를 통과했을 때 그것이 안에 있는 두 번째 건물에 도달하기 전에 온실효과 발생을 막는 것이었다. 그래서 두 건물 사이에 있는 공간이 방어 굴뚝 역할을 하도록 했다. 뜨거운 공기가 대류에 의해서 꼭대기의 빈 공간으로 올라가서 건물에서 빠져나가도록 한 것이다.

마지막으로 타워를 만들어야 하는 문제가 남아 있었다. 우리에게는 불과 5,000제곱미터의 대지밖에 없었다. 우리가 각 층의 표면을 얼마나 줄이느냐는 문제가 되지 않았다. 그 결과로 생긴 건물은 꽤 육중했다. 높은 건물이었다. 그러나 타워처럼 보이지는 않았다. 따라서 우리가 생각했던 유일한 해결책은 7층 이상에서 건물을 둘로 쪼개는 것이었다. 쪼개진 두 부분의 각각에 우리는 약간 색깔이 다른, 거의 두께가 없는 알루미늄 조각들을 사용했다. 그 결과, 앞에서 보면 건물은 머리가 둘인 특이한 형체로 보이지만, 멀리서 보면, 서로 다른 색깔 때문에 몸의 상당 부분을 공유한 수직으로 솟은 두 개의 형태로 보인다. 마치 샴 쌍둥이 같은 모습이다. —알레한드로 아라베나, 엘레멘탈 제공

▌▌ 나에게 창의성은 제약을 극복하는 데서 온다. ▐▐

종합/"해결책은 직접적이고 단순해야 한다."

건축 자체의 힘이든, 상식의 힘이든, 자연의 힘이든, 이 모든 힘들이 형태로 전환되어야 한다. 그리고 그 형태가 만들고 빚는 것은 시멘트, 벽돌, 목재가 아니고 삶 그 자체이다. 설계의 종합하는 힘은 건축물의 가장 깊은 핵심에 그 삶의 힘을 심으려는 기도에 불과하다. ―"나의 건축 철학? 지역사회를 과정 속으로 끌어들여라", 아라베나의 TEDGlobal을 위한 강연, 리우데자네이루, 2014. 10. 9

건축에는 가난이라는 것은 존재하지 않는다. 공간은 결국 건축에 속하지만, 가난은 그렇지 못하다. 가난은 건축 바깥에 있다.…… 대체로 우리의 도전은 건축의 렌즈를 통해서 취급된, 그와 같은 비건축적 문제들로부터 올 것이라고 나는 말하고 싶다. 이것이야말로 건축의 종합하는 힘, 형태의 전략적 활용이다. ―켄 다다시 오시마의 아라베나 인터뷰, 「알레한드로 아라베나: 건축의 힘」, 도쿄: 토토 출판사, 2011

어떤 프로젝트를 시작할 때에 건축적인 요소가 끼어들어서는 안 된다. 건축은 당면한 문제에 대한 종합적인 반응을 보일 때에 비로소 등장해야 한다. 그렇다면 출발점에서 어느 정도의 건축이 개입해야 할까? 대답은 이렇다. 건축은 제로, 100퍼센트 다른 요소들이어야 한다. 복잡한 요소들을 종합하는 일이 반쯤 진척되었을 때 건축은 어느 정도 개입해야 할까? 대답은 100퍼센트다. 그러면 결과를 검증할 때에는 건축이 어느 정도 개입해야 할까? 다시 제로다. 우리가 제로에서 시작했기 때문이다. ―안톤 가르시아―아브릴, 「살아 있는 건축」, 2010. 1

아름다움의 문제

사실 의도적으로 보기 흉한 건물을 세우고 싶어 하는 사람은 없다. 하지만 당신의 작품이 우선 아름다움을 목표로 할 때, 바탕에 깔려 있는 생각은 당신이 평균 이상의 취향을 가지고 있다는 생각이다. 따라서 사람들이 당신에게 돈을 지불하는 것이다. 문제는 당신이 결과를 완전히 통제할 필요가 있다는 점이다. 그러지 못하면 당신의 취향이 기대에 부응하지 못하게 될 것이다.…… [반대로] 당신의 성공이 프로그램을 시작할 수 있는 당신의 능력, 이미 올바른 방향으로 시작된 사업의 전개에 달려 있는 열린 시스템에서는 그런 통제가 불가능하다. ―안톤 가르시아―아브릴, 「살아 있는 건축」, 2010. 1

제15회 베네치아 건축 비엔날레

아라베나는 제15회 베네치아 건축 비엔날레의 의장이었다. 그는 이 직책을 맡은 최초의 남아메리카인이었다. 그는 비엔날레의 주제를 "전선으로부터의 보고(Reporting the Front)"로 정했다.

우리는 건축의 발전은 그 자체가 목표가 아니고 사람들의 삶의 질을 향상시키는 수단이라고 믿는다. 사람들의 삶이란 것이 가장 기초적인 육체적 욕구에서부터 인간 조건의 가장 추상적인 측면에까지 이르는 광범위한 것임을 감안할 때, 조성된 환경의 질을 향상시키는 것은 다양한 전선들의 문제를 해결하는 노력일 수밖에 없다. 그것은 매우 구체적이고 현실적인 생활수준을 보장하는 일에서부터 인간의 갖가지 욕망을 해석하고 충족시키는 일에까지 이르는, 한 개인을 존중하는 일에서부터 공익을 도모하는 일, 매일 매일의 활동을 효율적으로 지휘하는 일에서부터 문명의 경계를 확장하는 일에까지 이르는 광범위한 노력이어야 한다. ―알레한드로 아라베나, 「AV Monographs」 185, 2016

우리는 조성된 환경의 질에 관해 끝없이 계속되는 토론에 필요성뿐만 아니라 행동의 여지 또한 들어 있다는 것을 보여주고 싶었다. ―알레한드로 아라베나, 「AV Monographs」 185, 2016

콘스티투치온 2013

빌라 베르데 주택 건설

콘스티투치온은 2010년 쓰나미로 심한 피해를 입었다. 아라베나는 이 지역의 재건을 돕도록 고용되었다. 그의 일은 집을 잃은 수천 명의 주민들의 새 집을 짓는 일이었다. 빌라 베르데는 콘스티투치온의 가장 큰 재건 프로젝트이다.

COPEC은 칠레 콘스티투치온 시에 있는 임업회사 아라우코를 소유하고 있다. 2010년 진도 8.8의 지진이 일어난 후, 회사는 우리에게 그 노무자들이 살 새 집을 엘레멘탈의 방식으로 지어달라고 요청했다.…… ―아사드 시르켓, 「건축 기록」 201, 2013. 3

참여 설계 콘스티투치온의 주민들은 당연히 의심했다. 그들은 우리가 그 임업회사를 위해서 일하고 있기 때문에 재건의 모든 혜택이 그들에게가 아니라 회사로 돌아갈 것이라고 생각했다. 우리가 처음부터 주민들을 재건 과정에 참여시켜야 한다고 생각한 것은 바로 이런 이유 때문이었다. 우리는 올바른 고객을 만들어낼 필요가 있었다. 그래서 우리는 콘소시엄을 구성했다. 아라우코, 정부, 주민들, 그리고 우리로 이루어진 콘소시엄이었다. 사실 우리는 계획의 내용을 아무것도 알지 못했으므로 직감적 접근방식을 따르고 있었다. 결국 몰랐던 것이 도움이 되었다. ―마이클 키멀만, 「T: 뉴욕 타임스 스타일 매거진」, 2016. 5. 23

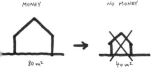

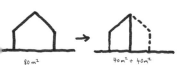

> ❚❚ 모든 것이 넉넉지 못한 때와 장소에서는 엘레멘탈의 접근방식이 통할 여지가 있다. ❚❚

참여 설계는 히피적, 낭만적, 말하자면 우리 모두 함께 도시의 미래에 대한 꿈을 꾸자는 그런 종류의 설계가 아니다. 그것은 사실 올바른 대답을 찾으려는 가족들에게도 어울리는 설계가 아니다. 무엇이 올바른 질문인가를 정확하게 알려고 하는 노력이라고 할 수 있다. 잘못된 질문에 대해서 선뜻 대답을 내놓는 것보다 더 나쁜 것은 없다.—"나의 건축 철학은? 지역사회를 과정 속으로 끌어들여라", 아라베나의 TEDGlobal을 위한 강연, 리우데자네이루, 2014. 10. 9

참여 설계에서 공통된 문제는 사람들을 초대해서 우리가 하고 있는 일에 대해서 불평하도록 하는 것이다. 그렇게 해서 그 문제의 입자들을 한 방향으로 모으는 것이 가장 중요한 요소이다.—저스틴 하비, 「건축 뉴질랜드」 4, 2015

우리에게는 정치인에서 사회사업가, 설계사에 이르기까지 생산의 모든 단계에서 최선의 사람들이 필요하다. 우리가 하려고 애쓰는 것은 건축물이 가외의 비용을 들어가게 하는 것이 아니라 가치를 더해준다는 것을 알리는 것이다.—로빈 포그레빈, "프리츠커상, 칠레의 알레한드로 아라베나에게 수여되다", 「뉴욕 타임스」, 2016. 1. 13

사회적 주택 건설 사회적 주택 건설은 윤리적 문제일 뿐만 아니라 어려운 문제이다. 그것은 전문적인 자선보다는 전문적인 질(質)을 요구한다.—켄 다다시 오시마의 아라베나 인터뷰, 「알레한드로 아라베나: 건축의 힘」, 도쿄: 토토 출판사, 2011

나는 개인주택이 특별히 흥미롭다고 확신하지 못한다. 그것은 고객의 비전이냐 건축가의 비전이냐가 문제될 뿐이다. 학교나 공공 주택 프로젝트는 모든 사항이 타협의 대상이 될 수 있는 더욱 복잡한 공간에서 이루어진다. 내가 생각하기에 그래서 학교나 공공주택은 건축가에게 더욱 창의적이고 더욱 어렵고 더 까다로우며 또한 보람도 그만큼 더 크다.—마이클 키멀만, 「T : 뉴욕 타임스 스타일 매거진」, 2016. 5. 23

> ❚❚ 참여 과정에서 우선순위가 드러났다. ❚❚

보조금을 받아 짓는 주택을 적은 비용으로 빨리 짓는 우리의 모델이 다른 제3세계 국가들에게 진정한 실험실과 모델이 되었다.—벨로골로프스키, 「건축가들과의 대화」, 베를린: DOM 출판사, 2015

우리가 현재 짓고 있는 프로젝트에 초점을 맞추는 것만으로 충분하다. 우리는 단지 수천 가구를 지었을 뿐이지만 전 세계적으로 필요한 주택은 20억 가구쯤 된다. 따라서 우리는 한편으로는 어느 정도의 성취를 이루었다고 할 수 있지만, 우리가 주류가 아니라는 점에서 나는 우리가 실패라고 느끼기도 한다. 우리는 요즘 건축되고 있는 것의 변두리에 있는 하나의 흥미로운 예외일 뿐이다. 그래서 나는 우리에게는 아직 할 일이 많다고 말하고 싶다.—커리 스톤 설계상, 비디오, 「공공주택을 주민들의 소유를 부추기도록 설계할 수 있을까?」, 2010

이전에 있었던 사회적 주택 건설 프로젝트에서 얻은 교훈이 빌라 베르데의 피고용자 개발에 도움이 되었다. 이 그림이 보여주는 것 같은 점증형 완성 주택 개념이 이제 더 많은 예산의 공사에도 적용되었다. 점증형 주택은 주민들의 관심을 높이고 그들에게 주택을 소유할 가능성을 줄 목적으로 추진되고 있다.

생존 나는 도시 전체가 불타는 것을 보았다. 나는 불타고 있는 도시들 위를 비행하는 조종사로서 특히 뮌헨 시, 울름 시, 그리고 일부 슈투트가르트 시가 타고 있는 것을 보았다. 도시계획 및 건축 학도로서의 가장 강렬한 첫 학기는 불타고 있는 도시를 보는 것이었다. 나는 그 광경을 결코 잊을 수 없을 것이다. 수세대에 걸쳐 짓고 만들고 발전시킨 것이 불과 몇 시간 동안에 파괴될 수도 있다는 것이 놀랍기만 했다. 그런 일들에 대해서 이야기하는 것, 전쟁으로부터 배울 수 있는 것은 매우 중요하다. 그렇다. 나의 건축은 생존의 건축이다. 매우 단순하다. 우리가 하고 있는 모든 것이 생존하는 것이 아닌가.—「프라이 오토: 미래 어림잡기」, 다큐멘터리, 2015

프라이 오토 FREI OTTO

출생 1925년, 독일 지그마르; 2015년 3월 9일, 독일 레온베르크 타계

교육 베를린 기술대학교, 1948; 토목공학 박사, 베를린 기술대학교, 1954

사무실 Atelier Frei Otto + Partner, Künstler + Ingenieure, Lucas-Cranach-Weg 5, D-71065, Sindelfingen, Germany www.freiotto.de

주요 프로젝트 빌크한 텐트형 공장, 독일 바트 뮌더, 1988; 다목적 홀, 독일 만하임, 카를프리트 무츨러, 요아힘 랑그녀와의 공동작업, 1975; 1972년 하계 올림픽을 위한 뮌헨 올림픽 공원, 독일 뮌헨, 귄터 베니쉬, 프리츠 레온하르트와의 공동작업, 1972; 엑스포 67 독일관, 캐나다 몬트리올, 롤프 구트브로트, 프리츠 레온하르트와의 공동작업, 1967

나는 프라이(frei)다.
나는 프리(free)다.
나는 프라이 오토다.
(frei[독일어] : 자유로운/역주)

뮌헨 올림픽 공원,
1972
인간의 파괴 능력과 도시의 취약성을 끊임없이
상기시키는 전쟁을 체험한 오토는 가볍게
손을 놀려 일하는 것, 그럼으로써 점잖게 문명에
침투하는 것을 평생의 사명으로 삼았다.
그는 말하기를 건축가들은 "재앙이 사람들을
죽일 수 없도록 도와야 하며 그것은 아주
간단한 일"이라고 했다. 이런 점에서 임시로
열리는 전시야말로 그의 이상적인 무대였다.

제2차 세계대전 나의 작업의 철학적 측면은 새로운 종류의 건축물뿐만 아니라 다른 건축물을 만드는 것이라고 말해야 할 것 같다. 히틀러 치하에서는 매우 강하고 무거운 건축물을 만들어야 했다. 그래서 나는 새로운 사고, 진정으로 새로운 종류의 사고를 하고 싶었다. —「프라이 오토: 미래 어림잡기」, 다큐멘터리, 2015

건물들의 가장 큰 적은 인간이다. 우리나라, 그리고 다른 나라들, 중부 유럽을 재건하기 시작하면서, 우리는 수백 년 혹은 그 이상 오래 버틸 수 있는 건물은 없다는 생각을 하기 시작했다. 건물들이 완전하기 위해서는 항상 변해야 한다. 하지만 어떤 건물들은 보호되어야 한다. 그 건물들이 사람들이 지금까지 무슨 일을 해왔는가를 보여주고 또 인간이 미래로 갈 수 있도록 도와주기 때문이다. —"근본적인 건축 및 철학 이념", AA 건축학교에서 프라이 오토가 한 강연, 2003. 11. 5

가벼움의 추구 아무데도 다치지 않고 전쟁에서 살아남은 것을 고맙게 생각하고 있던 나는 건축가로서 출발할 때부터 사회에 유용한 존재가 되고 싶은 욕망을 가슴 깊이 품고 있었다. 많은 일들 가운데서 나는 내가 남보다 더 잘 할 수 있는 일을 선택하려고 애썼다. 무엇보다도 나는 가장 가벼운 집—셸이나 텐트 같은 집—을 개발하고 싶은 충동을 느꼈다. —이렌 마이스너, 에버하르트 몰러, 「프라이 오토: 탐구, 건설, 영감/탐구와 건설과 영감의 일생」, 바젤: 비르크호이저, 2015

몬트리올 1967
엑스포 67 독일관

실험적인 작품, 신장성(伸張性)이 있는 구조물에 대한 프라이 오토의 계속되는 관심을 감안할 때, 이 초기의 중요한 프로젝트와 그후 몇 년 동안 그에게 의뢰된 프로젝트들은 그에게 살아 있는 실험실 역할을 하게 되었다. 이른바 임시 구조물들은 오토에게 영구성에 대한 걱정 없이 아이디어를 탐구할 수 있는 자유를 제공했다. 그러나 실상 그의 신장성이 있는 구조물 다수는 수십 년 동안 온존하고 있다.

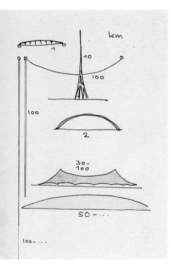

한편으로 전시회들은 내가 막 생각하기 시작했을 뿐인 것들을 실현할 기회를 마련해주었다. 나는 전시회들을 통해서 나의 연구와 발상을 진전시킬 수 있었다. 내가 공적인 연구 지원자금을 받은 것은 1968-1969년 이후부터였다. 다른 한편으로 나는 나의 작업이 반사회적인 것이 아니라는 것, 새로운 일들이 받아들여진다는 것을 깨달았다. 엑스포 67의 독일관에 의해서 우리가 몬트리올에서 성공함으로써 이것이 분명해졌다. 그것이 나의 방식이었다. —한스 울리히 오브리스트, 「한스 울리히 오브리스트: 인터뷰」 제1권, 밀라노: 차르타, 2003

▰▰ 진정한 문제는 그 안에 해결의 핵심을 포함하고 있다. ▰▰

1965년에 쓴 이 글은 문명의 미래와 세계 평화에 대한 큰 낙관이 담겨 있다.

1945년 이후 과학의 각 분야에서 일어난 획기적인 확장—역사상 그 유례를 찾기 어려운 발전 속도이다—에 힘입어 세계에 대한 신선한 이해가 서서히 드러나게 되었다. 개인이 공동체, 그 자신의 환경, 그리고 우주와 맺게 되는 새로운 관계가 …… 그 실체를 드러내고 있다.…… 현재 우리는 모든 국가에서 보편적 주장을 담은 일방적 독트린으로부터의 진보적 해방을 확장해가는 시대의 한복판에 있다. 우리는 방향 전환의 시기를 맞고 있다. —콘래드 롤런드, 「프라이 오토: 신장성의 구조」, 뉴욕: 프래거 출판사, 1970

비누방울 오토는 비누방울로 많은 실험을 한 것으로 유명하다. 그의 비누방울 실험은 1961년부터 시작되었다.

비누방울 속에 작은 머리카락을 넣고 비누방울 한가운데에 위치시키면, 비누방울은 정확한 원을 형성한다.

오토는 "우연"과 자연을 무게와 매스(mass)로서 정확하게 계산하면서 세심하게 관찰했다. 그는 비누방울을 약간만 잡아당겨도 원이 생기면서 그 꼭대기에 뾰족한 부분이 생긴다는 것을 발견했다. 텐트와 같은 모양을 한 엑스포 독일관, 그리고 그가 그후에 지은 여러 구조물들의 모양이 그것과 유사하다.

우리는 미래를 알고 있었다. 미래는 내일이 아니다. 미래는 오늘이다.

건축 예술은 비쌀 필요가 없다. 그러나 그 가치는 항상 높다.

하지만 원의 한 점을 잡아당기면 다른 모양을 얻을 수 있다. 나는 이 모양을 몬트리올 엑스포 독일관과 뮌헨 경기장 등 여러 건물에 사용했다. 그런 건물들에는 멋진 곡선이 나타나 있다. —"근본적인 건축 및 철학 이념", AA 건축학교에서 프라이 오토의 강연, 2003. 11. 5

비누막을 매달고 끈을 막에 내려서 끈을 돌린다. 그런 다음 끈 안에 남아 있는 막을 깨뜨리면 완벽한 원이 형성된다. 그 끈을 잡아 밖으로 끌어당기면 아주 작은 표면이 생긴다(www.archdaily.com/609541/video-frei-otto-experimenting-with-soap-bubbles 참조/역주). 이제는 그것을 계산할 수 있다. 그러나 40년이 넘도록 그 계산은 불가능했다. —후안 마리아 송겔과 프라이 오토, 「프라이 오토와의 대화」, 뉴욕: 프린스턴 건축 출판부, 2010

계산이 가능해지다 공학은 아직 완전하지 못하다. 특히 건축에서는 그렇다. 계산으로 나온 것이 입증되는 경우가 아주 드물기 때문이다.…… 건축물에 작용하는 압력과 힘을 계산하기가 너무 어려웠기 때문이었다. 몬트리올의 건물을 시작할 때, 나는 기둥 밑에 수압 프레스를 설치하고 기둥에 작용하는 힘을 측정했다. 우리는 또 모든 케이블의 강도도 측정했다. 우리는 프리츠 레온하르트가 한 측정이 정확할 것이라는 것을 알고 있었다. —"근본적인 건축 및 철학 이념", AA 건축학교에서 프라이 오토의 강연, 2003. 11. 5

우리는 몬트리올 엑스포 독일관의 지붕 패턴을 수작업으로 개발했고 뒤에 당시로서는 아직 익숙하지 않았던 신기한 기계였던 컴퓨터를 사용해서 계산을 했다. 뮌헨 올림픽 수영경기장 건물과 올림픽 스타디움 역시 수작업으로 했다. —송겔과 오토, 「프라이 오토와의 대화」, 뉴욕: 프린스턴 건축 출판부, 2010

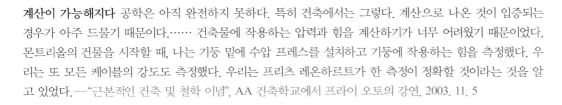

발명하고 싶은 욕망

내가 어렸을 때부터 발명은 내게 오락이요 집념이었다. 나는 언제나 뭔가를 만들고 있어야 했고 매우 기묘한 발명품들을 만들곤 했다. 건축과는 아무 관계도 없는 것들이었다. 7, 8세 때 나는 요즘은 아주 흔한 물건이 된 인라인 스케이트를 발명했다.……발명은 알맞은 시기와 알맞은 장소에서 알맞은 사람들에게서 나와야 한다. 이런 조건들이 맞지 않으면 발명은 실패하기 마련이다. — 후안 마리아 송겔과 프라이 오토, 「프라이 오토와의 대화」, 뉴욕: 프린스턴 건축 출판부, 2010

나의 아버지는 조각가이자 석공(할아버지도 석공이었다)이었으며 중세의 석조물에 아주 관심이 많았다. 아버지는 옛날 사람들이 후크와 뉴턴도 나오기 전이고 오늘날의 수학이나 컴퓨터도 없던 시대에 어떻게 둥근 천장(vault)을 무너지지 않게 만들었을까 알아내려고 애썼다. 그 옛날에 사람들은 둥근 천장을 만드는 법을 알고 있었던 것이다. — 송겔과 오토, 「프라이 오토와의 대화」, 뉴욕: 프린스턴 건축 출판부, 2010

회반죽 속의 젖은 천

아버지의 작업실에서 오토는 회반죽 속에 천을 넣고 적시는 실험을 하곤 했다.

그렇다, 그것은 조각가들이 하는 작업의 일부였다. 내가 처음으로 뒤집힌 형태를 지으려고 했을 때 그것이 도움이 되었다. 오늘날에도 나는 이것을 가지고 놀곤 한다. 놀라운 장난감이다. — 송겔과 오토, 「프라이 오토와의 대화」, 뉴욕: 프린스턴 건축 출판부, 2010

연구

연구는 프라이 오토의 평생에 걸친 작업의 일부이다. 1961년 오토와 요한-게르하르트 헬름케는 헬름케가 교수로 있던 베를린 기술대학교에 생물학 및 건축 연구단체를 창설했다.

새로운 세계가 우리에게 열렸다. 그것은 자연에 대한 완전히 새로운 인식이었다. 이제 우리의 작업이 나에게 집을 짓는 것보다 더 중요한 것이 되었다. 우리는 순수한 기초 연구를 하고 싶었다. 우리는 생물의 세계와 무생물의 자연이 어떻게 존재하게 되었는지, 그 형태들이 어떻게 발전했는지, 또 어떤 건축이 이들 형태들을 포용하고 조절할 수 있을지 알고 싶었다.……우리는 자연에 대해서 배우고 싶었고 자연의 생성에 대해서 좀더 이해하고 싶었다. — 이레네 마이스너와 에버하르트 몰러, 「프라이 오토: 연구, 건축, 영감의 삶」, 바젤: 비르크호이저, 2015

나는 늘 프로젝트와는 무관한, 다분야 재단의 연구에 관여해왔다. 이런 연구는 대체로 자연과학 진흥에 중점을 둔 연구였다. 생물학 전공인 나의 동료들은 특히 우리의 지식을 이용해서 살아 있는 생물체를

설명하는 방법이 없겠느냐고 과제를 던지곤 했다. 우리는 대답을 찾아보려고 노력했지만, 새로운 건축물을 고안하거나 살아 있는 생물들을 모방하는 데까지는 이르지 못했다. — 한스 울리히 오브리스트, 「한스 울리히 오브리스트: 인터뷰」 제1권, 밀라노: 차르타, 2003

경량 구조물 연구소

1964년 오토는 슈투트가르트 대학교에 여러 분야의 학자들이 참여하는 경량 구조물 연구소(IL)를 설립했다. 오토가 1967년 몬트리올 엑스포 독일관과 1972년 뮌헨 올림픽 공원의 작업을 한 것은 이 연구소에서였다. 이 연구소에서 그의 별명은 슈피너첸트룸(Spinnerzentrum)이었다(독일어 spinner는 미친 사람이라는 뜻이 있다). 그가 이런 별명을 얻게 된 것은 착실한 학생들에게 놀이 감각과 실험 정신을 부추겼기 때문이었다. 오토는 약 30년 후인 1991년 3월 말에 은퇴할 때까지 이 연구소에서 가르쳤다.

연구소는 지식을 생산했다. 발표된 이 지식들이 비록 응용되지는 못했지만 상당한 양의 일반적 지식이 되었다. 오늘날 이 연구소는 이전과 같은 존재감은 없다. — 송겔과 오토, 「프라이 오토와의 대화」, 뉴욕: 프린스턴 건축 출판부, 2010

해결책 찾기

어떤 사람들은 나를 엔지니어라고 부르기도 한다. 심정적으로 나는 형태추구자이며 때로는 형태발견자이기도 하다. 나는 나의 행동과 생산물이 불완전하다는 것을 충분히 인식하고 있다. 나는 이상적 형태를 나의 내면의 눈으로만 볼 수 있을 뿐이다. 완성된 프로젝트는 대개 그것과는 상당히 다르다. — 마이스너와 몰러, 「프라이 오토」, 바젤: 비르크호이저, 2015

자연

나는 자연을 이해하려고 노력한다. 그러나 나는 그 자체가 자연의 산물인 피조물이 자연을 이해하기는 어려울 것 같다는 것을 깨닫게 되었다. — 마이스너와 몰러, 「프라이 오토」, 바젤: 비르크호이저, 2015

전시회

1957년 쾰른에서 열린 "연방 정원박람회"를 위해서, 나의 베를린 팀—지크프리트 로제, 디터 프랑크, 에발트 부브너—과 나는 더욱 실험적인 텐트 구조물들을 설계했다. 댄스홀, 입구 아치, 강변 대피소와 몇 개의 이동 분수들로 이루어진 이 구조물들은 서로 연관이 있는 구조물들이었다. 모든 텐트들은 면포로 건축되었고, 원래는 한 해 여름만 견디도록 만든 것이었다. 우리는 이 구조물들이 전시회가 끝나면 사라질 것이고 그러면 환경에 해를 끼치지 않을 것이라고 생각했다.…… 우리의 매우 특별한 경험은 입구 아치와 댄스홀이 누린 엄청난 인기에 의한 것이었다. 이 인기 덕분에 이 구조물들은 여러 해 동안 쾰른에 남아 있었다. — 오브리스트, 「한스 울리히 오브리스트: 인터뷰」 제1권, 밀라노: 차르타, 2003

**◀◀구름 모양의
부드러운 지붕 ▶▶**

뮌헨 1972
1972년 하계 올림픽을 위한 뮌헨 올림픽 공원, 뮌헨

올림피아 건설 공사는 오토에게 귄터 베니쉬, 프리츠 베른하르트와 협력해서 7만 제곱미터 이상 되는 올림픽 공원의 건물들과 덮개들을 설계하고 건설해달라고 의뢰했다. 그 결과 만들어진 건조물들이 신장성이 있는 구조의 경기장, 수영경기장의 천으로 된 지붕, 육상경기장 덮개, 일반 경기장, 건물들을 연결해 주고 방문객들을 햇볕과 비로부터 보호해주는 쌍곡선 모양의 막으로 된 캐너피 등이다.

전시회 건축은 엄청난 영향력을 가질 수 있다. 임시 건물이 영구 건물보다 더 인상적일 수 있기 때문이다. ─ 한스 울리히 오브리스트, 「한스 울리히 오브리스트: 인터뷰」 제1권, 밀라노: 차르타, 2003

나는 가볍고 신축성이 있는 건축물이 새로운 열린 사회를 가져올 수도 있기를 희망한다. ─ 출처 미상

공기를 건축자재로 사용한다는 것은 필요한 자재의 양을 최소한으로 줄임으로써 동물과 인간의 관계, 인간과 식물의 관계를 개선하는 데에, 균형 잡힌 환경을 만드는 데에 힘을 보탠다는 것을 뜻한다. ─「프라이 오토: 미래 어림잡기」, 다큐멘터리, 2015

뮌헨의 경우, 우리는 케이블 각각의 실제 압력을 측정했다. 우리가 건물 내부에서 어떤 일이 일어나는지 제대로 안 것은 그때가 처음일 것이다. 우리는 또한 과부하로 인해서 일어날 수 있는 위험, 과부하가 걸릴 때에 구조물에서 어떤 일이 일어나는지도 알고 있다. ─ 후안 마리아 송겔과 프라이 오토, 「프라이 오토와의 대화」, 뉴욕: 프린스턴 건축 출판부, 2010

"나는 새 세기의 건축을 자연의 일부로 간주한다"─단순하지만 심오한 말이다. 이 말과 연관된 것이 가볍고 신축성 있는 건축이 "새로운 열린 사회를 가져올지도 모른다"는 프라이 오토의 희망이다. 하늘로 솟아오른 그의 구조물들은 사람들의 호응을 받았고 그래서 임시 건물로 지은 것이 그 자리에 수십 년간 남아 있기도 했다.

20세기의 주요 건축가들

나는 1950년과 1951년 사이에 미국에서 긴 연구 여행을 하면서 발터 그로피우스, 미스 반 데어 로에, 프랭크 로이드 라이트, 에리히 멘델존, 그리고 프레드 세베루드(이 사람은 에로 사리넨 덕분에 만났다)를 만났다. 나는 이들 중 몇 분과는 그분들이 타계할 때까지 교분을 이어갔다. 특히 발터 그로피우스, 미스 반 데어 로에, 이 두 사람과의 교분은 나에게 매우 중요하고 아름다운 관계였다. ─ 후안 마리아 송겔과 프라이 오토, 「프라이 오토와의 대화」, 뉴욕: 프린스턴 건축 출판부, 2010

나는 1960년 미국에 머무는 동안 예일 대학교에서 세미나를 주재하고 있던 [요제프] 알베르스와 만났다. 하지만 나는 발터 그로피우스에게 더 관심이 있었다. 그로피우스는 그로피우스슈타트가 건설되는 동안 [대략 1965-1966년]에 베를린으로 나를 찾아왔다. 그때 그는 내게 내가 자기가 확립한 노선을 따라서 계속 작업하고 있는 유일한 건축가라고 말했다. 그 주된 이유는 내가 어떤 형식적인 접근법에서 시작한 것이 아니라 실험을 통해서 미래의 건축 형태를 찾아냈기 때문이라고 했다. 나는 감히 그로피우스가 내 작업에 대한 열렬한 팬이었으며(나 역시 그의 작품에 대한 열렬한 팬이었다), 내가 한 일을 훤히 알고 있었다고 말할 수 있을 것 같다. ─ 송겔과 오토, 「프라이 오토와의 대화」, 뉴욕: 프린스턴 건축 출판부, 2010

그로피우스와 미스

그로피우스는 형태에 기초한 건축이 아니라 자연과학에 기초한 건축을 원했다. 미스 반 데어 로에의 건축 세계는 완전히 달랐다. 우리는 서로를 잘 이해했지만, 그는 창조와 장식, 즉 형태의 건축을 선호했다. 그는 구성적인 형태들을 설계했다. 그로피우스는 형태보다는 근본적인 것, 실질적인 것을 추구했다. 그것이 서로 다른 길을 가면서 크게 성공한 이 두 건축가들의 다른 점이었다.

나는 그들이 베를린에서 신(新)국립미술관(Neue Nationalgalerie)의 작업을 하고 있을 때, 시카고에 있는 미스 반 데어 로에의 스튜디오를 찾아갔다. 그는 그때 이미 병이 위중했다. 그의 스태프들이 나의 의견을 구했다. 미스가 요청한 것 같았다.……나는 적어도 한 면에 두 개의 기둥을 세울 것을 제의했다. 다시 말해서 도합 8개의 기둥으로 지붕을 지탱해야 한다고 말했다. 결국 나의 의견대로 되었다. 나는 그가 죽기 몇 주일 전에 베를린에서 그를 만났다. 미술관의 지붕이 조립되고 있을 때였다. 그는 기둥에 대한 결정을 매우 만족스러워했다. ─ 송겔과 오토, 「프라이 오토와의 대화」, 뉴욕: 프린스턴 건축 출판부, 2010

가우디와 전쟁

그것[바우하우스]이 나에게 진정으로 영향을 미쳤다고는 할 수 없다고 말해야 할 것 같다. 나는 내 자신의 길을 따랐을 뿐이다. 안토니오 가우디의 영향도 훨씬 뒤에 받았다. 그전에 나는 이미 포로수용소에서 가우디의 방식을 따른 작품이라고 생각될 수 있는 모형들을 조사한 적이 있었다. 그 당시 나는 가우디를 알지도 못했다. 단순히 논리에 기초해서 이 길을 따를 수 있었다. 견인력에 의해서 작동되는 구조물을 뒤집어놓아 그것이 압착에 의해서 작동하도록 하는 경우가 특히 그렇다. 나는 이것을 포로수용소에서 내 작업단에 소속되어 있던 한 엔지니어 친구에게서 배웠다. ─ 송겔과 오토, 「프라이 오토와의 대화」, 뉴욕: 프린스턴 건축 출판부, 2010

벅민스터 풀러

나는 그의 작업에 대해서 알고 있었고 우리는 내가 워싱턴 대학교에서 가르치고 있을 때인 1958년 세인트루이스에서 처음 만났다. 우리는 장시간 대화를 나누었는데, 대화가 때로는 경간(徑間)이 넓은 건축물, 특히 경간이 넓은 격자형 셸에 대한 우호적이지만 열띤 토론으로 변하기도 했다. 뒤에 그는 독일로 자주 여행을 했고 그럴 때면 우리 연구소(IL)로 나를 찾아왔다. 우리는 생물학에 관해서 이야기를 나누었다. 그는 헬름케의 작품들, 특히 방산충과 돌말의 입체현미경 사진을 보았을 때, 일어나서 그것들을 움켜잡으려고 했다. 우스꽝스러운 광경이었다. 그는 살아 있는 자연이 자기보다 더 빨리 발명을 한다는 사실을 알고는 놀라워했다. ─ 송겔과 오토, 「프라이 오토와의 대화」, 뉴욕: 프린스턴 건축 출판부, 2010

우리[풀러와 오토]는 필요한 최소 건물 하중과 그 건물의 가능한 최장 경간에 대해서, 또 그가 과연 지구의 전체 표면을 둘러쌀 수 있는 측지(geodesic) 돔을 실제로 만들 수 있을지에 대해서 토론했다. 한참 시간이 흐른 후에야 그는 그런 프로젝트가 불가능하다는 나의 의견에 동의했다. ─ 한스 울리히 오브리스트, 「한스 울리히 오브리스트: 인터뷰」 제1권, 밀라노: 차르타, 2003

건축가와 엔지니어

나는 건축가이지 엔지니어가 아니다. 나는 늘 건축가와 엔지니어 사이의 좋은 관계에 관심이 많았다. ─ "근본적인 건축 및 철학 이념", AA 건축학교에서 한 프라이 오토의 강연, 2003. 11. 5

건축가들과 엔지니어들이 공동 목표를 성취하기 위해서 함께 일할 때 어느 한 편이 독자적으로 일할 때보다 건축예술작품을 만들 수 있는 가능성이 더 높다. ─ 빈프리트 네르딩거 편, 「프라이 오토 작품 총람: 경량 건축, 내추럴 디자인」, 바젤: 비르크호이저, 2005

엔지니어들과 건축가들이 서로 의견이 분리될 때, 건축물의 질적 측면과 세밀한 관찰에 더 신경을 쓰는 쪽은 언제나 건축가들이고, 엔지니어들은 계산에 초점을 맞춘다. 두 가지 관점이 다 필요하다. 나는 엔지니어들의 편도 들고 건축가들의 편도 든다. 나로서는 그 어느 쪽도

버릴 수 없다. 두 그룹이 갈라선다면, 잘못된 일이다. 실험물리학도 이론물리학 못지않게 필요하기 때문이다. 분리가 아니라 통합이 필요하다.—송겔과 오토, 「프라이 오토와의 대화」, 뉴욕: 프린스턴 건축 출판부, 2010

◀◀ **나는 [학생들에게] 이렇게 말한다. '아무것도 그리지 말자. 그냥 미지의 것을 찾자.'** ▶▶

가르치기

가르치기 위해서는 어느 정도의 질서가 필요했다.……나는 늘 역사에 대한 주목이 나의 전문가 동료들의 책무라고 생각해왔다.……내 일은 미래를 위해서 일하는 것이다.—송겔과 오토, 「프라이 오토와의 대화」, 뉴욕: 프린스턴 건축 출판부, 2010

모형

제기되는 문제의 유형에 따라 실험 방법을 고안해야 한다. 실험에서는 끈, 물, 달걀 노른자, 그리고 그밖의 어떤 것이라도 사용할 수 있다. 중요한 것은 그 결과에 기초해서 지식을 이끌어낼 수 있느냐이다. 모형을 가지고 하는 훌륭한 실험은 비용이 많이 들지 않는다.—송겔과 오토, 「프라이 오토와의 대화」, 뉴욕: 프린스턴 건축 출판부, 2010

나는 항상 체계적인 실험과 우연히 생기는 뜻밖의 결과를 결합하곤 한다. 우연히 뭔가가 발견된다면, 그것이 체계화에 적합하지 않는다는 단순한 이유 때문에 그것을 배격하는 것은 어리석은 일일 것이다.—송겔과 오토, 「프라이 오토와의 대화」, 뉴욕: 프린스턴 건축 출판부, 2010

나는 몇몇 엔지니어들에게 비록 모든 것을 계산할 수는 없지만, 우리는 모형을 가지고 매우 정확한 실험을 할 수 있으며 나는 모형에 내재한 법칙의 공식을 알고 있기 때문에 신중하게 제작된 모형으로 교량, 셸, 격자 구조물 등의 안전성을 검증할 수 있고 또 그런 권리를 가지고 있다고 말해왔다.—송겔과 오토, 「프라이 오토와의 대화」, 뉴욕: 프린스턴 건축 출판부, 2010

콘크리트로 만든 것이든, 돌로 만든 것이든, 흙으로 만든 것이든 경간이 넓을 경우에는 모형을 확대할 때 특히 주의해야 한다. 우리는 많은 모형을 만든다. 보기 위한 모형도 있고, 테스트하기 위한 모형도 있으며, 매우 드물기는 하지만 정지상태에서의 테스트를 위한 모형도 있다. 그리고 견딜 수 있는 힘의 한계를 입증하기 위한 모형도 있다. 내 사무실에서 우리는 200개의 모형을 만들었다.……그런데 엔지니어들이 도구로서 사용할 수 있는 모형을 만드는 것은 항상 까다로운 일이다.—"근본적인 건축 및 철학 이념", AA 건축학교에서 한 프라이 오토의 강

연, 2003. 11. 5

80년대와 90년대에는 모형이 외면당했다. 컴퓨터가 모형을 대신할 수 있다고 생각했기 때문이다. 그러나 훌륭한 건축가들은 늘 모형을 제작했다. 노먼 포스터가 홍콩 은행(홍콩 상하이 은행 본부, 홍콩, 1986)을 설계할 때, 나는 그의 사무실에서 100개의 서로 다른 마천루들이 테이블에 놓여 있는 것을 보았다. 모두 그가 이 은행을 설계하면서 구상했던 모형들이었다.—오브리스트, 「한스 울리히 오브리스트: 인터뷰」 제1권, 밀라노: 차르타, 2003

안정성

가장 흥미로운 현상은 표면만 있는 구조물이 무너지는 것이다. 한 장의 종이는 어느 순간에 휘어질까?—송겔과 오토, 「프라이 오토와의 대화」, 뉴욕: 프린스턴 건축 출판부, 2010

어떤 형태가 매스가 작으면 작을수록 그것은 더 안정적이 될 것이다.……가장 안정적인 구조물은 아예 존재하지 않거나 이미 붕괴된 구조물이다. 나는 늘 내 학생들에게 붕괴된 빌딩이 가장 안정적이며 서 있는 빌딩은 어느 정도의 불안정성을 가지고 있다고 말해왔다.……건축이 하려고 하는 일은 원칙적으로 불안정한 것을 일시적으로 안정적인 것으로 만드는 일이다.—송겔과 오토, 「프라이 오토와의 대화」, 뉴욕: 프린스턴 건축 출판부, 2010

내 견해로는 구조물의 강도를 계산하기 위해서 사용된 일부 컴퓨터 프로그램은 물리적 검증 과정을 포함하고 있지 않다. 따라서 이런 건물들은 무너질 수 있고 그럴 경우 많은 인명 피해를 일으키게 된다.—송겔과 오토, 「프라이 오토와의 대화」, 뉴욕: 프린스턴 건축 출판부, 2010

고안: 자연과 모형

자연을 모형으로 삼는 것은 별로 과학적인 것이 못 된다. 자연은 매우 복잡하기 때문에 모방될 수 없다. 원칙적으로는 자연은 매우 단순해 보이지만, 실제로는 매우 복잡하다. 자연을 잘못 해석해서는 안 된다.—송겔과 오토, 「프라이 오토와의 대화」, 뉴욕: 프린스턴 건축 출판부, 2010

빌딩 건축을 위해서 살아 있는 자연의 대상들을 직접 모방하는 것은 잘못된 길이라고 나는 계속 믿고 있다.—송겔과 오토, 「프라이 오토와의 대화」, 뉴욕: 프린스턴 건축 출판부, 2010

셸과 막

진실을 말하자면, 지금까지 시행된 모든 압력 분석은 정확하지 않다.

❝ 셸은 셸이고 막은 막이다. ❞

건물이 받는 압력을 계산할 수 있다는 말은 진실이 아니다. 이런 계산들은 대략적인 계산에 불과하기 때문이다. ―송겔과 오토, 「프라이 오토와의 대화」, 뉴욕: 프린스턴 건축 출판부, 2010

비누: 무한한 가능성

나는 모든 인간 개인들을 위해서 개별적으로 설계된 환경을 건설할 수 있다고 주장한다. 그런 무한한 다양성은 생물학적 이유를 가지고 있다. 나는 이 문제를 세세하게 연구했다. 인간의 개별성은 비누거품에 비유될 수 있다. 두 개의 비누방울이 서로 똑같은 경우는 없다. ―오브리스트, 「한스 울리히 오브리스트: 인터뷰」 제1권, 밀라노: 차르타, 2003

나는 비누방울처럼 처음부터 최적의 상태를 가지는 그런 과정에 초점

을 맞추고 있다. 최소의 표면과 유동적인 형태, 이런 상태는 매우 민감하기 때문에 소수의 형태에서만 존재할 수 있을 뿐이다. 이런 형태들에 기초해서 우리는 무한한 가능성을 가지는 우주를 찾아냈다. 비누방울의 막은 무한한 형태를 가지고 있다. ―송겔과 오토, 「프라이 오토와의 대화」, 뉴욕: 프린스턴 건축 출판부, 2010

곡선

사람들은 원이 어떤 것인지 알고 있다. 그러나 끊임없이 휘는 모양, 나선형 등 다른 곡선들도 있다.……서로 모양이 다른 곡선도 그릴 수 있다. 하지만 끊임없이 휘는 정확한 곡선만이 무한한 가능성을 가질 수 있다.……연결을 수정하면 무한한 가능성이 생긴다. ―송겔과 오토, 「프라이 오토와의 대화」, 뉴욕: 프린스턴 건축 출판부, 2010

❝ 빌딩 건축을 통해서가 아니라 글라이더의 동체 제작을 하면서 나는 격자형 셸을 알게 되었다. ❞

만하임 1975
다목적 홀, 카를프리트 무츨러 및 요아힘 랑그너와의 공동작업

다목적 홀이 오토에게 목재를 사용할 수 있는 기회를 주었다. 목재는 구부릴 수도 있고 압착할 수도 있기 때문에 가벼운 구조물 제작에 적합하다고 그는 생각했다. 이 프로젝트에서 모형은 "실제에 근접할" 수 있는 필요한 도구였다.

내가 지은 가장 큰 건물은 무츨러, 랑그너 등의 건축가들과의 합작품인 독일의 다목적 홀이다. 이 건물은 문제가 있다. 경간이 80미터 이상이나 되고 목재 두께가 매우 얇기 때문이다. 결이 긴 목재, 즉 캐나다의 헴록 소나무로 만든 격자 구조를 사용했는데 격자의 크기가 40-47밀리미터이다(센티미터가 아니라 밀리미터이다). 우리가 이 건물을 지을 수 있었던 것은 지붕의 격자 구조가 그 밑에 있는 구조물과 어울리지 않았기 때문이라고 나는 말했다. 우리는 건물을 완공했고 그 건물이 아직 서 있어서 우리는 행복하다. 그 건물은 한 해 여름만 쓰기로 계획된 것이었다. 지금 그 건물은 보호되고 있다. ―"근본적인 건축 및 철학 이념", AA 건축학교에서 한 프라이 오토의 강연, 2003. 11. 5

격자형 셸과 메시 사람들은 어떤 건물들은 수백 년 동안 서 있으면서도 계속 안정성을 유지하고 있는 반면 요즘 잘 계산해서 지었다는 구조물이 갑자기 붕괴되는 이유에 대해서는 생각하지 않는다. 오늘날 일어나는 대다수 붕괴 사고는 격자형 셸—내가 작업한 타입의 구조물이다—과 관련이 있다. 이런 구조물을 만들면서 충분히 조심하지 않기 때문이다.—후안 마리아 송겔과 프라이 오토, 「프라이 오토와의 대화」, 뉴욕: 프린스턴 건축 출판부, 2010

나는 6각형 메시는 피해야 한다는 것을 알게 되었다. 메시는 매우 위험하고 비용도 많이 든다. 매듭을 지을 때 무척 조심해야 하기 때문이다. 그런 모양은 안전점이 없다. 만하임의 다목적 홀 이외의 건물들에서는 어떤 요소도 그것들과 계속해서 교차하지 않기 때문이다.—송겔과 오토, 「프라이 오토와의 대화」, 뉴욕: 프린스턴 건축 출판부, 2010

나는 압축 구조에서 더 큰 실험을 하려고 했다. 다목적 홀은 장력 구조를 사용하지 않았다. 그런 건물들은 압축 구조물이다. 나는 압축 구조를 가지고 몇 차례 실험을 한 바 있지만, 다목적 홀이 가장 규모가 컸다. 압축 구조물은 장력 구조물보다 짓기가 훨씬 어렵다. 장력은 언제나 안정적이지만, 압축은 안정적인 경우가 매우 드물다. 이것이 우리 세기의 일반적인 지식이다.—「프라이 오토: 미래 어림잡기」, 다큐멘터리, 2015

일시적인 것이 오래 남을 때 나는 이 건물을 지을 수 있었다는 것이 정말 놀라웠다. 그렇지만 이 건물은 우리가 훌륭하게 수행했던 하중 테스트를 견뎌냈다. 이 건물은 현재도 서 있고 내가 알고 있기로는 곧 30세가 될 것이다[오토가 이 말을 한 것은 2007년경이었다]. 이 건물은 내가 가장 두려워해온 작품이었으며 당시 내 지식을 초월한 가장 대담한 작품이었으며 아마 지금 내가 가지고 있는 지식도 초월한 작품일 것이다. 원래 이 건물은 연방 정원박람회가 개최되는 동안만 유지하기로 한 건물이었다.……그래도 나는 이 건물이 나이를 먹으면 먹을수록, 더 걱정이 된다. 내가 어떻게 해야 할지 모르겠다. 소유주에게 그 건물을 철거하는 편이 더 낫겠다고 경고하는 편이 더 나은 것이 아닐까? 그래야 내가 잠을 더 편히 잘 수 있을 것 같다.—송겔과 오토, 「프라이 오토와의 대화」, 뉴욕: 프린스턴 건축 출판부, 2010

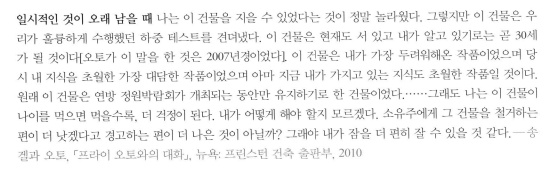

미학, 윤리학 그리고 미의 개념

아름다운 것이 반드시 윤리적인 것은 아니다. 미가 선과 동일한 것은 아니다. 미가 잔인할 수 있고 추가 선할 수도 있다. 그리고 때로는 아름다운 것이 시간이 지나면서 추해지고, 반대로 추한 것이 아름다워질 수도 있다. 예술에서는 미가 항상 독창적이고 새롭다. 그것은 발명이요 혁신이다. 작품은 풍부한 창의력을 통해서 예술작품이 된다.—빈프리트 네르딩거 편, 「프라이 오토 작품 총람: 경량 건축, 내추럴 디자인」, 바젤: 비르크호이저, 2005

인류에 공헌하는 길

오늘날 건축이 수행해야 할 과업은 단순히 자연력을 피할 수 있는 대피소를 마련하는 데에 그치지 않고 사람들이 자연과 조화를 이루며 서로 평화롭게 살 수 있도록 하는 조건을 창출하는 것이다.—네르딩거 편, 「프라이 오토 작품 총람」, 바젤: 비르크호이저, 2005

◀◀ 미학에는 규칙도 학파도 없다. ▶▶

건축가, 도시계획자, 엔지니어들에게는 지켜야 할 직업윤리 강령이 있지만, 이 강령을 지킨다고 그들이 모든 책망에서 벗어날 수 있는 것은 아니다.……건축가들은 피난처가 될 수 있는 건물을 짓고 기술적인 문제들을 기술적인 수단으로 해결하는 데에 그치지 않고 한 걸음 더 나아가서 그 소유자들에게 집안에 있다는 느낌을 가지도록 하는 아름다운 구조물을 만들어야 한다.—네르딩거 편, 「프라이 오토 작품 총람」, 바젤: 비르크호이저, 2005

그러나 우리에게 필요한 것은 건축가 정신에 절대적으로 헌신하는 것이다. 이런 헌신이 없다면, 지은 집이 아름다울 수는 있겠지만, 결코 인도적이지는 않을 것이다.—네르딩거 편, 「프라이 오토 작품 총람」, 바젤: 비르크호이저, 2005

생태론적 인식—인간뿐만 아니라 지구 생명 전체를 보호해야 한다는 인식—은 건축 분야에서는 생소한 개념이다. ▐▐

바트 뮌더 1988
빌크한 텐트형 공장

가구 제작회사인 빌크한의 공장 건축을 의뢰받은 오토는 그의 가장 초기의 구조물인 텐트로 돌아갔다. 그는 종업원들을 위한 네 채의 건물을 지었는데, 그것들은 미학과 인간주의적 배려가 어우러진 건물들이었다.

▐▐ 나는 젊은 텐트 건설업자로 알려졌다. ▐▐

"적을수록 더 좋다(Less is more)"는 나를 매혹시키는 슬로건이다. 더 적은 수의 집들을 사용하고 더 적은 재료를 소비하면서 이용 가능한 것들—흙, 물, 공기—을 사용해서 인간주의적 방식으로 건축한다. 자연과 조화되는 집을 짓고 적은 것으로 많은 것을 만들어내며 설계도의 첫 라인을 그을 때부터 관찰하고 비판적으로 생각한다. 너무 많이 짓는 것보다는 차라리 아무것도 짓지 않는 것이 더 좋다. 이것들이 오래된, 그리고 새로운 목표들이다. —이레네 마이스너와 에버하르트 몰러, 「프라이 오토: 연구, 건축과 영감의 삶」, 바젤: 비르크호이저, 2015

독창적인 것의 특이한 아름다움을 드러내는 것은 흔히 낮은 기술적, 재정적 비용으로 건설된 건물들이다. —빈프리트 네르딩거 편, 「프라이 오토 작품 총람: 경량 건축, 내추럴 디자인」, 바젤: 비르크호이저, 2005

많은 친구들이 내 작품 작업이 진척될 수 있도록 도와주었다. 특히 페터 슈트로마이어의 도움이 컸다. 그는 텐트 제작을 노력과 재료, 비용을 적게 들이는 빌딩 건축의 실험 분야로 정립한 사람이다. 그러나 그 결과는 비영구적인 텐트 구조물에 국한되지 않는다. —콘래드 롤런드, 「프라이 오토: 신장성의 구조」, 뉴욕: 프래거 출판사, 1970

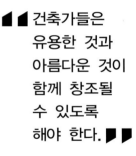
건축가들은 유용한 것과 아름다운 것이 함께 창조될 수 있도록 해야 한다.

오토가 만든 구조물들의 반짝이는 표면과 날아오르는 듯한 가벼움은 비전과 계산의 한결같은 명료함을 표현했다. 그러나 실험실에서의 실험이 건축은 "자연과의 조화 속에서" 공존해야 한다는 오토가 평생 간직한 철학을 훼손하지는 않았다.

공중누각과 프리츠커상

프라이 오토는 그해 5월에 있을 2015년도 프리츠커상 시상식 직전에 세상을 떠났다. 다행히 그는 2015년 초에 프리츠커상 관계자들과 만나서 40회 수상자가 된 소감을 밝힌 바 있다.

나는 이 상을 받을 만한 일을 한 적이 없다. 내가 힘들여 한 일은 가난한 사람들을 돕기 위한 새로운 타입의 건물을 설계하는 일이었다. 나는 자연재해나 재난이 지나간 후에 특히 이런 일을 많이 했다. 나야말로 이 상을 받는 것보다 더 좋은 일이 무엇이 있겠는가? 내게 얼마간의 시간이 남아 있든 나는 지금까지 해온 일을 계속하는 데에 그 시간을 바치겠다. 그 일은 인류를 돕는 것이다. 여기 있는 나는 행복한 사람이다.—「프라이 오토」, 비디오, 프리츠커상, 2015

나는 모든 사람들에게 천국을 선물하고 싶다. 외국인들에게, 가난한 사람들에게, 심지어 부자들에게도. 그러나 특히 천국을 주고 싶은 사람들은 외국인들이다.……나는 내가 얼마나 더 살지 모른다. 그것이 하루가 될지, 1년이 될지, 10년이 될지 모른다. 하지만 나는 뭔가를 해야 한다. 잠이나 자고 싶은 생각은 없다. 나는 매일 일하겠다. 이것이 나의 가족들에게서 배운 아름다움이다. 나는 우리가 결코 아름다움을 만들어낼 수 없다는 것을 배웠다. "앉아서 아름다움을 만든다"—그것은 불

가능하다. 하지만 우리는 아름답게 '살' 수 있다.—「프라이 오토」, 비디오, 프리츠커상, 2015

건축가들은 그들 자신의 윤리 세계 안에서 산다. 건축가들은 사람들이 이 지구 위에서 살도록, 그들이 집과 거처를 만들도록 돕는다. 그들은 그들이 알지 못하는 사람들에게까지도 형제애를 실천한다.……이것은 건축가들이 그들이 동의할 수 없는 일을 해달라는 요청을 받을 때 "노"라고 말할 수 있어야 한다는 것을 뜻한다. 그들이 하는 일이 인간의 육체와 정신에 해를 끼칠 수 있을 때, 심지어 인간을 죽음으로 몰아갈 수도 있을 경우 건축가는 단호하게 그 일을 거부해야 한다. 어떤 건축 프로젝트가 자연과 환경에 폐해가 될 때는 언제나 올바른 순간, 올바른 장소에서 "노"라고 말하는 것이 필요하다.—빈프리트 네르딩거 편, 「프라이 오토 작품 총람: 경량 건축, 내추럴 디자인」, 바젤: 비르크호이저, 2005

나는 많이 짓지 않았다. 하지만 많은 "공중누각들"을 고쳤다. 내가 직접 지었거나 짓는 데에 관여한 얼마 안 되는 건축물들이 왜 그렇게 유명해졌는지는 내게는 미스터리이다. 그 대다수가 아주 짧은 시간 동안 존재했을 뿐이기 때문이다.—이레네 마이스너와 에버하르트 몰러, 「프라이 오토: 연구, 건축, 영감의 삶」, 바젤: 비르크호이저, 2015

의미 있는 건축　재난지역에서도 나는 건축가로서 아름다운 건물들을 창조하고 싶다. 나는 사람들을 감동시키고 사람들의 생활을 개선하고 싶다. 내가 이렇게 생각하지 않는다면, 의미 있는 건축물을 만들면서 동시에 사회에 공헌한다는 것은 불가능한 일일 것이다.—에밀리오 암바스 편, 「반 시게루」, 뉴욕: 프린스턴 건축 출판부, 2001

구조물이 일시적이냐 영구적이냐는 어떤 자재를 써서 그것을 지었느냐에 좌우되지 않는다. 그 구조물이 사람들의 사랑을 받는다면, 그것은 영원히 남게 될 것이다.—브래드 피트와 반 시게루, "종이 건축과 올바른 건축: 브래드 피트와 반 시게루의 대화", 「반 시게루: 인간주의적 건축」, 2014

나는 건물이 중요하다고 생각하지 않는다. 인간의 삶이 더 중요하다고 생각한다. 건물이 지진으로 무너지더라도 사람들만 안전하다면 문제가 되지 않는다고 생각하는 것도 바로 그런 이유에서이다.—"건축가 반 시게루의 크라이스트처치의 임시 성당", 「Urbis」 64, 2011. 10

반 시게루 坂茂

출생 1957년 8월 5일, 일본 도쿄

교육 미국 서던 캘리포니아 건축연구소, 1977-80, 뉴욕 쿠퍼 유니언, 1984

사무실 Shigeru Ban Architects, 5-2-4 Matsubara, Setagaya, Tokyo, 156-0043 Japan
전화: +81-(0)3-3324-6760, 팩스: +81-(0)3-3324-6789, www.shigerubanarchitects.com

주요 프로젝트 애스펀 미술관, 미국 콜로라도 주 애스펀, 2014; 임시 성당, 뉴질랜드 크라이스트처치, 2013; 오나가와 임시 컨테이너 주택과 커뮤니티 센터, 일본 미야기, 2011; 금속 셔터 주택, 뉴욕, 2011; 종이예술박물관, 일본 시즈오카, 2002; 커튼 월 주택, 도쿄, 1999

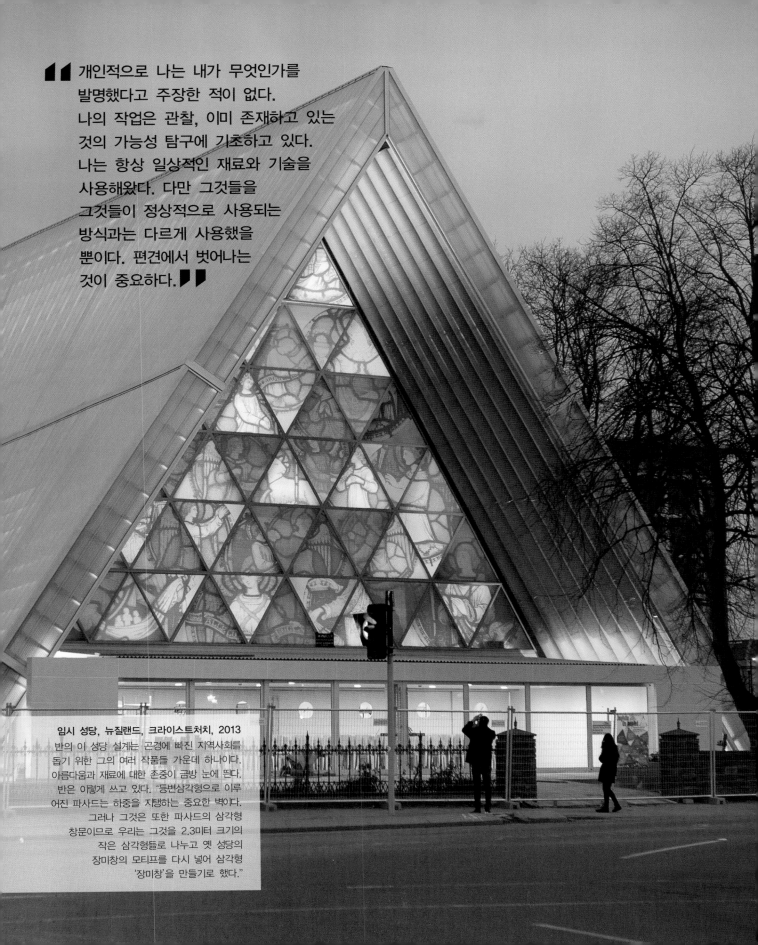

개인적으로 나는 내가 무엇인가를
발명했다고 주장한 적이 없다.
나의 작업은 관찰, 이미 존재하고 있는
것의 가능성 탐구에 기초하고 있다.
나는 항상 일상적인 재료와 기술을
사용해왔다. 다만 그것들을
그것들이 정상적으로 사용되는
방식과는 다르게 사용했을
뿐이다. 편견에서 벗어나는
것이 중요하다.

임시 성당, 뉴질랜드, 크라이스트처치, 2013
반의 이 성당 설계는 곤경에 빠진 지역사회를
돕기 위한 그의 여러 작품들 가운데 하나이다.
아름다움과 재료에 대한 존중이 금방 눈에 띤다.
반은 이렇게 쓰고 있다. "등변삼각형으로 이루
어진 파사드는 하중을 지탱하는 중요한 벽이다.
그러나 그것은 또한 파사드의 삼각형
창문이므로 우리는 그것을 2.3미터 크기의
작은 삼각형들로 나누고 옛 성당의
장미창의 모티프를 다시 넣어 삼각형
'장미창'을 만들기로 했다."

학창 시절

나는 내 운명이 중학교 때 결정되었다고 믿고 있다. 당시 나는 도쿄 미술음악대학 입학자격을 획득하려고 노력하고 있었으며, 오차노미즈 대학에서 강의를 듣고 있었다. 거기서 나는 입학시험 준비는 소홀히 하면서 설계 문제를 푸는 데 푹 빠져 있었다. 매주 학생들에게 서로 다른 재료들―목재, 종이, 대나무―로 구조물을 만들어오라는 과제가 주어졌는데 나는 늘 두 가지 재료로 과제를 해가곤 했다.―에밀리오 암바스 편, 「반 시게루」, 뉴욕: 프린스턴 건축 출판부, 2001

일본 미술학교에 들어가기 위해서 우리는 카드보드만을 사용해서 재료를 낭비하지 않으면서 높이가 1미터 이상 되는 탑을 만들어야 했다. 제한된 양의 재료로 엄격한 규칙에 따라 작업하는 것이 내가 매우 잘 할 수 있는 일이었다. 나는 몇 년 전에 그 시절 나를 가르치던 선생님을 만났는데, 그분이 내게 이렇게 말씀하셨다. "자네는 아직도 똑같은 일을 하고 있군."―필립 조디디오, 「반 시게루, 작품 총람 1985-2015」, 쾰른: 타셴, 2015

서던 캘리포니아 건축연구소(SCI-ARC)와 쿠퍼 유니언

나는 캘리포니아에 있는 몇몇 학교를 찾아본 후, 서던 캘리포니아 건축연구소에 등록했다. 그것은 대단한 경험이었다. 우리는 사례 연구를 했는데, 그중에는 레이먼드 케이프, 라이트, 노이트라 등이 포함되어 있었고, 특히 노이트라는 모더니즘과 일본의 영향을 혼합한 사람이었기 때문이다. 그후 나는 쿠퍼에 등록해서 역사를 배웠다. 코르뷔지에, 미스, 팔라디오, 싱켈을 배웠다. 나는 헤이덕의 기하학에서 시작했는데, 미스와 코르뷔지에는 나의 신이 되었다.―마이클 키멀만, 「뉴욕 타임스 매거진」, 2007. 5. 20

쿠퍼 유니언

내가 「A+U」 잡지의 백색과 회색을 다룬 호(號)와 존 헤이덕을 다룬

호(號)를 우연히 보게 된 것은 마카베 교수(도모하루 마카베는 오차노미즈에서 반을 가르친 교수)의 집에서였다. 나의 미래가 그때 그곳에서 결정되었다. 나는 그때 건축에 대해서 아무것도 몰랐지만, 뉴욕 5인방(New York Five: 아이젠만, 그레이브스, 과스메이, 마이어, 헤이덕/역주)의 작품에 즉시 매료되었다.……나는 미국에 머물며 뉴욕 5인방 가운데 세 사람(헤이덕, 아이젠만, 마이어)이 졸업했거나 교수진에 있는 쿠퍼 유니언에서 공부하고 싶다고 생각했다.―암바스 편, 「반 시게루」, 뉴욕: 프린스턴 건축 출판부, 2001

아라타 이소자키(磯崎新)

나는 1982년 쿠퍼 유니언에서 1년 휴학을 하고 아라타 이소자키 앤드 어소시에이츠에 들어갔다.……건축가는 흔히 자기가 속해 있는 아틀리에의 분위기와 스타일에 영향을 미치기 마련이다. 그러나 이소자키의 아틀리에에서는 아무도 그의 스타일을 이어받으려고 하지 않았다. 우리는 그의 작품에 서려 있는 정신을 배우려고 했던 것 같다. 이소자키가 해외에서 어떤 열등의식도 느끼지 않고 경쟁할 수 있다는 사실 자체가 의미가 있었다. 나는 그에게서 설계 방법보다는 건축가로서의 자세를 배웠다고 생각한다. 지금도 그는 쉽사리 권위의 편에 서지 않는다. 그 태도가 본받을 만한 것 같다.―기타야마 고와 반 시게루, "사람들을 양육하는 건축: 기타야마 고와 반 시게루의 대화", 「반 시게루: 인간주의적 건축」, 2014

나는 일본이 아니라 미국에서 공부했다. 따라서 내가 받은 영향의 대부분이 미국에서 온 것이라는 것을 나는 인식하고 있다. 하지만 그 영향을 생각해보면, 그 영향―예를 들면, 캘리포니아 주택들의 사례 연구―이 일본 문화와 직접적인 연관이 있다는 것을 알 수 있다. 따라서 일본 건축과 나와의 관계는 미국의 재해석이라는 형태를 취하고 있다고 말할 수 있다.―「반 시게루와의 인터뷰」, 「Quaderns」 226, 2000. 7

내부와 외부 공간의 공간적 지속성이 설계의 핵심을 이루고 있다. 질박한 무명 커튼이 지붕 밑에 걸려 있어 베란다와 방들을 가려주기도 하고 드러내주기도 한다. 비스듬한 유리판이 집의 두 바닥에 깔려 있고 집 내부에서는 카드보드 튜브가 특별히 설계된 테이블과 의자에 사용되었다.

도쿄 1995
커튼 월 주택

"물리적 연속성" 커튼 월 주택, 2/5 주택, 벽 없는 주택은 모두 구조적 테마보다는 공간적 테마에 중점을 둔 작품들이다. 내가 좋아하는 주택 가운데 하나가 미스 반 데어 로에의 판스워스 주택이다. 이 집은 전에는 석재 벽으로 둘러싸였던 서구의 건축물에 유리를 끼운 외벽을 도입해서 내부/외부의 연속성을 실현한 혁명적인 작품이었다. 그러나 외벽의 창문들은 모두 고정되어 비록 내부와 외부의 시각적 연속성은 성취되었지만, 가리개를 사용해서 공간을 노출시키기도 하고 가리기도 할 수 있는 일본의 전통가옥들에서 볼 수 있는 물

리적 연속성(Physical continuity)은 아직 찾아볼 수 없다.—에밀리오 암바스 편, 「반 시게루」, 뉴욕: 프린스턴 건축 출판부, 2001

커튼 월 주택은 실제로 외부 벽이 커튼 월로 이루어졌다. 이것은 현대적인 재료를 써서 전통적인 일본식 공간을 현대적으로 해석한 것이었다.—암바스 편, 「반 시게루」, 뉴욕: 프린스턴 건축 출판부, 2001

"물리적 투명성" 나는 일본의 전통적 방식을 따른, 여닫을 수 있는 투명한 집, 시각적으로 투명할 뿐 아니라 내부와 외부가 물리적으로 연결되는 집을 짓고 싶었다. 나는 이것을 "물리적 투명성(Physical transparency)"이라고 부른다.—찰리 로스의 톰 프리츠커와 반 시게루 인터뷰, 「찰리 로스」, 2014. 3. 25

두껍고 무거운 벽 대신에 일본의 전통적 주택들은 날씨와 계절에 맞춰 붙이거나 뗄 수 있는 아주 얇은 막—슈지, 후수마, 아마도, 수다레(맹장지, 덧문, 발)—으로 싸여 있다. 나의 커튼이 이런 일본 주택의 실내 온도 조절 기능을 수행함으로써 나의 고객들은 조용하고 외향적이며 사람 중심인 옛 일본의 생활양식을 계속 즐길 수 있게 될 것이다.—반 시게루, 「Abitare」 364, 1997. 7/8

설계

나는 경향적인 형태를 만드는 데는 흥미가 없다. 자연히 나의 설계는 어떤 문제를 푸는 데서 또는 어떤 조건에 맞추는 데에서 혹은 어떤 기술을 개발하는 데에서 나온다. 그것은 단순히 어떤 형태를 만드는 것이 아니다. 강철로 짓는 건물을 설계하더라도 어떤 일이든 할 수 있다. 구조를 창출할 수도 있고 클래딩을 첨가할 수도 있고 또 어떤 모양을 만들 수도 있다. 그러나 일단 그 일을 시작하면, 그것은 마치 마약과 같다. 점점 더 강한 마약을 하고 싶어진다. 거기에는 한계가 없다. 그러나 나는 그런 자유에는 흥미가 없다. 나는 한계를 찾고 있고 또 이런 한계를 이용하는 방법을 찾고 있다.—"건축가 반 시게루의 크라이스트처치의 임시 성당", 「Urbis」 64, 2011. 10

더 훌륭한 건물을 짓기 위해서는 설계와 건축에 더 많은 시간을 들여야 한다. 만약 당신이 시간을 절약한다면, 특히 컴퓨터를 사용하고 설계와 건축에 더 적은 시간을 할애한다면, 건축물은 점점 더 나빠진다. 도처에 똑같은 종류의 건물들이 자꾸 등장하게 된다. 이상한 모양을 만들 수는 있지만, 그것은 별난 것일 뿐, 아름다운 것은 아니다.—앤드루 배리, "크라이스트처치의 임시 (카드보드) 성당", 「뉴질랜드 건축」 3, 2013. 5

중국 모자

나는 1998년 파리에서 중국 모자 하나를 산 적이 있다. 당시 나는 하노버에서 일본 전시관을 만들고 있었는데, 거의 매주 파리에 가곤 했다. 나는 그 모자를 생-제르맹-데-프레의 한 중국 공예품 가게에서 보고는 그 모양이 건축물 모양과 흡사한 것에 놀랐다. 구조는 대나무로 되어 있었고 기름 먹인 종이 층이 물을 막는 역할을 했다. 또 마른 나뭇잎으로 된 층이 있어 절연효과를 맡고 있었다. 건물의 구조와 흡사한 구조를 가진 모자였다. 이 모자를 산 이후로 나는 비슷한 방식으로 지붕을 설계하고 싶다는 생각을 품어왔다.—필립 조디디오, 「반 시게루, 작품 총람 1985-2015」, 쾰른: 타셴, 2015

애스펀 2014
애스펀 미술관

부지가 중심가 한복판에 있었다. 나는 처음 보는 순간, 매우 실망했다. 산 같은 것이 전혀 보이지 않았기 때문이다.—테드 루스, 「문화 잡지」, 2015. 7

큰 휴게실을 만들기에는 부지가 좁았다. 따라서 나는 지붕 위에 휴게실을 만들었다. 방문객들은 큰 계단이나 엘리베이터로 지붕 위의 휴게실에 올라가서 산이 보이는 경치를 즐긴 뒤에 내려와서 미술 작품을 감상하면 된다. 스키를 탈 때와 똑같은 경험이다.—테드 루스, 「문화 잡지」, 2015. 7

애스펀 미술관 설계 때 나는 산이 보이는 경치와 미술관 건물의 목적을 고려한 부지 특유의 시퀀스를 만들고 싶었다. 외부로 열리는 건물을 지어 방문객이 건물 내부에서 애스펀의 아름다움을 감상할 수 있도록 했다.—안나 윈스턴, 「Degeen」, 2014. 8. 6

전통적인 서구 도시의 중심가에서는 거리의 구조가 통제 대상이 된다. 모든 건물들이 높이가 같아야 하며 같은 자재를 써야 한다. 애스펀에는 많은 훌륭한 벽돌건물들이 있다. 나는 이 전통적인 볼륨, 즉 갈색 상자 모양의 건물을 중심가 구조의 일부로 만들고 싶었다.—데이나 굿이어, 「뉴요커」, 2014. 8. 11. 18

반은 미술관 공간의 실용적 설계에 미와 공예 솜씨를 곁들였고 또한 구조물 전체에 목재를 파격적으로 사용했다.

미술관은 실용적이어야 한다. 조각품이 아닌 것이다.—카롤리나 A. 미란다, 「건축가」, 2014. 3. 8

목재의 선택 목재는 가장 환경보호적인 재료이다. 강철, 콘크리트—이런 재료들은 그 양이 제한될 수밖에 없다. 목재는 유일한 지속가능한 재료이다. 콘크리트 건물은 100년을 버틸 수 있을 뿐이다. 또다른 재료로 대체하거나 수리하기가 매우 어렵다. 반면에 목재를 쓴 건물은 수리가 매우 용이하다.—데이나 굿이어, 「뉴요커」, 2014. 8. 11. 18

뉴욕 2011
금속 셔터 주택

뉴욕 첼시에는 원래 창고가 많았고 또 1980년대에 많은 미술관들이 소호에서 이곳으로 옮겨왔다. 소호의 집세가 올랐기 때문이었다. 창고의 가장 넓은 입구와 미술관의 창문들은 셔터로 되어 있었다. 이 지역의 이런 인상을 이 건물에 도입한 것이다.—반 시게루, 반 시게루 건설 제공

그것은 투명성의 개념에 기초한 작품이다. 부지가 많은 시간 고층빌딩들의 그림자 속에 들어가므로 각각 주거 단위는 남쪽에 여닫을 수 있는 유리 셔터를 가진 높은 공간을 가지도록 설계되었다.—주디스 벤하모-후에트, 「인터뷰 매거진」, 2009. 4. 28

북쪽 면에는 걷어올리는, 구멍이 있는 보안 셔터로 이루어진 가리개를 달았다. 프라이버시도 보장하고 저 너머 도시를 볼 수 있는 특이한 개방성을 창출하는 데도 도움이 되도록 했다. 이중 높이 천장의 거실은 바깥 테라스와 연결되었고 이중 높이의 파사드는 양쪽으로 열리는 문을 이용해서 활짝 열 수 있게 했다.—반 시게루, 반 시게루 건설 제공

제작의 난점 원래의 설계에서 나는 내가 이전의 프로젝트에서 여러 번 사용했던 유리 셔터를 쓰겠다고 제의했다. 그러나 그런 셔터가 미국에서는 제작되지 않았다. 그래서 우리는 유리로 된 중간 세로틀이 있는, 양쪽으로 열리는 문을 개발했다. 미국의 공항 격납고들에서 흔히 사용되는, 수평으로 열리고 닫히는 접문을 약간 변형한 것이다.—반 시게루, 반 시게루 건설 제공

공간이 설계의 가장 중요한 요소였다. 반은 어떻게 하면 바닥 면적을 최대화할까 고심했다. 각각의 주거단위는 이중 높이의 공간을 가진 작은 주택이 되었다.

나는 거실이 도시를 향해 열려 있도록 하고 싶었다.
뉴욕의 대다수 아파트들이 꼭 닫혀 있는 것이 마음에 걸렸기 때문이다.

종이 건축가들

쿠퍼 유니언에는 종이 건축가들의 오랜 전통이 있다. 중요한 이론적, 개념적 작품을 만들었던 매우 유명한 건축가들이 배출된 것이다.…… 사실 그들이 종이 건축가라고 불리고 있는 것은 그들의 공헌이 본질적으로 이론과 교수 분야에서 이루어졌기 때문이다. 방법이 다르기는 하지만 나도 쿠퍼 유니언의 이 전통을 따르고 있다. ―"반 시게루와의 인터뷰", 「Quaderns」 226, 2000. 7

존 헤이덕

그의 작품들은 나에게 충격을 주었다. 단순한 색깔과 기하학적 형태가 특징인 장난감 같이 보이는 그의 작품들은 내가 도쿄에서 본 것과는 완전히 달랐다. ―마이클 키멀만, 「뉴욕 타임스 매거진」, 2007. 5. 20

영향 받은 사람들

프라이 오토

반 시게루는 하노버 엑스포 2000의 일본관 설계를 함께 하자고 프라이 오토에게 제의했다.

대다수의 사람들은 프라이 오토를 생각할 때 그를 구조공학자라고 생각한다. 그러나 실상 그는 건축가이다. 내가 오토를 처음 만난 것은 1997년 7월 1일이었다. 나는 그때 바름브론이라는 소도시에 있었던 그의 아틀리에를 찾아갔다. 나는 대학에 입학한 이후로 줄곧 그를 무척 존경해왔다. 내가 그의 작품인 뮌헨 올림픽 스타디움과 만하임의 다목적 홀을 처음 접했을 때 느꼈던 흥분을 나는 결코 잊지 못할 것이다. ―마틸다 맥퀘이드, 「반 시게루」, 런던: 파이던, 2003

나는 또한 엑스포 전시관을 설계하고 싶다는 꿈을 가지고 있었다. 하노버 전시장의 일본관 설계 의뢰를 받았을 때, 나는 즉시 나를 도와줄 그 지역의 훌륭한 건축가나 엔지니어가 필요하다는 생각을 했다. ―필립 조디디오, 「반 시게루, 작품 총람 1985-2015」, 쾰른: 타셴 2015

나는 한때 유행하는 스타일에 휘둘리는 것을 좋아하지 않는다. 건축에서는 항상 유행하는 스타일, 또는 매우 인기 있는 스타일이 많이 있기 마련이다. 하지만 나는 자신의 독자적인 스타일을 가진 프라이 오토, 벅민스터 풀러 같은 건축가들을 좋아한다. ―데이비드 바술토, 「Arch Daily」, 2014. 3. 25

알바 알토 : "건축에의 자비로운 접근"

나는 1985년에 핀란드에 갔다. 내가 알바 알토의 공헌이 작지 않다는 것을 알게 된 것은 그곳에서였다. 그의 작품을 이해하기 위해서는 문제되는 부지로 가야 한다. 그는 그 주위환경에서 제대로 기능하는 건물들을 만들었기 때문이다... 자기 자신의 창의적 개성을 갈고 닦기 위해서 가장 중요한 것은 여행하는 것, 여행하면서 서로 다른 환경과 서로 다른 문화를 보는 것이다. ―주디스 벤하모-후에트, 「인터뷰 매거진」, 2009. 4. 28

루이스 칸

그는 인도와 방글라데시에서 그 나라들 자신의 도시, 그 나라들 자신의 수도를 건설하기 위해서 무보수로 열심히 일하고 있었다. 그는 정말로 위엄을 필요로 한 나라에서 일한 사람이다. ―찰리 로스의 톰 프리츠커와 반 시게루 인터뷰, 「찰리 로스」, 2014. 3. 25

시즈오카 2002
종이예술 박물관

이 프로젝트는 건축가가 "A"로 표시한 박물관과 "B"로 표시한 현대미술관으로 되어 있다. 유수한 종이 제조업자인 건축주는 종이에 대한 경의를 표하는 박물관을 원했다. 그는 일본의 미술 및 그래픽 디자인, 그리고 그 자신의 소장품을 전시품으로 내놓았다.

놀랄 만큼 단순하면서도 각각의 특징이 조화롭게 어울려 우아한 형태를 만들고 있다. 이 설계는 내부 공간과 외부 공간 간의 대화를 중시하는 반의 관점이 잘 드러나 있다.

종이예술 박물관 A는 종이 제조업자의 개인 박물관이다. 모든 파사드는 유리섬유로 강화된 패널로 되어 있다. 정방형인 바닥 평면은 세 부분으로 나뉘어 있고 한가운데에 3층 높이의 중앙 홀이 있다. 접이식 셔터와 차양을 열면 내부와 외부의 공간적 연속성이 성취된다. 종이예술 박물관 B는 전에 연구실이었던 곳인데, 현대미술작품을 전시하는 미술관으로 개조되었다. 머리 위에 있는 슬라이딩 도어들의 레일들을 뒤집음으로써 도어들이 열리면 그것이 그늘을 만드는 장치 역할을 해서 시원하게 그늘이 진 내부 공간이 된다. 이 두 건물의 공사에서 중점을 둔 것은 매우 일본적인 방식으로 내부와 외부 사이의 연속성을 유지하면서 현대적인 재료를 써서 현대생활을 위한 공간을 재창조하는 것이었다. —반 시게루, 반 시게루 건설 제공

재료의 사용

내가 짓는 주택에는 보다 값싼 자재, 즉 강도가 약한 재료를 사용한다. 재료의 강도는 건물의 강도와는 아무 상관이 없다. 건물의 내구성과도 관련이 없다. 종이 튜브 같은 강도가 약한 재료를 사용해도 강한 건물을 만들 수 있다는 것을 나는 논리적으로 알고 있었다. —데이나 굿이어, 「뉴요커」, 2014. 8. 11, 18

나는 항상 평범한 재료와 기술을 사용해왔다. 단 그것들을 흔히 사용하는 일반적인 방식과는 다르게 사용했다. —"반 시게루와의 인터뷰", 「Quaderns」 226, 2000. 7

◀◀ 무엇이든 구조물이 될 수 있다. 물, 공기, 풀, 종이. ▶▶

나무는 아주 훌륭한 재료이다. 그것은 유일한 재생가능한 재료이다. 일단 강철 연결부를 사용하기 시작하면, 목재는 장식품이 된다. 재료의 한계를 탐구하는 것이 더 흥미롭다. —테드 루스, 「문화 잡지」, 2015. 7

종이 튜브: 우연한 기회

나는 1980년대에 우연히 종이 튜브를 개발하게 되었다. 그때는 누구도 환경문제를 거론하지 않던 시절이었다. 그러나 나는 물질의 가치를 존중하고 낭비를 줄여야겠다는 강한 욕망에 사로잡혀 있었다. —기타야마 고와 반 시게루, "사람들을 양육하는 건축: 기타야마 고와 반 시게루의 대화", 「반 시게루: 인간주의적 건축」, 2014

나는 "녹색 건축가(Green Architect)"가 무슨 의미인지 모른다. 나는 "녹색"이니 "에코"니 "환경친화적"이니 하는 말들에 흥미가 없다. —데이나 굿이어, 「뉴요커」, 2014. 8. 11, 18

나는 "낭비가 전혀 없는 상태", "낭비 제로"에 도달한다는 것은 불가능하다고 생각한다. 나의 건축 목적은 가능한 한 많이 재료를 재활용해서 낭비를 최소화하는 것이다. —유제니아 림, 「Assemble Papers」 5, 2016. 4

◀◀ 나는 환경 문제를 나의 전략으로 고려하지 않는다. ▶▶

도쿄 액시스 미술관의 에밀리오 암바스 전시관 작업을 할 때(1985년) 나는 투명한 천을 사용해서 칸막이를 만들었다. —블라디미르 벨로골프스키, 「건축가들과의 대화: 유명인의 시대에」, 베를린: DOM 출판사, 2015

◀◀ 나는 벌채를 중지시키기 위해서 종이 튜브를 사용했다. ▶▶

우리가 천을 늘어뜨리는 작업을 끝냈을 때 남은 것은 종이 튜브들이었다. 나는 그것들을 버리지 않고 내 사무실로 가져왔다. —필립 조디디오, 「반 시게루, 작품 총람 1985-2015」, 쾰른: 타셴, 2015

1년 후, 나는 같은 미술관에서 알바 알토의 작품 전시를 위한 작업을 하고 있었다. 알바 알토는 그의 따뜻하고 아늑한 구조물 내부에 자연 목재를 사용하는 사람으로 잘 알려져 있다. 하지만 전시를 위해서 자연 목재를 쓴다면 감당할 수 없을 만큼 많은 비용이 들 것이 뻔했다. 그때 나는 튜브 생각을 했다. 그래서 근처에 있는 종이공장으로 가서 알아보았더니 카드보드 튜브를 어떤 지름, 어떤 길이로도 만들 수 있다는 것이었다. 이렇게 해서 목재 비슷한 값싼 재료가 전시회에 등장하게 되었고 그후에 많은 다른 나의 프로젝트에서 이 종이 튜브가 반복해서 사용되었다. —벨로골로프스키, 「건축가들과의 대화」, 베를린: DOM 출판사, 2015

건물은 어떤 재료로 만들었든 간에 불이 잘 붙지 않아야 하고 사람들이 나쁜 날씨를 피할 수 있어야 한다. 이런 성질만 있다면, 건물이 무엇으로 만들어졌느냐가 무슨 문제가 되겠는가? 내가 건축에 사용하는 종이는 불에 강하고 방수가 되도록 특수 처리된다. —벨로골로프스키, 「건축가들과의 대화」, 베를린: DOM 출판사, 2015

◀◀ 벅민스터 풀러는 그의 유명한 측지선 돔 (다각형 격자를 짜맞춘 돔/역주)에 종이 튜브를 사용했다. 그러나 주로 종이를 사용해서 영구적 구조물을 지은 사람은 내가 처음이었다. ▶▶

초기의 종이 건축물

나는 오다와라 시(小田原市) 창립 50주년을 기념하는 이벤트를 위한 다목적 홀 설계를 시작했다(1990년의 일이다). 비록 임시 건축물이긴 했지만, 본격적인 종이 건축물을 설계할 기회를 마침내 잡은 것이었다. 마쓰이 겡고에게 구조물 설계를 해달라고 부탁하기로 했다.……나와 마쓰이의 협력이 결국 오다와라 전시관과 게이트, 시인 도서관, 종이 미술관, 종이집을 만들게 되었다. 페이퍼 하우스를 위해서 개발한 종이 튜브 구조물은 건설부의 인가를 받았고 건축표준법에 추가되었다.……설계가 믿을 만하고 만들려는 의지만 있다면, 무엇이든지 가능하다는 것을 나는 알게 되었다. —에밀리오 암바스 편, 「반 시게루」, 뉴욕: 프린스턴 건축 출판사, 2001

"크라이스트처치의 이 기념물이 오랫동안 뉴질랜드 국민들의 사랑을 받고 사용될 것이라는 예감이 든다."

뉴질랜드 2013

크라이스트처치의 임시 성당

2011년 2월 21일, 뉴질랜드 남부 섬을 진도 6.3의 지진이 강타했다. 인구 약 40만의 크라이스트처치는 역사적 건물이었던 성당의 첨탑이 기울어져 마을 광장에 처박히는 등 엄청난 피해를 입었다. 이 지진은 2010년 9월 4일 뉴질랜드를 강타한 이전 지진 이후 불과 5개월 만에 일어난 것이었다.

일본에서 지진이 일어나기 18일 전에 뉴질랜드에서 대지진이 일어났다. 뉴질랜드는 그들의 가장 중요한 성공회 성당 건물을 잃었다. 나는 지진으로부터의 회복을 상징하는 성당을 설계해달라는 의뢰를 받았다. 그 지역에서 조달할 수 있는 종이 튜브를 사용해달라는 부탁이었다.—찰리 로스의 톰 프리츠커와 반 시게루의 인터뷰, 「찰리 로스」, 2014. 3. 25

크라이스트처치에서 지진이 일어났다는 소식은 일본 국민에게 큰 충격을 주었다. 특히 그곳에서 공부하던 일본어를 쓰는 학생들 다수가 죽었다는 소식이 일본인의 가슴을 아프게 했다.……세계무대에서 능동적 활동을 할 수 있었던 일본인 학생들이 귀한 목숨을 잃었다는 절망감을 표현할 말을 찾기 어려웠다. 그 전해에 지진이 크라이스트처치를 강타했을 때 건물 구조를 보강하라는 충고를 무시한 결과로 이런 비극이 초래되었다는 사실이 더욱 안타까웠다. 바로 그런 이유로 크라이스트처치는 내가 가보고 싶던 곳이었다.……

파괴된 신고딕 스타일의 이 성당은 1904년에 완공되었는데, 건축기간 동안에 세 차례나 지진을 경험했던 건물이었다. 이 성당은 뉴질랜드에서 관광객들이 가장 많이 찾는 곳 중 하나였다. 불행하게도 성당은 여진을 견디지 못하고 무너졌는데, 건물 전면의 스테인드 글라스 장미창은 수리나 재건으로 되살릴 희망이나 가능성이 전혀 없었다. 성당은 거대한 강철 보강재로도 형태를 유지할 가망이 별로 없었다. 그러나 우리는 정삼각형 지붕의 강한 형태에 의해서 이루어졌던 이전 건물의 그 유명한 파사드를 상상할 수는 있었다.……

공사가 처음 시작될 무렵부터 교회 당국으로부터 들은 재료와 구조에 대한 의뢰를 보고 우리는 종이 튜브를 사용하게 되리라고 예상했다. 다행하게도 우리는 크라이스트처치[도시 속]에 종이 튜브 공장이 하나 있다는 것을 알게 되었다. 적은 경비로 종이 튜브 구조물을 건설하고 700석의 좌석을 만들어야 한다는 교회의 요구를 충족시키기 위해서, 나는 A자형의 구조물을 설계했다. 그런 설계가 이전 성당의 정삼각형 정면 지붕과 이등변삼각형 후면 지붕을 되살리기에도 편리했다.……

이 성당은 지진 후에 가장 먼저 재건된 공공건물이었고 종이라는 특이한 재료를 썼기 때문에 "카드보드 성당"이라는 별명을 얻게 되었다. 완공도 되기 전에 성당은 자연히 뉴질랜드 재건의 상징이 되었다. 나는 성당이 문을 연 이후 종교적인 행사 외에 음악회와 디너 파티가 열리는 지역사회의 집회장소가 되었다는 이야기를 들었다.—반 시게루, "한 기념물로서의 재난 구조"

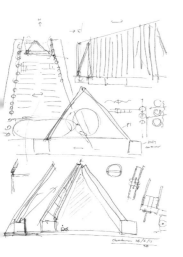

임시건물로 의도된 것이지만, 완성된 성당의 아름다움과 지역사회의 반응이 애초에 느꼈던 필요성을 훨씬 능가했다. 건물은 196개의 종이 튜브로 지탱되었는데 튜브와 튜브 사이에는 15cm의 틈이 있다. 그 결과 튜브는 건물을 지탱하는 역할 외에 그 틈으로 인해 생기는 빛과 그늘의 다양한 조화를 만들어 하루 종일 좋은 볼거리가 되었다.

크라이스트처치 설계 나의 설계를 마오리족 회관 건물과 연관시키는 사람들이 많았다.……그들은 나의 설계가 뉴질랜드 건축사와 다소 연관이 있다고 보았지만, 그러나 그것은 우연히 그렇게 된 것이다. 우리는 새 건물의 기하학적 도형은 이전 성당의 그것을 본뜬 것이라고 설명했다. ─"건축가 반 시게루의 크라이스트처치 임시 성당", 「Urbis」 64, 2011. 10

■■ 주민들이 행복해하면 나는 기쁘다. ■■

건축 자금 내게 중요한 일은 모든 자금이 마련될 때까지 프로젝트를 기다리지 않고 시작한다는 것이다. 항상 나는 우선 공사를 시작하고 설계와 공사를 진행하면서 계속 자금을 찾고 조달한다. 자금이 준비될 때까지 기다린다면, 긴급 프로젝트는 항상 너무 늦게 될 것이다. 또 일단 일이 시작되면, 자금을 모으기가 훨씬 더 쉬워진다. ─"건축가 반 시게루의 크라이스트처치 임시 성당", 「Urbis」 64, 2011. 10

재난 구조

1994년 빈약하기 짝이 없는 대피소에서 200만 명의 피난민들이 살고 있는 사진을 보았던 반은 유엔 난민 담당 고등판무관(UNHCR) 사무실과 접촉했다.

나는 이런 문제를 다루어본 경험이 없었다. 그래도 나는 르완다로 갔고 고등판무관을 만나러 갔다. 내가 찾아간 시기가 적절했다. 많은 회사들이 돈을 벌기 위해서 그에게 자신들의 제품을 팔려고 애쓰고 있었다. 나의 제안에 따라 [종이] 튜브를 저렴한 비용으로 수월하게 현지 주민들의 힘으로 만들 수 있었다. 주민들은 약간 훈련만 받으면 르완다가 가지고 있던 장비로 종이 튜브를 만들 수 있었다. ─마이클 키멀만, 「뉴욕 타임스 매거진」, 2007. 5. 20

■■ 좋은 프로젝트를 수행하려면 사랑이 필요하다. ■■

나는 1994년 내전 후 르완다의 피난민 캠프 개발을 시작으로 몇몇 긴급 주택 프로젝트를 수행해왔다. 나는 또 세계 각지에서 매년 끊임없이 일어나고 있는 지진과 해일로 집을 잃은 난민들을 위한 긴급 임시 주택 건설이나 수용소 개선 작업도 해왔다. 이런 프로젝트들 중에는 이탈리아의 라퀼라의 임시 음악당이나 1995년 고베 지진 후에 건설된 임시 교회인 종이교회 같은 규모가 더 큰 프로젝트(총건평이 150제곱미터 [45평]에 불과했지만)도 있었다. 이 두 프로젝트가 규모가 더 크긴 했지만, 기념이 될 만한 건물이나 시설이 작은 지역사회를 위해서 건설된 예는 없었다. ─반 시게루, "기념물로서의 재난 구조"

나는 특별한 문제를 가진 사람들을 찾는다. 나는 항상 더 작은 집단의 사람들을 돌보는 일을 한다. 나의 능력이 충분히 크지 못하기 때문이다. 더 많은 수의 사람들은 정부가 돌보아야 한다. ─데이나 굿이어, 「뉴요커」, 2014. 8. 11, 18

처음에 나는 재난을 당한 사람들을 위해서 "친절에서 우러난 어떤 일"을 한다고 생각했다. 내가 친절에서 우러난 어떤 일을 하고 있으므로 그들이 나에게 감사할 것이라고 나는 기대했다. 그러나 나는 비록 나의 행동이 그 결과로 다른 사람들에게 선을 행할 수 있을지라도, 내가 그 일을 나 자신을 위해서 하고 있다는 사실을 알지 못하면 그 일이 잘 되지 않는다는 사실을 알게 되었다. ─기타야마 고와 반 시게루, "사람들을 양육하는 건축: 기타야마 고와 반 시게루의 대화", 「반 시게루: 인간주의적 건축」, 2014

"임시 건물"과 사랑

이제 건축물은 영구히 존재할 필요가 없다. 우리 주위의 환경이 바뀌고 있다. 우리는 어디서나 인터넷으로 연결된 상황에서 일할 수 있다. 우리는 다양한 교통수단을 가지고 있고 어느 한 장소에서 영구히 사는 것과 같은 생활방식은 분명히 변하고 있다. 이런 시대에는 임시 건물과 영구 건물 간의 차이가 없다. 콘크리트 건물이라도 개발업자가 그 부지를 사서 그 건물을 부수고 돈을 벌기 위해서 다른 건물로 대체한다면, 그것은 임시 건물이 된다. 반면에 임시 건물이라도 영구 건물이 될 수 있다. 고베에 있던 종이 교회를 철거해서 타오미 마을로 이전한 경우가 바로 그렇다. 이런 의미에서 어떤 건물이 영구적이 되느냐 않느냐는 건축자재에 의해서 결정되지 않는다. 사람들이 어떤 구조물을 사랑하게 되느냐 그렇지 않느냐가 그 구조물이 영구적인 것이 되느냐 또는 임시 건물로 남느냐를 결정한다. ─유제니아 림, 「Assemble Papers」 5, 2016. 4

1999년 터키 지진 후, 반 시게루는 2000년 종이 통나무집을 지었다. 일부 현지 건축가들은 터키 사람들이 그 새로운 구조물들을 받아들이지 않을지도 모른다고 우려했다. 실상 터키 사람들은 이 새로 지은 집들을 환영했다.

사람들은 종이집 안에서 더 편안하게 느낀다고 말했다. 콘크리트 집과 벽돌집이 무너지면서 집안에서 자던 사람들이 목숨을 잃었기 때문이었다. 종이집은 한밤중에 그들을 덮칠 염려가 없다. ─마이클 키멀만, 「뉴욕 타임스 매거진」, 2007. 5. 20

미야기 2011

오나가와 임시 컨테이너 주택과
커뮤니티 센터

[일본의] 3.11 지진 이후, 우리는 50군데 이상의 대피 시설을 방문했고 가정들 간의 프라이버시를 보장하기 위해서 1,800개 이상의 칸막이 시설(2m × 2m)을 설치했다. 그 작업을 하는 동안, 나는 오나가와 시가 평평한 땅이 부족하여 임시 주택을 충분히 짓지 못하고 있다는 소식을 들었다. 그래서 우리는 운송용 컨테이너로 3층짜리 임시 주택을 지으면 어떻겠느냐고 제의하기로 했다. 컨테이너를 장기판 모양으로 쌓음으로써 컨테이너와 컨테이너 사이에 밝고 열린 주거 공간이 만들어졌다.……우리는 자원봉사자들의 도움과 기부금으로 우리가 건설한 모든 주택에 옷장과 책꽂이를 내장했다. 우리의 이 작업이 대피시설과 임시 주택에 대한 새로운 정부 표준을 마련하기 위한 돌파구와 선례가 될 것이다.—반 시게루, 반 시게루 건설 제공

주택들의 면적은 똑같다. 그러나 훨씬 더 편안하다. 많은 사람들이 여기서 영구적으로 살고 싶어 한

다. 그 말을 듣고 나는 매우 행복했다.—"종이로 만든 임시 대피소", 도쿄 TEDx를 위한 반 시게루의 강연, 2013. 5. 13

◀◀ 그러나 나는 건축가들이 재난 구조에 더 적극적으로 동참한다면,
우리는 질이 더 좋은 임시 긴급 주택을 지을 수 있을 것이라고 믿는다. ▶▶

저장할 공간을 더 제공하기 위해서 자원봉사 건축가 네트워크(VAN)는 선반을 조립해서 방마다 설치했다. 전국 각지에서 약 200명의 자원봉사자들이 미야기 현 오나가와로 모여들었다.—반 시게루, 반 시게루 건설 제공

우리는 부지 한가운데에 시장을 지었다. 이 동네에는 현재 가게가 없어서 일상용품을 구입할 수 없다. 현지 주민들도 시장에 가게를 낼 수 있다. 커다란 텐트가 시장에 사람들이 모이는 공간을 마련해준다.—반 시게루, 반 시게루 건설 제공

창의성과 고급 설계가 반의 긴급 구호 주택의 특징이다. 혁신적인 재료—종이 튜브, 대나무, 오나가와에서 쓰인 운송용 컨테이너—가 기술과 고안력, 창의력에 의해서 배열되어 있다. 재료를 아꼈을 뿐 아니라 시공도 쉬워 보인다. 이 건축가의 모든 재난 구조 주택에 적용될 수 있는 또 하나의 단어가 있다. 그것은 '존경'이다.

운송용 컨테이너 사용 반 시게루는 재난 구조를 위한 주택의 수가 부족한데다 그런 주택의 대다수는 평평한 부지에만 지을 수 있다는 것을 알게 되었다. 오나가와의 지형 탓에 그는 더욱 융통성 있는 해결책을 찾게 되었다. 다음과 같은 이유 때문에 운송용 컨테이너 사용이 필요하다고 그는 생각했다.

• 기존의 컨테이너를 사용함으로써 건축 기간을 단축할 수 있다.
• 넓은 부지가 주차장, 커뮤니티 시설, 가정의 프라이버시를 마련해준다.
• 컨테이너들을 장기판 모양으로 쌓으면 컨테이너와 컨테이너 사이에 열린 주거 공간이 생긴다.
• 훌륭한 내진 설계가 된다.
• 영구적인 아파트로 사용될 수 있다.—반 시게루, 반 시게루 건설 제공

책임 있는 건축

나는 이런 생각을 하고 있었다. 어떻게 하면 우리의 경험과 지식을 일반 국민, 또는 지진 피해자 같은 사람들을 위해서 쓸 수 있을까? 내가 난민들을 위한 임시 주택에 관심을 가지게 된 것은 바로 이런 이유 때문이었다. — 브래드 피트와 반 시게루, "종이 건축과 바른 시공: 브래드 피트와 반 시게루의 대화", 「반 시게루: 인간주의적 건축」, 2014

> ◖◖건축가들이 재난 구조에 더 적극적으로 참가한다면, 우리는 더욱 질이 높은 임시 긴급 주택을 지을 수 있을 것이라고 나는 믿고 있다. ◗◗

나는 재난 구조 프로젝트와 임시 건축물 작업을 시작했다. 건축가들의 전통적인 기능—특권층을 위한 기념물을 짓는 것—에 대해서 불편함을 느꼈기 때문이었다. 하지만 나 자신도 결국에는 기념물을 건설하고 말았다는 생각이 들었다. 그러나 이번 작업은 특권층을 위한 작업이 아니고 민중을 위한, 그들을 사랑해서 한 작업이었다. — 반 시게루, "기념물로서의 재난 구조"

나는 늘 지역사회와 함께 일하기를 원한다. 지역사회의 특별한 문제를 찾아내기 위해서다. 특히 난민의 입장에서 UN을 위해서 일한 뒤에 이런 나의 방침이 더욱 굳어졌다. UN은 소수민족 문제를 해결할 수 없다. 따라서 나는 항상 소수민족의 특별한 문제를 찾아내려고 현지로 간다. 나는 설계에 의해서 찾아낸 문제점을 보여준다. 비록 임시 주거라도 아름답고 편안해야 한다. — 찰리 로스의 톰 프리츠커와 반 시게루 인터뷰, 「찰리 로스」, 2014. 3. 25

자연재해는 "인간이 만든 재해"로 정의될 수 있다. 예를 들면, 사람들은 지진의 직접적인 피해로 죽지 않는다. 그들은 무너지는 건물에 맞아서 죽는다. 그것은 건축가들의 책임이다. — 반 시게루, "기념물로서의 재난 구조"

가르치기

1990년대 초 이후로 반 시게루는 일본과 미국에서 건축을 가르쳤다.

나는 미국에서 좋은 교육을 받았다. 그러나 나는 나의 스승들에게 무엇인가를 되돌려줄 수 없었다. 내가 할 수 있는 일은 나보다 젊은 사람들을 가르치는 것뿐이라고 나는 생각했다. 나는 또 다음 세대를 가르치는 일이 건축가인 나에게 의미 있는 일이 될 것이라고 생각했다. 지금의 나를 만든 것은 좋은 교육이라고 확신하고 있기 때문이다. — 기타야마 고와 반 시게루, "사람들을 양육하는 건축: 기타야마 고와 반 시게루의 대화", 「반 시게루: 인간주의적 건축」, 2014

자원봉사 건축가 네트워크(VAN)

1995년 고베 지진이 일어난 후 재난구조 작업에 참여한 반은 자원봉사 건축가 네트워크(VAN)를 결성했다. 자원봉사 학생들과 기타 인사들로 구성된 이 단체는 세계 곳곳을 찾아다니며 도움을 주고 있다. 지금까지 VAN은 터키, 인도, 아이티, 뉴질랜드, 이탈리아, 그리고 물론 일본에서 활동했다.

학생들이 나에게 찾아와서 VAN에 참여하고 싶다는 뜻을 밝히곤 한다. 그러나 우리는 풀타임으로 일하는 요원을 두고 있지 않다. 그들의 태도는 칭찬할 만하지만, 나는 늘 그들에게 먼저 건축가로서 일정한 능력을 갖추어야 한다고 말한다. 그 학생들은 건축의 사회적 책임을 실감했고 그래서 이런 생각을 지지하는 조직을 위해서 일하려고 하는 것이다. 하지만 그들이 필요한 건축 기술을 가지고 있지 않다면, 그들은 쓸모가 없을 것이다. — 고와 시게루, "사람들을 양육하는 건축", 「반 시게루」, 2014

나는 지금은 일본에서 가르치지 않는다. 그러나 내가 어떤 프로젝트를 조직하면 곧 내가 전에 가르친 학생들이 내 사무실로 몰려와서 곧 참여할 채비를 갖춘다.……나는 학생들이야말로 미래의 희망일 뿐 아니라 재건의 심장이요 엔진이라는 점을 강조하고 싶다. — 프란체스카 피치, 「Domus」, 2011. 5. 9

> ◖◖건축가의 일은 건물을 만드는 일이다. 하지만 나는 진정으로 가치 있는 일은 사람들을 돌보는 일이라고 굳게 믿고 있다. ◗◗

일본 : 양육되는 건축가

일본에서 좋은 건축물들이 많이 나온다는 말을 해외에서 자주 듣는다. 나는 그 이유들 중 하나가 젊은 건축가들을 양육하는 일본의 시스템에 있지 않을까 하고 생각한다. 일본은 중류 계급이 비록 많지 않은 돈이기는 하지만, 흥미로운 건축물을 만드는 건축가들에게 돈을 지불하는 세계 유일의 나라라고 할 수 있다.……일본은 젊은 건축가들이 실험을 할 수 있는 곳, 그들의 훈련을 위해서 좋은 환경을 가진 곳임이 분명하다. — 고와 시게루, "사람들을 양육하는 건축", 「반 시게루」, 2014

프로젝트가 기쁨을 줄 때

나는 내가 지은 집에 입주할 사람들을 만날 수 있을 때에 행복하다. 내가 아파트 단지 건축을 맡는 것을 좋아하지 않는 이유가 바로 여기 있다. 아파트 단지의 경우, 누가 거기 살게 될지 알 수 없기 때문이다. 가끔 나는 내가 지은 박물관이나 교회에 찾아가서 종이 기둥 뒤에 숨어서 방문객들을 관찰하곤 한다. 나는 그들을 바라보는 것이 즐겁다. — 블라디미르 벨로골로프스키, 「건축가들과의 대화: 유명인의 시대에」, 베를린: DOM 출판사, 2015

기억의 변형 모든 시대의 사람들은 그들의 몸에 각인된 그 땅의 기억을 그들의 집안 공간에 보존하려고 해왔다. 이 같은 기억의 공간으로의 변형은 개인적인 기억에만 국한되지 않고, 가문의 기억, 전체 지역사회의 기억에도 해당된다. 이렇게 지어진 집은 자연과 힘든 싸움을 하며 살아가는 여러 세대에 전수되어 마치 인간의 피부의 연장인 것 같은 존재가 된다. 그러나 동시에 사람들은 그들의 미래의 기억을 담을 또다른 종류의 집을 지으려고 항상 노력해왔다.……사람들은 강철이나 유리, 알루미늄, 또는 플라스틱으로 만들어진 피부 속으로 들어가려고 할 때, 마치 다른 세상으로 들어가는 것처럼 그들의 몸으로부터의 해방을 경험한다.……그것은 부자연스러운 몸이 아니고 새로운 자연에 익숙해진 몸, 여전히 옛 것을 받아들일 수 있는 몸일 것이다. 새로운 몸을 찾는 집들이 긍정적인 언어로 이야기하기 시작하는 것은 이 두 자연이 합쳐질 때일 것이다. ─ 안드레아 마페이 편, 「이토 도요: 작품이 글을 투사한다」, 런던: 파이던, 2002

이토 도요 伊東豊雄

출생 1941년 6월 1일, 한국 서울

교육 도쿄 대학교 건축과, 1965

사무실 Toyo Ito & Associates, Architects, Fujiya Building, 1-19-4, Shibuya, Shibuya-ku, Tokyo, 150-0002 Japan
전화: +81 3-3409-5822, 팩스: +81 3-3409-5969, www.toyo-ito.co.jp

주요 프로젝트 '모두를 위한 집', 일본 리쿠젠타카타, 2011; 다마 미술대학교 도서관, 일본 하치오지 시, 2007; 명상의 숲 시립 장례식장, 일본 기후 현 가가미가하라 시, 2006; 서펜타인 갤러리 전시관, 런던, 세실 밸몬드와 Arup과의 합작, 2002; 센다이 미디어테크, 일본 미야기, 2000; 바람의 탑, 일본 가나가와 현 요코하마 시, 1986

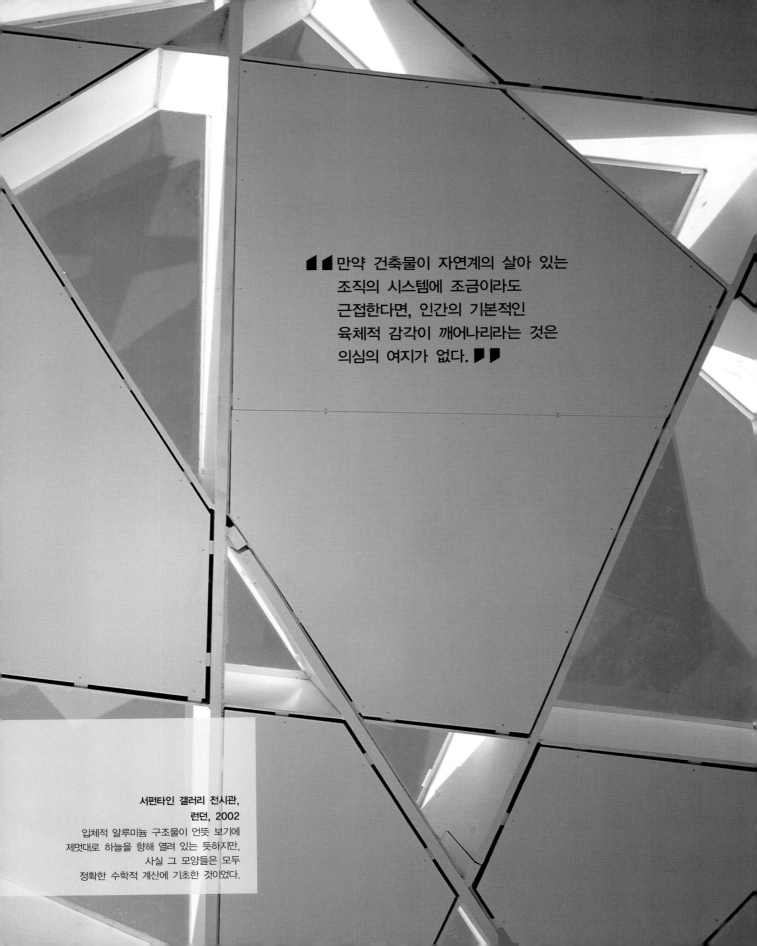

■■만약 건축물이 자연계의 살아 있는
조직의 시스템에 조금이라도
근접한다면, 인간의 기본적인
육체적 감각이 깨어나리라는 것은
의심의 여지가 없다.■■

서펀타인 갤러리 전시관,
런던, 2002
입체적 알루미늄 구조물이 언뜻 보기에
제멋대로 하늘을 향해 열려 있는 듯하지만,
사실 그 모양들은 모두
정확한 수학적 계산에 기초한 것이었다.

영향 받은 사람들 :

르 코르뷔지에

나는 그 이유를 정확히 모르지만, 건축가로서 일해오면서 줄곧 르 코르뷔지에와 우연히 마주치곤 했다. 내가 의식적으로 그의 발자취를 따라간 것은 결코 아니었다.……나는 사람들이 그 사실을 내게 지적할 때 나의 모형들과 설계도를 보고 나서야 그의 영향을 인지하게 되곤 한다. 그는 내가 지금까지 설계해온 작품들에서 중요한 역할을 해왔다. 나는 처음 시작할 때에 내가 성취하려는 최종 결과를 인식하지 못하지만, 거기 도달하기 위해서 가는 길 어딘가에 항상 이 스위스 거장의 건축이 있다. 이상한 일이지만, 내가 스스로 설정한 코스에서 벗어나서 방향을 바꿔야 할 때마다 나는 르 코르뷔지에를 만나곤 한다. ─안드레아 마페이 편, 「이토 도요: 작품이 글을 투사한다」, 런던: 파이던, 2002

미스 반 데어 로에

미스의 바르셀로나 전시관(1928-29)은 20세기의 모든 건축물 중에서 가장 주목할 만한 작품이다. 이 건축가의 그후 작품들과 비교할 때에도 이 사실은 더욱 뚜렷해진다. 그런 "유동성(fluidity)"으로 채워진 공간을 우리는 다른 어디에서도 발견할 수 없다.……이것은 비단 공간적 구성 때문만이 아니고 재료의 현란함에도 크게 힘입고 있다.……이 공간이 만드는 느낌은 흐르는 공기의 가벼움이 아니고 엉긴 액체의 두터움이다. ─이토 도요, "미디어 숲의 타잔들", 「미디어 숲의 타잔들」, 런던: 건축협회 출판부, 2011

▟▙르 코르뷔지에가 지은 집과 내가 지은 집은 다 같이 자연과의 긍정적 관계를 추구한다.▜▛

미스의 건물들과 공간이 보여주는 투명성은 우리가 모더니즘 건축물에서 흔히 발견하는 투명성과는 본질적으로 다른 것이라고 나는 주장하고 싶다.……내가 보기에는 유리와 강철이라는 재료에 대한 열정적인 탐구와 이해도에서 그를 따라갈 만한 건축가는 한 사람도 없다. ─이토 도요, "미디어 숲의 타잔들", 실비아 리스카 편, 「탈퇴 좌담, 대화로 보는 전시회 1998-2010」, 독일 퀼른: 부흐안트룽 발터 쾨니히 출판사, 2012

미스와 르 코르뷔지에

후지모리 데루노부의 백파(white school) 건축과 적파(red school) 건축에 관한 이론에 따르면, 백파는 미스이고, 적파는 르 코르뷔지에이다.……한 쪽 극단은 추상적이고 다른 쪽 끝은 사실적이다. 나는 그 중간에 관심이 있다. ─블레인 브라우넬, 「등장하는 격자」, 「부유하는 세계의 물질: 주도적인 일본 건축가 및 설계자와의 대화」, 뉴욕: 프린스턴 건축 출판부, 2011

일본의 건축가로서의 나

나의 초기 작품들은 시노하라 가즈오와 이소자키 아라타의 영향을 받았다. 당시 자기 작품에 비판적인 사회적 메시지를 담은 일본 건축계의 인사는 이 두 사람뿐이었다. ─"이토 도요 1986-1995", 「El Croquis」 71, 1995

동(東)과 서(西)의 설계 과정

나는 나의 설계 구상 과정이 서양의 건축 문화보다는 일본의 전통에 훨씬 더 가깝다고 생각한다. 사실 나는 영어를 거의 못하지만, 건축을 대하는 나의 태도를 내가 이해하는 만큼의 영어와 일본어의 비교로 표현할 수 있다. 영어의 경우 단어, 그리고 단어들 사이의 상호작용이 매우 분명하고 안정되어 있다. 일본어의 경우는 분명히 그렇지 않다. 일본어는 단어의 배열에 융통성이 있다. 나는 일본어에서 단어를 사용하는 것과 똑같은 방식으로 공간을 설계한다고 말할 수 있을 것이다. ─게오르기 스타니셰프, 「세계 건축」 34, 1995

변화를 가능하게 하는 시스템 추구

모더니즘 건축은 건축가와 사용자 모두에게 너무나 친숙하다. 우리는 평범하고 장식하지 않은, 투명하고 추상적인 공간이 궁극적 아름다움이라고 우리 자신을 설득해왔다. 우리는 그런 관점에서 건물을 설계했고 그런 생각으로 건물을 사용했다. 이제 우리는 그와는 다른 가치관에 기초한 건축물을 가질 수 있어야 하지 않을까? "미적 순수성보다는 역동적 기쁨"을 주는 건물을 지을 때가 온 것이 아닐까? ─이토 도요, "미적 순수성보다는 역동적 기쁨을", 「미디어 숲의 타잔들」, 런던: 건축협회 출판부, 2011

설계 행위는 사회와 도시의 상태에 대한 나의 참을 수 없는 좌절감의 개인적 표현으로 시작된다. ─이토 도요, "현대적인 바디 이미지 떨쳐 버리기: 비판성이 없는 집이 존재할 수 있을까?", 「미디어 숲의 타잔들」, 런던: 건축협회 출판부, 2011

도쿄

도쿄 같은 도시에서 한 조각의 건축물을 창조하는, 아니 안무하는 행위는 체스 놀이와 비슷하다. 전혀 예측이 불가능한 게임이다. ─이토 도요, 「건축 설계」 62, 1992. 9/10

▟▙일단 우리가 세상을 이해하지 못할 때, 그때가 바로 우리가 창조적일 때이다.▜▛

더욱이 내가 해외에서의 설계 경기에 참가할 때 나는 자유롭게 느끼며 대담한 제안을 내놓을 수 있다. 그곳이 멀리 떨어진 곳이고, 나는 우선 고객에 대한 직접적인 지식이 없기 때문이다. 일본에서는 제안의 형태나 경기 조건 등에서 많은 제약을 받으면서 경쟁해야 한다. 그것은 매우 큰 차이이다. 나는 해외에서의 경험으로 인해서 상당히 해방된 느낌이다. ─이토 도요와 이누이 구미코, 「A + U: 건축과 도시 계획」 5, 2004. 5

◀◀ 반드시 정해진 장소에서 책을 읽을 필요는 없다. 하지만 그렇게 되기 위해서는 전체 공간이 얼마간의 느슨함과 모호함을 가지도록 설계되어야 한다. ▶▶

하치오지 시(八王子市) 2007

다마 미술대학교 도서관

나는 도서관과 박물관을 구분하지 않는다. 나는 종래의 도서관과 박물관의 경직된 프로그램을 연화시켜서 둘의 차이를 더 모호하게 하는 데에 관심이 있다. —이토 도요와 토머스 대니얼, 「Volume」, 15권, 2008

새 도서관은 정문 옆에 있어서 많은 학생들이 다양한 대학 건물들로 가는 길에 그 옆을 지나갈 것이다. 우리가 이 건물이 단순히 독서와 공부를 위한 장소에 그치지 않고 학생 사회의 중심이 되도록 한다는 목표를 세운 것은 바로 이런 이유 때문이었다. 그래서 우리는 캠퍼스 안의 건물들이 대개 4, 5층 높이임에도 불구하고 새 도서관은 가능한 한 낮은 건물로 짓기로 했다. —이토 도요, 「A + U: 건축과 도시 계획」 6, 2005. 6

1층의 바닥 공간은 정문에서 뻗어나간 정원의 연장 비슷하다. 바닥의 상당 부분이 부지의 경사를 반영해서 다소 경사져 있다. —이토 도요, 「A + U: 건축과 도시 계획」 6, 2005. 6

다마 미술대학교 도서관을 설계하면서 나는 매일 경사를 이룬 바닥을 가진 공간이 과연 도서관의 미래 사용자들에게 안전할지 걱정했다.……가구들은 경사에 맞도록 맞춤으로 만들어야 한다. 잡지 선반도 경사지게 만들고 컴퓨터 책상의 다리는 컴퓨터가 수평을 유지할 수 있도록 길이가 달라야 한다. —이토 도요와 토머스 대니얼, 「Volume」, 15권, 2008

나는 파리의 국립 미술사 연구소에서 영감을 얻었다. 그 시설이 도서관이기 때문이 아니다. 나는 강철 아치들의 날씬하고 우아한 모양과 그 아치들이 만드는 활력 있는 공간이 그냥 좋았다. 나는 또 아치가 오래된 건축 양식이지만, 이 건물이 당시로서는 매우 혁신적인 기술을 사용해서 지어졌다는 사실에 매우 흥미로웠다. —이토 도요와 토머스 대니얼, 「Volume」, 15권, 2008

내가 최근의 프로젝트들에서 타원들을 많이 사용한 것은 분명하다. 나는 그것들이 좀 지나치게 표현적이 아닐까 다소 걱정된다. 그러나 나는 건축의 이상이 사람의 긴박한 욕구를 충족시키는 데에 필요한 최소한의 것을 마련하는 것이라고 믿고 있다. 사람들이 서로 소통하기 위해서 모이는 장소는 작은 소용돌이 비슷하다. 타원은 이 소용돌이를 수용하는 지역을 상징한다. —"이토 도요 1986–1995", 「El Croquis」 71, 1995

다마에서는 아치들이 반복해서 사용되었다. 그러나 나는 동적인 것과 정적인 것이 둘 다 곡선과 아치의 폭의 변화로 표현될 수 있다고 믿고 있다. —이토 도요, 「A + U: 건축과 도시 계획」 6, 2005. 6

다마 도서관 도처에서 곡선과 아치, 경사를 볼 수 있다. 그런 것들이 어울려서 이토가 말하는 "가장 분명하고 특징적인 리듬"을 만들어낸다.

정원으로서의 건축물

나는 항상 내 건축물을 정원 위에 얹는다고 생각했다. 이 말은 내가 내 작품들을 정원으로 보았다는 것을 뜻한다. 내 목표가 반드시 풍경 속에 섞여 들어가는 건축물을 만드는 것이 아니라는 뜻이다.……나는 건물의 볼륨을 감추고 흙은 더하거나 덜어내서 개개 건물과 외부 공간 간의 긍정적인 관계를 확립하려고 했다. ―안드레아 마페이 편, 「이토 도요: 작품이 글을 투사한다」, 런던: 파이던, 2002

빛의 정원

그러나 정원 같은 작품―나카노의 집 또는 백색 U[1976]―을 만들려는 나의 첫 번째 시도는 카유 정원을 닮은 공간을 만드는 결과를 만들었다. "빛의 정원"은 곡선을 그리며 U자 모양을 형성한 두 개의 콘크리트 벽 사이에 만들어졌다. 위쪽과 측면으로부터 들어오는 자연조명에 의해서 만들어진, 빛과 그늘의 효과가 풍부한 밝은 공간이 이 순백의 튜브 링 안에 형성되었다. 이 빛의 장관은 흐르는 물과 소용돌이들로 채워진 공간을 만들어내는 데에 이용되었다. ―마페이 편, 「이토 도요」, 런던: 파이던, 2002

바람의 정원

두 프로젝트[은빛 오두막(1984)과 야츠시로 시립 박물관(1991)]의 공통점은 강철판 틀로 제작된 계속 이어지는 가볍고 얇은 둥근 지붕과 그 지붕들을 받치고 있는 독립된 기둥들 사이의 자유로운 공간이다. 숲 사이로 부는 바람 같은 공기의 흐름을 유도하는 그런 공간은 당연히 정원이라고 보아야 하지 않을까? ―마페이 편, 「이토 도요」, 런던: 파이던, 2002

구름처럼, 공기의 흐름처럼, 또 자라나는 식물들처럼, 명상의 숲의 물결치는 지붕이 유기적인 평온함을 가져다준다.

기후 현 가카미가하라(各務ヶ原) 시 2006
명상의 숲 시립 장례식장

우리 생각은 종래의 화장장이 아니라 하늘을 떠돌다가 이 부지 위에 내려앉아 유쾌하게 부드러운 분위기를 만들어주는 구름을 닮은 지붕으로 이루어진 공간을 만들자는 것이었다. ―야마모토 리켄, 데이나 번트록, 이가라시 다로, 「이토 도요」, 런던: 파이던, 2009

지붕의 최종적 모양은 최적의 구조적 해결책을 제시하는 알고리즘에 의해서 결정되었다. 이런 타입의 구조적 분석은 단순한 자연법칙에 따라 계속 변형하는 식물의 성장 패턴("진화"라고 부르는 과정이

다)과 유사하다.……지붕의 곡선은 주위 산줄기와 조화를 이루며 풍경이 된다. ―리켄, 번트록, 다로, 「이토 도요」, 런던: 파이던, 2009

1980년대 초부터 나는 한편으로는 모더니즘적인 순수한 공간을 만들고 싶은 욕망을 품어왔고, 다른 한편으로는 표현주의적이라는 딱지가 붙기에 적당한, 더욱 유기적인 삼차원적 곡선의 표면을 풍성하게 사용한 건물을 짓고 싶은 욕망을 품어왔다. 하나의 욕망이 충족되면 또 다른 욕망이 더욱 다급해졌다. 그 결과 나는 이 두 경향 사이를 끊임없이 왔다 갔다 하는 것처럼 보인다. 이런 현상은 내가 오래 전부터 품어온 유동적인 공간을 만들고 싶은 욕망에 의해서 부분적으로나마 설명될 수 있다. ―이토 도요와 이누이 구미코, 「A + U: 건축과 도시 계획」 5, 2004. 5

가나가와 현 요코하마 시 1986

바람의 탑

전자 장치에 대한 나의 관심은 1986년의 바람의 탑에서 비롯되었다. 이 프로젝트는 엄밀히 말해서 건축 작품이라고 정의할 수 없다. 그러나 그것은 빛과 이미지가 이용된 일련의 작품들의 전조였다. 바람의 탑의 기저에는 이 주위를 흘러가는 다양한 흐름들로부터 공기(바람)와 소리(소음)를 선별해서 그것들을 반짝이는 사인, 즉 시각적인 정보로 바꾸려는 의도가 있었다. 간단히 말해서 그것은 환경에 정보를 도입하는 것이었다.—안드레아 마페이 편, 「이토 도요: 작품이 글을 투사한다」, 런던: 파이던, 2002

▟▟ 건축물을 설계하는 것은 공기, 바람, 빛, 그리고 소리의 흐름 속에 소용돌이를 발생시키는 행위이다.……▜▜

▟▟ 상호작용하는 실험적 조각품. ▜▜

모든 빛은 컴퓨터에 의해서 관리된다. 컴퓨터는 탑 안에 있는 2개의 메인 센서에서 나오는 신호에 따라 빛을 상호관련시킨다. 하나는 바람의 강도에 반응하고 다른 하나는 외부 소음의 강도에 반응하도록 하는 식이다.—게오르기 스타니셰프, 「세계 건축」 34, 1995

사람들은 공기가 탑 주위에서만 정화된다는 인상을 받았다. 이 탑의 경우, 어떤 물질이 빛을 공기 중으로 발산한다고 기대할 수 없으리라는 것은 분명하다. 대신 공기 자체가 빛이 되었다.—마페이 편, 「이토 도요」, 런던: 파이던, 2002

이토는 원통형 조형물의 벽을 반투명의 알루미늄 박판으로 덮고 20개의 네온 링과 1,000개의 고정된 조명등을 설치해서 밤에 잘 보이게 했다. 이토는 이 상호작용하는 프로젝트를 "공기의 설계"라고 묘사했다.

소용돌이치는 기하학적 도형들

내가 모더니즘을 뛰어넘으려면, 모더니즘의 전형(norm)을 유지하면서 그것을 흩뿌려야 할 것이다. 나는 기하학적 도형에도 관심이 있다. 내가 주목하는 것은 르 코르뷔지에가 말한 순수한 형태가 아니고 움직임의 개념이 인식되는 나선형, 복잡한 입체적 표면 같은 역동적인 도형이다.—이토 도요와 이누이 구미코, 「A + U: 건축과 도시 계획」 5, 2004. 5

식물과 동물 등 생물권의 수많은 생명 형태는 나선형을 구현하고 있는데 건축은 왜 원과 타원만을 주로 사용하게 되었을까?……우리는 오래 전부터 더욱 역동적인 공간을 실현하기 위해서 나선형 도형들을 우리의 구조물에 도입하고 싶어했다.……—야마모토 리켄, 데이나 번트록, 이가라시 다로, 「이토 도요」, 런던: 파이던, 2009

소용돌이와 흐름

움직임이나 흐름을 유도할 수 있는 불안정한 상태의 공간들을 목표로 삼는 것이 중요하다. 그런 공간들은 또한 인간의 육체적 움직임과도 유사하다.—이토 도요, 「건축 설계」 62, 1992. 9/10

오늘날 우리는 컴퓨터 기술을 이용해서 자연계의 규칙들을 기초로 한 건축물을 만들 수 있다. 그러나 우리는 이 규칙을 이용해서 자연을 모방하는 형태를 만들어서는 안 된다. 숨 쉬는 건축물, 환경과 조화되는 건축물을 만들어야 한다.—페드로 가다뇨와 피비 스프링스터브 편, 「일본의 성좌」, 뉴욕: 현대미술관, 2016

융통성 있는 질서

인류는 고전적인 기하학적 도형과 격자형 공간을 개발했는데, 이것은 규칙을 찾기 어려운 자연현상, 동물과 식물의 세계에 대조되는 절대적인 질서를 추구하는 노력이었다. 유동적인 성장과 쇠퇴, 죽음의 사이클이 끊임없이 반복되는 자연계에는 질서가 없다고 보았기 때문이었다. 그러나 오늘날 우리의 관심을 가장 강하게 끌고 있는 것은 끊임없이 자라고 변화하는 자연계의 바로 이 유동적 질서이다.……이 질서는 상대적이고 융통성이 있으며 부드럽다. 그것은 끊임없이 역동적으로 반복되는 자기조직(self-organization)이다. ―리켄, 번트록, 다로, 「이토 도요」, 런던: 파이던, 2009

가상의 육체, 진짜 사람들

지난 몇 년 동안 이토는 그의 작업에서의 가상현실의 역할에 대해서 진지하게 생각해왔다. "가정", "지역사회", 그리고 그가 "진짜(real mature) 자연"이라고 부르는 것의 개념들이 어떻게 서로 교차되는가가 그의 중요한 관심사였다.

센다이 미디어텍 이전에는 나는 가상의 육체를 위한 공간과 시설이 가능할 수 있다고 정말로 생각했다. 센다이 미디어텍 아이디어 공모에 응하면서 내가 의도한 것이 바로 그것―투명하고 거의 무게가 없는 가상의 몸과 환상의 숲처럼 늘어선 컴퓨터 등―이었다. 그러나 처음부터 센다이 시민들로부터 이런 영상에 대한 항의가 빗발쳤다. "그 건물의 건설을 중단하라!" 그들은 이렇게 외쳐댔다(웃음). 내가 가상 육체에 대한 이야기를 그만둔 것은 바로 그 순간이었다. 나는 진짜 사람들을 위한 진짜 물건들을 만들어야 한다는 것을 깨달았다.―이토 도요와 토머스 대니얼, 「Volume」, 15권, 2008

전자 미디어가 닫힌 우리의 개별적 자아를 사회적/외부의 세계와 접속시키고 연장시키고 있다.……이 새로운 미디어가 내부와 외부를 나누는 경계선을 다소 모호하게 만들었다. 우리가 언뜻 보기에 서로 모순된 개념들을 다루고 있긴 하지만, 그래도 우리는 우리가 "진짜(real)" 몸이라고 부르는 것과 "가상의(virtual)" 몸이라고 부르는 것들이 실제로는 서로 겹치고 일치한다는 것을 인식해야 한다. ―이토 도요, "미디어 숲의 타잔들", 실비아 리스카 편, 「탈퇴 좌담, 대화 1998-2010에 나타난 전시회」, 독일 쾰른: 부흐안드룽 발테르 쾨니히 출판사, 2012

따라서 우리들 각자는 우리로 하여금 두 개의 서로 다른 형태의 자연을 상대하고 대응하게끔 하는 두 개의 몸을 가지고 있다. 물이 순환하는 자연계에 그 일원으로 접속된 우리의 진짜, 다시 말해 원시적 몸과 전자의 흐름―정보―이 순환하는 자연계에 그 일원으로 접속된 우리의 가상의 몸이다. ―크리스티안 시티흐, 「디테일」 50, 9호, 2011

> ▰▰ **전기시대(電氣時代)의 이상적 삶이 '현대적 생활'에서 구체적 표현을 발견했다면, 컴퓨터 시대의 이상적 삶의 이미지는 어떤 것일까?** ▰▰

미야기 2000
센다이 미디어테크

이 건물은 2000년 1월 1일 0시에 카운트다운으로 새 천년의 새벽을 맞이했다. 전면의 커다란 유리문들이 열리면서 환호하는 사람들의 무리가 안으로 쇄도해 들어갔다.―야마모토 리켄, 데이나 번트록, 이가라시 다로, 「이토 도요」, 런던: 파이던, 2009

> ▰▰ **분명히 내 생애의 정점들 가운데 하나였다.** ▰▰

나의 초기 작품은 가벼움과 섬세함을 중시했다. 그러나 센다이 미디어텍의 경우, 나는 건물의 힘에 중점을 두고 싶었다.……나는 사람들에게 건축이 사회에 의미를 가진다는 점을 확신시키고 싶었다. ―블레인 브라우넬, "등장하는 격자", 「부유하는 세계의 물질: 주도적인 일본의 건축가 및 설계자와의 대화」, 뉴욕: 프린스턴 건축 출판부, 2011

▌▌센다이에서 나는 금기를 내던져버렸다.▐▐

커뮤니케이션 육성 사람들은 미디어텍을 공원처럼 이용한다. 젊은 커플들이 만나고 저학년생들과 고학년생들이 모여서 자연스런 대화를 나누기도 한다. 이 건물은 커뮤니케이션을 활성화시키기 위한 건물이다. 이런 점이 내게는 매우 중요하다. 센다이에서 우리는 수많은 난관에 부딪혔는데, 사용자들은 이런 난관을 놀라울 만큼 긍정적인 방식으로 받아들였다. —크리스티안 시티흐, 「디테일」 50, 9호, 2011

센다이에서 학생들과 얘기해보면, 그들은 대학도서관이 중요하긴 하지만, 센다이 미디어텍에 오는 것을 더 좋아한다고 말한다. 이곳에는 긴장이 풀리는 편안한 느낌이 있다. 바로 그런 느낌이 사람들에게 많은 사물 그리고 사회 그 자체를 이해할 수 있게 해준다고 나는 생각한다.…… —이토 도요와 토머스 대니얼, 「Volume」 15, 2008

센다이의 이 건물을 설계할 때, 나는 물의 은유를 내 접근방식의 지침으로 사용했다. 이 은유는 내게 두 가지 의미를 가졌다. 하나는 내가 물을 기본적으로 인터넷—이 건물과 나머지 세계를 연결하는 유동적인 네트워크—으로 생각한다는 것이다. 동시에 나는 더 본래의 의미로 물을 생각했다. 현대화 이전에 세계는 물에 의해서 서로 연결되었다. 물은 모든 교통과 통신의 네트워크였다. 나는 이 두 가지 양식의 교환을 건물 안에서 통합하고 싶었다. 이 두 타이프의 연결—가상적 연결과 물리적 연결—의 균형을 취하는 것이 다가오는 세기의 건축에서 고려해야 할 가장 중요한 것 중 하나일지도 모르기 때문이다. —줄리언 로스, 「아트포럼」, 2013. 9

몇 그루의 나무를 심듯이 나는 센다이 미디어텍의 건축이 시작된 뒤 비로소 그런 추상적, 비유적인 공간들의 물질적 강도를 보여주고 싶다고 생각하기 시작했다. 유기적 모양의 "튜브들"과 얇고 고도로 추상적인 "플레이트들"의 강한 대조는 인위적인 휑한 땅에 몇 그루의 나무를 심는 것과 비슷해 보인다. —이토 도요, "새로운 '현실': 현대 건축에서의 물성 회복을 향해서", 「미디어 숲의 타잔들」, 런던: 건축협회 출판부, 2011

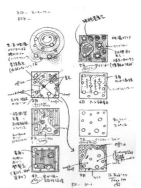

바이오모프(biomorph)의 구조물 센다이 미디어텍의 특징은 여섯 겹의 바닥을 떠받치고 있는 튜브 모양의 기둥들이다. 한 변의 길이가 50미터쯤 되는 바닥판을 구조물의 역할을 하는 13개의 튜브들이 떠받치고 있다.……자연광이 튜브의 꼭대기로부터 들어온다. 튜브들은 그 안에 품고 있는 장치들에 따라 크기와 모양이 달라진다. 튜브의 디자인은 튜브가 서 있는 바닥의 모양에 어울리게 변형될 수 있다. 다시 말하면, 이 튜브들은 그 형태와 작용이 식물들의 그것을 닮은 자연 속의 유기물이라고 할 수 있다. 바이오모프의 구조물이라고 할 수 있다. —도요, "미디어 숲의 타잔들", 「미디어 숲의 타잔들」, 런던: 건축협회 출판부, 2011

살아 있는 강철 이전에 강철공들이 "강철은 살아 있는 생물과 같다"고 했을 때, 나는 말도 안 되는 소리라고 생각했다. 강철에 열을 가하자 늘어나기도 하고 구부러지기도 하는 것을 목격하고서야 나는 생각을 바꿨다. 진짜 물질의 고유한 역동성이 어떤 순수하고 추상적 미보다 훨씬 매력적이라는 것을 나는 알게 되었다. —도요, "미적 순수성보다는 역동적인 기쁨", 「미디어 숲의 타잔들」, 런던: 건축협회 출판부, 2011

센다이 프로젝트의 경우, 강철판을 다루는 것은 매우 힘들었다. 이 일은 조선소 노동자들에게 맡겨졌다. 그들은 그 작업을 매우 자랑스러워했다. "우리들이 없었다면, 미디어텍은 탄생하지 못했을 것"이라고 생각하는 것 같았다.……최종단계에서는 세련된 컴퓨터 프로그램을 점점 더 많이 사용하게 되지만, 건설 현장에서 성공적인 건축을 하려면 인간의 육체적 노동이 매우 중요하다. —크리스티안 시티흐, 「디테일」 50, 9호, 2011

▌▌공간적 경험은 숲속을 걷는 것과 다르지 않다.▐▐

센다이 프로젝트의 형태학에서 물은 중요한 은유 가운데 하나이다. 물의 은유는 나선형 모양과 튜브로 이루어진 기둥으로 예시될 뿐 아니라 기술과 자연, 가상과 현실을 결합하는 유연한 에너지로서도 작용한다.

부드러운 몸

물 속에서 유기체는 마른 땅에서보다 훨씬 더 유연하다. 마른 땅에서는 중력 때문에 동물과 식물이 모두 자신을 지탱하는 단단한 틀로 자신을 무장해야 한다. 짐승들은 이 틀 때문에 생기는 동작의 경직성을 극복할 수 없다. 그러나 물 속에서는 동물의 몸이 부력과 압력의 영향을 받게 된다. 나긋나긋하고 부드러운 구조가 흐름과 압력에 더 잘 적응할 수 있다. 작용하는 힘에 저항하는 것보다는 그것을 수용하고 굴복하는 편이 더 낫다. 따라서 물 속에 사는 식물과 동물은 흔들리며 우아하게 춤을 추는 경향을 보인다. 이런 움직임이 생물의 형태를 결정하게 된다. 수중 생물의 형태가 지상 생물보다 더 명확하게 움직임을 표현하고 있다. 생물의 형태는 그들의 움직임의 중심이다. 그것은 다름 아닌 "부드러운 몸"이다.—이토 도요, "미디어 숲의 타잔들", 「미디어 숲의 타잔들」, 런던: 건축협회 출판부, 2011

정보 환경

정보 환경이 상당한 정도로 자연환경을 대치하고 있다. 정보 기술과 컴퓨터 기술이 우리가 같은 시간에 여러 장소에 있을 수 있는 가능성을 증가시킴으로써 시간을 응축시켜 더욱 효율적으로 만들어준다.—게오르기 스타니셰브, 「세계 건축」 34, 1995

오늘날의 건축은 우리를 정보 환경에 적응시키는 수단으로서의 기능 또한 수행해야 한다. 건축물이 자연과 정보 양쪽과의 관계에서 우리 피부의 연장과 같은 기능을 가져야 한다. 오늘날의 건축물은 미디어 양복이어야 한다.—안드레아 마페이 편, 「이토 도요: 작품이 글을 투사한다」, 런던: 파이던, 2002

우리 건축물은 전통적으로 물과 공기에서 일어나는 소용돌이 형상에 의해서 자연과 연관을 맺어왔다. 현대 건축에서 우리는 정보의 소용돌이라는 형상을 통해 우리 자신을 전자 환경과 연관시켜야 한다. 문제는 우리가 자연과 연관된 원시적 공간과 전자 네트워크를 통해 세계와 연관되어 있는 가상의 공간을 통합할 수 있느냐이다.—마페이 편, 「이토 도요」, 런던: 파이던, 2002

❝ 재난이 닥쳤을 때, 공공건물은 반드시 열려 있어야 한다. 그래야 사람들이 그곳에 모일 수 있다. ❞

이토가 다른 3명의 건축가들과 함께 2011년 대지진(동일본 대지진/역주)으로 파괴된 지역의 재건 방법을 검토하면서 발견한 몇 가지 중요한 지침: 가능하면 기존의 재료들을 사용할 것, 새 건축물을 지을 때 지역사회의 의견을 반영할 것, 진정한 "모두를 위한 집"을 지을 것.

리쿠젠타카타 2011
모두를 위한 집

사회적 책임 내가 1995년 [고베] 지진에서 얻은 가장 중요한 소득들 가운데 하나는 자연재해에 대응할 때 공공건축물이 수행하는 중요한 역할을 내가 이해하는 데에 그 지진이 도움을 주었다는 것이었다. 그때부터 나는 어떤 건물이 지진 자체에 얼마나 잘 견딜 수 있느냐 못지않게 그 건물이 자연재해가 일어난 후에 담당하게 될 사회적 기능에 대해서 많이 생각하게 되었다. 자연재해가 일어났을 때 공공건물은 반드시 열려 있어야 한다. 그래야 사람들이 거기 모일 수 있기 때문이다.—줄리언 로스, 「아트포럼」, 2013. 9

나의 목표는 쓰나미가 강타하기 전에 존재했던 생활방식을 재확립하는 것이 아니라 재난을 겪고 난 후에 자라나게 될 다음 세대를 위한 새로운 사회생활을 만드는 것이다.—줄리언 로스, 「아트포럼」, 2013. 9

'모두를 위한 집'에서의 "집" 2011년 3월, 일본의 태평양 연안을 강도 9.0-9.5의 지진이 강타했다. 그와 동시에 일어난 해일이 높이 40m의 파도를 일으켰다. 주택, 어항, 상업지구, 공항, 그리고 후쿠시마 핵발전소가 거의 전파되었다. 이 동일본 대지진 이후, 이토 도요는 사실상 모든 것을 잃어버린 주민들을 위한 임시 커뮤니티 센터를 짓는 일의 선두에 섰다. 리쿠젠타카타의 모두를 위한 집 프로젝트는 다른 3명의 건축가들—후지모토 소우, 히라타 아키히사, 이누이 구미코—과의 합작으로 설계되었다. 2011년 지진 복구사업의 일환으로 진행된 이 프로젝트로 이토+파트너스와 다른 유수한 건축가들은 일본 동해안에 '모두를 위한 집' 16동을 완성했다.

내가 '모두를 위한 집' 프로젝트를 처음 시작했을 때, 3개의 목표가 있었다. 첫째는 재난을 당한 사람들에게 임시주택, 즉 함께 먹고 서로 얘기를 나눌 수 있는 장소를 마련해주는 것이었고, 둘째는 그 건물은 모두—주민들, 건축가들, 자원봉사자들—가 함께 지어야 한다는 것이었으며, 세 번째 목표는 이 건물이 지역 주민들이 지역사회 재건을 토의하는 토대의 역할을 하는 것이었다. —"3.11 이후의 건축", 이토 도요가 2011년 9월 25일 도쿄 대학에서 행한 강연, "리쿠젠타카타의 '모두를 위한 집'과 베네치아 비엔날레 국제 건축전시회", 「Wochi Kochi magazine」

'모두를 위한 집'의 건물들은 다른 건물들과는 다른 느낌을 준다. 근대 이전의 일본 가옥이 주는 느낌과 더 가까운 느낌이다. 이 건물들은 북쪽과 남쪽이 노출되어 있어 자연광이 잘 들어온다. 따라서 주위환경과 밀접하게 접촉하고 있는 것 같다. 이 건물들에는 가능한 한 이 지역의 재료들이 사용되었다.……그리고 모든 기능이 한 방에 집중되어 있다. 즉 거실 공간이 주방 및 벽난로와 연결되어 있다. 그리고 침실이 없다. 이 집들은 한 가족이 살도록 지은 집이 아니고 지진과 쓰나미로 피해를 입은 지역사회의 한 가족을 임시주택 단지에 수용함으로써 모두에게 가정과 같은 분위기를 주기 위한 것이기 때문이다. 이렇게 스스럼없이 공유하는 공간을 제공함으로써, 나는 주민들 사이의 의미 있는 상호작용을 증가시키고 새로운 관계의 발전을 촉진시키려고 노력한다. —줄리언 로스, 「아트포럼」, 2013. 9

생존자가 미친 영향: 수가와라 미키코 '모두를 위한 집'의 아이디어가 구체적 형태를 띠기 시작한 것은 팀원 전체가 함께 리쿠젠타카타를 방문했던 2011년 11월 26일이었다. 거기서 우리는 수가와라 미키코를 만났다. 재난으로 어머니와 언니를 잃었음에도 불구하고, 이 여성은 그녀의 새로운 지역사회와 그 주민들을 돕기 위한 갖가지 활동에 헌신하고 있었다. 그녀의 열의에서 영감을 얻은 우리는 그녀의 임시주택이 있던 자리에 '모두를 위한 집'을 짓기로 결정했다. [그 뒤에] 수가와라 여사가 전화로 자기가 완벽한 부지를 찾아놓았다고 말하면서 우리와 함께 그곳으로 가고 싶어 했다. 그 장소는 상징적인 곳이었다. 쓰나미가 모든 것을 휩쓸어가버린 산 밑의 평평한 땅이었다. 그 텅 빈 평지는 앞이 탁 트여 멀리 바다까지 훤히 내다보였다.

이 상징적인 집터를 발견한 후, 프로젝트는 눈에 띄게 진척되었다. 팀원들은 서서히 공통 목표를 발전시켰다. 우선 우리는 소방서의 감시탑 같이 리쿠젠타카타 시내 전체를 내려다볼 수 있는, 수직적인 구조물을 짓고 싶었다. 또 하나의 목표는 쓰나미로 인해서 바닷물에 잠겨 염장되어 못 쓰게 된 일본 삼나무를 이용해서 작은 숲을 닮은 건물을 짓는 것이었다. —"3.11 이후의 건축", 이토 도요의 2011년 9월 25일 도쿄 대학교 강연, "리쿠젠타카타의 '모두를 위한 집'과 베네치아 비엔날레 국제 건축전시회", 「Wochi Kochi magazine」

> **◀◀모든 것을 잃어버린 재난지역은 우리에게 건축이 진실로 무엇인가를 기초에서부터 다시 따져볼 수 있는 새로운 시각을 제공한다. ▶▶**

수가와라 여사의 활동의 토대는 하나의 추상적인 질문—우리는 어떻게 우리의 삶을 재건할 것인가?—이었다. 그리고 그 질문의 해답을 찾는 데에 도움을 주기 위해서 그곳에 와 있는 건축가들 또한 또 하나의 본질적인 질문—건축이란 무엇인가?—을 마주하고 있었다. —"3.11 이후의 건축", 이토 도요의 2011년 9월 25일 도쿄 대학교 강연, "리쿠젠타카타의 '모두를 위한 집'과 베네치아 비엔날레 국제 건축전시회", 「Wochi Kochi magazine」

◀◀ 우리는 쓰나미로 바닷물에 잠겨 염장되어 못 쓰게 된 일본 삼나무를 이용해서 작은 숲을 닮은 건물을 짓고 싶었다. ▶▶

상징적 목적으로 쓰인 삼나무 목재 리쿠젠타카타의 '모두를 위한 집'을 짓는 데에 19그루의 삼나무를 썼다. 이 통나무들은 쓰나미에 휩쓸려 서 있는 채로 죽은 나무들이었다. 버려진 채 방치된다면, 화목으로밖에 쓰지 못했을 것이다. 이 통나무들이 기둥으로 부활함으로써, 지역사회의 부활을 상징하는 의미를 가지게 되었다. 수직으로 솟은 이 기둥들은 텅 빈 땅에서 새 출발을 하여 성장하는 것을 상징한다. 나는 이 강한 표현을 좋아한다. —에스네 마리아 군데르센, 에이나르 뱌르키 말름크비스트, 이토 도요, 「Arkitektur」 95, 2013. 4호

런던 2002
서펜타인 갤러리 전시관

서펀타인(Serpentine) 갤러리는 표면의 입체적 구조물을 형성하기 위한 선 미술(lime art) 요소로 표현되었다. 통상적인 격자형 수평이 되었을 평면을 취해서 그 안에 알고리즘에 의해서 회전하는 동심 정사각형들을 넣고 다시 그 선들을 수직면으로 연장시킴으로써, 우리는 공간적 리듬에 의해서 활성화된 회전하는 형태를 만들었다. 이렇게 함으로써 우리는 전형적인 유크리드 기하학적 도형들을 피하고 묘하게 역동적인 "불가능한 물체"를 창조할 수 있었다. 이 역동성이 이 구조물의 매력이었다. ―야마모토 리켄, 데이나 번트록, 이가라시 다로, 「이토 도요」, 런던: 파이던, 2009

정사각형의 소용돌이 우리는 두 개의 이미지로 시작했다. 당구공의 진로처럼 끝없이 이어지는 직선의 이미지와 브뤼즈 전시관에서 시도했던 것의 연장인 알루미늄 벌집 구조물이었다.……소용돌이 모양의 정사각형은 뒤에 생각하게 된 아이디어였다. 나는 그것이 더 무작위적이 될 수도 있겠다고 느꼈다. 그러나 그[세실 발몬드]는 소용돌이 모양의 정사각형에 기초한 이 알고리즘에 대한 집착이 매우 강했다. ―이토 도요와 이누이 구미코, 「A + U: 건축과 도시 계획」 5, 2004. 5

서펀타인 전시관의 표면은 언뜻 보면 뒤엉킨 선들의 무작위적 네트워크 같지만, 발몬드의 정확한 알고리즘에 따라 형성된 납작한 강철 막대들로 이루어진 구조물이다. 그의 알고리즘은 회전하는 동심 연속물로 정사각형들을 배치하고 있는데, 이것은 순수한 기하학적 모양을 소용돌이치는 환경으로 변형시키는 역동적 변형이다. ―이토 도요, "새로운 '현실': 현대 건축에서의 물성 회복을 향해서", 「미디어 숲의 타잔들」, 런던: 건축협회 출판부, 2011

구조물 안에 들어서면, 입방체에 둘러싸여 있는 느낌이 거의 들지 않는다. 공간이 내부이면서 동시에 외부인 것처럼 보인다. 마치 6개의 면 모두가 쉽사리 뒤집힐 수 있을 것처럼 느껴진다. ―이토 도요, "미적 순수성보다는 역동적인 기쁨", 「미디어 숲의 타잔들」, 런던: 건축협회 출판부, 2011

"기묘한 예술품" 사실 기둥이나 들보, 창문이나 문이 하나도 보이지 않는, 다시 말해서 건축적 형태의 통상적인 구조들 가운데 그 어느 것도 보이지 않는 전시관 내부에 들어가 있다는 경험은 공간 그 자체의 경험—그 내부와 외부가 연속되어 있고, 전혀 유기적이 아니면서도 기묘한 생명력으로 가득 차 있는, 끝없이 동요하고 자체 순환하는 추상적 공간의 경험이다.—이토 도요, "새로운 '현실': 현대 건축에서의 물성 회복을 향해서", 「미디어 숲의 타잔들」, 런던: 건축협회 출판부, 2011

분명히 건축물이면서 동시에 건축물이 아닌 기묘한 예술품. 이렇게 말할 수 있는 것은, 이 구조물이 사람들의 활동을 위한 공간으로서 최소한의 기능을 제공하면서도 다른 한편으로는 기둥, 창문, 문이 없기 때문이다. 다시 말해서 통상적인 건축적 요소들이 하나도 없기 때문이다. 이 입방체가 다가올 미래의 건축의 새로운 비전에 대한 힌트를 제공하는 것은 아닐까?—세실 밸몬드와 이토 도요, 「Casabella」 67, 2003. 5

해방 이 구조물이 단지 석달 동안만 임시로 존재할 것이라는 사실이 매우 매혹적으로 느껴진다. 내가 설계하는 건물들이 100년 이상 서 있을지도 모른다는, 생각만 해도 무거운 짐처럼 나를 압박하는 것에 반해, 임시 프로젝트라는 생각은 여러 모로 나를 해방시켜준다. 그 기능에 대해서 까다롭게 따질 필요가 없고 그 구조물이 세월이 흐르면 어떻게 변할까 걱정할 필요도 없다. 내게는 이 작품이 내가 습관적으로 상상하는 컨셉트의 가장 명확한 표현을 제공할 수도 있을 것 같다.—세실 밸몬드와 이토 도요, 「Casabella」 67, 2003. 5

> ❝❝ 건축은 항상 질서를 창조한다. 그러나 나는 항상 자유를 추구한다. ❞❞

자연적인 것과 인공적인 것

우리의 생활방식은 아직도 20세기의 개념, 특히 우리가 과학과 기술을 이용해서 자연을 정복할 수 있다는 근대철학에 기초하고 있다... 예를 들면, 2011년 일본 해안의 많은 부분은 쓰나미를 막기 위해서 구축된 거대한 방벽으로 보호되고 있었다. 핵발전소는 엄청난 지진도 견딜 수 있도록 설계해야 한다. 그러나 방벽은 쉽게 부서졌고 발전소는 수리가 불가능하게 손상되었다. 엄청난 재난은 건물이나 도시를 환경으로부터 격리시킬 수 없다는 것을 보여주었다. 근대적 사고가 그 한계에 부딪히고 만 것이다.

그러나 일본의 근대화 이전에 우리는 우리 자신을 자연의 일부라고, 그리고 건축도 자연의 일부라고 생각했다.……목재를 쓰는 건축은 본질적으로 자연의 힘에 적응할 수 있었다. 그런 건물은 지진이 일어난 후에 쉽게 수리하거나 재건축할 수 있기 때문이었다. 나는 우리가 단순히 과거로 돌아갈 수 있다는 것을 암시하고 있는 것이 아니다. 그러나 모더니즘의 한계를 넘어서기 위해서는 우리는 새로운 접근방식을 찾아야 할지도 모른다. 우리 문화와 역사가 어떤 암시를 줄 수 있을지 모른다.—줄리언 로스, 「아트포럼」, 2013. 9

공공건축물

공공건축물은 공동체적 공간의 기본적 단위로서의 역할을 해야 하며 그리고 공공 생활의 본질적 개념을 구현해야 한다. 이것은 건물의 크기의 문제가 아니다. '모두를 위한 집' 프로젝트는 규모는 작지만, 그것이 사람들을 한데 모으는 방식과 그 상호교환이 가져오는 결과는 센다이 미디어텍의 경우와 똑같다. 이런 구조물들은 새로운 공동체 건축물을 제공할 뿐 아니라 비록 그 규모는 작을지라도 새로운 종류의 사회를 제공한다.—줄리언 로스, 「아트포럼」, 2013. 9

전통은 지속성이다 좋은 건축가는 자기가 태어나고 자란 사회를 충분히 경험해야 한다. 1990년에서 2000년 사이에 나는 어떤 의뢰도 받지 못했다. 나는 정부나 대학의 일자리를 원하지 않았다. 나는 장인들과 함께 일하기를 바랐다. 현장에서 경험을 쌓고 싶었고 설계의 책임은 지고 싶지 않았다. 건축만이 내가 하고 싶은 일이었다. 그래서 나는 우리 사회의 가장 낮은 계층 속에서 일했다.……장인들과 함께 먹고 일하는 동안, 나는 전통에 대한 우리 경험에 어떤 변화가 일어난 것일까 의심하기 시작했다. 나는 건축 방법에 대한 모든 것을 배우면서 서서히 자신감을 얻게 되었다. 내 견해로는 계속성이 매우 중요하다. 전통은 지속성이다. 그 무렵 나는 유럽과 인도, 아프리카와 아메리카의 미술사를 공부하기 시작했다. 철학과 영화, 현대미술에 대해서도 공부했다. 이것은 내가 지금도 계속하고 있는 일이다. 넓은 시각으로 시작해서 지역의 상황에 맞게 그것을 응집시키는 것이 좋다고 나는 믿고 있다. —"왕수: 지방의 영웅", 「Mark Magazine」 19, 2009. 4–5

왕수 王澍

출생 1963년 11월 4일, 중국 신장 성 우루무치

교육 난징 기술연구소, 중국 장쑤 성, 1985, 1988; Ph. D., 퉁지 대학교, 중국 상하이, 2000

사무실 Amateur Architecture Studio, 218 Nanshan Road, 310002 Hangzhou, Zhejiang, China
전화 +86 571-8716-4708, 팩스: +86 571-8716-4708

주요 프로젝트 원춘 마을, 황푸, 우찬, 중국 광둥 성, 2016; 기와지붕 게스트 하우스와 리셉션 센터, 중국 미술 아카데미, 샹산 캠퍼스, 중국 항저우, 2012; 닝보 역사박물관, 중국 닝보, 2008; 샹산 캠퍼스, 중국 미술 아카데미, 중국 항저우, 2007; 세라믹 하우스, 중국 진화, 2006

와판 기술을 이런 건물에 사용하는 것은 주택이나 미술대학 캠퍼스에 사용하는 것과는 완전히 다른 과업이다. 그래서 나는 와판이 이런 타입의 건축, 특히 건물 파사드의 스케일에 이용될 수 있을까에 대한 얼마간의 연구와 실험을 했다.—라파엘 마그루, 「오늘날의 건축」 375, 2009. 12

나는 벽 위에 무늬를 디자인했다. 건축 과정이 시작되었을 때, 사람들은 비계 뒤에서 일했다. 그래서 무슨 일을 하는지 잘 보이지 않았다. 나를 포함해서 그 누구도 그 뒤에서 무슨 일이 일어나고 있는지 볼 수 없었다. 분명히 그들은 내 디자인을 변경했다. 그러나 비계를 떼어냈을 때, 나는 그것이 마음에 들었다. 사실 그것은 나의 통제 밖이었기 때문이다.—"왕수: 지방의 영웅", 「Mark Magarzine」 19, 2009. 4-5

지역사회의 반응 공사에 들어가기 전에 나는 이 기술을 시행할 재료를 찾아야 했다. 그러자 사람들이 내게 전화를 걸어 이렇게 말했다. "내가 수백만 개의 기와와 벽돌을 제공할 수 있습니다. 관심 있으십니까?"(웃음)—마그루, 「오늘날의 건축」 375, 2009. 12

박물관이 완공되자, 수많은 지역 주민들이 반복해서 이곳을 찾았다. 그 이유는 단 하나, 여기서 그들은 잃어버린 기억을 찾아보려고 할 수 있기 때문이었다. 나는 이 사실이 매우 감격스럽다.—에드워드 데니슨, 광유런, 왕수, 「건축 설계」 82, 2012. 11

진화 2006
세라믹 하우스

중국의 화가 아이웨이웨이는 진화(金華) 출신의 시인이었던 그의 아버지를 기리기 위해서 진후하 건축 공원을 만들었다. 웨이웨이는 중국 및 외국의 건축가 16명을 초청해서 이 공원에 설치하기로 계획된 17개의 전시관 가운데 하나를 설계하도록 했다(자신도 한 개를 설계했다). 왕수의 세라믹 하우스는 그가 국제적 주목을 받은 그의 가장 초기의 프로젝트 가운데 하나였다.

100제곱미터의 조그만 집—카페만 한 크기—컨테이너를 만들기로 했다. 그것이 바람을 막아줄지 물을 막아줄지는 순전히 육감에 의해서 결정된다. 설계의 시작은 흔히 우연이 작용한다. 예를 들면, 이 경우 나는 그것을 송나라(960-1279)의 벼루의 형태로 설명할 수 있다. 벼루는 오직 기능을 위해서 만들어진다. 그 표면은 두 부분으로 되어 있다. 한쪽 부분은 비교적 평평하고 다른 부분은 경사져 있다.……나는 벼루의 표면에 무엇을 배치하고 밑바닥은 어떻게 할 것인가 하고 자문했다. 그 자기(磁器) 벼루는 내 친구 조우우를 생각나게 했다. 그가 자기를 만들고 있기 때문이었다. 그는 크기가 40 × 80인 자기를 만들었고 그 자기의 밑바닥을 경사지게 했다. 굽은 부분은 그 자기가 가마 속에 있을 때 유약이 뚝뚝 떨어지지 않게 하기 위해서 만든 것이다. 그는 이런 자기를 수천 점이나 만들어서 나를 놀라게 했다. 그 벼루와 조우우의 자기가 이 작은 집의 설계에 영감을 주었다.—왕수, 아마추어 건축 스튜디오 제공

❮❮그 벼루와 조우우의 자기가 이 작은 집의 설계에 영감을 주었다.❯❯

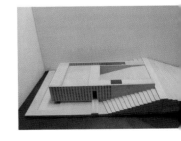

이 집의 내벽과 외벽에는 에나멜 기와장을 붙였다. 유약은 서로 다른 40가지 색깔을 섞어서 만들었다. 40가지 색깔은 중국 자기에 나타나는 모든 색깔이다.

❝❝건축은 오직 집에만 몰입해서는 안 된다. 풍경 전체를 담아야 한다.❞❞

건축 과정

건축 과정에는 매우 어려운 세 단계가 있다. 첫째는 정부를 설득하는 단계이다. 둘째는 작업의 세부과정을 설계하고 건축에 따르는 그밖의 문제들을 해결하는 것이다.……셋째가 가장 어렵다. 건물이 완공되면 중국인들은 그것을 예술작품으로 보는 경우가 드물다. 그들은 여러 가지 기능들을 가진 컨테이너로 취급한다. 건물을 마음 내키는 대로 변경할 수 있다고 생각한다. 이것이 내게는 매우 어렵다. 나는 첫 번째와 두 번째는 통제할 수 있지만, 세 번째에서는 어떤 영향력도 행사할 수 없다.—"왕수: 지방의 영웅", 「Mark Magazine」 19, 2009. 4–5

불법 건축

한때 [왕수의 사무소가 있었던 항저우에서] 모든 불법 건축물을 철거하라는 지시가 내려졌다. 그러자 건물들이 불과 며칠 사이에 털 빠진 닭이 되고 말았다. 그러나 놀라운 것은 이 소규모 건축물들이 버섯처럼 다시 자라났다는 사실이다. 비록 그 모양이 다소 그전과는 다르기는 했지만, 알아보는 것이 불가능한 일은 아니었다. 그리고 삶이 다시 그 암시적인 질서와 의미를 되찾았다.—왕수와 셰잉쥔, 「위법 건축」, 타이완: 가든 시티 출판사, 2012

오늘날의 중국 건축

중국에는 두 가지 움직임이 있다. 하나는 매우 강하고 힘이 넘치는, 중국의 전문적인 건축가들이 세운 회사들로 대표되는 움직임이다. 또 하나는 나와 같은 소수파들의 움직임이다. 그러나 이 둘은 도시 개발에서 완전히 공존할 수 있다.—라파엘 마그루, 「오늘날의 건축」 375, 2009. 12

건축가들은 미친 듯이 서구를 복사하고 있다. 그들은 크고 강하고 번쩍이고 매끈한 첨단 기술을 사용한, 상징적이고 기념비적인 공공건물과 상업화된 고층 주거용 아파트를 짓는 데에 열을 올렸다.……건축가들은 그들의 소위 현대성 추구가 전통과 자연, 문화에 미친 피해는 좀처럼 생각하지 않는다.—에드워드 데니슨, 광유런, 왕수, 「건축 설계」 82, 2012. 11

서민의 건축

충격적인 것은 항저우에서든 타이페이에서든 불법건축물들은 흔히 무질서하고 볼품없어 보이지만, 우리가 주의 깊게 관찰하면 그 건물들이 실제로는 무질서하지 않고 직접적이며 나름대로 특징이 있다는 것이다. 이 건물들은 주위에 있는 재사용할 수 있는 재료들을 모두 재활용하고 있을 뿐 아니라 가장 가벼운 구조물, 가장 단순한 방법이 채택되었다는 것을 알 수 있다.—왕수와 셰잉쥔, 「위법 건축」, 타이완: 가든 시티 출판사, 2012

"더티한 방식"

중국에서는 건축가들은 보통 현장에 가지 않는다. 따라서 현장에 가서 일하는 것은 일을 처리하는 아주 다른 방식이다. 하지만 인부들과 장인들이 무슨 일을 할 수 있는지를 이해해야 한다고 나는 생각한다.……나의 방식, 나는 그것을 "더티한 방식"이라고 부른다. 약간 지저분하고 약간 불완전하다. 나는 그 느낌이 좋다. 나는 완전한 것들을 좋아하지 않는다. 느낌이 완전하더라도 많은 작은 잘못을 발견할 수 있기 때문이다.—줄리아 맨델, 주페이, 왕수, 마칭윤, 「Cite」 88, 2012. 4

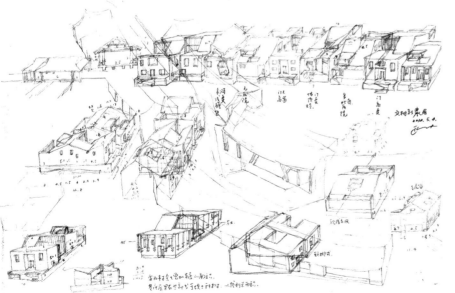

황푸 2016
원춘 마을

왕수는 푸양(富陽) 당국으로부터 이 역사적 고장에 문화단지를 지어 달라는 의뢰를 받았다. 개선된 중국의 시골 생활의 본보기 같은 것을 건설해달라는 의뢰였다. 이 지역의 수백 개 옛 마을들을 살펴본 후, 왕수는 원춘(文村)을 택했다. 푸춘 강 유역의 헤샨 천이 가까이 있다는 것이 이곳을 택한 이유 가운데 하나였다. 그렇게 해서 만들어진 지역사회에는 14동의 신축 주거 건물과 공공 전시관, 그리고 새로 개조한 몇몇 기존 구조물들이 포함되어 있다.

나는 농부들을 위한 새 주택들을 설계하고 싶었다.……새 주택과 함께 전통적인 마을의 다양성을 보존하고 싶었다. 다시 말해서 관광객들을 위한 설계가 아니라 마을의 진정한 삶의 정서를 유지하고 싶었다.—왕수, 아마추어 건축 스튜디오 제공

가장 중요한 것은 마을을 다시 사람들에게 매력적인 곳으로 만드는 것이다. 농부들은 그들의 삶의 방식에 대한 자신감을 잃어버렸다. 그들은 마을은 뒤떨어진 곳이고 도시가 좋은 것이라고 생각한다. —애미 친, "건축가들, 시골의 가능성을 포착하다", 「뉴욕 타임스」, 2016. 6. 17

지방정부를 비롯한 모든 사람들이 중국의 마을들을 되살리는 문제에 관심이 있다. —친, "건축가들, 시골의 가능성을 포착하다", 「뉴욕 타임스」, 2016. 6. 17

주택 설계 우리는 전통적인 뜰 모양을 응용하겠다고 고집했고 전통 뜰을 약간 변화시킨 8가지의 서로 다른 뜰들을 개발했다. 모든 타입의 뜰들은 또 위치와 동네, 자재에 따라서 몇 가지 변형을 개발했다. —왕수, 아마추어 건축 스튜디오 제공

우리는 또 조상의 혼령을 모신 주택의 축에 큰 방을 유지하고 싶었다. 사람들이 과거에 믿었던 것을 이제는 믿지 않기 때문에 그것은 서서히 사라지는 추세이다.……건축가인 우리는 전통을 되살리기 위해서 뭔가를 해야 했다. 우리가 짓는 집들에 큰 방을 꼭 남기도록 한 이유가 바로 여기에 있다. —"플러너리 II: 지속가능한 도시를 위한 문화", 지속가능한 도시를 위한 문화에 관한 국제회의, 왕수의 강연, 중국 항저우, 2015. 12. 10–12

재료 사용된 재료는 전통적인 재료와 현대적인 건축 재료의 조합이다. 예를 들면, 우리는 진흙과 대나무 등을 사용했다. 그것들을 시멘트와 섞어서 쓸 수 있었고 심지어 태양전지판과도 함께 썼다. —"플러너리 II", 지속가능한 도시를 위한 문화에 관한 국제회의, 왕수의 강연, 중국 항저우, 2015. 12. 10–12

모델로서의 원춘 우리의 야망은 다음 10년 동안에 저장성의 다른 마을들에서도 비슷한 프로젝트를 시행하는 것이다. 우리는 일을 새로운 방향으로 이끌어나가려고 애쓰고 있다. 우리가 1년에 한 개 프로젝트를 시행할 수 있다면, 다음 10년 동안 10개의 프로젝트가 완공될 것이다. —"플러너리 II", 지속가능한 도시를 위한 문화에 관한 국제회의, 왕수의 강연, 중국 항저우, 2015. 12. 10–12

원춘 프로젝트를 시행하면서 우리는 복사될 수 있는 연구 방법과 작업 방법을 구축했다. 그러나 어려운 점은 그 규모를 얼마나 늘려갈 수 있느냐이다. 계획을 시행하다 보면, 마을마다 전통이 제각기 다르고 건축 양식도 다르다는 것을 알 수 있다. 모든 마을에 적용될 수 있는 템플릿은 없다. —친, "건축가들, 시골의 가능성을 포착하다", 「뉴욕 타임스」, 2016. 6. 17

◀◀ 우리는 현지의 장인들을 초대해서 마을을 건설했다. ▶▶

◀◀ 마을의 그림 같은 풍경이 이 마을을 견본 마을로 이용하는 주된 이유 가운데 하나이다. ▶▶

원춘 마을에서 왕수는 주민들이 옛 것과 새로운 것, 보존과 복구의 아름다움을 경험하기를 바랐다. 모든 그의 프로젝트가 그렇듯이, 풍경과 물에 대한 예민한 감각이 그의 설계의 특징이 되고 있다.

정원

나의 대다수 건물들은 중국의 정원과 비슷하다. 그 집들은 입구가 여럿 있다. 어느 것이 정문인지 분명치 않다.—"왕수: 지방의 영웅", 「Mark Magazine」 19, 2009. 4-5

중국의 정원들은 자연의 형태나 패턴을 인간의 관점에서 흉내 내지 않고 사람들이 언덕이나 강이나 연못 등의 수역에서 얻을 수 있는 즐거운 경험을 반추 한다. 이렇게 집들은 돌, 연못, 시내, 나무, 꽃 같은 자연의 요소들과 결합되어 있고 이런 것들이 또한 집의 공간 배치에 영향을 미친다.……—왕수, 「집 상상하기」, 취리히: 라르스 뮐러 출판사, 2012

항저우

중국의 전통에서 항저우는 대도시의 완벽한 본보기이다. 이 도시의 이름은 반(半)도시, 반(半)풍경을 의미한다. 중국인들이 꿈꾸는 전통적인 도시들 가운데서 항저우는 완벽한 모델이다. 중국인들은 항저우를 낙원이라고 부른다.—줄리아 맨델, 주페이, 왕수, 마칭윤, 「Cite」 88, 2012. 4

1000년에서 1955년까지 이 도시[항저우]는 사실 변하지 않았다.……과거에는 중국 도시의 전형적 모델이었을 것이다.……산과 호수와 도시가 이렇게 이상적으로 배치된 예를 다른 데서 찾기는 어려울 것이다.—"플리너리 II: 지속가능한 도시를 위한 문화", 지속가능한 도시를 위한 문화에 관한 국제회의, 왕수의 강연, 중국 항저우, 2015. 12. 10-12

> ◀◀ 중국의 정원은 인간의 몸이 자연 법칙들을 무한하게 경험하는 집이다. ▶▶

항저우 2007
중국 미술 아카데미 쌍산 캠퍼스

이 중요한 프로젝트에서 왕수는 권위 있는 중국 미술 아카데미의 많은 건물들을 설계해달라는 의뢰를 받았다. 이 작업은 서로 이어지는 두 단계의 작업으로 완성되었다. 1단계는 2004년에, 2단계는 2007년에 완성되었다. 전체적으로 확장된 캠퍼스에는 건축, 디자인, 영화 학교 건물, 미술 박물관, 체육관, 학생들의 기숙사, 식당 건물들이 들어섰고 따라서 500명 이상의 교수들과 5,000명 이상의 학생들이 수용되었다.
결국 캠퍼스는 "쌍산(象山)"이라는 언덕 주위에 자리잡았다.

예를 들면, 항저우 캠퍼스 설계에서 나는 건물들을 쌍산 밑에 위치시켰다. 나는 각각의 건물이 그 언덕과 저마다의 대화를 나눌 수 있도록, 다시 말해서 바라보이는 언덕의 모양이 다 다르도록 했다.—"왕수: 지방의 영웅(2008)", 「Mark Magazine」, 2009. 4-5

아카데미의 모든 교수, 화가, 건축가들은 중국의 전통에서는 부지 선택에서 건축물보다는 주위의 산과 강이 더 중요하다는 생각에 대체로 동의하고 있었다.—왕수와 세잉쥔, 「위법 건축」, 타이완: 가든 시티 출판사, 2012

1단계와 2단계 이 프로젝트는 내가 설계한 가장 큰 프로젝트이다. 6년 안에 언덕 하나와 두 개의 하천을 품고 있는 533,333제곱미터의 부지에 30개가 넘는 건물을 짓는 대공사였다. 공사의 2단계인 남쪽 캠퍼스는 13동의 큰 건물과 2동의 작은 건물로 이루어져 있다. 모든 건물이 서로 다르지만 네 타입 중 하나에 속한다. 그것은 설계의 백과사전적 방법과 비슷했다. —왕수, 「집 상상하기」, 취리히: 라르스 뮐러 출판사, 2012

1단계의 건축물들은 평범하고 단순하다. 순수하고 광범위한 물체와 비슷하다. 나는 2단계의 내부 구조에 신경을 많이 썼다. 특히 우연히 설계하고 미로 속에 박혀 있는, 내가 "작은 장소들"이라고 부르는 것들을 부각시켰다.……1단계에는 커다란 몇 개의 큰 장소들이 있긴 하지만, 이야기와 잡담을 나눌 수 있는 은밀한 장소를 찾기는 어렵다. 나는 이곳이 비록 아카데미가 자리잡은 곳이기는 하지만, 흥미로운 도시가 줄 수 있는 그런 기분을 경험할 수 있다고 생각한다. 2단계는 도시의 특성이 통합된 종합적인 구조물에 훨씬 더 가깝다. —팡제닝과 왕수, 「Abitare」 495, 2009. 9

초기의 중국 대학들에서 흔히 볼 수 있는 전통적 중국 정원과 뜰을 차용하다 보니, 샹산 캠퍼스는 결국 언덕의 서로 다른 높이에 건설된 일련의 정원들로 이루어지게 되었다. 건물들은 언덕과 강을 따라서 민감하게 방향을 바꾸고 경사를 이루게 되었다. 원래 그곳에 있던 농지와 강, 양어장 등은 세심하게 보존되었고 섬세하고 시적인 전통적인 중국 정원들과 공간 언어는 조금씩 변형되어 조촐하고 열린 시골 풍경을 연출하게 되었다. —왕수와 세잉쥔, 「위법 건축」, 타이완: 가든 시티 출판사, 2012

설계의 다양성 언어들의 혼합이라는 점에서 이 프로젝트는 도시 설계와 비슷하다. 나의 경우 도시의 한 가지 타입으로는 일이 잘되지 않는다. 그래서 나는 규칙을 만들었다. 샹산 캠퍼스에는 적어도 네 가지 기본적인 타입이 있어야 한다는 규칙이었다. 그런 다음 나는 또다른 규칙을 만들었다. 모든 타입은 한번만 쓰여서는 안 되고 적어도 두 번은 반복되어야 한다는 규칙이었다. 덧붙여서 우리는 4가지 중요한 건축 재료를 사용하며 모든 재료는 적어도 두 번은 쓰여야 한다는 규칙도 만들었다. —팡제닝과 왕수, 「Abitare」 495, 2009. 9

대나무 나는 이 기술을 이미 샹산 캠퍼스에서 개발한 바 있다. 이 기술은 중국 최초였다. 나는 값싼 현지의 자재를 사용하고 싶었다. —라파엘 마그루, 「오늘날의 건축」 375, 2009. 12

창문의 크기, 계단의 높이 사실 이 설계는 중국 건축에서의 빛, 다시 말해서 어두움과 밝음의 조합에 대한 나의 이해를 설명해준다. 이것은 기술적인 문제가 아니다. 나는 이것을 "유명(幽明)"이라고 한다. "유(幽)"는 검은 색을 뜻한다. 그러니까 유명은 밝은 검은 색을 뜻한다. 물론 이 빛은 어떤 효과를 준다. 나는 사색할 수 있는 조용한 방들을 가진 대학을 짓고 싶다. 한 가지 더, 창문은 넓게 열리지 않는다. 덧붙여 창문의 위치가 흔히 불규칙하다는 것이다. 이것이 내가 "자기 인식"에 대해서 이야기할 때 뜻하는 것이다. 다시 말해서 우리는 창문의 위치를 인식해야 한다.……창문을 통해서 우리는 안에서 밖을 내다볼 수 있다. 밖이 자연이라면, 창문은 우리와 자연을 연결시켜주는 인공적인 매개물이다.

한 민감한 친구가 샹산 캠퍼스의 2층에서 놀란 듯이 이렇게 말했다. "이건 옳지 않아. 어떻게 두 계단의 높이가 이렇게 다를 수가 있지? 이건 실수야." 그래서 나는 이렇게 대답했다. "그래서 이제 자네는 자네가 다리를 가지고 있다는 것을 알게 된 거야. 자네 발이 어디 있는지도 느낄 수 있는 거고." —팡제닝과 왕수, 「Abitare」 495, 2009. 9

❝ 나는 이미 샹산 캠퍼스에서 오늘날의 중국 도시의 새로운 모델이 될 수 있는 것을 암시했다.❞

몇 년에 걸쳐 시행된 이 방대하고 복잡한 프로젝트를 시행하면서 왕수는 "그것을 더 작은 구성요소로 나눔으로써 그 힘을 약화시켜야 한다"고 느꼈다.

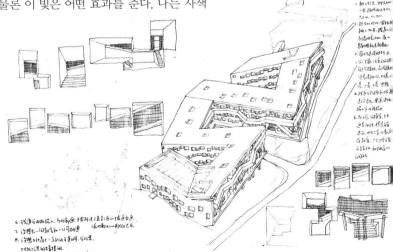

항저우 2012

기와지붕 게스트 하우스와 리셉션 센터, 중국 미술 아카데미, 쌍산 캠퍼스

나는 이 마지막 프로젝트에서 중국 정신에 대한 나의 깊은 이해를 표현하고 싶었다. 아마 이번에는 내가 중국 정신에 접촉했을 것 같다.—클레어 제이컵슨, 「건축 기록」, 2013. 12. 16

영감 이 발상[해결책] 또한 내가 20년 전 후난 성의 서부 산악지대를 여행한 경험에서 나온 것이다. 마을이 강을 따라 건설되어 있었다. 경사진 지붕을 얹은 수백 채의 주거용 주택들이 있었다. 경사진 지붕은 기와를 이었고, 거리와 골목길은 모두 연결된 거대한 기와지붕들로 덮여 있었다. 비가 많고 매우 더운 기후에 대한 이 현명한 해결책은 또한 상상력과 시를 함축하고 있었다.—왕수, 아마추어 건축 스튜디오 제공, 2012. 4. 27

압착한 흙벽돌 나는 모든 건축에 압착한 흙벽돌을 사용하기로 했다. 이렇게 재료가 크게 바뀌니 원래의 설계가 180도 바뀔 수밖에 없었다.……압착한 흙벽돌을 쓰는 건축 방법은 단순한 벽을 특히 강조했다. 그러나 중국식 표현 방법은 특히 함축된 시를 강조한다. 따라서 이 모든 요소들은 중국의 검은 기와로 덮이기 마련이었다. 입구에서 보이는 일반적인 인상은 기와에서 오기 때문이다.—왕수, 「집 상상하기」, 취리히: 라르스 뮐러 출판사, 2012

'기와 언덕'을 설계하면서, 왕수는 자연 속에 담긴 시를 실감하게 되었고 그래서 자기가 짓는 건물들이 환경과 "조용한 대화"를 할 수 있도록 하려고 노력했다.

건물 경험하기 남쪽과 북쪽에서 보면 건물은 언덕 모양의 환기용 스크린처럼 보인다. 사람들은 건물 내부를 들여다볼 수 있다. 그래서 건물의 볼륨이 시각적으로 줄어들게 된다.—왕수, 아마추어 건축 스튜디오 제공, 2012. 4. 27

사람들은 건물의 다양한 이런저런 부분에서 일련의 놀라운 경험을 한 후, 마지막으로 명상의 분위기를 가진 매우 조용한 침실로 들어간다.—왕수, 「집 상상하기」, 취리히: 라르스 뮐러 출판사, 2012

밖으로 나갔다가 다시 안으로 들어오고 다시 밖으로 그리고 다시 안으로 들어온다. 마지막으로 구름 위로 올라가서 뒤돌아본다. 이 건물은 형태나 모양이 중요한 것이 아니다. 그것을 발견하는 것이 중요한 것이다.—클레어 제이컵슨, 「건축 기록」, 2013. 12. 16

가르침

2001년 왕수는 항저우에 건축학교를 개설했다. 2003년 루웬위가 합류했다.

루웬위: 그래서 우리는 첫해에 학생들에게 진짜 재료들을 다루는 법을 가르친다. 목재, 벽돌, 콘크리트, 대나무, 금속. 진짜 재료들 말이다.—모리 도시코, 로살리 제네브로, 앤 리젤바흐, "왕수, 루웬위, 모리 도시코와의 대화에서", 뉴욕 건축연맹, 2013. 4. 2

선생으로서의 나의 꿈은 재료와 더욱 가까이 접할 수 있도록 장인들을 참여시키는 것이다. 그래야 학생들은 이 기술을 익힐 수 있고 계속해서 건축 현장과 접할 수 있게 될 것이기 때문이다.—라파엘 마그루, 「오늘날의 건축」 375, 2009. 12

루웬위: 학생들은 함께 뒤섞이며 협동한다. 그리고 매우 실무적인 환경이다. 학생들은 매우 다른 기술들을 배우고 있고 그러면서 배운 것을 서로 공유한다.—모리 도시코, 로살리 제네브로, 앤 리젤바흐, "왕수, 루 웬유, 모리 도시코와의 대화에서", 뉴욕 건축연맹, 2013. 4. 2

(현실의) 설계 강의는 철학적 문제들을 무시함으로써 중국의 전통과 동떨어져 있을 뿐 아니라 건축 재료와 건축 방법도 다루지 않고 있다. 서구의 양식을 맹목적으로 모방하고 문화적, 사회적 관련성도 무시하고 있는 것이다.……우리의 교육 목표는 철학과 장인 정신을 강조하는 현대적이고 현실적인 건축 교육을 제공하는 것이다.—클로디아 푹스, 「디테일」 5, 2012

우리 학생들은 중국 서예를 배운다.……일학년 때 우리 학생들은 전통적인 목공 기술을 배운다. 그들이 벽돌, 압착한 흙벽돌, 그리고 콘크리트로 집을 짓는 방법을 배우는 것은 중요하다. 처음 2년 동안은 오로지 건축에 관한 공부만을 한다.—헬렌 노리, 「오스트레일리아 건축」 101, 2012. 9

◀◀ 나는 과거의 부활과 밀접하게 연결된 생활의 발전에 관심이 있다. ▶▶

미래

베이징의 미래, 중국의 미래는 어떻게 될 것인가? 대규모 도시화가 중국의 모든 도시들의 미래라고 우리는 진정으로 믿고 있는가? 도시들은 자연을 이용할 수 있다, 자연을 가장 잘 이용할 수 있다. 그러나 도시는 또한 자연을 파괴할 수도 있다.
……물론 모두가 더 나은 생활을 바란다. 그러나 문화가 발전하려면 수천 년이 걸린다. 하지만 그 문화는 한순간에 아주 쉽게 파괴될 수 있다.—"플리너리 II: 지속가능한 도시를 위한 문화", 지속가능한 도시를 위한 문화에 관한 국제회의, 왕수의 강연, 중국 항저우, 2015. 12. 10-12

어느 날 누군가가 나에게 다음과 같은 질문을 던졌다. "선생님의 작품의 종착점은 무엇입니까?" 나는 이렇게 대답했다. "텅빈 골짜기의 메아리."—라파엘 마그루, 「오늘날의 건축」 375, 2009. 12

긴장의 아름다움 한 가지는 모순을 보여주는 것이다. 건축은 풍부하고 훌륭하기 때문이다. 아름다움은 두 가지 서로 다른 사물들 사이의 긴장이다. 우리는 가끔 작가로서 이 긴장을 보여줄 수 있다. 또는 건축에서 작업할 수 있다.—루치아노 바사우리, 아나 다나 베로스, 베라 그림머, 「Oris」 11, 60호, 2009

나에게 건축은 지구적 문제이다. 환경친화적 건축도 없고, 지능적인 건축, 파시스트 건축, 지속가능한 건축도 없다. 오직 좋은 건축과 나쁜 건축이 있을 뿐이다. 우리가 늘 무시해서는 안 되는 문제들이 있다. 예를 들면, 에너지, 자원, 비용, 사회적 측면 같은 것들이다. 우리는 이런 문제들에 항상 주목해야 한다.—라라 브라운의 에두아르두 소투 드 모라 인터뷰, 「뜻 있는 사람들은 미래 포럼을 생각한다」, 지속가능한 건축을 위한 LafargeHolcim 재단, 2004

자연이 건축이고 문화가 곧 자연이라고 말하는 것은 우리가 도달할 수 있는 최고의 경지이다. 나는 건축가의 가장 큰 소망은 익명이 되는 것이라고 믿는다. 거짓 겸손에서 나온 익명이 아니라 주어진 시간에 수천 년 에 걸쳐 축적된 지혜를 담을 공간을 가까스로 창조함으로써 익명이 되는 것 말이다.……—사비에르 귀엘, "에두아르두 소투 드 모라와의 인터뷰", 「넥서스」 2G, 1998

에두아르두 소투 드 모라
EDUARDO SOUTO DE MOURA

출생 1952년 7월 25일, 포르투갈 포르투

교육 미술학교(ESBAP), 포르투 대학교, 포르투갈, 1980

사무실 Souto Moura Arquitectos SA, Rua do Aleixo, no. 53, 1° A, Porto 4150-043, Portugal
전화: +351 2261-87547, 팩스: +351 2261-08092 geral@southomoura.pt

주요 프로젝트 코르트리크 화장장, 벨기에 안트베르펜, 2011; 파울라 레구 박물관, 포르투갈 카스카이스, 2008; 브라가 시립 경기장, 포르투갈 브라가, 2003; 세라 다 아라비다의 저택, 포르투갈, 2002; 산타 마리아 두 보루 수녀원, 포르투갈 아마레스, 1997

" 나는 현대 화가들의 고뇌와
창의적 탐구에 공감한다. "

**파울라 레구 박물관,
카스카이스, 2008**
소투 드 모라는 자신이 콘크리트에
붉은색을 사용하는 것은
그가 파키스탄과 인도에서 보았던
건물들에 기초한 것이라고 말한다.
두 개의 피라미드 구조물은 채광창의
기능도 하는데, 그 모양이
포르투갈의 알코바카 수도원의
주방 굴뚝을 생각나게 한다.

모순의 아름다움

한 조각가가 최근에 이런 말을 했다. 이 세상에 건축 외에는 우리가 만드는 것이 없다고. 신의 작품인 자연은 이 세상에 이미 존재하는 것이고, 자연이 아닌 모든 것—배, 집, 묘지, 다리, 도로, 그리고 우리가 만드는 그밖의 모든 것은 건축이라고 그는 말했다. 이렇게 건축은 비자연적이다. 그러나 비자연적인 것이라고 해서 반드시 자연에 반하는 것은 아니다. 자연적인 것과 비자연적인 것의 관계는 자연스런 관계여야 한다. 둘이 조화롭게 공존하는, 둘 사이의 공감이 있어야 한다. 이 관계가 조화롭지 못하면, 건축은 지속가능할 수 없다.—라라 브라운의 에두아르두 소투 드 모라 인터뷰, 「뜻 있는 사람들은 미래 포럼을 생각한다」, 지속가능한 건축을 위한 LafargeHolcim 재단, 2004

건축은 인위적인 것이다.……"자연스럽다(natural)"는 것은 그것이 신에 의해서 만들어졌다는 것을 뜻한다. 나는 종교를 믿지 않지만, 종교적 교육을 받았고 종교를 존중한다. 하지만 나는 신이 만든 것들보다 인간이 만든 것들을 더 좋아한다. 나는 신이 만든 산 속의 대리석보다 파르테논 신전이 더 좋다.—루치아노 바사우리, 아나 다나 베로스, 베라 그림머, 「Oris」 11, 60호, 2009

부지에 손을 댈 필요가 있다. 손을 안 대면, 그것은 자연스러운 상태이다.—루치아노 바사우리, 아나 다나 베로스, 베라 그림머, 「Oris」 11, 60호, 2009

◀◀ **내가 폐허를 좋아하는 것은** 폐허가 건축의 유일한 진실한 모습이기 때문이다. 폐허는 너무나 진실하여 자연스럽다. ▶▶

아마레스 1997
산타 마리아 두 보루 수녀원

산타 마리아 두 보루에서 내가 가장 흥미롭게 생각하는 것은 작품의 과격성과 젊음이다. 나의 첫 개축이었다. 나는 페르난두 타보라와 함께 그 건물을 방문했고 무엇이 진짜이고 무엇이 모방인지에 대한 그의 말을 귀담아들었다. 그는 때로는 좋은 모방이 졸렬한 새 작품보다 더 좋을 수도 있다고 했다. 나는 그에게 우리의 계획을 알려주었고, 그는 우리 계획에 매우 비판적이었다. 그는 나의 작업에 대해서 아주 정반대되는 생각을 했다. 그래도 그의 충고는 작업을 진행하는 동안 나에게 도움이 되었다. 건축가가 역사적인 건물을 개수하는 작업을 할 때, 그는 이원적인 방식, 다시 말해서 매우 이중적으로—여기는 옛 것, 저기는 현대적인 것 하는 식으로—그 작업을 해야 한다고 생각하는 경향이 있다. 이렇게 작업하면 그 결과는 현대적인 부분은 유리와 스테인레스 스틸이 되고 오래된 부분은 돌이 된다. 그것이 반드시 옳은 방식은 아니다. 산타 마리아 두 보루는 오래된 돌로 지은 현대적 작품이다.—호세 모랄레스, 「El Croquis」 176, 특별호, 2015

소투 드 모라는 닫힌 설계가 실험을 위한 개방성을 허용하기도 한다고 쓴 바 있다. 그는 수녀원의 엄격함—예를 들면 복도와 독방—은 침실이나 공적 공간 같은 다른 공간들 내부와 연결될 때 더욱 돋보인다고 생각했다. **맞은편:** 소투 드 모라는 수녀원을 재건축하기보다는 원래 쓰였던 돌들을 새 건물에 어울리도록 사용하기로 했다. **맞은편 아래 그림:** 수녀원 복도의 초기 콘셉트 스케치

그것이 내가 폐허를 좋아하는 이유이다. 폐허를 관찰하는 것은 해부학을 공부하는 것과 비슷하다. 프랑스의 건축가 페레는 좋은 건물은 언제나 좋은 폐허가 된다고 말했다.—루치아노 바사우리, 아나 다나 베로스, 베라 그림머, Oris 11, 60호, 2009

내가 폐허를 좋아하는 것은 폐허가 건축의 유일한 진실한 모습이기 때문이다. 폐허는 너무나 진실하여 자연스럽다. 나는 프로젝트가 진행될 장소를 보러 갔다. 그것은 건축물로서는 문제가 되지 않지만 나에게는 중요하다. 그것은 내가 어린 시절부터 알고 있었던 기념물이었다. 나의 어머니가 거기 살고 계신다. 나는 늘 폐허가 된 이 기념물을 찾아가곤 했다.—바사우리, 베로스, 그림머, 「Oris」 11, 60호, 2009

……우리 건축 유산의 문제는 지금까지 해왔던 것과는 다른 방식, 다른 상황에서 다루어야 한다는 것이다.……오래된 것은 정확히 말해서 오랜 시간에 걸친 시간과 공간의 연속이다. 나의 간섭은 수많은 간섭들 중 하나에 불과하여 내가 그 기념물을 대면할 필요는 없다. 이 깨달음이 시간에 대한 나의 접근방식은 부

■■산타 마리아 두 보루는
오래된 돌로 지은
현대적인 작품이다.■■

드러워졌다.……—사비에르 귀엘, "에두아르두 소투 드 모라와의 인터뷰", 「넥서스」 2G, 1998

나는 난방시설은 하되 냉방시설은 하지 말자고 건의했다. 육중한 벽이 열 덩어리 역할도, 열을 차단하는 역할도 충분히 함으로써 방들을 시원하게 유지해왔기 때문이다. 하지만 포르투갈에는 5성호텔에는 에어컨이 있어야 한다는 규정이 있다. 그래서 나는 벽을 갈라서 열고 에어컨을 설치해야 했다. 그 작업은 비용도 많이 들고 불필요했을 뿐 아니라 그 과정에서 건물의 역사적 기초구조가 파괴되었다.—라라 브라운의 모라 인터뷰, 「뜻있는 사람들은 미래 포럼을 생각한다」, 지속가능한 건축을 위한 LafargeHolcim 재단, 2004

"나는 미국을 좋아하고 미국은 나를 좋아한다." 요제프 보이스, 1974 이 독창적인 액션은 1974년 5월 7일에 걸쳐 진행되었다. 보이스는 그 기간 동안을 야생 코요테 한 마리와 함께 지냈다. 그러는 동안 인간과 짐승이 대화를 엮어내고 같이 연기를 했다.

Corredor dos Quartos

산타 마리아 두 보루의 작업이 진행되는 동안, 페르난두 타보라는 내게 우리에게는 수도원이 몇 개 남아 있지 않은데, 내가 그 수도원들을 파괴하고 있다고 말했다. 그는 또 젊은이들은 스타가 되는 것을 좋아하고 신문에 이름이 나는 것을 좋아하는데, 그것은 다 무의미한 일이며 그보다는 건물에 필요한 것이 무엇인지 깨닫는 일이 내가 할 일이라고 말했다. 그는 나에게 매주 현장을 찾아가라고 조언했다. 작업 자체가 풀어야 할 문제들의 해결책을 마련해줄 것이라는 것이었다. "짐승"과 함께 삶으로써 건물이 필요로 하는 것이 무엇인지 진정으로 이해하게 될 것이라고 했다. 건물이 규칙을 알려주기 때문이라는 것이었다. 내가 "짐승"을 길들인다고 할 때에 의미하는 것이 바로 이것이다. 보이스의 액션을 내가 좋아하는 것은 바로 이런 이유 때문이다. 바로 내 일과 비슷한 데가 있기 때문이다. 행사를 하면서 보이스는 7일 동안 코요테와 함께 사는데, 코요테는 공격적이지 않고 자기 음식을 그와 함께 나눈다.—호세 모랄레스, 「El Croquis」 176, 특별호, 2015

❝ 나는 미스를 사랑한다. 그러나 그는 내가 알고 있는 가장 자기 모순적인 건축가이다. ❞

오래도록 영향을 주는 건축가들

알바루 시자

건축가들은 나이가 들면서 그 작품의 질이 떨어진다. 건축이 많은 육체적 에너지를 필요로 하기 때문이다. 그러나 시자는 작품의 질을 유지해오고 있다. 그는 매우 긍정적인 방식으로 우리를 놀라게 하고 있다. "삼바 춤을 추면서"라는 신문 기사 제목이 말해주듯이 그 누구도 그가 이베레 카마르구 박물관을 만들어내리라고는 상상하지도 못했다. 그는 절대로 오류를 범하지 않는 사람이다. 그는 모든 상황의 토대에서 새롭게 만드는 문법을 가지고 있다. 그것은 그가 매우 현대적이라는 것을 뜻한다.— 누누 그란데, 「El Croquis」 146, 2009

나는 팀과 함께 많은 일을 한다. 치장 벽토와 콘크리트 사이에 문제가 생기면, 나는 엔지니어에게 전화를 건다. 그래도 해결이 안 되면, 마지막으로 나는 시자에게 묻는다.— 루치아노 바사우리, 아나 다나 베로스, 베라 그림머, 「Oris」 11, 60호, 2009

내가 시자와 함께 일하던 때, 그가 건물들을 마치 짐승들처럼 다루는 경향이 있었다는 것을 기억하고 있다. 우리가 런던에서 서펀타인 갤러리 전시관을 설계하고 있을 때, 시자는 자주 생물학적 용어를 사용하곤 했다. 한번은 내가 프로젝트 설명회를 하기 전에 그가 런던에 있는 나에게 팩스를 보냈다. 팩스 내용은 "에두아르두, 그 짐승은 걸어야 해"였다. 그리고 그는 그림을 덧붙여 그려넣었는데 그것은 발이었다.— 누누 그란데, 「El Croquis」 146, 2009

미스 반 데어 로에

미스를 읽는 방식이 있다. 그것은 그를 미니멀리스트로 보는 것이다. 하지만 그는 늘 고전주의와 신(新)조형주의 사이를 왔다갔다 했다. 그는 그렇게 불안함을 지니고 살았다. 그의 생애의 마지막 건축물인 IBM 빌딩을 보면, 그는 거대한 문을 만들기 위해서 그 단단한 온천 침전물로 된 토대에 구멍을 뚫었다. 그렇게 한 다음에 그는 바르셀로나에 도착해서 두 개의 전시관을 만들었다. 하나는 추상적, 신조형주의적인 건물이었고, 다른 하나는 닫힌 구역이 있는 고전적, 대칭적인 건물이었다. 왜 그랬을까? 간결함을 위해서였을까? 아니다. 그는 실험을 하고 있었다. 어떤 구조물이 흉해 보인다고 생각되면, 그는 연속적인 작업으로 구조물을 피복으로 덮었다.— 누누 그란데, 「El Croquis」 146, 2009

페르난두 타보라

타보라는 나의 스승이었다. 나에게 설계 일을 하라고 한 몇 안 되는 분들 가운데 한 분이었다.……그러나 내가 타보라를 보고 맨 처음 놀란 것은 그의 그림 그리는 습관이었다. 그렇게 그림을 그리는 다른 사람을 본 적이 없었기 때문이다. 다음에 나는 그의 엄청난 교양에 놀랐다. 타보라는 우리가 건축의 미래가 될 것이라고 생각한 것을 이미 모두 알고 있었기 때문이다. 우리가 책에서 읽은 것, 수학 시간에 공부한 것, 로시나 코르뷔지에의 원리, 그는 이런 것들을 모두 알고 있었다. 그래서 그는 우리에게 교양 있는 건축가의 화신이었다. 우리가 공부하고 이해하기 시작한 것을 모두 타보라는 이미 이해하고 있었다.— 안토니오 에스포시토와 조반니 레오니 편, 「에두아르두 소투 드 모라」, 밀라노: 엘렉타, 2003

시자와 타보라

시자의 건축에서 나는 자연스러움(naturalness)이라는 근본적 속성을 발견한다. 이것은 지금은 사용되지 않는 용어이다. 타보라에게서도 나는 무엇보다 요즘 별로 유행하지 않는 측면을 본다. 그것은 그의 작품들이 주는 편안한 느낌이다. 취향이나 형태에 얽매이지 않은, 건축물이 가질 필요가 있는 일련의 속성들이 주는 결과이다.— 에스포시토와 레오니 편, 「에두아르두 소투 드 모라」, 밀라노: 엘렉타, 2003

예술성

나에게 세부작업은 글을 쓰는 것과 비슷하다. 쉼표, 마침표, 스트로크가 나타난다. 나는 어떤 주제를 놓고 작업한다. 그것이 크면 책이다. 작으면 단편소설이다. 더 작으면 수필이다. 다섯 줄 밖에 안 되면 그것은 시이다. 나는 일찌감치 규모와 비율을 결정한다. 세부작업은 결합하고 고정하고 꺽쇠를 박고 장식하는 것, 궁극적으로 의미를 주는 것이다. 내가 미스를 좋아하는 것은 그의 세부작업이 개념에 일관성을 주기 때문이다. 그는 너무 많이 그리지도 않고 너무 적게 그리지도 않는다. 그는 적당한 양의 세부작업을 한다. 글을 쓰는 것과 비슷하다. 쉼표로 가득 차도 안 되고 쉼표가 하나도 없어서도 안 된다. [호세] 사라마구의 산문처럼. 미스는 아주 정확하다.— 호세 모랄레스, 「El Croquis」 176, 특별호, 2015

문제는 모두가 기념물을 만들고 예술작품을 창조하고 싶어한다는 것이다. 하지만 예술작품을 만들려는 의도가 의식적이어서는 안 된다. 작가는 앉아서 이렇게 말한다. "나는 쓰려고 한다." 그는 이렇게 말하지는 않는다. "지금 나는 고전적인 소설을 쓸 생각이다." 그리고는 그는 화산처럼 글을 쏟아낸다. 그것은 내부에서 나오는 것이다. 그것이 좋으면, 그의 작품은 예술작품이 될 수 있다.— 라라 브라운의 에두아르두 소투 드 모라 인터뷰, 「뜻 있는 사람들은 미래 포럼을 생각한다」, 지속 가능한 건축을 위한 LafargeHolcim 재단, 2004

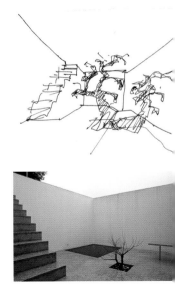

▲▲ 건축의 역사에서 '집'의 유형학보다 더 어려운 유형학은 아마 없을 것이다. 집을 설계하는 것은 세계를 하나의 중요한 물체로 축소하는 것과 맞먹는—망상에 가까운—일이다. ▲▲

포르투갈 2002
세라 다 아라비다의 주택

아라비다의 주택 프로젝트는 근 4년 전에 시작되었지만[이 글은 1986년에 쓴 글이다], 지금까지 내가 한 일은 시당국으로부터 건축허가를 받은 것뿐이다. 지금 이 순간 나는 "영구적 위기"—언어 정의에 관한 개인적 난점—를 극복했다. 건축 프로젝트는 이제 앞으로 나아갈 준비를 마쳤다. 지금까지의 문제는 이전의 경험을 이 특별한 프로젝트에 적용하는 것이 고객에게도, 지형과도 맞지 않고 심지어 나 자신에게도 맞지 않는다는 것이었다. "단순한" 해결책들이 고갈되었고, 금방 "극단적으로 단순화된" 것임이 판명되었다. "형식"이 "공식"이 되어가고 있었다. —에드아르두 소투 드 모라, 소투 모라 건축 제공

주택 설계를 위한 프로그램 1998년 나는 당시의 나의 개념적 의도를 예시하는 텍스트를 썼다.……분명히 말하거니와 장소와 지시 사항의 다양성에도 불구하고 건물의 "유형(類型)"에 대한 영구적인 집착이 있다. 일종의 설계 학대라고나 할까.……북부에서는 집들이 좁고 길다. 밖으로 닫힌 복도가 있고 대지와 일치하는 집을 둘러싼 연속되는 울타리가 있다. 반면 남부에서는 집들이 대개 격리된 독채이고 작은 산꼭대기에 자리잡고 있으며 다양한 내부 공간들이 중앙 뜰 주위에 펼쳐져 있다. 내가 하나의 덩어리를 여러 조각으로 나누게 된 것은 이런 지형에 대한 고려 때문이었다. 대지의 지형에 더 잘 적응하기 위해서였다. 오늘날[2003년에 쓴 글]에도 나는 집들을 설계한다. 그 집들은 서로 다르다.……요즘 내가 설계하는 집들은 "흑과 백"을 덜 쓴다. 모양도 다양하다. 가끔 한 덩어리가 부분으로 "분해된다." 평면도 이제 평각 일색이 아니다.……어떤 경우에는 디테일이 "무시되기도 한다." 실상 꼭 필요한 설계를 강화하기 위해서 삭제되는 것이다. —루이셀라 젤소미노 편, 「에두아르두 소투 드 모라: 케이스, 울티미 프로게티」, 피렌체: 알리네아, 2001

가끔 나는 스튜디오에서 두 개의 프로젝트를 진행한다. 그럴 때는 두 개의 모형을 만들고 두 개의 팀이 스튜디오에서 북적인다. 한 팀은 문과 창문이 있는 집을 만들고, 다른 한 팀은 더 추상적인 무엇인가를 만든다. —루치아노 바사우리, 아나 다나 베로스, 베라 그림머, 「Oris」 11, 60호, 2009

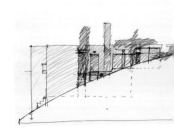

당신들이 만약 서로 다른 가족들을 가지고 있고 사는 장소가 서로 다르다면, 그것들을 동등하게 한다는 것은 어리석은 일이다. —루치아노 바사우리, 아나 다나 베로스, 베라 그림머, 「Oris」 11, 60호, 2009

소투 드 모라는 설계과정을 문학이나 예술에 비유하곤 한다. 주택에 대해서 그는 이렇게 말한다. "사람들은 흔히 자기 자신을 위한 집을 설계한다. 작가들이 자기 자신이 읽고 싶은 책을 쓰는 것처럼."

주거용 건축물

우리 집안에는 건축가가 없었고 나에게는 정당의 연줄도 없었다. 그리고 나는 스무 살이었다. 그런 내가 무엇을 할 수 있었겠는가? 나의 첫 번째 프로젝트는 나의 가족과 친구들을 위한 집이었다. 내가 지은 집들이 널리 알려지자, 사람들은 나에게 그런 모양의 집을 설계해달라고 의뢰하기 시작했다. 그러나 나는 똑같은 일을 반복하고 싶지 않았다. 똑같은 모양의 집을 재생산하고 싶지 않았다. 뒤에 나는 설계 공모에 응모해서 몇 건의 공공건물 계약을 따냈다. 나는 집을 짓는 일에 싫증이 나 있었다.─호세 모랄레스, 「El Croquis」 176, 특별호, 2015

내가 지은 집들을 찾아가보면 그 집들의 좋은 점과 나쁜 점이 눈에 보인다. 집의 모양이 우아하지 않다든가, 그 안에 있는 사람들이 편안하지 않다든가 이런 것이 아니고, 예를 들면, 그런 집들이 시간이 지나면서 내가 발견하게 된 어떤 것을 가지고 있지 않다고 나는 생각하는 것이다. 내가 전문가로서 막 발을 내딛었을 때 그런 것을 인식한다는 것은 거의 불가능한 일이었다. 나는 그 어떤 것을 comfort라고 부르는데 내가 말하는 comfort는 이 단어의 영어의 뜻이나 장식적인 의미보다는 그 집의 사용자들이 빛과 공간, 서로 다른 관점, (내부와 외부의) 풍경, 색깔의 변화 등과 관련해서 서로 다른 상황을 경험할 수 있는 능력이나 성향으로 이해되어야 한다. 그래서 나는 이런 실수들─올바르지 않은 것들─을 널리 알리기로 결심했다. 이렇게 함으로써 나는 조형 구성에서 새로운 실수를 할지도 모른다는 두려움을 극복할 수 있었다.─사비에르 귀엘, "에두아르두 소투 드 모라 인터뷰", 「넥서스」 2G, 1998

"중립적 공간"으로서의 집

미스가 이사 가기를 싫어한 이유는 반복해서 말할 가치가 있을 것이다. 나는 몇몇 예술가들이 매우 보수적인 환경, 즉 오래된 집에서 살며 일하는 이유를 연구한다. 그들은 그런 집에서 글을 쓰고 일하고 그림을 그린다. 나는 그런 건축가나 예술가가 그들의 작업에 너무나 몰두하기 때문에 그들의 마음을 산란케 하는 어떤 일도 싫어한다는 결론에 도달했다. 작품을 만들고 "전위적인 것"을 제작하기 위해서는, 그들은 이미 부호화된, 관습에 대한 도전이 없고 전위적인 것이 없는 중립적인 공간에서 살 필요가 있다. 이것은 더 중립적이고 더 익명적인 공간을 원하는 심정과 관련이 있다.─호세 모랄레스, 「El Croquis」 176, 특별호, 2015

현대 건축의 위대한 대부분의 저택들은 지금 아무도 살고 있지 않다. 빌라 사부아가 하나의 예이다. 정말 선언서 같은 집들이 몇 채 있다. 역사가 된 집 안에서 잠을 자기는 어려울 것이다. 나는 20세기 역사의 진로를 바꾼 집에서는 잠을 잘 수 없다.─라라 브라운의 에두아르두 소투 드 모라 인터뷰, 「뜻 있는 사람들은 미래 포럼을 생각한다」, 지속 가능한 건축을 위한 LafargeHolcim 재단, 2004

소투 드 모라의 집

⋯⋯그 집은 자신이 자신의 집 설계를 하기를 원치 않은 건축가를 위해서 내(소투 드 모라/역주)가 대신 설계해준 집이다. 나는 그녀의 심정을 이해한다. 그것은 쉬운 일이 아니다. 결국 그녀는 그 집에 살지 않았다. 그녀의 가족이 다른 도시로 이사했기 때문이었다. 그래서 그 집에서 내가 살게 되었다. 내가 사는 데에는 아무런 문제도 없었다. 왜냐하면 나는 집들을 설계할 때 고객을 위해서가 아니라 내가 살 집처럼 설계하기 때문이다. 나는 이것이 좋은 기준이 된다고 생각한다. 그러나 당시에는 나의 이 말이 많은 사람들의 비판의 대상이 되었다.⋯⋯그래서 내가 사는 이 집을 나는 아무것도 변경하지 않았다. 다만 아내의 권고에 따라 주방 캐비닛의 문 일부의 작동방식을 바꾸었을 뿐이다.─호세 모랄레스, 「El Croquis」 176, 특별호, 2015

◀◀ 사람은 자기 자신을 위한 집을 설계한다. 작가들이 자기가 읽고 싶은 책을 쓰듯이. ▶▶

카스카이스 2008
파울라 레구 박물관

나는 파울라 레구와 잡담을 나누었다. 우리는 포르투갈에서 얘기를 나누었고 다음에 런던으로 가서 테이트 갤러리에서 열리는 그녀의 전시회를 내게 보여주었다. 그녀는 그림과 그림 사이에 널찍한 공간이 있는 큰 방을 좋아한다.⋯⋯그녀는 일반에게는 공개되지 않는 한 방의 문을 열었다. "사실 내가 좋아하는 건 이겁니다." 우리는 보라색으로 채색된 방으로 들어갔는데, 그 방에는 오렌지 색조의 프랜시스 베이컨의 작품들만 걸려 있었다. 아름다운 그림들이었다. 내가 그녀가 머릿속에 그리고 있는 것을 얼핏 보았던 것은 그때였다고 나는 생각한다.─누누 그란데, 「El Croquis」 146, 2009

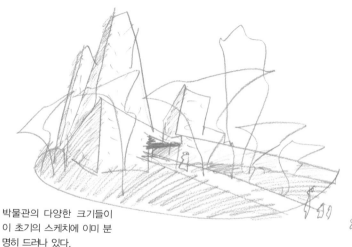

박물관의 다양한 크기들이 이 초기의 스케치에 이미 분명히 드러나 있다.

모더니즘, 포스트모더니즘, 미니멀리즘

(포르투갈에서는) 50년 파시즘 통치기간 동안 현대적인 건축이 금지되었다. 공산주의적 건축이라고 간주되었기 때문이다.……나는 주택, 병원, 학교 등이 없는 나라에서 건축가로서의 일을 시작했다. 혁명(1974년 4월의 카네이션 혁명/역주) 후 국가를 재건하기 위한 몇몇프로그램이 진행되었다.……모더니즘은 선택된 언어가 아니라 국가재건의 가능성이었다. 나는 포스트모더니즘 방식으로 작업할 필요는 없다고 말했다. 나는 그렇게 할 만한 돈이 없고 또 포르투갈 같은 나라에서 거대한 기둥 같은 것을 세우는 것은 어리석은 일이라고 생각했기 때문이다.……모더니즘은 역사에 반하는 것이 아니며 고전주의에 반하는 것도 아니다. 그것은 다른 재료, 다른 기술을 사용하지만, 유형은 똑같은 새로운 고전주의이다. 그것은 피카소처럼 사물을 바라보는 또다른 방식이다. 피카소는 스페인 역사에 관한 고전적 그림들을 또다른 방식으로 다시 그렸다.—루치아노 바사우리, 아나 다나 베로스, 베라 그림머, 「Oris」 11, 60호, 2009

……오랫동안 나는 미니멀리즘이라는 용어 사용 때문에 짜증이 났다. 사람들은 미니멀리즘이 포스트모더니즘에서 벗어나기 위한 정화(淨化)와 정신건강에 아주 적절하다고 말했다. 그러나 사실은 그들이 미니멀리즘을 하나의 스타일, 일련의 병적 집착, 내용이 없는 어떤 것으로 바꿔놓았다. 많은 건축가들이 "상자"를 만들어놓고 그것을 하얗게 칠한 다음 미니멀리즘이라고 말한다. 그런 것들을 보면 화가 치민다. 보편적인 장소가 없듯이, 보편적 언어도 없다. 적응이 있을 뿐이다. 적응은 내가 좋아하는 단어 가운데 하나이다. 건축은 적응의 문제이기 때문이다.—누누 그란데, 「El Croquis」 146, 2009

포르투갈에서의 설계 작업

오늘날 포르투 시는 창의력이 결여되어 있다. 자연 프로젝트에는 흥분하지만, 질 높은 건축물에는 관심이 없다.……유산에 대한 잘못된 인식 때문에 교회에 손을 대면 비난이 쏟아진다. 그러나 잘못 설계된 보기 싫은 건물들은 비판 없이 수용되고 있다.—안토니오 에스포시토와 조반니 레오니 편, 「에두아르두 소투 드 모라」, 밀라노: 엘렉타, 2003

명성

포르투갈에서는 건축이 정치화되었던 1950년대와 1960년대, 그리고 1974년 4월 혁명 후에도, 건축가들은 주목을 받는 것, 그들의 작품이 널리 선전되는 것을 다소 꺼려 왔다. 지금은 널리 선전되고 있는 몇몇 동료들의 겸손함을 나는 지금도 기억하고 있다. 외국과의 접촉이 많았던 알바루 시자가 그의 동료들에게 전화를 걸어서 그들이 당시 진행하고 있던 사회적 주택 프로젝트를 널리 선전하는 일에 외국 신문들이 관심을 보이고 있다고 전해주었다. 그들의 대답을 이랬다. "선전? 그건 부르조아지가 좋아하는 거지. 우리가 해야 할 일은 인민을 위해서 건설하는 거야."—누누 그란데, 「El Croquis」 146, 2009

지속가능성

하이테크 애호가들이 빌딩을 기계로 바꿔놓았던 몇 년 전, 그들은 그런 건물들을 인텔리전트 빌딩이라고 부르며 "인텔리전트 건축"이라는 용어를 만들어냈다. 그런 시스템이 없는 건물들은 어리석은 것이라는 듯이. 그들의 말은 아무 장비도 없는 판테온은 어리석은 건축물이라고 말하는 것이나 마찬가지였다. 나는 그런 슬로건이나 딱지를 건물에 붙이는 것에 아주 비판적이다. 내가 지속가능한 건축이라는 슬로건에 대해서 신중한 것도 바로 이런 이유 때문이다.—라라 브라운의 에두아르두 소투 드 모라 인터뷰, 「뜻 있는 사람들은 미래 포럼을 생각한다」, 지속가능한 건축을 위한 LafargeHolcim 재단, 2004

자연은 인간과 지역사회의 편의를 위해서 바뀔 수 있다. 그러나 한계가 있다.……강의 진로를 바꾸는 것, 일시 그 흐름을 막았다가 뒤에 원래대로 복구하는 것과 강의 위치를 아예 바꿔서 그 일대의 기후 시스템과 지형, 지역의 환경을 바꾸는 것은 전혀 다르다. 나는 이런 것에는 반대한다.—라라 브라운의 모라 인터뷰, 「뜻 있는 사람들은 미래 포럼을 생각한다」, 지속가능한 건축을 위한 LafargeHolcim 재단, 2004

세계화

물론 세계화는 커뮤니케이션과 스피드 같은 이점이 있다. 하지만 건축에 관한 한, 세계화가 그다지 중요한 역할을 할 수 있다고 나는 생각하지 않는다.……에콰도르에 유리 마천루를 짓고 또 같은 건물을 모스크바에 짓는 것은 말이 안 된다. 기후가 다르고 관습이 다르기 때문이다.—라라 브라운의 모라 인터뷰, 「뜻 있는 사람들은 미래 포럼을 생각한다」, 지속가능한 건축을 위한 LafargeHolcim 재단, 2004

변화

나는 비판적이지만 비관적인 것은 아니다. 예를 들면, 건축은 요즘 아주 달라진 것처럼 보이지만 실상 매우 많이 변하지는 않았다. 주택의 개념은 주택의 유아였던 메소포타미아 시대 이후 아주 조금 진화했을 뿐이다. 자재를 바꾸고 유리를 더하거나 뺄 수는 있지만, 결국 주택은 여전히 사회 기본단위, 즉 가족의 피복의 두 번째 층 같은 것이다. 가족의 계층구조와 조직은 시간이 흐르면서 많이 변하지 않았고 주택 역시 같다. 지금까지 전혀 변하지 않은 것, 앞으로도 결코 변하지 않을 것들도 있다.—라라 브라운의 모라 인터뷰, 「뜻 있는 사람들은 미래 포럼을 생각한다」, 지속가능한 건축을 위한 LafargeHolcim 재단, 2004

나는 변화의 문제에 대해서 심각하게 걱정하지는 않는다. 아인슈타인은 미래는 그것에 대해서 생각해보지 못할 만큼 빨리 다가온다고 말했다.……어쨌든 나는 낙관적인 관점을 유지하고 있다—우리에게는 선택의 여지가 많지 않다.—호세 모랄레스, 「El Croquis」 176, 특별호, 2015

◀◀ 어떤 작품이 중요한 작품이 되기 위한 첫째 조건은 그것을 너무 진지하게 생각해서는 안 된다는 것이다. ▶▶

상상의 원리 우리의 설계에서 가장 근본적인 것은 프로그램을 더 잘 해결하거나 특별한 공간 구조를 도출하려는 우리의 욕망뿐만이 아니라 그것들을 넘어서 결국에는 우리 자신의 상상의 원리를 창조하는 것이라고 나는 생각한다. 우리가 어떤 건물을 창조할 때, 우리는 또한 동시에 그 건물의 원리를 창조하려고 한다고 할 수 있다. ─니시자와 류에, 「GA 건축가 18」, 2005. 11

우리가 현재 사용하고 있는 방법은 건물의 콘텐트가, 건축형식을 창조하기 위해서 그 안에서 일어나고 있는 인간 활동을 가능하도록 한다는 지극히 현대적인 개념을 전제로 하고 있다. ─크리스틴 파이라이스 편, 「촐페라인 경영─디자인 학교」, 뮌헨: 프레스텔, 2006

세지마 가즈요 + 니시자와 류에

妹島和世 + 西澤立衛

출생 세지마 가즈요 : 1956년 10월 29일, 일본 이바라키 현
니시자와 류에 : 1966년 2월 7일, 일본 가나가와 현

교육 세지마 가즈요 : 건축학 석사, 일본여자대학교, 일본 도쿄, 1981년
니시자와 류에 : 건축학 석사, 국립 요코하마 대학교, 일본 요코하마, 1990년

사무실 Kazuyo Sejima + Ryue Nishizawa/SANAA, 1-5-27, Tatsumi, Koto-ku, Tokyo, 135-0053 Japan
전화 : +81 0-3-5534-1780, 팩스 : +81 0-3-5534-1757, press@sanaa.co.jp

주요 프로젝트 롤렉스 교육 센터, 스위스 로잔, 2010; 신현대미술관, 뉴욕, 2007; 톨레도 미술관의 유리전시관, 오하이오 주, 2006; 촐페라인 경영─디자인 학교, 독일 에센, 2006; 21세기 현대미술관, 일본 가나가와, 2004

롤렉스 교육 센터

우리는 공원—사람들이 서로 소통할 수 있는 공간을 머릿속에 그렸다— 세지마 가즈요, 「빌딩 디자인」, 2010. 3

이 건물은 식당과 도서관, 전시공간, 사무실 등이 모두 제각기 다른 다각적인 프로그램을 가지고 있다. 먼저 우리는 서로 다른 그 모든 프로그램을 수용할 수 있는 여러 층의 건물을 도형으로 그렸다. 그러나 우리는 그 해결책에 만족하지 못했다. 그 도형은 켜켜이 쌓인 층의 매우 틀에 박힌 건물을 나타내고 있었기 때문이다.……우리는 한 층이 도서관이 되고 다른 층이 카페가 되는 구조가 좀 이상하다고 느꼈다. 그래서 우리는 좀더 멋진 건축적 구성을 찾아내야 한다고 생각했다. 마침내 우리는 서로 다른 모든 프로그램을 하나의 공간에 수용한다는 아이디어를 도출했다. 각 프로그램이 연속성을 가지되 크고 작은 안뜰에 의해서 구분되도록 했다. 우리는 수용되는 것들이 서로 다른 평면을 가지도록 하기 위해서 기형(뒤틀리거나 파도 모양을 이룸)을 만들었다. 이렇게 함으로써 층에서 분리되지 않으면서 약간 더 높은 지역에 어떤 프로그램을 배치할 수 있었다. 또 층의 약간 더 높은 부분으로 이동하면 호수와 산을 볼 수 있도록 했다. 또 하나 특기할 점은 이렇게 평면을 비틂으로써 프로그램들 간의 바람직한 거리를 마련할 수 있다는 점이었다. 건물 안에 언덕과 계곡을 만드는 이와 같은 구성으로 프로그램들을 서로 격리시킬 수 있었다. 그러나 그것은 완전한 격리는 아니다. 관계와 연속성이 유지되고 있기 때문이다. —세지마 가즈요, 후안 안토니오 코르테스와의 인터뷰, 「El Croquis」, SANAA 2004-2008, 2008

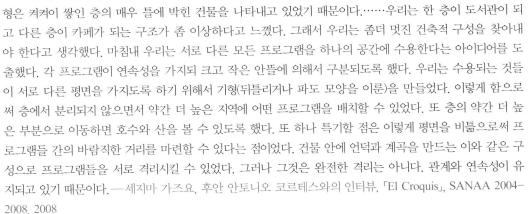

우리는 이런 타입의 열린 공간이 새로운 만남의 가능성을 높이거나 새로운 활동을 촉발시킬 수도 있다고 상상했다. 복도와 교실이 분명하게 격리된 전통적 연구공간들과는 대조적으로, 이런 구조의 건물에서는 새로운 공간을 활용하는 여러 가지 다른 방식이 있을 것이고 따라서 더 많은 활동적인 상호작용이 있을 것이며 그 결과 새로운 활동이 촉발될 수 있다고 우리는 희망한다. —SANAA, domusweb.it, 2010. 2

이 프로젝트는 평면 구조의 틀을 넘어서고자 하는 우리의 소망을 반영하고 있다는 것이 나의 생각이다. 이 건물은 특이한 싱글 볼륨 공간을 제시하고 있는데 그 안에서 수많은 안뜰이 개개의 공간과 코너를 서로 연결시켜주면서 동시에 서로 얼마간의 거리를 유지시키고 있다. —니시자와 류에, 「GA 건축가 18」, 2005. 11

롤렉스 교육 센터의 굽이치는 모양은 주위의 알프스를 모방한 것처럼 보일 수도 있지만, 그런 형태의 목적은 속박되지 않는 운동과 융통성에 있다고 건축가들은 말하고 있다. 곡선을 이루고 있는 유리와 콘크리트 구조물이 2만 제곱미터의 공간에 펼쳐져 있다.

에센 2006
촐페라인 경영–디자인 학교

촐페라인의 부지는 역동적이고 그 규모는 보는 이를 압도한다. 그러나 그 안에 자리잡은 건물 자체는 섬세하다. 우리의 목적은 이전에 있었던 탄광 건물들을 생각나게 하는 새로운 건물을 설계하는 것이었다.—크리스틴 파이라이스 편, 「촐페라인 경영–디자인 학교」, 2006

건물의 큰 볼륨은 부지에 대한 반응으로서뿐만 아니라 또한 주목할 만한 역사적 건물들과의 대화가 이루어질 수도 있다는 점에서 필요했다. 우리는 다른 큰 건물들과의 연속성을 보여주는 하나의 볼륨을 만들어내려고 했다. 그리고 부지가 광대하다는 것을 누구나 알 수 있도록 건물 주위에 넓은 열린 공간을 두었다.—크리스틴 파이라이스 편, 「촐페라인 경영–디자인 학교」, 독일 뮌헨: 프레스텔, 2006

여기저기 흩어져 있는 창문(구멍)(크기가 세 가지로 되어 있다)은 콘크리트 덩어리에 즉각적인 개방성을 부여한다. 그뿐 아니라 창은 빛을 유입시키는 역할도 하고 바깥과의 연결을 유지해주기도 한다. 열린 층 바닥은 각 층 특유의 활동을 가능하게 해준다. **옆 페이지 :** 촐페라인 프로젝트의 모형과 함께 있는 세지마와 니시자와. 중앙의 사진은 바닥의 높이가 서로 다른 건물의 내부를 보여준다.

역설적으로 들릴지 모르지만, 수많은 뚫린 구멍을 만듦으로써 콘크리트를 투명하게 하자는 것이 우리의 의도였다. 그러나 이 투명성은 유리를 사용하여 이룩하는 투명성과는 완전히 다르다. 우리에게는 콘크리트 벽의 두꺼움, 아니 그 얇음이 투명한 느낌을 만드는 요소로서 건물을 관통하는 유리창만큼 중요하다.—크리스틴 파이라이스 편, 「촐페라인 경영–디자인 학교」, 2006

육중함과 가벼움—이 둘은 우리가 그 부지에서 연속성을 성취하는 데에 중요한 특질이었다. 창문들—그냥 뚫린 구멍이라고 하는 편이 더 좋을 것이다—은 이 목적을 달성하는, 하나의 강력한 요소이다. 우리는 늘 창문을 설치할 높이에 대해서 고객 및 사용자들과 상의했다. 창문은 건물의 외양에 영향을 미칠 뿐 아니라 건물의 내부에도 영향을 미치기 때문이다.—크리스틴 파이라이스 편, 「촐페라인 경영–디자인 학교」, 독일 뮌헨: 프레스텔, 2006

SANAA 스튜디오

SANAA는 1955년에 세지마 가즈요와 니시자와 류에에 의해서 창설되었다. 세지마와 니시자와는 SANAA라는 이름 아래 함께 일하지만, 그들은 각자의 이름을 단 독자적인 스튜디오도 각기 가지고 있다. 세지마는 1987년에 그녀의 스튜디오를 만들기 전에는 이토 도요(伊東豊雄) 밑에서 일했고, 니시자와는 그의 사무실을 1997년에 개설했다.

우리가 애초에 SANAA를 창설한 이유는 함께 외국인들과 경쟁해서 일본의 주요한 프로젝트를 따내려는 데에 있었다. 우리는 작은 집들이나 인테리어는 각자 개인적으로 계속 할 생각이었다. 그러나 다카자와 나오키가 작업한 미야케 이세이 가게 같은 예외들도 있다. ─크리스티나 디아스 모레노, 에프렌 가르시아 그린다, 「El Croquis」, 121/122권, 2004

우리 두 사람은 다 세 사무실이 서로 가까이 있는 것이 매우 중요하다고 생각한다. 그래야 사람들이 이 사무실에서 저 사무실로 5초 가량 걸려 갈 수 있기 때문이다. 세지마 사무실은 이곳에 있고 니시자와 사무실은 저곳에 있다. 둘 다 SANAA 사무실의 일부이다. 우리는 이렇게 한 건물에 스튜디오를 가지고 있는데 이것이 매우 중요하다고 생각하고 있다. 우리 스튜디오의 또 다른 개념은 하나의 방을 가지고 있다는 것이다. 사람들이 자리를 함께할 수 있기 위함이다.……

그러나 우리는 여기서 일하는 사람들이 그들과 직접 관련이 없는 다른 프로젝트들과도 연관을 가지는 것이 중요하다는 것을 알고 있다. 그것이 스튜디오의 개념 가운데 하나이다. ─아우구스틴 페레스 루비오, 「집들: 세지마 가즈요 + 니시자와 류에, SANAA」, 바르셀로나: 악타르, 2007

작업방식

개개의 프로젝트에는 그 나름의 조정방식이 있다. 그 과정 자체가 창의적 활동이 된다. ─크리스틴 파이라이스 편, 「졸페라인 경영─디자인 학교」, 독일 뮌헨: 프레스텔, 2006

우리는 우리 둘 사이에 책임 분야가 분리되어 있느냐는 질문을 많이 받는다. 그런 것은 없다! 우리의 작업방식은 우리 중 한 사람이 스케치를 그리며 앞서가고 다른 직원들은 그 스케치에 의거해서 작업을 하는 그런 방식이 아니다. 그보다는 처음부터 우리 스태프 전체가 이건 어떠냐, 저건 어떠냐 하고 아이디어를 내고 다음에 토론과정을 통해서 방향을 결정한다. 그러나 어떤 문제에 대해서 결정을 내려야 할 때는 니시자와와 내가 함께 결정을 내린다. ─세지마 가즈요, 이던 코킬과의 인터뷰, 「재팬 타임스」, 2008. 1. 6

우리 둘 사이에 설계 리더는 없다. 우리 사무실에서는 결정을 내려야 할 필요가 있을 때 우리가 져야 할 책임을 질 사람이 있어야 한다. 이 사람이 리더이다. 우리는 동급자로서 협력한다. 그러나 우리 둘이 똑같은 것은 아니다. 우리는 우리 각자가 우리의 방식을 잃어버리지 않는 것을 가장 중요시한다. 가끔 논쟁을 하기도 하지만, 보통 우리는 각자에게 생각할 여유를 주고 그런 다음 조용히 새로운 방향에 대해서 합의를 이룬다. 우리 중 한 사람이 감정적이 되는 반면 다른 한 사람은 이성을 잃지 않는 경우도 흔히 있다. 누가 어떤 쪽이 되느냐는 매일 다르다. 대개 우리는 사무실 안에 있는 매우 큰 테이블 옆에 함께 앉아서 아이디어를 토론한다. 어떤 결정을 바로 내리는 경우는 드물다. 우리는 밤이 늦도록 다른 가능성들에 대해서 생각하기를 좋아한다. ─컬처 존, 「Huffington Post」, 2010. 4. 1

여성 건축가들

여자들도 큰 것을 만들기를 좋아한다! 그리고 작은 것을 만들기도 좋아한다. 큰 건물의 건축에는 아주 많은 사람들이 참여하고 또 많은 사람들이 그 건물을 사용한다. 한편 나는 작은 것들도 만든다. 나는 숟가락 같은 물건을 디자인하는 것도 좋아하고 개인주택을 설계하기도 한다. 이런 작업은 매우 개성적인 과정이다. 대형 프로젝트를 하는 것은 남성들이라는 통념이 퍼져 있지만, 그것은 과거에 건축계에서 활동하는 여성들이 많지 않았기 때문에 생긴 것이라고 나는 생각한다. 이제 사정이 달라지고 있다. 더 많은 여성 건축가들이 활동하고 있다. 그러나 사람들은 여자들이 더 부드러운 이미지, 더 부드러운 외모를 가지고 있다고 흔히 말한다. 우리는 토론을 통해서 건축물을 만든다.

따라서 여자이기 때문에 어렵다고 말하기보다는 우리가 어떤 물건을 어떻게 만드느냐에 뉘앙스의 차이가 있을 뿐이라고 나는 생각한다. 이 사회는 남성이 지배한다는 것은 나도 인정한다. 좋은 일도 있고 나쁜 일도 있다. 내가 여자이기 때문에 내가 소리치기 전에 남자가 고함을 지르는 경우, 나는 침착하게 이렇게 말한다. "그러시면 안 되죠." 반면에 여자들이 많지 않기 때문에, 가끔 남자들이 우리에게 다소 부드럽게 대해주는 경우도 있다. ─세지마 가즈요, 이던 코킬과의 인터뷰, 「재팬 타임스」, 2008. 1. 6

완벽이라는 이상 나는 떠남이라는 이론적으로 정의된 관점에서 건축에 접근하지 않는다. 왜냐하면 나는 건축물을 만드는 데에, 건물을 짓는 데에, 그리고 완벽이라는 이상에 전념하기 때문이다. 이것은 내가 소년시절에 개념에 의거해서, 올바를 수밖에 없는 것들을 만들곤 했던 것과 똑같다. 내가 왜 그랬는지는 지금도 나는 모른다. 내가 내 손으로 만드는 것들에 대한 이 지극히 개인적인 느낌이 늘 있었고 나는 그것이 특별한 것이라고 생각하지 않았다. 그저 그런 느낌이 들었을 뿐이다.

요즘 나는 건축가로서의 나의 작업이 대체로 이 어렸을 때의 열정, 이 집념에 대한 탐색, 그것을 더 잘 이해하고 그것을 다듬으려는 탐색이라는 것을 인식하고 있다. 내가 그후로 과연 옛날의 이미지와 열정에 새로운 이미지와 열정을 추가했을까, 나의 훈련과 실천과정을 통해서 무엇인가를 배운 것이 있을까 생각해볼 때면 나는 어떤 면에서는 내 새로운 발견들의 직감적 핵심을 내가 오래 전부터 이미 알고 있었던 같다는 것을 실감하곤 한다. ―페터 춤토르, 「건축을 생각하다」, 스위스 바젤: 비르크호이저, 2006

페터 춤토르 PETER ZUMTHOR

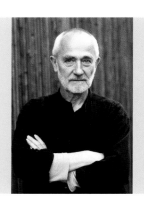

출생 1943년 4월 26일, 스위스 바젤

교육 미술-공예학교 캐비넷 제작 스위스 연방정부 자격증 및 인테리어 디자인 학위, 스위스 바젤, 1962, 1967

사무실 Atelier Peter Zumthor & Partner, Architekturbüro, CH-7023 Haldenstein, Süsswinkel 20
전화 : +41 81-354-92-92, 팩스: +41 81-354-92-93, Email : arch@zumthor.ch

주요 프로젝트 쾰른 대교구 콜룸바 미술관, 독일 쾰른, 2007; 클라우스 수사 야외 예배당, 독일 메케르니히, 2007; 브레겐츠 미술관, 오스트리아 브레겐츠, 1997; 스위스 사운드 박스, 독일 하노버, 2000; 온천탕, 스위스 팔스, 1996; 성 베네딕트 예배당, 스위스 줌비티크, 1988; 춤토르 스튜디오, 스위스 할덴슈타인, 1986

온천탕,
팔스, 1996
이 건물은 이 지방산인 규암과 콘크리트로
지어졌다. 춤토르는 디자인과 주위의
자연스러운 환경을 이용해서 육감적이고
영적인 경험을 만들어낸다.

❝ 이미지 속에 있는, 즉 건축적, 공간적,
다채로운 그리고 육감적인 그림들 속에 있는
연상적, 야생적, 자유롭고 질서가 잡힌,
그러면서 체계적인 사고 —
이것이 내가 좋아하는 디자인의 정의이다. ❞

팔스 1996

온천탕

시작은 쉬웠다. 시간을 거슬러올라가서, 1,000년 전에 사람들이 했음직한 목욕, 그런 목욕에 어울리는 건물을 짓는 것, 비탈에 쏙 들어앉은 구조물을 만들되 주위에 있는 어떤 건물보다도 더 오래되어 보이도록 한다. 오래 전부터 거기 있었던 것 같은 건물, 그 지역의 지형과 지질구조에 어울리는 건물, 다시 말해서 압착되고 접히고 또 때로는 수천 장의 판으로 갈라지는 팔스 계곡의 돌덩어리들에 걸맞은 건물을 짓는 것—이것이 우리의 설계 목적이었다. —지크리트 하우저, 페터 춤토르 편, 「페터 춤토르 팔스 온천탕」, 취리히: 페르라크 샤이데거와 슈피스, 2007

움푹 파인 물이 솟는 욕조와 물이 흐르는 도랑을 가진, 꼬불꼬불한 내부 공간은 거대한 균일한 돌덩어리를 끌로 파서 만든 것처럼 보여야 한다고 우리는 상상했다. —지크리트 하우저, 페터 춤토르 편, 「페터 춤토르 팔스 온천탕」, 취리히: 페르라크 샤이데거와 슈피스, 2007

따라서 우리의 목욕탕은 최신의 욕탕 설비, 물 분출기, 노즐, 또는 낙숫물 도랑 등을 과시하지 않는다. 그 대신 이 목욕탕은 목욕을 하며 스스로를 깨끗이 닦고 물 속에서 긴장을 푸는 조용하고 기본적인 경험, 서로 다른 온도, 서로 다른 공간에서의 몸뚱이와 물과의 접촉, 돌을 만지는 감촉을 중시한다. —페터 춤토르, 「페터 춤토르의 작품: 건물과 프로젝트 1979-1997」, 스위스 바덴: 라르스 밀러 출판사, 1998

그리고 돌이 인간의 몸뚱이를 애무하기 위해서는 그 돌이 가열되어 마치 태양에 의해서 따뜻하게 덥혀진 것 같은 느낌을 주어야 한다. —지크리트 하우저, 페터 춤토르 편, 「페터 춤토르 팔스 온천탕」, 취리히: 페르라크 샤이데거와 슈피스, 2007

물, 빛, 증기, 열이 목욕이라는 원초적 의식(儀式)에 새로운 차원을 부여한다. **위**: 팔스 온천탕의 부분 사진.

"우리는 햇빛을 연출했다." 커다란 돌덩어리를 파내서 그 안에 동굴과 푹 파인 구역, 그리고 다양한 용도로 쓰일 틈을 만든다는 아이디어는 또한 돌덩어리를 건물의 꼭대기를 향해서 깎아올려 빛을 끌어들인다는 생각을 도출하는 데에 도움이 되었다. ─페터 춤토르, 「페터 춤토르의 작품: 건물과 프로젝트 1979─1997」, 스위스 바덴: 라르스 뮐러 출판사, 1998

처음부터 산 속의 돌의 세계라는 신비스러운 느낌, 어둠과 빛, 물에 반사되는 빛, 증기로 가득찬 대기 중으로 분산되는 빛, 돌로 된 욕탕에서 물이 만들어내는 다양한 소리, 따뜻한 돌과 발가벗은 피부, 목욕이라는 의식(儀式)에 대한 느낌이 있었다. ─페터 춤토르, 「페터 춤토르의 작품: 건물과 프로젝트 1979─1997」, 스위스 바덴: 라르스 뮐러 출판사, 1998

우리는 실내 풀의 기둥들 사이에 매달린 천정 슬라브에 작은 구멍들을 냄으로써 빛을 끌어들였다. 이것은 터키 목욕탕의 둥근 천장을 보고 영감을 얻은 아이디어이다. 부다페스트에 있는 루다스 욕탕의 빛은 여러 가지 색이지만, 팔스 온천탕의 빛은 푸른 유리를 통해서 들어오도록 되어 있다. ─지크리트 하우저, 페터 춤토르 편, 「페터 춤토르 팔스 온천탕」, 취리히: 페르라크 샤이데거와 슈피스, 2007

❝……돌의 존재가 느껴지도록, 그 돌이 우리 몸에 어떤 작용을 할 수 있도록 크고 청정한 덩어리 그대로 두어야 한다.❞

재료의 울림
건축에 대한 나의 개념은 항상 매우 물질적이다. 나는 오래 견디고 울림이 있는 재료를 좋아한다. ─하노 라우터베르크, 「건축을 말하다: 건축가들과의 인터뷰」, 뮌헨: 프레스텔, 2008

❝ 사물을 떠난 아이디어란 없다. ❞

나는 모든 건축 작품들의 진정한 핵심은 건축 행위에 있다고 믿는다. 콘크리트 재료들이 배합되어 세워지는 어떤 시점에 우리가 구상해온 건축물이 비로소 실재 세계의 일부가 된다.

나는 조합하는 기술, 장인들과 엔지니어들의 능력에 존경심을 가진다. 나는 사물을 만드는 방법에 관한 지식에서 깊은 인상을 받는다. 사물을 만드는 방법이야말로 인간의 기술의 토대가 된다. 나는 이 지식에 걸맞은 건물, 이 기술에 대한 도전이 빛이 나는 건물을 설계하려고 노력한다. ─페터 춤토르, 「건축을 생각하다」, 스위스 바젤: 비르크호이저, 2006

재료의 유사성
재료의 타입과 그 무게에 따라서 재료들 간의 중대한 유사성이 존재한다. 건축가는 하나의 건물 안에 서로 다른 재료들을 결합할 수 있다. ─페터 춤토르, 「분위기: 건축 환경─주위의 물체들」, 스위스 바젤: 비르크호이저, 2006

콘크리트 덩어리 안에서 형태와 볼륨, 공간이 생기고 그럼으로써 건축물이 존재하게 된다. 사물을 떠난 아이디어란 없다. ─페터 춤토르, 「건축을 생각하다」, 스위스 바젤: 비르크호이저, 2006

나는 늘 건축가로서, 장인 건설자로서 그(이탈리아 르네상스 시대의 건축가 팔라디오)가 재료, 즉 내가 이야기하고 있는 것들의 존재와 무게에 대한 특별한 감각을 가지고 있었던 것이 분명하다는 느낌을 가져왔다. ─페터 춤토르, 「분위기: 건축 환경─주위의 물체들」, 스위스 바젤: 비르크호이저, 2006

……건축의 첫 번째, 그리고 가장 중요한 비밀은 세상의 서로 다른 사물들을 수집한 다음 그것들을 결합해서 하나의 공간을 만들어낸다는 것이다.……나는 우리가 지금 이야기하고 있는 것이 해부학적 구조 같은 것이라고 생각한다.……우리 몸이 피부로 덮여 있어서 우리는 그 안에 무엇이 있는지 그 해부학적 구조를 볼 수 없다. 나는 건축도 마찬가지라고 생각한다. 덩어리 몸체가 있고 그것을 덮고 있는 막이 있다. 우리 몸을 벨벳, 비단 같은 옷감이 덮고 있는 것처럼. ─페터 춤토르, 「분위기: 건축 환경─주위의 물체들」, 스위스 바젤: 비르크호이저, 2006

분위기
어떤 건물이 나를 감동시킬 때 나는 그것이 바로 훌륭한 건축이라고 생각한다. 도대체 무엇이 나를 감동시키는가? 나는 그것을 어떻게 내 작품 속에 넣을 수 있을까?

그것을 나타내는 한 단어가 "분위기(atmosphere)"라는 단어이다. 우리 모두가 알고 있는 단어이다. 어떤 사람의 첫인상을 생각해보자. 저 사람을 무턱대고 믿지는 말자, 하지만 그에게 기회는 주자. 몇 년이 흘렀다. 나는 좀더 나이를 먹었다. 하지만 나는 첫인상을 믿게 되었다는 것을 인정하지 않을 수 없다. 건축의 경우도 이와 비슷한 데가 있다. ─페터 춤토르, 「분위기: 건축 환경─주위의 물체들」, 스위스 바젤: 비르크호이저, 2006

퀼른 대교구 콜룸바 미술관은 폐허 위에 건축되었다. 그 결과 옛것과 새것이 뒤섞이게 되었다. 폐허 위에 생긴 밝은 붉은 색의 산책로같이 뜻밖의 것이나 전시실에 자연광이 들어오도록 한 것이 설계의 특징이다.

퀼른 2007
퀼른 대교구 콜룸바 미술관

❝❝ 튼튼하면서도 고급스럽다는 인상을 준다. ❞❞

이 부지의 건물들은 형식적으로는 외래적이고 통일성이 없지만, 실제로는 하나의 역사적 단일체로서 콜룸바의 특별한 구조물의 이미지를 풍겼다. 새 건물은 옛 토대 위에 서게 되며 옛 재료들을 사용함으로써 기존 건물들의 통일성이 없던 부분들을 통합하고 보강하고 통일하여 모양을 이루게 된다. —페터 춤토르, 「페터 춤토르의 작품: 건물과 프로젝트 1979–1997」, 스위스 바덴: 라르스 밀러 출판사, 1998

새 건축 개념은 화해적이고 통합적이다.……새 건물이 옛 구조를 통합하고 보듬는 것이다. 흔적을 없애거나 필요 없는 파괴를 하지 않는다. 보완하고 자체의 이디엄을 찾아서 전진한다. 어떤 건축적 상처도 봉합되지 않은 채 두어서는 안 되고 그 상처에 대한 이야기를 하기 위해서 건축이 이용되어서도 안 된다. 대신에 목표는 그 자체의 프로그램을 가진 새 건물의 상식적인 틀 안에서 살아남은 것을 다룰 때에 가능한 한 정직하자는 것이다. —페터 춤토르, 「페터 춤토르의 작품: 건물과 프로젝트 1979–1997」, 스위스 바덴: 라르스 밀러 출판사, 1998

이런 태도는 장인 건축가의 태도이다. 이는 온전한 건축적 표현, 더 정확히 말해서 새로운 건축 실체의 온전성을 목표로 한다. —페터 춤토르, 「페터 춤토르의 작품: 건물과 프로젝트 1979–1997」, 스위스 바덴: 라르스 밀러 출판사, 1998

새 건물의 재료는 벽돌이다. 설계는 콜룸바 미술관을 위해서 특별한 벽돌, 즉 그 색깔과 포맷, 연결부가 옛 건물들, 그리고 기존 석재와 벽돌의 색조 및 고트프리트 뵘이 사용했던 시멘트 블록의 구조와 어울리는 벽돌의 제작을 제의하고 있다. —페터 춤토르, 「페터 춤토르의 작품: 건물과 프로젝트 1979–1997」, 스위스 바덴: 라르스 밀러 출판사, 1998

"실재(實在)의 마법"

사람들은 물체와 상호작용한다. 건축가로서 내가 늘 다루는 것이 바로 그것이다. 사실 나는 그것을 나의 열정이라고 부르고 싶다. 실재는 그 자체의 마법을 지니고 있다. ─페터 춤토르, 「분위기: 건축 환경─주위의 물체들」, 스위스 바젤: 비르크호이저, 2006

나는 생각한다. 이 "실재의 마법"이란 무엇일까. 학생 호스텔의 카페, 바움가르트너가 그린 1930년대의 그림이 하나 걸려 있다. 둘러앉은 남자들─그들은 그냥 즐기고 있다. 나는 자문한다. 내가 건축가로서 이것─저런 분위기, 저 강렬함, 저 무드─을 성취할 수 있을까? 그리고 내가 만약 성취할 수 있다면, 나는 어떻게 해야 될까? ─페터 춤토르, 「분위기: 건축 환경─주위의 물체들」, 스위스 바젤: 비르크호이저, 2006

더욱 점잖은 유혹 기술

"침착과 유혹 사이."⋯⋯더욱 점잖은 유혹 기술, 사람들이 긴장을 풀고 산책하게끔 하는 방법도 있다. 그것은 건축가가 할 수 있는 일이다. 내가 지금 말하고 있는 능력은 무대 장치 설계나 연극 연출에 가까운 것이다. ─페터 춤토르, 「분위기: 건축 환경─주위의 물체들」, 스위스 바젤: 비르크호이저, 2006

나는 거기 서 있을 것이다. 그러나 잠시 머물 뿐, 무엇인가가 나를 구석 쪽으로 이끌 것이다. 그것이 빛이 떨어지는 방식이었다. 여기 그리고 저기. 그렇게 나는 거닐 것이다. 나는 그것이 매우 큰 즐거움의 원천이라는 것을 알게 된다. 내가 누군가의 지시를 받지 않고 내 의지대로 산책할 수 있다는 것, 그냥 표류한다는 것─그것은 무엇인가를 발견하는 여정 같은 것이다. ─페터 춤토르, 「분위기: 건축 환경─주위의 물체들」, 스위스 바젤: 비르크호이저, 2006

줌비티크 1988
성 베네딕트 예배당

이 교회는 방 하나로 된 건물이다. 내부의 모양은 외부의 모양과 어울린다. 이 어울림은 단순하면서도 복잡하다. 홀쭉한 건물의 외형은 나뭇잎 또는 이슬 모양의 평면에 기인한다. 이 내부 공간은 디슬라나 파티츠의 교회들처럼 중앙 평면의 오래된 이 지역의 교회들을 생각하게 한다. 그러나 이 교회는 원시조각을 생각하게 하는 나뭇잎 모양 때문에 더 부드럽고 더 유연하다. ─페터 춤토르, 「페터 춤토르의 작품: 건물과 프로젝트 1979-1997」, 스위스 바덴: 라르스 뮐러 출판사, 1998

교회의 내부 공간은 동서로 놓인 잎 모양의 평면 때문에 움직이는 것처럼 보인다. 앞으로 튀어나온 성가대석에서 교회 내부가 잎 모양이라는 것을 실제로 느낄 수 있다. ─페터 춤토르, 「페터 춤토르의 작품: 건물과 프로젝트 1979-1997」, 스위스 바덴: 라르스 뮐러 출판사, 1998

반성과 평정. 교회 안으로 들어가는 사람은 누구나 땅을 떠나 나무로 된 건물 안으로 올라간다. 마치 배를 타는 것처럼. 들보 위에 떠 있는, 나무 판자로 된 부드러운 곡선의 바닥은, 밟으면 약간 되튀는 듯한 느낌을 준다. 37개의 나무 기둥들이 잎 모양의 바닥을 둘러싸고 있어 공간의 경계가 된다. 이 기둥들이 목재 지주 들로 구조를 이루고 있는 지붕을 받치고 있다. 목재 지주는 잎의 잎맥, 또는 배 내부의 늑재(肋材)의 이미지를 만든다. ─페터 춤토르, 「페터 춤토르의 작품: 건물과 프로젝트 1979-1997」, 스위스 바덴: 라르스 뮐러 출판사, 1998

지붕과 기둥이 하나가 되어 거대한 천개(天蓋, baldachin)를 연상하게 한다. 천개 아래 창문 앞의 섬세한 틈이 위에서 떨어지는 빛을 조정한다. ─페터 춤토르, 「페터 춤토르의 작품: 건물과 프로젝트 1979-1997」, 스위스 바덴: 라르스 뮐러 출판사, 1998

지붕널이 덮인 춤토르의 예배당이 1984년에 지진으로 파괴된 바로크 양식의 석조 교회를 대신하게 되었다. **오른쪽**: 나뭇잎 모양의 내부 전경.

클라우스 수사 야외 예배당의 내부는 112개의 통나무로 구성되어 마치 거대한 천막과 같은 형태를 이루고 있다. 위의 사진들은 춤토르가 작은 예배당을 어떻게 들판과 조화시켰는지를 보여주고 있다. **맞은편 페이지의 사진** : 브레겐츠 미술관, 한낮의 사진

메케르니히 2007

클라우스 수사 야외 예배당

나이든 농촌 부부 헤르만-요제프와 트루들 샤이트바일러(두 사람 다 독실한 가톨릭 신자)의 부탁으로 조성된 이 예배당은 어떤 프로젝트에 대한 춤토르의 헌신과 책임감을 보여주는 좋은 예이다. 그는 1998년에 작업을 시작했고 예배당이 헌정된 것은 2007년 5월이었다. 이 예배당이 클라우스 수사(修士)로 알려진 스위스의 성자 니콜라스 폰 데어 플뤼에(1417-1487)에게 바쳐질 것이라는 사실을 안 춤토르는 명목상의 수임료만 받고 예배당을 설계하기로 했다. 클라우스 수사는 그의 어머니가 좋아하는 성자이기도 했기 때문이다.

클라우스 수사는 스위스에서는 누구나 좋아하는 성자이다. 스위스는 인구의 절반이 가톨릭 신자이다. 그는 세상을 떠난 지 400년이 지난 1940년대에 와서야 비로소 성인으로 시성되었다. 나에게 그는 어떤 잘못된 타협, 아니 어떤 타협도 하지 않는 올곧은 사람의 대표격이다. 그리고 그는 또한 자신도 억제하고 있다. 그는 또 당시의 교회에 반대했다는 점에서도 나에게는 긍정적인 인물이다.……중요한 점은 [클라우스 수사 예배당에는] 제단이 없다는 것이다. 그러니 이 예배당은 교회가 아니다. 궁극적으로 인간 존재와 관련된 희망을 표현하는 야외의 새롭고……작은 공간을 만들어보려는 의도였다.……궁극적으로 그것은 예배당이며 물체이며 비이며 물이며 그밖의 무엇이었다.……나는 진정으로 현대적인 무엇인가를 만들어보려는 생각에서 이 공사를 맡고 싶었다. ─ 페터 춤토르, 패트릭 린치와의 인터뷰, 「건축가 저널」, 2009. 4

나는 좋은 건물들을 만들고 싶다. 어떤 아이디어가 떠오르면 나는 무엇이 도움이 될까 둘러본다. [쾰른의 클라우스 수사 야외 예배당의 거멓게 탄 내부를 조사하면서] 나는 숯 만드는 사람들을 찾아갔다. 그들이 무엇인가를 알고 있을 것이라고 생각했기 때문이었다. 그러나 그들은 아무것도 몰랐다. 그것은 낭만적인 생각이었다. 나는 전혀 다른 사람을 찾아가야 했다. 굴뚝 청소부였다. 이처럼 나는 철기시대에서 해답을 찾든 미래에서 해답을 찾든 상관하지 않는다. 개혁적이 되는 것, 그것이 모더니즘의 목적이다. ─ 페터 춤토르, 로브 그레고리와의 인터뷰, 「건축 리뷰」, 225권 1347호, 2009

사람들은 그곳에 가서 깊은 감동을 느낀다. 나는 지식인, 학자, 보통사람, 농부 등 모든 계층의 사람들로부터 시집을 얻는다.…… ─ 페터 춤토르, 패트릭 린치와의 인터뷰, 「건축가 저널」, 2009. 4

춤토르는 건축의 시인이다. 그의 건축작품도 시적이지만, 그가 언어로 자기를 표현하는 방식도 시적이다. 그의 언어 사용은 그의 건물들의 웅변성 및 특이한 초점과 평행을 이룬다. 그가 구사하는 단어는 명확하고 육감적이며 또렷하고 감정이 풍부하다. 춤토르의 건물에는 그 무엇도 낭비된 것이 없듯이, 그가 구사하는 단어들 역시 잘 선택된, 연상성이 풍부한 단어들이다. 춤토르의 경우, 단어와 행동이 완전한 일체를 이룬다.

해부도와 같은 드로잉

건축가들이 그리는 드로잉들 가운데 내가 가장 좋아하는 것은 작업 드로잉이다. 작업 드로잉은 세부적이고 구체적이다. 상상된 물체에 물질적 형태를 주는 장인들을 위해서 그려지는 작업 드로잉에는 연상적 조작이 들어갈 여지가 없다. 작업 드로잉은 기획 드로잉처럼 보는 사람을 설득하고 깊은 인상을 주려고 하지 않는다. 작업 드로잉은 마치 이렇게 말하는 것 같다. "완성된 건물이 바로 이렇게 보일 것이다."

작업 드로잉은 해부도와 비슷하다. 작업 드로잉은 완성된 건축물이 누설하기를 꺼리는 내부의 비밀스러운 긴장 같은 것—결합의 기술, 숨겨진 구조, 재료들 간의 마찰, 지탱과 유지의 내부적인 힘, 인간이 만든 물건들에 내재하는 인간의 작업 등—을 드러낸다. ―페터 춤토르, 「건축을 생각하다」, 스위스 바젤: 비르크호이저, 2006

나는 내가 추구하는 주된 무드가 나타나는 섬세한 시점에 도달할 때까지 드로잉 작업을 계속한다. 그리고 없어도 되는 것들이 그 주된 무드의 영향과 분리되기 전에 도형 작업을 중지한다. ―페터 춤토르, 「건축을 생각하다」, 스위스 바젤: 비르크호이저, 2006

모든 완성된 자기 충족적인 창작물에는 마술적인 힘이 있다. 우리가 충분히 전개된 건축물의 마법에 압도당하는 것은 바로 그런 이유 때문이다. 우리는 어쩌면 처음으로 강철판을 닳아빠진 문지방 옆에 붙잡아

◀◀ 건축 드로잉을 그리는 것은 인체해부도를 그리는 것과 비슷하다.▶▶

주는 마룻바닥의 2개의 못 같은 세부적인 것에 주목하게 된다. 감정이 샘솟고 무엇인가가 우리를 감동시킨다. ―페터 춤토르, 「건축을 생각하다」, 스위스 바젤: 비르크호이저, 2006

미술관: 초월을 고무하다

내가 머릿속에 그리는 미술관은 이런 것이다. 나는 미술의 정신적 가치를 믿는다. 나는 직접 미술작품이 초월을 고무할 수 있다는 것을 경험한 바 있다. 그런 작품들은 우리가 이해하지 못하는 더 위대한 무엇인가와 우리가 하나가 되어 있다고 우리에게 은밀하게 말해준다. 나는 이 비이성적, 정신적 또는 영적 요소에 매혹된다. 이런 요소는 독일 낭만파 초기 작품, 예를 들면 노발리스나 카스파르 다비트 프리드리히의 작품에서 가장 뚜렷하게 나타난다. ―하노 라우터베르크, 「건축을 말하다: 건축가들과의 인터뷰」, 뮌헨: 프레스텔, 2008

"사물에 비치는 빛"

햇빛과 인공적인 빛에 대해서 생각한다면, 나에게는 햇빛, 사물에 비치는 빛이 너무나 감동적이어서 내가 그 빛에서 영적인 감동 같은 것을 느낀다는 점을 인정해야 할 것 같다. 아침에 해가 떠올라서……그 빛을 사물들 위에 비출 때, 그 빛은 이 세상의 것이 아닌 것 같은 느낌이 든다. 나는 빛을 이해하지 못한다. 빛은 나에게 내가 이해하지 못하는 어떤 것, 모든 이해를 초월하는 어떤 것이 있다는 느낌을 준다. 그리고 나는 그런 것이 있다는 것이 매우 기쁘고 또 매우 고맙다. ―페터 춤토르, 「분위기: 건축 환경―주위의 물체들」, 스위스 바젤: 비르크호이저, 2006

브레겐츠 1997
브레겐츠 미술관

바깥에서 보면 이 건물은 램프처럼 보인다. 건물이 하늘의 변하는 빛, 호수의 안개를 빨아들인다. 건물이 또한 빛과 색깔을 반사하고 보는 각도, 햇빛, 날씨에 따라 건물 내부의 삶에 대한 암시를 준다. ―페터 춤토르, 「페터 춤토르의 작품: 건물과 프로젝트 1979–1997」, 스위스 바덴: 라르스 뮐러 출판사, 1998

건물의 외피는 섬세하게 식각(触刻)한 유리로 되어 있다. 그 외피는 가볍게 나부끼는 깃털 같기도 하고 큰

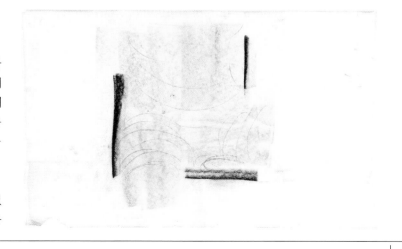

> **끊임없이 동요하는 빛이 건물이 숨을 쉬고 있는 듯한 인상을 준다.**

유리판에 비늘이 덮인 것 같기도 하다. 모두 같은 크기인 유리판은 구멍이 뚫리거나 잘리거나 한 곳이 없다. 유리판은 금속 콘솔 위에 놓여 있고 커다란 죔쇠가 그것들을 고정시키고 있다. 유리의 가장자리는 노출되어 있다. 비늘 같은 구조의 열린 접합부로 바람이 통과한다. 호수의 공기가 스페이스 프레임워크의 미세한 그물망을 관통한다. —페터 춤토르, 「페터 춤토르의 작품: 건물과 프로젝트 1979–1997」, 스위스 바덴: 라르스 밀러 출판사, 1998

콘크리트를 복잡한 틀 속으로 부어넣어 기술적 설비들을 만들고 거대한 한 덩어리의 조각품 같은 형태를 구성하는 능력이 충분히 활용되었다. —페터 춤토르, 「페터 춤토르의 작품: 건물과 프로젝트 1979–1997」, 스위스 바덴: 라르스 밀러 출판사, 1998

우리는 공간을 정의하는 재료의 육감적인 존재가 예술작품에 도움을 줄 것임을 믿는다. —페터 춤토르, 「페터 춤토르의 작품: 건물과 프로젝트 1979–1997」, 스위스 바덴: 라르스 밀러 출판사, 1998

위층 전시실의 천정은 유리에 갇힌 빛으로 이루어져 있다. 가장자리가 노출되고 이음매가 열린 유리판들이 콘크리트 천정에서 나온 수백 개의 가는 강철막대들에 매달려 있다. 아랫면은 식각이 되고 미묘하게 반짝이는 표면과 가장자리를 가진 수많은 유리판들이 전시실 전체에 햇빛을 퍼뜨린다. —페터 춤토르, 「페터 춤토르의 작품: 건물과 프로젝트 1979–1997」, 스위스 바덴: 라르스 밀러 출판사, 1998

슬라브 사이의 수많은 공간이 들어오는 빛의 방향을 다르게 해서 그림자와 반사를 만들어내고 일으킨다. 그것이 빛의 무드를 조정하고 방에 깊이를 준다. 끊임없이 동요하는 빛이 건물이 숨을 쉬고 있는 듯한 인상을 준다. 빛, 바람, 날씨 등 모든 것이 투과할 수 있는 것처럼 보인다. 마치 건물이 밀폐된 외피가 없는 것처럼 보인다. —페터 춤토르, 「페터 춤토르의 작품: 건물과 프로젝트 1979–1997」, 스위스 바덴: 라르스 밀러 출판사, 1998

오른쪽 위 : 브레겐츠 미술관의 전시 공간. 전시실의 천장은 전시실들을 통해서 공기가 움직인다는 춤토르의 혁신적인 아이디어를 보여준다. **맨위 :** 현관 홀. **아래 :** 건물 밖에는 카페가 있어 방문객들이 건물의 끊임없이 진동하는 빛을 지켜볼 수 있다. 춤토르는 건물이 숨을 쉬는 것처럼 보이게 하려고 했다.

음악

……내 자신의 작품에 대해서 생각할 때 떠오르는 것은 "조율하다(to temper)"라는 동사이다. 악기의 조율과 분위기라는 의미에서 정확한 음계를 찾아서 피아노를 조율하는 것같이 말이다. 따라서 이런 의미에서의 온도는 물리적이지만, 그러나 또한 심리적일 수도 있다. 무엇을 보느냐, 무엇을 느끼느냐, 무엇을 만지느냐(발로 만지는 수도 있다)가 문제가 된다.─페터 춤토르, 「분위기: 건축 환경─주위의 물체들」, 스위스 바젤: 비르크호이저, 2006

우리는 음악에 대한 감성적 반응에 대해서는 잘 알고 있다. 브람스의 비올라 소나타(비올라와 피아노를 위한 소나타 제2번, E 플랫 장조)의 첫 악장, 딱 2초 후에 비올라가 들어오면 우리는 전율을 느낀다. 왜 그렇게 되는지 이유는 모르지만, 건축의 경우에도 똑같은 정서적 반응을 느끼게 된다.─페터 춤토르, 「분위기: 건축 환경─주위의 물체들」, 스위스 바젤: 비르크호이저, 2006

현대 작곡과 건축 간의 유사성을 나는 느끼곤 한다. 우리는 그림을 감상할 때와 똑같은 방식으로 음악에 귀를 기울인다. 다시 말하면, 작곡가도 밀도와 공간, 움직임, 색조 따위에 신경을 쓴다. 작곡은 내가 해봤으면 하는 분야이다. 아마 내생에서 그럴 수 있겠지만.─하노 라우터베르크, 「건축을 말하다: 건축가들과의 인터뷰」, 뮌헨: 프레스텔, 2008

하노버 2000
스위스 사운드 박스

춤토르가 스위스에서 생산되는 목재 사용을 고집한 것은 지속가능성과 환경보호적 재사용을 염두에 둔 방침이었다. 그것은 또한 한 가지 재료가 냄새 등 다양한 느낌을 줄 수 있다는 생각에 주로 기초한 현란한 건축 기교였다.

❝ 나는 모든 건물이 일정한 온도를 가진다고 믿는다.…… ❞

가장 아름다운 것들은 대개 경이로 다가온다. 하노버 세계박람회의 스위스 관을 지을 때, 우리는 목재, 나무 기둥을 많이 사용했다. 그 결과 바깥이 더울 때도 관 안은 숲속처럼 시원했고, 싸늘할 때도 실내는 바깥보다 더 따뜻했다.……재료들이 우리 몸으로부터 얼마간 온기를 뽑아낸다는 것은 잘 알려져 있는 사실이다.─페터 춤토르, 「분위기: 건축 환경─주위의 물체들」, 스위스 바젤: 비르크호이저, 2006

지속가능성(sustainability)이라는 엑스포의 주제를 진지하게 받아들인 우리는 스위스 관을 횡단면이 20 × 10센티미터의 목재 144킬로미터로 지었다. 스위스의 숲에서 나온 낙엽송과 미송 2,800세제곱미터가 소요되었다. 이 목재를 아교나 볼트, 또는 못을 사용하지 않고 오직 강철 케이블만을 사용해서 조합했다. 각각의 들보를 다른 들보 위에 올려놓고 밑으로 내리눌렀다. 엑스포가 끝난 후, 이 건물은 해체되었고 이 들보들은 잘 마른 목재로 판매되었다.─프리츠커상 온라인, www.pritzkerprize.com

내부설비는 마치 커다란 악기와 같다. 소리를 모아서 확성하고 다른 곳으로 전달한다. 그러자면 각 방의 모양, 그 방에 쓰인 재료들의 표면, 또 그 재료들이 사용되는 방식이 목적에 적합해야 한다. 바이올린의 꼭지 부분 같은 멋진 가문비나무 바닥을 나무 재질 위에 설치한다. 혹은 그것을 콘크리트 슬라브에 붙인다. 소리의 차이를 사람들이 인식할까? 물론이다.─페터 춤토르, 「분위기: 건축 환경─주위의 물체들」, 스위스 바젤: 비르크호이저, 2006

하노버 세계박람회 스위스 관. 건물 전체를 그 지역에서 생산되는 목재를 사용해서 지었고 강철 지주를 사용함으로써 다른 보강재가 필요하지 않게 되었다.

> **❝ 건축에 대한 우리의 이해의 뿌리는 우리의 어린 시절, 청년시절에 있다. 다시 말하면 그것은 우리의 전기(傳記) 속에 있다. ❞**

할덴슈타인 1986
춤토르 스튜디오

할덴슈타인 마을 한복판에 있는 스튜디오 건물은 1층의 온실, 2층의 제도실, 그리고 지하의 문서보관소로 이루어져 있다. 이 건물은 이 지역의 다른 상업용 또는 장인용 전통적 건물들처럼 나무로 지어졌지만, 그 외양은 나무로 된 어떤 물체를 연상시킨다. 한 점의 가구를 연상시키는, 낙엽송 널빤지로 세밀하게 구성된 외피가 건물의 파사드를 감싸고 있다. 남쪽으로 난 커다란 문은 장식적인 정원—벚나무 숲—을 내다보고 있다.

벽을 따라 만들어진 격자 울타리는 포도덩굴로 덮여 있는데 이 울타리가 커다란 돛천 스크린과 함께 스튜디오를 햇빛으로부터 보호해준다.

내부는 넓은 열린 공간인데, 독립적으로 서 있는 칸막이 벽에 의해서 구획으로 나뉘어 있다. 이 칸막이 벽은 각 층까지 연장되어 북쪽의 좁은 이동공간과 남쪽의 방들을 격리시켜준다. 화가 마티아 스페샤가 외벽 내면을 칠해주었다. —페터 춤토르, 「페터 춤토르의 작품: 건물과 프로젝트 1979–1997」, 스위스 바덴: 라르스 밀러 출판사, 1998

나는 그라우뷘덴의 산으로 둘러싸인 농촌 마을에서 살며 일한다. 나는 이 점이 나의 작업에 영향을 미치지 않았을까 생각해보곤 한다. 이곳에 산다는 사실이 나의 작업에 영향을 미쳤을 것이라고 생각하면 마음이 불편하진 않다. —페터 춤토르, 「건축을 생각하다」, 스위스 바젤: 비르크호이저, 2006

원작자 나의 사무실에서는 14명이 함께 일하고 있다. 40명도 아니고 140명도 아니다. 이런 규모가 앞으로도 유지될 것이다. 내가 이런 방식을 원하기 때문이다. 나는 모든 건물의 문손잡이가 어떤지 알기를 원하기 때문이다. —하노 라우터베르크, 「건축을 말하다: 건축가들과의 인터뷰」, 뮌헨: 프레스텔, 2008

[사무실이] 이래야 내가 모든 것의 원작자가 될 수 있다. —로벤 포그레빈, 「뉴욕 타임스」, 2009. 4. 2

"나는 싫다고 말한다" 나는 그 프로젝트에 진정한 흥미를 느껴야 한다. 따라서 어떤 부자가 나에게 와서 "난 스키장에 멋진 집을 짓고 싶소. 돈은 얼마든지 들어도 좋소. 난 나와 내 친구들이 와서 머물 멋진 집을 가지고 싶소. 당신이 해줄 수 없겠소?" 하고 말한다면, 비록 그가 좋은 사람일지라도 나는 "싫소" 하고 말한다. 나에게는 그것은 내 생애의 4년을 의미할 것이고 그에게는 어딘가에 있는 주말별장에 불과할 것이므로 이 둘이 함께 갈 수는 없다. —페터 춤토르, 패트릭 린치와의 인터뷰, 「건축가 저널」, 2009. 4

당신이 나에게 한 점의 건축물을 주문할 수는 없다. 그것은 쇼핑과도 상관이 없는 일이고 나에게 돈을 얼마나 주느냐의 문제도 아니다. 나는 그런 식으로 일할 수 없다. 나는 싫다고 말한다. —페터 춤토르, 로브 그레고리와의 인터뷰, 「건축 리뷰」, 225권 1347호, 2009

스위스 그라우뷘덴 지역에 있는 춤토르의 스튜디오 겸 주택.

"건축에 대한 이해의 뿌리는 건축과 관련된 우리의 경험—우리의 방, 우리의 집, 우리의 거리, 우리의 마을, 우리의 도시, 우리 주변의 경치 등—에 있다."—페터 춤토르, 「건축을 생각하다」, 스위스 바젤: 비르크호이저, 2006

아주 순진한 과정

첫 번째 설계가 종이에 옮겨지는 순간, 그 설계도가 되돌아서서 그것을 그린 사람에게 영향을 미치기 시작한다. 우리는 완성된 드로잉들을 보면서 이렇게 자문한다. 어느 것이 좋을까?—페터 춤토르, 「페터 춤토르의 작품: 건물과 프로젝트 1979-1997」, 스위스 바덴: 라르스 뮐러 출판사, 1998

나에게 설계 작업은 주거로 시작해서 주거로 되돌아오는 과정이다. 나는 내가 설계하고 있는 집에서 사는 느낌이 어떨까 머릿속에 그려본다.……나는 아직 짓지 않은 그 집에서 하고 싶은 경험을 꿈꾼다.—페터 춤토르, 「페터 춤토르의 작품: 건물과 프로젝트 1979-1997」, 스위스 바덴: 라르스 뮐러 출판사, 1998

나는 설계를 할 때(일을 할 때) 내 취향을 따른다. 그것은 그가 건축에 관한 아이디어를 얼마나 가지고 있느냐에 상관없이 누구나 말할 수 있는 아주 소박한 과정이다. 중요한 것은 사물을 하나의 그림으로 상상할 수 있느냐이다. 불행히 건축가의 80%는 사물을 3차원적으로 상상할 수 없다. 그들에게 건축은 종이에 그리는 드로잉일 뿐이다. 그들은 그 드로잉을 어느 날 그것이 될 실체로 전환하지 않는다.—하노 라우터베르크, 「건축을 말하다: 건축가들과의 인터뷰」, 뮌헨: 프레스텔, 2008

나는 내 안의 귀에 귀를 기울이고 내가 새로운 건축 작업을 하기 위해서 어떤 경험을 떠올릴 수 있을까 생각한다. 나는 작가들이 말하듯이 책이 저절로 써지는 경험을 자주 한다. 우리는 어떤 작업을 시작한 후, 재료가 우리를 어디로 이끌고 가는지 보려고 손을 놓아야 한다.—하노 라우터베르크, 「건축을 말하다: 건축가들과의 인터뷰」, 뮌헨: 프레스텔, 2008

……설계가 진척됨에 따라서, 내가 잠에서 깨어나 건물 안 어느 곳에 와 있는 나를 발견하는 일이 일어난다. 나는 저 벽 또는 이 문이 조금 잘못되었다고 혼자 생각한다. 내가 어떤 일을 할 필요가 없다. 저절로 일이 진척되는 것이다.—하노 라우터베르크, 「건축을 말하다: 건축가들과의 인터뷰」, 뮌헨: 프레스텔, 2008

표준의 추구

내가 캐비닛 제작자로서의 도제 과정을 거의 끝낼 무렵인 18살 때, 나는 내가 직접 디자인한 첫 번째 가구를 제작했다.……밝은 색깔의 서양물푸레나무 목재로 내 침대와 찬장을 만들었다. 나는 그 가구의 모든 면이 좋은 모양을 가지도록 똑같은 목재를 써서 그리고 똑같이 정성을 들여 앞면과 뒷면을 만들었다. 나는 뒷면은 사람들이 보지 않기 때문에 그것을 만드는 데는 시간과 정성을 덜 들이는 관습을 무시했다.—페터 춤토르, 「건축을 생각하다」, 스위스 바젤: 비르크호이저, 2006

완벽함을 추구하는 나의 습관은 오래된 것이다. 늘 나는 그랬다. 캐비닛 제작자였던 나의 아버지 역시 완벽주의자였다.—페터 춤토르, 비스냐 브르다르, 크루노슬라브 이바니신과의 인터뷰, 「Oris」, 6권 27호, 2004

일관성

[건축은] 사물들이 제자리를 찾을 때, 즉 그것들이 일관성을 가질 때 가장 아름답다. 그것은 바로 모든 것이 다른 모든 것과 관련을 가질 때, 단 하나의 요소를 제거하면 전체를 파괴할 수밖에 없는 그런 때이다. 장소, 용도, 형태. 형태는 장소를 반영하고 장소가 그렇기 때문에 용도는 형태와 장소를 반영한다.—페터 춤토르, 「분위기: 건축 환경—주위의 물체들」, 스위스 바젤: 비르크호이저, 2006

나는 한 장소에 집착하면서도 동시에 세계의 일부가 되고 싶어한다.……모든 훌륭한 건축물은 지역적이다. 모든 좋은 건물은 어떤 지역에 정체성을 준다. 아니 정체성을 만든다. 그 장소에 정체성을 주는 것이 건축의 가장 고상한 과업 중 하나이다.—페터 춤토르, 비스냐 브르다르, 크루노슬라브 이바니신과의 인터뷰, 「Oris」, 6권 27호, 2004

형태가 아니고 재료와 장소

우리는 마지막에 형태로 우리를 표현한다. 궁극적으로 집은 형태를 가져야 한다. 이것은 피할 수 없는 일이다. 그러나 나는 건축을 이야기할 때, 형태에 대해서 이야기하는 것을 좋아하지 않는다. 그보다는 재료와 공간에 대해서 이야기하는 것을 더 좋아한다. 나는 재료에 대해서 작업을 하지 형태에 대해서 작업하지 않는다. 나는 공간과 시간, 그림자, 소리, 재질과 물질성, 즉 재료의 조합에 대해서 작업을 한다. 이런 것들을 조합하면서, 나는 내가 이런 종류의 조합을 좋아하는지, 물 위에 내리는 빛을 좋아하는지를 가늠하려고 애쓴다. 마지막으로 나는 이것은 아름다우냐 아름답지 못하냐의 단순한 문제이며 이것이 형태와 관련된 것이라고 말하고 싶다.—페터 춤토르, 비스냐 브르다르, 크루노슬라브 이바니신과의 인터뷰, 「Oris」, 6권 27호, 2004

"아름다운 형태"

물건들이 잘 나왔을 경우에 그것들은 내가 마침내 작품으로부터 물러설 때 흔히 나를 놀라게 하는 형태를 가지는 경향이 있다는 것, 처음 작업을 시작할 때는 이런 결과가 나오리라고는 상상도 못했다는 생각을 나에게 하게끔 한다는 것을 나는 알게 되었다. 단 그런 일은 내가 이렇게 오래 건축을 해왔지만 가끔씩만 일어나는 일이다.……하지만 그날 저녁에 물건이 아름다워 보이지 않는다면, 형태가 나를 감동시키지 못한다면, 그러면 나는 처음으로 돌아가서 다시 시작할 것이다.……나의 궁극적 목표는 아마 "아름다운 형태"일 것이다.—페터 춤토르, 「분위기: 건축 환경—주위의 물체들」, 스위스 바젤: 비르크호이저, 2006

빛 전통적인 건축은
고형체와 빈 공간을 결정하는
데에 기초를 두고 있었다. 이런 접근
방식은 빛의 중요성을 간과했다. 빛이 있어
야 우리가 건축물을 볼 수 있는데도 말이다! 종
래의 방식은 빛의 잠재력, 빛의 변화성을 간과하고 있
다. 나에게 빛은 물질이다. 빛은 재료, 기본적인 재료이다.
당신이 일단 빛이 어떻게 변하는지, 또 어떻게 우리의 인식을
변화시키는지 이해한다면, 당신의 건축적 표현형식은 즉시 고전
적 건축에서는 생각할 수도 없었을 정도로 확장될 것이다. 명멸(明滅)
하는 건축도 가능해진다. 명멸하는 건축이란 임시 구조물이라는 뜻이 아
니고 변하는 구조물, 빛에 의해서, 빛과 함께 변하는 구조물을 뜻한다. 햇빛
에 따라 변하는 데에 그치지 않고 건물의 내부 조명에 의해서 변하고, 불투명해
지는가 하면 투명해지기도 하는 건물이다. 나의 경우에 빛을 효과적으로 사용하는
것은 내 건축의 기준선이다. 내가 짓는 건물들은 처음부터 5, 6, 또는 7개의 서로 다른
세트의 조명 조건을 가지는 것으로 기획된다. 내가 만약 단 한 세트의 조명 조건만 가
지고 시작했다면—아직도 이렇게 하는 건축가들이 있다—결과는 아주 달랐을 것이다.
그것은 나로서는 받아들일 수 없는 것이었을 것이다. —콘웨이 로이드 모건, 「장 누벨: 건
축의 요소들」, 뉴욕: 유니버스 출판사, 1998

장 누벨 JEAN NOUVEL

출생 1945년, 8월 12일, 프랑스 퓌멜

교육 파리 국립고등미술학교에서 DPLG(건축 학위) 취득, 파리, 1972; 미술학교, 프랑스 보르도, 1966

사무실 Ateliers Jean Nouvel, 10 Cité d'Angoulême, 75011 Paris, France
전화 : +33 1-49-23-83-83, 팩스 : +33 1-43-14-81-10
info@jeannouvel.fr
www.ateliersjeannouvel.com

주요 프로젝트 구스리 극장, 미네소타 미니애폴리스, 2006; 케 브랑리 박물관, 파리, 2006; 아그바르
타워, 바르셀로나, 2005; 카르티에 재단, 파리, 1994; 아랍 세계 연구소, 파리, 1987

당신이 일단
빛이 어떻게 변하는지,
빛이 우리의 인식을 어떻게
변화시키는지 이해하고 나면,
당신의 건축적 표현 형식이
즉시 고전적 건축에서는 생각지도
못했을 정도로 확장된다.

아그바르 타워,
바르셀로나, 2005
유리창 뒤에 나타나는 현란한 알루미늄판들은
25가지 서로 다른 색깔을 띠고 있다.

나는 빛을 이용하는 건축을 가장 잘 수용한다. 맨 처음 나에게 격렬한 감동을 준, 사실 나를 놀라게 한 것들은 종교적 건물들이었다. 그 건물들은 흔히 스테인드 글라스 창문을 통과한 빛에 의해서 읽혀지기 때문이다. 나에게 샤르트르, 생트 샤펠, 그리고 몇몇 로마네스크 양식의 건물들은 그야말로 환상적이었다. 그러나 나는 일본 가쓰라(桂[離宮])의 다실(茶室)들에서도 빛을 그렇게 이용한 것을 보았다.……19세기의 건축에서도, 피에르 샤로의 메종 드 베르에서도 똑같은 것을 보게 된다. 나는 미스 반 데어 로에의 작품에서처럼 가장 절대적 혹은 추상적 작품에서도, 조각작품의 정확성으로 빛을 이용하고 있는 르 코르뷔지에의 건물들에서도 빛을 이용한 같은 예들을 보았다. ─"장 누벨 1987-2006", 「A + U: 건축과 도시 계획」 특별호, 2006. 4

바르셀로나 2005
아그바르 타워

아그바르 타워는 카탈로니아에 대한 집념의 유산이다. 수천 년 전에 몬세랏(카탈로니아 사람들에게 상징적인 중요성이 있는 바르셀로나 부근의 산)에서 바람이 이런 모양을 만들었다. 이런 이유로 가우디와 다른 카탈로니아 건축가들은 뾰족탑과 포물선이 있는 이런 모양에 정말로 관심이 많다. 가우디의 사그라다 파밀리아에서 이런 모양을 볼 수 있다.……나는 바르셀로나 중심가에 인터내셔널한 스타일의 타워를 세우고 싶지 않았다. 나는 도시의 정체성과 관련된 건물을 짓고 싶었다.

이 타워는 또한 기후와도 연관된 빌딩이다. 창문을 열도록 되어 있고 남쪽보다는 북쪽에 창문이 더 많다. 나는 공기의 흐름을 만들기 위해서 이중의 외피를 만들었다. 그래야 바깥 공기를 숨쉴 수 있는 느낌이 들기 때문이다. ─마커스 페어스, "아이콘 아이", 「아이콘 026」, 2005. 8

[아그바르는] 땅으로 스며든 유동성의 덩어리, 계산된 영속적인 압력을 받는 간헐천(間歇泉)이다. 이 건축물의 표면은 물을 생각하게 한다. 평탄하고 계속적일 뿐 아니라 떨리고 투명하다. 채색된 깊이를 드러내고 있기 때문이다.……물질과 빛의 불확실성에 의해서 아그바르의 뾰족한 정상부는 바르셀로나의 스카이라인에서 진동한다. 밤낮으로 나타나는 먼 신기루처럼.……이 특이한 물체가 국제적인 도시의 새로운 상징이 되었다.─jeannouvel.com

퍼즐의 잃어버린 조각 모든 건축은 내가 퍼즐의 잃어버린 조각이라고 말하는 것을 만들 기회, 당신이 지금 있는 곳, 당신이 진행하는 프로그램으로 당신이 더 많은 시를 창조할 수 있다는 것을 발견할 기회이다. 당신은 무엇이 더 정서적이고, 무엇이 가장 완벽하고 가장 자연스러울 것인가를 탐색한다. ─아서 러보우, 「뉴욕 타임스」, 2008. 4. 6

누벨의 아그바르 타워는 탄환 모양의 31층 구조물이다. 누벨은 격자 모양의 유리판 대신 언뜻 보기에 각양각색인 모양의 붉은 장식을 한 창문을 택했다. 모터 장치가 있는 유리 블라인드는 자동으로 닫히거나 열려 건물 안의 온도를 조절한다.

특이성을 추구하는 건축

내 작품은 항상 주어진 상황의 논리적 결과이다.……일련의 문제들이 있고 그 의문들은 매우 논리적 순서에 따라서 해결된다. 결코 스타일이 중요시되지 않는다. 영웅적 건축가 또는 건축가를 위한 건축의 개념, 기념물이나 스타일의 개념에 반대한다는 점에서 나는 벤투리와 같은 생각이다. 건축가에 의한, 건축가를 위한 건축에 수반되는 모든 주장에 나는 반대한다. —"장 누벨", 「GA 다큐멘트 엑스트라 07」, 1996

건축가는 최종적인 프로젝트에 들어갈 모든 요소들을 미리 알 수 없다.……나는 예를 들면 정치적 또는 사회적 이유로 그 프로젝트에 대한 요구를 할 수 있는 권리를 가진 사람들, 또는 그 건물을 사용하거나 그 안에 들어가 살려고 하는 사람들, 그리고 경험을 통해서 얻은 지식을 가진 사람들 사이에서 시작되는 대화를 좋아한다. 나는 이 대화가 참여적이었으면 한다. 왜냐하면 건물의 용도와 관련해서 나는 모든 적절한 요구를 수용하는 편이기 때문이다.……그렇다고 내가 불가능한 문화적 콘센서스를 찾으려고 하는 것은 아니다. 그러다가는 회색 범용(凡庸)에 이를 수밖에 없을 것이다. 최대 다수를 위한 건축이 아니라 개별성의 건축, 건축을 특수한 반응으로 보는 것이 나의 관점이다. —콘웨이 로이드 모건, 「장 누벨: 건축의 요소」, 뉴욕: 유니버스 출판사, 1998

▌▌ 나는 스스로 특이성과 독자성의 건축가가 되었다. ▐▐

아랍 세계 연구소에 있는 금속 렌즈의 내부 전경. 누벨은 아랍 건축의 두 가지 주요 특징인 기하학적 과 빛을 사용하려고 했다.

파리 1987
아랍 세계 연구소

이 건물의 사명은 아랍 문화에 대해서 얘기하는 것이었다. 아랍 문화에 경의를 표하려면, 아랍 건축의 두 가지 주요 특징인 기하학과 빛을 사용해야 한다. —아서 러보우, 「뉴욕 타임스」 2008. 4. 6

[아랍 건축에서] 내가 정말로 좋아한 것은 기하학적 도형을 통한 빛의 증류, 그 정확한 빛과 정확한 그림자였다. 그러나 우리나라에서는 그것은 대체로 불가능하다. 가끔 구름이 끼고 비가 내리며 가끔 햇빛이 나기 때문이다. 그래서 나는 카메라의 조리개 같은 구멍이 있는 기하학적 도형으로 개조하기로 했다. 다음에 나는 매우 특이한 건물의 파사드를 설치했다. 무카라비에(중동의 조각된 스크린)처럼 특이하지만 알루미늄으로 된 파사드였다. —마커스 페어스, "아이콘 아이", 「아이콘 026」, 2005. 8

나는 아랍 세계 연구소의 빛의 문제를 고려하기 시작했다. 빛의 주제는 순전히 카메라 셔터로 이루어진 남쪽 벽에 반영되어 있다. 쌓아올린 계단, 희미한 윤곽, 포개 놓기, 반사, 그림자 등이 사용되었다. —장 누벨 강연, 런던, 1995, 출처 : 콘웨이 로이드 모건, 「장 누벨: 건축의 요소」, 뉴욕: 유니버스 출판사, 1998

나무나 대리석으로 된 아랍식의 덧문은 매우 훌륭하다. 똑같은 느낌을 줄 수 있어야 한다. 그렇지 못하면, 디즈니 비슷한 것이 되고 만다. —아서 러보우, 「뉴욕 타임스」, 2008. 4. 6

동양과 서양 : 동전의 양면 건축에서 문화적 입장은 필수이다. 그것은 그 개념에서 세계적이면서 그 부지 특유의 접근법을 허용하기 위해서 기성의 또는 쉬운 해결책을 사용하는 것을 거부하는 것을 포함한다.……

건물의 남쪽 면이 막벽(膜壁)이 있는 동방 문화의 현대적 표현이라면, 북면은 서구 문화의 충실한 거울이다. 북면의 바깥 유리에는 마치 화학물질이 사진 원판 위로 지나가듯이 파리의 인근 도시풍경의 이미지가 에나멜로 그려져 있다. 건물의 같은 파사드에 나타나 있는 이런 패턴의 선과 마크는 현대 미술의 메아리이기도 하다. —장 누벨, 1986, 출처: 콘웨이 로이드 모건, 「장 누벨: 건축의 요소」, 뉴욕: 유니버스 출판사, 1998

아랍 세계 연구소의 안으로 들어오는 빛을 조절하기 위해서, 누벨은 카메라의 셔터처럼 작동하는 자동 렌즈 시스템을 고안했다(위). 컴퓨터가 빛과 온도를 모니터하며 모터가 달린 "셔터"가 필요에 따라서 열리고 닫힌다.

영화와 건축: 작은 세계를 고안한다

누벨에게 건물을 짓는다는 것은 영화를 만드는 것과 비슷하다. 더 협력적이고 통합적인 건물을 짓기 위해서는 단 하나의 개념에서 출발해야 한다.

영화와 건축은 비슷한 점이 많다. 내가 이미지와 시간의 관계를 인식하게 된 것은 주로 영화 덕분이었다. 건축가와 영화작가는 모두 이미지와 시간이 상호작용하는 사물을 창조한다. 영화는 순전한 환상을 다룬다. 영화의 경우 여러 장의 사진 외에는 물질적 실체가 없기 때문이다. 건축 작품은 일종의 시나리오에 작용하는 한 조각의 공간으로 경험된다. 고안된 작은 세계와 비슷한 데가 있다. 우리―영화감독과 건축가―는 둘 다 작은 세계를 고안한다. ―"장 누벨 1987–2006", 「A + U: 건축과 도시 계획」, 특별호, 2006. 4

나는 내가 항상 전통적인 방법보다 훨씬 더 깊이 들어간다고 믿는 방법으로 현안 프로젝트에 관련된 모든 요소들을 철저하게 분석하고 연구하는 것으로 작업을 시작한다. 나는 공식적인 결정을 연필로 종이 위에 기재하는 일을 마지막 순간까지 늦추려고 애쓴다. 나는 내가 그 작업을 다른 방식이 아닌 그 한 가지 방식으로 하는 모든 타당한 이유들을 발견하려고 애쓴다. 나는 이것을 형성의 법칙이라고 부른다.

나는 자주 영화와 비교하곤 한다. 서로 다른 사람들이 하나의 팀으로 일한다는 점, 각자가 다른 역할을 가진다는 점에서 건축은 영화를 찍는 것과 다소 비슷한 데가 있다. 건축도 하나의 팀이 프로젝트를 수행한다. 배우들이 영화를 만드는 도중에 역할을 바꾸지 않는 것처럼, 건축의 경우에도 각자가 전과정을 통해서 자기의 영향력을 행사하려고 노력한다. 그러나 사실 경제적으로는 이것이 항상 언제나 최선의 방식도 아니고 가장 기능적인 방식도 아니다.

나는 어떤 프로젝트를 시작하면서 내가 응용할 어떤 기술이 있다고 말하는 법이 없다. 항상 아이디어가 먼저 나오고 다음에 우리는 그 일을 하는 방법을 생각한다. ―"장 누벨", 「GA 다큐멘트 엑스트라 07」, 1997

조형예술과 영화는 토대, 즉 건축에 생명을 주는 주제들이다. 나는 이 모든 요소들을 이용하려고 애쓴다. 나는 내 작품이 내가 파리 비엔날레에서 15년 이상 함께 일한 영화작가들과 화가들의 영향을 받은 것이라고 진정으로 믿고 있다. 그들은 파리 비엔날레에서 설치작업을 자주 했다. 나는 예술가들을 우리를 계발시키는 사람들이라고 생각한다. 한 사람의 예술가는 우리에게 어느 특정한 형식적 분야가 이용가능한지 아닌지 볼 수 있게 해준다. ―장 누벨, 「건축 설계」, 2007. 7

컴퓨터

장 누벨에게 컴퓨터는 용의주도한 보조원이지만, 결코 해결책은 아니다. 적극적인 상상력이 컴퓨터의 도움으로 도달할 수 있는 깨달음에 선행해야 한다. 그것은 궁극적으로 그가 말하는 "컴퓨터의 도움을 받는 상상력"이다.

[컴퓨터는] 내 두뇌의 끝이 되어야 할 것이다. 컴퓨터는 잊어버려라. 건축가가 맨 먼저 해야 할 일은 느낌을 가지는 것이다. 다음에 펜을 들고 아이디어를 이렇게 설명하라. 즉 작은 스케치를 하는 것이다. 그러나 너무 많이 그리지는 말 것. 아이디어가 먼저이다. ―윌리엄 부스, 「워싱턴 포스트」, 2008. 6. 2

컴퓨터는 내게 시뮬레이션 영상이나 컴퓨터의 도움을 받은 설계가 아니라 내가 컴퓨터의 도움을 받는 상상력이라고 부르는 것을 주었다. 나는 대다수 건축가와 그래픽 아티스트가 가는 길에 역행하는 셈이다. 그들이 컴퓨터 영상에서 가장 좋아한 것은 심지어 색깔을 다루면서도 비물질적인 측면, 즉 추상적 특성을 가지고 노는 것이었다. 그것은 에콜 데 보자르의 자동 반사와 다를 것이 없다. 그것은 표현되는 것의 성격과 그 실제의 모습 간의 관계는 아랑곳하지 않고 같은 장소에 같은 색깔을 사용하도록 하는 방식이다. 나는 모든 것이 눈이 그것을 보는 그대로 표현되도록 하려고 한다. 그래야 표현이 실재와 가능한 한 가까워지고 그렇게 해야 실재의 환상을 해석하는 것을 목표로 삼는 것이 된다.

나는 근본적으로 초벌그림 단계에서의 컴퓨터 사용을 반대한다. 초벌그림 단계는 나에게는 주로 말로 표현하는 단계이다. 가끔 정물화를 그려야 하는 경우가 있다. 그럴 경우 나는 쓰던 연필과 종이를 꺼내서 그리는 편을 택한다. 아이디어 자체가 아직 분명치 않을 때 그것에 컴퓨터로 형태를 주는 것에 나는 찬성하지 않는다.……초벌그림 단계에서는 다소 불분명하고 불규칙한 요소가 유지되어야 한다고 나는 생각한다. 손으로 스케치를 하면 즉석에서 할 수 있다. 그러나 컴퓨터에 선을 그리는 순간, 그 선이 확정적이라는 인상을 받게 된다. ―"장 누벨 1987–2006", 「A + U: 건축과 도시 계획」, 특별호, 2006. 4

미니애폴리스 2006
구스리 극장

여기에서 극장은 감각을 위한 기계이다. 극장은 도시가 그 시민들 앞에서 공연하는 무대를 만들어낸다. 이 극장은 또한 르네상스 이후 화가들이 사용한 원근법을 상기시킨다. 극장은 회화의 역사로부터의 차용인데 회화의 역사는 또한 보는 것, 도시적 명상, 그리고 때로는 이상화된 공공생활의 풍경, 그림 같은 앙상블, 혹은 깨지고 왜곡되고 영원히 개조되는 환상의 역사를 담고 있다. ―"아틀리에 장 누벨, 구스리 극장", arcspace.com, 2006. 7. 10

**❝❝ 도심에 위치한 구스리 극장은
주위의 풍경을 포착해서 방사하는 기계이다.
이 극장은 주위에 펼쳐지는 풍경을 응축한다. ❞❞**

미시시피 강에 놓인 캔틸레버식 다리는 풍경을 가지고 시각적, 물리적 실험을 할 수 있는 도구를 제공한다. 로비에서 세인트 앤터니 폭포가 보이는 발코니까지 걷는 것은 산책이라기보다는 하나의 이벤트에 가깝다. 틈과 구멍을 통해서 지형을 얼핏 내다볼 수 있다. 울퉁불퉁한 바닥이 발걸음의 리듬을 조절한다. 반대쪽 끝의 창문이 열려 있을 경우, 폭포의 굉음이 들리기도 한다(다코타 주의 인디언들은 그 폭포를 "웃고 있는 물"이라고 했다). 따뜻한 공기의 커튼이 마치 신기루처럼 바깥 경치를 뿌옇게 만든다. 창문은 파란 유리로 되어 있다. 그 색깔 역시 풍경에 비현실적인 느낌을 더해준다. 발코니에 이르면, 바닥이 사라지고 바깥 풍경과 함께 야외극장이 펼쳐진다. — "아틀리에 장 누벨, 구스리 극장", arcspace.com, 2006. 7. 10

미니애폴리스에 있는, 산뜻한 모양의 구스리 극장은 방문객들에게 감각적 경험을 제공한다. 특히 주위의 경치와 세인트 앤터니 폭포가 일품이다.

파리 2006
케 브랑리 박물관

이 박물관 설계 역시 특이한데 그것은 우리가 컬렉션을 중심으로 하여 설계할 수 있었기 때문이다. 우리가 박물관 설계를 할 때, 그 안에 무엇이 전시될지 모르는 경우가 더러 있다.……이 박물관의 경우 우리는 그것을 정확히 알고 있었다. 우리는 장소와 그 안의 예술품 간의 관계를 확립할 수 있었다. 그것은 용기(容器)와 그 내용물 간의 관계 같은 것이었다. 나에게 브랑리에서의 주된 방침은 이 문명의 미술작품들 및 공예품들을 위한 고리를 마련하는 것이었다. 따라서 보호받으면서 신비로운 특별한 구역에서 방문객들을 맞아들이는 것이 매우 중요하다고 나는 생각했다. 이것은 어떤 면에서는 흰 벽 위의 우표처럼 작품들을 전시하는 근래의 미술관과는 정반대되는 것이다. 오늘날의 박물관들은 융통성을 중시한다. 그러나 우리는 그와 반대되는 박물관을 만들었다. 모든 것이 미리 생각한 것이었고 특별한 것이었다. 나는 근 4,000점의 전시물들에 대해서 이런 방식으로 작업을 했다.……우리는 컬렉션의 서로 다른 부분들에 적합한 시스템을 설계했다. 나는 카를로 스카르파에 대해서 많이 생각하고 있었다. 똑같은 표현형식은 아니었지만, 우리는 어떤 작품이 어떻게 걸리고 어떤 작품은 어떻게 매달릴 것인지 깊이 생각했다. 예를 들면, 우리는 탈을 전시하는 방법을 깊이 생각했다. 직각의 하얀 벽은 적절한 것같이 보이지 않았다. 나는 영적인 공간을 창조하고 싶었다. 왜냐하면 이 탈들은 모두 우리가 모르는 종교, 조상들의 기억, 인류의 안식과 연관된 것이기 때문이다. 나에게는 모호한 느낌 또는 신비감을 유지하는 것이 매우 중요했다. 이들 문명들에 대해서 우리가 모든 것을 알고 있지 못하기 때문이었다. 그래서 나로서는 이 모든 탈들을 아우르는 대화를 창조하는 것이 중요했다. ─장 누벨, 후타가와 요시오와의 인터뷰, 「GA 다큐멘트」, 특별호, 2006. 9

케 브랑리 박물관의 경우, 누벨은 특별히 컬렉션 주위의 분위기를 한껏 살릴 수 있도록 설계했다. 다양한 외벽, 특히 식물로 휩싸인 벽이 예술을 사랑하는 이 도시에 자리잡은 이 박물관을 더욱 돋보이게 한다.

이 박물관은 서양의 건물이 아니다. 나에게 그것은 아프리카, 오세아니아, 아메리카의 문화에 대한 해석과 관련된 색채와 형체로 이루어진 세계이다. ―아서 러보우, 「뉴욕 타임스」, 2008. 4. 6

일부 비평가들은 이 건물이 디즈니 박물관과 비슷하다고 말한다. 하지만 나는 흰 벽 위에 이런 예술품을 전시하는 것이 올바른 태도라고 생각하지 않는다.……유럽 사람들은 흰 벽에 엄청난 조명을 하는 버릇이 있다.……[그러나] 여기에서는 모든 미술 작품에 그것을 보는 데에 필요한 만큼의 조명이 정확히 적용되고 있다. 그것은 사람들이 기대하고 있는 것이 아니다. 이것은 죽은 사람들의 영혼과의 게임이다. 따라서 유령 같은 분위기가 필요하다. ―아서 러보우, 「뉴욕 타임스」, 2008. 4. 6

파사드 : 두 가지 서로 다른 표현형식 오늘날(2006)의 큰 문제는 정원이다. 북쪽 파사드에 우리는 나무와 가로수의 연장 같은 것을 원한다. 어떤 의미에서 나무들이 어느 정도 성숙할 때까지 건물은 완성되지 않는다고 할 수 있다. 파사드가 지금처럼 모두 보이는 것을 나는 원하지 않았다. 나는 항상 건물이 필터, 스크린 뒤에 있는 것을 상상했다. 반사된 나무의 모습을 내부 공간의 유리를 통해서 볼 수 있도록 하는 것이 내 의도이다. 나는 모호하면서도 정확한 느낌을 주고 싶었다. ―장 누벨, 후타가와 요시오와의 인터뷰, 「GA 다큐멘트」, 특별호, 2006. 9

우리는 빛을 90% 줄여야 했다. 북쪽에 우리는 거대한 스테인드 글라스를 설치했다. 이것이 교회 비슷한 느낌을 주어 영적인 분위기를 조성했다. 그리고 이 벽이 남쪽에 있는 벽과 대조를 이루었다. 우리는 남쪽 벽을 통해서 자연광을 받아들인다. 이 두 개의 아주 다른 파사드에 의해서 방문자들은 외부를 다르게 경험할 수 있다. 남쪽 벽을 통해서 들어오는 빛으로 바깥 날씨가 어떤지 느낄 수 있고, 북쪽 벽을 통해서는 나무와 바깥 파리의 희미한 그림자를 볼 수 있다. 이 두 벽은 두 가지 매우 다른 표현형식이다. ―장 누벨, 후타가와 요시오와의 인터뷰, 「GA 다큐멘트」 특별호, 2006. 9

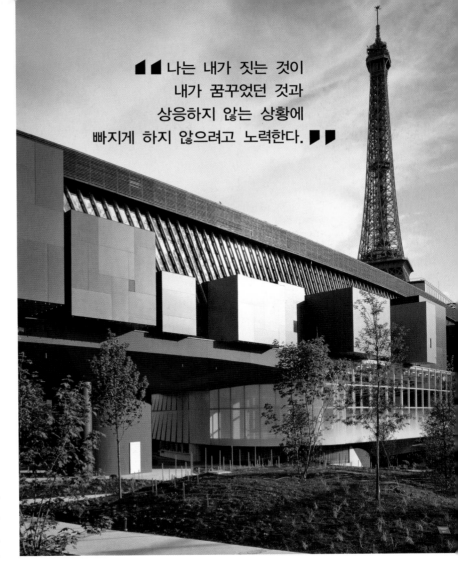

❝❝ 나는 내가 짓는 것이
내가 꿈꾸었던 것과
상응하지 않는 상황에
빠지게 하지 않으려고 노력한다. ❞❞

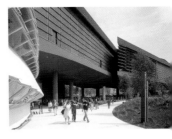

> **물론 나의 모든 건물들 사이에서 상호 모순되는 점들을 많이 발견할 수 있다.**
> **나는 지구적 이유를 가지고 있지 않다. 특별한 이유들을 가지고 있을 뿐이다.**

설계과정

어떤 프로젝트를 처음 시작할 때, 팀원들 또는 다른 사람들과 일련의 회합, 토론, 분석, 그리고 아이디어 개발회의를 가진다. 이 과정이 해야 할 일과 하지 않을 일의 리스트를 만드는 단순한 것일 경우도 많다. 이렇게 하면 가능한 해결책을 머릿속에 그리는 데에 도움이 된다. 그러나 나는 건축이 단순한 해결책의 문제가 아니라는 점을 늘 명심한다!……그 다음에 나는 팀원들에게 아이디어의 물리적 해석을 제시한다. 즉 이런 측면이 어떻게 이 요건을 충족시키며 왜 이런 재료를 선택했고 빛은 왜 이렇게 다루는지 등을 말로 설명하는 것이다. 그런 다음 우리는 더 토론을 하고 이어 팀원들이 드로잉을 하고 모형을 만들기 시작한다——그러다 보면 우리가 해결하거나 적응해야 할 새로운 문제, 또는 모순점이 부각된다. ——콘웨이 로이드 모건, 「장 누벨: 건축의 요소」, 뉴욕: 유니버스 출판사, 1998

나는 초기에 어려움이 많았다. 몇몇 건축비평가들이 나에게 이렇게 말했기 때문이었다. 당신은 3채의 건물을 지었는데 그 건물들 사이에 연관성이 없소. 나는 이렇게 대답했다. 당신들은 틀렸소! 거기에는 똑같은 자세가 있소. 물론 세 가지 서로 다른 모양과 표현형식이 있지만, 거기에는 다 그럴 만한 이유가 있었다. 나는 그것을 '상황의 시상(poesie de situation)'이라고 부른다. 나는 무엇이 빠진 부분인지 조사한다——빠진 부분을 찾아내야 한다. 무엇인가를 짓는다는 것은 새로운 기회이다. 무엇이 그 기회의 특이함이 될 것인가?——마커스 페어스, "아이콘 아이", 「아이콘 026」, 2005. 8

상상과 현실

내가 어떤 프로젝트를 했는데 거기에서 남은 것은 아름다운 이미지뿐이라면 나는 그것을 고맙게 생각하지 않는다. 이 일에서 내가 흥미를 느끼는 것은 짓는 것, 꿈을 현실로 바꾸는 것이다.……내가 어떤 공헌을 하고 있다는 인상을 받을 때 비로소 흥미로운 것이다. 도시의 진화, 그리고——철학적으로——어떤 미래를 창조하는 데에 참여하고 있다는 인상 말이다. 이 말을 요약한다면 그것은 나는 결코 건축예술가는 될 수 없을 것이라는 얘기가 된다. 건축예술가란 건축을 하나의 예술작업으로 보는 피라네시 같은 사람을 말한다. 내가 관심이 있는 것은 내가 설계한 이미지가 현실로 변하는 것을 보는 것이다. ——"장 누벨 1987-2006", 「A＋U: 건축과 도시 계획」 특별호, 2006. 4

아이디어의 생성과 발전

건축은 당신을 결코 편안하게 내버려두는 직업이 아니다. 당신의 두뇌는 늘 작동한다.……밖에 나가서 굴뚝이 있는 벽돌담을 보면 당신은 이렇게 말한다. 야, 이걸 보니 무언가가 생각나는군. 그런데 그게 무엇인지 잘 모르겠는걸. 다음 순간 당신의 눈에 띄는 것이 있다. 시멘트 슬라브 사이의 배관망이다.……당신은 늘 당신에게 다가오는 느낌을 기록한다.……어디에 있든 세상을 살피고 세상의 소리에 귀 기울인다.

다음에 작업의 또 다른 단계——대개 종합 단계——가 있다. 이 단계는 혼자 있을 때 흔히 나타난다. 당신은 문제를 해결하고 종합할 수 있어야 한다. 그래야 형태 창안의 전단계라고 할 수 있는 무엇인가를 제시할 수 있게 된다. 다음에 당신은 이 형태를 통제하는 법을 알아야 한다. 나는 이 일을 대개 조용한 내 사무실에서 한다. 내가 피하려고 하는 일은 맡은 일이 너무 많은 탓으로 하루에 5, 6개 심지어 10개의 프로젝트를 살펴야 하는 것이다. 이럴 경우 나는 각 프로젝트에 반 시간을 할애할 수 있을 뿐이다. 이것은 정말 끔찍한 일이다.

6월에서 9월까지 나는 대개 여행을 떠나곤 한다. 나는 생폴드방스로 내려간다. 거기서 우리는 반나절 또는 하루종일을 각각의 프로젝트에 할애한다. 내 동료들이 나를 만나러 온다. 나는 그곳에 머문다. 이리저리 돌아다니는 것이 아니다.……더 나이가 들면, 나는 더욱 많이 이런 식으로 일하려고 한다. 어느 한 가지 일을 계속 하고 싶은데 상태를 바꾸고 주제를 변경하는 것, 그리고 시간이 없어 쩔쩔매면서 다른 일에 주의를 돌려야 하는 것이야말로 가장 끔찍한 일이기 때문이다. ——"장 누벨 1987-2006", 「A＋U: 건축과 도시 계획」 특별호, 2006. 4

파리 1994

카르티에 재단

예술작품은 소수의 후원자가 독점해서는 안 되고 폭넓은 대중의 참여로 광범하게 경험되어야 한다. 그리고 예술의 정의는 계속 변하고 있다. 그래서 카르티에의 공간은 매우 융통성 있게 설계된다. 한 전시회를 위해서는 포장을 치기도 하고 또 다른 전시회를 위해서는 열린 공간이 되기도 한다. 구획으로 나뉠 수도 있고 조명의 방식이 바뀔 수도 있다. ——콘웨이 로이드 모건, 「장 누벨: 건축의 요소」, 뉴욕: 유니버스 출판사, 1998

그 투명성, 그 포함성에서 그것은 공원의 유령이라고 할 수 있다. 길고 텅빈 벽의 일부를 차지하고 있는 높은 유리 울타리 뒤로 나무들이 어렴풋이 보인다. 8미터 높이의 벽에 나무들이 살짝 닿기도 한다.

샤토브리앙이 심은 삼나무가 한 그루 서 있고 입구를 나타내는 두 개의 스크린이 액자처럼 이 나무를 둘러싸고 있다. 방문객이 이 삼나무 밑을 통과하면 전시실을 둘러싸고 있는 나무들을 마주하게 된다. 유리 뒤로 보이는 이 나무들은 8미터 높이로 우뚝 서 있다.

여름이면 비스듬하게 서 있는 월계수들이 가지를 뻗어 전시실이 군데군데 높은 파일들이 서 있는 공원의 일부처럼 변한다. 세로 뼈대의 파사드가 건물에서 툭 튀어나와 건물의 경계를 모호하게 한다. 나무들이 파사드 뒤로 가지를 뻗은 것 같다. 뒤에서 불빛이 비치는 가느다란 계단이 바깥의 파사드를 배경으로 그 윤곽을 드러내고 있다. 유리로 된 파사드는 테라스 위의 몇 미터까지 뻗쳐 있다. 하늘까지도 이 투명한 벽을 통해서 보아야 한다. 거리에서 보면 이 건물은 하늘을 배경으로 한 후광처럼 보인다. 진짜 혹은 가짜 나무들이 그 위에 포개져 있고 또 그 나무들은 유리 스크린에 의해서 반사되고 굴절된다.

유리는 투명하다. 서쪽과 남쪽 파사드는 감아올리는 블라인드에 의해서 햇빛을 걸러낸다. 동쪽 전면 벽을 따라 "클라이머" 타입의 엘리베이터가 오르내리고 있는데 이 엘리베이터 역시 단순하고 투명한 몸체로 되어 있고 언뜻 보기에 별다른 기계장치나 케이블도 없는 것처럼 보인다. 남쪽에는 2개의 격자 모양의 케이지가 땅에 박혀 있다. 자동차를 지하 주차장으로 인도하는 시설이다.

이 건물은 가벼움과 정교하게 통제된 유리와 강철의 건축물이다. 건물의 실체적인 한계를 모호하게 하고 건물의 단단한 몸체가 아스라하게 스러져가는 것처럼 보이도록 시적 운치를 더한 것이 이 건물 설계의 기본이다. 이 구역의 주민들이나 이곳을 오가는 통행인들에게 오랫동안 시야에서 사라져 있던 아름다운 정원을 즐길 기회를 주는 건물이라고 할 수 있다. 투명함과 한가함의 중립성 같은 것을 특징으로 하는 설계이다. 가상의 세계가 현실 세계를 공격하고 있는 이때에 건축은 그 어느 때보다도 더 모순의 이미지를 수용하는 용기를 가져야 할 것이다. ―장 누벨, 「로터스」 84호, 1994

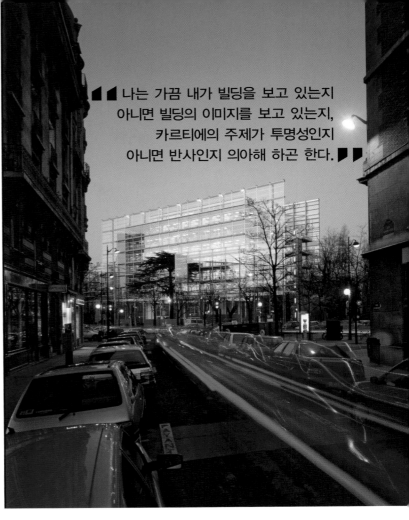

> **나는 가끔 내가 빌딩을 보고 있는지 아니면 빌딩의 이미지를 보고 있는지, 카르티에의 주제가 투명성인지 아니면 반사인지 의아해 하곤 한다.**

격자 모양에 갇힌 비물질성이 이 건물의 주제이다. 샤토브리앙이 심은 나무는 실재하는 역사적 기념물이다. 건축이 그것을 강조하고 또 그것을 액자로 감싸듯이 감싸려고 애쓴 이유가 바로 거기에 있다. ―콘웨이 로이드 모건, 「장 누벨: 건축의 요소」, 뉴욕: 유니버스 출판사, 1998

유산 하나의 태도―한 시대의 증언. 나는 늘 같은 상징, 같은 재료와 같은 테크닉만을 사용하는 수많은 건축가들과는 매우 다르다. 이렇게 말한다고 해서 그들을 비판하는 것이 아니다. 다만 내가 그들과는 정반대라는 말이다. 세계를 돌아다니다 보면 많은 똑같은 건물들을 보게 된다. 이 건물들은 늘 똑같다. 그들은 뿌리가 없다. 나는 특정한 건축물에 대한 천편일률적인 설계에 반대한다. 그것이 아마 나의 유산일 것이다. ―맥스 톰슨, 「건축가 저널」, 2008. 4. 2

카르티에 재단 빌딩은 케 브랑리 박물관보다 2년 전인 1994년에 완공되었다. 카르티에 빌딩은 하루에도 시시각각으로 그 모양이 변한다.

지속가능한 건축 건축은 우리가 끊임없이 노출되는 예술형식이다. 건축이 우리 삶을 고양하기도 하고 방해하기도 한다. 건축이 상식적인 또는 매우 중요한 우리의 모든 경험이 일어나는 환경을 만들어내기 때문이다. 건축이 논란의 대상이 되는 것, 또 건축이 일반시민들이 가장 광범하게 또 가장 격렬하게 비판하는 예술형태인 것은 놀라운 일이 아니다. 건축이 우리 삶에서 차지하고 있는 특별한 지위 때문에 일반시민들은 건축에 특별히 주목하게 된다. 또한 사회가 건축의 질에 대해서 정통하고 또 건축에 대한 지시를 하는 것은 필요한 일일 것이다.……건축이 사회적, 환경적 지속가능성에 기여해야 할 필요성이 건축가들에게 자율적 한계를 초월해야 할 책무를 부과하고 있다.……건물들은 도시에 영감을 주고 또 도시를 구성해야 한다. 또 도시는 사회를 찬미하고 자연을 존중해야 한다. 지속가능한 건물에 대한 현재의 요구가 야망을 회복시키고 새로운 미적 질서를 진화시킬 기회를 제공하고 있다. 그것이 건축이라는 직종의 부흥을 가져오는 견인력이 될 수도 있을 것이다.──리처드 로저스, 「작은 행성을 위한 도시들」, 런던: 웨스트뷰 프레스, 1997

리처드 로저스 RICHARD ROGERS

출생 1933년 7월 23일, 이탈리아 피렌체

교육 건축학 석사, 예일 대학교, 코네티컷 주 뉴헤이븐, 1959; 졸업증서, AA 스쿨, 런던, 1958

사무실 Rogers Stirk Habour + Partners, Thames Wharf, Rainville Road, London W6 9HA United Kingdom
전화 : +44 0-20-7385-1235, 팩스 : +44 0-20-7385-8409
www.rsh-p.com

주요 프로젝트 레든홀 빌딩, 런던, 2006; 마드리드 바라하스 국제공항 터미널 4, 마드리드, 2005; 웨일스 의사당, 영국 카디프, 2005; 밀레니엄 돔, 영국 그리니치, 1999; 로이드 빌딩, 런던, 1986; 조르주 퐁피두 센터, 파리, 1977

나는 늘 인간적이고 진보적인 건축은 기능 속에서
아름다움을 창조하는 건축이라고 믿어왔다.
아름다움 그 자체만을 위해서가 아니라,
아름다운 건물과 공적 공간이 사람들이 개인으로서
또 시민으로서 그들의 잠재력을 실현하도록 도와줄 때
비로소 가치 있는 건축이 된다고 생각한다.
건축가라고 정치에 무관심할 수 없다.
우리에게는 참여할 의무가 있다.

조르주 퐁피두 센터,
파리, 1977
곡선을 이룬 유리가 파리를 내려다보는,
가장 접근하기 쉬운 보도를 감싸고 있다.

조르주 퐁피두 센터는 에펠 탑과 루브르 박물관을 찾는 방문객들보다 더 많은 사람들을 끌어들이고 있다. 로저스는 말하기를 자기는 그곳에서 이루어지고 있는 많은 일들—파사드를 가로질러 올라가는 에스컬레이터를 타는 즐거움(맨 위 사진)에서부터 조용하게 공부할 수 있도록 따로 떼어놓은 구역에 이르는—때문이라고 믿고 있다고 한다. **위** 르나르 로(路)에서 바라본 신축중인 퐁피두 센터의 동쪽 부분.

> ▚▚ ……정보 지향적인 컴퓨터화한 타임스 광장과 대영 박물관 사이의 교차로에 자리잡은, 사람들과 활동/전시 간의 **쌍방 참여**를 강조한 빌딩. ▚▚

파리 1977

조르주 퐁피두 센터

리처드 로저스와 렌조 피아노는 1967년부터 1976년까지 파트너였는데, 1961년 퐁피두 센터 설계 공모에서 당선되었다. 그전에 로저스는 1962년에 첫 아내 수와 노먼 포스트, 웬디 포스터와 함께 "팀4"로 건축 일을 시작했다.

우리는 모든 사람들에게 인기 있는 건물을 만드는 일에 매우 흥미를 느꼈다. 목표는 뼈대를 만들고 수시로 그 구조를 변경할 수 있는 건물을 짓는 방법을 찾아내는 것이었다. 이렇게 함으로써 건물의 부분들은 지금도 변경될 수 있다. 일단 완공되면 더 첨가할 수도 없고 또 거기서 일부를 떼어낼 수도 없는 고전주의 또는 미스식의(Miesian) 건물과는 달리, 이 건물은 완공 후에도 확정되거나 완성된 건물이 아니다. 이 건물은 개조될 수 있어야 한다는 점이 매우 중요했다. 이런 면에서 이 건물은 성공적이었다. 얼개는 하나의 리듬이다. 내부는 딱딱하게 하든, 반투명하게 하든 또는 투명하게 하든 그 방법이 적절하기만 하면 문제가 되지 않는다. 세부, 형태, 부분은 모두 변경될 수 있다. 이 빌딩은 그런 변화를 수용할 수 있을 만큼 튼튼하고 단단하다.—리처드 로저스, 후타가와 요시오와의 인터뷰, 「GA 다큐멘트 엑스트라」, 1995

외떨어진 기념물이 아니라 사람들이 즐겨 찾는 장소이다. 우리의 응모 설명서는 퐁피두 센터가 파리와 그 이상을 커버하는 살아 있는 정보 센터……정보 지향적인 컴퓨터화한 타임스 광장과 대영 박물관 사이의 교차로에 자리잡은, 사람들과 활동/전시 간의 쌍방 참여를 강조한 빌딩으로 개발되어야 한다고 주장했다.—리처드 로저스, 「건축: 현대적 관점」, 런던: 테임스 앤드 허드슨, 1991

풍피두 센터를 설계할 때……우리는 아이들, 관광객, 파리 사람들, 학생, 노동자, 이용자, 통행인 등의 만인의 관심을 끌 수 있는 센터를 만들고 싶었다. 외떨어진 박물관이 아니라 활력이 넘치는 대중의 만남의 장소를 조성하고 싶었다.─리처드 로저스, 「건축: 현대적 관점」, 런던: 테임스 앤드 허드슨, 1991

우리가 풍피두 센터를 짓고 있는 동안, 우리는 「뉴욕 타임스」에 실린 한 건의 매우 기억할 만한 기사 외에는 단 한 건의 긍정적인 보도도 보지 못했다. 건물이 완공되어 문을 열 때까지 우리는 갈가리 찢기다시피 되었다. 그러다가 하룻밤 사이에 언론매체들의 태도가 일변했다. 칭찬이든 비판이든 사람들이 당신에 대해서 하는 말을 너무 곧이곧대로 받아들이는 것은 위험한 일이다. 당신이 하는 작업에 대한 당신 자신의 평가가 중요하다.─제랄딘 베델, 「옵저버」, 2006. 2. 12

처음에 풍피두 센터는 부정적 언론보도의 포격을 받았다. 그러나 「뉴욕 타임스」만은 긍정적인 기사를 실었다. 대중이 이 건물을 새로운 도시의 아이콘으로 받아들인다는 것이 분명해지자 사정은 일변했다.

에펠 탑과 루브르 박물관을 찾는 방문객들을 합친 것보다 더 많은 사람들을 끌어들이는 풍피두 센터의 인기는 파사드를 가로지르는 에스컬레이터를 타는 즐거움에서부터 혼자 조용히 공부할 수 있는 구역 등에 이르기까지 다양한 활동이 가능한 데에 있다고 나는 생각한다. 자연발생적 활동으로 가득찬 광장에 자리잡은 이 건물은 즐겁고 이해하기 쉽고 또 수시로 구조변경이 가능한 다목적 빌딩이다.─「리처드 로저스 + 건축」, 런던: 아카데미 에디션, 1985

도시

도시는 우리 문화의 심장, 경제의 엔진, 문명의 탄생지이다. 아름다운 도시에서 정처없이 헤매는 것보다 나를 더 기쁘게 하는 일은 별로 없을 것이다. 좁은 골목길을 지나 가로수가 늘어선 대로로 나가보기도 하고 길가 극장에 들러보기도 하고 루시(아내 루스 로저스)와 함께 카페에 앉아 통행인들을 지켜보는 것, 나는 이런 것들이 즐겁다. 이것이 바로 천국이 아니고 무엇이겠는가. 하지만 도시는 저절로 생기는 것이 아니다. 우리가 만들어야 한다. 설계하고 잘 관리해야 기품을 갖춘 도시가 된다. 방치하면 도시는 금방 생명력을 잃는다. 도시가 황폐해지면 폭력이 난무하게 된다.─리처드 로저스, 프리츠커상 수상 연설, 2007. 6. 4

미래의 도시들에는 오늘날 볼 수 있는, 하나의 활동만으로 제한된 빈민가 같은 것은 없다. 미래의 도시는 보다 풍요롭게 계층화된 과거의 도시를 닮는다. 살고 일하고 쇼핑하고 배우고 여가를 즐기는 기능이 서로 겹치면서 계속적이고 다양하게 변하는 구조물 속에서 일어날 것이다.─리처드 로저스, 「건축: 현대적 관점」, 런던: 테임스 앤드 허드슨, 1991

거리와 광장이 지붕이 없는 역동적인 방들이 될 수 있도록 빈 공간을 채움으로써 도시라는 피륙의 한올 한올을 더 튼튼하고 풍요롭게 하는 건축이 필요하다.─리처드 로저스, "질서, 조화, 그리고 현대성", 「리처드 로저스 1978-1988」, 「A+U: 건축과 도시 계획, 엑스트라 에디션」, 1989

도시 건설에서 가장 중요한 것은 도시를 더 아담하게 만드는 것, 녹색의 땅 위에서 무제한 뻗어나가게 하지 않고 이미 개발되었던 땅을 재사용하는 것이다.─ "램프(lamp)의 규모에서 도시의 규모로: 리처드 로저스와의 인터뷰", 「디테일」, 2007. 1

건축과 정치

1998년 로저스는 영국의 도시개발 당국을 위해서 지속가능한 도시개발 원리를 해석하여 전략적 충고를 해주는 책임을 맡은 정부 특별 전문위원회의 위원장을 맡아달라는 요청을 받았다.

예를 들면, 나는 가르치지 않는다. 대신 나는 일주일에 하루를 시장과 함께 일한다. 다른 사람들은 그렇게 하지 않고 가르친다. 그러면 피드백이 있게 마련이다. 나는 런던에서 더 큰 규모로 일한다. 이곳 사무실에서 우리는 런던의 지역들에 대한 작업을 한다. 램프의 한쪽 부분 같은 세부적인 일 말이다. 그러니까 내가 하는 일은 건축과 정치의 사이에 자리잡고 있다.─ "램프의 규모에서 도시의 규모로: 리처드 로저스와의 인터뷰", 「디테일」, 2007. 1

마드리드 2005

마드리드 바라하스 국제공항, 터미널 4

터미널 4가 개장됨으로써 스페인에서 가장 큰 국제공항의 항공기 및 승객 수용능력이 갑절이 되었다. 하지만 그것은 단순히 크기의 문제만이 아니다. 설계는 부드러운 느낌을 주도록 했다. 유리판과 천장의 돔을 통해서 내부로 빛이 쏟아져 들어온다.

30년이 지났지만, 마드리드의 바라하스 국제공항은 퐁피두 센터의 정신을 계승하고 있다. 드넓은 지붕과 강철 구조, 그리고 무지개 색채 속에 여행의 재미와 모험이 표현되어 있다. ─리처드 로저스, 프리츠커상 수상 연설, 2007. 6. 4

우리의 목표는 재미있는 공항, 빛이 풍부하고 전망이 좋으며 또한 매우 명징한 공항을 만드는 것이었다. ─케니스 파월, 「리처드 로저스 : 미래의 건축」, 보스턴: 비르크호이저, 2004

"우리는 결코 우리 자신을 첨단 기술자라고 부르지 않는다."
분명히 나는 나 자신을 첨단 기술자라고 생각하지 않는다. 대다수의 빌딩들, 그것이 고딕식 성당이든 로마네스크식 성당이든 그 건물들은 그 시대의 첨단 기술이었다. ─데보라 솔로몬, 「뉴욕 타임스」, 2006. 5. 21

고급 기술이니 저급 기술이니 하는 것은 없다. 다만 적절한 기술이 있을 뿐이다. ─케니스 파월, 「로이드 빌딩, 리처드 로저스 파트너십」, 런던: 파이돈, 1994

우리는 결코 우리 자신을 첨단 기술자라고 부르지 않는다. 다른 사람들이 우리의 작품을 첨단 기술이라고 설명한다면, 그것은 좋은 일이다. 이 문제에 대해서 한마디 한다면, 적절한 재료를 찾아내는 일이 아주 중요하다는 것이다. 우리는 어떤 부문의 재료들에 관해서는 경험이 더 많은 편이다. 하지만 우리는 늘 그 범위를 넓히기 위해서 노력한

다. ─"램프의 규모에서부터 도시의 규모까지: 리처드 로저스와의 인터뷰", 「디테일」, 2007. 1

건물들은 기계로 만든 부품들로 만들어진다. 기계는 물론 현대적 도구이다. 모든 좋은 건물들에 내재한 장인성(丈人性)을 파괴하는 것은 기계가 아니다. 그것은 발명하고 설계하고 건물을 컨트롤하는 책임을 가진 사람들 그러니까 대개 건축가들이 만든 그 기계에 대한 사랑과 이해의 부족이다. ─리처드 로저스, "질서, 조화 그리고 현대성", 「리처드 로저스 1978-1988, A + U: 건축과 도시 계획」, 특별호, 1989

"읽기 쉬운" 건축
……빛이 가득 찬, 무게는 가벼운, 그러면서 융통성이 있고 에너지는 덜 쓰며 또 우리가 소위 읽기 쉽다고 말하는─다시 말해서 건물이 어떻게 조립되었는지 읽을 수 있는 건물.…… ─로빈 포그레빈, 「뉴욕 타임스」, 2007. 3. 28

런던 1986
런던의 로이드 빌딩

로이드 빌딩은 매우 융통성이 있다. 외부의 6개 타워는 종속 타워들이다. 그러니까 수명이 짧은 타워들이다. 다시 말하면, 엘리베이터, 냉난방, 전기 등 이런 요소들은 아주 신속하게 변경될 수 있다. 원한다면 또다른 타워를 추가할 수도 있다. 그러나 중앙 부분—루이스 칸의 행랑채 같은 개념이다—은 창고로서 더 정적이다. 그 부분이 사람들이 살고 일하는 부분이다. 이 건물은 대학이 될 수도 있다. 이 경우에도 외부의 기관들은 변경될 수 있다. 그래서 타워들이 밖에 있는 것이다. 퐁피두 센터가 더 평면적인 데에 반해 이 건물은 더 수직적이다. 이 건물 역시 수시로 변한다. 로이드 사(社)에서 우리에게 이렇게 말했다. "우리는 금세기 60–70년 동안 3개의 빌딩을 가졌습니다. 그리고 우리는 변화에 싫증이 났습니다. 우리는 21세기까지 계속 쓸 수 있는 빌딩을 원합니다." 그래서 우리는 매우 융통성이 있는 건축방법을 찾아내야 했다. 그래서 나온 것이 아주 단순한 바닥 설계였다. 클립으로 고정되는 핵심구조 외에는 수직적 방해물이 전혀 없는 단순한 구조였다. 구조물이 밖에 있거나 중앙 홀에 있는, 클립으로 고정하는 시스템이었다. 로이드 사는 그들이 일하는 방식 때문에 시장이나 거래장소 비슷한 중앙 홀을 원했다. 그런 구조에서 그들은 서로가 일하는 것을 보아야만 했다. 그러나 그들은 그들이 얼마만한 공간을 차지할 것인지 몰랐다.……그래서 이 건물 역시 퐁피두 센터처럼 특정한 요소가 없는 광대한 바닥 공간을 가지게 되었다. 박물관이 될 수도, 도서관이 될 수도, 식당이 들어설 수도 있는 공간이었다. 로이드 빌딩은 퐁피두 센터와 매우 비슷한 구조이다. —리처드 로저스, 후타가와 요시오와의 인터뷰, 「GA 다큐멘트 엑스트라」, 1995

◀◀ 퐁피두 센터가 거대한 광장에 서 있는 놀이 궁전이라면, 런던의 로이드 빌딩은 런던의 중세풍 거리에 끼워넣은 민간 클럽이라고 할 수 있다. ▶▶

런던의 로이드 사는 21세기에도 사용될 수 있는 건물을 원했다. 건물 외부에 있는 6개의 타워에는 엘리베이터, 냉난방 설비, 전기 설비들이 들어 있다. 이런 설비들은 쉽사리 업그레이드하거나 개조할 수 있도록 되어 있다. 로저스는 편리한 사용을 위해서 중앙 홀 주위에 단순한 바닥 공간을 배치하는 설계를 했다.

로이드 사의 새 사옥을 설계할 때의 우리의 의도는 평면과 구획, 높이를 조작함으로써 지나치게 단순화된 20세기의 블록과 더 풍요롭고 다양한 과거의 건축이 혼합된, 더욱 유기적인 건물을 만들어보자는 것이었다. 도시 건물들로 다가가는 길은 흔히 좁고 긴 거리라서 그 건물들은 비스듬하게 보인다. 로이드 빌딩은 대각선으로 접근하도록, 그래서 다가가면서 건물의 일부만을 보도록 설계되었다. 관찰자가 건물에 접근하면, 건물의 형태가 서서히 모습을 드러낸다. 파사드의 겹쳐진 부분들이 열리면서 보행자 계단과 관련된 공간, 지나가는 차량들로부터 격리된 공간이 드러나게 된다. —케네스 파월, 「리처드 로저스」, 취리히: 아르테미스, 1994

높은 톱니 모양의 타워와 둥그스름한 중앙 홀 모양은 스카이라인을 풍요롭게 하고 건물을 과거의 첨탑과 돔, 타워들이 있는 도시 환경과 조화시키기 위해서 설계되었다. —케네스 파월, 「리처드 로저스」, 취리히: 아르테미스, 1994

런던 2006
레든홀 빌딩

높은 빌딩—신경을 써서 삽입되고 설계된다면—은 훌륭하게 기능할 수 있다. 건물군(群)의 일부로서 건설된 사무실 빌딩이 특히 그렇다. 이런 건물의 경우, 타워들 사이의 공간이 건물 자체만큼 중요할 수도 있다. 건물군은 도시와 스카이라인을 풍요롭게 해준다. 시카고와 산 지미냐노(이탈리아의 피렌체 시 부근에 있는 중세의 성곽/역주)의 스카이라인이 이 같은 사실을 확인해준다. 구불구불한 중세의 거리, 불규칙한 대지의 크기가 워싱턴에서 볼 수 있는 것 같은 반듯한 건물들과는 다른 극적인 건물 형태를 만들게끔 한다. 또 다른 제한요소는 역사적 건물들을 볼 수 있는 통로를 보존해야 한다는 것이다. 레든홀 빌딩—브리티스 랜드가 개발하고 로저스 스터크 하버 + 파트너스가 설계했다—은 성 바오로 성당을 가리지 않기 위해서 비스듬하게 설계되었다. —이안 해리슨, 「위에서 본 영국」, 런던: 파빌리언, 2009

고객의 요구를 넘어 공공의 이익까지 생각해야 하는 것이 건축가의 책무이다. 건축가가 짓는 건물들은 크건 작건 간에 사용자와 통행인—오늘날과 내일의 청중—에게 공적인 기능을 수행하기 때문이다. 그 건물들은 적절한 기술을 수단으로 사용하는 사회적, 경제적, 정치적, 기술적 세력들을 반영하고 또 그럼으로써 읽기 쉽게 해주는 살아 있는 극장이다. —케네스 파월, 「리처드 로저스」, 취리히: 아르테미스, 1994

런던 중심가에 짓는 중요한 건물이 다 그렇듯이, 존경심을 불러일으키는 역사적 구조물들에 대한 관심이 중요하다. 레든홀 빌딩의 항공사진은 그 건물이 어떻게 삽입되어 있는지뿐만 아니라 이 빌딩이 런던의 마천루 타워들 사이의 공간을 적절하게 이용하고 있음을 보여주고 있다.

지속가능성(sustainbility)에 대하여

오늘날에 건축은 새로운 책무를 가지게 되었다. 건축이 단순히 도시 환경을 보완하는 데 그치지 않고 지구 환경을 존중해야 한다는 것이다. —리처드 로저스, 프리츠커상 수상 연설, 2007. 6. 4

지속가능성은 존재하는 자원을 생산하고 배분하는, 보다 사회적으로 결합력이 있고, 경제적으로 효율적이며 환경적으로 건전한 방식을 찾아내는 것과 관련이 있다. 그것은 공유한 자산—환경과 지역 사회—의 가치를 확립함으로써 생활의 질을 보장하는 것, 우리가 그 둘—환경과 지역사회—에 상호의존하고 있다는 사실을 인식하는 것에 관한 것이다. 우리가 자연의 요구를 존중하고 우리의 기술을 적절히 이용한다면, 지구는 모든 인류를 부양할 능력이 충분히 있다. —리처드 로저스, 「작은 행성을 위한 도시」, 런던: 웨스트뷰 프레스, 1997

지속가능한 정책들이 이미 눈에 띄는 보상을 거두고 있다. 이런 성공과 많은 사람들의 결의에 힘입어, 지속가능성은 우리 시대의 가장 중요한 철학이 될 수 있을 것이다. 이렇게 되면, 인류의 거주지인 도시는 다시 한번 더 자연의 사이클 안으로 편입될 수 있을 것이다. 아름답고 안전하고 공정한 도시의 건설이 가능해지고 있다. —리처드 로저스, 「작은 행성을 위한 도시」, 런던: 웨스트뷰 프레스, 1997

❝ 지속가능함은 우리 시대의 가장 중요한 철학이 될 수 있을 것이다. ❞

카디프 2005
웨일스 의사당

이 의사당 건물은 환경적 설계의 본보기로 인식되어 왔다. 우리는 에너지 사용을 줄이기 위해서 자연광과 자연 환기를 최대한 이용해야 한다는 건물의 요건에 열정적으로 대응했다. —리처드 로저스, 레오노라 오펜하임과의 인터뷰, "리처드 로저스 파트너십의 웨일스 의사당이 환경적 본보기가 되다", Treehugger.com, 2006. 5. 3

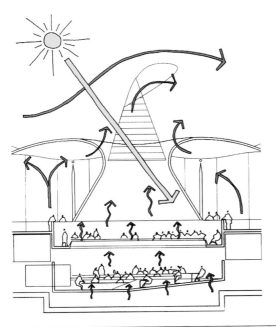

로저스는 웨일스 의사당 건축의 재료로 거친 슬레이트, 매끄러운 콘크리트, 강철, 유리, 목재를 선택했다. 이 건물은 부근 환경의 역동성에 자연스럽게 반응하도록 설계되었다. 자연 환기, 야간 냉방, 일광과 연관된 조명 조절 등에 주의를 기울였다. 이 건물은 지열 에너지를 이용하고 빗물을 받아 사용한다. **왼쪽 사진 :** 의사당의 토론장.

사무실 : "거대한 광장"

우리 사무실은 특이하다. 우리 사무실의 소유주는 자선기관이다. 나는 작업의 소유권을 인정하지 않는다. 그래서 이사진과 동업자, 돈 사이에 아무런 관련이 없다. ─ 루이스 주어리, 「인디펜던트」, 2007. 3. 30

흥미롭게도 아래 코멘트는 15년 전의 것이다. 금요일 밤의 디너는 이제 없어졌지만, "대가족" 같은 분위기는 이어지고 있다. 스태프들을 위한 새로 완공된 프로젝트 현장 답사 여행이 주선되고 스태프와 그들의 가족들을 위한 퀴즈 대회, 모닥불 놀이 같은 다양한 활동과 멋진 축구 리그가 연례행사로 진행되고 있다. 이런 행사들은 비록 그 규모는 작지만 사원들 간의 동지애를 공고히 하는 역할을 한다.

나는 공동체라는 이상을 믿는다. 내 아내의 식당이 여기 있는데 아내는 그 식당의 요리사이다(루스 로저스는 리버 카페의 공동창설자이며 주방장이다. 리버 카페는 런던의 성공적인 이탈리아 식당이다). 우리는 대가족으로 일한다. 우리는 매주 금요일 밤에 사무실에서 파티를 연다. 모두 파티에 참석해서 술을 마신다. 가끔 우리는 함께 휴일을 보내기도 한다. 우리는 사람들이 그들의 일을 즐기는 공동체 정신을 만들어내려고 애쓴다. 우리 사무실을 떠나는 사람들은 매우 적다. 이직은 매우 드문 현상이다. 우리 사무실에는 장기근속자가 꽤 있다. 따라서 우리에게는 공동체가 회합을 가지는 큰 광장이 매우 중요하다. 또 건물의 파사드는 사람들이 서로를 지켜볼 수 있고 도시생활을 즐길 수 있도록 설계해야 한다. 퐁피두 센터는 물론 이런 생각을 어느 정도 반영하고 있다. 우리의 사무실 또한 이런 이상적인 삶의 형태에 적합하게 만들려고 노력하고 있다. ─ 리처드 로저스, 후타가와 요시오와의 인터뷰, 「GA 다큐멘트 엑스트라」, 1995

당신은 하나의 팀을 이끌고 있다. 나는 건축가들이 개인으로서의 자기 자신을 어떻게 생각하고 있는지 제대로 모르고 있다. ─ 로빈 포그레빈, 「뉴욕 타임스」, 2007. 3. 28

그리니치 1999
밀레니엄 돔

밀레니엄 돔은 원래 21세기의 시작을 기념하는 대전시회의 전시장으로 사용되었다.

돔은 근본적으로 우리의 기후에 대비한 거대한 우산이다. 나는 이것이 매우 아름다운 우산이었으면 한다. 역사의 중요한 한 순간을 기념하기 때문에 이 구조물은 거대하다. 이 돔은 현재와 미래의 잠재력에 대한 낙관적인 증언이다. 이 구조물은 우리가 우리의 운명을 더 잘 통제할 수 있고 동시에 생활을 즐길 수 있다는 것을 보여준다. ─ 엘리자베스 윌하이드, 「밀레니엄 돔」, 런던: 콜린스, 1999

"예술을 생각하는 가족"

나는 어렸을 때 학교에서 어려움을 많이 겪었고 그래서 자신감을 잃어버렸다. 교사들은 나를 바보라고 생각했다. 나는 읽는 법을 매우 늦게 배웠다. 11살이 되어서였다. 당시에는 난독증이라는 것이 알려져 있지 않았다. 그래서 사람들은 읽지 못하면 그애는 생각할 능력이 없다고 여겼다.—데보라 솔로몬, 「뉴욕 타임스」, 2006. 5. 21

난독증 환자의 한 가지 이점은 과거를 돌아보며 자신의 어린 시절을 미화하고 싶은 유혹을 받지 않는다는 것이다.—제랄딘 베델, 「옵저버」, 2006. 2. 12

나는 좋은 학생이 아니었다. 사실 끔찍한 학생이었다. 철학적, 정치적 문제 등 매우 광범위한 주제에 흥미를 느꼈다. 나는 예술을 사랑하는 가정에서 자라났다.—리처드 로저스, 후타가와 요시오와의 인터뷰, 「GA 다큐멘트 엑스트라」, 1995

로저스는 생애의 대부분을 영국에서 살았지만, 태어난 곳은 이탈리아 피렌체이다. 그가 5살이 될 때까지 그와 그의 가족은 피렌체에서 살았다.

나는 집중력이 높다. 나는 카페에서 일하는 것이 좋다. 트리에스트에서 살던 어린 시절, 우리 아파트 맞은편에 작은 오스트리아 카페가 있었다. 매일 오전 9시에 회계사가 도착했고 점원은 그에게 커피와 전화기를 갖다주었다. 그는 거기서 하루 종일 일했다. 6살쯤 되었던 나는 그것이 이상적인 삶이라고 생각했다.—제랄딘 베델, 「옵저버」, 2006. 2. 12

문화적으로 나는 나를 이탈리아인이라고 생각한다. 하지만 영국에서 67년 동안 살았다.……런던 시민인 것이 좋고 또 피렌체 시민인 것도 좋다. 나는 유럽인이다.—루이스 주어리, 「인디펜던트」, 2007. 3. 30

이탈리아를 방문하면 에르네스토 로저스와 만날 기회가 많았다(에르네스토 로저스는 그의 사촌으로 「도무스」와 「카사벨라」 등 이탈리아의 유수한 건축 저널의 편집인을 역임했다). 그는 나에게 큰 영향을 미쳤다. 내가 19, 20살이 되었을 때, 나는 사회문제와 설계에 관심이 많았으므로 건축이 나에게 적합한 분야가 될 것이라는 것이 명백해졌다. 그래서 나는 건축가가 되기로 결심했다. 나는 밀라노에 있던 사촌의 사무실에서 한동안 일했고 내 힘으로 작은 집들을 지어보기도 했다.……밀라노에서 나는 영국으로 돌아왔고 건축협회에 들어갔다. 그곳에서 다음 5년 동안 일했다.—리처드 로저스, 후타가와 요시오와의 인터뷰, 「GA 다큐멘트 엑스트라」, 1995

나는 런던의 AA(건축협회)가 설계에 매우 강하다고 생각한다. 나는 그때 막 구성되기 시작한 아키그램의 피터 쿡과 같은 해에 AA에 있었다. 세드릭 프라이스가 거기 있었고 그는 그때도 그랬지만 아직도 영향력있는 사상가이다. 나는 장학금을 받고 건축협회를 나와 예일 대학교에 갔다. 예일 대학교에서 나는 폴 루돌프와 서지 처마예프 밑에서 공부했다.—리처드 로저스, 후타가와 요시오와의 인터뷰, 「GA 다큐멘트 엑스트라」, 1995

미국에서 나는 (예일 대학교의) 역사학자 빈센트 스컬리에게서 큰 영향을 받았다. 그는 프랭크 로이드 라이트에 대해서 훌륭한 강의를 했다. 노먼(포스터)과 수(로저스), 나는 라이트가 지은 집의 80%를 가보았다. 우리는 미국 각지를 여행했다. 그 무렵에 또 깊은 영향을 준 사람은 루이스 칸이었다. 우리가 예일로 간 것은 그가 펜실베이니아에서 이미 가르치는 일을 끝내려 하고 있었기 때문이었다. 강의를 점점 줄이고 있었다. 예일에 있을 때, 우리 스튜디오는 루이스 칸의 현대미술관 안에 있었다. 그래서 그의 영향을 많이 받았다. 우리는 또한 교환 프로그램으로 한동안 필라델피아에 가 있기도 했다. 칸이 거기 있었기 때문이다.—리처드 로저스, 후타가와 요시오와의 인터뷰, 「GA 다큐멘트 엑스트라」, 1995

건축가와 패션

나는 모든 사람이 검은 옷과 회색 옷, 또는 흰색 옷을 입어야 하는 이유를 이해할 수 없다.—제랄딘 베델, 「옵저버」, 2006. 2. 12

우정 : 포스터와 피아노

리처드 로저스와 노먼 포스터는 그들이 예일 대학교 학생일 때 만났다. 그 대학을 졸업한 후, 그들은 런던으로 돌아와서 그들의 아내들인 수 로저스, 웬디 포스터와 함께 "팀 4"라는 회사를 차렸다. "팀 4" 이후에 로저스는 1976년까지 렌조 피아노와 함께 일했다. 1977년에 그는 자신의 회사인 리처드 로저스 파트너십을 개설했다.

아마 나의 가장 절친한 친구는 렌조 피아노일 것이다. 그는 열정적인 선원이다. 우리는 함께 배를 몰곤 하는데 그럴 때면 그는 배에 관한 기술 분야에서 최근일 일어난 일에 대한 최신 소식을 나에게 전해주곤 한다.—데보라 솔로몬, 「뉴욕 타임스」, 2006. 5. 21

어떤 사람과 함께 일하면 늘 경쟁심이 생기게 마련이다. 노먼과 함께 있을 때면 늘 얼마간의 초조함 같은 것이 있었다. 우리는 매우 절친한 친구였다.……경쟁심이 없는 삶은 매우 이상한 삶이다. 달걀 하나를 삶을 때도 나는 더 잘 삶으려고 한다.—로브 샤프, 「인디펜던트」, 2008. 4. 23

나의 건축에 대한 열정, 그리고 내가 건축을 매우 즐긴다는 사실, 그리고 늙어갈수록 더욱더 건축을 즐기게 되는 이유는 우리—건축가들—가 사람들의 삶의 질에 영향을 미칠 수 있다는 데 있다고 나는 믿는다.—리처드 로저스, ScottishArchitecture.com과의 인터뷰, 2002. 6. 25

자연상태의 지형 지형을 자연상태 그대로 두는 것이 오늘날에는 큰 의미를 가질 수 있다. 물가의 동식물군은 믿을 수 없을 정도로 풍요롭다. 그런데 사람들은 방파제를 만들고 바다를 매립함으로써 그 동식물군을 파괴한다. 그러나 나는 언제나 이런저런 해결책을 선택하겠다고 말할 수는 없다.……그래서 나는 건축에는 결코 어떤 일정한 패러다임은 있을 수 없을 것이라는 인상을 받는다. 왜냐하면 건축의 아름다움은 철학적 사고의 관점에서든 또는 기술적 능력의 관점에서든 모든 지식을 총동원하고 난 후, "좋아. 이것이 내가 하려고 하던 것이야" 하고 말할 때 나타나는 것이기 때문이다. —파울루 멘데스 다 호샤, 「파울루 멘데스 다 호샤 50년」, 뉴욕: 리졸리, 2007

파울루 멘데스 다 호샤
PAULO MENDES DA ROCHA

출생 1928년 10월 25일, 브라질, 에스피리투 산투, 비토리아

교육 브라질 상파울루 소재 막켄지에 대학교에서 건축 학위, 1954

사무실 R. Bento Freitas, 306 5 Andar-Conj. 51, São Paulo 01220-000, Brazil

주요 프로젝트 국립 상파울루 박물관, 상파울루, 1993; 브라질 조각미술관, 상파울루, 1988; 포르마 가구 전시장, 상파울루, 1987; 엑스포 70 브라질 관, 오사카, 1970; 파울루 멘데스 다 호샤 주택, 상파울루, 1960; 파울리스타누 체육 클럽, 상파울루, 1958

▶▶ 모든 지식의 꽃은 도시이다. 건축가의 의도는
모든 사람을 위한 도시를 상상하는 것이다. ▶▶

인간 주거를 위한 건축

건축가들의 이상은 인간 생활의 불예측성을 보완하기 위해서 정확하게 짓는 것이다. 목표는 위엄—모든 사람을 위해서 창의력을 지탱하는 것이다.—린다 헤일스, 「워싱턴 포스트」, 2006. 10. 27

춤, 연설, 시, 문학 같은 표현은 근본적이다. 건축은 우리가 인정하고 싶은 것 이상으로 모범적인 담론이다. 왜냐하면 인간의 주거는 근본적인 것이기 때문이다. 격리된 건물들이라는 의미의 건축 개념이 매우 어리석은 이유가 여기에 있다.—아네테 슈피로, 「파울루 멘데스 다 호샤의 작품과 프로젝트」, 스위스 줄겐: 니글리, 2002

건축은 인간의 삶을 지탱하는 근본적인 상황과 관련된 절박한 문제들에 아주 명확하게 반응을 보여야 한다.—파울루 멘데스 다 호샤, 「파울루 멘데스 다 호샤 50년」, 뉴욕: 리졸리, 2007

건축은 지식의 담론이다. 나는 사람들이 욕망할 수 있을 거라고 내가 생각하는 것을 계획한다—나는 내가 계획하는 건물을 머릿속에 그리면서 짜릿한 흥분을 느낀다. 나는 나 자신을 위해서 설계하지 않는다. 나는 내 자신의 욕구를 따르지 않는다.—파울루 멘데스 다 호샤, 「디

자인 붐」과의 인터뷰, 2007. 7. 2

"균형을 찾기 위한 끊임없는 탐구"

문제는 항상 똑같지만, 그러나 해답은 시대에 반응해야 한다. 우리는 감정에 휘둘렸다는 양심의 가책을 느끼곤 한다. 그것은 칼날 위에서 벌이는 싸움이다. 왜냐하면 감정을 억제하는 것은 어리석은 일일 것이기 때문이다. 오히려 우리는 감정을 효율적인 도구로 이용해야 한다. 이것은 딜레마이다! 감정이 없이는 작업을 전혀 할 수 없다. 그렇지만 동시에 우리는 감정을 지배해야 한다. 감정이 프로젝트나 계획에 대한 집중력을 와해시킬 수 있기 때문이다. 그것은 균형을 찾기 위한 끊임없는 탐색이다.—아네테 슈피로, 「파울루 멘데스 다 호샤의 작품과 프로젝트」, 스위스 줄겐: 니글리, 2002

미래

우리는 미래에 희망을 가져야 한다. 수백만 년 동안 우리는 인간의 인간적인 차원을 건축해오고 있다.……은신처가 문제의 토대이다. 건축가들은 인류의 미래에 대한 토론을 벌여야 한다.—린다 헤일스, 「워싱턴 포스트」, 2006. 10. 27

다 호샤는 국립 상파울루 박물관을 개축하면서 외벽(오른쪽 사진)은 그대로 두고 내부에 집중했다. 그는 중앙과 측면의 뜰 위에 유리지붕을 얹었다(왼쪽 사진과 맞은편 페이지의 위쪽 사진). **맞은 편 페이지 사진**: 그는 전시 공간을 재구성했고 2층에 금속제 연결 통로를 만들었다.

건축은 본질적이다 내 삶에서 가장 흥미로운 부분은 사무실이 도시적 가치와 연관되어 있다는 것이다.……이것은 형식적인 것을 넘어선 완전히 다른 차원의 기여이다. 어느 편인가 하면, 형식적인 것은 사라질 수 있다. 내가 하고자 하는 것은 형식적인 것을 더 광범위한 개념 속에 가라앉히는 것이다. 그것이 관행을 완전히 바꾸어버렸다.……나는 완전히 한바퀴를 돈 것이다. 나는 작품의 크기 때문에, 프로그램의 성격 때문에, 또는 도시에서의 그것의 위치 때문에 어떤 종류의 기여를 할 기회를 가진다. 작품이 명쾌하게 정치적인 것이 되어버린 것이다.—톰 메인, 제프리 이나바와의 인터뷰, 「볼륨」 13호, 2007

나는 조사에 참여하고 조사를 요구하는 건축을 추구하고 있다. 건축은 수동적, 장식적인 것이 아니다. 본질적인 것이다.……건축은 우리에게 직접적으로 깊은 영향을 미친다. 건축은 일상생활의 행동과 질에 영향을 미칠 잠재력을 지니고 있다.—톰 메인, 프리츠커상 수상 연설, 2005

건축이 사회적, 문화적, 정치적, 윤리적 흐름에 관여할 때, 그것은 우리가 세상을 보는 방식과 세상 안에서의 우리의 자리를 변화시킬 잠재력을 가진다.—톰 메인, 모포시스 제공, 2007. 2

톰 메인 THOM MAYNE

출생 1944년 1월 19일, 미국 코네티컷 주 워터버리

교육 건축석사, 하버드 대학교 설계대학원, 매사추세츠 주 케임브리지, 1978; 건축학사, 남가주 대학교 건축학교, 로스앤젤레스, 1968

사무실 2041 Colorado Avenue, Santa Monica, California, 90404
전화 : +1 310-453-2247, 팩스 : +1 310-829-3270
www.morphosis.net

주요 프로젝트 웨인 L. 모스 미국 법원, 오리건 주 유진, 2006; 샌프란시스코 연방 빌딩, 캘리포니아 주, 2006; 캘트란스 제7지구 본부, 로스앤젤레스, 2004; 다이아몬드 랜치 고등학교, 캘리포니아 주 포모나, 1999; 6번가 주택, 로스앤젤레스, 1988

❝❝나는 비활성 물질을
가지고 작업한다.
내가 그것을 조직한다.❞❞

**샌프란시스코 연방 빌딩,
2006**
이 대형 정부건물은 1994년에 시작된
총무청의 디자인 엑셀런스 프로그램의 일부였다.

샌프란시스코 2006
샌프란시스코 연방 빌딩

우리의 일차적 관심은 자연자원을 영리하게 이용하면서 도시의 주위환경과 일터의 성격, 그리고 이 건물을 이용하는 사람들의 경험을 근본적으로 변화시킬 수 있는 기능 위주의 건물을 만드는 것이었다.—톰 메인, 모포시스 제공, 2007. 2

이 빌딩(샌프란시스코 연방 빌딩)의 외피는 역동적이고 신진대사적인 피부를 이용하고 있다. 하이브리드 자동차처럼 이 건물은 자연 환기를 이용함으로써 전기 사용량을 70% 줄이게 되었다. 미국의 고층건물로는 최초의 사례가 되는 셈이다. 우리는 이 프로젝트에서 2차원 드로잉을 사용하지 않았다. 3차원 모델을 사용함으로써 초기의 개념에서 건축 서류까지 연속성을 유지할 수 있었다.……3차원 모델은 우리에게 소형 모델에서 대형 모델 사이를 계속 왔다갔다 할 수 있도록 해준다.—톰 메인, "안내 모델 제작에 관한 말", AIA 컨벤션, 2005. 5

자연보호적으로 보이는 것의 의미 샌프랜시스코 연방 빌딩은 냉난방장치 대신 자연환기를 이용한 미국 최초의 사무실 빌딩이었다. 메인은 환경적으로 책임 있는 건물이 되기 위해서 외관도 환경보호적으로 "보여야" 한다는 요구를 받아왔다.

샌프란시스코 연방 빌딩의 남동쪽 파사드의 외관(위의 사진과 맞은편 페이지의 사진)

> **환경보호적 건물이 어떤 모양인지는 사실 아무도 모른다.**

개인적으로 나는 건물이 환경보호적으로 보이느냐 보이지 않느냐가 중요한 것은 아니라고 생각한다. 물론 예외는 있다. 학교 건물이나 특별히 그렇게 보여야 하는 건물이 있기는 하다. NOAA 건물(매릴랜드 주 수이틀랜드의 국가 해양대기청 건물)이 그런 경우였다. 이 건물의 경우 우리는 건물과 환경 간의 관계가 어떤 교훈을 주기를 바랐다. 유럽에서는 이것이 통상적인 요소가 되어 있다.

그것은 소방규칙 또는 건축규칙과 비슷하다. 그린 빌딩(green building)의 모양이 어떤 것인지는 사실 아무도 모른다. 나는 우리가 더욱 다른 모양을 보게 될 것이라고 생각한다.……설계는 그것을 움직이는 힘이 드러난 것이다. 그러나 건물은 변화를 반영하는 문제에서 소비 전자제품처럼 빠르지 못하다. 건물에 대해서 사람들은 더욱 보수적이다.……우리는 어떤 건물을 좋아할 수도 싫어할 수도 있다. 그러나 우리는 그 건물과 그 건물의 목적, 그리고 그 건물이 처한 환경적, 문화적, 정치적 상황 간의 관계를 이해해야 한다. 우리는 그것이 기준에 위배되기 때문에 몇몇 반현대적 편향을 극복했다.……어떤 건물이 환경보호적으로 보이느냐 그렇지 않느냐는 중요하지 않다. 문제가 되는 것은 제곱미터당 BTU의 양, 1인당 또는 제곱미터당 탄산가스의 양이다. ─톰 메인, 테드 스몰리 보원과의 인터뷰, 「건축 기록」, 2007. 11

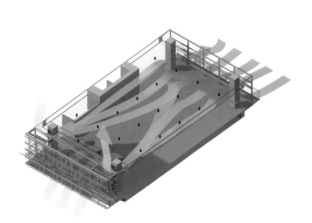

"저 스테인리스 강철 클래딩(피복)이 공기의 이동을 가능하게 해줌으로써 1년에 냉난방 비용 50만 달러를 절약해준다." ─줄리 V. 이오비니, 「뉴욕 타임스」, 2004. 5. 17

"네 할 일을 하라"

나는 좀 수줍은 사람이다. 사적인 사람이고, 하고 싶은 말을 하는 사람이다. 나는 외교적인 사람이 못 된다. "어떻게 하면 유명해질 수 있나요?" 이런 질문을 종종 받는다. 나는 대답한다. "아, 그건 걱정할 필요가 없어요. 그런 일은 일어나지 않을 테니까요. 당신 일이나 하세요."……이 말은 우리 어머니가 나의 형과 나에게 하시던 말씀이다. "먼저 네 할 일을 해라. 돈 걱정은 말아라. 그밖의 다른 일도 걱정할 것 없다. 그냥 네 일이나 해라." 이 말의 뜻은 개성을 구태여 표현하려고 애쓸 필요가 없다는 것이다. 그것은 자율적 영역이며 당신의 일이나 건축과는 아무 관계가 없다는 것이다. 하지만 자본주의적 경향 같은 것에는 어느 정도 저항해야 한다.……그들(명성을 좇는 사람들)은 이런 일에 그렇게 걱정할 필요가 없다고 나는 생각한다. 이 개성의 문제가 건축에 유용하다고는 생각하지 않는다.……톰 메인, 오르한 에이유스와의 인터뷰, architect.com, 2007. 7. 20.

메인과 반항아라는 딱지

"반항아(bad boy)"라는 말은 3년 전쯤에 「메트로폴리스」의 기사에서 나왔다. 그 친구는 긴 기사를 쓰려고 했고 그래서 그는 나에게 4일 동안 나와 함께 머물 수 있겠느냐고 물었다. 회합이나 고객을 만나는 장소 등에 줄곧 나를 따라다니겠다는 것이었다. 나는 수락했다. 그는 24시간 나를 따라다녔다. 누군가가 내게 물었다. 몇 년에 걸쳐서 내가 개인적으로 변했느냐는 것이었다. 나는 그랬다고 대답했다. 나는 훨씬 더 사적인 사람이었다고, 내 성향은 시인이나 음악가, 난해한 소설을 쓰는 사람, 그러니까 조이스 같은 사람이었다고 했다. 나는 대략 이런 말을 덧붙였던 것 같다. "20세 이전의 나라면, 나와 얘기하려는 고객을 찾기 어려웠을 것이다. 그들은 한결같이 '거만한 자식'이라고 나를 매도했을 것이다." 그러자 그는 그것을 그대로 썼다. 사실 내 말은 다소 과장된 것이었다. 나는 논점을 분명히 하려고 가끔 과장법을 즐겨 사용한다. 이야기를 지나치게 단순화시키는 것이다. 그 말은 수사적이었는데 그는 그 말을 곧이곧대로 옮겼다. 소위 글을 쓴다는 사람들 가운데 자기가 무엇을 쓰고 있는지 제대로 알고 있는 사람이 매우 드물다는 것을 나는 알게 되었다. 그들은 다른 사람들이 쓰는 것을 보고 그것이 두 번 되풀이되면 진실이라고 생각한다. 마드리드의 3개 신문이 나를 반항아(el

chico malo)라고 했다.……나를 어떻게 부르든 나는 일종의 행동과 연관되어 있다. 나는 무언가를 짓는 일에 관심이 있다. 그 일이 일어나도록 하는 데에 흥미가 있다. 건축가는 강인해야 한다. 그렇지 못하면, 직업을 잘못 택한 것이다. 건축은 예술적인 것과 사회적인 것의 교차점이라고 할 수 있다. 정치인이라면 당신은 강인해야 한다. 그렇다고 당신을 반항아라고 하지는 않을 것이다. "현실을 다룬다"고 할 것이다. 나는 건축업자, 건축기술자들을 상대한다. 그들을 제대로 다루지 못하면, 강인하지 못하면, 그들에게 휘둘리게 되고 그러면 건축은 없다. 나이가 들면 더 편안해지고 긴장이 풀린다. 젊었을 때는 더 열심히 싸우게 마련이다.――톰 메인, 블라디미르 파페르니와의 인터뷰, paperny.com, 2005. 4

젊었을 때 나는 자율의 개념에 매료되었고 그래서 건축을 현재의 상태에 저항하는 것이라고 보았다. 25세 때까지 나를 한 번 만난 고객을 다시는 나를 만나려 하지 않았다. 그들은 "거만한 개자식"이라고 나를 욕했다. 내가 나의 뜻을 관철시키기 위해서 최선을 다했기 때문이었다.――아서 러보우, 「뉴욕 타임스」, 2005. 1. 16

나는 나의 방식대로 일하려고 고집했다. "반항아" 딱지가 붙은 것도 이와 무관하지 않다. 내가 일반적 기대에 어긋나는 행동을 했기 때문이다.――톰 메인, 「라이프 앤드 타임스」, KCET-TV, 2006. 5. 1

나의 고객들이 나를 문제해결사라고 부르곤 한다고 나는 생각한다. 나는 다른 사람들의 의견에 동의하는 편이 아니라 어떤 관점을 표현하는 편이다. 나는 고집스럽고 끈질기다. 그렇지 않았다면 이 일을 해내지 못했을 것이다. 이제 나는 다소 성장했다. 그래서 타협의 중요성을 이해한다. 건축은 집단적인 행동이다.――로빈 포그레빈, 「뉴욕 타임스」, 2005. 3. 21

나는 공격받을 때도 지극히 편안하게 느낀다. 나는 바로 일에 착수한다. 그런 일에 익숙해져 있다. 나는 상을 타려고 일하지 않는다. 나는 내 프로젝트를 위해서 일하며 이곳의 모든 사람들은 우리가 언제 성공하고 성공하지 못하는지를 알고 있다. 나는 다른 사람들의 인정을 바라지 않는다.――톰 메인, 「라이프 앤드 타임스」, KCET-TV, 2006. 5. 1

메인이 지은 캘트런스 빌딩(맞은편 페이지)의 경우, 창문들이 거의 보이지 않지만, 실제로는 1,000개 이상의 창문이 있다. 건물의 서쪽 편(맞은편 페이지 위 사진)에 있는 빛과 온도 감지기들이 아침에 창문들을 자동적으로 닫거나 연다. 건물의 동쪽 편에 있는 비슷한 감지기들이 오후에 그 임무를 이어받는다.

로스앤젤레스 2004
캘트런스 제7지구 본부

매우 매혹적인 프로젝트이다. 사람들이 도로를 만든다. 도로를 설계하고 건설한다. 첫단계부터 작업을 시작하는 것은 좋은 일이다. 이곳은 로스앤젤레스 시청의 맞은편이다. 이 사람들은 로스앤젤레스를 로스앤젤레스로 만드는 기본시설을 만들었다. 좋든 싫든 로스앤젤레스는 20세기의 전형적인 도시이다. 그래서 우리는 나의 흥미에 완전히 부합하는 건물을 지을 수 있었다. 이 건물은 미완성이다. 도로의 발달을 표현하

는 건물이니만큼 완공이 있을 수 없다. 이 건물은 단단한 재질로 되어 있다. 콘크리트와 그들이 사용하는 똑같은 재질이다. 그리고 모두가 기본시설이다. 도로의 인프라와 건물의 인프라라는 개념이 나의 흥미와 완전히 부합되었다. 이제 우리는 빛을 매개물로 사용하고 있다. 표면은 실제로 빛이다.—톰 메인, 찰리 로즈와의 인터뷰, 「찰리 로즈」, 2005. 12. 2

메인이 메인에 대해서

나는 이 세상을 완전하게 만드는 데에는 흥미가 없다.……그보다는 그 불완전한 세상에 기여하는 데에, 때로는 보존하는 데에 관심이 있다.—톰 메인, 「A + U: 건축과 도시 계획」 특별호, 1994. 6

나는 작품의 외관에 대해서는 그다지 관심이 없다. 내가 보기에 그것은 이미 독립적인 실체로 거기 있는 것이다. 혼자서 거기 있는 것이다. 따라서 어떤 면에서는 작품이 완성되고 나면 나는 보는 사람일 수밖에 없다. 여러분이나 마찬가지로 나는 그것을 바라볼 뿐이다.—톰 메인, 울-우르바나-샴페인 건축학교에서 한 강연, 1992. 12. 12

응을 조사하고 또 조사한다.……형태건 용법이건 간에 교배의 영역을 타협하는 건축을 탐색하기 위해서, 우리의 작업 기초를 이루는 모순되는 현실을 타협하기 위해서 우리는 중간 상태에 조율한 상태를 유지한다.……—톰 메인, 「프레쉬 모포시스, 1998-2004」, 뉴욕: 리졸리, 2006

우리는 불연속성, 무작위성, 개인의 긴장과 걱정의 연계에서 나온 각각의 조사를 중시하는 경향이 있다.……아마 우리의 작업에서 유일한 상수(常數)는 끊임없는 변이(變異)였을 것이다.—톰 메인, 「모포시스」, 런던: 파이던, 2003

> ◀◀ 건축은 시간과 인내력을 요구하는 분야이다.
> 만약 어떤 사람이 복잡한 소설을 쓰는 데에 충분한 세월을 소비한다면,
> 그는 언젠가는 존경받을 만한 하이쿠를 지을 수 있을 것이다. ▶▶

우리는 무엇인가 주목할 만한 일을 하고 있을 때, 더욱 큰 관심을 끄는 일을 하고 있을 때, 어떤 일에 성공을 거두고 있을 때, 새로운 세계를 발견하고 있을 때 흥미를 느끼게 된다. 그런 면에서 나는 야심적이다. 그것이 야심인지는 모르지만.—톰 메인, 제프리 이나바와의 인터뷰, 「볼륨」 13호, 2007

건축가로서 내가 흥미를 느끼는 것은 각각의 프로젝트에 색다름을 주려고 노력하는 것이다.……색다른 것을 만들어보려는 이런 노력에도 불구하고 반복의 흔적들이 있기 마련이다.……우리의 작업 전략의 존재 이유는 오직 이 유사성을 극복하는 데에, 무엇인가 새로운 것을 만들어보려는 노력에 있다.……—톰 메인, 후타가와 요시오와의 인터뷰, 「GA 인터뷰」, 2005. 4

모포시스(이상변이)에 대해서 : "중간에 조율한다"

우리는 어떤 문제가 생기면 그것을 오래도록 붙들고 씨름을 한다. 오래 전에 해결된 문제를 다시 놓고 재작업하게 된다.……나는 처음부터 그 과정을 추적할 수 있었는데, 우리의 과정과 관련된 것이 있었다. 그것은 반복과정이다. 우리는 최초의 가정을 의심하고 우리의 최초의 반

우리는 우리의 작업장이 모순과 갈등, 변화와 역동성이 많은 곳이라는 것을 알고 있다. 그리고 그런 점에서 우리는 대화에 기여하는 작품, 현대생활의 불협화음에 또 하나의 가락을 보태는 작품을 만들어내는 데에 관심이 있다. 우리는 그 불협화음을 현실의 음악으로서 듣는다.……

나는 우리의 방식이 그 축축한 코를 모든 것에 들이박는 엘리아스 카네티의 개 같은 작가의 방식과 어느 정도 비슷하다고 생각한다. 만족할 줄 모르며 땅을 뒤집어 엎고는 다시 돌아와서 그 땅을 다시 파는.……—톰 메인의 설계 철학, morphosis.com

지금 요구되는 것은 능력의 한계를 이해하는 것이다. 우리의 작업이 스트라빈스키가 "저항하는 토대"라고 말한 것에 기초해서 이루어지는 일상의 평범한 활동의 일부라는 것을 이해하는 것이다. 건축은 그것을 이루는 요소인 불변의 주어진 것들—장소, 역사, 개성, 우리 행성의 세력들—에 기초하고 있다.……우리는 주도적 가치를 강요하지 않고 모순되는 것으로 보일 수도 있는 재조합과 병렬을 추구한다. 그럼으로써 표현할 수 없는 것을 인식될 수 있게 한다.—톰 메인, 「A + U: 건축과 도시 계획」 특별호, 1994. 6

포모나 1999
다이아몬드 랜치 고등학교

대다수의 사람들은……이 학교를 사립학교라고 생각한다.……개념을 추구하도록 허용될 때 우리가 어떤 것을 아주 다른 각도에서 볼 수 있다는 것은 건축의 힘을 입증하는 증거라고 나는 생각한다. 내가 이 프로젝트에 매우 흥미를 느낀 것은 무엇이 건축이고 무엇이 건축이 아니냐는 개념으로 되돌아간다는 점이었다. 학교를 수용하는 것은 건축이 아니었다. 그것은 교육에 참여한다는 상징적 가치를 가진 건축의 개념이었다.—톰 메인, 찰리 로즈와의 인터뷰, 「찰리 로즈」, 2005. 12. 2

다이아몬드 랜치 고등학교는 상징적이고 물리적으로 활동적인 건축적 언어를 통해서 그 학교 학생들에게 경험적으로 이야기한다. 조각조각으로 나뉜 두 횡렬 형태들이 지질학적 단층선처럼 산허리의 표면을 가른 긴 중앙 "협곡", 즉 도로 양쪽에 빽빽하게 늘어서서 캠퍼스가 풍경을 바꾸고 있다. 건물들의 각진 벽과 비스듬히 잘린 형체가 비규범적이지만, 구분될 수 있는 형식적 언어, 생성 과정에 있는 일련의 불연속적이면서 고도로 질서가 잡힌 형태들을 만들고 있다. 외팔보처럼 튀어나온 형체가 허공을 찌르고 지붕은 움직이는 지각판처럼 접히고 구부러진다. 좁은 입구 계단의 꼭대기에서 벽이 갈라지면서 뜻밖에 넓은 보행로가 나타나는 것처럼 보인다. 이 보행로는 학교의 공동체 의식을 보여주면서 동시에 학교가 자리잡은 교외의 환경과 완전한 조화를 이루고 있다. 이 내부의 거리는 다양한 요소들이 우연한 상호작용을 일으키고 도시 문화의 에너지가 가장 자주 발견되는 뉴욕이나 인근의 로스앤젤레스 같은 대도시의 밀집된 공간에서 발견되는 것과 비슷한 격렬한 경험을 마련하기 위한 것이다. 공적공간과 사적공간의 구분이 애매해질 우려가 있다고 걱정한 우리는 건물과 대지 사이에 중간 영역을 두려고 노력했다. 수동적인 대지와 능동적인 건물이라는 근본적인 형태적 대립을 극복하려고 시도했다. —톰 메인, 「모포시스」, 런던: 파이던, 2003

교육 : "영감을 주는 탐구" 교육은 다양한 우리 사회의 사회적 접착제와 같은 것이다. 나는 건축이 사고의 자유, 창의성, 호기심을 일으키는 환경을 조성함으로써, 또 그 자체가 연구의 주제가 됨으로써 교육 활동에 깊숙이 관여할 수 있다고 생각한다.

▲▲ 나는 낙관적인 것을 원했다.…… 내 생각은 오로지 그 건물이 교육과정의 일부가 되었으면 하는 것이었다. ▲▲

영감을 주는 탐구야말로 우리 젊은이들을 교육하는 우리의 책임의 중심에 있다고 할 수 있다. 건축은 탐구를 격려하고 호기심을 자극하는 엄청난 잠재력을 지니고 있다. 건축가인 우리는 가장 실용적 건물을 짓는 데에 주력해야 한다. 그러나 우리가 만약 가상의 영역, 즉 학생들의 정신이라는 영역을 포착하는 데에 실패한다면, 우리는 창의력과 상상력, 우리 젊은이들의 태생적 권리인 낙관주의를 점화시키지 못하는 또 하나의 범용한 건물을 짓고 말 위험에 빠지고 만다. —톰 메인, 「모포시스」 제공, 2007. 3

나는 30년 동안 가르쳤다. 가르치는 일을 그만둔다는 것은 상상도 할 수 없는 일이다. 하지만 실제로 나는 그 일을 더 적게 하고 있고 그래서 아쉽다. 누군가를 가르칠 때 우리는 다시 시작한다고 나는 생각한다. 옛날로 되돌아가서 자신에게 가장 단순한 질문을 던진다는 것, 건축이 무엇이며 건축을 시작한다는 것이 또 건축을 끝낸다는 것이 무엇을 뜻하는지 자문하는 것, 이 모든 과정을 거친다는 것은 지극히 건강한 일이다. 그것은 또한 당신을 젊게 유지시켜준다. 나는 아직도 28, 29세라고 생각한다. 늘 25세에서 35세까지의 젊은이들과 자리를 함께 하기 때문이다. —톰 메인, 찰리 로즈와의 인터뷰, 「찰리 로즈」, 2005. 12. 2

다이아몬드 랜치 고등학교의 부지는 경사가 심했으므로 어떤 사람들은 그런 부지에 건물을 짓는 것은 "불가능하다"고 생각했다. 메인이 프로젝트를 마쳤을 때, 건물을 수용하기 위해서 부지를 깎아낸 것이 아니라 부지가 건물과 조화를 이루었음을 알 수 있었다.

설계는 **정치적 협상**의 한 형태이다.

유진 2006

웨인 L. 모스 미국 법원

우리는 유리상자를 지을 생각이다. 그것은 방어전략의 필요성을 인정하려 하지 않는 법관을 상징하는 건물이 될 것이다. 사실 이 건물은 새로운 개방성을 고무하는 건물이 될 것이다.—윌리엄 L. 해밀턴, 「뉴욕 타임스」, 2001. 10. 25

우리의 작업방식이 더욱 명백해지고 투명해짐으로써, 그것이 우리의 관계의 토대가 되었고 그(미국 지방법원 판사 마이클 호건)로 하여금 그가 보여준 많은 선입관을 조정할 수 있도록 해주었다. 그 과정의 일부로서 그는 내가 찬양하는 프로젝트들을 보고 싶어했다. 우리는 파리에서 만나 21세기 법원 건물 설계와 관련된 문제들을 토론하면서 1주일을 보냈다. 우리는 장 누벨이 지은 낭트의 법원과 리처드 로저스가 지은 보르도의 법원을 둘러보았다. 이런 과정을 거치면서 그는 우리와 함께 미래의 작품을 탐구하는 일에 동참할 수 있게 되었다. 즉 그 프로젝트가 어떤 것이 되리라는 것을 모르는 채, 질문하고 내재된 잠재력을 껴안는 조기 단계의 중요성을 이해하게 된 것이다.—톰 메인, 후타가와 요시오와의 인터뷰, 「GA 인터뷰」, 2005. 4

이 작업은 우리가 수행한 가장 특이한 프로젝트였을 것이며 또한 우리와 같은 회사가 맡은 가장 괴상한 프로젝트였을 것이다. 법원의 성격을 재정의하는 작업이었으니까 말이다. 그러나 고객인 호건 판사는 매혹적인 인물이었다. 믿거나 말거나 이 건물은 일련의 관습에 기초하고 있고 그 관습들을 계승하고 있다. 이 건물은 사람들을 주층으로 인도하는 계단으로 시작된다.……그것은 개념의 이동을 상징한다. 우리의 개념이 역사를 관통하면서도 계속성을 유지한다는 것을 상징하고 있다.—톰 메인, 찰리 로즈와의 인터뷰, 「찰리 로즈」, 2005. 12. 2

강철 띠들이 오리건 주 미국 법원 건물을 감싸고 있다(위와 맞은편 페이지 사진). 메인에게 21세기 법원 건물을 짓는 것은 예외적인 기회였다. **위 사진 :** 법원의 중앙 홀

설계와 기술 짧은 시간에 만들 수 있는 디지털 모델을 사용함으로써 우리는 프로그램, 도시, 인간적 요소 등과 관련된 다양한 변수들에 따른 수많은 대안적 모델들을 만들어낼 수 있었다.……우리는 두 달이라는

기간에 아마 34개 또는 35개의 모델을 만들었을 것이다. 이렇게 함으로써 우리는 수많은 옵션을 평가할 수 있었다.……이 프로젝트에서 우리는 연결의 유연성을 원했다. 우리는 이 유연성을 우리 법원의 우상적 지위를 나타내는 표면으로 표현했다. 우리는 같은 수단을 사용하면서 이 표면을 시험하고 또 모형을 만들어보았다. 이번에도 우리는 디지털 모델을 만들었다. 손으로는 만질 수 없는 모델이었다.……우리는 이런 종류의 모델을 매일 저녁 만들 수 있다. 이런 방법을 씀으로써 우리는 크고 작은 부분을 마음대로 신속하게 뜯어 고칠 수 있다. 우리의 두뇌는 작업의 기계적 측면보다 훨씬 더 빨리 움직일 수 있기 때문이다.—톰 메인, "인포메이션 모델 만들기에 대해서", AIA 콘벤션, 2005. 5

대중과 건축 내가 실감하게 된 건축 문제들 가운데 하나는 건축이 관행이라는 것이라고 나는 생각한다. 대중은 다소 보수적인 감각을 가지고 있는 듯하다. 반면에 사람들은 텔레비전 수상기나 자동차, 또는 헤드폰의 경우에는 "현대적 디자인"이 나와도 그리 신경을 쓰지 않고 잘 받아들이는 것 같다. 나는 우리가 역사 같은 것을 가지고 있지 않다고 생각한다. 우리는 아직도 건물들을 일종의 의사(擬似) 역사로 보고 있다. 유럽에서는 어떤 건물을 지어도 문제가 되지 않는다. 이탈리아에 있다면, 거기에는 너무 많은 역사가 있다. 그래서 현대적인 빌딩을 지어도 아무 문제가 되지 않는다. 그런 빌딩을 오래된 건물에 붙여 지을 수 있다.—톰 메인, 찰리 로즈와의 인터뷰, 「찰리 로즈」, 2005. 12. 2

대다수의 사람들은 무슨 이유에서인지 건축에 관한 19세기 건물과 유사한 것을 원한다. 하지만 지금은 19세기가 아니다. 우리는 오늘날의 건물을 지어야 한다. 건물은 어디까지나 우리가 누구이냐, 우리가 어떻게 사느냐와 관계가 있는 법이다. 나는 우리가 변화의 시대에 살고 있다는 점을 중시하고 싶다. 모든 것이 역동적이다. 우리는 사실 그것을 건축의 중요한 소재로 삼는다. 그런 변화를 영속화한다고 할까. 우리는 어떤 아이디어를 얻곤 하는데 그것은 우리가 누구인가를 보여주는 스냅 사진 같은 것이다. 그런 아이디어들이 작품 속에 반영되는 것이다.—톰 메인, 「라이프 앤드 타임」, KCET-TV, 2006. 5. 1

◀◀ 모든 면에서
획기적인 프로젝트. ▶▶

6번가 주택의 경우, 건축가는 일
종의 도시 고고학자가 되어 현
존하는 다양한 인공물들을 현대
적 공간에 조화시켰다. **맞은편
페이지 사진, 위로부터 :** 모포시
스 회의실에서 모임을 가진 메인;
2006년 빈 응용미술대학의 울프
프리 스튜디오에서; 샌타 모니카
에 있는 모포시스 가게에서 모형
을 보면서.

로스앤젤레스 1988
6번가 주택

이 주택의 개념적 탄생은 산업적 인공물들과 도시의 잔해들을 보존해서(일종의 현대적 고고학이다) 그것들
을 집안으로 다시 끌어들인다는 데에 있었다. 이 사용된 기술의 버려진 파편들이 엉뚱하게 사용되고 있다.
그것들이 비율을 왜곡시키고 형태적 기대를 깨버리며 새로운 기능을 주장하고 나선다. 그것들이 넝 세퀴튀
르(불합리한 추론)로, 또 프로젝트에 전체적인 일관성을 주는 연결조직으로 작용한다. 이것은 즉시 전체 구
조에 대한 공격으로 이어진다.……내부공간의 핵은 주층을 가르는 둥근 창으로 정의된다. 주실이 거대한
채광창을 통해서 위로부터 조명되고, 아래층에는 샤워기를 둘러싸고 있는 유리 입방체가 자리잡는다. 생활
공간의 초점 겸 중심부 역할을 하는 이 독특한 샤워기는 집은 점잖아야 한다는 종래의 개념을 뒤엎고 위생
과 육체의 기능을 변방으로 밀어내는 것이 아니라 집의 중앙에 위치시킨다. 투명하면서 진지한 샤워기 입방
체는 가시성과 비가시성, 프라이버시와 세속성에 대한 비딱한 코멘터리의 역할을 수행한다. —톰 메인, 「모
포시스」, 런던: 파이던, 2003

60대의 아이 : "영원한 아웃사이더"

모로코 마라케치라는 작은 도시에 갔던 일이 생각난다. 황량한 사막 한가운데 자리잡은 이 도시의 허름한 집에서 한 작은 소년이 최신의 워크맨을 들고 나왔다. 내가 가까이 다가가자, 그가 듣고 있는 음악이 내 귀에도 어렴풋이 들렸다. 믹 재거와 롤링 스톤스의 음악이었다. 매우 흥미로웠다. 믹 재거가 말하는 것이 우리가 하는 어떤 일보다도 사물을 변화시키는 데에 좀더 큰 영향력을 행사하고 있을지도 모른다는 생각이 들었기 때문이다.—톰 메인, 울-우르바나-샴페인 건축학교에서 한 강연에서, 1992. 12. 12

나는 특히 이 나라에서는 젊은 건축가가 성장하면서 보다 개념적인 것에서 우리의 정치적, 문화적, 사회적, 경제적 세계와 더욱 관련된 것으로 관심을 돌리게 된다고 생각한다.—톰 메인, 찰리 로즈와의 인터뷰, 「찰리 로즈」, 2005. 12. 2

젊은 건축가 시절에 나는 야심이 없었다. 나는 건축에 대해서 매우 순진하고 순수한 개념을 가지고 있었다. 처음 시작할 때 나는 믿기 어려울 정도로 정치적으로 순진했다. 나는 내 관심에 따라서 움직였고 나의 관심사는 현실세계와는 아주 동떨어진 것이었다.……나는 30대 후반까지 도형과 작은 프로젝트에 집중하면서 이런 태도를 어느 정도 유지했다. 이 무렵 건축이 지역적이고 보다 지리적으로 지배되는 문화에서 세계적인 문화로 변화했다. 당시 나는 저지 코신스키의 「거기 있음(Being There)」에 흥미를 느꼈다. 그 책은 존재에 관한 짧은 소설이었다. 우리가 건축가로서 소위 실재 세계에 존재하지 않고 일종의 비밀결사 속에서 살고 있다는 인식이 퍼져 있었다.

나는 40세가 다 될 때까지 중간 크기의 프로젝트를 하면서 여전히 그 가상세계에서 나오지 못하고 있었다. 아직 "현실세계"로 진입하지 못하고 있었던 것이다. 그것은 어린 시절이 연장된 것과 비슷했다. 자신만의 세계에 살면서 그것을 편안하게 생각하고 있었던 것이다. 오늘날의 학생들은 그와 정반대의 환경에서 살고 있다. 그들은 학창시절에 이미 현실정치를 충분히 인식하며 눈앞의 성공에 흥미를 느끼는 것 같다. 그러나 그 성공은 외부세계에 의해서 정의되는 성공, 자본주의

> **건축은 우리가 우리 자신을 어떻게 보느냐의 이야기이다. 일상생활에 봉사하는 것이 건축가의 일이다.**

적 성공이다. 나는 옛날을 되돌아보면서 내가 그런 것을 피했다고 느낀다. 우리가 그런 위험을 피할 수 있었던 것은 좌파가 강한 목소리를 내던 미국 역사상 특별한 시기였던 시대 덕분이었다. 그리고 당시는 아주 많은 건축가들이 같은 방식으로 작업을 하고 있었기 때문이다. 우리는 영원한 외부인 같은 성격을 지니고 있었다. 사실 그것이 우리가 진정으로 바란 것이기도 했다.—톰 메인, 제프리 이나바와의 인터뷰, 「볼륨」 13호, 2007

나는 달라지려고 애쓰지 않는다. 그런 것에 나는 전혀 관심이 없다.……믿을 만한 사람, 진정한 사람이 되는 것, 나의 세계, 나의 내면의 세계, 그리고 내 주위의 세계를 통합하는 것, 또 인류를 위해서 가장 어려운 일 가운데 하나를 해야 한다는 것, 그것이 내게는 중요하다. 내가 내 아이들에게 얘기한다면[메인에게는 아들이 둘 있다], 그것이 나의 첫 번째 화제가 될 것이다. 이것이 성장하면서 겪는 어려움이다. 성실한 인격을 유지하는 것, 그리고 자기가 누구인가를 발견하는 것이 중요하다. 믿을 만한 사람이 없기 때문에 우리는 스스로 역사를 만들어가야 한다. 머릿속에서 살면서 내가 누구인지를 알아내야 한다. 그것을 세상과 결합시키는 것, 특히 이 세상, 오늘날의 세상과 결합시키는 것, 그것은 쉬운 일이 아니다.—톰 메인, 찰리 로즈와의 인터뷰, 「찰리 로즈」, 2005. 12. 2

[건축은] 매우 광범위한 분야이기 때문에 그것을 마스터한다는 것은 불가능하다. 하지만 한 가지 좋은 소식은 당신이 그것을 마스터할 수 없기 때문에 결코 끝이 보이지 않는다는 것이다.—톰 메인, 「라이프 앤드 타임스」, KCET-TV, 2006. 5. 1

견디는 힘 견뎌낸다는 마음가짐, 어느 의미에서 자신의 교육으로 되돌아가는 것이 아주 중요하다. 여자로서 당신은 어떤 일을 해낼 수 있다는, 매번 새로운 단계를 밟을 수 있다는 자신감을 가질 필요가 있다. 나는 열심히 일하면 보상이 돌아온다고 믿는다. 그것이 당신에게 자신감을 한층 더 높여준다. 이제 우리는 많은 다른 프로젝트를 할 수 있다. 우리는 엄청난 레퍼토리를 지니고 있기 때문이다. 우리가 어느 의미에서 격리되어 있던 세월은 과학연구에 몰두한 것과 비슷하다. 연구를 많이 할수록, 결과가 더욱 많아지고 좋아진다. 그 세월은 매우 중요한 시기였다. 왜냐하면 대다수의 사람들이 내가 사라졌거나 포기했다고 생각했기 때문이다.—자하 하디드, 앨리스 로손과의 인터뷰, "Frieze Talks", 2005. 10. 21

자하 하디드 ZAHA HADID

출생 1950년 10월 31일, 바그다드; 2016년 3월 31일 타계

교육 디프로마 프라이즈, AA 스쿨, 런던, 1977

사무실 10 Bowling Green Lane, Studio 9, London EC1R oBQ, United Kingdom
전화 : +44 20-7253-5147, 팩스: +44 20-7251-8322
www.zaha-hadid.com

주요 프로젝트 파에노 과학 센터, 독일 볼프스부르크, 2006; BMW 공장 중앙 빌딩, 독일 라이프치히, 2005; 로이스 앤드 로젠탈 현대미술 센터, 오하이오 주 신시내티, 2003; 베르기젤 스키 점프, 오스트리아 인스브루크, 2002; 비트라 소방서, 독일 바일 암 라인, 1994

> 내가 남자라면,
> 그들은 나를 디바라고
> 부르지 않을 것이다.

**비트라 소방서의 그림,
바일 암 라인, 1994**
건축가 초년 시절에 하디드는 자기가
프로젝트에서 하고 싶은 바를 종래의
프리젠테이션―평면도, 단면도, 입면도
등―을 통해서 설명할 수는
없다는 결론에 도달했다.
그림으로 그녀는 자기의 아이디어를
더 분명히 전달할 수 있었다.

여성 건축가로서 일한다는 것

프리츠커상 수상자로 지명된 이후로, 하디드는 성별이 건축에서 어떤 역할을 하는지에 대한 질문을 자주 받아왔다. 그녀의 대답은 그녀답게 솔직하고 영리했다. 여자라는 사실이 건축가로서의 그녀의 지위와 고객과의 관계에 영향을 미칠 뿐 아니라 여성이라는 사실이 그녀의 스타일과 옷차림 등 그녀에 대한 언론매체의 보도에까지 흘러 넘쳐 들어간다고 그녀는 말한다. 그러나 하디드는 또한 프리츠커상 수상자라는 사회적 지위를 이용해서 여성, 특히 학생들에게 스테레오타입을 깨뜨리라고 격려한다.

당신이 다부지면 그들은 당신이 너무 다부지다고 말한다. 다부지지 못하면 너무 부드럽다고 말한다. 온순하지 못하면 너무 뻔뻔하다고 한다. 지구상의 모든 경멸적인 딱지가 당신에게 붙여질 것이다.……건축은 대단한 전문직종이다. 또한 요구하는 것도 대단히 많다. 하지만 끝까지 버티면 여자도 건축계에서 살아남을 수 있다고 나는 생각한다. ─ 조에 블랙커, 「빌딩 설계」, 2004. 2. 2

나는 결코 자신을 롤 모델이라고 생각하지 않았다. 오늘날에도 여성이 건축계에서 일하는 것이 매우 어렵다는 사실이 충격적이기 때문이다.……내가 가르치는 동안 줄곧 최우수 학생 중 일부는 여학생들이었다. 그러나 일단 졸업하면 여자들은 매우 어렵다.……많은 여자들이 팀의 일부로 일한다. 여자가 팀장이 되더라도 기량이 아무리 훌륭해도 여자는 2인자 취급을 당한다. ─ 「Perspecta」 37호, 2005

신시내티에 로젠탈 센터를 개장할 때, 나를 인터뷰한 기자가 하디드의 팀원들이 "내가 남자라도 그들이 여전히 나를 디바라고 부를까?"라는 말이 찍힌 티셔츠를 입고 있다는 얘기를 듣고 그게 사실이냐고 물었다.

내가 남자라면 그들은 분명히 나의 반지나 옷에 대해서 얘기하려 하지 않을 것이다.……여자가 잘하면 뭔가 잘못되었다고 생각하는 사람들이 있다. 그것은 영국적인 현상이다. 여자가 무슨 일을 잘하면, 그 여자의 유전적 구조에 뭔가 잘못된 것이 있다고 떠들어댄다. 내가 런던의 건축가 협회에 갔을 때, 우리는 항상 실패하려고 노력했다. ─ 자하 하디드, 앨리스 로손과의 인터뷰, "Frieze Talks", 2005. 10. 21

내 삶에서 도움을 주었던 것은 어떤 스테레오타입도 없었다는 것이었다. 나는 사실 사람들이 어떤 생각을 하는지, 내가 어떤 옷차림을 해야 하는지, 내가 어떤 처신을 해야 하는지 신경 쓰지 않았다. 사실 그것이 내게 어느 정도 자유를 주었다.……남자의 두뇌와 여자의 두뇌가 다르게 작동한다는 설에 대해서는, 나는 그렇다고 확신한다. 그러나 어떻게 서로 다른지는 말할 수 없다. 그것은 당신의 학교와 부모가 당신에게 주는 자신감의 정도에 좌우되는데 당신이 여자이냐 남자이냐가 엄청난 영

향을 준다. 이것이 여성의 직업생활에 많은 영향을 미친다. 당신이 다른 일을 시도하면, 당신은 다음 단계로 갈 수 있다. 많은 여자들이 그런 일을 하는 데에 도움이 되는 격려와 지원을 받지 못하고 있다. ─ 자하 하디드, 렘 콜하스와의 인터뷰, 「인터뷰」, 2005. 2

명성과 역작용

나 자신을 잘 알려진 사람으로 생각하기는 매우 어렵다. 사람들이 나를 유명하다고 생각하는 것이 나에게는 늘 놀랍다.……나는 개인적으로 유명하냐 아니냐를 매우 심각하게 받아들이지 않았다. 매우 많은 사람들이 너무 명성에 집착하거나 명성을 너무 바라는 나머지 실제로 훌륭한 작업을 한다는 진짜 야심을 이루는 데에 방해를 받는 것을 보아왔기 때문이다. 궁극적으로는 무슨 일을 하느냐가 중요하기 때문이다.……사람들은 항상 명성이 매우 멋진 것이라고 생각하지만 늘 그런 것만은 아니다. 건축은 매우 어려운 작업이기 때문이다.……내 개인적으로는 널리 알려져 있다는 사실이 이점보다는 불이익이 되는 경우가 많다.……오랫동안 그것이 실제로 나에게 피해를 주었다. 나는 건물을 짓지 않으며 지을 수도 없다고 알려져 있었기 때문이다. 그것이 나에게 진짜 위험이 되었다. ─ 「Perspecta」 37호, 2005

순응하기

열 살 때부터 나는 이상한 옷을 입고 다녔다. 이상한 말도 했다. 의도적으로 그랬건, 저절로 그렇게 되었건, 나는 사실 사람들이 받아들일 만하다고 생각하는 것을 따르지 않으려고 했다. 그런데 순응하지 않으면, 늘 편견과 징벌이 따르기 마련이다. 누구나 당신을 어떤 범주 안에 넣으려고 하기 때문이다. 사람들은 당신이 같은 주형에서 만들어지기를, 즉 대량생산품의 하나이기를 원한다. 건축물을 짓는 것도 같다. 그들은 모든 건물이 똑같기를 바란다. 만약 당신이 똑같지 않은 것을 만들려고 하면, 당신은 십자가에 매달리게 된다. ─ 「Perspecta」 37호, 2005

패션

나는 패션을 균형이라고 생각한다. 패션의 희생물이 되지 말고 자기가 편하다고 생각하는 옷, 입으면 즐거운 옷을 입어야 한다.……당신이 옷을 입는 방식으로 당신을 표현하는 것이 중요하다. 나는 특히 이세이 미야케를, 요지(야마모토)를 존경한다. 사실 일본 사람들이 특별히 좋다. 그들은 매우 가볍고 간단한 차림으로 여행을 했다.……사실 여행할 때 우리는 많은 물건들을 지참한다. 그러면 호텔에 투숙해서 옷을 다릴 필요가 없다. 트렁크를 열면 옷이 완벽한 상태로 준비되어 있기 때문이다. 그러니까 이렇게 옷이 많은 것은 한편으로는 실용적이다. 그러나 다른 한편으로는 재미를 위해서라고 할 수 있다. 어떤 옷은 뒤집어 입을 수도 있다. 그러면 옷을 두 벌 가진 것이나 같다. ─ 자하 하디드, 테리 그로스와의 인터뷰, 「신선한 공기」, 내셔널 퍼블릭 라디오(NPR), 2004. 5. 26

그림과 드로잉 하디드의 그림과 드로잉은 아름답고 정확해서 주목을 받아왔다. 그러나 이 건축가에게 그것들은 프로젝트를 수행하는 데에 필요한 기능적으로 중요한 모색이다. 그것들은 실험실에서 하는 실험과 같은 것이다.

나는 화가가 아니다. 그 점을 분명히 해야 한다. 나는 그림을 그릴 수는 있지만, 화가는 아니다. 런던 AA 스쿨 4학년 때 통상적인 프리젠테이션 방식으로는 내가 하고자 하는 것을 설명하거나 모색할 수 없다는 사실을 나는 분명히 알게 되었다. 평면도와 단면도, 입면도만으로는 충분치 않았다. —자하 하디드, 앨리스 로손과의 인터뷰, "Frieze Talks", 2005. 10. 21

드로잉이 이야기를 한다 나는 드로잉을 그리면서 프로젝트를 별난 방식으로 표현하기 시작했다. 나는 건축에 대해서 다른 방식으로 생각했다. 우리가 건축을 표현하기 위해서 가진 도구가 나에게는 유용하지 않다고 생각했다. 그것이 내가 하고자 하는 것의 의미를 보여주지 못했던 것이다. 그래서 나에게 유용한 투사방식을 고안하려고 노력하기 시작했다. 그렇게 시작한 것이 건축을 다른 각도에서 보려고 하는 것이었다.……드로잉이 이야기판이 되었다. 드로잉들이 이 프로젝트의 전생애를 이야기해준다. —"자하 하디드와의 인터뷰", 「El Croquis」 52호, 1991

나의 드로잉은 건물이 아니다. 그것들은 건물에 대한 드로잉일 뿐이다. 그것들은 완성된 제품의 도해가 아니다. 당신은 그것을 텍스트처럼 보아야 한다. 나에게 그것들은 중요한 도구이다. 드로잉이야말로 내가 어떤 것이 올바르게 되었는지, 잘못되었는지를 볼 수 있는 유일한 방법이기 때문이다. —자하 하디드, 후타가와 유키오와의 인터뷰, 「GA 다큐멘트 엑스트라 03」, 1996

나는 늘 그것(건물)이 지어져야 할 개념을 가지고 설계한다. 사람들은 늘 내가 드로잉 그리기를 좋아한다고 생각했다. 그렇지 않다. 이 모든 작업은 경쟁이든 위탁받은 것이든 또는 다른 무엇이든 간에 무엇을 짓는 것이 목적이었다. 우리가 런던이나 뉴욕을 그릴 때만 그것은 순전히 개념적인 것이다. 이 드로잉들은 모두 짓는 것의 불가능성이 아니라 가능성에 관한 것이었다. —"자하 하디드와의 인터뷰", 「El Croquis」 52호, 1991

"그림은 시험과 같은 것이었다" 나는 아직도 흑백 드로잉을 매우 좋아한다. 모두 선이 또렷한 드로잉들이다. 나에게는 그런 드로잉들을 좋아하는 개인적 취향이 있다. 하지만 나는 색이 반드시 장식으로 사용되지는 않는다고 생각한다. 그것은 어떤 면에서 기질을 보여준다. 색은 또한 건축의 질을 드러내준다.……드로잉을 그릴 때마다 그것이 우리가 건물의 재료와 색깔에 관해서 가졌던 견해를 바꿔주었다. 예를 들면, 피크(홍콩, 1983)의 경우, 우리는 사실 그것이 어떻게 완공되어야 할지 몰랐다. 그림과 드로잉을 이용함으로써 우리는 서서히 그러나 확실히 분명한 견해를 발전시킬 수 있었다. 그림은 시험 같은 것이었다. —자하 하디드, 앨빈 보야르스키와의 인터뷰, 「자하 하디드: 플래니터리 아키텍처 2」, 런던: 건축협회, 1983

표현 그것들(그림들)은 결코 표현으로 그리는 것은 아니었다. 그것들은 프로젝트의 질과 더 관련된 것이었다.……또한 고형재질을 가지고 어떻게 투명성을 이룩하느냐의 문제가 있다. 이것은 오직 그림을 통해서 이루어진다. —자하 하디드, 후타가와 유키오와의 인터뷰, 「GA 다큐멘트 엑스트라 03」, 1996

"세계(89도)"에 대해서 하디드는 이렇게 말했다. "드로잉은 다른 방식으로는 드러나지 않는 측면을 드러내주는 렌즈이다. 그것은 사물이 어떻게 변하고 진화하고 봉사할 수 있는가를 이해하기 위한 방법이다. 분명한 방법으로 어떤 형태를 결정화하기 위한 것이 아니라 그것이 무엇이 될 수 있는가를 입증하기 위한 것이다." —마틸다 맥퀘이드 편, 「건축을 마음속에 그린다: 근대미술관의 드로잉」, 뉴욕: 근대미술관, 2002

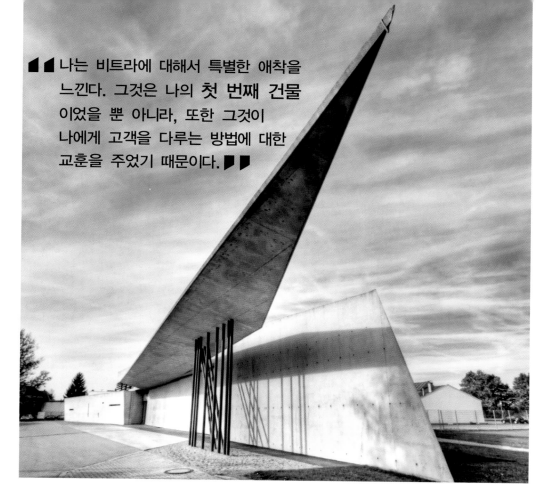

> ▟▟ 나는 비트라에 대해서 특별한 애착을 느낀다. 그것은 나의 첫 번째 건물이었을 뿐 아니라, 또한 그것이 나에게 고객을 다루는 방법에 대한 교훈을 주었기 때문이다. ▛▛

바일 암 라인 1994

비트라 소방서

우리는 항상 실제로 변형될 수 있는 건물, 낮과 밤에 따라서 모양이 변하는 것이 아니라 기능이 변할 수 있는 건물에 관심이 있었다. 그런데 우리는 처음에 그런 건물은 소방서가 제격이라고 생각하고 설계하려고 했다. 우리의 생각은 하나의 공간 주위의 모든 공간들에 기능이 집중되는 건물을 구상하는 것이었다. ─자하 하디드, 후타가와 유키오와의 인터뷰, 「GA 다큐멘트 엑스트라 03」, 1996

우리의 생각은 우리 시설에 봉사하는 공간을 만드는 것이었다. 의자 박물관과 소방서가 전부였다. 종국에는 건물이 되고 외부를 막는 방패 역할을 하는 에지(edge)를 구상했다. 그것이 건물의 위치를 결정하게 되었다. ─자하 하디드, 후타가와 유키오와의 인터뷰, 「GA 다큐멘트 엑스트라 03」, 1996

비트라 소방서는 하디드가 처음 지은 프로젝트였다. 이 건물은 부분적으로 일련의 그림들(위와 맞은편 페이지)에 기초해서 지어졌다. 이 소방서는 원래 공장 건물로 지은 것이었다. 그러나 제1소방구역이 다시 책정되면서 비트라는 소방서의 의자 컬렉션의 일부를 전시하는 전시장이 되었다. **위:** 뒤에서 본 소방서는 대양을 운항하는 여객선의 뱃머리와 유사한 모양을 하고 있다.

비트라는 또한 시계처럼 정확했다. 그것은 완벽에 근접해야 했다. 이 건물은 또한 많은 삭제 과정을 거쳤다. 4개의 벽이 3개가 되고 다시 2개로 줄었다.……건물은 부지라는 틀과 그에 따르는 각종 요건에 맞추어야 했다. 그 요건이라는 것들을 매우 주의 깊게 해석해야 했다. 그것은 재미있는 일이었다. 마치 장갑을 디자인하는 것과 같았다. 어떻게 건물을 부지의 모든 선들과 모든 규정에 완벽하게 맞출 수 있을까? 그것은 요건의 정교한 도표의 소산이었다. 주어진 조건이 여유가 없었으므로 우리는 매우 정확하게 하는 것을 배웠다. ─자하 하디드, 후타가와 유키오와의 인터뷰, 「GA 다큐멘트 엑스트라 03」, 1996

부지 우리는 렌즈의 초점을 맞추듯이 부지를 자세히 관찰하는 일부터 시작했다. 어떤 면에서는 그 건물도 신축성이 있다. 건물이 늘어나기도 하고 줄어들기도 한다. 물리적으로도 그렇고 시각적으로도 그렇다.……

모든 아이디어는 이 빌딩으로 응집되었다. 물론 각 요소들은 매우 단순했다. 초기의 다이어그램을 확정하면서 벽들은 볼륨이 되었고 구조적 벽이 되었다. 그것은 단순한 선이 아니라 일종의 볼륨이었고 그것들이 어떻게 서로 교차되느냐가 문제였다. 우리의 의도는 공간을 가능한 한 융통성 있게 하려는 것이었다.…… 우리는 투명한 재질을 통해서가 아니라 콘크리트를 사용하면서 투명성을 이룩하려고 했다. 우리는 다이어그램을 세밀히 검토했다. 다이어그램이 일단 확정되자 남은 것은 그대로 실천하는 일뿐이었다.

　풍경의 아이디어 역시 초기에 제시되었다. 이 선들이 대지 위에서 어떤 의미를 가지느냐가 문제였다. 그것은 사실 토지의 예술 같았다. 우리는 아직도 이 벨트를 가지고 있다. 우리가 도시의 공간이라고 부르는 회랑 말이다. — 자하 하디드, 후타가와 유키오와의 인터뷰, 「GA 다큐멘트 엑스트라 03」, 1996

색깔 모두 똑같은 질문을 했다. 처음에 한 부분이 너무 검게 보였기 때문에 우리가 콘크리트에 색칠을 했느냐는 질문이었다. 나는 아니라고 대답했다. 그것은 모두 같은 색깔이다. 우리가 프리젠테이션에서 그림을 사용하기 때문에 색깔은 우리에게도 역시 관심사였다. 우리는 단순한 색깔만이 아니라 건물 안의 빛의 질에 대해서도 관심이 있었다. 사람들은 늘 이것을 오해하고 그림 속의 색깔이 모양을 내기 위한 것이라고 생각했다. 그러나 그것은 모양을 내기 위한 것이 아니었다. 건물의 질과 관련된 것이었다. 따라서 색깔이 반드시 밝은 색깔일 필요는 없었다. —자하 하디드, 후타가와 유키오와의 인터뷰, 「GA 다큐멘트 엑스트라 03」, 1996

애초의 생각은 외부에는 색깔을 쓰지 않고 내부에만 색깔을 사용한다는 것이었다. 그러나 뒤에 나는 건물을 한 가지 색깔로 하기로 결정했다. 그런 순수한 느낌이 요구된다고 느꼈기 때문이었다. 우리는 빛만을 사용하고 싶었다. 나는 평면에 색을 칠하는 순간, 볼륨의 질이 상실된다는 것을 알게 되었다. 볼륨이 다시 평면으로 바뀐다는 것을 알게 된 것이다. 나는 볼륨이 읽히기를 바랐다. —자하 하디드, 후타가와 유키오와의 인터뷰, 「GA 다큐멘트 엑스트라 03」, 1996

가벼운 느낌 나는 창고에 정말로 변할 수 있는 능력을 주고 싶었다. 닫혀 있을 때에는 그것은 방이 된다. 열려 있을 때에는 지붕만 있을 뿐이다. 유리벽은 보이지 않는다. 거의 사라져버리는 것이다. 금속재질을 사용했다는 느낌은 거의 나지 않는다. 열려 있을 때 그것들은 매우 얇아지기 때문이다. —자하 하디드, 후타가와 유키오와의 인터뷰, 「GA 다큐멘트 엑스트라 03」, 1996

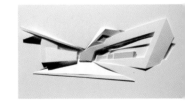

콘크리트를 사용하기로 한 결정 나는 이 프로젝트에 가장 적당한 재질은 콘크리트라고 단정했다. 우선 기능적인 면에서 그랬고 또한 중복의 필요성도 없었다. 벽은 두 가지 역할을 했다. 구조적 벽이면서 또한 칸막이 벽 역할도 했다. 나는 구조의 완전성을 유지해야 한다는 생각을 했고 그래서 콘크리트를 사용해야 한다는 생각이었다. —자하 하디드, 후타가와 유키오와의 인터뷰, 「GA 다큐멘트 엑스트라 03」, 1996

그것들(그림들)은 또한 우리가 건물 안의 빛을 어떻게 조절할 수 있는지도 설명하는 것이었다. 즉 어느 벽이 빛을 통과시키는 벽이고 어느 벽은 그렇지 않은 벽인지, 또 건물의 모양이 어떻게 낮과 밤에 바뀌는지를 보여주고 있었다. 낮에는 더 양감이 있고 훨씬 더 단단해 보이지만 밤에는 분해되기 시작한다. 어떤 평면이 다른 부분보다 더 드러나 보이고 그래서 건물의 일부만이 보이게 된다. 이런 상황에서 콘크리트에 관해서 흥미로운 점은 무거운 물질을 가볍게 만들려는 시도이다. 재질을 바꾸어 그렇게 하는 것만이 아니라 건물의 기하학적 형태를 통해서 그렇게 하려는 시도이다. 건물의 형태를 변화시킴으로써 건물에 가벼운 느낌을 주려는 것이다. —자하 하디드, 후타가와 유키오와의 인터뷰, 「GA 다큐멘트 엑스트라 03」, 1996

"고형의 재질을 가지고 어떻게 투명한 느낌을 주느냐는 문제가 있다. 이런 문제는 모두 그림을 통해서 제시되었다." — 자하 하디드, 후타가와 유키오와의 인터뷰, 「GA 다큐멘트 엑스트라 03」, 1996

홍콩 1983
피크(Peak) 설계 공모

하디드에게 돌파구가 된 것은 1983년 프로젝트였다. 홍콩 시내를 내려다보는 코울룬 언덕에 자리잡게 될 민간 클럽인 피크의 설계 공모에 그녀가 당선되었던 것이다. 거대하고 인상적인 일련의 그림들을 통해서, 하디드는 언덕을 깎아서 부지 자체를 변형시키고 거기서 나온 돌들로 인공적인 절벽을 쌓을 것을 제의했다. 이렇게 변형된 부지에 그녀는 캔틸레버식 기둥과 사금파리 모양의 파편으로 이루어진 건축물을 끼워넣었다. 피크 프로젝트는 그녀의 건축 비전은 물론이고 그녀가 자신이 구상한 건물을 표현하는 방식의 중요성을 부각시켜주었다. 그러나 피크는 건축되지 않았다.

어떤 드로잉들은 이야기를 한다. 예를 들면, 피크의 폭발적인 등각투상도(等角投像圖)는 풍경을 배경으로 한 건물의 진화를 보여준다. 기둥들이 느닷없이 나타나서 풍경을 가르고 그것은 결국 완성된 물체, 즉 건물 자체가 된다.……어떤 드로잉들은……우리의 진정한 의도와 관련된 이야기를 가지고 있다.……산이 제거되고 다시 조립되어 피크 자체의 새로운 지질을 구성한다.……일부 드로잉들은 마치 기둥들이 외부의 물체로서 부지를 침범한 것처럼 그려져 있다.—앨빈 보야르스키, 「자하 하디드와 가진 "피크 이후의 대담": 1983년과 1986년」, 도쿄: 에디타, 1986

홍콩 프로젝트가 나에게 흥미로운 점은 주어진 공간에 물체들이 떠 있는 개념이다.……제로 중력이라는 것이 존재한다는 것을 나는 거의 믿었다. 나는 지금도 건물들이 떠 있을 수 있다는 것을 믿을 수 있다. 나는 그것

이 사실이 아니라는 것을 안다. 하지만 그렇다고 거의 믿는다. 물론 나의 공정을 볼 때는 그것을 믿지 않지만.—앨빈 보야르스키, 「자하 하디드와 가진 "피크 이후의 대담": 1983년과 1986년」, 도쿄: 에디타, 1986

1983년 : 전환점

1983년은 중요한 해였다. 불과 1주일 동안에 나는 피크 설계 공모에 당선되었고 버나드 추미는 라 빌레트를 따냈다(하디드도 이 공사를 따내려고 응모했다). 그 순간 런던 AA 스쿨의 중요성이 달라졌다. 이제는 단순히 혁신적인 설계를 내놓는 학교가 아니었다. 이곳의 교수와 학생들이 이제 주요 경쟁에서 승리할 수 있는 존재들로 인식되게 된 것이다. 물론 렘 콜하스 역시 중요했다.……그 모든 작품들은 언론의 비상한 관심을 받았다. 그때부터 도시의 대안적 환상에 일반인들이 관심을 가지기 시작했다. 그러나 역사적 프로젝트들은 여전히 아주 강력한 힘을 지니고 있었다.—토드 개넌 편, "자하 하디드, BMW 중앙 빌딩", 「건축 자료집」 7권, 프린스턴: 프린스턴 건축 출판부, 2006

공모

나는 개인적으로 공모를 좋아한다. 그것이 표준을 올려주기 때문이다. 나는 공모 시스템에 대해서 고맙게 생각해왔다. 그런 시스템이 없었다면, 나는 어떤 일도 맡지 못했을 것이기 때문이다.……이제 이런 공모들은 규모가 훨씬 더 작아졌고 초대전이 더 많아졌다. 다시 말해서 덜 개방적이 된 것이다. 하지만 나는 그래도 여전히 이 시스템을 신뢰한다.—자하 하디드, 테리 그로스와의 인터뷰, 「신선한 공기」, 내셔널 퍼블릭 라디오(NPR), 2004. 5. 26

로이스 앤드 리처드 로젠탈 기념 현대미술 센터는 여자에 의해서 설계된 최초의 미술관이다. 하디드는 설계와 건축의 경험을 쌓기 위해서 다양한 재료들을 서로 섞어서 사용했다. 이 미술관의 전시실들은 메인 로비 위에 떠 있는 것처럼 보인다. 맞은편 페이지의 사진은 지붕의 계단과 1층의 중앙 홀, 그리고 전시실로 올라가는 계단 가운데 하나이다. 왼쪽 그림 : 하디드가 초기에 그린 이 미술관의 스케치 가운데 하나.

신시내티 2003
로이스 앤드 리처드 로젠탈 기념 현대미술 센터

미국 중서부 도시의 중심가는 모두 황폐되어가고 있다. 미술관은 도시의 중심가를 되살리기 위해서 시도되었다. 시 당국은 중심지에 문화적 건물들을 세우고 싶어했다. 그럼으로써 건물과 도시 사이의 연계를 매우 중요하게 만들자는 의도였다.……이 미술관은 자체 컬렉션이 없는 미술관이다. 따라서 많은 전시회를 수용해야 할 것이다.—자하 하디드, 앨리스 로스돈과의 인터뷰, "Frieze Talks", 2005. 10. 21

내 작품의 대다수는 평면적 층으로 이루어진 평면적 건축물이다. 그러나 이 건물(로젠탈 센터)은 켜켜이 쌓아올린 건물이다. 미술관의 공간을 수직적으로 연장시키자는 발상이었다.……따라서 여러 개의 방들을 나

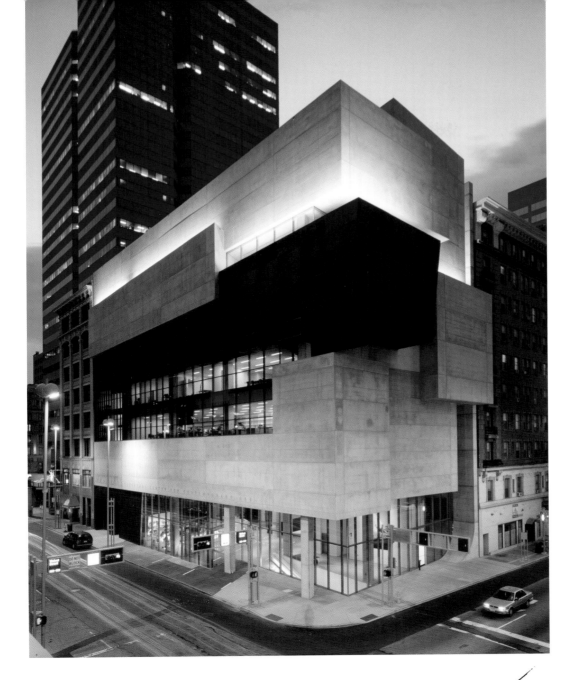

란히 배치하거나 서로 인접시켜 배치했다. 콘크리트 또는 철, 유리로 된 이런 공간들에 건물 틈사이로 빛이 들어오도록 했다. 투명성과 기하학적 형태를 결합해서 공간이……흥미로운 인상을 주도록 했다.

미술관의 구조는 아주 간결하다. 맨 위층은 어린이들을 위한 공간으로 3차원적 물체들을 전시하거나 아이들이 만지며……놀 수 있는 아이들의 미술관으로 만들었다.……아주 재미있는 발상이다. —자하 하디드, 테리 그로스와의 인터뷰, 「신선한 공기」, 내셔널 퍼블릭 라디오(NPR), 2004. 5. 6

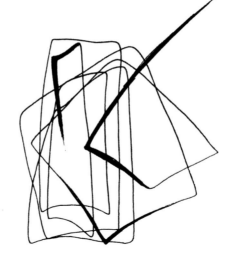

▟▟ 건물의 흥미로운 점은 항상 경이의 요소를 가졌다는 것이다.
경이야말로 가장 흥분되는 부분이다.
이 경이를 제대로 예비하는 것이 항상 중요하다. ▟▟

파에노 과학 센터는 10개의 원추형 발 위에 얹혀 있지만, 언뜻 보면 막 착륙하는 우주선처럼 보인다. 세부 사진은 빌딩의 한 구역에 있는 계단(맨 위)과 입구 중 하나(아래)를 보여준다. **아래 그림 :** 하디드의 빌딩 스케치.

볼프스부르크 2006

파에노 과학 센터

운동장이 텅 비어 있으며 콘크리트로 만든 매우 큰 원추가 입구가 되고 극장이 되고 식당도 된다고 상상해 보라. 그러면 당신은 저녁이고 낮이고 그 운동장에서 실컷 뛰놀 수 있을 것이다. 다음에 그것을 들어올리면 그것은 전시를 위한 연속적인 공간이 된다. 근본적으로 이 구조물은 프로그램된 매우 큰 다리를 가진 커다란 테이블로 그 안에서 하루 종일 그리고 저녁에도 움직일 수 있도록 되어 있다. 그리고 테이블의 꼭대기인 지붕에 박물관이 자리잡고 있다.

다리들은 원추형 비슷한 모양을 하고 있다. 분명히 그것들은 뾰족한 끝을 가지고 있지 않다. 각각 프로그램을 가지고 있기 때문이다. 예를 들면 하나는 키오스크이고 또다른 하나는 서점이며, 또 가게, 실험실, 극장, 식당과 카페도 있다.……7, 8개의 원추형 다리가 있고 그것들은 모두 지붕에 의해서 서로 연결되어 있다. 그리고 그 위에 또다른 지붕이 있어서 테이블의 위를 덮고 있다. —자하 하디드, 테리 그로스와의 인터뷰, 「신선한 공기」, 내셔널 퍼블릭 라디오(NPR), 2004. 5. 26

인스브루크 2002
베르기젤 스키 점프

이 스키 점프는 기능적 설계의 간단한 실례인 고차원 스포츠 시설로서 수학적 정확성을 자랑하고 있다. 이 설계에서 어려웠던 점은 새로운, 원래 이질적이었던 요소를 카페와 일광욕 베란다라는 주어진 형식에 통합하는 것이었다. 요소들은 자연스럽게 결합되어 부분들이 매끄럽게 표현되고 유기적 통일체로 통합된, 흠잡을 데 없는 혼성물을 이루었다. 그 결과는 베르기젤 위에 나타난 다소 특이한 실루엣이다. —「A + U: 건축과 도시 계획」 3호, 2003. 3

베르기젤 스키 점프는 카페(중간 사진)와 전망대 같은 일반인들을 위한 공간을 포함시켜야 했기 때문에 특이한 프로젝트였다.

◀◀ 발상이 명확하기만 하다면, 다른 것들은 바꿀 수 있다. ▶▶

"피겨-그라운드: 조사방법"

우리는 몇 해 전부터 이런 조사 방법(구성, 도시적 조직)을 써오고 있었다. 이것은 우리가 건축 공간을 조사하는 방법일 뿐이다. 처음부터 우리는 다이어그램상의 환경을 중시했다. 우리는 역사주의나 전통적 전후관계에 입각해서 정황을 생각하지 않았다. 이런 방식이 기술상의 일련의 발전을 유도했다. 우리는 피겨-그라운드(figure-ground)를 조사방법으로 바꾸었다. —토드 개넌 편, "자하 하디드, BMW 중앙 빌딩", 「건축자료집」 7권, 프린스턴: 프린스턴 건축 출판부, 2006

콘크리트

콘크리트는 나의 초기 프로젝트들—예를 들면 비트라(1994)와 볼프강(파에노 과학 센터, 2006)—에 자주 등장한다. 나는 콘크리트를 좋아한다. 그러나 우리는 다른 것들도 고려해야 한다고 나는 생각한다. 예를 들면, 내 작품에서 어떤 구조가 적당하며 재질에 어떻게 충실해야 하는지에 매우 신경을 쓴 경우도 있다.……아마 구조물은 콘크리트로 만들어야 할 것이다. 그러나 우리는 외피와 그것을 어떻게 해석할 수 있는지를 먼저 고려할 수도 있다. —자하 하디드, 렘 콜하스와의 인터뷰, 「인터뷰」, 2005. 2

공간

"중립적 공간(neutral space)"이라는 말은 희망적 모순어법이다. 모든 공간은 개별적 기억과 경험에 의해서 채색된다. —마르쿠스 도한치 편, 「예술을 위한 공간」, 바덴: 라르스 뮐러 출판사, 2005

나는 항상 주어진 공간에 대해서 생각한다. 내가 말하는 "공간"은 넓은 공간이다. 우리는 좁은 공간들을 인식할 수 없기 때문이다. 우리가 공적 공간에서처럼 "공간"이라는 용어를 사용한다면, 그 공간은 공기처럼 포괄적인 의미를 가지게 된다. —"인터뷰: 앨빈 보야르스키와 자하 하디드의 대담(1987년 10월과 12월)", 「자하 하디드」, 뉴욕: 구겐하임, 2006

젊은 시절에는 실험을 할 수 있다. 그러나 당신이 설계한 건물이 만들어지고 사람들이 사용하게 되면 어떤 일이 일어날지 예측한다는 것은 쉬운 일이 아니다. 당신의 발상이 어떻게 도시공간이나 개인의 집으로 바뀌는가? 그 안에서 사람들은 어떻게 사는가?……짓는 것은 건축이 아니다. —"인터뷰: 앨빈 보야르스키와 자하 하디드의 대담(1987년 10월과 12월)", 「자하 하디드」, 뉴욕: 구겐하임, 2006

하나의 패턴이 말레비치와 모든 러시아인들을 연결해준다. 미스, 니에메예르, 그리고 르 코르뷔지에까지. 평면의 해방을 통해서 그들은 모두 새로운 종류의 공간을 창안한다. 이 깨달음이 나를 온갖 종류의 다양한 연구로 유도했다. —"인터뷰: 앨빈 보야르스키와 자하 하디드의 대담(1987년 10월과 12월)", 「자하 하디드」, 뉴욕: 구겐하임, 2006

빛

내가 말하는 것은 지중해 자체는 아닐지라도 지중해 연안을 가리킨다. 지중해 연안, 그 일대에서는 빛이 아주 부드럽고 환상적이다. 내 생각에는 물이 아주 많을 때 그 반사 역시 특이해지는 것 같다. —자하 하디드, 다이애나 니아드와의 인터뷰, 「현명한 여행자」, 미네소타 퍼블릭 라디오, 2003. 4. 19

자연

나는 자연을 아주 좋아하지는 않지만, 풍경이 반드시 공원에만 국한된 것은 아니라고 생각한다. 사람들이 시골에 가는 것은 나무들을 보기 위해서만이 아니라 그곳에 열린 공간이 있기 때문이라고 나는 생각한다. 내 말은 눈이 볼 수 있는 범위 밖에까지 땅이 펼쳐져 있다는 뜻이다. 탁트인 그 땅, 그것은 우리 마음에 위안을 준다.……나는 물을 좋아하고 모래도 좋아한다. 그런 것들을 모두 좋아한다. 사실 내가 좋아하지 않는 것은 그림 같은 풍경이다.…… —자하 하디드, 앨빈 보야르스키와의 인터뷰, 「자하 하디드: 지구적 건축 2」, 런던: 건축협회, 1983

라이프치히 2005
BMW 공장 중앙 빌딩: "20세기 프로젝트"

모든 것이 건물을 통해서 움직인다. 블루 칼라, 화이트 칼라 노동자들, 일반인들, 그리고 물론 자동차들도 똑같은 공간을 통해서 움직인다. 그러나 자동차에 대한 집착, 움직임과 속도에 대한 개념과 함께 사실 BMW는 20세기 프로젝트로 시작되었다. —토드 개넌 편, "자하 하디드, BMW 중앙 빌딩", 「건축자료집」 7권, 프린스턴: 프린스턴 건축 출판부, 2006

BMW 공장 중앙 빌딩에 대한 하디드의 비전이 공장 설계의 관행을 과감하게 바꿔버렸다. 사진은 북서면 파사드(위), 북면 파사드(가까운 왼쪽), 내부(중앙)와 공장 로비(가장 먼 오른쪽)이다.

연속성은 생산설비에서 중요하다. 그러니까 공장을 8개 층에 분산배치할 수는 없다. 이 경우 우리는 우리 자신의 집착과 자동차 생산이라는 현실에 다 같이 반응하고 있다. 이 프로젝트는 포드 방식과 어셈블리 라인을 참고하고 있지만, 우리는 생산의 새로운 장(場)을 만들려고 했다. —토드 개넌 편, "자하 하디드, BMW 중앙 빌딩", 「건축자료집」 7권, 프린스턴: 프린스턴 건축 출판부, 2006

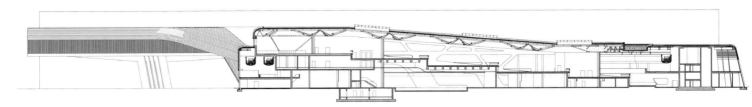

영향: 이슬람 세계와 가족

고대세계의 일부라는 점의 특이한 것은 역사가 일상생활의 일부가 된다는 것이다.……티그리스 강과 유프라테스 강의 이라크 남부에서 만나는 에덴 동산에 당신은 서 있고 거기에는 시간이란 것이 존재하지 않는다. 강과 산들이 보이고 당신은 1만 년 전에도 그랬을 것이라는 것을 알고 있다.—도린다 엘리어트, 「콩데 나스트 여행자」, 2007. 3

우리 부모님은 현대성을 믿으셨다. 이슬람과 아랍 세계는 떼려야 뗄 수 없게 통합되어 있고 복잡하게 서로 뒤엉켜 있다. 당신이 아랍 세계에 살고 있다면, 사실 당신이 무슬림이냐, 크리스천이냐, 유대교도냐는 문제가 되지 않는다. 문화적으로 주도적인 세력은 이슬람이다. 비록 그것이 늘 종교적인 것은 아니지만.—자하 하디드, 테리 그로스와의 인터뷰, 「신선한 공기」, 내셔널 퍼블릭 라디오(NPR), 2004. 5. 26

7살이었을 때 나는 부모님과 함께 베이루트에 갔다. 우리 집에 놓으려고 주문한 새 가구들을 보기 위해서였다. 아버지 무하마드 하디드는 세계주의적 관점을 가진 진보적인 분이었다.……가구제작자의 공방에서 우리의 새 가구를 보던 기억이 아직도 생생하다. 각이 진 현대적 스타일의 가구였고 연두색이 칠해져 있었다. 내 방에 놓을 가구는 비대칭의 거울이었다. 나는 그 거울이 무척 마음에 들었고 그때부터 비대칭을 좋아하게 되었다. 집으로 돌아온 나는 내 방을 다시 꾸몄다. 내 방이 어린 소녀의 방에서 10대 소녀의 방으로 바뀌었다. 사촌이 내가 꾸민 방을 보고 자기 방도 꾸며달라고 부탁했다. 숙모님도 자기 침실을 설계해달라고 부탁하셨다. 이렇게 해서 나의 설계하는 삶이 시작되었다. 하지만 이 모든 일을 할 수 있도록 나에게 자신감을 불어넣어준 사람은 나의 부모님이었다.—비니 리, 「더 타임스」, 런던, 2008. 4. 19

AA와 렘 콜하스

1972–1977년 런던에서 AA 스쿨에 다니는 동안, 하디드는 레옹 크리에 밑에서, 특히 4학년 때는 렘 콜하스 문하에서 공부했다.

AA에 관해서 흥미로웠던 점은 혼돈 속에서도 항상 우리를 지도할 수 있는 사람들이 있었다는 점이다. 하지만 우리는 그런 사람들을 찾아내야 했고 또 일을 처리하는 방법을 스스로 터득해야 했다.……우리는 우리 운명을 제어할 수 있어야 했다.—자하 하디드, 후타가와 유키오와의 인터뷰, 「GA 다큐멘트 엑스트라 03」, 1996

나는 렘의 학생이었고 우리 스튜디오 팀은 매우 다르고 새로웠다. 우리는 세계로 나가는 문을 열고 싶어했지만, 우리는 아직 형성 단계에 있었다. 렘과 엘리아(젱겔리스)는 도시를 새로운 방식으로 바라보고 있었다.……AA의 모든 실험은 우리에게 3년 동안 길을 잃게 하고 혼란에

빠지게 했다. 그러다가 4학년이 되면 충분한 훈련을 받았다고 생각하고 자기가 추구하고자 하는 것, 자기가 가르침을 받고 싶은 스승을 선택하도록 한다.……—자하 하디드, 앨리스 로손과의 인터뷰, "Frieze Talks", 2005. 10. 21

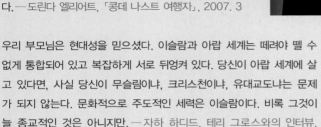

> **❝ 나는 자라나면서 여자는 남자와 다르다는 느낌을 한번도 가져본 적이 없었다. ❞**

런던으로 오기 전에 나는 베이루트의 아메리칸 대학교에서 수학을 공부했고 거기서 기하학에 흥미를 느끼게 되었다. 그것은 아랍 세계의 수학이었고 나는 논리와 추상적인 것에 매혹되었다. 20년대 러시아의 아방가르드 운동이었던 말레비치와 칸딘스키의 작업이 이런 경향을 통합해서 건축에 움직임과 에너지의 개념을 주입함으로써 공간 속에 흐름과 움직임의 느낌을 주었다.—비니 리, 「더 타임스」, 런던, 2008. 4. 19

OMA에 들어가다

하디드는 1977년 렘 콜하스, 엘리아 젱겔리스와 함께 동업자로서 OMA(메트로폴리탄 건축사무소)에 들어갔다.

엘리아와 렘이 둘도 나쁘고 하나도 나쁘다고 나를 설득하는 데에는 긴 시간이 필요했다. 나는 이제 셋이 둘보다 더 좋다는 것 등을 믿는다. 만약 당신이 독자적으로 활동하면서 어떤 사람의 비판도 받지 않는다면, 당신은 고립되어 당신의 작품에 대해서 무슨 말이든 하는 사람이 있으면 그가 당신을 공격하는 것으로 생각하게 된다. 나는 OMA를 떠날 때, 항상 비판적일 수 있는 사람들과 함께 일하겠다고 결심했다. 그러지 않을 경우 당신은 계속 당신 자신을 속일 수 있고 사실 그렇지 않은데 모두 훌륭한 척 가장할 수 있기 때문이다.—자하 하디드, 앨빈 보야르스키와의 인터뷰, 「자하 하디드: 지구적 건축 2」, 런던: 건축협회, 1983

OMA 이후

1980년 자신의 사무실을 차리고 난 후, 하디드는 아일랜드 총리 관저 설계 공모에 응모했다. 이 프로젝트가 그녀의 설계 감각을 다듬는 데 도움이 되었다.

나는 건축에서 폭발의 개념을 밀어붙이고 싶었다. 무엇인가를 그것이 우스꽝스럽지 않게 되고 당신이 그것을 상당한 정도로 통제하게 되는 어떤 한계까지 밀어붙인다는 것, 그러면 그것은 가능할 때에만 폭발한다는 것—그것이 이 프로젝트가 나에게 가르쳐준 것이었다. 나는 나 자신의 언어를 발전시키기 시작했다. 나는 다른 방향, 아주 개성적인 어떤 것을 추구하기 시작했다.—자하 하디드, 앨빈 보야르스키와의 인터뷰, 「자하 하디드: 지구적 건축 2」, 런던: 건축협회, 1983

▲▲ 나의 가족은 교육을 더 나은 세계로 나가는 패스포트로 생각했다.
그러나 나는 내가 진정으로 원하는 것이 무엇인지 잘 몰랐다.
건축이 신나고 흥미로운 분야라는 것을 내가 발견한 것은 AA 스쿨 4학년이 되어서였다. **▼▼**

의미 있는 건축가가 된다는 것 나는 사실 20년 계획을 가지고 있지 않았다. 그러나 나는 늘 시스템을 변화시키고 궁극적으로 그것이 무엇이든지 간에 이론적인 프로젝트를 하겠다는 계획을 세웠다. ―라울 A. 배러네시, 「건축 기록」, 2003. 1

나의 스타일 당신이 무엇인가를 지으면 사람들은 쓸 만한 것을 만들었다는 것을 알고는 왜 다시 똑같이 하지 않느냐고 묻는다. 하지만 나는 건축이 과학과 비슷한 데가 있다고 생각한다. 당신은 실험실 연구를 하지 않으면, 치료법을 발견할 수 없다. 연구라는 측면에서 볼 때, 나는 늘 경계를 넓히는 것이 매우 중요하다고 생각한다.……당신은 어떤 의미에서는 당신의 레퍼토리로부터 배운다.……초기에는 우리는 비전통적인 방식으로 프로그램과 부지와의 연계에 너무 초점을 맞추었기 때문에 모든 해석이 우리에게 다른 무엇인가를 가져다주었다.……우리는 시험해보고 새 규칙을 창안한다. 이제 우리는 우리가 되돌아갈 수 있는 일련의 선례들을 발전시켰고 참고할 수 있는 조사자료도 충분히 가졌다.……경험도 더 많고 따라서 더 좋은 설계를 할 수 있다. 그래서 매일 바퀴를 새로 고안할 필요가 없다.……물론 프로그램들 또한 매우 다르다. 기차역이 페리 부두나 과학관 또는 공립학교, 공장과 비슷할 수는 없기 때문이다. 프로그램이 유사한 경우는 드물다. 당신이 되풀이할 수 없는 어떤 것들이 있는 법이다. ―「Perspecta」 37호, 2005

자유로운 접근 나는 결코 인습을 좇는 건축가가 될 수 없었을 것이다.……얼마간 모험해야 한다는 것이 나의 생각이다. 학교를 졸업할 때 모험할 것인지, 안전한 길을 택할 것인지 결정해야 한다. 이것은 아주 중요한 일이다. 당신이 모험을 감수할 수 있다면, 나는 그것이 그럴 만한 가치가 있다고 생각한다. ―앨빈 보야르스키, 「자하 하디드와 가진 "피크 이후의 대담": 1983년과 1986년」, 도쿄: 에디타, 1986

"더 큰 규모의 사치" 사람들이 잊고 있는 건축의 또 다른 측면이 있다. 건축은 즐길 수 있는 것이어야 한다. 건축은 훌륭한 공간에 있는 즐거움이어야 한다. 멋진 방, 작으냐 크냐는 문제가 안 된다. 사람들이 사치에 대해서 오해하기도 한다. 사치는 가격과는 아무 상관이 없다.……이것이 건축이 해야 할 일―여러분에게 보다 큰 규모의 사치라는 개념을 주는 것―이다. ―"자하 하디드와의 인터뷰", 「El Croquis」 52호, 1991

파트너로서의 부지 바다에 있을 때도 파트너가 있다. 크든 작든 배를 타고 있을 때는 바다 자체가 파트너가 된다. 당신은 항상 최상의 상태를 만들어야 한다. 그것은 순수한 진짜 기능주의이다. 당신은 다가오는 저항을 뚫고 가능한 한 배를 빨리 몰아야 한다. 따라서 파트너는 넓은 의미에서 장소이다. 육지에서는 부지와 주위환경이 파트너가 된다. 부지가 숲 가장자리에 있을 수도 있고 들판에 있을 수도 있다. 또 그 장소가 제공하는 바람의 상태와 빛도 문제가 된다. 그러나 하여간 그것은 당신이 관계를 맺어야 하는 파트너이다.—요른 웃손, 포울 에리크 토이너와의 대화, 미켈 유울 홀름 편, 「요른 웃손: 건축가의 우주」, 덴마크 훔레베크: 루이지애나 근대미술관, 2004

요른 웃손 JØRN UTZON

출생 1918년 4월 9일, 덴마크 코펜하겐; 2008년 11월 29일 타계

교육 왕립 미술 아카데미 건축학부, 코펜하겐, 1942

주요 프로젝트 웃손 하우스, 스페인 마요르카, 1994; 쿠웨이트 국회의사당, 쿠웨이트 시티, 1982; 시드니 오페라 하우스, 오스트레일리아 시드니, 1973

현대사조에 일찍 접하다

우리 부모님은 새롭고 단순한 하얀 건축을 경험하셨다. 빛과 공간을 요구하는, 햇빛을 안으로 끌어들이는 건물이었다. 기능적이고 감춰진 것이 없는 집, 말하자면 기능주의적인 건물을 좋아하셨던 것이다. 그것은 스웨덴의 건축가 군나르 아스플룬드의 전시용 건물로서 당시 스칸디나비아에서 흔치 않았던 표현을 가진 가벼운 구조물이었다. 그 건물을 보시고 부모님은 새로운 아이디어와 사고에 완전히 매료된 채 돌아오셨다. 두 분은 곧 우리 집을 고치기 시작하셨다.……우리는 새로운 식사습관을 발전시켰다. 건강하고 자연친화적이며 기름기가 적은 식단의 식사를 즐기곤 했다. 우리는 운동하고 신선한 공기를 마시고 햇빛을 많이 쬐는, 소위 자연친화적 생활방식을 채택하기 시작했다.……그것이 바로 건축가들이 얼마나 큰 영향을 미칠 수 있는가의 좋은 본보기이다. 이런 생활방식은 우리 전사회에 영향을 미치게 되었다. —프랑수아즈 프로모노, 「요른 웃손: 시드니 오페라 하우스의 건축가」, 밀라노: 엘렉타, 2000

장인정신

옛날에는 건축가가 되기 전에 우선 장인이 되어야 했다. 우리는 첫해의 몇 달 동안을 장인으로 일해야 했다.……나는 아카데미에 들어갔고 다음에 우리는 몇 건의 간단한 건축 드로잉과 공간 스케치를 했다. 그런 다음 밖에서 넉 달 동안 목수 또는 벽돌공으로 일했다. 그 다음해에도 똑같은 과정이 반복되었다. 3학년 때 학교당국은 기술학교에서 벽돌공들을 데려왔는데 그들은 장인이면서 제도도 할 수 있었다. 나는 처음 넉 달 동안 엘시노에서 목수 일을 했다. 그래서 나는 아침에 일어나는 것이 신물이 나 있었다. 나에게는 해변가에 대지를 가지고 계신 할머니가 있었다. 할머니가 나에게 거기다 집을 짓도록 했다. 그래서 나를 나를 지도하는 장인 목수에게 물었다. "제가 여기다 제 힘으로 목제 가옥을 지으면 4개월 동안 목수로 일했다는 사인을 해주시겠습니까?" 그분이 그러마고 하셨다. 그래서 나는 나의 첫 번째 집을 지었다. 그것은 좋은 생각이었다. 그래서 나는 나의 아들들인 얀과 킴이 스트룀스타트에서 훈련 과정을 밟고 있을 때 우리가 그곳에 작은 섬을 가지고 있다는 말을 했다. "거기 들어가서 판자를 좀 얻어 가지고 집을 지어라." 그것은 그 아이들에게는 매우 중요한 일이었다. 그들 자신의 집을 짓는 일이었으니까. 그 건축가들이 아카데미에 들어가서 컴퓨터 제도만을 했다는 것은 유감스러운 일이다. 장인정신이 사라져가고 있는 것 같다. 옛날에는 장인정신이 투철했는데, 이제 그들은 그것을 포기해버렸다. 하지만 이제

나는 너무 늙었고 그래서 그 문제에 대해서 어떻게 해야 할지 모르겠다. —요른 웃손, 포울 에리크 토이너와의 대화, 미켈 유울 홀름 편, 「요른 웃손: 건축가의 우주, 덴마크 훔레베크: 루이지애나 근대미술관, 2004

컴퓨터

요즘 컴퓨터 사용에 의해서 우리는 숫자로 곧바로 전환할 수 있는 것에 우리 능력을 제한하는 위험에 직면하고 있다.……나는 가끔 그것이 걱정된다. —요른 웃손, 포울 에리크 토이너와의 대화, 미켈 유울 홀름 편, 「요른 웃손: 건축가의 우주」, 덴마크 훔레베크: 루이지애나 근대미술관, 2004

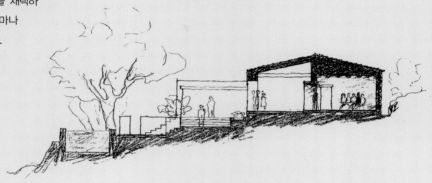

설계과정

내가 그림을 그릴 수 없고 옛날부터 그랬다는 헛소문이 있다. 이런 얘기가 나돌게 된 것은 아마 내가 모형을 많이 사용하기 때문일 것이다. 모형은 가장 아름다운 설계 도구 가운데 하나이다. 하지만 나는 아직도 여러분이 상상할 수 있는 가장 훌륭한 제도를 할 수 있다. 그리고 나는 이 집(칸 펠리스)을 위해서 많은 그림을 그렸다. 가벼움을 성취하고 싶었기 때문이다. —요른 웃손과 헨리크 스텐 뮐러, 「살아 있는 건축」 14호, 1995

나는 공간을 그리는 대신에 지어야 한다는 것을 알고 있었고 늘 그렇게 말해왔다. 가장 큰 경험 가운데 하나는 완공된 건물의 모양이 어떨지 알아보려고 실물대로 그린 그림을 보는 것이라는 것 또한 사실이다. 그럼에도 불구하고 나는 건물 전체를 내 머릿속에 늘 담고 다닌다. 방 하나하나가 모두 그 속에 담겨 있다. 이것은 흔히 매우 힘든 과정이다. 특히 건물이 건축되지 않을 때 그렇다. 볼륨으로서 내 머리에서 꺼내야 할 수많은 블록이 있다. 내가 자연과 태양, 나무, 바람에 그렇게 집착하는 이유가 여기에 있는지도 모른다. —요른 웃손과 헨리크 스텐 뮐러, 「살아 있는 건축」 14호, 1995

자연의 일부가 되는 것 우리는 도구이다. 우리는 느끼고 만지고 보고 듣는다. 내가 "현재진행형(ing)"으로 표현하는 것들이 있다. 도착하는 것, 들어가는 것, 받는 것, 걷는 것, 앉아 있는 것, 냄새 맡는 것, 만지는 것, 준비하는 것, 사랑하는 것, 마음 쓰는 것, 자는 것, 긴장을 푸는 것, 지켜보는 것, 그리고 관찰하는 것이다.

사물의 현재진행형들. 우리는 도구들이다. 만약 우리가 우리 자신을 풍경이나 자연의 풍요로운 아름다움과 격리시킨다면, 우리는 세상이 지나가는 것을 그저 멍하니 보고 있는 한 쌍의 눈을 가진 두뇌에 불과할 것이다. 오늘은 서늘한 날이라고 느끼는 것, 어제가 오늘보다 더 더웠다고 아는 것은 놀라운 일이다. 우리 몸은 우리 주위의 환경과 관계를 맺도록 설계되어 있다. 나는 우리 몸이 우리 자신을 위해서 이런 작용, 이런 변화를 필요로 하는 것이 아닐까 생각한다.—글렌 머컷, 후타가와 요시오와의 인터뷰, 「GA 하우시스」, 2003. 5

글렌 머컷 GLENN MURCUTT

출생 1936년 7월 25일, 런던

교육 건축학사, 뉴사우스 웨일스 대학교, 시드니, 1961

사무실 Glenn Murcutt & Associates, Suite 12, Library Walk, Military Road, Mosman, New South Wales 2088, Australia

주요 프로젝트 아서 앤드 이본 보이드 교육 센터, 뉴사우스 웨일스 주 리버데일, 1999; 심프슨-리 하우스, 뉴사우스 웨일스 주 마운트 윌슨, 1994; 보왈리 방문객 안내 센터, 카마두 국립공원, 오스트레일리아, 1994; 매그니 하우스, 뉴사우스 웨일스 주 빈지 포인트, 1984

내가 지은 건물들은
내가 살고 있는 곳을
바라본 결과이다,
나는 오스트레일리아의 건축물을
설계하려고 하지 않고
내가 있는 곳의 건축물을
설계하려고 노력한다.

심프슨-리 하우스,
뉴사우스 웨일스, 1994
기능적이고 아름답고 그러면서 주 위환경에
대한 피해를 최소한으로 줄인 것이 이 저택의
특징이다. 이 집은 남쪽에서 불어오는
찬 바람을 막기 위해서 북동쪽을
향하고 있고 실내온도는 벽과 창문으로
통제할 수 있으며 건자재들이
자연풍경과 빛을 반사하는 못을
보완하는 역할을 하고 있다.

윤리

머컷은 외부의 견해를 경멸하지 않는다. 그러나 그가 다른 사람들의 의견을 청하지 않는 것 또한 분명하다.

우리 건축가들은 줏대가 있다. 나는 그들이 하는 일이 잘 되고 있으면 무슨 일을 하든 상관하지 않는다. 언행이 일치해야 한다. 하는 말과 하는 행동이 다르면 심판을 받을 수 있다.……나는 사람들이 나에 대해서 뭐라고 하든 상관하지 않는다. 사실 나는 오스트레일리아의 풍경 안에 있는 장소들을 설계하고 있다. 그것이 교외의 풍경일 수도 있고 도시의 풍경, 시골의 풍경일 수도 있다. 내가 하는 일은 한 장소를 다루는 일이고 그러자면 나는 문화, 건축형태, 기후 등 그 장소를 이루는 모든 요소들을 이해해야 한다. ─이언 맥두걸, 「AA: 오스트레일리아 건축」, 1992. 9/10

나는 원칙이 틀렸다고 생각하면, 예를 들면 요른 웃손의 오페라 하우스를 개조하는 일 같은 일에 심사위원으로 참가하지 않겠다. 나는 우리 건축업계가 지난 몇 년간 웃손에게 한 일을 부끄럽게 생각한다. ─"정신과 감성", 「건축」, 1998. 10

나는 살아가면서 평범한 일들을 아주 잘 해야 한다는 생각을 토대로 자랐다(110페이지의 그의 아버지에 대한 말을 참조할 것). 나는 건축가로서 성공하기 위해서 고층 빌딩을 지어야 한다고 생각한 적이 한번도 없다. 나는 고층 빌딩에는 관심이 없다. 내가 가장 잘 지을 수 있는 건물들에 관심이 있을 뿐이다. 규정이나 개발업자의 요구가 나의 사고체계와 정반대일 경우, 나는 그런 일을 맡지 않는다.

나는 거창한 일보다는 평범한 일을 하며 사는 사람이다. 나는 매우 사적인 사람이며 따라서 매우 사적으로 작업한다. 어떤 상을 타게 되면 그것은 나에게 큰 충격을 준다. 우리에게는 일을 적절하게 할 책무가 있다는 말 외에 나는 여러 사람들에게 전할 메시지가 없다. 그것이 우리가 건축가로서 할 수 있는 최소한의 일이다. ─이언 맥두걸, 「AA: 오스트레일리아 건축」, 1992. 9/10

❝ 내가 윤리적으로 작업한다면, 나는 그 일에 대해 생각할 필요가 없다. ❞

일본, 오스트레일리아, 미국 같은 현대화된 나라들이 지구의 자원의 90%를 쓰고 있다. 그러나 이런 나라들의 인구는 지구 전체 인구의 10%에 불과하다. 이것은 무엇인가 잘못된 것이다. 우리는 에너지를 덜 소비해야 한다. 제1세계에 사는 우리가 제3세계 사람들이 사용하는 에너지의 10배를 소비하고 있는 것이다. 그런데도 우리는 제3세계 국가들의 인구폭발을 걱정한다. 우리는 그런 말을 할 자격이 없다. 그것은 지극히 독선적인 생각이다. 우리는 우리의 도덕적 판단에 대해서 신중해야 한다. ─글렌 머컷, 후타가와 요시오와의 인터뷰, 「GA 하우시스」, 2003. 5

❝ 매우 평범하고 단순한 일들이 매우 환경친화적일 수도 있다. 나는 그런 관념에 기초해서 자랐다. ❞

지속가능한 건축 : 이론과 실천 머컷에게는 지속가능한 건축에 관한 이론이 그가 선택하는 자국산 자재, 그리고 그가 "기후에 반응하는 건축"이라고 부르는 것에 대한 그의 관심과 밀접하게 관련되어 있다.

살아 있는 것들은 다른 유기체들과 균형을 이루며 자라도록 허용된다면, 그리고 우리가 요즘 지나친 경작이나 토지의 사용으로 토양을 못쓰게 만들 듯이 지속가능한 것 이상의 속도로 소비하지만 않는다면, 지속가능한 상태를 유지할 수 있다. 우리는 미래에 대한 적절한 계획을 세우지 않고 있다. ─신시아 데이비드슨, 「Log」, 2006. 여름

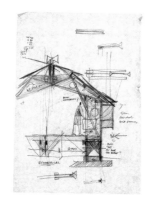

나는 자재와 관련된 책임, 제작 과정, 재활용 능력, 채광, 환기, 외부 및 자연 풍경과의 관계 등에 관련된 이슈의 결과로서만 건물의 모양에 관심이 있다. 이 모든 요소들이 설계 단계에서 구체화되어야 한다. 이런 요소들이 건축에서 사고의 토대를 형성한다. 이 요소들을 어떻게 결합하느냐가 바로 건축의 기술이다. ─"글렌 머컷: 건축 생태학에 대한 사고", 「A + U: 건축과 도시 계획」, 2007. 8

나는 녹색 건축에 관심이 있다. 또한 구조, 공간, 빛, 풍경을 존중하는 건축에도 관심이 있다. 나는 전망이 좋으면서 동시에 아늑한 공간을 만드는 데에 관심이 있다. 나는 풍경의 띠 모양의 변화, 물에서 땅으로, 다

> **그(지속가능한 건축) 대부분은 지독하게 끔찍하다.
> 그 대다수는 건축이 아니며
> 그중 일부는 지속가능하지 않다.**

시 언덕으로의 변화, 일련의 에코톤(ecotone)과 에코존(ecozone)에 흥미를 느낀다. ─ 글렌 머컷, 후타가와 요시오와의 인터뷰, 「GA 하우시스」, 2003. 5

그것은 사고방식이다. 요소들을 어떻게 연계시킬 것인가를 결정하자면, 그것들이 어떻게 회수되고 재활용될 수 있는가를 알아야 한다. 나는 이런 일에 관심이 많다. 건자재를 재활용하면서 손실되는 에너지에 대한 관심이 너무 적기 때문이다. 나는 그것이 지속가능한 것이라고 생각한다.

그러나 이 말을 해야 할 것 같다. 인간은 환경을 너무나 파괴하기 때문에 지속가능하지 않을지도 모른다. 현재 지구에 살고 있는 사람들이 자연의 재생능력만큼만 지구의 자원을 소비하고 오염시킨다면, 우리는 지속가능할 수도 있다. 하지만 우리는 현재 지속가능하지 않다. 우리는 파괴한다. 이 행성이 커다란 어려움에 빠져 있다는 사실이 우리가 종(種)으로서 지속가능하지 않다는 것을 보여주고 있다. ─ 신시아 데이비드슨, 「Log」, 2006. 여름

환경친화적 설계에 대해서 저항하는 건축가들이 있다. 많은 건축가들이 기후에 반응하는 건축을 하면 아름다운 작품을 만들 수 없다고 생각하기 때문이다. 그들은 환경친화적 건축물의 대다수가 보기 싫다고 생각한다. 그들은 환경을 생각하며 작업하는 것을 부정적 제약이라고 본다. 하지만 내 경험을 이야기한다면, 내게 부과된 제한을 이해함으로써 나는 기회가 더욱 많아진다는 것을 알게 되었다. ─ 신시아 데이비드슨, 「Log」, 2006. 여름

지속가능한 건축물 짓기 내가 설계한 건물들은 도구처럼 열리고 닫힌다. 나는 설계할 때 전망이 좋고 아늑하고 시계가 탁 트인 건물, 누구나 들어가보고 싶은 건물을 설계하려고 신경을 쓴다. 우리는 빛의 밝기, 온도, 바람의 패턴, 태양의 위치 등을 인식하는 건물을 설계한다. 이런 것들을 인식함으로써 건물이 하루 또

오스트레일리아 노던 테리토리에 지은 마리카─앨더턴 저택은 자신이 설계한 건물은 도구처럼 열리고 닫혀야 한다는 머컷의 철학을 예시하고 있다. 원주민 예술가를 위해서 설계한 이 집은 이 지역의 더운 열대 기후에 알맞도록 설계되었다. 긴 처마는 햇볕을 가리고 집에 그늘을 만들어주기 위한 것이다. 지붕을 따라 있는 관은 더워진 실내 공기를 내보내는 통로이며 지느러미 모양의 것들은 시원한 미풍을 생활공간으로 보내기 위해서 만든 것이다.

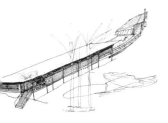

**근본적으로 물이 있어야 한다.
물이 없다면 곤경에 빠지게 된다.**

심프슨-리 하우스(위)는 머컷으로 하여금 그가 집을 그 주위환경과 어느 정도 융합시킬 수 있는지를 알려주었다. 지붕에서 수집된 물이 음용수와 화장실 변기용 물로 사용된다. 조명과 환기는 북동쪽의 벽을 열었다 닫았다 함으로써 조절된다.

는 한해의 사이클을 감지하는 도구의 역할을 한다.— 신시아 데이비드슨, 「Log」, 2006. 여름

지구와 태양의 기하학에 잘 연계된 건물은 계절에 따른 기후변화에 맞춰 난방과 냉방을 조절하는 훌륭한 수단이 된다.— 글렌 머컷, 후타가와 요시오와의 인터뷰, 「GA 하우시스」, 2003. 5

내가 시골에 지은 집들의 지붕은 빗물을 받아 이용하도록 설계되었다. 빗물을 마실 수도 있고 소방수, 화장실 변기용 물, 정원에 주는 물로 이용할 수도 있다. 외딴 곳에 지은 건물, 더 규모가 큰 프로젝트에서는 폐수를 생물을 이용해서 정화해서 정원에 사용토록 하고 있다.— 신시아 데이비드슨, 「Log」, 2006. 여름

자국산 자재들 우리는 많은 양의 철광석 매장량을 가지고 있다. 따라서 강철은 국내에서 생산되는 자재이다. 그리고 목재는 재생가능한 놀라운 자원이다. 그 생애의 처음 20년 동안 나무는 이산화탄소를 빨아들이고 많은 양의 산소를 만들어낸다. 20년쯤 지난 후에는 탄소와 산소 배출량이 비슷해진다. 떨어진 나무껍질과 나뭇잎이 분해되려면 산소가 필요하기 때문에 처음에 나무가 만들어낸 산소의 양을 상쇄하기 때문이다. 분해되는 껍질과 나뭇잎은 토양에 유익한 퇴비가 되고 미래의 식물들을 위한 자양분이 된다.— 신시아 데이비드슨, 「Log」, 2006. 여름

오스트레일리아에서는 세계에서 가장 튼튼한 목재 8가지 가운데 5가지가 나온다.……목재가 땅과 접하는 부위만 보호해주면 목재는 오래 견딜 것이다. 나는 내가 설계한 목조 건물들이 100년 이상 견딜 것이라고 확신하고 있다. 어쩌면 200년 동안 지탱할지도 모른다.— 글렌 머컷, 후타가와 요시오와의 인터뷰, 「GA 하우시스」, 2003. 5

물론 당신은 사막에 집을 지을 수 있다. 그러나 사막에 건물을 짓는다면, 그 건물을 지원할 무엇인가가 있어야 한다. 우선 당신은 일자리가 있어야 한다. 현재 발전 단계에서는 위성과 컴퓨터도 그것을 마련해주지 못할 것이다.— 글렌 머컷, 마틴 폴리와의 인터뷰, 「세계 건축」, 1996. 9

▌▌건물을 하나의 도구로 생각하라.……
물의 조달방법도 생각해야 하고 지형, 지세, 바람의 패턴,
빛의 패턴, 고도, 위도, 주위 환경, 태양의 움직임 등을
꼼꼼히 살펴보고 집을 지어야 한다.
여름과 겨울, 그리고 그 중간 계절의 기후도 생각해야 한다.
나무들이 어디 있느냐도 살펴야 한다. ▌▌

시드니 부근에 있는 머컷의 집 시드니의 기후는 온화하기 때문에 웬디 르윈(건축가이며 머컷의 아내)과 함께 설계하고 또 함께 쓰고 있는 이 주택 겸 사무실에는 냉난방시설이 없다. 우리는 따뜻한 계절에는 창문과 문을 열고 신선한 공기를 받아들이며, 겨울에는 창문과 문을 닫고 옷을 더 껴입는다.……거실 바닥은 재활용 목재로 만들었으며 못을 사용하지 않고 목재 플러그로 고정했다. 따라서 스크루 드라이버로 플러그를 빼면 각각의 판자를 들어내서 재사용할 수 있다.……이 집은 아주 단순하다. 하지만 단순성은 복잡성의 다른 얼굴이라는 점을 기억하기 바란다.……훌륭한 요리처럼 이 집은 절제된 볼륨 안에 여러 가지 내용물의 특질을 담고 있다. 단순성은 그것이 복잡함을 포함하고 있을 때, 그 형태에 의해서 분해되기 쉽다.──"글렌 머컷: 건축생태학에 대한 사고", 「A + U: 건축과 도시 계획」, 2007. 8

머컷의 집(위)은 냉난방장치가 없다. 그러나 머컷은 집이 자연스럽게 온도 변화에 적응하도록 설계했다. 그것과는 별도로 그와 그의 아내는 몇 가지 생활방식을 조정했다. **세부사진 : 머컷의 집 내부.**

**❝❝ 단순성은 그것이 복잡함을 포함하고 있을 때,
그 형태에 의해서 분해되기 쉽다. ❞❞**

이 시설은 최고 32명까지 입주 예술가들을 수용할 수 있다. 또한 방문하는 음악, 미술, 연극을 공부하는 학생들을 환영한다. 커다란 하얀 패널들(위에서 두 번째 사진)이 뜨거운 오후의 태양을 효율적으로 막아주기 때문에 건물들은 냉난방장치가 필요하지 않다.

뉴사우스 웨일스 1999

아서 앤드 이본 보이드 교육 센터

이 건물은 아마도 나 자신이 평생 관여한 것들 가운데에서 가장 중요한 건물일 것이다.……원래의 풍경은 물론이고 조경과 건물에서 보는 전망이 아주 훌륭하다. 30년 동안의 사고와 은밀한 실천의 절정이라고 할 수 있을 것 같다. ─ 글렌 머컷, 후타가와 요시오와의 인터뷰, 「GA 하우시스」, 2003. 5

장소에 대한 감각

나의 설계는 오스트레일리아에 대한, 그리고 오스트레일리아인들에 대한 나의 지식에 기초하고 있다. 여기에서 말하는 오스트레일리아인은 오스트레일리아 원주민일 수도 있고 미국계의 오스트레일리아인, 유럽계의 오스트레일리아인, 일본계의 오스트레일리아인일 수도 있다. —글렌 머컷, 마틴 폴리와의 인터뷰, 「세계 건축」, 1996. 9

아주 어린 시절부터 풍경은 내 삶에서 매우 중요한 요소였다. 그것은 내 작품의 중심인 "장소"에 대한 토의의 시작이었다. 내가 주위의 풍경과 어울리는, 그러면서도 너무 두드러지지 않는 건물을 지으려고 노력하는 이유가 바로 여기에 있다. 우리는 이 거대한 나라의 풍경 속에서 개미들과 같다. 나는 내가 설계한 건물들이 풍경 속에서 튀지 않기를 바란다. —글렌 머컷, 후타가와 요시오와의 인터뷰, 「GA 하우시스」, 2003. 5

나의 어린 시절의 경험은 모두 장소와 기후 및 그 패턴에 대한 인식, 두려움과 생존, 위험에 대한 인식과 관련이 있었다. 우리 주위에는 온갖 위험이 도사리고 있었다. 저지대에는 악어들이 있었고, 고지대에는 전갈과 뱀이 있었다. 이런 것들이 우리 주위에 널려 있었고, 그것이 나를 자연과 밀착시켜주었으며 또 나에게 자연을 읽는 법을 가르쳐주었다. —글렌 머컷, 후타가와 요시오와의 인터뷰, 「GA 하우시스」, 2003. 5

장소를 이해하면 어떤 집을 지을 것인지의 90%를 아는 것이 된다. 나머지 10%는 문화와 그 문화가 그 장소에서 어떻게 작용하는가를 이해하는 것이다. 이 나라가 결국 우리를 만들 것이기 때문이다. 우리가 이 나라를 만들지는 못한다. 로이드 리스(오스트레일리아의 조경전문가)의 말처럼, 원주민들을 만든 것은 이 땅이다.……이 풍경이 가질 수 있는 힘이 있고 사람들이 가질 수 있는 힘이 있다. 힘과 감성이 있다. 부드러움과 더불어 그 힘, 그 강인함이 나에게는 매우 중요하다. —이언 맥두걸, 「AA: 오스트레일리아 건축」, 1992. 9/10

나의 건물들은 내가 지금 살고 있는 곳을 바라본 결과이다. 오스트레일리아의 건축물을 설계하려는 노력이 아니라 내가 지금 있는 곳의 건축물을 설계하려는 노력의 결과이다.……예를 들면, 오스트레일리아는 빛이 매우 강하다. 청명한 날이면 매우 밝은 빛이 풍경 속의 요소들을 서로 격리시킨다. 북반구에서는 빛이 요소들을 서로 연결시키지만, 여기서는 격리시킨다.……나는 이 뚜렷함, 이 투명함, 이 특별한 그늘, 우리가 여기에서 볼 수 있는 빛의 특별한 성질에 관심이 있다. 그것은 나에게 구조를 설정하는 법, 이 장소에 대한 반응으로서 건물을 어떻게 다룰까를 가르쳐준다. —글렌 머컷, 후타가와 요시오와의 인터뷰, 「GA 하우시스」, 2003. 5

> ❮❮ 나는 다른 장소들을 위해서도 설계를 할 수 있다. 하지만 나로서는 내 자신의 문화 속에서, 내 자신의 삶인 곳에서 일하는 것이 중요하다. ❯❯

향토 건축

향토 건축은 내가 일하는 방식의 매우 중요한 토대이다. 예를 들면, 나는 영역의 변화—외부에서 내부로, 대양에서 육지로, 저지에서 고지로의—에 관심이 많다. 그래서 나에게 의미가 있는 초기 식민지 시대의 한 가지 요소는 베란다이다. —글렌 머컷, 후타가와 요시오와의 인터뷰, 「GA 하우시스」, 2003. 5

우리 국민은 도시에서 살 뿐만 아니라 오스트레일리아의 가장자리에서도 산다. 오스트레일리아인들의 90%는 해안에서 살고 있다. 어떤 의미에서는 우리는 나라의 대부분을 우리 뒤에 둔 채 오스트레일리아의 베란다에서 살고 있는 셈이다. 우리는 가장자리 거주자들이다. —글렌 머컷, 후타가와 요시오와의 인터뷰, 「GA 하우시스」, 2003. 5

뉴사우스 웨일스 1994
매그니 하우스

이 집은 거리에서 완전히 동떨어져 있다. 건물이 어떤 특성을 가지도록 하는 것이 내가 건물에 대해서 가지는 태도이다. 전에 있던 어떤 것이 특질을 가지고 있다면, 나는 그 특질에 매달린다. 그래서 내가 짓는 건물은 미키 마우스 같은 파사드를 가지지 않는다. 나는 그 공간에 어떤 완전성을 주려고 노력한다. 하지만 나는 그 공간을 열어놓는다. 그래서 사람들은 너비에서뿐만 아니라 수직적 크기에서도 발전하는 공간을 경험하게 된다. 북쪽으로 정원까지 그리고 바람과 환기와 빛으로 연계되는 공간이 되는 것이다.……이 건물은 거기에 사는 사람들에게 기후 및 시각을 지배할 수 있게 해준다. 또 그 장소, 그 감촉, 그 형태, 그 지형에 대한 소속감도 느끼게 해준다.

공간들은 매우 조용하다. 그것들은 외부를 향해 열릴 수 있다.……집의 복부에 아름다운 빛이 있다.……허리 높이에 창문이 있는 샤워실에서 당신은 바람부는 날인지, 추운 날인지 아니면 햇빛이 나는 날인지 알 수 있다. 바로 위에는 샤워실의 지붕창이 있어 아름다운 형태의 하늘을 볼 수 있다. 이런 것들이 인간으로

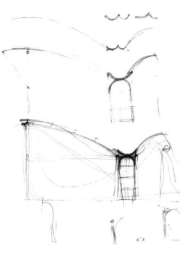

> 나는 이렇게 말하고 싶다. 설계된 어떤 건축작품, 존재할 잠재력이 있는, 또는 존재하는 어떤 건축작품도 발견된 것이다. 그것은 창조된 것이 아니다. 우리의 역할은 발견이이지 창조자가 아니다.

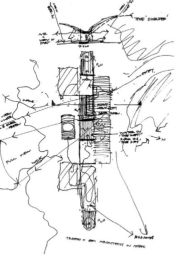

사는 일상생활의 인식의 일부이다.

이것이 내가 진정으로 믿는 옵션이다. 나는 한 사람만을 위한 어떤 것을 설계하는 것을 좋아하지 않는다. 나는 많은 사람들이 와서 점유할 수 있는 집을 설계한다. 사람들에게 그들이 사는 방식을 선택할 수 있게 해준다는 것.……나는 삼각형 발코니에 앉아 있고 싶지 않다. 공간에 앉아 있고 싶다. 나는 뱃머리에 있고 싶지 않다. 휴식과 사고의 상태일 때는, 나는 자궁 속에 담겨 있고 싶다. 또는 풍경 속으로 들어가고 싶다. 그곳에는 자유가 있으니까. 나는 그 자유, 그 자유의 정신이 필요하다. 나에게 그것은 이 문화의 일부이니까. —이언 맥두걸, 「AA: 오스트레일리아의 건축」, 1992. 9/10

카카두 국립공원 1994
보왈리 방문객 안내 센터

주민과 일할 때에는 그들의 말에 귀를 기울이지 않으면 일이 좀처럼 진척되지 않는다. 왜냐하면 문화가 무척 서로 다르기 때문이다. 그러나 인식방법에는 공통점이 아주 많다.……그들은 백인 공동체가 지은 건물의 98%가 "건강에 좋지 않은 건물"이라고 생각한다. 제대로 바람이 통하지 않기 때문이다. 그 안에 두 사람이 들어가서 편안하게 지낼 수 없다는 것이다. 25명이 들어가서 편안하게 지낼 수 없다는 것이다. —이언 맥두걸, 「AA: 오스트레일리아의 건축」, 1992. 9/10

영향 진지한 토론에서 머컷은 흔히 자기에게 영향을 미친 사람들과 문화에 대해서 이야기한다. 그는 맨 먼저 자기에게 자연의 아름다움과 특질에 대해서 가르쳐준 아버지를 꼽는다. 그는 또한 뉴기니에서 보낸 어린 시절, 원주민 문화에 대한 관심, 그리고 필립 존슨, 미스 반 데어 로에, 알바르 알토 같은 건축가들, 또 프로이트와 소로를 꼽는다. 이런 다양한 요소들을 이해해야 머컷과 그의 특이한 성향을 이해할 수 있다.

가족 나의 아버지는 이렇게 말씀하셨다. "살아가면서 우리들 대다수는 평범한 일을 하게 된다. 평범한 일을 하면서 가장 중요한 것은 그 일을 특별히 잘하는 것, 그러면서 해변에 갔을 때 아무도 네가 누군지 알아볼 수 없게 하는 것이다." 이 말씀이 내게 강렬한 인상을 주었다. 자만에 빠져서는 안 된다는 말씀이었다.

나는 부모님의 영향을 많이 받았다. 아버지는 미국에서 오는 「건축 포럼」을 받아보고 계셨고 필립 존슨의 집에 관한 문건, 프랭크 로이드 라이트에 관한 책도 받아 보셨다. 나는 아버지와 함께 그런 책들을 훑어보았고 건축물들에 관해서 토론을 하곤 했다.

아버지와 함께 배를 만든 것—경주용 작은 보트, 카누, 카약, 요트 등을 만들었다—이 또한 나에게 많은 영향을 미쳤다. 비행의 원리, 무엇이 긍정적, 부정적 압력이 되는가, 이 서로 다른 압력이 어떻게 건축에 응용될 수 있는가에 관한 책도 읽었다. 다음과 같은 것들은 매우 중요하다. 목재와 나뭇결을 이해해야 한다. 어떻게 대패질을 할 것인가, 목재를 벽에 수평으로 배치할 것인가, 수직으로 놓을 것인가, 배수를 위한 물매는 어느 정도로 해야 할까, 내구성은 어느 정도일까, 어떤 목재를 안에 쓰고 어떤 목재를 바깥에 쓸 것인가를 두루 알아야 한다. 이런 것들이 내가 어린 시절에 습득한 기본지식이다. —"정신과 감성", 「건축」, 1998. 10

위 : 매그니 하우스는 전기, 가스, 상하수도 등 공익설비와 너무 멀리 떨어져 있기 때문에 대부분을 자급자족해야 한다. 주(主) 침실 밑의 난로가 난방을 돕는다. 이 집은 동서로 뻗어 있고 햇빛을 최대한 이용하기 위해서 북쪽을 바라보고 있다. 지붕은 볼록한 모양을 하고 있지만(이것은 머컷이 자주 쓰지 않는 방식이다), 빗물은 그래도 중앙의 홈통으로 모이게 되어 있다. **맞은편 페이지** : 머컷이 설계한 보왈리 방문객 안내 센터는 원주민의 바위 주거 모양으로 설계되었다.

나의 아버지는 다른 사람들이 이국적인 식물들을 심고 있을 때 오스트레일리아 토종 식물들을 널리 퍼뜨리셨다. 아버지는 오스트레일리아 토종 씨앗들을 채취해서 그것을 오븐에 넣고 태우거나 그 위에 뜨거운 물을 부어 터뜨린 다음 그것들을 심으셨다. 아버지는 인간의 주거지가 확장되면서 황폐된 지역에 다시 나무를 심으셨다. ─글렌 머컷, 후타가와 요시오와의 인터뷰, 「GA 하우시스」, 2003. 5

뉴기니에서 자라다 부모님은 대단한 여행가들이셨다. 아버지는 파푸아 뉴기니에서 사셨다. 어머니는 결혼하면서 그곳으로 가서 합류하셨다.……우리는 매우 자급자족적이었고 독립적이었다. 우리가 먹을 채소를 직접 길렀고 우유도 직접 짜서 먹었다.……이런 생활방식이 나에게 강렬한 영향을 주었다. 자립에 대해서 배웠기 때문이다. 나는 내 주위에서 살고 있는 수많은 사람들에게 의존하지 않고 살아가는 법을 배웠던 것이다. 나는 사는 방법, 나 자신이 되는 법을 배웠다. 나는 뉴기니를 무척 사랑했다. 그러나 우리는 거기 살면서 상당한 두려움을 느끼기도 했다. 왜냐하면 그곳의 원주민 쿠쿠쿠쿠족은 매우 난폭한 족속으로 가끔 백인들을 살해하기도 했기 때문이다. 이런 이유로 나는 내 주위를 인식하는 법, 항상 주위에서 무슨 일이 일어나고 있는지 귀를 기울이는 법을 배웠다.……어린 시절의 나의 모든 경험은 장소, 기후와 그 변화 패턴에 대한 감각, 두려움, 생존, 위험에 대한 인식과 관련될 수밖에 없었다. ─글렌 머컷, 후타가와 요시오와의 인터뷰, 「GA 하우시스」, 2003. 5

오스트레일리아 내게 영향을 미친 또 다른 요소는 오스트레일리아의 풍경이다. 이 나라의 대부분의 지방에서는 삶이 매우 투명하다. 홍수와 가뭄이 커다란 문제이다. 나무들은 이런 기후에 적응되어 있다. 나무들은 하루 종일 태양을 좇는다.……나는 풍경이 그 가장자리에서 깃털처럼 퍼지는 것을 바라본다. 식물들은 매우 강력하지만 동시에 매우 섬세하다. 나는 건축적 조합으로서 힘과 섬세함을 사랑한다. ─"정신과 감성", 「건축」, 1998. 10

> ▌▌사람들의 행동 배후의 원칙들을 이해함으로써 자기에게 영향을 미친 것 가운데서 신중하게 선택하는 것이 중요하다.▐▐

건축가와 작가 나는 또한 많은 사람들이 조용한 절망의 삶을 영위한다고 말한 헨리 데이비드 소로의 책을 읽었다. 그들의 체념은 확인된 절망이라고 소로는 말한다. 나는 그런 조용한 절망을 원치 않았다. 나는 긍정적 일들을 볼 수 있어야 한다.……프랭크 로이드 라이트와 루트비히 미스 반 데어 로에에게서 대학시절에 나에게 깊은 인상을 받았다. 나는 1973년에 베르의 집(Maison de Verre)을 보았다. 처음으로 도그마가 없는 모더니즘, 이론적 해석과 시가 불가분의 것이라는 것을 알게 된 것이다. ─"정신과 감성", 「건축」, 1998. 10

교육 머컷은 역사적 형식의 이해도 중요하지만, 자연과 자연적 형식에 대한 인식이 가장 인간적인 건축을 가능케 한다고 주장한다.

내게는 가르침이 매우 중요하다. 나는 가르침과 실천을 결합한다. 내가 세계의 다른 지역에서 가르칠 때 가장 중요한 것은 내가 이전할 수 있는 원칙들을 가르치고 있다는 사실이다. 문화는 이전될 수 없을지 모르지만, 원칙들은 이전이 가능하다.……우리는 우리 자신의 장소와 문화에 반응한다.……하지만 나는 그들(학생들)이 인식하게끔 노력한다. 나는 그들이 장소, 문화, 기후, 풍경, 그리고 기술을 고려하도록 한다. ─글렌 머컷, 후타가와 요시오와의 인터뷰, 「GA 하우시스」, 2003. 5

강조된 물질성 우리는 이야기를 하는 데에는 별 관심이 없다. 우리가 매우 설명적이거나 또는 교훈적인 건축을 하지 않는 이유가 여기에 있다. 우리는 사용한 자재, 부지, 세계의 물질적 실재를 가능한 한 가장 본질적인 방식으로 표현하는 건축을 한다. 우리는 다음과 같은 본질적인 물음에 관심이 있다. 벽이란 무엇인가? 표면이란 무엇인가? 투명성이란 무엇인가? 이런 물음들은 관찰자와 사용자의 감각적, 인식적 능력에 즉각 영향을 미친다.

우리는 세계의 물질성, 인간의 중심적 조건으로서의 감각의 다중성을 고집한다. 건축과 미술의 정신적 품격이 바로 이 강조된 물질성에 있다는 것이 우리의 생각이다.……우리는 가벼운 건축도 좋아하지만 그에 못지않게 무게도 좋아한다. 우리는 편애하지 않는다. 모든 사물에는 절대적 무게가 아니라 특정한 무게가 있다. 우리가 관심을 가지는 것은 바로 그 특정한 무게이다. ─신시아 데이비드슨, 「ANY」 13호, 1996

자크 에르조그
& 피에르 드 뫼롱
JACQUES HERZOG
& PIERRE DE MEURON

출생 자크 에르조그: 1950년 4월 19일, 스위스 바젤; 피에르 드 뫼롱: 1950년 5월 8일, 스위스 바젤

교육 스위스 연방 공과대학교 졸업, 취리히, 1975

사무실 Rheinschanz 6, Basel CH-4056, Switzerland
전화 : +41 0-61-385-57-57, 팩스 : +41 0-61-385-57-58
info@herzogdemeuron.com

주요 프로젝트 베이징 국가 경기장, 베이징, 2008; 드 영 박물관, 샌프란시스코, 2004; 테이트 모던, 런던, 2001; 괴츠 미술관, 뮌헨, 1992

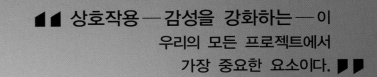

상호작용—감성을 강화하는—이
우리의 모든 프로젝트에서
가장 중요한 요소이다.

**베이징 국가 경기장,
베이징, 2008**
중국인들은 이 스타디움을 그들의 가장
중요한 문화적 기념물 가운데 하나라고 말한다.
두 건축가는 "무엇인가가 일어날 수 있는,
아주 의도적으로 파괴적일 수 있는, 아니면
적어도 통제하거나 추적하기가 쉽지 않은
어떤 일"이 일어날 수 있는 건물을 보았다.

인식적 건축과 감각적 경험

건축에서 "가벼우냐 무거우냐"는 물리적 의미보다 인식적 의미를 더 가진다. 투명한 것은 우리에게 가벼워 보인다. 불투명한 것은 무거워 보인다. 그러나 이런 분류는 진실을 속이기 쉽다. 그래서 우리는 그런 분류에 의문을 제기하고 파헤친다. 이런 이유 때문에 우리는 불투명한 콘크리트 벽을 가볍게 보이게 하기 시작했다. 뮐우즈(프랑스)에 있는 리콜라 유럽 빌딩에서 콘크리트 벽 위에 물이 흐르는 얇은 층을 만든 것이 좋은 예다. 콘크리트 위에 사진 영상을 인쇄하는 방법도 있다. 우리는 프랑스 셍 루이에 있는 스포츠 센터 파펜홀츠와 베를린 근처의 에베르스발데의 도서관에서 그런 방식을 사용했다. 영상으로 "문신을 한" 콘크리트는 구멍이 많은 듯이 가볍게 보인다.……간단히 말해서 이 세상의 물리적 실재는 우리가 순전히 습관에 의해서 그렇다고 가정하는 것보다 훨씬 더 복잡하며 또 명백하게 만져질 수 있는 것이 아니다. 우리 건축에서 우리는 이 복잡성을 표현하려고 노력한다. ─신시아 데이비드슨, 「ANY」 13호, 1996

건축은 한 장소에 집중된 이 복잡한 감성을 전해야 한다. 동시에 우리의 주의를 끌고 그 의미를 우리에게 전달하며 그 해석을 입증하는 효과를 가져야 한다. ─자크 에르조그와 피에르 드 뫼롱, 「A + U: 건축과 도시 계획」, 2002. 2

건축이란 건축의 몸을 새로운 투사된 외부의 형태로 연장시키는 것이다. 건축가의 모든 감성적 경험의 복사 또는 표현이라고 할 수 있다. 이런 면에서 건축은 영화감독이 만든 영화나 화가가 그린 그림, 또는 음악가가 만든 노래와 비슷하다. 우리를 매혹시키고 감동시키며 또 우리로 하여금 우리 자신의 물리적 존재와 맞닥뜨리게 해주는 것은 영

화의 물리적, 감성적 요소와 확성기에서 나오는 소리이다(전기적 또는 오락적 요소는 아니다). ─게르하르트 마크, 「에르조그와 드 뫼롱 1989-1991」, 작품 전집 2권, 스위스 바젤: 비르크호이저, 2005

건축과 문명

우리에게는 예를 들면 [알도] 로시나 모더니스트들이 가졌던 레시피도, 이념적 토대도 없다. 그들은 도시가 어때야 하는가에 대한 정확한 개념을 제시했다. 몇 년 전 우리가 바젤의 3개 민족 공동체를 위해서 '바젤, 진화하는 도시?'라는 제목의 연구를 했을 때, 우리는 한 논제보다는 단계적 관찰에 기초한 현상학적 분석을 채택했으며, 모든 도시가 어떤 경향, 어떤 발전 노선, 몇몇 특별한 장소와 특별하지 않은 장소를 가진다는 사실에 주목했다. 사실 우리가 알고 이해하고자 했던 것이 바로 이런 측면이었다. 자연은 어디 있고 지형은 어디가 어떻고, 도시의 실체—역사 도시냐 신도시냐—는 무엇이며 어디가 역동적인 지역이고 어디가 잠재력을 가진 "숨어 있는" 지역인가. 또 어디가 조용하고 어디는 에너지가 넘치는가? 우리는 단순히 어떤 장소의 기존 특성에 어떤 작업을 가할 수 있는지, 그래서 그 특성이 얼마나 향상될 수 있는지를 알고 싶었다. ─자크 에르조그, 리타 카페주토와의 대화, 「Domus 823」, 2000. 2

실상 건축은 그다지 중요한 것이 아니다. 그것은 그곳의 사람들이 어떤 사람들인가, 그 도시는 어떤 도시인가, 어떤 문화인가를 나타내는

우리가 응용하려고 하는 것은 현상학적 관찰의 태극권 같은 것이다. 이 방법이 장차 성공적인 결과를 가져올 수 있을 것이다.

사이코그램(성격 특성도)에 불과하다. 그것이 건축을 흥미롭게 하는 것이지, 건축 자체가 흥미로운 것이 아니다. 당신이 건축에서 발견하고 분석할 수 있는 모든 것들은 우리 문명의 다른 지역들에서도 발견될 수 있다. ─자크 에르조그와 디트마르 슈타이너, 「Domus 828」, 2000. 7

베이징 2008

베이징 국가 경기장(北京 國家 競技場)

우리는 보통 건축물을 상징으로 생각하지 않지만, 이 스타디움은 하나의 상징이 되었다. 이 건물은 그야말로 숭앙의 대상이다. 중국인들 스스로 이 건조물을 중국의 만리장성과 어깨를 겨룰 수 있는 그들의 가장 중요한 문화적 기념물 가운데 하나라고 생각하고 있다. 그들은 이 경기장과 일체감을 느낀다. 그들은 이 경기장을 새둥우리[鳥巢]라고 부른다. 본질적으로 누가 그것을 지었느냐는 중요하지 않다. ─자크 에르조그, 울리케 크뇌펠, 수잔 바이어와의 인터뷰, 「슈피겔 온라인 인터내셔널」, 2008. 7. 30

스타디움의 내부는 이 스타디움의 엄청난 크기를 보여주고 있다. 운동장을 감싼 36킬로미터의 강철이 약 219만6,000제곱피트의 가용공간을 포용하고 있다. 반대편 사진 : 복잡한 건조물을 그린 드로잉.

우리에게 이 스타디움은 단순한 건물 이상의 것이다. 도시의 일부이다. 비전은 항상 거창한 단어이다. 하지만 우리의 비전은 공공의 공간, 일반대중을 위한 공간의 창조, 사교 생활이 가능한 곳, 무엇인가가 일어날 수 있는, 아주 의도적으로 파괴적이거나 적어도 통제, 추적하기가 쉽지 않은 무엇인가가 일어날 수 있는 곳을 만드는 것이었다. ─에르조그, 크뇌펠, 바이어와의 인터뷰, 「슈피겔 온라인 인터내셔널」, 2008. 7. 30

❝ 스타디움의 공간적 효과는 참신하고 급진적이면서 단순하고
거의 고풍스러운 즉시성을 가지고 있다. 그 외관은 순수한 구조이다.
파사드와 구조가 똑같다. ❞

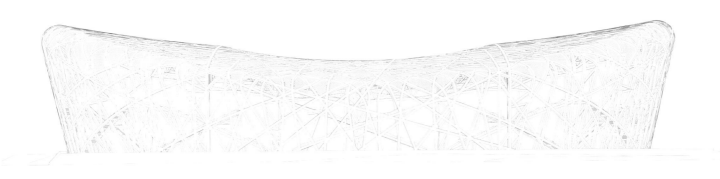

**◀◀ 베이징의
그 누구도
우리에게
이념적인
건물을
지으라고
요구하지 않았다. ▶▶**

중국에서 건물을 짓는 데에 대해서 중국에서 건물을 짓는 것을 상상도 해본 적이 없다고 주장하는 건축가들이 있다는 것을 나는 알고 있다. 이런 생각은 순진하면서도 오만한 생각이다. 그들의 태도는 이 나라가 지난 5,000년 동안 계속해서 이루어왔고 또 오늘날에도 여전히 이루고 있는 믿기 어려운 문화적 업적에 대한 지식과 존경심이 없다는 것을 드러내는 태도라고 할 수밖에 없다. —자크 에르조그, 울리케 크뇌펠, 수잔 바이어와의 인터뷰, 「슈피겔 온라인 인터내셔널」, 2008. 7. 30

우리는 이제 그곳(중국)에 건물을 짓기로 한 것이 옳은 결정이었다고 확신하고 있다. 우리는 또한 어떤 형태로든 인권이 경시되는 것도 받아들일 수 없다. 그러나 우리는 이 나라에서 어떤 일들은 개방되었다고 믿는다. 우리는 발전을 본다. 우리는 그 점에서부터 계속해야 한다. 우리는 우리의 역할을 지나치게 강조하고 싶지 않다. 그러나 이 스타디움이 어쩌면 이 길의 시작, 혹은 최소한 하나의 작은 돌이 될지도 모른다. —자크 에르조그, 울리케 크뇌펠, 수잔 바이어와의 인터뷰, 「슈피겔 온라인 인터내셔널」, 2008. 7. 30.

모순의 건축 우리는 설계 의뢰를 받아들이기 전에, 우리가 과연 상업적인 것 이상의 무엇인가를 성취할 수 있을 것인가의 여부를 자문한다. 우리의 강점은 모순을 허용하는 건물을 개발하는 데에 있다. 우리는 오직 한 가지 용법, 한 가지 형태의 해석, 또는 이데올로기적 해석을 허용하는 프로젝트에 참가하는 것을 거부한다. 베이징의 그 누구도 우리에게 이데올로기적인 건물을 지으라고 요구하지 않았다. —자크 에르조그, 울리케 크뇌펠, 수잔 바이어와의 인터뷰, 「슈피겔 온라인 인터내셔널」, 2008. 7. 30

위 : 베이징 국가 경기장 내부, 맞은편 페이지 : 거리에서 본 경기장의 모양.

■■ 우리의 강점은 모순을 허용하는
건물을 개발하는 데에 있다. ▮▮

건축에 대한 현대의 생각

우리는 역사의 관점이 아니라 현대의 관점에서 생각한다. 오늘날 건축, 도시, 그리고 풍경이 어떻게 변하고 있는가? 이런 생각이 우리의 삶에 직접 영향을 미치고 또 우리가 설계하는 건물을 사용하는 사람들의 삶에도 영향을 미친다. 현대 건축이 제대로 기능을 하는 경우, 그리고 그런 건축이 받아들여지는 경우가 매우 드물다는 것을 누구나 알고 있다. 이것은 늘 우리들에게 불확실성의 근원이 되고 있다. 사정이 이렇기 때문에 베이징에서의 새둥우리 건축의 성공이 더욱 믿기 어려워지는 것이다. 사람들은 믿기 어려울 만큼의 기쁨으로 이 건물을 받아들였다. 아무도 그들에게 그것을 강요할 수는 없다. 그것은 자연스러운 현상이다. 중국 같은 독재체제에서조차도. —자크 에르조그, 울리케 크뇌펠, 수잔 바이어와의 인터뷰, 「슈피겔 온라인 인터내셔널」, 2008. 7. 30

경기장, 축구 그리고 건축

베이징 국가 경기장 외에도 에르조그 & 드 뫼롱은 독일 뮌헨의 알리안츠 경기장(2005), 스위스 바젤의 성 야코프 경기장 등 수많은 다른 경기장을 설계했다. 이 회사는 현재 영국의 포츠머스 경기장을 설계중이다.

나는 축구를 좋아한다. 나는 축구경기장 부근에서 자랐다. 말하자면, FC 바젤(바젤에 있는 축구 클럽)의 뒤뜰에서 자란 셈이다. 나는 꽤 오랫동안 직접 축구를 했다. 요즘은 축구경기장에 나가 축구를 보는 열렬한 팬이다. —자크 에르조그, 프랑크 칼텐바흐, 크리스티안 시티흐와의 인터뷰, 「디테일」, 2005. 9

경기장 설계

최근까지 경기장들은 대개 엔지니어들이나 전문화된 회사들에 의해서 계획되었다. 내가 알기로는, 바젤 경기장은 거대한 경사진 지붕처럼 인기를 끄는 장치보다 진정한 건축학적 고려가 더 중시된 최초의 경기장 가운데 하나이다. 뮌헨 올림픽 경기장이 또 다른 예이다. —자크 에르조그, 프랑크 칼텐바흐, 크리스티안 시티흐와의 인터뷰, 「디테일」, 2005. 9

■■ 축구팬들이 축구경기장을 만든다.
그것은 단순한 건축물이 아니다.
닫힌 문 뒤에서 하는 게임을 본 적이 있는가?
건축이 감성적이고 지능적인
매개물이 되어야 한다.
그렇지 못하면 권태를 줄 뿐이다.…… ▮▮

상세도

당대의 건축 관행에서 건축회사는 다음 두 가지 주요 측면 가운데 하나에 초점을 맞추는 것이 보통이다. 1) 설계, 2) 상세 작업도. 에르조그 & 뫼롱의 회사는 두 부문 모두에서 예외적이다.

상세도는 항상 매우 중요하다. 이 경기장(알리안츠 경기장)의 건축 계획은 우리의 거의 모든 프로젝트가 그렇듯이 전적으로 우리 사무실에서 이루어졌다. —자크 에르조그, 프랑크 칼텐바흐, 크리스티안 시티흐와의 인터뷰, 「디테일」, 2005. 9

> **우리는 미술품이 지나치게 계층적으로 전시되어서는 안 된다고 생각했다. 보석처럼 전시하기보다는 현대미술작품답게 전시되어야 한다.**

샌프란시스코 2004
드 영 미술관

이 미술관 프로젝트는 서로 다른 프로젝트들의 집합을 만들 기회였다. 이런 작업은 언제나 매우 흥미롭다. 완전히 서로 다른 건축에 대한 접근법을 시험해볼 수 있기 때문이다.……다양한 접근법은 또한 매너리즘에서 벗어나는 방법이나 도구가 된다. —아론 베츠키, "자크 에르조그와의 인터뷰", 다이애나 켓첨, 「21세기의 드 영」, 런던: 테임스 앤드 허드슨, 2005

비계층적인 미술품 전시 박물관의 계층적 전시는 우리 문화가 다른 문화보다 우수하다는 점이 입증되어야 한다는 엘리트주의적 사고방식의 잔재이다. 서로 다른 형태와 그 배후에 자리잡고 있는 사고에의 열린 접근법보다는 연역적 전시법이 우리의 특수한 문화 속에서 널리 퍼져 있었다. 서로 다른 다양한 문화와 문화적 영향에 관심이 많은 도시인 샌프란시스코는 그 소장품들을 실험적이고 비계층적으로 전시하는 새로운 드 영 미술관을 가져야 한다. —아론 베츠키, "자크 에르조그와의 인터뷰", 다이애나 켓첨, 「21세기의 드 영」, 런던: 테임스 앤드 허드슨, 2005

소설의 주인공처럼 샌프란시스코의 안개가 드 영 미술관 설계에 중요한 역할을 했다. 에르조그 & 드 뫼롱은 구리와 돌 등 따뜻하고 소박한 느낌을 주는 자재들로 이 미술관을 지었다.

분위기와 자재 : 충격과 영향 안개는 우리에게 우리가 안개에 대처하는 빌딩을 원한다면 안개를 설계의 의식적인 요소로 활용해야 한다는 것을 깨닫게 해주었다. 안개는 두 가지 측면에서 영향을 미쳤다. 첫째, 보풀이 있고 구멍이 뚫린 건물 표면이 건물 몸체의 가장자리 선을 흐리게 한다. 물론 안개가 그 흐린 선을 더

뮌헨 1992

괴츠 미술관

괴츠 미술관은 날아가버리려는 것처럼 보인다. 그러면서 동시에 묵직한 얼음조각을 닮았다. 유리가 얼음처럼 보이는 것이다. 유리가 약간 불투명하기 때문에 매우 무거워 보인다. 우리는 이런 이중적 모양—가벼움과 무거움이 동시에 존재하는—을 좋아한다. 사실 건축물은 늘 무겁다. 건축물이 정말로 가벼운 경우는 결코 없다. ― 신시아 데이비드슨, 「ANY」 13호, 1996

미술과 건축에 대하여 미술은 더 진보적이다. 미술가들은 이 세상의 변화에 더 공개적으로 반응한다.……그러나 우리는 미술이 건축보다 우월하다고 생각하지는 않는다. 둘은 서로 다를 뿐이다. 우리는 미술가들을 상대하는 데에 어려움을 겪거나, 미술가가 아니라 건축가가 되어서 유감이라고 생각하지 않는다. 건축가들과 미술가들의 협력은 양쪽 다에게 매우 흥미롭다. 우리는 같은 수준에서 작업하고 어떤 프로젝트에 똑같이 중요한 공헌을 하기 때문이다. 미술가와 건축가의 협력은 프로젝트에 새로운 차원을 첨가한다. 그것이 우리를 흥미롭게 한다.…… ― 신시아 데이비드슨, 「ANY」 13호, 1996

협력 에르조그 & 드 뫼롱은 충분히 협력하는 한 쌍으로 프리츠커상을 함께 최초로 수상했다. 2001년도 프리츠커상 심사위원회는 그들이 너무나 밀접하게 공동작업을 하기 때문에 서로 능력과 재능을 보완한다고 생각했다. 에르조그가 회사의 대변인 노릇을 하는 경향이 있지만, 그들의 작품은 장기간에 걸친 진정한 협력의 결과이다.

드 뫼롱과 나는 어려서 함께 놀았고 설계도 같이 했다. 물론 각각의 프로젝트에서 한 사람이 약간 더 일을 하고 다른 사람이 약간 덜 일한다. 우리는 아주 다른 특성과 재능을 가졌다. 우리 중 어느 쪽도 자기 자신의 프로젝트들을 결정하지 않는다. 중요한 것은 우리가 합동으로 에르조그 앤드 드 뫼롱이라는 제품을 만들어내는 것이다. ― 자크 에르조그, 프랑크 칼텐바흐와 크리스티안 시티흐와의 인터뷰, 「디테일」, 2005. 9

피에르와 나는 사실 30여 년에 걸쳐 우리의 협력체계를 발전시켜왔다. 이 협력체계는 우리가 그것을 세세히 분석하지 않아도 잘 작동되고 있다.……우리가 장차 다른 창조적 잠재력을 지닌 사람들—예를 들면, 건축가, 기술자, 미술가, 일반 사업가, 비용을 계산하는 계리사 등—과의 협력체계로 발전시키는 것이 중요하다. 우리는 우리의 사업체를 엄청난 규모로 확장하는 데는 관심이 없다. 그렇게 하면 관리비용이 엄청나게 늘어난다는 것을 우리는 경험을 통해서 알고 있기 때문이다. ― 게르하르트 마크, 「에르조그 & 드 뫼롱 1989–1991, 작품 전집 2권」, 스위스 바젤: 비르크호이저, 2005

미래 지난 2년 동안 피에르 드 뫼롱과 나는 하나의 문제에 점점 주의를 기울여왔다. 즉 우리가 요즘 어떻게 작업하고 있으며 앞으로 10년 또는 20년 동안 무엇을 원하고 무엇을 할 수 있을 것인가? 우리가 젊은 건축가들에게 얼마만큼 인정을 받을 수 있을까? 우리가 어떻게 우리의 조직형태를 변화에 맞게 조정해야 할까?……무엇보다도 우리는 그런 시나리오와 문제들로 우리 자신과 우리 회사 사람들에게 충격을 주고 싶다. ― 자크 에르조그, 울리케 크뇌펠과 수잔 바이어와의 인터뷰, 「슈피겔 온라인 인터내셔널」, 2008. 7. 30

피에르와 나는 나이가 들어서도 계속 일하고 싶다. 하지만 그렇게 되기 위해서는 이 회사가 우리 없이도 잘 작동될 수 있어야 한다. 다시 말하면 세계 각지에서 온 젊은이들이 세계 도처에서 우리를 위해서 일을 해야 한다. 그러면 이 회사는 여러 세대의 사람들에게 사회의 모범이 될 수 있을 것이다. ― 자크 에르조그, 울리케 크뇌펠과 수잔 바이어와의 인터뷰, 「슈피겔 온라인 인터내셔널」, 2008. 7. 30

> ◀◀ 우리는 건축보다 미술을 더 좋아한다. 그런 면에서 우리는 건축가들보다 미술가들을 더 좋아한다. ▶▶

괴츠 미술관은 뮌헨의 조용한 주거지역에 자리잡고 있다. 이렇게 자리를 잡은 것은 미술관을 나무가 우거진 교외에 두고 동시에 미술전시품들에게 햇빛이 비치는 환경을 마련해주기 위함이었다.

저널리스트에서 건축가로 대다수의 건축가들과는 달리 나는 건축가가 되기 전에 다른 직업을 가졌었다. 나는 저널리스트였다는 사실이 중요한 영향력을 미쳤다고 생각한다. 아이러니컬하게도 저널리즘은 명성과는 완전히 거리가 먼 몇 안 되는 전문직종 가운데 하나이다. 유명한 저널리스트는 거의 없다. 저널리스트는 채워지지 않는 호기심과 정보를 재빨리 찾아내서 농축시키는 능력에 의해서 움직인다. 그 경험이 내가 상대적으로 늦게 건축을 공부하기 시작했다는 사실─나는 25세가 지나서 건축을 공부하기 시작했다─과 함께 나에게 그 당시의 건축계에 대해서 겁을 먹지 않게 해주었다. 건축가로 실무에 종사하기 전에 책을 씀으로써 얻는 큰 이점은 그것이 나에게 일거리를 주는 데 도움이 되었다는 것이었다. 그러나 나의 이후의 작품이 나의 능력을 입증하는 특별히 무거운 짐을 지게 되었다는 점에서 그것은 좋지 않기도 했다. 나는 나의 경험이 나를 수많은 편견에 노출시켰다고 생각한다. 그런 편견은 지금까지도 아직 남아 있는 것 같다. 한 사람이 생각하는 일과 건축을 둘다 할 수는 없다는 이상한 편견이 있다. ─"렘 콜하스", 「Perspecta」 37호, 2005

렘 콜하스 REM KOOLHAAS

출생 1944년 11월 17일, 네덜란드 로테르담

교육 AA 스쿨 졸업, 런던. 1972년

사무실 Office for Metropolitan Architecture, Heer Bokelweg 149, 3032 AD Rotterdam, The Netherlands
전화 : +31 10-243-82-00, 팩스 : +31 10-243-82-02
office@oma.com, www.oma.nl

주요 프로젝트 시애틀 중앙도서관, 미국 워싱턴 주, 2004; 맥코믹 트리뷴 캠퍼스 센터, 일리노이 공과대학교 (IIT), 시카고, 2003; 프라다 소호, 뉴욕, 2001; 보르도 하우스, 프랑스, 1998; 네덜란드 무용 극장, 헤이그, 1987

이론적, 문학적 관심을 가진 건축가,
이 직종의 정확한 상황과 정확한 잠재력을 분석하려는 욕구에 충만한 건축가,
그것이 나 자신의 활동에 대한 나의 해석이다.

**맥코믹 트리뷴 캠퍼스 센터,
시카고, 2003**
고인이 된 건축평론가 허버트 머샴은
이 길이 530피트의 골이 진 스테인리스
튜브를 "흡수, 정신의 수용적 틀을 암시하는
메타포"라고 묘사했다. 이 튜브는 열차의
소음을 가둘 뿐 아니라 아이디어가
소용돌이 치고 형성되는
두뇌 자체를 암시하는 역할도 했다.
콜하스에게는 미국 땅에서의 이 첫 번째
프로젝트가 결정적인 성공이었다.

이론가와 건축가

나는 이 둘의 관계가 믿을 수 없을 정도로 강하다고 생각한다. 물론 나는 건축이론가이면서 동시에 건축가가 되는 일이 가능하다는 생각을 한번도 한 적이 없다. 나는 항상 건축가라고 느꼈고 또 건축가였다. 이론적, 문학적 관심을 가진 건축가, 건축가라는 직종의 정확한 조건과 잠재력을 분석하려는 욕구를 지닌 건축가였다. 그것이 바로 나 자신의 활동에 대한 나의 해석이다. 궁극적으로 내가 「정신착란의 뉴욕」(1978)을 쓴 것은 나 자신을 위해서 흥미로운 것, 할 수 있는 일의 어젠다를 정의하기 위함이었다. 내가 고백할 수 있는 것은 그것이 고통스런 전환이었다는 말뿐이다. 어떤 직업을 수행하는 것은 거의 본능적인 활동이기 때문이다. ─알레한드로 사에라-폴로, 「El Corquis」, 1992. 2

**▟▟ 내 머릿속에서 나는
건축가 못지 않게 작가이다. ▜▜**

프리츠커상 수상에 대해서

그 중요성은 제쳐놓더라도 그것은 신나는 일이고 또 d상금도 많다. 내 최근 기억으로는 그들이 다른 종류의 건축가에게 이 상을 준 것은 처음인 것 같다. 그들은 글쓰기 같은 다른 분야도 중요하다는 것을 인정한 것이다. 그들은 21세기 건축의 정의에 대해서 다소 열린 태도를 선택했고 건축의 정체성도 다소 수정한 것이다. 그것은 다른 사람들을 위해서 좋은 일이 될 것이다. ─렘 콜하스, 제니퍼 지글러와의 인터뷰, 「인터뷰」, 2000

건축에 대해서 거의 모든 사람들이 제대로 이해하지 못하고 있는 것은 건축이 힘과 무력(無力)의 역설적 혼합이라는 사실이다.……내부의 변화는 우리 작품에 대한 비평에 기초하고 있었고 거의 모든 다른 사람들의 작품에 대한 비평에 의해서 강화되었다. 결국 그것은 1980년대초부터 시작된 작가에서 집을 짓는 건축가로서의 나의 변화의 마지막 부분이기도 했다. ─알레한드로 사에라-폴로, 「El Corquis」, 1992. 2

시카고 2003
맥코믹 트리뷴 캠퍼스 센터, 일리노이 공과대학교(IIT)

캠퍼스의 물리적 심장이 우리 프로젝트이다. 활동을 중첩시키지 않으면서 동시에 각각의 프로그램적 입자를 빽빽한 모자이크의 일부로 자리잡게 함으로써, 우리 빌딩은 도시의 조건 자체를 억제한다. ─렘 콜하스, arcspace.com, 2004. 2

캠퍼스 센터는 모두 금속과 유리로 이루어져 있다. 이 맥코믹 센터에서 역사(미스 반 데어 로에)가 현재(콜하스)와 만나고 있다. 바우하우스의 거장이 이 캠퍼스를 설계했고 뒤에 콜하스가 1층짜리 건물과 방음이 되는 강철 튜브를 추가했다.

학생들의 흐름의 합계를 파악하기 위해서, 동쪽과 서쪽의 캠퍼스 목표물들을 연결해주는 거미줄 같은 선들은 캠퍼스의 중심을 통과하면서 그 활동의 종류에 따라 거리, 광장, 그리고 도시의 섬들로 갈라지도록 만들어져 있다. 전체 건물을 쪼개지 않으면서, 각각의 부분은 그 특수한 필요에 따라 표현되고 소규모의 동네(24시간 편의점, 상점, 오락 시설, 서점 및 교육용품점, 생활용품점 등), 공원, 그리고 다른 요소들을 만들어내도록 위치를 잡았다. 각 부분을 종합하는 중요한 요소는 지붕이다. 중심부를 고가철도의 소음으로

벽은 없고 칸막이가 있을 뿐이다.
희미하게 반짝이는
막—흔히 거울이나 금으로 덮인—이
칸막이 역할을 한다.

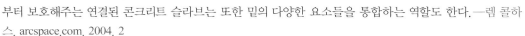

부터 보호해주는 연결된 콘크리트 슬라브는 또한 밑의 다양한 요소들을 통합하는 역할도 한다. —렘 콜하스, arcspace.com, 2004. 2

긴 유리벽에서는 몇몇 IIT 창설자들의 초상을 볼 수 있다. **오른쪽** : 유리벽의 일부, **아래** : 프로젝트의 초기 스케치.

파괴하는 미스 : 명백한 정보 미스 반 데어 로에가 설계한 한 캠퍼스 속에 깊숙이 새겨져 있는 콜하스의 설계는 개념적으로 그 캠퍼스에 반영되어 있다. 콜하스는 미스를 찬양하는 글을 쓴 바 있는데, 맥코믹 트리뷴 캠퍼스 센터 설계는 미스의 설계 이데올로기의 지성과 파괴성을 모두 드러내고 있다.

……일리노이 공과대학교가 [1940년대에] 문을 열었을 때, 크라운 홀(미스의 설계) 같은 매우 추상적인 공간에서 누구나 자기가 환영받는다는 느낌을 받았을 것으로 당신은 생각할 수 있을지도 모른다.……하지만 요즘 사람들이 그런 빌딩에 들어간다면 과연 그런 느낌을 받을지는 매우 의심스럽다고 나는 생각한다. 그들은 어쩐지 정보가 없는 듯한 느낌 같은 것을 받을지도 모른다. 현재 이 캠퍼스에는 최소한 4, 5개 대륙에서 온 학생들이 있으므로 이런 환경에서 효과적인 기본정보를 전하는 언어를 발전시키는 것이 매우 중요하다는 생각이 들었다.……나는 그것이 바로 이 명백한 목적, 이 명백한 프로그램, 그리고 이 명백한 조건을 위해서 필요하다고 생각한다. —렘 콜하스, 린 베커와의 인터뷰, lynnbecker.com

중요한 협력자는 뉴욕에 있는, 여러 분야의 작업을 하는 스튜디오 2 x 4였다. 이 스튜디오가 그래픽 디자인과 프로젝트의 아이커노그러피, 다시 말해서 콜하스가 "명백"함("explict"-ness)이라고 표현하는 것을 담당했다. 콜하스는 색의 대담한 구사가 맥코믹 트리뷴 캠퍼스 센터의 내부 공간의 역동성을 높여주었다고 설명하고 있다.

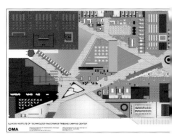

내가 미스에게 매혹되는 이유는 그의 색채 감각이라고 생각한다. 물론 처음에는 그는 통상적으로 색채와 연관되지 않았다. 하지만 내 생각에 그는 20대와 30대 시절에 색채를 가지고 매우 대담한 실험을 했던 것 같다. 내가 시카고 미술 클럽(1951년에 미스가 설계함)에 처음 갔을 때 눈에 거슬리는 난폭한 색채 감각 같은 것을 느꼈던 기억이 어렴풋이 난다. 하지만 그런 색채가 미스 빌딩(콜하스의 설계는 미스 빌딩 안에 삽입되어 있다)의 색채를 이끌어내는 데 공헌했던 것 같다. —렘 콜하스, 린 베커와의 인터뷰, lynbecker.com

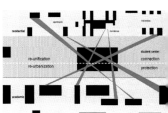

……노출된 시트록(종이 사이에 석고를 넣은 석고보드/역주)의 넓은 공간을 두는 것이 중요하다. 이것은 어떤 면에서 강철에 대한 미스의 청교도주의가 되살아난 것이라고 볼 수 있기 때문이다. 그러나 재질은 더 떨어진다. —렘 콜하스, 린 베커와의 인터뷰, lynnbecker.com

글쓰기와 건축 : 정신착란의 뉴욕

렘 콜하스의 경우, 글쓰기는 건축과 공생관계에 있다. 그의 작업의 근본이 되는 개념적 아이디어들은 글과 조사연구, 건축을 통해서 표현된다. 콜하스의 첫 번째 저서인 「정신착란의 뉴욕, 맨해튼에 대한 소급적 선언」은 1978년에 출판되었다. 이 책에서 콜하스는 1850년 이후의 맨해튼의 역사를 "혼돈의 문화"의 발명과 시험을 위한 가공의 실험실로 고쳐 쓰고 있다.

그 책은 언뜻 보아 비연속적이고—심지어 화해할 수 없는—에피소드들에 어느 정도의 일관성과 시종여일함을 주는 맨해튼에 대한 해석이다. 맨해튼을 체계화되지 않은 이론인 맨해튼주의의 산물로서 단정하려고 하는 해석이다. 맨해튼주의의 프로그램은 순전히 인간에 의해서 조작된 세계에서 존재하기 위해서, 다시 말하면 환상 속에서 살기 위해서 너무 야심적인 나머지 결코 공개적으로 언급될 수 없다. —렘 콜하스, 「정신착란의 뉴욕」, 뉴욕: 옥스퍼드 대학교 출판부, 1978

이 텍스트(「정신착란의 뉴욕」)의 구조는 매우 건축적이다.……그 문체적 구조가 그것이 묘사하고 있는 도시성과 유사하다. 그 레이아웃과 그 세분화에서도 이 책은 또한 매우 건축적이다.……이 책에는 그러나(however)라는 단어가 단 하나도 없는데 나에게는 그 점이 매우 건축적이다. 이 책은 도시와 똑같은 논리를 지니고 있다. 어쨌든 작품—그것이 책이든 건축이든 간에—의 중요한 요소는 몽타주이다. — 신시아 데이비드슨, 「ANY」, 1993. 5-6

**▟▟ 설계는 어떤 논제나 질문,
또는 문학적 개념을 증명하는 것이다. ▟▟**

이 책의 집필에는 한 주요한 "목표"가 있었다고 말하고 싶다. 나는 작가로서 내가 장차 건축가로서 일할 수 있는 지형을 건설하고 싶었다.……나는 건축가가 되는 일의 기술적 부분을 강조하지 않고 지적 문제들과 훨씬 더 관련된 역할을 묘사하려고 했다. 다른 간섭이 가능하고 따라서 정의상으로 드로잉을 통해서는 수행될 수 없는 그런 문제들에 관여하는 역할 말이다.……나는 이렇게 말하고 싶다. 모든 프로젝트가 시작될 때에는 글은 없을지 모르지만 단어로 된 정의가 있을 수 있다고. 단어들로 표현된 텍스트, 개념, 야망, 주제가 있다. 그것이 단어로 표현되는 순간 비로소 그 프로젝트는 진행될 수 있고 건축을 생각할 수 있다. 단어가 설계를 풀어낸다. 우리의 모든 프로젝트, 가장 훌륭한 프로젝트, 아마 가장 독창적인 프로젝트들은 처음에 문학적으로 정의된다. 다음에 그 정의가 전체 건축 프로그램을 제시한다. —신시아 데이비드슨, 「ANY」, 1993. 5-6

S, M, L, XL(소, 중, 대, 특대)

콜하스의 저서 「소, 중, 대, 특대(*Small, Medium, Large, Extra-Large*)」는 1995

년에 출간되었다. 일반적인 전공 논문과는 거리가 먼 이 책은 그의 메트로폴리탄 건축사무소의 처음 20년간의 작업을 기술하고 있다. 이 책은 현대 건축 및 사회에 대한 비평 외에 건축 프로젝트, 사진, 스케치, 일기 발췌, 개인적인 여행기를 모아놓은 것이다. 다음은 그 책에서 발췌한 것이다.

건축은 전능함과 무력함의 위험한 혼합이다. 표면상 세상을 "만드는" 일에 참여하는 그들의 생각이 동원되기 위해서는 다른 사람들—개인 또는 기관인 고객들—의 자극이 있어야 한다. 따라서 논리의 모순, 더 정확히 말해서 무작위성이 모든 건축가들의 일생의 기초적 구조이다. 그들은 그들이 거의 모르는 나라에서 그들이 희미하게 인식할 뿐인 문제들에 관련된 각양각색의 요구, 그들이 확립하지 않은 요인에 당면한다. 그들은 또 그들의 두뇌보다 훨씬 더 우월한 두뇌들도 해결할 수 없었던 것으로 입증된 문제들을 해결할 것이라는 기대를 받는다. 건축은 정의상 혼돈된 모험이다. —렘 콜하스와 브루스 마우, 「소, 중, 대, 특대」, 뉴욕: 모나첼리, 1995

「소, 중, 대, 특대」의 저작은 중요한 순간에 이루어졌다. 1989년 중요한 프로젝트인 독일 칼스루에의 미술 및 미디어 기술 센터의 건축이 취소되면서 메트로폴리탄 건축사무소는 기구를 축소해야 했고 재정적으로 곤경에 처했다. 바로 이 시점에 콜하스는 이 책에 대한 작업을 시작했다.

1995년이 되기 전 우리는 거의 파산 지경에 몰렸다. 누구에게나 개방된 중요한 공모에 참여했다가 그렇게 된 것이었다. 우리는 그 작업의 대금 일부만을 지급받았다. 그 일은 우리 회사의 생사를 위협했지만, 우리는 그 일에 매달릴 수밖에 없었다. —아서 러보우, 「뉴욕 타임스 매거진」, 2000. 7. 9

"지어지지 않은 것과 지어진 것 사이의 절대적 등가성"

「소, 중, 대, 특대」는 이 문제에 대해서 의도적으로 모호한 태도를 취하면서 짓지 않은 것과 지은 것 사이의 절대적인 등가성을 제시하려고 한다. 어떤 면에서 이것이 논쟁점이라고 내가 생각하기 때문이다. 물론 짓는 것은 매우 신나는 일일 수 있다. 하지만 이 책의 목표 중 일부는 결실을 맺지 못한 건축에 대한 탐색이었다. 나는 또한 실패의 의미를 보여주는 데에 흥미를 느꼈다. 프로젝트의 계산과 잘못된 계산을 모두 보여주고 싶었다. —렘 콜하스, 카티나 헤론과의 인터뷰, 「Wired」, 2007. 4

나는 늘 재창조를 또는 파괴를 하고 싶은 심리적 성향이 있었다. 「소, 중, 대, 특대」는 우리가 무슨 일을 해왔는가를 살펴보는 첫 번째 방법이었다. 또한 새로운 시작을 하기 위한 사무실의 의도적 정지이기도 했다. —아서 러보우, 「뉴욕 타임스 매거진」, 2000. 7. 9

▟▟ ……단어들이 설계를 풀어낸다.…… ▟▟

시애틀 중앙도서관

프로젝트는 항상 육감으로 시작된다. 우리는 증거를 중시하고……카탈로그 원형 같은 것을 준비한다.……이런 방식으로 우리는 공허한 개념들을 프로젝트를 위한 풍요로운 개념들로 바꾼다. 무엇이 화젯거리가 되느냐에 관한 이 삶의 목록들은 끊임없이 변화한다. 독점적 영역은 없다.……나는 상하구조를 확립하지 않는다. 중요한 것은 파노라마이다. 제시된 질문, 전개, 암시를 수단으로 우리는 다시 한번 끊임없이 변화하는 상황을 정의한다.……일관성에 관해서도 절대적으로 고정된, 완전히 불변하는 가치란 없다는 사실을 인식한다. 이론적 입장의 분명한 천명을 불신한다. 프로젝트들은 전에 알려진 생각들로부터 탄생하지 않는다. —렘 콜하스, 「도시의 프로젝트들(1985–1990)」, 바르셀로나: 에디토리알 구스타보 힐리, 1990

나는 첫눈에는 다소 단순해 보이지만 사용하면서 또는 두 번째 보았을 때 복잡성이 드러나는 건물을 짓기를 좋아한다.……우리는 개념적으로는 화려하지만 형식적으로는 그렇지 않다. —아서 러보우, 「뉴욕 타임스 매거진」, 2000. 7. 9

나는 늘 일을 터뜨리는 것과 만드는 것 사이에서 망설였다. 그런데 지금은 일을 만드는 것이 터뜨리는 것보다 10배나 더 흥미롭다. 그 한 가지 이유는 폭발은 한순간 지속되지만, 만드는 것은 훨씬 더 오래가기 때문이다. —알레한드로 사에라-폴로, 「El Corquis」, 1992. 2

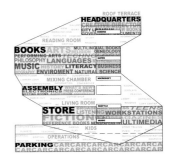

맞은편 페이지: 「정신착란의 뉴욕」과 「소, 중, 대, 특대」는 출간되자마자 주목을 받았다. 오늘날이 책들은 건축계의 고전이 되었다. 시애틀 중앙도서관은 지역사회 개선을 위한 변화를 만드는 도시의 전형적인 사업이다. 이 도서관은 100만 권 이상의 서적을 소장하고 있을 뿐 아니라 혁신적인 "북 스파이어럴(Book Spiral)" 및 디지털 장비를 보유하고 있다.

▟▟ 박물관들이 인기 있는 것은 그 소장품이 풍부해서가 아니라 **부족하기 때문이다.**
그냥 가서 둘러보고 떠나면 된다. 무슨 결정을 내릴 필요도 없고 중압감을 느낄 필요도 없다.
우리의 야망은 주의를 빼앗는 것이다. 일단 주의를 끌고 나서는 우리는 그것을 소비자에게 돌려준다. ▜▜

뉴욕 2001
프라다, 소호

그들은 우리에게 그들이 모험과 실험에 능하다는 그들의 명성을 잃지 않으면서 어떻게 그들의 확장된 구역을 관리할 수 있을지에 대한 제의를 하라고 요청했다.……전시공간이 훨씬 더 커진 다음에도 어떻게 하면 흥미롭거나 놀라운 인상을 유지할 수 있겠느냐는 것이었다.……—렘 콜하스, 제니퍼 지글러와의 인터뷰, 「인터뷰」, 2000

확장(expansion)은 두 가지 측면에서 측정될 수 있다. 양과 질이다.……숫자가 많으면 중복될 위험이 있다. 가게가 추가되면 후광이 감소되고 낯익은 느낌이 많아진다. 규모가 커지면 기함 증후군(flagship syndrome)에 빠질 위험이 있다. 분명한 것을 과장하는 버릇이 축적되어 브랜드 특유의 놀라움과 신비스러움의 요소들을 제거해버리고 브랜드를 "정의적인" 정체성 속에 감금해버리는 것이다. —OMA/AMO 렘 콜하스, 「프라다」, 밀라노: 폰다치오네 프라다, 2001

……우리는 가상의 공간에서 그들의 정체성을 정의하는 일에 말려든다. 우리는 또한 점포에 있는 경험을 개선할 수 있는 기술 개발에도 관심을 가진다. 다시 말해서 우리는 드레싱 룸과 현금출납기를 개선하려고 노력한다. 쇼핑을 하면서 짜증이 났던 일들을 제거하려고 노력하는 것이다. 쇼핑 중 짜증나는 일 가운데 하나는 가게 안에 있는 시간과 그렇지 않은 시간을 늘 정확히 알아야 하는 것이다. 그래서 우리는 그 경계를 모호하게 하려고 노력했다. —렘 콜하스, 제니퍼 지글러와의 인터뷰, 「인터뷰」, 2000

소매점 설계나 "브랜딩"에 대한 콜하스의 접근은 전통적 형식을 거부한다. 그는 영구적 정체성을 확립하고 그것을 반복해서 전파하는 대신, 브랜딩을 다양함 속에서의 유연성 및 혁신을 위한 기회로 정의한다.

나는 당신이 브랜드나 정체성과 관련해서 할 수 있는 훨씬 더 흥미로운 일이 있다고 생각한다. 그것은 브랜드나 정체성을 그 의미라는 면에서 더 다양화하고 덜 장황하게 하는 것이다. 내 생각이 잘못된 것이 아니라면—내 생각이 아주 잘못된 것일 수도 있다—현재 전개되고 있는 것은 브랜드의 미국식 이데올로기이다. 그것은 더 이상의 발전에 대한 조종(弔鐘)이며 따라서 궁극적인 반동적 안정성이다. 브랜드의 유럽적 개념은 살아 있는, 많은 서로 다른 정체성을 가질 수 있는, 따라서 더욱 발전할 수 있는 어떤 것이다. 프라다가 우리에게 브리핑했을 때, 그들의 키워드는 예측불가능성과 다양성이었다. 디즈니를 보면 그들은 "원초적인 것"으로의 영원한 귀환이다. 너무 위험하지 않은 조건을 찾는 것이다.—"브랜딩—싸인, 심벌, 아니면 그밖의 어떤 것?" 「건축설계」, 2006. 12

프라다 점포는 전에 구겐하임 박물관 소호 지부가 있던 곳에 있다. 이곳에서의 소매 경험은 다른 점포들의 추종을 불허한다.

◀◀ 쇼핑은 도시적 본질이 발생되는, 은밀하게 어울리는 방식이다. ▶▶

쇼핑

렘 콜하스는 하버드 대학교 설계대학원의 교수로 재직하면서 세계 각지의 변화하는 도시적 환경을 연구하는 연구 프로그램인 "도시 프로젝트"를 주도하고 있다. 중국의 주강 삼각주, 베이징, 로마, 라고스, 그리고 모스크바 등이 사례연구로 포함되어 있다. 「하버드 디자인 스쿨 쇼핑 가이드」와 「대약진」은 두 책 모두 "도시 프로젝트"의 결과로 나온 책들이었다.

쇼핑이 공적 활동의 마지막 남은 형태라는 논쟁적 주장이 있다. 점점 더 약탈적으로 변해가는 일련의 형태들을 통해서, 쇼핑은 도시생활의 거의 모든 양상에 침투하게 되었고 그것을 식민화하게 되었으며 그리고 심지어 대체하기까지 하게 되었다. 타운 센터, 교외, 거리, 그리고 이제는 공항과 기차역, 박물관, 병원, 학교, 인터넷, 심지어 군대까지도 쇼핑의 메커니즘과 공간에 의해서 형성된다. 쇼핑이 대중을 추적하는 탐욕성으로 말미암아 쇼핑은 우리가 도시를 경험하는 주요한—아니면 유일한—양식(mode)이 되었다.—렘 콜하스, 제프리 이나바와 세충 레옹, 「하버드 디자인 스쿨 쇼핑 가이드」, 뉴욕: 타센, 2002

시장이 건축에 미치는 영향

시장 경제는 볼거리와 신기함 위에서 번성한다. 시장의 건물들은 그 언제보다 더 볼 만하다. 시장은 전체적 자유를 약속한다. 그러나 건축에서는 이것이 곧 괴상함의 위험으로 이어진다. 이런 환경에서는 진지하고 절제된 건물들을 짓기가 어렵기 때문이다. 미디어들은 물론 이런 십대 문화를 부추긴다. 미디어들은 극단적인 자본주의적 건물들에 가장 주목한다. 점점 더 심해지는 건축의 사치, 점포들로 가득 찬 환상적인 박물관들에 초점을 맞추는 것이다. 우리 계산으로는 1995-2005년 사이에 OMA(메트로폴리탄 건축사무소)가 축구장 34개 넓이의 새로운 박물관 설계를 의뢰받았는데 이것은 모두 문화보다는 시장이 성장한 결과의 산물이었다. 세련에 대한 향수가 조금은 남아 있을지 모르지만, 압력은 다른 방향으로 가해지고 있다.—렘 콜하스, 조너선 글랜시와의 인터뷰, 「가디언」, 2007. 8. 27

소호(맨해튼 남부에 자리잡은 이곳은 최근까지 갤러리들이 모여 있는 미술가들의 집합소였다)는 아마 도시의 변화를 나타내는 가장 극적인 지역일 것이다. 10년 전, 이곳 전지역이 문화구역 또는 산업구역이었다. 그러나 이제 거의 모든 빌딩의 1층이 상업공간으로 변했다.—아서 러보우, 「뉴욕 타임스」, 2000. 7. 9

헤이그 1987
네덜란드 무용 극장

헤이그에 있는 무용 극장은 내가 처음으로 구조에 진지하게 관심을 기울이게 된 건물이다. 휴게실의 기발하고 아슬아슬한 구조를 보면 구조에 관심을 처음 가진 건축가의 노력을 감지할 수 있을 것이다. 예를 들면, "스카이바"는 200명의 사람들을 수용할 수 있다. 사람들이 북쪽에 서 있느냐, 남쪽에 서 있느냐에 따라서 그것을 지탱하고 있는 튜브가 늘어나거나 줄어들거나 한다. 그렇게 구조 자체가 완전히 바뀌는 것이다. 단순히 하중을 해결하는 것이 문제가 아니라 불안정한 구조적 움직임을 드러내는 것이다. —알레한드로 사에라–폴로, 「El Corquis」, 1992. 2

나의 관심을 무척 끄는 첫 번째 문제는 어떤 커다란 구조물에서 하중의 분배가 건물의 낮은 부분을 향해서 점점 더 커진다는 것이다. 그래서 저층에서는 "위"에서 오는 구조적, 기계적 "유산" 때문에 글자 그대로 숨이 막힐 지경이 된다. 이것이 높은 빌딩, 또 거대한 빌딩에서 야기되는 문제이다. 즉 자유가 가장 문제가 되는 저층으로 갈수록 자유가 구조적으로 점점 더 줄어드는 것이다. —알레한드로 사에라–폴로, 「El Corquis」, 1992. 2

네덜란드 무용 극장은, 콜하스의 말에 따르면, 그가 구조에 초점을 맞춘 건물이었다. 공중에 떠 있는 "스카이바"(오른쪽)는 200명을 수용할 수 있다. **맞은편 페이지** : 보르도 하우스의 평면도. 이 프로젝트는 무엇보다도 휠체어를 타고 들어갈 수 있는 새 집을 짓는 프로젝트였다.

협력: 메트로폴리탄 건축사무소와 외부 기관과의 연합

그 모든 것을 오직 나만의 작품인 것처럼 보이게 하는 것은 다른 사람들에게는 물론이고 나에게도 모욕이다.……내가 자랑스럽게 생각하는 한 가지는 협력하는 재능이다. —아서 러보우, 「뉴욕 타임스 매거진」, 2000. 7. 9

OMA(메트로폴리탄 건축사무소)가 건축, 도시계획, 문화적 분석 등의 작업을 하는 데에 일익을 담당한 것이 중요한 연구부서인 AMO. OMA를 빼닮은 AMO는 연구조사를 담당하는, OMA의 부속기관이다. 2000년 이후로 AMO는 사회학, 기술, 미디어, 정치 등 건축과 도시계획의 경계를 벗어난 분야를 담당하는 싱크 탱크 역할을 해왔다.

◀◀ 층 간의 유대, 그것은 얇은 판으로 자르는 것과 비슷한 것이다. ▶▶

나는 로테르담을 좋아한다. 이곳에서 우리는 싸구려 사무실에서 일한다. 그러나 주의를 다른 데 빼앗기지 않는 조용한 곳이다. 우리는 독자적으로 생각한다. 어떤 면에서 우리는 건축의 고리 밖에 있다. 우리는 유행을 따르지 않는다. —렘 콜하스, 조너선 글랜시와의 인터뷰, 「가디언」, 2007. 8. 27

건축가의 생애에서 일어나는 치명적인 일 가운데 하나는 그가 자기 자신을 너무 진지하게 생각하기 시작하는 순간—자신에 대한 그의 생각이 다른 사람들이 그에게 대해서 생각하는 것과 일치하는 때—그의 비밀이 소진되는 때이다. 나는 늘 이런 사태를 피하는 수단과 전술을 찾으려고 노력해왔다. 물론 처음에 이런 위기 중 하나는 메트로폴리탄 건축사무소라는 것을 만든 것이었다. 이 회사를 만들면서 나의 정체성이 그룹 속에 흡수되었고 우리는 늘 그룹으로 일해왔다. 하지만 세상은 어느 정도 개인을 고집한다. 메트로폴리탄 건축사무소 초기 단계에 참여했던 중요한 사람들은 다시 돌아오기도 했는데 그들이 상근직으로 돌아온 것은 아니었다. 이런 외부적 쇄신이 일종의 지적인 토론을 가능케 했다. 이런 토론이 없었다면 건축이라는 직업의 견디기 어려운 무거움을 감당하지 못했을지도 모른다. 따라서 혼자 고통을 당하며 자신의 모순을 감내하지 말고 우리의 사고를 확장시키는 이런 종류의 주입을 계속하는 것이 필수적이다. —렘 콜하스, 「도시의 프로젝트(1985-1990)」, 바르셀로나: 에디토리알 구스타보 힐리, 1990

……건축의 경계가 흐려지거나 아예 없어지는 사태가 벌어지고 있다. 기업의 합병처럼 설계에서 정치에 이르는 다른 분야와 건축 사이의 연계가 더욱 밀접해지고 있다.……따라서 정치, 그래픽 디자인, 건축을 구분짓던 이전의 경계선의 특이한 조건을 연구해볼 필요가 있다.……그 효과 중 하나는 물론 내가 전보다 덜 건축가로서만 행세할 수 없게 되었고, 연구가 우리 사무실의 업무 가운데 차지하는 중요성이 점점 더 커지게 된 것이다.…… "크기와 속도: 렘 콜하스", 「A + U: 건축과 도시 계획」 특별호, 2000. 5

협력은 콜하스의 건축에서 매우 중요한 자리를 차지한다. 구조 엔지니어 세실 밸몬드는 콜하스의 가장 중요한 협력자 가운데 한 사람이다. 그의 전문성이 프랑스의 보르도 하우스(1998), 시애틀 중앙도서관(2004), 그리고 포르투갈 포르투의 카사 다 무지카 등 콜하스의 가장 성공적인 건축 작품들의 전개에 중요한 역할을 했다.

세실은 구조에 대한 나의 시각을 바꿔놓았고 그래서 내가 건축을 다시 생각해볼 수 있게 해주었다. —콜하스, 조너선 글랜시의 인용, 「가디언」, 2007. 7. 23

보르도 1998
보르도 하우스

한 부부가 보르도의 아주 오래되고 아름다운 집에서 살았다. 그러나 그들은 새 집, 아마 매우 소박한 집을 원했던 것 같다. 그들은 보통과 다른 건축가들을 찾고 있었다.

그러던 중에 남편이 자동차 사고를 당했다. 그는 거의 죽다가 살아났다. 이제 그는 휠체어가 필요한 신세가 되었다. 2년 후, 부부는 다시 집에 대한 생각을 하기 시작했다. 이제 새 집은 감옥같이 변한 옛

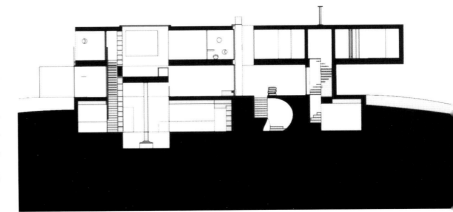

**❮❮ 엘리베이터의
움직임이
매번 집의 건축을
바꾸었다.
기계가 이 집의
심장이었다. ❯❯**

보르도 하우스는 실상은 층층이
쌓아올린 3채의 집으로 구성되어
있었다. "중간 채"는 유리 방인
데, 반은 집 안에, 반은 집 바깥
에 있었다.

집과 중세도시에서 남편을 해방시킬 수 있는 것이어야 했다.

"당신이 기대했던 것과는 반대로 나는 단순한 집을 원하지 않아요. 난 복잡한 집을 원합니다. 집이 나의 세
계를 정의하게 될 테니까요.……" 남편이 건축가에게 말했다. 그들은 도시를 내려다볼 수 있는 산을 구입했다.

건축가가 하나의 집을 제안했다. 실상은 층층이 쌓아올린 3채의 집이었다.

가장 아래쪽 집은 동굴 같았다. 언덕에 판 몇 개의 땅굴들로서 이곳은 가족의 가장 은밀한 생활공간이었다.

가장 위쪽의 집은 부부를 위한 집과 아이들을 위한 집으로 나뉘어 있었다.

가장 중요한 집은 그 사이에 끼어 있는 집으로 거의 보이지 않았다. 거실로 쓰이는 이 집은 반은 집 안에,
반은 집 바깥에 있는 유리방이었다.

남편은 자기만의 "방", 아니 "정거장"을 가지게 되었다. 3 × 3.5미터의 승강기였다. 이 승강기는 세 집 사이
를 자유롭게 이동할 수 있었다. 엘리베이터에 인접한 단 하나의 "벽"이 각각의 집을 가로지르고 있었다. 이 벽
이 남편이 필요로 할 만한 모든 것─책, 미술품, 그리고 지하실의 포도주 등─을 담고 있었다.……─"보
르도의 집 텍스트 + 크레디츠", 메트로폴리탄 건축사무소 제공

"아이디어의 생산자"

어떤 경우에도 사물을 실험하는 것은 중요하다. 그 실험이 위험하고 또 어떤 결과를 가져올지 모르는 경우에도 마찬가지이다. 이것은 건축가들이 너무나 중시되어, 어떤 유명한 건축가의 아이디어가 실패하거나 실수를 범하는 원인이 될 경우 충격으로 받아들여지던 1980년대의 탈선과는 반대되는 태도이다.—프란체스코 보나미, 「플래시 아트 인터내셔널」, 1995. 5-6

◀◀ 건축이란 본래 혼돈의 모험이다. ▶▶

내가 지금 순진한 체하면서 하는 얘기인지는 모르지만, 그래도 나는 내가 아이디어의 생산자라고 생각한다. 나는 아이디어를 내놓고 그에 대한 반응을 알아보는 것이 더 흥미롭다.……당신이 만약 아이디어의 생산자라면, 예를 들면, 찰리 로즈 쇼 같은 데에 가보는 것이 분명히 도움이 된다(콜하스는 1994년에서 2004년 사이에 찰리 로스 쇼에 다섯 차례나 나타났다).……그 쇼의 의도가 그런 것은 아니었지만, 그 쇼를 보면서 나는 건축 세계 너머로 가게 되었다. 어쨌든 그것은 내가 바란 것이었다.……아마 그것은 명성이 우리에게 줄 수 있는 것의

최선의 예일 것이다. 우리는 건축가들이 초대된 적이 없는 영역에 들어갈 수 있었다.—"렘 콜하스", 「Perspecta」, 37호, 2005

나는 불확실성을 믿는다. 어떤 것을 진정으로 확신하기 위해서는 그 밖의 거의 모든 것을 매우 싫어할 필요가 있다. 따라서 어떤 프로젝트에서 당신의 확신을 강화하기 위해서는 당신의 공포증을 탐색하는 것이 중요하다.—알레한드로 사에라-폴로, 「El Corquis」, 1992년 2월

아시아와 아프리카: 미래

세계화가 진행되면서 우리는 모두 다소간 같은 미래를 가지게 될 것이다. 하지만 아시아와 아프리카가 훨씬 더 새롭게 느껴진다. 나는 최근에 중국에서 조사작업을 했다. 갑자기 8년 정도의 기간에 느닷없이 생겨난 도시들을 조사했다. 이런 도시들은 훨씬 더 활기에 넘치고 미래를 대표한다고 볼 수 있다. 거기에서 새로운 어떤 것을 짓는 것은 나날이 느끼는 즐거움이며 실제로 그런 일이 매일 일어나고 있다.—렘 콜하스, 카트리나 헤론과의 인터뷰, 「Wired」, 2007. 4

디지털 영역에서 건축을 재발명하기

지극히 새로운 영역이 구축되고 있다. 이 영역은 부분적으로 건축을 붕괴시키고 건축에 종사할 이유를 없애버린다. 이 영역은 바로 전자 영역이다. 지금이 바로 어떤 전문분야가 공룡처럼 사멸할 것이냐 아니면 재발명될 것이냐를 결정해야 할 중대한 순간이다.—아서 러보우, 「뉴욕 타임스 매거진」, 2000. 7. 9

자기의 장래에 대해서

그것은 아주 간단하다. 그것은 확인할 수 있는 목표들과는 아무 관련이 없다. 그것은 건축이 무엇이 될 수 있는지, 어떤 형태로 발전할 것인지를 계속 생각하는 것이다.……나는 「소, 중, 대, 특대」가 하나의 아름다운 모호성을 지니고 있다고 생각한다. 그것은 과거를 사용해서 미래를 구축했고 이것이 끝이 아니라는 점을 분명히 했다.……그것 자체가 확인할 수 있는 실체로 측정된 성취에 대해서 불편함을 느끼고 있다는 증거이며 무슨 주제에 관해서건 또 어떤 형태로건 계속 생각하는 것이 진정한 야심이라고 선포하는 것이다.……건축이 무엇이 될 수 있을까에 대해서 계속 생각하는 것, 내가 무엇일 수 있을까를 계속 생각하는 것이 중요하다.—렘 콜하스, 제니퍼 지글러와의 인터뷰, 「인터뷰」, 2000

다음 단계

더 많이 글을 써라(Write more).—렘 콜하스, 조너선 글랜시와의 인터뷰, 「가디언」, 2007. 8. 27

◀◀ 민주적인 미다스 왕 같은 것 : 그것을 통해서 무가치한 것이 가치 있는 무엇인가로 변하는 개념을 찾으려고 노력하는 것.…… ▶▶

건축은 짓는 기술이다 나는 건축이 이익의 창출과 삶의 질과 관련된 사회적 기술—사치품이 아닌 필수품—이라고 굳게 믿고 있다. 이렇게 사회적 측면에 초점을 맞추면, 건축이 사람들의 정신적, 물질적 욕구에 의해서 발생된다는 사실을 인정하게 된다. 그것은 낙관주의, 기쁨, 그리고 확신—무질서한 세상에서의 질서, 많은 사람들 사이에서의 프라이버시, 붐비는 장소에서의 공간, 우중충한 날의 빛에 대한 확신과 깊은 관련이 있다. 그것은 또 질(質)에 관한 것이다. 공간의 질과 공간을 모델로 한 빛의 시(詩)에 관한 것이다. 나에게 건축은 짓는 것(building)의 기술이다.……나는 또 설계 과정이 건물들에 대한 우리의 가정에 의문을 던질 수 있고 흔히 서로 충돌하는 욕구를 화해시킬 수 있다는 점에 흥미를 느낀다. 때로는 이 과정이 혁신을 통해서 어떤 건물 유형의 재발명으로 이어질 수도 있다. 그런 의미에서 설계는 통합의 과정이다. —노먼 포스터, 「회고」, 뮌헨: 프레스텔, 2005

노먼 포스터 NORMAN FOSTER

출생 1935년 6월 1일, 영국 맨체스터

교육 건축사 자격증, 맨체스터 대학교, 영국 맨체스터, 1961년; 도시 설계사 자격증, 맨체스터 대학교, 1961; 건축학 석사, 예일 대학교, 미국 코네티컷 주 뉴헤이븐, 1962

사무실 Foster + Partners, Riverside, 22 Hester Road, London SW11 4AN, England
전화 +44 0-20-7738-0445, 팩스 +44 0-20-7738-1107
www.fosterandpartners.com

주요 프로젝트 허스트 본부, 뉴욕, 2006; 30 세인트 메리 액스(스위스 Re 본부), 런던, 2004; 라이히슈타크, 독일 새 국회의사당, 베를린, 1999; 홍콩 국제공항, 홍콩, 1998; 홍콩 상하이 은행 본부, 홍콩, 1986; 세인스베리 시각예술 센터, 영국 노위치, 1978; 윌리스 페이버 & 뒤마 본부, 영국 입스위치, 1975

……건물을 탄생시키는 것은
정신을 움직이는
어떤 것이다.
또는 잊지 못할 계기가
있는 경우도 있고
또는 실용적인 것을
초월한 측면이
개재하기도 한다.

30 세인트 메리 액스(스위스 Re 본부),
런던, 2004
포스터는 건물의 공기역학적 형태가
바람의 방향을 아래쪽으로 바꿔
저층으로 향하게 하지 않고
건물 전면을 휘돌아 나가게 한다고 생각했다.

런던 2004

30 세인트 메리 액스(스위스 Re 본부)

……환경적 요소들이 이 건물의 하나같이 특이한 형태에 결정적 역할을 했다.……이 드높은 타워의 윤곽은 시가(cigar)나 탄환에 비유될 수 있다. 지면에서 올라가면서 넓어졌다가 다시 꼭대기로 가면서 가늘어지는 원통이다.……이 건물의 공기역학적 형태가 바람이 저층으로 방향을 바꾸지 않고 건물의 전면을 휘돌아나가도록 한다.……"스카이 가든"이 이 건물의 자연스러운 환기 전략의 중심을 이루고 있는데, 이런 구조는 우리가 프랑크푸르트의 상업은행 본점에서 처음 개발한 선례를 더욱 발전시킨 것이다.……쌓아올린 40개 층은 빈 공간이 건물의 표면을 나선형으로 감고 올라가도록 하기 위해서 각각 회전시켰다. 이 공간들은 식물들로 채워져 건물 안의 공기를 정화하고 산소의 양을 늘리는 데에 도움이 될 것이다.……건물의 밑부분

스위스 Re 본부를 그린 이 그림은 포스터가 처음에 구상한 빌딩의 모습을 보여주고 있다. 포스터의 설계(맞은편 페이지)는 건물을 휘돌아 나가는 공기의 흐름을 조사하는 컴퓨터 모델 시험을 거쳤다.

"지음의 환경학"

내가 미래의 도시성장에서 특히 중요하다고 믿고 있는 두 가지 문제가 있다. 공적공간의 역할과 더욱 환경보호적으로 반응하는 건축에 대한 탐색이다. ―"노먼 포스터: 미래를 짓다", BBC 뉴스, 2000. 5. 9

어떤 건물이 사회적으로, 환경적으로 책임있는 것이 되기 위해서는, 그 건물을 생성시킨 필요에 내부로부터 반응해야 하고 또 그 부지의 측면에서 밖으로부터 반응해야 한다. 다시 말해서 그 건물은 그 위치와 그것을 만드는 데에 도움을 준 문화와 깊은 연관을 가져야 한다. 우리는 그것을 장소에 대한 감각 또는 장소의 정신이라고 요약할 수도 있다. 그것은 또한 자연환경에 대한 존중, 자연환경과의 대화 ― 자연에 대한 느낌, 자연과 빛의 질의 변화에 대한 느낌 ― 이런 것들은 계량화될 수 없다 ― 을 함축한다. ―노먼 포스터, 「회고」, 뮌헨: 프레스텔, 2005

……1970년대에 우리는 환경보호적 건축이라는 개념을 밀어붙이고 있었다. 더 적은 에너지를 쓰고 덜 오염시키며 더 부드러운 영향력을 가지는 빌딩을 지어야 한다고 생각했던 것이다. 사실 그 어젠다를 더욱 확장시킬 수 있었던 프로젝트의 토대를 놓은 것은 그 시대의 시행되지 못한 프로젝트들이었다. ―노먼 포스터, 소렌 라슨과의 인터뷰, 「건축 기록」, 1999. 5

지속가능한 건축을 막는 기술적 장벽은 없다. 있다면 정치적 의지라는 장벽이 있을 뿐이다. 미래의 건축이 오늘날의 건축이 될 수도 있다. ―노먼 포스터와 데이비드 젱킨스, 「포스터에 관해서……포스터가一에 관해서」, 뮌헨: 프레스텔, 2000

기술이 우리가 어떤 건물의 환경을 통제할 수 있도록 도와줄 수도 있는 반면, 지역의 전통에서 배울 수 있는 가치 있는 교훈들도 있다. 예를 들면, 태양열을 막아서 상당한 에너지를 절약하기 위해서 지붕창이 있는 캐노피 또는 툭 튀어나온 지붕을 사용하는 것이다. 계량 가능한 건물의 환경보호적 측면과 계량화가 더 어려운 건축의 시적인 측면 ― 그림자 모양의 변화무쌍한 효과 같은 ― 사이에 연관이 있는 경우가 흔히 있다. 우리는 그런 요소들을 "정신을 고양시키는 요소"라는 제목 아래 정리해야 할 것이다. ―노먼 포스터, 「회고」, 뮌헨: 프레스텔, 2005

"설계는 통합이다"

가장 훌륭한 건축물은 따로 떨어져서 건물을 구성하고 있는 모든 요소들 ― 건물과 도시경관과의 관계, 또는 스카이라인과 그것을 지탱하고 있는 구조와의 관계, 건물이 역할을 제대로 할 수 있게끔 하는 서비스, 건물의 환경학, 사용된 건자재, 공간의 성격, 미적인 측면, 빛과 그늘의 아름다움, 형태의 상징성, 그 건물이 도시나 시골에서 그 존재를 제시하는 방식 등 ― 의 통합의 산물이다. 눈에 띄는 뚜렷한 건물을 짓든 혹은 역사적 무대에 순응하는 건물을 짓든 이것은 사실이라고 나는 생각한다. ―노먼 포스터, 「회고」, 뮌헨: 프레스텔, 2005

자연광의 푸근한 느낌에 관심을 가진 사람들이 늘 있었다. 그리고 생활의 질, 건물의 정신을 높이려는 노력 또한 있어왔다고 나는 생각한다. 그것이 옥상정원을 뜻할 수도 있고 아니면 수영장, 또는 사무실 공간에 있는 미술작품을 의미할 수도 있다. ―노먼 포스터, 소렌 라슨과의 인터뷰, 「건축 기록」, 1999. 5

을 홀쭉하게 함으로써 반사를 줄이고 투명성을 높였다. 이것은 또한 저층에 햇빛이 침투하는 양을 늘여준다.…… ―노먼 포스터, "디지털 시대의 설계", 미간행 원고, 2000

스위스 Re에 대해서 우리는 컴퓨터 모델을 "가상의 풍동" 실험을 거치게 함으로써 건물을 휘돌아가는, 그리고 건물을 통과하는 공기를 흐름을 조사했다. 이런 실험은 두 가지 이유에서 중요했다. 첫째로 이런 높은 건물에 바람이 주는 하중의 영향을 평가하기 위해서였고, 둘째로 건물의 자연스러운 환기 전략의 효율을 시험하기 위해서였다. 이런 연구가 건물의 공기역학적 모양이 바람의 상태를 개선할 것임을 보여주었다. ―노먼 포스터, "디지털 시대의 설계", 미간행 원고, 2000

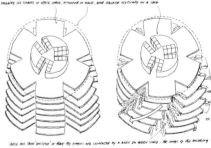

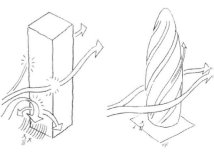

**설계는 기술과 효율성에
관한 것만은 아니다.**

포스터의 허스트 타워는 1920년
대에 출판업자 랜돌프 허스트가
지은 원래의 6층 건물을 현대식
으로 개축한 것이다. 42층 고층
건물인 이 빌딩은 도시 중심부에
자리잡은 기존의 아르데코식 건
물에서 불쑥 솟아난 것처럼 보
인다.

뉴욕 2006
허스트 본부

허스트 타워는 지속가능성의 측면에서 매우 중요한 프로젝트이다.……이 건물은 뉴욕 시로서도 획기적인
프로젝트였다. 이 건물이 새로운 빌딩의 설계와 관련해서 녹색 의식을 높이는 데에 일조했기 때문이다. 우리
는……종래의 건물들보다 에너지를 26% 덜 쓸 뿐 아니라 또한 허스트 사(社)의 종업원들에게 빛으로 가득
찬, 건강에 좋은 작업환경을 제공하는 건물을 만들어냈다.—노먼 포스터, 스테파노 카스치아니와의 인터
뷰, 「Domus」, 2006. 11

이 건물의 정말로 "보이지 않는" 유일한 요소는 공기이다. 이 빌딩은 연중 최대 75%의 기간 동안 자연적으
로 환기되며 공기는 중앙 처리장에서 걸러지고 정화된 다음 건물 전체에 공급된다. 이 장치가 에너지 절약에
매우 중요한 역할을 한다. 이 장치가 인공적인 냉난방의 필요성을 크게 감소시키기 때문이다. 또한 우리가
사용한 건자재의 상당 부분—예를 들면 카펫—이 재활용된 자재들이다.—노먼 포스터, 스테파노 카스치
아니와의 인터뷰, 「Domus」, 2006. 11

물과 관련된 부분은 짐 갈랜드(풀루디티 설계자문사 대표)와 협력하고 유리에 관련된 부분은 제이미 카펜
터와 협력한 결과, 건물 안으로 들어가는 입구 시퀀스의 통합 부분의 일부가 되는 생동하는 조각이 조성
될 수 있었다. 이 부분은 또한 사람의 마음을 진정시키는 음향적 배경을 만들어낸다.……아이스폴에 쓰이
는 물은 100%가 타워의 지붕에서 수집한 뉴욕의 빗물이다. 이 빗물은 걸러지고 정화된 후에 조각 밑에 있
는 탱크에 저장된다. 여름철에는 물이 로비 공간을 식혀주고 겨울철에는 물의 증발로 공기의 습도가 높아
진다.—노먼 포스터, 스테파노 카스치아니와의 인터뷰, 「Domus」, 2006. 11

"기술은 그 자체가 목적은 아니다"

노먼 포스터는 건축에 "고급 기술"을 사용하는 사람으로 알려져 있다. 그의 작품이 기술적으로 앞서 있는 것은 사실이지만, 그를 기술을 중시하는 건축가로 보는 것은 잘못이다. 그가 기술적 발전에 대한 굳은 믿음을 가진 것은 사실이지만, 포스터는 기술 자체를 목적으로 보지는 않는다.

어느 경우에나, 건축 방법에 충실한 것은 자재를 그 자연적 특질과 성질에 따라 사용하는 것이다. 시시각각으로 변하는 유리 파사드에서의 빛의 반사, 평탄한 평면과 표면 패턴의 대비, 옛것과 새것의 대비, 빛과 그늘의 변화무쌍한 변화 등 뜻밖의 효과와 변화하는 인식이 흔히 우리에게 기쁨을 준다. —노먼 포스터, 「회고」, 뮌헨: 프레스텔, 2005

기술 그 자체가 목적은 아니다. 다만 더 광범한 목표를 위한 수단일 뿐이다. 고급 기술을 사용한 건물을 지을 때에도 벽돌이나 목재로 짓는 건물을 지을 때와 똑같은 정성으로 지어야 한다. 우리는 기술을 이용하는 것이지 기술 그 자체를 숭배하는 것은 아니다. —노먼 포스터, 후타가와 요시오와의 인터뷰, 「GA 다큐멘트 엑스트라 12」, 1999

> ◀◀ 나는 설계를 할 때도 어떤 수학공식 못지 않게 직관적 눈이 필요하다고 생각한다. ▶▶

일부 사회에서는 전통과 기술 사이의 간극이 있다. 그러나 여기는 그런 간극이 없다. 그러니 그냥 기술을 이용하면 된다.……나는 훨씬 더 많은 연속성이 존재한다고 생각한다. 어떤 것들은 시간이 지나면 다시 반복해서 나타난다. 하지만 그것은 진화이다. 역사적인 어떤 것과 현대적인 것 사이에 큰 차이가 없는 것처럼 보인다. 둘 사이에 커뮤니케이션이 없는데도 말이다. 나는 그런 특별한 오해는 용어상의 모순이라고 생각한다. 이것들은 200년 전에는 존재하지 않았던 자재들이다. 그러나 예를 들면, 뼈대 구조의 기본적 원칙들은 똑같다. —스탭 라이터, 「일본 건축」, 1991. 5

스톤헨지(영국 샐리스베리에 있는 거대한 돌기둥들로 이루어진 구조물/역주) 이후로 건축가들은 첨단 기술을 구사해오고 있다. 따라서 기술과 어떤 빌딩의 인간적 정신적 내용을 분리하기 어렵다. —"노먼 포스터 : 미래를 짓다", BBC 뉴스, 2000. 5. 9

입스위치 1975
윌리스 페이버 & 뒤마 본부

이 프로젝트의 주된 어려움 가운데 하나는 불규칙한 모양의 도시 부지에 새로운 건물을 들여앉히는 어려움을 해결하는 것이었다. 거기 덧붙여 에너지 효율적인 울타리를 만들려는 욕망도 있었다. —노먼 포스터, "디지털 시대의 설계", 미간행 원고, 2000

내적으로는 사회적이고 외부적으로는 주위경관에 적응한, 시장 지역의 스카이라인을 존중한 저층 건물인 이 프로젝트는 부지의 불규칙성을 포용하며 오래된 중세적 거리 모양에 적응하는 연속적인 파사드를 가지고 있다. 대부분의 발표된 사진들은 광각 파노라마 사진으로 이 건물을 보여주고 있지만, 인근의 거리를 따라 이 건물을 한 바퀴 돌아보면 의외의 측면이 눈에 띈다. —맬컴 퀀트릴, 「노먼 포스터 스튜디오: 다양성을 통한 일관성」, 런던: E & FN 스폰, 1999

윌리스 파베르는 그 기미가 나타나기도 전에 정보혁명을 예상했다는 점에서 급진적이었다. 액세스 플로(access floor), 넓은 경간(徑間), 중앙 공간, 중앙 홀—이 모든 것이 1970년대 중반의 기준으로 볼 때 매우 급진적이고 혁명적이었다. 이제 그것들은 아주 표준적인 것이 되었다. —노먼 포스터, 로버트 아이비와의 인터뷰, 「건축 기록」, 1999. 7

윌리스 페이버 & 뒤마 본부는 포스터 어소시에이츠 창설 이후 포스터가 맡은 초기 작품 가운데 하나이다. 위 : 건물의 옥상 식당으로 올라가는 에스컬레이터.

버크민스터 풀러—누구보다도 지속가능한 건축에 대한 사고에 영향을 미친 사람—와 우리의 협력이 우리에게 사무실 층의 조절할 수 있는 "트레이(tray)"를 가리는 단 하나의 가볍고 투명한 셀로 부지를 둘러싸는 가능한 해결책을 찾아보게끔 했다. —노먼 포스터, "디지털 시대의 설계", 미간행 원고, 2000

포스터 + 파트너스는 직원이 1,000명이 넘는, 세계에서 가장 큰 설계회사 가운데 하나이다. 이렇게 방대한 조직을 가진 회사가 작품의 매우 높은 품질을 유지하고 있다는 것은 주목할 만한 일이다. 포스터 + 파트너스는 효과적인 팀워크가 각각의 프로젝트를 위해서 수행하는 깊은 연구는 물론이고 커뮤니케이션과 열심히 일한다는 직업윤리 위에 구축된다는 것을 잘 보여주고 있다.

……이 사무실이 운영되는 방식은……예일의 건축학교가 운영되는 방식과 비슷하다. 1주일에 7일, 하루 24시간 이 사무실은 열려 있다. 문을 닫을 때가 없는 것이다. —노먼 포스터, 로버트 아이비와의 인터뷰, 「건축 기록」, 1999. 7

커뮤니케이션은 사무실 안에서 가장 중요한 흐름이다. 커뮤니케이션이 개인을 연결하여 팀을 만들고 우리와 많은 외부의 기술자 및 조언자들 사이의 간극을 메워주는 것을 똑똑히 볼 수 있다. —맬컴 퀀트릴, 노먼 포스터 스튜디오: 「다양성을 통한 일관성」, 런던: E & FN 스폰, 1999

우리의 작업은 또한 사회적으로 초점이 맞추어져 있다. 우리는 과거보다는 현재와 미래의 사회적 현실에 뿌리를 내린 개념인 민주적 작업장이라는 개념을 탐색했다. —노먼 포스터와 데이비드 젱킨스, 「포스터에 대해서……포스터가 — 에 대해서」, 뮌헨: 프레스텔, 2000

우리는 무엇이 고객을 움직이도록 하는가에 대한 특별한 호기심을 가지고 있다. 우리는 엄청난 양의 조사작업을 한다. 그것이 장벽을 허무는 데에 중요한 역할을 한다. 그것은 감추어져 있던 것을 드러내는 과정이다. 조사작업이 제대로 된다면, 당신은 일을 맡기는 사람들로부터 상당한 존경을 받게 된다. 그들은 당신이 그런 조사를 할 것이라고는 예상하지 못했기 때문이다. 하지만 그것은 매우 힘든 작업이기도 하다. 조사 작업이 잘못되었을 경우, 당신은 목사 앞에서 설교하는 꼴이 된다. —노먼 포스터, 로버트 아이비와의 인터뷰, 「건축 기록」, 1999. 7

❰❰ 이상적으로 말한다면, 모두 공유된 가치관을 가지고 있다.……품질은 마음의 자세와 관련된 측면이 많다. 다른 사람의 특별한 기술에 도전하는 팀의 각 멤버에 대한 공통적인 존경심과 자신감이 충분히 있을 경우 그것도 도움이 된다. 다시 문제는 탐구 정신으로 귀결된다. ❱❱

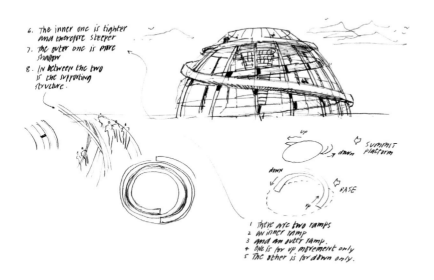

베를린 1999
라이히슈타크, 독일 새 국회의사당

우리가 한 일은 무엇보다도 재통일된 독일에서 정말로 선도적인 이념과 민주주의의 역할, 민주주의의 표정을 보는 것이었다. 무엇이 그 일반적인 표현이어야 할까? 우리는 수많은 결론을 제시했는데 그중 하나가 의사당이 공적인 공간이 되어야 하며 국민들에게 개방되어야 한다는 것이었다. 국민들이 민주적 과정을 내려다볼 수 있어야 한다는 것이었다. 우리는 또한 역사에 관한 관점도 가지고 있었다. 우리는 이 건물이 기억의 박물관이 되어야 하며 역사는 중요하고 적극적 역할을 가지고 있다고 느꼈다. 그것은 단순한 역사적 쇼가 아니었다. 그러나 우리는 그러한 자세를 감추어서는 안 된다고 제의했다. 그런 것들을 드러내야 한다고 생각했던 것이다. —노먼 포스터, 로버트 아이비와의 인터뷰, 「건축 기록」, 1999. 7

독일 새 국회의사당 컨셉트 스케치. 포스터는 이 건물이 소련 병사들이 한 낙서(맞은편 페이지) 등이 보존된 "독일 역사의 살아 있는 박물관"이 되기를 바랐다.

……상처 입고 낙서가 있는 국회의사당 내부가 다난했던 이 건물의 과거를 기록하고 있다는 이해, 일단 드러난 이 상처들이 보존될 수 있다는 생각이 이 건물로 하여금 독일사의 "살아 있는 박물관"이 되게끔 한다. 재건공사 내내, 우리는 남아 있는 역사 바탕 안에 우리의 새로운 내부를 표현한다는 분명한 방침을 따랐다.

우리는 역사에서 벗어날 수 없다.—데이비드 젱킨스 편, 「의사당의 낙서」, 베를린 : 요피스 페르라크, 2003

의사당의 새 쿠폴라—"지붕 위의 돔"—는 곧 베를린 의 랜드마크가 되었다. 그 안에 있는 두 개의 나선형 램프를 따라 방청객들이 회의장 위에 높이 자리잡은 방청석으로 올라갈 수 있다. 이렇게 방청석이 높게 자리잡은 것은 일반국민이 그들의 정치적 대표들보다 더 높은 자리에 있다는 상징적 의미를 지니고 있다.—노 먼 포스터, 「지식의 스펙트럼」, 1999. 2

……그것(의사당)은 베를린의 매우 상징적인 이미지 가 되었다. 텔레비전이나 그밖의 언론매체에서 이 건물 이 선거의 상징으로 다루어지지 않는 날이 없다. 이 건 물은 선거의 배경이었다. 이 건물은 장소의 문화에 완 전히 빨려들어갔다.—노먼 포스터, 로버트 아이비와의 인터뷰, 「건축 기록」, 1999. 7

❝ ……역사는 중요하며 적극적인 역할을 가지고 있다. **❞**

포스터가 독일 국회의사당을 설 계하면서 당면한 철학적 문제들 은 상당했다. 이런 문제들이 궁 극적으로 그에게 역사적 선례와 현대의 사고의 균형을 맞추게끔 했다. 여기 보이는 쿠폴라는 그 가 재설계에서 추가한 중요한 부 분이다.

> ❝ 홍콩의 은행권이 홍콩은행의 사진으로 장식되어 있다는 것은 의미심장한 일이다. ❞

홍콩 상하이 은행 본부

이 건물의 구조는 아마 도시의 스카이라인에서 이 건물이 돋보이도록 하기에 적합하게 되어 있을 것이다.……층마다 그 평면의 모양이 달라지도록 되어 있다. 이런 구조는 계층적 질서를 만들어내며 또한 태풍과 지진에 대처하면서 근처의 거리에 비치는 빛의 각도에 대한 규제의 문제를 쉽사리 해결해준다. 이렇게 규제가 건물의 형태를 만드는 기회가, 때로는 그 장소의 상징을 만들어내는 기회가 되기도 한다. ─노먼 포스터, "건축과 구조", 일본 건축협회를 위해서 1994년 11월에 쓴 글, 노먼 포스터와 데이비드 젱킨스, 「포스터에 대해서……포스터가─에 대해서」, 뮌헨: 프레스텔, 2000

홍콩은 빌딩들의 수직적인 군집(群集)이긴 하지만, 그래도 여러 면에서 전통적인 주제들을 재발견하려는 기도를 보여주기도 한다. 예를 들면, 건축 공간의 연속과 진전─맨 아래층의 공공 광장에서 2개 층으로 된 프런트 공간을 거쳐 사무 공간으로 이어지는─을 만들어내려고 노력한다. 건물내에서 이루어지는 수직 및 대각선의 움직임은 고속 엘리베이터와 보통 엘리베이터들이 담당한다.……건물 안에서 움직이는 것을 더욱 즐길 수 있는 방식을 마련하는 데에 가장 역점을 두었다. 1981년 파리에서 있었던 이 프로젝트에 대한 강연에서 나는 에펠탑과의 유사성을 지적했다. 수동적 경험이 아니라 역동적 경험을 강조한 것이다. ─ "노먼 포스터", 「오늘의 건축」, 1986. 2

이 은행 건물에 순수한 시각적인 즐거움을 제공하는 세부적인 아름다움은 미국 미주리주의 공장에서 현장의 중국인 인부, 그리고 제도판에서나 현장에서나 기꺼이 작업에 열중한 기동성이 뛰어난 설계 팀에 이르는 여러 사람들의 공유된 노력과 열정, 헌신이 없었다면 만들어질 수 없었을 것이다. 나는 건물이 조립되는 과정에서의 이 세심한 노력이 더 큰 전체의 중요한 일부분이었다는 점을 강조하고 싶다. ─ "노먼 포스터", 「오늘의 건축」, 1986. 2

건축과 항공기

조종사로서 포스터가 보여준 비행에 대한 열정이 공항 건설의 전문성으로 승화되었다. 1998년에 설계한 홍콩 국제공항 외에 포스터는 2008년 베이징 공항을 설계했고 1991년에 런던의 스탠스티드 공항, 그리고 2012년에 완공 예정인 요르단의 퀸 알리아 국제공항의 설계를 맡았다.

20년 전 나는 비행 기술을 배웠고 그후로 늘 비행에 매혹되어왔다. 그 전에는 많은 학생들이 그렇듯이 나도 모형비행기에 매료되었었다. —노먼 포스터, 조너선 글랜시와의 인터뷰, 「인디펜던트」, 1996. 10. 6

나는 정말로 비행을 좋아한다.……요즘의 공항들이 점점 더 쇼핑센터를 닮아가는 데에 내가 항의하는 이유가 여기 있을 것이다. 비행기는 거의 보이지 않고, 비행기를 본다고 해도 그것은 비행기 안에서의 일이고 비행의 경험은 음료와 음식, 영화 등으로 거의 마비되어버린다.……뭔가 잘못되어 있는 게 분명하다.…… —노먼 포스터, "빌딩 사이츠: 보잉 747", 루스 로젠털과 매기 토이 편, 「빌딩 사이츠」, 런던: 아카데미 에디션스, 1995

"도착점과 출발점"

……공항은 도시의 상징적인 관문이다. 과거에는 성벽의 대문이나 항구의 부두, 또는 기차역 등이 이와 같은 관문 역할을 했었다. 이런 도착과 출발을 부각시키기 위해서 위엄있고 상징적인 구조물을 만들어야 한다는 욕구는 예부터 오늘날까지 시간이 흘러도 변하지 않는 욕구인 것 같다. —"공항의 재발명", 노먼 포스터가 1996년 6월 바르셀로나의 UIA에서 한 강연, 노먼 포스터와 데이비드 젱킨스, 「포스터에 대해서……포스터가—에 대해서」, 뮌헨: 프레스텔, 2000

홍콩 1998
홍콩 국제공항

홍콩의 경우 새 공항 부지를 택해야 할 때가 되었을 때, 이용할 만한 땅이 없었다. 부지 자체를 만들어내야 했다. 그러나 이것이 개발의 장애물이 되기는커녕, 오히려 현대의 가장 큰 건설 프로젝트를 추진하는 촉매가 되었다. —"공항의 재발명", 노먼 포스터가 1996년 6월 바르셀로나 UIA에서 한 강연, 노먼 포스터와 데이비드 젱킨스, 「포스터에 대해서……포스터가—에 대해서」, 뮌헨: 프레스텔, 2000

홍콩의 경우, 공항의 자연적 위치가 장관이다. 남쪽으로는 란타우 산맥이 배경으로 뻗어 있고 북쪽으로는 물을 건너 역시 산맥이 멀리 보이는 새 땅이 있다. 여행객들이 건물 안 어디에 있든지 그들은 방해받지 않는 전망을 즐길 수 있다.……그리고 비행기도 볼 수 있다.……수많은 공항의 특징인 밀실 같은 상자와 튜브와는 아주 다른 이 기본적 여건이 비행이라는 경험에 쾌감과 드라마를 되돌려준다. —"공항의 재발명", 노먼 포스터가 1996년 6월 바르셀로나의 UIA에서 한 강연, 노먼 포스터와 데이비드 젱킨스, 「포스터에 대해서……포스터가—에 대해서」, 뮌헨: 프레스텔, 2000

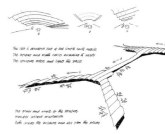

그래도 이 규모의 물자조달은 보통 일이 아니었다. 몇 가지 예를 든다면, 지붕을 포함한 전체 구조물의 세부 설계를 하다 보니 무려 12만5,000장의 제도를 프린트해야 했다. 10만 제곱미터 이상의 종이가 소요되는 작업이었다. 건설공사가 절정에 달했을 때에는 공사장내에 2만1,000명의 인원이 북적댔다. 이런 대규모 임시 공동체가 현금이 사용되지 않는 "스마트 카드" 사회를 만들어냈다.…… —"공항의 재발명", 노먼 포스터가 1996년 6월 바르셀로나의 UIA에서 한 강연, 노먼 포스터와 데이비드 젱킨스, 「포스터에 대해서……포스터가—에 대해서」, 뮌헨: 프레스텔, 2000

공항과 주위 풍경. 실제 부지는 이 프로젝트를 위해서 조성된 것이었다. 컨셉트 스케치는 포스터가 구상한 공항의 세부를 보여주고 있다.

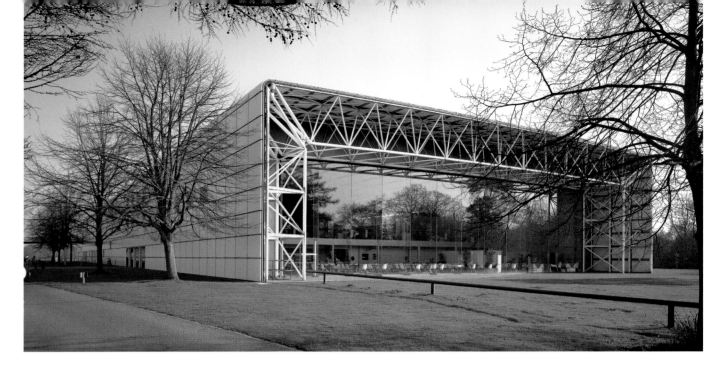

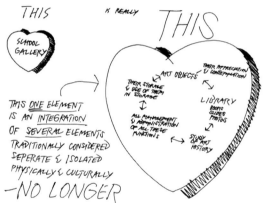

노위치 1978
세인스베리 시각예술 센터

처음에는 전통적 의미에서의 지시가 없었다. 이런저런 선입관이 있을 뿐이었다. 무엇을 만들 것인지 종잡을 수 없었다. 많은 토론이 있었고 함께 다른 미술관과 박물관을 찾아가 보았다. 우리는 세인스베리 사람들과 함께 유럽을 누비며 덴마크의 루이지애나 박물관, 베를린의 미스 반 데어 국립미술관, 유트란트에 알바르 알토가 지은 마지막 박물관 등을 둘러보았다. 심지어 코펜하겐에 아르네 야콥센이 지은 호텔 등 우리가 묵는 호텔들도 화제가 되었다. —맬컴 퀸트릴, 「노먼 포스터 스튜디오: 다양성을 통한 일관성」, 런던: E & FN 스폰, 1999

세인스베리 센터에는……"창고(shed)"라는 딱지가 붙어 있다. 이 빌딩에서는 이중의 벽과 지붕이라는 개념이 구조와 외벽, 조명, 엔지니어링 서비스의 완전한 통합을 통해서 성취되고 있다. 각각의 요소가 상호의존적이다. 공간과 울타리의 구분이 모호하다. 더 큰 전체가 가장 작은 구성요소에 이르기까지 각 층에 정보를 전달하고 반대로 가장 작은 구성요소가 전체에 정보를 전달한다. 그러나 모든 다양한 활동을 분리된 건물들로 분산하지 않고 한 지붕 밑에 두려는 동기는 본질적으로 철학적인 것이었다. 나는 전략적 설계와 전술적 세부에 대한 우리의 관심, 기술적인 것과 사회적인 것에 대한 우리의 관심이 일부 비평가들에게는 곤혹과 짜증의 원천이 된다는 것을 감지하고 있다. 그것이 그들의 깔끔한 분류와 "주의(ism)"를 뒤흔들어놓기 때문이다. —"노먼 포스터", 「오늘의 건축」, 1986. 2

세인스베리의 주안점은 다양한 모든 활동을 한 지붕 밑에 들여놓는다는 것이었다.

……모든 다양한 활동—공적인 활동, 사적인 활동, 교육과 관람 등—을 한 지붕 밑에 모음으로써 얻는 사회적 이득이 있을 것이다. 예를 들면, 미술관이 아침에는 가르치는 장소가 되고 오후에는 공적인 공간으로 변한다는 생각은 혁명적인 것이다. 슬라이드나 책 대신 진짜 걸작들을 가지고 미술 감상을 가르치는 문화 쇼크를 상상해보라. —맬컴 퀸트릴, 「노먼 포스터 스튜디오: 다양성을 통한 일관성」, 런던: E & FN 스폰, 1999

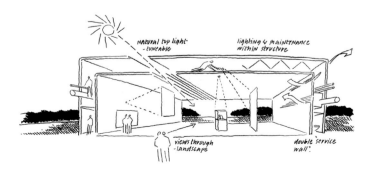

포부와 영감

어렸을 적에 나는 항상 스케치와 드로잉 그리기, 그리고 무언가를 만드는 일에 흥미를 느꼈다.……나는 모형비행기와 "트릭스" 또는 "메카노"라고 불렸던 짓기 키트를 무척 좋아했다. — 노먼 포스터와 데이비드 젠킨스, 「포스터에 대해서……포스터가—에 대해서」, 뮌헨: 프레스텔, 2000

나는 개인적 처지나 환경에 상관없이 당신이 어떤 생각에 열정을 가지고 있다면 무엇인가를 이룰 수 있다고 생각한다. — 노먼 포스터, 후타가와 요시오와의 인터뷰, 「GA 다큐멘트 엑스트라 12」, 1999

십대 시절에 동네 도서관에서 나는 프랭크 로이드 라이트와 르 코르뷔지에의 색다른 세계를 발견했다. 대평원에 있는 집과 빌라, 그리고 파리의 거리의 대비를 상상해보라. — "노먼 포스터: 미래를 짓다", BBC 뉴스, 2000. 5. 9

나는 대학 학자금 보조를 받을 수 없었다. 그래서 내 힘으로 돈을 벌어가며 공부를 해야 했다. 나는 가구를 팔고 제과점, 냉동창고에서 일했으며 아이스크림 밴을 운전하기도 했다. 나는 또 장학금도 신청해보았고 그림 그리기 대회에도 나가보았다. 1959년 나는 풍차를 정확하게 그려서 영국건축가 왕립연구소로부터 은메달과 100파운드의 상금을 탔다. 나는 새로운 건축물을 보기 위해서 스칸디나비아로 갔고 그후로 줄곧 여행을 멈추지 않았다. — 노먼 포스터, 조너선 글랜시와의 인터뷰, 「인디펜던트」, 1996. 10. 6

나는 건축에 대한 열정이 대단했으므로 건축학교에 들어간 후에는 밤을 새워가며 공부했다. 나에게는 건축을 공부할 기회를 얻었다는 것이 정말 믿기지 않는 특권이었다. 나는 그 특권을 위해서 돈을 지불할 용의가 있었다. 그래서 열심히 돈을 벌었다. — 노먼 포스터와 데이비드 젠킨스, 「포스터에 대해서……포스터가—에 대해서」, 뮌헨: 프레스텔, 2000

미국은 여러 가지 점에서 나에게 믿을 수 없는 경험이었다. 도대체 낯선 나라에 온 것이 아니라 고향에 돌아온 느낌이었다. 모든 것이 나에게 딱 들어맞았다.……예일에서 나는 리처드 로

저스를 알게 되었고 우리 두 사람은 절친한 친구가 되었다.……그리고 나는 많은 것을 보았다. 다른 대학들에도 가보았고 필라델피아에 가서 루이스 칸도 만났다. 나는 중서부에 있는 프랭크 로이드 라이트의 빌딩들을 모두 찾아가보았다. — 노먼 포스터와 데이비드 젠킨스, 「포스터에 대해서……포스터가—에 대해서」, 뮌헨: 프레스텔, 2000

예일에서 나를 미국 문화와 유럽 문화의 양극단으로 이끈 두 스승이 있었다. 폴 루돌프는 열에 들떠 있는 스튜디오 분위기를 만들어놓고 있었다.……무엇이나 할 수 있다는 분위기였다. 개념들이 어느 날 산산조각 났다가 하룻밤 사이에 다시 태어나곤 했다.……서지 처마예프에게는 토론과 이론이 영상보다 중요했다. 분석이 행동을 지배했다. 오늘날 행동과 결합한 분석이 우리 사무실의 기본방침이 된 것은 이 두 스승의 영향 때문일 것이다. — "노먼 포스터: 미래를 짓다", BBC 뉴스, 2000. 5. 9

나는 세련된 장비의 힘이 보잘것없는 연필을 아주 없애버리기까지 하지는 않았을지 몰라도 분명히 제2급의 도구로 만들어버렸다고 느낄지도 모르는 학생들에 대해서 걱정한다. 나는 언제나 자명한 것을 거리낌없이 말해왔다. 따라서 내가 이렇게 말해도 놀라운 일은 아닐 것이다. 연필이나 컴퓨터나 그 자체는 똑같이 멍청한 존재들이다. 그것들을 어떻게 이용하느냐에 따라서 좋은 도구가 될 수 있을 뿐이다. — 베르너 블라저, 「노먼 포스터 스케치」, 스위스 바젤: 비르크호이저, 1992

나는 멈추는 법을 모른다. 어린아이의 장난감처럼 나는 계속 돌아간다. 만약 멈춘다면 나는 넘어지고 말 것이다. 최근에 나는 나의 아들 제이를 스칸디나비아로 데리고 갔다. 우리는 개들이 끄는 썰매를 타러 갔다. 처음에 나는 개들이 과로하고 있다고 생각했다. 그러나 나는 곧 그 개들은 썰매를 끌며 질주할 때 가장 행복하다는 것을 알게 되었다. 나도 그 개들과 별로 다르지 않다. — 노먼 포스터, 조너선 글랜시와의 인터뷰, 「인디펜던트」, 1996. 10. 6

자신의 런던 사무실에서 일하고 있는 포스터의 모습.

지기(地氣) 건축가는 명확한 사회적 과업을 가지고 있고 언제나 사회조직의 일부이다. 아득한 옛날부터 누군가는 사냥을 했고 누군가는 은신할 곳을 확보하는 일을 담당했다. 건축가는 과거에 그랬던 것처럼 오늘날에도 로빈슨 크루소이다.……건축가는 집을 지을 부지를 마련해야 하고 그곳의 기후, 분위기, 그리고 지기(地氣, genius loci)를 파악해야 한다. 어떤 장소에서 아름답고 유용한 집을 짓기 위해서는 그 장소의 정신을 파악해야 한다.—렌조 피아노 빌딩 워크숍, 「건축과 음악」, 밀라노: 리브라 이마지네, 2002

건축은 가장자리에, 예술과 인류학의 사이에, 사회와 과학의 사이에, 기술과 역사의 사이에 있다. 가끔 기억도 역할을 한다. 건축은 환상과 상징, 의미론, 이야기를 하는 기술과 관련이 있다. 건축은 이들의 묘한 혼합물이다. 때로는 인간적이고 때로는 물질적인 것이 건축이다.—렌조 피아노, 로버트 아이비와의 인터뷰, 「건축 기록」, 2001. 1. 10

렌조 피아노 RENZO PIANO

출생 1937년 9월 14일, 이탈리아 제노바

교육 건축 학위, 밀라노 폴리테크닉, 1964

사무실 Renzo Piano Building Workshop, via P. P. Rubens 29, 16158 Genoa, Italy
전화 : +39 010-61-711, 팩스 : +39 010-61-71-350
www.rpbw.r.ui-pro.com

주요 프로젝트 뉴욕 타임스 빌딩, 뉴욕, 2008; 바이엘 박물관, 스위스 바젤, 1998; 간사이 국제공항, 일본 오사카, 1994; 메닐 컬렉션, 텍사스 주 휴스턴, 1987; IBM 순회전시관, 유럽의 20개 도시, 1984-1986; 조르주 퐁피두 센터, 파리, 1977

> **건축은 분명히 시(詩)요 예술이다.**
> **그러나 무엇보다도 그것은 물질을 취해서**
> **변형시키는 작업이다.**
> **다시 말해서 세계를**
> **변화시키는 것이 건축이다.**

뉴욕 타임스 빌딩, 2008
피아노는 2차원적 그림에 부조(浮彫)로 설계
요소들을 구축하는 이런 스타일로 유명하다.
이것은 디자인 진행 단계에서 본
뉴욕 타임스 빌딩의 상층부 모습.

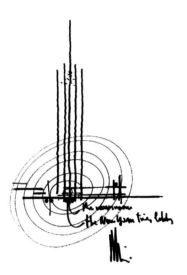

❝어떤 건물이 사랑을 받든 그렇지 못하든, 그렇게 되기까지는 시간이 걸릴 것이다. ❞

건축 : "가장 물질적인 업종" 내가 젊은 건축가였던 시절, 나는 물체를 개발하는 데에 주력했다. 나는 물질적인 것에 이끌렸다. 부품 하나하나에 신경을 쓰는 것이 나에게는 무엇보다도 중요했다. 그러다가 나는 이것만으로는 충분치 않다는 것을 깨닫기 시작했다. 건축은 단순히 물건들을 조립하는 것만은 아니라는 것을 알게 된 것이다. 그것은 유기적인 것, 환상, 기억, 그리고 교과서적인 접근법과도 관련이 있는 것이다. 하지만 나는 지금도 부분을 조립한다는 개념에 집착하고 있다는 점을 인정해야 할 것 같다. 나는 포괄적인 것에서 세부적인 것으로 옮겨가고 다시 세부에서 포괄적인 것으로 돌아간다는 개념을 좋아한다. 그것은 이중의 과정이다. 우리는 물질성을 도외시하고서는 도시 안의 건물의 존재를 생각할 수 없다. 그리고 물질성을 생각하면 세부에 대한 생각을 시작하게 된다. ─렌조 피아노, 리즈 마틴과의 인터뷰, Archinet. com, 2006. 1. 16

설계는 물질적으로 어떤 물체를 만드는 업종이다. 설계만으로 끝날 수는 없다. 피아노 앞에서 작곡을 할 때처럼, 그것을 짓고 보고 매만진다. 그것이 마음에 들지 않으면 그것을 보고 매만지고……다시 만든다. 일단 빌딩을 지으면 고치기가 쉽지 않다. 인더스트리얼 디자인 과정에서 당신은 수백, 수천 번 고치고 다시 할 수 있다. ─풀비오 이라체 편, "도시에 관한 대화", 「렌조 피아노: 보이는 도시들」, 로마: 엘렉타, 2007

당신이 매일 아침 빵을 만들고 사람들이 그 빵을 즐긴다면, 그것은 좋은 일이다. 건축가가 하는 일도 그와 같아야 한다. 생활의 일부가 되어야 한다는 말이다. 형식과 표현, 예술에 대한 화려한 토론이 아니라 분별 있고 평범한 작업이 되어야 한다. 건축이 예술이 아니라는 얘기가 아니다. 건축은 위대한 예술이다.……건축을 말하지 말고 건축을 하라. ─"렌조 피아노가 콜린 데이비스에게 말한다", 「건축 리뷰」, 1989. 10

가벼움과 투명성 가벼움과 투명성, 나는 이것들을 순전히 물리적인 성질이라고 보지 않는다. 그것들은 영

스케치는 아주 단순하지만 타워에 대한 피아노의 개념을 즉각 전달해준다. 오른편에 타임스 빌딩으로 들어가는 현관이 뚜렷이 나타나 있다. 피아노가 사용한 36만5,000개의 작은 세라믹 돌기는 빌딩의 효율적인 에너지 사용에도 한몫을 하고 하루 종일 빛을 반사하는 역할을 한다.

혼과 정신, 공간의 성질인 것이다. 가장 물질적인 업종인 건축에서 비물질적 요소들이 지극히 중요하다. 빛과 투명함은 만질 수 있는 요소들이 아니지만 그러나 매주 중요한 요소들이다. 단순히 벽을 올림으로써 분위기를 만들 수는 없다. 빛과 빛의 변화와 진동에 의해서 분위기가 창조되는 것이다. 빛이 건축물에 부여하는 변화의 능력은 특별하다!─렌조 피아노 빌딩 워크숍, 「건축과 음악」, 밀라노: 리브라 임마지네, 2002

[가벼움은] 아주 적은 물질로 가능한 한 많이 창조하는 것을 의미한다. 투명감을 창조하는 것은 사람들의 더 인간적인 행동을 제의하는 것과 비슷하다. 실상 건축은 사람들의 행동이 더 인간적이 되는 장소를 창조하는 기술이다.……그리고 투과성이라는 의미의 투명성은 거리와 건물 사이의 벽을 허문다는 의미를 가진다.─렌조 피아노, 찰리 로즈와의 인터뷰, 「찰리 로즈」, 2005. 2. 17

건축은 그것이 삶을 비치기 때문에 복잡하다.……그것은 두 세계, 무거움의 세계와 가벼움의 세계, 불투명의 세계와 투명의 세계와의 교감 비슷한 것이다.─크리스토퍼 호손, 「건축 설계」, 2004. 3-4

뉴욕 2008
뉴욕 타임스 빌딩

뉴욕은 매우 복잡한 도시이다. 또 쓰레기도 많지만 문화적으로도 풍요로운 곳이다. 뉴욕은 또한 내가 아는 가장 분위기 있는 도시이다. 뉴욕에서는 빛이 빠른 속도로 변한다. 뉴욕이 바다 한가운데로 내민 반도라서 바람과 태양, 비에 노출되어 있기 때문이다. 위로 향한 도시는 사방으로부터 빛을 받는다. 그리고 밤이면 모든 빌딩들이 붉게 변한다. 뉴욕 타임스 빌딩도 앞으로 그렇게 될 것이다. 이 빌딩은 빛을 잘 포착하는 36만5,000개의 작은 세라믹 돌기로 이루어져 있다. 낙조 때 뉴욕은 온통 붉은 빛으로 변한다. 비가 내리면 푸른 색을 띤다. 겨울에는 춥고 여름에는 덥다. 뉴욕은 빌딩들이 기후에 따라 변하는 분위기 있는 도시이다. 맨해튼은 바람이 세기 때문에 하늘이 맑고 놀랄 만큼 빛이 밝다. 그렇지만 비가 내린 직후에는 모든 것이 회색이다. 그리고 구름이 낮게 드리우면 건물들이 태양과 함께 모습을

**❮❮뉴욕은
내가 아는
가장 분위기 있는
도시이다.❯❯**

감춘다. 뉴욕에서는, 특히 큰 수직의 건물들이 늘어선 거리에서는 갇혀 있는 듯한 느낌이 든다. 시야의 각도가 제한되고 보이는 것은 하늘뿐이기 때문이다. 뉴욕에서 볼 수 있는 훌륭한 조망은 건물 내부에서 바라보는 경치이다. 천장 대신 하늘이 있는.······ —풀비오 이라체 편, "도시에 대한 대화", 「렌조 피아노: 보이는 도시들」, 로마: 엘렉타, 2007

건물의 투명한 속성은 저널리즘 자체의 투명성을 은유적으로 표현하려는 피아노의 의도가 드러난 것이다. **위**: 뉴욕 타임스 빌딩 로비, **오른편**: 직원들은 빌딩 안의 조망이 좋은 부분에서 도시 전경을 마음껏 감상할 수 있다.

환경과 함께 숨쉬는 표피를 가진 뉴욕 타임스 빌딩은 외양만 훌륭한 것이 아니라 에너지 절감 효과도 있다. 우리는 납이 덜 들어간, 투명도가 높은 유리를 사용하기 때문이다. 이 유리는 바람을 막아주지만 그렇다고 과열되지도 않는다. 이것은 기술적 세부사항이지만, 중요한 의미를 가진다. 이 빌딩은 가벼움, 환경과의 반응과 대화의 시학이다. 건물의 반대편은 돌과 대리석으로 되어 있고 이 부분은 건축가의 설계의 대상이다. —풀비오 이라체 편, "도시에 대한 대화", 「렌조 피아노: 보이는 도시들」, 로마: 엘렉타, 2007

미국의 도시에 세련미를 주다

나에게 프로젝트를 주는 것은 미국이 세련미를 추구하기 때문이다. 여기서 세련미란 우리 유럽인들이 건물들과 도시의 관계에서 추구하는 특별한 태도를 말한다.······우리가 사랑하고 찬양하는 미국은 유럽 도시들의 문화가 더 인간적이고 심오하다는 것을 실감하고 있다.······뉴욕에는 아름다운 빌딩들이 많다. 마치 하늘에서 내려와서 땅을 점령해버린 듯한, 그러나 도시와의 커뮤니케이션은 거의 없는 빌딩들이다. 빌딩의 내부와 외부 사이의 관계에 대한 이 깨달음, 즉 빌딩이 도시의 떼려야 뗄 수 없는 일부가 되어야 한다는 깨달음은 미국에서의 나의 존재를 정당화시켜주는 하나의 요소가 될 것이다. —풀비오 이라체 편, "도시에 대한 대화", 「렌조 피아노: 보이는 도시들」, 로마: 엘렉타, 2007

세련미 풍기는 진짜 도시를 만들려면

광장은 도시의 아이콘 가운데 하나이다. 내가 꿈꾸는 도시는 매우 가볍고 매우 투명한 도시, 물과 녹지와 나무로 가득 찬 도시, 그러면서도 광장, 다리, 거리가 많은 도시이다. 여러분도 아시다시피, 광장은 사람들이 만나는 곳, 차이가 사라지는 곳, 두려움 또한 사라지는 곳이다. 그렇다, 두려움도 사라진다. 그곳은 만남의 장소이기 때문이다. —렌조 피아노, 찰리 로즈와의 인터뷰, 「찰리 로즈」, 2005. 2. 17

일부 건축가들은 깨끗한 재떨이를 붉은 점으로 처리하는 완벽한 건설을 상상한다. 이것은 나의 스타일이 아니다. 나는 도시를 더욱 실감나게, 더욱 생생하게 하기 위해서, 도시 설계에서는 이단으로 간주되는, 자유로운 가치관을 도입해야 한다고 믿는다. —렌조 빌딩 워크숍, 「건축과 음악」, 밀라노: 리브라 이마지네, 2002

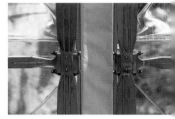

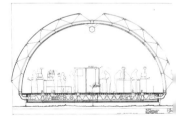

1984-1986

IBM 순회전시관

렌조 피아노 빌딩 워크숍이 설계한 IBM 순회전시관은 분해가 가능한 전시관이다. 3년이라는 기간 동안, 이 전시관은 14개 유럽 도시들의 20개 도시의 공원들을 옮겨다니며 조립되었다. 투명한 둥근 천장이 있는 이 전시관은 68개의 3차원 트러스로 이루어져 있는데, 각 트러스는 알루미늄 이음매가 있는, 얇게 자른 목재 지주로 고정된 6개의 합성수지 피라미드로 되어 있다.

IBM 전시관은 에너지를 거의 쓰지 않는 빌딩은 아니다. 그러나 이 구조물은 다른 빌딩들에서 제거되어버린, 변형 능력을 가지고 있다. 이 구조물은 온실과 건물의 경계에 위치한다. 이 전시관은 환경 속으로 사라져버리는 속성을 가진 건축물이었다. —렌조 피아노, 「지속가능한 건축」, 코르테 마데라: 징코 프레스, 1998

IBM은 매우 유기적이다. 물론 극도의 능률화, 가벼움, 완전을 추구하면 모든 것이 유기적이 되기 때문이다. —렌조 피아노 빌딩 워크숍, 「작품 전집 1권」, 런던: 파이던, 1993

위에서 아래로 : 전시관의 비탈진 전시 공간, 알루미늄 접합부, 접합부를 조립하고 있는 모습, 피아노의 팀원들, 전시관의 횡단면.

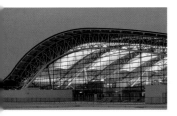

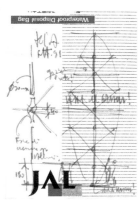

오사카 1994
간사이(關西) 국제공항

처음부터 우리는 우리가 가벼운 구조물을 만들고 있다는 것을 알고 있었다. 가벼움은 일본에서는 아주 익숙한 특질이다. 이 프로젝트를 위해서 내가 처음으로 일본에 왔을 때, 나는 노리(노리아키 아카베 : 렌조 피아노 빌딩 워크숍 창립 동료), 피터 라이스(자주 피아노와 함께 일한 자문 기술자)와 함께였다. 우리는 배를 타고 부지가 있다는 곳으로 갔지만, 거기에는 섬이 없었다. 텅빈 바다였다.……그 무렵 벌써 그 건물이 가벼워야 한다는 것은 분명했다. 이런 생각을 한 것은 우리가 배를 타고 바다에 떠 있었기 때문만은 아니었다. 또 한 가지 이유는 우리가 이미 일본이 "가벼움"을 좋아한다는 것을 분명히 알고 있었기 때문이었다. "일시성" 또한 우리가 유의해야 할 사항이었다. ──"아이디어, 포괄적인 것에서 세부적인 것까지", 「일본 건축가」 15호, 1994

이 건물의 모양은 공기의 흐름과 밀접한 관계가 있다. 따라서 이 건물은 단순한 모양으로서가 아니라 특수한 건축 시스템으로 생각할 수밖에 없었다. 금속성 외피의 개념까지도 매우 일찍 도입되었다. 우리의 경험에 비추어보면, 어떤 계획을 짜면, 그것이 처음부터 모든 것과 융합된다. 전체적인 개념에만 그 계획이 영향을 미치는 것이 아니라 세부까지도 그 영향을 받는다. ──"아이디어, 포괄적인 것에서 세부적인 것까지", 「일본 건축가」 15호, 1994

이 공항 건설을 특히 강조하는 것은 일본 사회에서의 건축의 중요성을 인식하는 하나의 방법이었다.……힘이 있는 거물급 인사들이 건축이 중요하다고 말할 때마다 나는 매우 기쁘다. 그 말이 사실이기 때문이다.……그들이 공항을 상자 모양으로 만들지 않고 문화를 표현하는 구조물로 만들자는 결정을 내렸다. ──"아이디어, 포괄적인 것에서 세부적인 것까지", 「일본 건축가」 15호, 1994

공기의 흐름이 간사이 국제공항의 형태에 영향을 주었다는 우려에도 불구하고, 피아노가 공항 설계에서 역점을 둔 것은 일본의 "문화를 반영하는 표현"이었다. 피아노는 처음부터 자기는 건물에 대한 포괄적인 개념을 가지고 있지 않다고 말했다. 그는 곧 금속 표면 같은 세부 설계에 착수했다. **위로부터 :** 출발 로비의 급경사면이 지붕의 곡선과 함께 극적인 효과를 보여주고 있다; 피아노의 초기 스케치.

박물관은
관조를 위한 공간이다.

휴스턴 1987

메닐 컬렉션

메닐 컬렉션은 시(詩)가 빛의 테마와 연결되어 있는 빌딩이다. 따라서 다시 한번, 에너지라는 핑계를 넘어 빌딩이 들어가 있는 물리적 환경으로 향한 시적인 성격의 새로워진 주목의 문제가 등장한다. 이런 측면은 마치 일종의 후렴처럼 각각의 프로젝트에서 되살아나곤 하는데 나는 그것이 경향의 변화의 조짐이라고 생각한다. ─풀비오 이라체 편, "도시에 대한 대화", 「렌조 피아노: 보이는 도시들」, 로마: 엘렉타, 2007

정서와 명상 : "미술관은 침묵의 장소이어야 한다" 나는 박물관 짓기를 좋아한다. 박물관은 마술적인 장소이다. 예술품을 보존하는 장소, 예술품을 즐기는 장소이다. 이곳에서는 모든 것이 오래 남을 수 있다. 박물관 주위에는 공통된 감정의 그물 같은 것이 있다.……오늘날의 박물관의 성공은 어떤 면에서는 매우 위험하다. 군중들이 박물관이 처음 생겨나게 된 이유를 죽여버릴 수도 있다. 예술품을 즐긴다는 것은 매우 은밀한 일이다. 그것은 당신과 예술품에 관한 것이다. 미술관은 침묵의 장소이어야 한다. ─렌조 피아노, 리즈 마틴과의 인터뷰, Archinet.com, 2006. 1. 16

존과 도미니크 드 메닐 부부는 피아노에게 설계가 맡겨진 빌딩에 소장할 미술품 1만5,000점 이상을 수집했다. 전시공간의 지붕은 "잎사귀"의 연속이다.

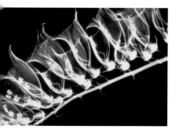

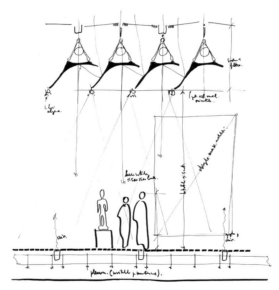

설계의 주요한 요소는 자연 조명과 모든 미술품을 즐길 수 있는 탁 트인 공간이다. 지붕을 구성하고 있는 철분을 함유한 시멘트로 된 얇은 잎사귀들이 조명을 해결했다. **위 :** 피아노와 팀 바커, 그리고 "잎사귀" 디자인 모형.

그 지속가능성과 지능은 제쳐놓더라도, 건축물은 감정의 생산자이어야 한다. 우리는 이 사실을 잊어서는 안 된다. 빛은 미묘하게 사람들을 관조하게 한다. 그리고 엄밀히 말해서 공간을 이용하는 것은 빛이다. 나는 전시공간에서 건축가는 자기 스타일이나 지능을 강요할 수 없다고 생각한다. 지능이나 테크닉을 섬세하게 이용해야 한다. ─렌조 피아노, 「지속가능한 건축」, 코르테 마데라: 징코 프레스, 1998

미술작품 전시와 나와의 관계는 칼더 전시회(1982) 설계로 시작되었는데, 메닐 컬렉션(1987), 브랑쿠시 스튜디오(1995), 톰블리 재단(1995), 그리고 마지막으로 바이엘 재단(1995)으로 서서히 형태를 갖추게 되었다. 이 모든 프로젝트들에 공통점이 있다면, 그것은 자연 조명과 박물관에서는 관조적 감정이 다른 어떤 개념보다 우선해야 한다는 생각이다. ─렌조 피아노, 「지속가능한 건축」, 코르테 마데라: 징코 프레스, 1998

파리 1977
조르주 퐁피두 센터

렌조 피아노와 리처드 로저스의 협력은 1970년부터 1977년까지 지속되었다. 두 사람은 함께 퐁피두 센터(1971년 설계 공모에서 당선되었고 1977년에 완공됨)와 음향/음악조사조정연구소(IRCAM)(1977년에 완공된 퐁피두 센터에 인접해 있으며 퐁피두 센터와 유기적인 관계를 맺고 있음) 같은 주요 프로젝트들을 수행했다.

건축가는 평범함과 분명함에 "불복해야" 한다. 또한 고객에게도 약간 불복해야 한다. 젊은 시절에 나는 로저스와 함께 파리에서 보부르를 작업했는데(이 건물이 완공되었을 때 피아노는 40세였다), 이 건물은 우리의 "불복의 산물"이었다. 1970년대 초에 파리는 매우 진지하고 위압적인 문화기구들의 지배하에 있었는데, 우리는 "불복했다." 우리는 이 거대한 메카노(조립형 건축물), 이 공장, 이 정유소를 파리에 처음 도입했다. 보부르 전체가 "불복 행위"이다. 우선 모든 공간을 유용하게 사용하지 않고 광장을 만든 것이 불복의 시작이었다. 우리는 위압적인 박물관의 통념에서 벗어나고 싶었다. 오늘날 박물관이 변했다면, 박물관이 이제 더 이상 접근할 수 없는 장소가 아니라면, 규칙을 깬 그때의 우리 행동이 한몫을 했다고 나는 생각한다. —렌조 피아노 빌딩 워크숍, 「건축과 음악」, 밀라노: 리브라 이마지네, 2002

❝❝ 우리는 퐁피두 센터를 예술품을 보여주기 위한 건물로 계획하지 않았다. ❞❞

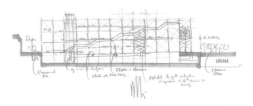

피아노와 로저스 : "우리는 둘 다 반항아(bad boys)" 우리는 문화는 위압이 아니라 호기심과 더 밀접한 관련이 있다고 확신했다. 그런데 1970년대 초였던 당시의 전형적인 건물은 매우 위압적이었다. 기념비적인 석조 또는 대리석 건물들이 주류를 이루고 있었다. 그래서 우리는 공장을 만들고 정유소, 그리고 그밖의 무엇인가를 만듦으로써 논란을 불러일으키려고 마음먹었다. 모두 이것은 박물관이라기보다는 공장에 더 가깝다고 말했다. 우리는 그런 말을 듣는 것이 기뻤다. —렌조 피아노, 존 투사와의 인터뷰, BBC 라디오, 2004. 7. 28

피아노에 따르면 조르주 퐁피두 센터는 첨단기술 빌딩으로 의도된 것은 아니었다. **위 왼쪽 :** 피아노의 건물 스케치. 센터의 외부에 노출된 유명한 에스컬레이터가 보인다.

퐁피두 파이프 퐁피두 센터는 건물의 기술적, 기계적 구성요소들이 외부로 드러난 "첨단 기술" 건축의 표본이라고 일컬어져왔다.

[퐁피두 센터는] 정말로 첨단기술이 개가를 올린 빌딩이다. 이 건물은 돌과 대리석과 아치의 위압감 대신 기계의 친밀성을 도입한 첨단기술의 패러디라고 할 수 있다. 거기에는 사람들을 환영한다는 의도가 깃들어 있다. 그리고 유연성도 찾아볼 수 있다. 몇 년 전에 큰 변화가 일어났다는 사실을 명심하기 바란다. 25년에 걸쳐 5,000만 명이 찾아옴으로써 어떤 변화가 일어난 것이다. 그런 변화는 오직 건물이 정말로 기계, 도구같이 보였기 때문에 그리고 완전히 유연성이 있었기 때문에 가능했다. —렌조 피아노, 존 투사와의 인터뷰, BBC 라디오, 2004. 7. 28

반란과 자유

나는 항상 고분고분하지 않은 젊은이였다. 나는 항상 어머니에게 야단을 맞곤 했다.……하지만 예술적 "불복"은 선의의 불복이다. 무엇인가를 하고자 한다면 결국은 불복해야 하기 때문이다. 복종한다면 당신은 끝난 것이다.—렌조 피아노 빌딩 워크숍, 「건축과 음악」, 밀라노: 리브라 이마지네, 2002

건축은 위대한 모험이며 중력과의 싸움이다. 나는 명확한 것에 반항하며 스타일과 공식화된 제스처라는 개념 자체를 혐오한다.—렌조 피아노, 마이클 웹과의 인터뷰, 「도시와 시골」, 2006. 8

스타 시스템과 스타일

나의 문제는 스타라는 개념이 건축을 위해서 좋은 것이 아니라는 데 있다. 그것은 건축을 기리지 않고 건축가를 기린다.……자유와 관련된 예술이 있다면, 그것은 건축이다. 건축은 모험이기 때문이다. 모험은 할 때마다 다르다. 그리고 모험에서는 1등이라는 것이 없다.……1등이란 자기도취적인 개념이다. 나는 그것이 잘못된 것이라고 생각한다.……나는 건축은 자유로워야 한다고 생각

'빌딩 워크숍'이라는 용어는 우리의 설계 과정에 속속들이 퍼져 있는 협력과 팀워크에 대한 인식을 표현하기 위해서 일부러 사용한 용어이다.

한다. 다른 사람들로부터, 그리고 자기 자신으로부터도 자유로워야 한다.—렌조 피아노, 찰리 로즈와의 인터뷰, 「찰리 로즈」, 2005. 2. 17

나는 어떤 운동에도 가담하지 않는다. 나는 운동이란 것을 싫어한다. 그 운동들이 대변하는 것에 대해서 비판적이기 때문만은 아니다. 운동은 나의 아이디어가 나오는 원천이 아니기 때문이다.—"렌조 피아노와 콜린 데이비스의 대화", 「건축 리뷰」, 1989. 10

스타일이라는 개념은 나에게는 사람들을 제한하고 가로막아서 그들의 창조적 자유를 갉아먹는 감방과 같은 것이다.—렌조 피아노, 「지속가능한 건축」, 코르테 마데라: 징코 프레스, 1998

설계의 과정

피아노는 그가 어떤 설계를 발전시켜나가는 방식의 일부로 하는 수많은 행동들—걷기, 듣기, 스케치 하기, 그리고 놀랍게도 거리를 두기(손 떼기) 등—을 묘사하고 있다. 그리고 많은 그의 동료들과 마찬가지로, 스탭들과의 협력이라는 요소를 꼽는다.

나는 새 일을 시작할 때, 두 손을 호주머니에 넣고 부지 주위를 걸어서

돌곤 한다. 아무 생각 없이 그냥 빙글빙글 도는 것이다.……그렇게 함으로써 우리는 이런 느낌을 받는다.……우선 이론적이 되는 위험, 무엇인가 잘못된 것을 만들 위험에서 벗어난다.……부지에 한번 가보고 두 번 가보고 다시 또 가본다. 생각은 하지만 그리지는 않는다. 기다린다. 그리고 아이디어를 구축하기 시작한다. 그런 다음 다시 부지에 가본다. 이것은 매우 전형적인 나의 행동이다. 나는 이런 행동을 하기를 좋아한다.—재키 케스텐봄, 「일본 건축가」, 1989. 11-12

경청은 유용하다. 그것은 훔치는 기술, 가지는 기술, 포착하는 기술이기 때문이다. 그것은 눈 앞에서 하는 도적질이다. 그러나 고상한 목적의 훔치기이다. 뉴욕에서 현대미술을 위한 큰 빌딩을 짓는 것과 역사 센터를 복원하는 프로젝트를 수행하는 것은 엄청난 차이가 있다. 그러나 두 경우 모두 무엇보다도 아직 말하지 않은 것을 이해해야 한다. 건축가는 미묘한 목소리, 약하고 조용한 목소리에 귀 기울여야 한다. 이렇게 함으로써 사물의 정수를 파악할 수 있는데, 이런 듣는 훈련은 학교에서 배우는 것이 아니고 삶의 경험을 통해서 습득해야 한다.—풀비오 이라체 편, "도시에 대한 대화", 「렌조 피아노: 보이는 도시들」, 로마: 엘렉타, 2007

……누군가가 발견을 할 때, 그리고 그것이 마약과 같은 작용을 할 때, 불똥이 튄다. 그런 순간에는 과거의 경험은 문제가 되지 않는다. 당신은 안전망이 없는 곡예사이다. 예를 들면, 나는 스케치로 시작한다 (나는 스케치가 없이는 아무것도 할 수 없다). 하지만 나는 내가 어디서 끝내야 할지 정확히 모른다. 나는 무엇인가에 이끌려가도록 나 자신을 내버려둔다. 나는 내가 써놓은 것이 그렇게 나쁘지 않다는 것을 발견하고 계속한다. 그것은 "속기"와 비슷한 것이다. 당신의 한 손이 당신을 목표로 이끌어가는 것이다. 당신이 그것을 발견하면 당신은 이 메커니즘을 통제할 수 없게 된다. 그런 순간에는 당신은 벽에 기대야 한다. 그렇게 하지 않으면 당신은 실패한다.—렌조 피아노 빌딩 워크숍, 「건축과 음악」, 밀라노: 리브라 이마지네, 2002

건축은 열정이다.……그러나 열정 속에서도 무엇이 잘못되었는가를 알아볼 정도의 제정신은 유지하고 있어야 한다. 그래야 어떤 특정한 해결책과 사랑에 빠지거나 되돌릴 수 없는 실수를 범하는 일을 막을 수 있다. 가끔 둘러보고, 아냐, 그건 잘못이야 하고 말할 수 있는 제정신을 유지하고 있어야 한다.—렌조 피아노, 존 투사와의 인터뷰, BBC 라디오, 2004. 7. 28

"박물관은 건물의 벽이나 지붕에
의해서 속박되어서는 안 된다. 램
프(이동통로)라는 수단을 이용해
서 일반 관람객들이 고고학적 발
견, 또한 건물 주위에서 있을 미
래의 발굴과 끊임없이 접촉하게
하도록 박물관의 리듬과 교통을
조절해야 한다." — "스베레 펜",
「GA 다큐멘트 11」, 1984. 9

자연과 간섭 사이의 긴장

펜의 작품에 일관되게 나타나는 주제는 장소 감각을 만들어낸다는 것이다. 그는 자연에 대해서 민감하지만, 그것이 반드시 자연을 부드럽게 밟아야 한다는 것을 뜻하지는 않는다. 오히려 각각의 프로젝트는 자연 속의 인간의 존재, 풍경에 찍는 인간의 자취와 근본적으로 관련되어 있다.

건축은 당신의 움직임, 당신의 기질에 호소하는 오케스트라이다. 자연이 당신의 기질을 드러낸다고 말할 수도 있다. 건축가의 역할은 장소의 비밀을 발견하는 것이다. 그것은 전문직종이며 다른 사람들에게 보내는 신호이다. 그러나 건축가는 또한 다른 사람들의 욕구, 그들의 소망과 꿈도 실현시켜야 한다. 그리고 물론 건축에는 또한 저항도 있어야 한다. — 스베레 펜, 헨리크 스텐 묄러와의 인터뷰, 「살아 있는 건축」 15호, 1997

인간의 척도, 도시, 그리고 풍경

나는 어떤 경우에나 출발점은 단순해야 하며 가능한 한 정확하게 풍경의 언어를 읽을 수 있어야 하고, 자기의 건축물 안에서의 인간의 척도를 파악하기 위해서 몸의 크기에 익숙해야 한다고 생각한다. — "스베레 펜과의 인터뷰", 「A+U: 건축과 도시 계획」, 1999. 1

재료는 저마다 그 그림자를 가지고 있다. 돌의 그림자는 부서지기 쉬운 낙엽의 그림자와 같지 않다. 그림자는 재료 속으로 침투해서 그 재료의 메시지를 발산한다. 당신은 당신 피부의 땀구멍, 당신의 귀, 그리고 당신의 눈을 통해서 그 재료와 이야기한다. 이 대화는 표면에서 멈추지 않는다. 그 냄새가 대기를 채운다. 접촉을 통해서 당신이 열기를 보내면 재료는 즉각 반응을 보낸다. 돌에게 이야기하면 돌

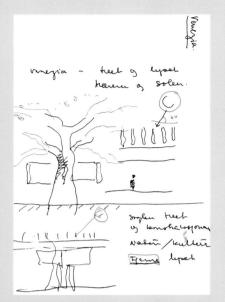

베네치아 비엔날레의 노르딕 전시관, 1962
"다른 분야도 그렇겠지만 이 분야에서는 무관심과 싸워야 한다고 나는 생각한다. 우선 정확하게 그리고 자발적으로 당신 자신을 부지 속에 통합시켜야 한다. 자연을 결코 낭만적으로 생각하지 말자. 언제나 자연과 당신의 간섭 사이의 긴장상태를 만들어내려고 노력하자. 이것이 건축물의 가독성(可讀性)을 높이고 건축가가 해야 하는 이야기를 발견하는 방법이다." — "피에르란 빙하박물관", 「오늘의 건축」, 1993. 6

은 반향의 신비를 돌려보낸다. 산의 바위 턱을 향해서 이야기하면 그것은 메아리를 보낸다. 눈 덮인 숲에 귀를 기울여보라. 숲이 침묵의 언어를 나에게 줄 것이다. 목재를 재료로 가장 잘 쓰는 장인은 악기 제작자이다. 그의 귀는 나뭇조각 하나하나에 알맞은 역할을 준다. — "인형도 생명이 있을까?", 「Perspecta」 24호, 1988

인간은 이성적이며 논리적인 존재가 아니다. 인간은 놀라움, 이상한 꿈, 시, 거짓말, 그리고 유머로 가득 찬 존재인 것이다. 건축은 해답을 제공해야 하며 주위의 사람들과의 대화를 만들어야 한다. — 스베레 펜, 헨리크 스텐 묄러와의 인터뷰, 「살아 있는 건축」 15호, 1997

도시는 낯섦, 두려움, 거대한 도시풍 건축물, 인구조밀, 상징물, 건축과 문화의 차이 등을 보여준다. 그리고 무엇보다도 도시는 평온함을 지니고 있다. 시골에 가면 결코 평온하지 않다. 돌봐야 할 들판이 있고 젖을 짤 소들이 있고 모이를 주어야 할 닭들이 있다. 그러나 도시는 아주 평온하고 기다림의 느낌이 있다. 도시는 대기실이다. 여자친구를 기다리는 군인, 배의 도착을 기다리는 수병……이것과 비교하면, 자연은 하나의 커다란 감옥이다. 어렸을 적에 나는 감옥 속에 갇힌 자연을 경험했다. — 스베레 펜, 헨리크 스텐 묄러와의 인터뷰, 「살아 있는 건축」 15호, 1997

구조가 나의 표현 양식, 언어이다. 그것은 정수를 드러내기 위해서 과도한 것들을 솎아내야 하는 시인과 비슷하다. — 스베레 펜, 헨리크 스텐 묄러와의 인터뷰, 「살아 있는 건축」 15호, 1997

❝ 나는 나의 학생들에게 어떤 빌딩을 바라볼 때 아름다운 나무 한 그루가 눈에 들어오면 그 빌딩은 훌륭한 건축물이라고 말해왔다. 자연과 건축물 사이의 대화가 그 나무를 아름답게 만들기 때문이다. ❞

알브달 1995
외위크루스트 센터

외위크루스트 센터는 노르웨이의 유명한 삽화가이며
유머 작가였던 키엘 외위크루스트(1920-2002)에게
헌정된 박물관이다.

나는 어떤 사람을 위해서 집을 짓는 것은 그의 자
화상을 그리는 것과 비슷하다고 설명한다. 건축가
는 그의 고객이나 프로젝트 주위에 일종의 시를 창
조한다.—스베레 펜, 보니 처칠과의 인터뷰, 「크리
스천 사이언스 모니터」, 1997. 4. 14

이 프로젝트는 우리가 풍경의 이미지를 위해서 고원이 중요하다는 점을 깨달았을 때 제자리를 잡았다.
사람이 손대지 않은 계곡을 배경으로 삼아 늘어선 기념비 같은 기둥들을 세우는 것이 자연스러워 보였
다.—비외른 라르센, 「비게쿤스트: 노르웨이 건축 리뷰」 2호, 1997

외위크루스트 센터는 풍경 속에 하나의 선처럼 놓여 있다. 긴 건물을 따라 서 있는 큰 벽에는 키엘 외위크루
스트의 그림들이 걸려 있다. 그 그림들에는 그가 일찍 떠난 시골마을에서 얻은 모티프들이 나타나 있다. 커
다란 나무기둥들 사이로 화가의 충동적인 세계가 공간을 향해서 계속 흘러간다.—비외른 라르센, 「비게쿤
스트: 노르웨이 건축 리뷰」 2호, 1997

부지로 가는 도로는 외스테르달렌 계곡의 숲을 통과했다. 소나무들 사이로 아침 햇빛이 스며들고 부드러
운 계곡 바닥 위로 글로마강이 유유히 흐르고 강물이 조용한 모래톱 위에 거울 같은 맑은 표면을 만들었
다. 그리고 교회 묘지 주위에는 암벽이 우뚝 서 있었다.……도로가 끝나는 곳에 건물을 지을 자재들이 있었
다. 마른 벽에 쓸 석재, 콘크리트를 갤 때 쓸 모래, 목재로 쓸 소나무. 이 모든 것 사이에 유리가 투명한 피
부처럼 자리잡고 있다. 둘러보고 돌아보면서 건축물이 풍경을 위한 무대를 만들었다고 상상하게 된다. 옥
수수밭에 있는 산책로에서는 석양을 볼 수 있고 트론산의 능선에서는 변하는 빛을 볼 수 있다.—비외른
라르센, 「비게쿤스트: 노르웨이 건축 리뷰」 2호, 1997

스베레 펜은 언젠가 자연과 관련
해서 이렇게 말한 적이 있다. 그
것은 "전투, 자연에 대한 우리 자
신의 문화의 공격이다.……나는
사람들에게 무대의 아름다움을
더 많이 인식시킬 수 있는 빌딩을
지으려고 노력한다." 긴 콘크리트
벽이 경계선 역할을 한다. 다른
쪽에서는 나무 기둥들이 노르웨
이의 숲과 이어진다.

삶과 죽음 : "빛과 어둠의 원형(原型)"

펜의 건축 이론은 이중성이 지배한다. 비합리와 합리, 과거와 미래의 주제와 함께, 펜은 일관되게 삶과 죽음의 보편적 궤적에 대해서 깊은 흥미를 느꼈다.

나는 내 건축이 매우 신비스럽다고 생각한다. 내 건축물은 빛과 어둠의 원형인 죽음과 신비주의로 가득 차 있다. 이곳(노르웨이)에서는 겨울 내내 어둡다. 어렸을 때에는 이 어둠을 견뎌내려면 상당한 상상력이 요구된다. 태양이 겨울이나 여름이나 비슷하게 뜨고 지는 남부지방에서처럼 삶은 그렇게 규칙적이지 못하다. 나는 늘 빛과 그림자, 그리고 그 형태를 정확하게 구사하는 일에 매혹된다. 그 대비, 그 거대함이 나를 매혹시킨다. —"프리츠커상 수상자 스베레 펜이 젊은 건축가들에게 통찰력을 주다", 「건축 기록」, 1997. 5

가장 위대한 지적 건축—나에게 가장 시적인 것으로 인식되는—은 죽은 후에도 생이 가능할지도 모른다는 인간의 생각일 것이다. 나에게는 그 생각이 가장 위대한 건축 혁신의 추진력이었던 것 같다. 위대한 모든 구조물들은 죽음의 문제를 다루고 있다. 피라미드, 고딕 건축 등이 그 예이다. 그러나 나는 동시에 물체에 봉사하려고, 물체가 되려고 노력한다. 만약 박물관이 단순히 물건들을 보관할 수 있는 장소라면, 그러면 우리는 물체들을 소홀히 대하는 것이다. 물체가 생명을 유지하기 위해서는 장소를 찾아야 한다. — "피에르란 빙하박물관", 「오늘의 건축」, 1993. 6

나는 재료를 내가 우리의 시적인 생각들을 쓰기 위해서 사용하는 글자라고 본다.……우리는 글자들—알파벳—을 가지고 작업을 하고 이야기를 쓴다. 이야기와 그 구조는 분리될 수 없다. 시적인 상념은 그것이 존재하기 위해서는 구조물의 지지를 필요로 한다. —"스베레 펜과의 인터뷰", 「A + U: 건축과 도시 계획」, 1999. 1

과거에 귀를 기울인다

그것을 쫓아가서는 과거에 도달할 수 없다. 그러나 당신이 현재를 현현시킨다면, 당신은 과거와 대화를 가질 수 있을 것이다. —스베레 룅스타, 「스칸디나비안 리뷰」, 1997/1998. 겨울

펜의 작품 : "오해의 문지방"

나는 사업상의 지인이나 정치가를 전혀 사귀지 않았다. 그런 분야는 나의 흥미를 끌지 못했다.……나는 공모에서 이김으로써 돌파구를 찾았다. 그 프로젝트들이 실현되지 않는 경우가 많았지만 그래도 나는 이름이 알려지게 되었다. 프로젝트가 실현된 경우에는 되레 심각한 비판을 받았다. 나는 늘 이 낮은 오해의 문지방 때문에 상처를 받았다. 내가 지은 거의 모든 건물이 공개적인 비판의 대상이 되었다. 한편 나는 나의 프로젝트들 때문에 외국 여행을 할 수 있었고 나의 프로젝트들은 자주 전문적인 저널에 발표되었다. 운좋게 나는 가르치는 직업을 가졌고 그것이 나를 살아가게 해주었다. 하지만 사회가 나를 떠받쳐주었다거나 내가 짓는 건물들을 원했다고 말할 수는 없다. 그리고 나는 발이 넓지 못하다. 그런 면에서 나는 다소 반사회적이라고 할 수 있다. —스베레 펜, 헨리크 스텐 묄러와의 인터뷰, 「살아 있는 건축」 15호, 1997

◀◀ 오직 그 순간을 환생시킴으로써
우리는 과거와의 대화를 시작할 수 있다. ▶▶

피에르란 1991
노르웨이 빙하박물관

물리적 요소로서의 빙하에 대한 인식이 노르웨이 빙하박물관의 설계 단계에서 큰 영향을 끼쳤다. 이 거대한 얼음과 눈의 덩어리가 광대한 땅을 덮고 있는 푸르스름한 거대한 담요처럼 놓여 있다. 이 얼음덩어리는 많은 과거의 비밀을 감추고 있다. 투명하지만 속이 보이지 않는 빙하 속에 비밀이 싸여 있는 것이다. 빙하는 동물과 같은 성격을 가지고 있다. 천천히 미끄러져 내려가면서 지구의 표면에 깊은 자국을 남긴다. 그리고 빙하가 바다를 향해 움직이면서 뒤에 남긴 축축한 찌꺼기들이 새로운 땅을 만든다. —"노르웨이 하마르의 헤드마르크 박물관", 「살아 있는 건축」 12호, 1993

물체는 과거의 잔해이다 전통적인 박물관은 과거의 잔해인 유물들을 보여주려고 한다. 오늘날 우리는 우리에게 우리가 볼 수 없는 것을 인식하게 하는 박물관의 필요성을 느끼고 있다. 우리의 미래는 우리의 과거의 요소들과 연관되어 있다. 우리가 장구한 세월 동안 숨쉬어온 대기는 빙하의 얼음덩어리에 그 흔적을 남

빙하박물관은 별난 어떤 것을 억지로 자연에 가져다안기는 것이 아니라 건축가가 풍경과 협력하며 작업한 좋은 예이다. 이 박물관은 펜의 말을 빌리면 "균열"처럼, 두 산의 기부에 자리잡고 있다.

"풍경 속의 제단" — 스베레 펜

겨놓았다. 빙산의 신비스러운 평안함 속에 감춰진 물의 저수지가 있다. 그 물은 온도가 몇 도만 올라가면, 지구의 비옥한 평원을 적실 수 있다. 박물관을 건축하면서 우리는 이런 생각들을 반영하려고 노력했다. 고원을 향해 오르는 듯한 움직임을 표현한 두 개의 계단, 두 개의 거대한 계단의 수평재 사이에 균열처럼 놓여 있는 입구, 지붕의 틈을 통해 빛이 들어오는 건물의 내부, 건물 내부로 더 들어갈수록 그 강도가 낮아지는 빛, 공간에 착시현상을 주는 지붕의 검은 색깔, 가파른 산비탈과 대화라도 하는 것처럼 경사진 콘크리트 표면을 가진 외형, 육중한 콘크리트 벽과 대조적인, 빙하 기저부의 계곡 양편에 있는 푸르스름한 얼음덩어리를 연상시키는 시원한 유리 내받이창 등. ─ "노르웨이 하마르의 헤드마르크 박물관", 「살아 있는 건축」 12호, 1993

내가 소녜피오르드의 기저에 지을 빙하박물관을 설계해달라는 요청을 받았을 때, 거기에는 너무나 풍요한 자연이 있었다. 그래서 나는 콘크리트로 돌 제단(祭壇) 같은 모양을 만들었다. 그 환상적인 주위환경과 대화를 하기에 충분할 만큼 튼튼한 제단이었다. 나는 내가 하고 있는 일이 두려웠다. 그러나 결국 성공했다. 내가 만약 조화를 추구해서 잔디 지붕을 가진 건물을 만들었다면, 엉망진창이 되었을 것이다. 나는 조화보다도 훨씬 더 흥미로운 대위법을 찾아낸 것이다. ─ 스베레 펜, 헨리크 스텐 뮐러와의 인터뷰, 「살아 있는 건축」 15호, 1997

노르웨이 빙하박물관은 노르웨이에서 가장 긴 피오르드의 맨 끝에 자리잡고 있다. 이 건물은 펜의 걸작 가운데 하나로 꼽는다.

기원, 영향, 그리고 영감

노르웨이

젊은 시절, 나는 늘 내가 전통적인 노르웨이 건축에서 벗어나고 있다고 상상했다. 그러나 공부를 하면 할수록, 나는 점점 더 내가 노르웨이의 전통 안에서 움직이고 있다는 것을 실감한다. 부지, 빛, 그리고 재료들에 대한 나의 해석은 나의 기원과 강한 연관이 있다. —스베레 펜, 보니 처칠과의 인터뷰, 「크리스천 사이언스 모니터」, 1997. 4. 14

건축가들

나에게는 특별히 좋아하는 건축가가 없었다는 점을 인정해야 할 것 같다. 미스도, 웃손도, 심지어 알토도 나는 특별히 좋아하지 않았다. 그러나 물론 나는 이들 건축가들에게서 큰 영감을 받았다. 그러나 나는 항상 내 성격 속에서 해답을 찾았다. 나는 나의 시와 건물들을 표현하려고 노력했다. —스베레 펜, 헨리크 스텐 묄러와의 인터뷰, 「살아 있는 건축」 15호, 1997

장 프루베, 르 코르뷔지에, 카를로 스카르파

1953년 나는 프랑스 장학금을 얻었고 파리의 장 프루베 사무실에서 공부하기로 했다. 건축에 관련된 기술적 문제들에 대한 그의 독창적 해결 방안이 나를 매혹시켰다. 내가 장 프루베를 처음 만난 것은 애에서 열린 C.I.A.M. 회의에서였다. 내가 회의에서 발표한 주택 프로젝트는 장 프루베와는 아무 상관이 없었다. 그것은 요른 웃손과 게이르 그룽, 그리고 나 자신의 팀워크의 결과였다(그런데 장 프루베는 이 프로젝트의 드로잉들이 매우 흥미롭다고 생각했다).

그 드로잉들은 나 자신의 아이디어의 산물이었다. 르 코르뷔지에에 대해서 말한다면, 나는 그가 1947년에 마르세유에서 주택 건설을 할 때, 처음으로 그의 아틀리에를 찾아갔다. 내 기억으로는 그의 제도실에는 커다란 칠판이 걸려 있었고 그가 거기서 발코니의 세부를 설계하고 있었다. 뒤에 [인도의] 찬디가르 지역의 설계가 스베레 가(街) 35번지에 있던 그의 아틀리에를 가득 채우고 있던 시절, 나는 그 작업을 자주 접할 기회가 있었다. 나는 이 거장과 직접 토론을 하지는 못했다. 그러나 나는 그의 사무실을 방문할 수 있었다는 것을 매우 고맙게 느꼈다. —"스베레 펜과의 인터뷰", 「A + U: 건축과 도시성」, 1999. 1

나는 카를로 스카르파와 일찍 만났다. 내가 전시관 건설 때문에 베네치아에 있던 1959년이었다. 스카르파는 노르딕 건축에 대해서 매우 회의적이었지만, 나는 가까스로 그와 우정 비슷한 것을 맺을 수 있었다. 노르웨이인인 나에게 그는 커다란 깨우침을 주는 인물이었던 것이 분명하다. 그는 재료와 재료가 만날 때는 어떤 결정적인 계기를 만들어야 한다고 생각했다. 무언가 결정적인 매개물이 있어야 된다는 것이었다. 콘크리트와 목재, 이 둘은 강철에 의해서 격리되어야 했다. 그는 삶과 죽음의 위대한 이야기를 하는 건축가이다. —스베레 펜, 헨리크 스텐 묄러와의 인터뷰, 「살아 있는 건축」 15호, 1997

아르네 코르스모, 그리고 유럽 및 미국 건축가들과 펜의 접촉

나는 오슬로의 건축학교에서 건축에 입문한 첫 번째 세대에 속한다. 거기서 나는 건축가 아르네 코르스모를 만났다. 그는 나에게 커다란 영감을 주었다.……전쟁이 막 끝난 당시, 노르웨이에는 민족주의 성향이 매우 강했다.……아르네 코르스모는 내가 아는 사람들 가운데 이 의심스러운 민족주의를 극복한 유일한 사람이었다. 그는 유럽과 미국으로 시선을 돌렸다. 그를 통해서 나는 요른 웃손, 알도 반 에이크, 그리고 나의 친구들이 된 앨리슨 스밋슨과 피터 스밋슨 같은 사람들을 만났다. 나는 곧 노르웨이 밖에도 세상이 있다는 것을 깨달았고 운좋게도 파리에 갈 수 있었다. 파리에서 나는 장 프루베를 위해서 일하면서 이 기술의 수도를 경험했다.……당시 파리에서 나는 무슨 일이 일어나고 있는지 보려고 매일 저녁 르 코르뷔지에의 스튜디오를 방문했다. 나는 그 스튜디오를 자주 찾았다.……뒤에 나는 레이 임스와 찰스 임스의 작품에 매료되었다. 내가 그들을 알게 된 것 역시 코르스모와 그의 창의적인 반민족주의적 태도 덕분이었다.……코르스모는 나의 진정한 스승이었다. —스베레 펜, 헨리크 스텐 묄러와의 인터뷰, 「살아 있는 건축」 15호, 1997

"나는 건축가로 일하면서 줄곧 가장 효과적인 형태의 작업으로서 그림 그리는 연습을 꾸준히 계속했다." —스베레 펜, 헨리크 스텐 묄러와의 인터뷰, 「살아 있는 건축」 15호, 1997

계속성 도시는 이처럼 "오픈 게임"으로 이해된다. 우리가 우리 선배들의 모델과 표준을 변형시키는—그러나 파괴하지는 않는—새로운 카드들을 추가하는 혼자 하는 게임인 것이다. 건축가로서의 우리의 작업이 놀이터—도시, 빌딩—를 수정해서 그런 것들로 하여금 다음 움직임, 우리 뒤에 나올 사람들을 위한 준비를 하도록 한다. 내가 이해하기로는, 어떤 건축 작품의 특수한 조건을 인정하는 것—우리는 이것을 빌딩 자체를 보고도 알게 되지만, 빌딩의 도시 안에서의 위치를 관찰함으로써도 알게 된다—은 건축가에게 중요하다. 이것은 우리에게 건축 작품의 특수한 논리를 알려준다. 이것은 또한 계속성이라는 묘한 개념을 아는 수단이 되기도 한다.—A + U 강연, 2007. 7, 라파엘 모네오 아키텍트 제공

라파엘 모네오 RAFAEL MONEO

출생 1937년 5월 9일, 스페인 투델라

교육 티툴로(자격), 마드리드 공과대학교, 1961

사무실 José Rafael Moneo, Miño 5, Madrid, 28002 Spain
전화: +34 915-642-257, 팩스: +34 915-635-217

주요 프로젝트 프라도 미술관 증축, 마드리드, 2007; 천사 성모 성당, 로스앤젤레스, 2002; 휴스턴 미술관의 오드리 존스 벡 빌딩, 텍사스 휴스턴, 2000; 쿠르사알 공회당과 회의장, 스페인 산 세바스티안, 1999; 필라르 앤드 호안 미로 재단, 스페인 팔마, 1992; 국립 로마 미술 미술관, 스페인 메리다, 1986

그의 작품에 대한 생각

그들의 전형적 스타일이 그들의 개성을 반영하는 그의 "스타 건축가" 동료들과는 달리, 라파엘 모네오는 신선하게 다양하고 시대를 초월한 건축물을 만들어왔다. 연구를 게을리하지 않는 그의 건축적 접근방식은 역사와 부지의 연속성, 공간의 경험, 그리고 사회에서의 건축의 역할 등 광범하고 중요한 문제들과 관련되어 있다. 그는 자기의 건축물을 자기 자신의 반영이라고 생각하지 않고 그 자체로서 독립적으로 서 있는 존재로 생각한다.

……내 작품에 관해서 좋은 점은 그것을 설명할 수 있다는 것이다. 나는 내가 한 일의 이유를 제시할 수 있다. 그리고 그것이 아마도 다른 사람들에게 지식이 건축에 진입할 수 있는 길이 될 수 있을 것이라는 희망을 주는 것 같다. 나는 그것이 나의 기여가 될 수 있을 것이라는 희망을 가지고 있다. ―라파엘 모네오, 키에란 롱 및 마커스 페어스와의 인터뷰, 「아이콘 009」, 2004. 1

늘 상(賞)이 나의 위치에 대해서 생각하게 한다. 시간과 삶에 대해서 생각하게 한다. 하지만 여러분이 상상할 수 있듯이 나는 여전히 전과 똑같은 열정을 가지고 일하고 있다. ―라파엘 모네오, 키에란 롱과의 인터뷰, 「아이콘 001」, 2003. 4

건축은 우리의 작품과 우리 자신 사이의 거리를 함축하고 있다. 이런 거리가 있어야 그 물리적 지속성을 획득한 후의 그 건축물이 독립적인 존재로 홀로 남을 수 있다. 우리는 이 거리의 경험에서 즐거움을 느낀다. 이럴 때 우리는 이제 더 이상 우리에게 속하지 않는 실재에 의해서 지탱된 우리의 생각을 보게 된다. ―라파엘 모네오, 「건물의 독존, 단계 겐조 강연, 1985년 3월 9일」, 케임브리지: 하버드 대학교 출판부, 1986

건축가의 존재는 금방 사라져버린다는 것, 일단 완성되면 건물들은 그 자체의 생명을 가지게 된다는 것을 나는 믿는다.……건축이 일단 완공되어 건물이 그 자체의 실재, 그 자체의 역할을 가지게 되면, 건축가들과 그들의 노력에 집중되었던 모든 관심은 없어져버린다고 나는 확신하고 있다. ―라파엘 모네오, 「건물의 독존, 단계 겐조 강연, 1985년 3월 9일」, 케임브리지: 하버드 대학교 출판부, 1986

사회 속의 건축가

오늘날 건축가는 건축의 중요한 요소들을 분명히 인식하고 있다. 그렇다고 건축가가 모든 기술적 요소들을 충분히 마스터하고 있는 것은 아니다. 그럼에도 불구하고 건축가의 역할에 대한 궁극적 정의는 여전히 건축가가 지어진 건물에 대한 책임을 져야 한다는 생각, 당대의 형식적 문제들에 대한 연구, 다양한 도시의 매개물들의 한계 안에서 건축하는 능력, 새로운 프로그램들에 대한 지식, 기술적 문제들에 대한 정통한 지식, 그리고 마지막으로 순간의 의미 파악과 더불어 문화계 전반에 대한 깊은 관심……등등의 언저리를 맴돌고 있다. 이 모든 것들은 건축물을 만드는 데에 필수적이다. 그리고 이 모든 것들이 우리가 왜 아직도 건축가가 우리 사회에서 계속 수행하는 필수불가결한 역할에 대해서 얘기할 수 있는 이유들을 형성하고 있다. ―카를로스 히메네스, "라파엘 모네오와의 대화", 「Cite」 47호, 2000. 봄

"느리고 숙고하는 작업"

뉴스, 영화, TV, 광고―이 모든 것이 우리로 하여금 삶을 이미지를 통해서 받아들이는 정보의 계속적인 소비로서 이해하도록 부추기고 있다. 오늘날의 세계에서 더 이상 건축이 힘을 가지고 있지 못하다는 것은 분명하다. 미디어가 힘을 가진 도구이다. ―라파엘 모네오, 로버트 캠벨의 인용, "호세 라파엘 모네오에 대한 생각", www.pritzkerprize.com

……시간이 고도로 응축된 산물로 전환된다. 이 과정에서 건축은 어떤 아이디어의 시작과 그것의 궁극적인 실행 사이의 시간차를 최대한 줄이라는 다그침에 시달린다.……그러다 보니 건축이 어느 정도 이 즉시성을 흡수해야 한다는 생각, 건축물이 이미지가 우리 눈앞에서 나타났다 사라지는 속도와 같은 속도로 만들어질 수도 있을 것이라는 생각이 생기게 된다. 하지만 건축이라는 행위는 여전히 엄청난 시간과 빈틈없는 경계심을 요구한다. 건축에 소요되는 많은 노력과 비용이 사람들에게 설계 과정을 느리고 숙고하는 작업으로 보게끔 유도한다. ―카를로스 히메네스, "라파엘 모네오와의 대화", 「Cite」 47호, 2000. 봄

◀◀ 건축 작품이 성공적이면 그 건축물을 만든 건축가의 존재는 희미해질 수도 있다. ▶▶

나는 건물의 재료와 실체를 처음부터 눈으로 볼 수 있기를 원했다.……부지의 땅의 조건을 생각한다면, 콘크리트도 매우 원초적인 재료이다. 우리는 이 재료의 내구적 성능을 매우 신중하게 연구하고 있다. 색깔은 또다른 흥미로운 측면이다. 우리가 찾고 있는 노르스름한 색을 얻는 것은 수고스럽지만 지극히 만족스러운 일으로 판명되었다. 콘크리트가 실내와 실외에서의 이 이중의 조건을 줄 수 있다. 건물이 균일한 전체로서 보이게 되고 이해될 수 있게 해주는 안벽과 바깥벽 사이의 계속성을 콘크리트가 줄 수 있었다. ―라파엘 모네오, 윌리엄 J. R. 커티스와의 인터뷰, 「El Croquis 98」, 2000

단순함의 장점 내 설계의 목적은 나의 건축이론을 형상화하면서 동시에 자연적 요소와 일상생활의 여러 측면 같은 것들을 통해서 공간에 풍부한 의미를 주는 것이다. 빛과 바람 같은 것들은 외부세계와 단절된 형태로 집안에 들어올 때 비로소 의미를 가진다. 빛과 공기의 격리된 파편이 전체 자연계를 암시한다. 내가 만들어낸 형태들은 자연의 요소들(빛과 공기)을 통해서 변화되고 의미를 얻었다. 그런 자연의 요소들이 인간생활과의 연관을 통해서 시간의 흐름과 계절의 바뀜을 알려주는 것이다. 다른 종류의 전개가 일어날 수 있는 수많은 가능성이 공간 안에 내재하지만, 나는 이런 가능성을 단순한 방식으로 나타내기를 좋아한다. 더 나아가서 나는 고정된 형태와 구성적 방식을 주어진 공간에서 생활해야 할 삶과 지역사회와 관련시키기를 좋아한다. 다시 말해서 나는 압도적인 상황들에 대응하여 해결책들을 선택한다. — 안도 다다오, 「일본 건축가」, 1982. 5

안도 다다오 安藤忠雄

출생 1941년 9월 13일, 일본 오사카

사무실 Tadao Ando Architect & Associates, 5-23 Toyosaki 2-Chome, Kita-ku, Osaka, 531-0072 Japan
전화 : +81 06-6375-1148, 팩스 : +81 06-6374-6240

주요 프로젝트 포트 워스 근대미술관, 텍사스, 2003; 퓰리처 미술재단, 미주리주 세인트루이스, 2001; 나오시마 현대미술관(베네세 아트 사이트 나오시마), 일본 나오시마 섬, 1992; 빛의 교회, 일본 오사카, 1989; 물의 교회, 일본 홋카이도, 1988; 롯코 산(山) 예배당, 일본 고베, 1986

력한다. 나의 건물이 그 정신을 후대에 전할 것이기 때문이다.

　예를 들면, 한때 사원이 서 있던 자리에 늘어선 집들 사이에 위치한 나오시마 섬의 미나미데라 부지는 이 강한 정신과 이 특이한 도시의 기억을 지니고 있다. 나는 새로운 건물의 건축을 통해서 그 요소들을 일깨우고 싶었다. ―윌리엄 J. R. 커티스, "안도 다다오와의 대화", 「El Croquis」 44+58호, 2000

폐허 나는 폐허를 좋아한다. 남아 있는 것은 전체적인 설계가 아니고 또렷한 생각, 벌거벗은 구조, 그리고 사물의 정신이기 때문이다. 바로 이것이 영감을 준다. 우리는 폐허에서 많은 것을 배울 수 있다. ―윌리엄 J. R. 커티스, "안도 다다오와의 대화", 「El Croquis」 44+58호, 2000

나오시마 현대미술관의 베네세 하우스를 하늘에서 본 모습. 자연과 하나가 된 건물을 보여주고 있다. 세부 사진, **왼쪽에서 오른쪽으로 :** 원통형 전시실의 내부 모습, 오벌 코트의 모양.

공간 : 공간에 정신적 의미를 준다

공간은 결코 한 가지 의미만을 지니는 것이 아니다. 그것은 시각, 청각, 촉각, 그리고 그 사이에서 일어나는 설명할 수 없는 일들 등 많은 감각과 관련된 장소이다. 공간과 형태에 대한 작업은 인간 지성과 정신이 많이 관련된 작업이기도 하다.—마이클 오핑, 「안도 다다오와의 7차례 인터뷰」, 포트 워스: 포트 워스 근대미술관, 2002

건축은 두 가지 요소로 이루어진다. 논리적이고 명확한 공간, 논리적 혹은 지성적 질서를 가진 공간을 창조해야 한다는 점에서 지성적 요소가 있다. 동시에 그 공간에 생명을 주기 위해서는 감성을 이용해야 한다. 이것들이 건축적 공간을 창조하는 두 가지 주요한 측면이다. 하나는 실용적이고 이론적인 측면이고 다른 하나는 감각적이고 직관적인 측면이다.……질서를 말할 때 사람들은 흔히 제한과 억제를 생각한다. 그러나 나는 그 건물에 들어가는 살아 있는 사람의 영혼까지 확장되는 기하학을 생각한다. 질서는 확장적 느낌을 가져야 한다.—마이클 오핑, 「안도 다다오와의 7차례 인터뷰」, 포트 워스: 포트 워스 근대미술관, 2002

어떤 면에서는 나는 표면이 사라지고 공간, 사고를 자극하는 공간이 되기를 원한다. 표면이 너무 큰 소리로 말하지 않는다면, 사람은 자신에 대해서 생각하기 시작할 것이다. 그들이 공간에 의미를 준다.—마이클 오핑, 「안도 다다오와의 7차례 인터뷰」, 포트 워스: 포트 워스 근대미술관, 2002

벽

좋은 벽이란 사람들과의 물리적 관계, 그것이 우리 주위에 공간을 창조할 수 있는 방식, 공간적 관계의 체계의 문제이다. 벽은 매우 기본적인 것이지만 건축가들을 비롯한 사람들이 흔히 잊어버리는 것이기도 하다.……앞에 있는 하나의 벽을 보는 순간 우리는 그것을 하나의 물체로 이해한다. 옆에서 그것을 보면 그것이 공간을 나눈다고 이해한다. 그 벽이 다른 벽과 연결되어 있으면 우리는 그것을 공간을 담는 그릇으로 보기 시작한다. 그렇게 되면, 벽은 은신처, 보호막, 비바람으로부터 우리를 보호해주는 것으로서의 기능을 한다. 이것은 벽의 가장 원시적인 기능이지만, 그러나 벽은 어떤 중요한 건축물에서도 없어서는 안될 일부분이다. 편안한 느낌을 주는 공간을 만드는 것이 벽을 세우는 주된 목적이다.……벽은 그것이 그 자체의 힘 또는 존재감을 가지고 있다는 것을 사람들에게 이해시키기 위해서 형태와 물질성의 면에서 그 존재를 주장해야 한다. 하지만 벽이 강제적 느낌 또는 위협적 느낌을 주어서는 안 된다.……위협하거나 지나치게 의도적이지 않으면서 힘을 발휘하는 것이 중요하다.……벽은 건축의 가장 기본적인 도구이다.—마이클 오핑, 「안도 다다오와의 7차례 인터뷰」, 포트 워스: 포트 워스 근대미술관, 2002

세인트루이스 2001
퓰리처 미술재단

애초에 이 건물은 이 지역의 문화적 허브가 됨과 동시에 퓰리처상 창설자 가문의 소장품 일부를 수용하기 위해서 기획되었다.……부지의 조건과 프로그램의 요건을 감안할 때, 설계는 저택 규모의 성격을 띠어야만 했다.……건물은 물의 정원 양편에 나란히 배치된 두 개의 직사각형 볼륨으로 이루어져 있다. 두 개의 볼륨은 높이가 서로 다르다.……전시실의 내부는 자연광을 적극적으로 끌어들임으로써 내외부의 연속성을 높이려고 했다. 설계자의 의도는 시간과 계절의 변화하는 효과를 통합함으로써 자연을 숨쉬는 공간을 만들어내자는 것이었다.

화가 리처드 세라와 함께 있는 안도(오른쪽). 그에게 자연광은 퓰리처 빌딩의 개념에서 필수요소였다. 가장 어두운 날에도 어떤 구역에서는 인공적 빛의 사용이 금지되어 있다. 공간은 엘스워스 켈리의 블루 블랙(맞은편 페이지)에서 볼 수 있는 것처럼 예술에 계속 경의를 표하는 성소와 같다. 물의 정원도 마찬가지이다(맞은편 페이지 위).

기획단계부터 이 재단에 작품을 제공한 엘스워스 켈리와 리처드 세라 같은 화가들이 설계과정에 참여했다. 설계는 건축가와 예술가들이 견해와 제안을 서로 교환함으로써 진척되었다.……때로는 우리의 견해가 서로 충돌하기도 했지만, 우리와 고객 사이의 거리낌없는 대화를 통해서 건축물의 질은 착실하게 높아졌다. 그들과의 협동작업은 매우 의미심장했다. 우리에게 미술관의 가장 기본적인 요소들에 대해서 생각하게 해주었던 것이다.—안도 다다오 아키텍츠 & 어소시에이츠

질서는 확장적 느낌을 가져야 한다.

콘크리트

콘크리트의 사용은 안도 안에 있는 시인을 밖으로 불러낸다.

나는 콘크리트를 매우 단단하면서도 날카롭다고 생각하기도 한다. 콘크리트로 만들 수 있는 날카로운 가장자리와 평면을 좋아한다. 그런 것들은 자연과 접촉할 때면 강력한 칼끝이 된다. 자연과 비교되는 정확한 질서가 두 요소를 모두 더 역동적으로 만들 수 있다. 그러나 여러 해 사용하면서 나는 콘크리트의 다른 특질들을 보았다. 내가 건축하려고 애쓰는 공간에 따라서 콘크리트는 반대되는 속성—더 부드럽고 덜 단단한—을 가진 재료가 되기도 한다. —마이클 오핑, 「안도 다다오와의 7차례 인터뷰」, 포트 워스: 포트 워스 근대미술관, 2002

나는 내 두 손으로 작업하는 공예가 겸 시공자로서 시작했다. 나는 아직도 그런 일을 하던 시절이 그립다. 내 손과 근육을 움직여서 일한다는 것은 중요하다. 각종 재료의 규모와 무게, 그리고 목소리를 이해하는 것이 아주아주 중요하다. 나는 인간이 지을 수 없는 비실용적인 것을 설계하고 싶지 않다. 손으로 작업을 하면 아름다움의 매우 기본적인 개념을 알게 된다. 예를 들면, 내가 콘크리트를 좋아하는 것은 그것이 일부 다른 타입의 현대적 건축방법들과 비교할 때 손을 써서 작업하는 재료이기 때문이다. —마이클 오핑, 안도 다다오와의 7차례 인터뷰, 포트 워스: 포트 워스 근대미술관, 2002

콘크리트는 무엇인가(또는 무엇이 아닌가)

콘크리트는 어디에서나 이용할 수 있는 매우 흔한 재료처럼 보이고 또 대개 단 한가지 방식으로 사용되기 때문에 우리는 그것을 매우 일차원적이라고 생각한다. 하지만 실상 콘크리트는 많은 변형을 가지고 있다. 콘크리트를 섞어 부을 때마다 그 성질이 달라진다. 콘크리트는 보다 일관된 성질을 가진 강철이나 유리와는 다르다. 콘크리트라도 서로 크게 다를 수가 있다. 콘크리트는 사용할 때마다 변하는 표현의 깊이를 가지고 있다. 르 코르뷔지에는 콘크리트를 마치 진흙처럼 사용했다. 그는 콘크리트의 조형적 특질을 거의 조각을 하듯이 이용했다. 루이스 칸은 콘크리트를 마치 단단한 강철처럼 사용했다. 그 결과 같은 재료지만 그 효과는 매우 달랐다. —마이클 오핑, 「안도 다다오와의 7차례 인터뷰」, 포트 워스: 포트 워스 근대미술관, 2002

또한 보강용 강철봉이 있다. 이것은 매우 중요하다. 이 강철봉은 인간의 골격과 같은 것이다. 콘크리트는 살인 셈이다. 나는 콘크리트를 부어 지은 건물이 인간의 몸과 흡사하다고 생각한다. 뼈는 굵지만 근육과 피부가 충분치 않을 경우, 뼈가 튀어나오기 시작할 것이다. 반대로 살이 너무 많고 뼈가 빈약하면, 그 건물은 뚱뚱하게 살이 찌고 몸이 부은 사람처럼 보일 것이다. 강철봉 사이에 명확한 공간, 정확한 양적 공간을 유지하는 것이 매우 중요하다.……콘크리트를 부어 지은 건물은 손으로 지은 건물이라고 할 수 있다. —마이클 오핑, 「안도 다다오와의 7차례 인터뷰」, 포트 워스: 포트 워스 근대미술관, 2002

모두들 알고 있겠지만, 흰색에서 회색, 그리고 검은 색에 이르는 갖가지 다른 색깔이 있을 수 있다. 콘크리트도 색깔이 매우 풍부할 수 있다. 표면보다는 그 깊이에 따라서 색깔이 달라진다고 나는 생각한다. 색의 차이가 깊이의 느낌을 만들어낸다. 표면에서 발산되는 색만 본다면 깊이를 보지 못한다. —마이클 오핑, 「안도 다다오와의 7차례 인터뷰」, 포트 워스: 포트 워스 근대미술관, 2002

나는 콘크리트가 주는 자유 때문에 콘크리트를 사용하는 수많은 건축가들 가운데 한 사람이다. 내가 형태를 고안할 수 있기 때문에, 그리고 그 형태가 나로 하여금 새로운 종류의 공간을 창조하도록 해주기 때문에 나는 콘크리트를 좋아한다.……콘크리트는 그것으로 건물을 짓기가 쉽다는 환상을 주는데, 그것은 벽돌을 한 장 한 장 쌓아올리는 것보다 콘크리트를 부으면 높은 벽을 비교적 빠른 시간 안에 만들 수 있기 때문이다. —마이클 오핑, 「안도 다다오와의 7차례 인터뷰」, 포트 워스: 포트 워스 근대미술관, 2002

◀◀어떤 재료도 그 자체만으로 기능을 다하지는 못한다. 언제나 다른 재료들, 그리고 자연조건의 영향을 받기 마련이다.▶

고베(神戸) 1986
롯코 산(山) 예배당

이 예배당의 테마는 그림자와 빛을 통한 전진—빛과 어둠의 대비이다. 기둥과 들보가 왼편의 커다란 창문을 나누면서 뒤집힌 십자가를 만든다. 그것들이 햇빛을 차단함으로써 바닥에 분명한 십자가 모양의 그림자를 던진다. 제한된 재료들로 이루어진 이 단색의 공간이 외부의 녹색 풍경을 안으로 끌어들여 내부의 풍경을 형성함으로써 자연의 깊이를 더욱 돋보이게 한다. — 안도 다다오 아키텍츠 & 어소시에이츠 제공

어둠 그늘과 어둠이 고요하고 평온한 느낌을 높여준다. 어둠이 사색하고 명상할 기회를 만들어낸다는 것이 나의 생각이다.……그러나 어두운 지역이 중요하다. 나는 그런 지역이 창조의 심오함과 관련이 있다고 생각한다. —마이클 오핑, 「안도 다다오와의 7차례 인터뷰」, 포트 워스: 포트 워스 근대미술관, 2002

롯코 산 예배당은 그늘과 빛을 잘 이용하고 있다. 안도는 바닥에 십자가 모양의 그림자가 생기도록 큰 창문을 가로세로로 나누었다. 주랑 현관은 맨 아래쪽에 있다(오른쪽 사진).

> ❝ 나에게는 현재로서는 **콘크리트**가 햇빛이 만들어내는 공간을 실현시키기에 가장 적합한 재료인 것처럼 보인다. ❞

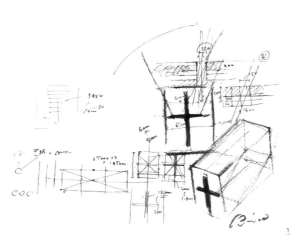

예산에 대한 고려가 정면 벽을 십자가 모양으로 자른 매우 우아한 설계를 하게끔 유도했다.

오사카(大阪) 1989

빛의 교회

안도는 예산이 이 종교적 건물의 단순한 설계에 중요한 역할을 했다고 설명하고 있다.

제한된 예산 때문에 이 건물은 단순한 상자 모양의 건물이 될 수밖에 없었다. 이 상자 속에 어떻게 사람들이 모여 기도하는 장소로서 적합한 성스러운 공간을 만들어낼 수 있을까? 1년 이상 골똘히 생각한 끝에 나는 콘크리트 벽이 대각선으로 상자를 잘라 입구와 내려가는 바닥이 단 하나뿐인 예배실을 가르는 구조를 구상하게 되었다. 난방이나 냉방 시설이 없는 예배실은 맨 콘크리트 벽 안에 단순한, 가공하지 않은 재료들로 만든 의자들과 연단이 있을 뿐이다. 장식적인 요소들이 전혀 없는 극도로 제한된 맨 공간이다. 다만 앞쪽 벽에 십자가 모양으로 자른 자국이 교회의 상징을 이 어두컴컴한 공간 안으로 투사할 뿐이다. 이래서 빛의 교회이다.

이런 발상은 어려운 주어진 환경을 이용하자는 것이었다. 그러나 정말 어려운 일은 다음 단계, 즉 건물을 세우는 일이었다. 가까스로 일단 건설이 시작되었지만, 자금 부족이 극심해졌고 그래서 벽이 완공된 후 결국 건설이 중단되고 말았다. 나는 지붕이 없는 야외 예배실을 만든다는 대안을 생각하기까지 했다. 그러나 신자들의 열정과 이 열정에 대한 건설회사 측의 반응으로 공사는 완성되었다. 건설회사는 그들의 자존심에 걸맞은 일을 해낸 셈이다. 이 조그만 건축물을 만들어내는 과정은 때로는 인간의 의지가 경제적 문제를 초월할 수 있음을 보여주는 좋은 예이다. ―안도 다다오 아키텍츠 & 어소시에이츠 제공

영향 : 오사카의 어린 시절 집

어렸을 적에 나는 오사카에 있던 우리 집 근처의 건설공사장을 보러 가곤 했다. 나는 목수들이 중요한 사람들이라고 늘 생각했다. 내 손으로 무엇인가를 만드는 일에 무척 흥미를 느꼈던 어린 소년인 내게 그들은 매우 위대한 존재로 보였다. 목수들은 판자벽을 입히기 전에 몸체의 틀을 세웠다. 그들은 자신감에 차 있었고 그들이 짓고 있는 집이 100년 동안 서 있을 것이라고 확신하고 있는 것 같았다.……그들은 나에게 건물은 자신감과 자존심을 가지고 지어야 한다고—재료만으로 훌륭하고 튼튼한 건물이 지어지는 것은 아니라고 말하곤 했다.……목수의 자신감과 장인의 자존심을 이해하기 시작하면서 나는 이것이 내가 사회에 어떤 식으로든 공헌하는 길이 될 수 있겠다는 생각을 했다.……

우리는 누구나 어린 시절에 평생 잊혀지지 않는 경험을 한다. 내가 자라난 집은 나에게 매우 중요했다. 그 집은 오래 된 작은 일본식 목조가옥으로 7개의 단위로 나뉘어 있는 나가야(長屋 : 일종의 연립주택)이다. 매우 길어서 거리에서 집 안으로 들어올 때면 복도를 거쳐야 하고 그런 다음 작은 뜰이 나오며 그리고는 다시 집안 깊숙이 들어가는 또다른 긴 공간이 있다. 뜰은 매우 중요하다. 집이 매우 길어서 빛의 양이 매우 제한되어 있기 때문이다. 빛은 매우 귀중하다. 그런 집에서 살다보면, 빛이 내부 공간에 얼마나 중요한지를 실감하게 된다.—마이클 오핑, 「안도 다다오와의 7차례 인터뷰」, 포트 워스: 포트 워스 근대미술관, 2002

권투와 건축: 미지의 세계로 발 들여놓기

여러 해 동안 안도는 프로 권투선수였다. 그는 권투시합을 하러 태국 방콕에 가면서 건축에 흥미를 가지기 시작했다. 방콕에서 그는 불교 사원을 찾아갔고 그 설계에 매혹되었다. 이것이 계기가 되어 그는 몇 년 동안 일본, 유럽, 미국 등지를 여행하면서 건축물을 관찰했다. 그런 다음 그는 권투선수 생활을 청산하고 건축 도제 노릇을 하면서 건축을 독학했다.

이 둘은 서로 다른 세계이다. 건축은 창조의 영역이고 권투는 순전히 육체적인 영역이다. 내가 말할 수 있는 한 가지는 권투를 하려면 용감해야 하고 얼마간의 모험을 해야 한다는 것이다. 항상 상대방을 향해서 한 걸음 더 다가서야 하는 것이다. 자기의 기술을 충분히 활용하고 결국 시합을 이기기 위해서는 위험지대로 들어가는 모험을 감행해야 한다. 건축에서 무엇인가를 창조하는 것—그냥 무엇인가를 짓는 것이 아니라 무엇인가를 창조하는 것—또한 용기와 모험을 요구한다. 별로 알려지지 않은 영역으로 들어가는 모험을 해야 한다. 한 걸음 더 앞으로 나아가야 한다. 매일의 생활방식 안에 머물면서 왜 건물을 지어야 하는지 생각하지 않고 또 자신을 의심하지 않으면서 집들을 짓는다면, 용기가 필요하지 않다. 어떤 형태의 건축물, 낯익어 보이지 않는 어떤 것을 창조하려면, 미지의 세계 안으로 한 걸음 내딛어야 한다.—마이클 오핑, 「안도 다다오와의 7차례 인터뷰」, 포트 워스: 포트 워스 근대미술관, 2002

건축의 토대

예를 들면, 건축하는 방법을 배우는 한 가지 방법은 학교에 다니는 것이다. 그것은 통상적인 방법이다.……하지만 나는 다른 방법으로 건축을 배웠다. 나는 몸으로 때웠다. 나는 장인들과 시공업자들 주위에서 일했다. 나는 그들을 예술가라고 생각했다. 따라서 나와 건축과의 관계의 근본은 이 육체적 접촉과 관련이 있다. 건축의 이 물리적 존재가 내 감각의 토대이다.—마이클 오핑, 「안도 다다오와의 7차례 인터뷰」, 포트 워스: 포트 워스 근대미술관, 2002

건물에서 건축물로

그것은 서서히 진행되는 과정이었다. 그 변화는 어떤 고정된 순간에 일어나지 않았다. 1965년에 내가 유럽 여행을 하기로 결심한 시기가 중요했다. 나는 그리스에서 파르테논을 보았고 로마에서 판테온을, 그리고 르 코르뷔지에의 많은 작품들을 보았다. 건축이 창조적인 힘이 될 수 있다는 것, 건물이 풍우를 막아주는 것 이상이라는 것을 내가 알게 된 것은 그때였다. 이런 깨달음이 나를 건축에 대한 한 단계 더 높은 수준의 사고로 이끌었다.—마이클 오핑, 「안도 다다오와의 7차례 인터뷰」, 포트 워스: 포트 워스 근대미술관, 2002

건축가로서의 안도의 역할

내가 건축가로서 할 수 있는 일은 이 행성에 사는 사람들의 다양성을 생각하고 어떻게 하면 건축이 그들을 한데 모으는 데에 도움이 될 수 있을까 생각하는 것이다. 단순한 모임의 장소가 아니라 영감의 공간이 되어야 한다는 것이 나의 생각이다. 이것이 건축가로서 내가 할 수 있는 전부이다. 다양한 문화, 역사, 가치관들 사이의 대화를 만들어내는 일이다. 우리는 서로에게서, 또 우리의 과거로부터 많은 것을 배울 수 있다.—마이클 오핑, 「안도 다다오와의 7차례 인터뷰」, 포트 워스: 포트 워스 근대미술관, 2002

계속되는 진화……나의 모든 프로젝트는 취향과 관련된 것이라기보다는 문화적, 형식적 존재로서의 건축의 개념과 관련된 진화를 반영하고 있다. 공간을 결정하는 것으로서의 건축의 개념을 나는 중시한다. 나는 공간과의 관계에서 물체를 설계한다고 말하고 싶다.……나는 요한 제바스티안 바흐 같은 시스템 구축자들을 찬양한다. 하지만 나는 그런 사람이 아니다. 나의 사표는 피카소나 심지어 프랭크 로이드 라이트 같은 사람들, 시간과 그것의 흐름과 관련해서 평생토록 진화한 사람들일 것이다. 20세기가 시작될 때의 라이트가 있고 아르 데코의 라이트가 있으며 1950년대 모더니즘의 라이트가 있다. 그는 특이한 사람이다. 그는 언제나 자기 자신이었지만, 그의 시대의 문제들에 반응하기를 멈추지 않았다. 피카소 역시 마찬가지이다. 그들은 시스템 구축자들에 반대하는 여행자들이었다. 내 작품 속의 어떤 것들은 체계적이다. 그러나 형식에 관한 한, 나는 끊임없이 진화하기를 좋아한다. 나는 이상적인 스타일을 숭배하는 것을 피하려고 노력하며 항상 내 자신의 매너리즘에서 벗어나려고 애쓰고 있다. 그것은 어려운 일일 수도 있다.—크리스티앙 드 포르장파르크, 후타가와 요시오와의 인터뷰, 「GA 다큐멘트 엑스트라 4호, 크리스티앙 드 포르장파르크」, 1995

크리스티앙 드 포르장파르크
CHRISTIAN DE PORTZAMPARC

출생 1944년 5월 5일, 모로코 카사블랑카, 국적: 프랑스

교육 건축사 자격증, 국립고등미술학교, 파리, 1969

사무실 Atelier Christian de Portzamparc, 1 Rue de l'Aude, Paris, France 75014
전화: +331-40-64-80-00, 팩스: +311-43-27-74-79
www.chdeportzamparc.com

주요 프로젝트 룩셈부르크 필하모닉, 룩셈부르크, 2005; 프랑스 대사관, 베를린, 2003; 크레디 리오네 타워, 프랑스 릴, 1995; 시테 드 라 뮈지크, 프랑스 파리, 1995; 넥서스 II, 일본 후쿠오카, 1991; 파리 오페라 발레 학교, 프랑스 낭테르, 1987

건축물이
중력으로부터
해방될 때의
그림 같은 빛.

시테 드 라 뮈지크,
파리, 1995
건물의 서정적인 느낌이
구조의 복잡성을 감추어주고 있다.
건축가에게 이 건물은 도시의 메타포였다.

시테 드 라 뮈지크는 몇 개의 건물들의 복합체였다. **반대편 페이지** : 연습실 가운데 하나.

◀◀ 음악은 화상(火傷)과 같다.
강력한 느낌의 이벤트다. ▶▶

파리 1995

시테 드 라 뮈지크

공간에 의해서 격발된 감정이 갖가지 우발적 사건들에 의해서 가려지는 것은 사실이다. 길게 볼 때, 장소의 습관이 그 센세이션을 희석시킨다. 음악은 습관, 경제, 그리고 공간의 부담에 의해서 방해받지 않는 감정과 같은 것이다. 그것은 우발적 사건으로부터 아주 자유롭다. 음악의 규칙들이 음악 안에 내재되어 있는 것 같다. 그것이 음악이 주는 위대한 교훈이다. 재료와 기술적 어려움의 방해를 받는 탓으로 항상 공간의 시학을 보지 못할 위험이 있는 건축가는 이 교훈을 명심해야 한다.—미셸 자크, 아르멜레 라발로우 편, 「크리스티앙 드 포르장파르크」, 스위스 바젤: 비르크호이저, 1996

시테 드 라 뮈지크에 대해서는 할 말이 많다. 매우 복잡한 프로그램, 기능적 문제, 도시환경적 조건, 내가 건물 안에서 펼치고 싶었던 이벤트, 그리고 형태와 공간의 질 등 해결해야 할 문제들이 엄청나게 많았기 때문이다. 사실 이 프로젝트는 내 작업을 위한 일종의 실험실이 되었다. 한편으로는 프로그램이 매우 구체적이었지만, 반면에 나의 일반적 건축 테마들의 다수가 이 프로젝트 안에 녹아들어갔다.—크리스티앙 드 포르장파르크, 요시오 후타가와와의 인터뷰, 「GA 다큐멘트 엑스트라 4, 크리스티앙 드 포르장파르크」, 1995

나는 하나의 대지에 몇 개의 건물을 만들려고 하고 있었다. 그 안에서는 안과 밖의 구분이 모호해질 것이고 이것은 도시의 분명한 메타포였다.—크리스티앙 드 포르장파르크, 후타가와 요시오와의 인터뷰, 「GA 다큐멘트 엑스트라 4, 크리스티앙 드 포르장파르크」, 1995

"음악의 가족들"을 통합하는 것 그래서 나는 두 개의 서로 다른 타입의 문제들을 가지게 되었다. 보존적인 부분—웨스트 윙—은 무곡, 재즈, 클래식, 전자음악 등 다양한 타입의 음악활동을 수용하기 위해서 정확한 관계로 조직되어야 했다. 다른 쪽—이스트 윙—은 콘서트 홀, 박물관, 오케스트라 본부, 몇 개의 숙소, 음악실험실, 입구의 카페 등 서로 다른 용도로 쓰이는 부분이다. 다양한 요소들이 서로 연결되지 않고 아주 독립적이다.……어떤 면에서는 빌딩 안에 분명한 빌딩들이 있는 형국이다.—크리스티앙 드 포르장파르크, 후타가와 요시오와의 인터뷰, 「GA 다큐멘트 엑스트라 4, 크리스티앙 드 포르장파르크」, 1995

음악의 가족들이라는 개념, 각각의 가족이 내부에 가정을 가지고 있다는 생각이 어떤 부분을 너무 정적으로, 대칭적으로 또는 반복적으로 설계하지 않는 것을 중요하게 만들었다. 나는 그것이 국가기관으로 보이는 것을 원치 않았다. 나는 거기서 사람들이 발견의 경험을 가지기를 원했다.……이런 이유로 모양과 볼륨, 색깔이 모두 다르다. 이것은 누구나 이 건물에 들어오면 실감하는 것이다. 또한 바깥도 통일된 전체를 이룬다. 그래서 사람들은 안과 바깥의 경험 사이의 대조를 느끼게 된다. —크리스티앙 드 포르장파르크, 후타가와 요시오와의 인터뷰, 「GA 다큐멘트 엑스트라 4, 크리스티앙 드 포르장파르크」, 1995

나는 어두운 곳과 밝은 곳 사이의 잘 조화된 리듬 효과를 원했다. 이것은 빛이 너무 균일하다고 내가 느꼈던 낭테르 무용 학교에서의 경험 때문이었다. 나는 거기에서 부족했던 것은 아름답고 시적인 그림자의 존재—예를 들면, 팔레 가르니에에서 볼 수 있는 것—였다고 혼자 말했다. 빛은 언제나 밝음과 어둠 간의 상대적 대조를 통해서 나타나는 현상이다. —크리스티앙 드 포르장파르크, 앙리 시리아니와의 인터뷰, "시테 드 라 뮈지크 안내 여행", 「오늘의 건축」, 1991. 4

"'시나리오'로서의 도시"

안토니오니, 그리고 고다르의 영화는 오늘날의 도시와 그 현재의 성격을 과거의 도시와 대비시켜 전체적인 현대적 경험으로서 보여주었다. —크리스티앙 드 포르장파르크 제공

내 두뇌의 절반은 이론에 관여되어 있었고 다른 절반은 서서히 건물과 관계를 맺게 되었다. 1970년대 초에 나는 형태와 공간, 비주얼이 사람들의 생활과 관련되어야 한다는 것을 알게 되었다.……그러나 누가 한 건물의 특질을 다음 건물과 관련시키고 형태를 장소에 줄 것인가?

비록 그것이 세상의 점점 더 많은 부분을 지배하고 있었다고 하더라도, 기술적 사고만으로는 세상을 이끌 수 없었다. 나는 건축이 다른 방식으로 기술에 접근하기 시작할 수 있다고, 그것을 의식하지만 그것에 함몰되지 않을 수 있다고 느꼈다. —크리스티앙 드 포르장파르크, 후타가와 요시오와의 인터뷰, 「GA 다큐멘트 엑스트라 4, 크리스티앙 드 포르장파르크」, 1995

건축은 개인적인 제스처여서는 안 된다. 그것은 도시에 속한다. 그러나 그것은 예술적 투자를 필요로 한다. —"설계하는 프랑스인", 「뉴스위크」, 1994. 5. 9

1960년대의 프랑스

1960년대의 파리에서 도시계획가들은 도시 중심부의 3분의 2를 파괴하고 다시 지어야 한다고 생각했다. 당시는 현대, 새시대가 동트는 시기였고 그런 사실이 우리 모두를 흥분시켰다. 그러나 곧 나는 이런 비전의 지혜를 의심하기 시작했다. 도시 중심부를 파괴한다는 것은 가능성이 희박해 보였다. 이런 실현 가능성 없는 생각은 도시의 심오한 본질을 오해한 데에서 나온 생각이었다. 도시는 공간은 물론이고 시간 속에 존재하는 실체로서 이해해야 했다. —크리스티앙 드 포르장파르크 제공

건축과 그것에 의해서 창조되는 공동(空洞)은 움직임을 일으킬 수 있다. 그러나 이 모든 것은 서로 연관시켜보아야 한다. 나는 항상 하나의 건물을 전체의 일부, 도시라는 집단적 퍼포먼스를 만드는 파편으로서 생각한다. —토머스 D. 설리번, 「워싱턴 타임스」, 1994. 5. 2

1960년대의 프랑스에서의 건축 작업은 모두 도시의 개선과 전후의 도시 구조물 건설에 관련되어 있었다는 것을 기억해야 한다. 1960년대 초에 나는 새로운 도시 설계를 강하게 믿었다. 우리는 파리의 70%는 완전히 새로 지어야 한다고, 그래서 완전히 현대적인 도시를 창조해야 한다고 확신했다. 적어도 그것이 공식적인 계획이었다. 1966년경에 나는 새로운 동네를 설계한다는 생각, 연속의 개념에 관해서 검토하기 시작했고 그것을 그림이나 사진으로 표현하기도 했다. 나는 또 도시와 영화의 관계, "시나리오"로서의 도시에도 흥미를 느꼈다. —크리스티앙 드 포르장파르크, 후타가와 요시오와의 인터뷰, 「GA 다큐멘트 엑스트라 4, 크리스티앙 드 포르장파르크」, 1995

1966년경부터……나는 건축물 그 자체는 드라이하고 도시의 실제 생활과 무관하다는 생각을 하기 시작했다. 이 무렵 나는 점점 더 옛 교육방법에 반대하는 일에 정치적으로 관여하게 되었다. 1967년에 나는 건축가가 되겠다는 생각을 아예 버렸다. 상징적으로 나는 나의 모든 드로잉들과 그림을 내 누이에게 주어버렸다. —크리스티앙 드 포르장파르크, 후타가와 요시오와의 인터뷰, 「GA 다큐멘트 엑스트라 4, 크리스티앙 드 포르장파르크」, 1995

나는 그것이 내가 1966년에 뉴욕에서 보낸 7개월과 부분적으로 관계가 있었다고 생각한다. 나는 건축 관련 일을 하거나 건축물을 볼 것이라는 생각으로 뉴욕에 갔다. 그러나 나는 작가, 시인, 음악가들과 어울리며 독서를 하고 전시회에 다니곤 했다. 나는 그림 같은 건축물이 너무 복원적이라는 생각에서 드로잉 그리기를 그만두었다. 나는 글을 쓰기 시작했다. 나의 뉴욕 체재가 끝나갈 무렵, 내 관심은 문학과 시, 영화를 혼합한 것으로 변해 있었다. 그때 나는 건축가를 기술자라고 생각했다. —크리스티앙 드 포르장파르크, 후타가와 요시오와의 인터뷰, 「GA 다큐멘트 엑스트라 4, 크리스티앙 드 포르장파르크」, 1995

"파노라마적 산책 같은 나선형의 거대한 중앙 계단."—크리스티앙 드 포르장파르크, 「춤에 대하여: 파리 낭테르의 오페라 발레 학교」, 파리: 반세기 에디션, 1990

낭테르 1987

파리 오페라 발레 학교

설계는 눈뿐만 아니라 몸 전체를 움직이도록 한다는 개념에서 나온다. 움직이기 위해서 보여지고 보기 위해서 움직인다. 건축물이나 마찬가지로 춤도 공간의 의식이다. 장소가 움직임을 암시하고 움직임은 장소의 안정성 안에서 일어난다. —크리스티앙 드 포르장파르크, 크리스티앙 포르장파르크 아틀리에 제공

아이들, 사춘기 청소년들을 위한 학교. 24시간 주기의 리듬. 오전에는 수업, 오후에는 춤. 그런 다음에는 놀고 저녁을 먹고 잔다. 사실상 기숙학교이다.

하루 세 번. 원심적인 움직임 속의 세 개의 우주, 세 개의 빌딩. 세 개의 서로 뒤엉킨 음역(音域).

춤: 빛과 움직임. 춤에는 배경과 볼륨, 벽, 기본방위가 있다. 무도장은 화가의 캔버스, 연필의 첫 번째 휘갈김을 기다리는 하얀 종이이다. —크리스티앙 드 포르장파르크, 「춤에 대하여: 낭테르의 파리 오페라 발레 학교」, 파리: 반세기 에디션, 1990

파리 오페라 발레 학교는 서방세계에서 가장 오래된 발레 학교이며 고전 아카데미 발레의 요람이다. 춤과 마찬가지로 건축물도 공간의 의식이라고 건축가는 말한다.

이 프로젝트는 **외향적**이다. 중단기간이 연장되면서 고도로 분화된 궤적이 생겼다. 연장, 선회, 들어올림, 면선성(planilinearities), 건축적 산책, 투명성, 양극화 등. 이 건물은 한눈에 잡히지 않는다. 각각의 파사드, 각각의 공간이 매우 구체적이다. 움직여야 한다. 건축적 산책, 춤의 자유로운 움직임이랄까. —크리스티앙 드 포르장파르크, 「춤에 대하여: 낭테르의 파리 오페라 발레 학교」, 파리: 반세기 에디션, 1990

**" 새로운 눈으로 보면
자기네 나라의 스테레오타입에 익숙한
현지 건축가들이 더 이상 보지 못한
독창적인 해결책이 보이곤 한다. "**

후쿠오카 1991
넥서스 II

넥서스 II는 4개의 다른 단지에 지은 37동의 아파트로 이루어진 주택 프로젝트이다. 이소자키 아라타가 마스터
플랜 설계를 했고 그 안에 넥서스 II가 자리잡고 있다.

집단주택은 도시 문제에 대한 우리의 훈련장이었다.……케이스별 도시의 현장 경험─우리는 이제 가능한
고도, 간격, 전망, 조명 배치 등을 우선 살펴보지 않고 그냥 설계도를 그릴 수 없게 되었다. 완전한 단지란
믿을 만한 목표가 되지 못한다.

　모두에게 동등한 조건은 모두에게 범용한 조건이 아닌 한, 환상에 불과하다. 볼륨의 변수가 결정적이다.
부지 내에서 일해야 하며 위치, 방향, 빛, 조망 등을 고려한 최적의 조건을 찾아야 한다. ─미셀 자크, 아르
멜레 라발로우 편, 「크리스티앙 드 포르장파르크」, 스위스 바젤: 비르크호이저, 1996

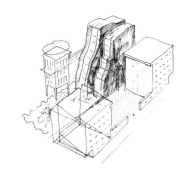

해외에서 일한다는 것은 매우 상쾌한 일이다. 하지만 나는 후쿠오카의 주택단지를 건설하면서 정말로 "다
른" 문화를 접하게 되었다. 전형적인 일본식 방이면서 절충형인 방을 설계해야 했다. 아파트에는 서구식 주
방이 포함되어 있기 때문이다. 우리나라 밖에서의 이 경험이 나에게 바닥을 대개 돌로 만드는 프랑스에서보
다 주택단지를 더 매력적으로 생각하도록 만들었다.

　다른 나라들에서는 예를 들면 복도를 지나지 않고 거실을 건너 침실로 가는 것이 훨씬 더 잘 받아들여진
다. 복도를 두면 필연적으로 이용할 수 있는 공간이 줄어들게 마련이다. ─크리스티앙 드 포르장파르크, 엠
마뉘엘 테브논과의 인터뷰, 프랑스 외무 및 유럽 사무부 웹사이트, http://www.diplomatie.gouv.fr

넥서스 II 주택 프로젝트를 시행
하면서 드 포르장파르크는 유럽
밖으로 나가 비서구적 문화를 그
의 설계에 담게 되었다.

릴 1995
크레디 리오네 타워

흔히 "스키 장화(ski boot)"로 알려진 드 포르장파르크의 크레디 리오네 타워는 1994년에 시작된 야심적인 상업지구 도시계획 프로젝트인 유라릴의 일부이다. 이 재정비 프로젝트로 릴 시의 전 공업지구가 재정비되었다. 마스터 플랜은 렘 콜하스가 담당했다.

사실 모든 도시에서 건축을 한다는 것은 그 도시의 독특한 수학과 형식적 제약을 수용하면서 시를 쓰는 것과 같다. 그것은 자기가 그 안에서 작업하고 있는 항상 생소하고 독특한 환경에 끊임없이 적응하는 것이다. ─크리스티앙 드 포르장파르크, 엠마뉘엘 테브농과의 인터뷰, 프랑스 외무 및 유럽 사무부 웹사이트, http://www.diplomatie.gouv.fr

전후에 정치 단체, 공공 기관, 종교 단체들은 눈에 띄지 않는 건물 속으로 숨었다. 기념비적 건물은 금기시되었다. 모더니스트들은 그런 건물이 "외부적 효과"를 노리는 불순한 의도를 내포하고 있다고 생각했다. 전체주의적 정권들이 대체로 그런 불신을 조장하는 데에 한몫을 했다. 전후에 나타난 국제적, 기능주의적 건축물은 이런 불신을 상쇄하려는 민주적 풍조라고 할 수 있다.
　건축이 항상 "외부적" 효과와 "내부적" 효과를 낸다는 것은 분명하다. 이런 효과가 우리의 의식에 작용한다. 이 세상의 모든 합리적 시스템은 이런 효과를 방지하는 것과는 아무 상관이 없다. 감각을 억압하면 그것은 증세로서 되돌아온다. 문제는 어떤 실체에 대한 인식을 통제하는 것이다. 그래서 나는 장소에 무게를 주는 공공건물에 관심을 가지게 되었다. 그 건물들을 초월하게 될 공간에 살을 붙이는 일에 흥미를 느끼게 되었다. ─미셸 자크, 아르멜레 라발로우 편, 「크리스티앙 드 포르장파르크」, 스위스 바젤: 비르크호이저, 1996

프랑스 릴 시에 있는 드 포르장파르크의 크레디 리오네 타워는 "스키 장화" 빌딩으로 알려져 있다.

룩셈부르크 2005
룩셈부르크 필하모닉

나는 음악을 위한 건물을 짓는 것을 좋아한다. 그런 건물들은 듣기와 보기 사이의 대화를 표현한다. —라울 배러네시, 「여행+여가」, 2005. 8

……우리는 움직임과 시간의 흐름을 통해서 우리의 감각과 우리의 몸으로 건축물을 인식한다. 이것은 건축과 음악의 공통점이다. —크리스티앙 드 포르장파르크, 후타가와 요시오와의 인터뷰, 「GA 다큐멘트 엑스트라 4, 크리스티앙 드 포르장파르크」, 1995

나는 공간의 벽들이 사람들로 채워지기를 바랐다.……음악가들이 그들 주위에 있는 사람들을 보는 것은 좋은 일이다. 그리고 청중이 연주자들과 가까이 있다고 느끼는 것 역시 좋은 일이다. —라울 배러네시, 「여행+여가」, 2005. 8

◀◀ ……빛의 커튼…… ▶▶

애초에 드 포르장파르크는 룩셈부르크 필하모닉 음악당 주위를 나무들이 둘러싸기를 원했다. 이곳을 찾는 사람들이 "음악의 영역으로 들어가기" 전에 그곳을 산책하도록 하기 위해서였다. 그곳에 나무를 심을 수 없다는 것을 깨달은 그는 건물의 전면을 823개의 기둥으로 된 "숲"으로 만들어서 비슷한 효과를 냈다.

도시 : 하나의 복제

우리에게 현재와 의도적으로 유리된 시대를 보여줌으로써 시간을 담고 있는 박물관과는 대조적으로 도시에서는 우리는 역사를 영구적으로 재활용한다. 15세기에 조성된 거리에서 18세기의 건물이 20세기의 건물과 어깨를 맞대고 있다. 우아하건 추하건 간에 우리는 그 도시와 함께 살고 그 도시를 이용하고 또 그 도시를 변형시킨다. —크리스티앙 드 포르장파르크 제공

나는 개인적으로 도시를 미래를 향해서 팔을 뻗치면서 동시에 현재의 순간에 역동성을 주는 우연한 사건들에 대한 광대한 물리적, 집단적, 친근한 기억을 대변한다고 이해했다. —크리스티앙 드 포르장파르크 제공

장소의 정신

도시는 영원하다고 생각하는 사람들이 많다.……그러나 나는 도시가 다른 인간들이 만든 작품들과 마찬가지로 현재의 경제, 생활양식, 기술에 맞추어 형성되어간다고, 따라서 도시는 분명히 진화하는 실체라고 생각하고 있다(역사가 이것을 증명하고 있다). —크리스티앙 드 포르장파르크, "항상 특이한 복수(複數)의 환경에 대하여", 「오늘의 건축」, 1994. 9

우리는 빛과 조망을 필요로 한다. 클로즈업된 풍경과 원경이 동시에 필요하다. 나는 블록(block)의 이론을 새로 내놓았다. 이것은 지세학(地勢學)의 문제, 빈 공간과 물체들 사이의 관계의 문제이다.…… —크리스티앙 드 포르장파르크, 후타가와 요시오와의 인터뷰, 「GA 다큐멘트 엑스트라 4, 크리스티앙 드 포르장파르크」, 1995

건축과 도시는 물리적, 감각적, 물질적 사건으로 나타난다. 우리가 도시를 걸어가면 건축물이 우리를 에워싼다. 건축물이 우리에게 역겨운 느낌을 주기도 하고 우리가 건물에 대해서 무관심할 수도 있다. 또는 갑자기 우리를 흥분시키거나 우리의 눈을 부시게 할 수도 있다. "로고스"의 효과—장소의 정신이 우리로 하여금 이상하게 "존재하게" 할 수도 있다. 숨어 있던 비밀의 세계가 나타나서 우리에게 모습을 드러내는 것 같은 느낌을 줄 수 있는 것이다. —크리스티앙 드 포르장파르크 제공

어떤 프로젝트를 설계할 때, 나는 공간과 모양, 거리, 그림자와 빛을 생각한다. 나는 곧바로 형태와 모양을 생각하는 것이다. 그러나 이런 개념은 이론상으로는 한번도 제시되지 않은 것이다. —크리스티앙 드 포르장파르크, 후타가와 요시오와의 인터뷰, 「GA 다큐멘트 엑스트라 4, 크리스티앙 드 포르장파르크」, 1995

베를린 2003
프랑스 대사관

여기는 파편화된 콘크리트의 거친 표면, 저기는 매끈하고 윤기가 나는 벽. 이 너머에는 유리 칸막이, 저 너머에는 순수한 하얀 코팅. 이 모든 재료들이 상호작용을 하며 서로 대조를 이룸으로써 반대방향을 부각시키고 공간을 확장시킨다. 어느 독일 신문의 기사에서 기자는 내가 같은 타입의 콘크리트를 어디에도 사용하지 않았다는 사실에 의문을 제기했다. 그 시대의 학자들은 재료와 모양의 통일성을 주창했지만, 내가 만약 건물 전체에 같은 타입의 콘크리트를 사용했다면 이 건물은 수도원처럼 되었을 것이다. 우리는 모두 이런 경험을 수없이 해왔다. 여기서 통일성은 새로 정의된 분위기에 의존한다. 우리는 대개 공간의 통일성이 분위기보다는 재료에 의해서 정의된다고 생각한다. 분위기를 무시하는 경우가 너무 많다.—크리스티앙 드 포르장파르크와 에릭 라인하르트, 「Les Inrockuptibles」, 462호 부록, 2004. 10

……심한 규제로 유명한 브란덴부르크 문 근처의 파리 광장을 향해 열려 있는 건물 파사드에 대한 작업이 심한 규제를 받았다. 나는 거대한 벽들로 둘러싸인 매우 좁은 공간을 가능한 한, 아늑하고 유쾌하게 만들려고 했다. 넓은 느낌을 주기 위해서 나는 그 건물들 사이의 구역을 유리지붕으로 덮어 홀처럼 만들 수도 있었다. 하지만 북쪽의 다른 나라들에서와 같이 독일에서는 사람들은 날씨가 허락하는 때는 언제나 신선한 공기를 마시려고 한다. 그래서 나는 누구나 창문을 열고 신선한 공기를 받아들이고 도처에서 자라고 있는 식물들을 내다볼 수 있게 하고 싶었다.……—미셸 자크, 아르멜레 라발로우 편, 「크리스티앙 드 포르장파르크」, 스위스 바젤: 비르크호이저, 1996

베를린의 프랑스 대사관은 유명한 브란덴부르크 문 가까이에 자리잡고 있다. 드 포르장파르크는 여러 가지 재료들과 표면처리를 사용해서 그것들이 서로 상호작용을 할 수 있게끔 했다. 이런 다양함이 이 건물이 방해받고 있지 않다는 느낌을 준다.

"보이는 것에 흥미를 느껴"

어린 소년이었을 때 나는 벌써 그림 그리기를 좋아했다. 아주 어려서부터 나는 보이는 것에 매우 흥미를 느꼈다. ─크리스티앙 드 포르장파르크와 필리프 솔레르, 「쓰기와 건축물 보기」, 미니애폴리스: 미니애폴리스 대학교 출판부, 2008

나는 이미 스케치를 하고 유화를 그리고 또 조각도 하고 있었다. 나는 르 코르뷔지에가 그린 드로잉이 있는 책을 한 권 발견했고 그 책을 보면서 공간과 축척의 개념에 흥미를 느끼게 되었다. 나는 또한 건축에도 그림의 경우보다 더 많은 서로 다른 유파가 있다는 사실에 흥미를 느꼈다. 하지만 무엇보다도 나는 우선 공간의 개념에 흥미를 느꼈다. ─크리스티앙 드 포르장파르크, 후타가와 요시오와의 인터뷰, 「GA 다큐멘트 엑스트라 4호, 크리스티앙 드 포르장파르크」, 1995

나는 그림에 색채를 쓰지 않는다. 나는 1960년대초부터 그렇게 해오고 있다. 서서히 색채의 사용과 재료에 대한 감각이 나의 건축작품에서 사라져버린 것이다. ─크리스티앙 드 포르장파르크, 후타가와 요시오와의 인터뷰, 「GA 다큐멘트 엑스트라 4, 크리스티앙 드 포르장파르크」, 1995

고전적 전통과 싸우다

나는 미술학교에 들어갔다. 그러나 이미 르 코르뷔지에의 전투적인 추종자였던 이 오래된 학교가 너무 학구적이라고 확신하고 있었다. ─크리스티앙 드 포르장파르크, 후타가와 요시오와의 인터뷰, 「GA 다큐멘트 엑스트라 4, 크리스티앙 드 포르장파르크」, 1995

우리는 고전적 건물들을 분석하는 드로잉을 해야 했다. 그러나 나는 피에르 샤로의 매종 드 베르와 르 코르뷔지에가 설계한 건물들 등 현대적인 건물들을 맨먼저 분석한 학생이었다. 우리는 그런 제안이 거부되었을 때 자랑스럽게 생각했다. 우리가 학교와 싸우면서 사조를 바꾸려고 노력하고 있었기 때문이다. 그것은 우리가 원하는 것을 주장할 기회였다. 나는 미술학교의 학생들은 무엇인가 다른 것을 찾아야 할 의무, 전통에 대항해서 싸울 의무가 있다고 생각한다. 학교는 매우 전통적이고 반이론적이었지만, 우리는 구조주의자들의 글을 읽었고 그들의 주장을 따랐다. ─크리스티앙 드 포르장파르크, 후타가와 요시오와의 인터뷰, GA 다큐멘트 엑스트라 4호, 크리스티앙 드 포르장파르크, 1995

객관과 주관의 대결

건축은 도시 안의 예술과 기술이라는 지위 속에 안주하지 못했다. 건축은 삶을 개선하기 위한 기술에 의존하는 공학적 과정과 신비로운 것을 창조하는 예술 사이에서 진동한다. 나는 건축이 객관적인 책임뿐만 아니라 예측할 수 없고 괴팍스러운, 개인적이고 예술적인 응용으로 이루어진다고 생각한다. 건축은 객관과 주관의 대결이다. ─크리스티앙 드 포르장파르크, 후타가와 요시오와의 인터뷰, 「GA 다큐멘트 엑스트라 4, 크리스티앙 드 포르장파르크」, 1995

프리츠커상과 사회적 책임

독트린이 철폐되는 변화의 시대에 [프리츠커] 상 위원회는 또 다른 입장을 채택해야 했다. 성취와 개인적 재능의 개성적 모험을 중시함으로써 건축의 정통성을 재정립하려는 입장이었다. 건축가로서 우리의 개인적 책임이 중차대하다고 할 수 있을 것이다. 따라서 우리는 환경보호적, 도시계획적이 되어야 한다. ─크리스티앙 드 포르장파르크 제공

나는 건축을 사회적 책임으로서 이해하는 구체적 방법에 대한 현실적 개념을 가지게 되었다. 건축이 유토피아를 건설할 수는 없을지 모르지만, 건축가로서 나는 사태를 호전시키는 데에 한몫을 할 수 있다는 것을 깨닫게 된 것이다. ─토머스 D. 설리번, 「워싱턴 타임스」, 1994. 5. 2

건축가는 그가 지은 건물 안에서 일하거나 사는 사람들이 꿈꾸고 조용히 있고, 어딘가에서 아름다움을 찾아낼 공간을 필요로 한다는 사실을 명심해야 한다. ─보니 처칠, 「크리스천 사이언스 모니터」, 1994. 5. 11

나는 건축이 삶에 유용한 것이라는 한 가지 목적에 봉사한다는 사실을 늘 명심하고 있다. 우리가 이 유용성의 개념을 실현성이 낮은 기능성으로 생각하고 싶지 않다면, 상상력이 중요하다. 도시는 우리가 일하고 사는 데에 이용하는 도구이다. 그러나 우리는 그 도시를 소설─우리 자신의 삶을 기록한 소설로, 또는 우리 자신의 삶을 그린 영화로 경험하기도 한다. 이것이 바로 건축가의 작업이다. ─크리스티앙 드 포르장파르크, 후타가와 요시오와의 인터뷰, 「GA 다큐멘트 엑스트라 4, 크리스티앙 드 포르장파르크」, 1995

무조(無調)의 통제 건축은 긴장을 조성해야 한다. 그리고 그 긴장은 매우 안정된 질서가 아니라 불안정한 질서에서 조성되어야 한다. 그러나 결국……요소들과 부분들의 마지막 배열은 여전히 당신의 감성에 의해서 지배될 것이다. 그런데 나의 경우에는 분명히 그 감성이 충분히 야성적이지 못하다. 건물이나 건물의 일부를 만들기 위해서 나는 여전히 조립하려고 한다.

10년 내지 15년 전의 나의 과거의 작품은 더 안정된 이미지를 가지고 있었다. 그러나 가령 힐사이드 테라스의 첫 단계를 보더라도 많은 서로 다른 요소들이 작용하고 있다. 나는 늘 매우 정적인 전체성에 반대해왔다. 그러나 나는 여러 요소들이 상호 갈등을 빚되 나의 이성적인 통제하에 그렇게 되도록 요소들을 작용시킴으로써 여전히 안정을 추구하고 있는지도 모른다.

명확히 하기가 매우 어려운 문제들이 있다. 어떤 사람들에게는 무조의 음악은 화음이 없다. 그러나 나의 건물들에서 여러분은 어떤 종류의 화음을 여전히 발견할 수 있을지도 모른다. — 서지 샐러트, 「마키 후미히코: 파편화의 미학」, 뉴욕: 리졸리, 1988

마키 후미히코 槇文彦

출생 1928년 9월 6일, 일본 도쿄

교육 건축 석사, 하버드 대학교, 매서추세츠주 케임브리지, 1954; 건축석사, 크랜브룩 미술 아카데미, 미시건주 블룸필드 힐스, 1953; 건축학사, 도쿄 대학교, 도쿄, 1952

사무실 Maki and Associates, Hillside West-C, 13-4 Hachiyamcho Shibuya Tokyo, Japan, 150-0035
전화 : +81 3-3780-3880, 팩스 : +81 3-3780-3881
www.maki-and-associates.co.jp

주요 프로젝트 시마네의 고대 이즈모 박물관, 일본 시마네, 2006; 샘 폭스 디자인 시각예술학교, 미주리 주 세인트루이스의 워싱턴 대학교 안, 2006; 힐사이드 테라스 콤플렉스, 도쿄, 1969-92; 도쿄 메트로폴리탄 체육관, 도쿄, 1990; 국립 근대미술관, 교토, 1986; 나선(와콜 미술센터), 도쿄, 1985

**문화유산인 건물을 후대에 남기는 것이
건축가의 책무이다.**

나선,
도쿄, 1985
마키 후미히코의 나선 빌딩은 밖에서 보면
형태의 앙상블처럼 보인다. 이것은 마키가
의도적으로 솜씨를 보인 것이었다. 이 설계는
도쿄의 도시풍경을
의도적으로 표현한 것이다.

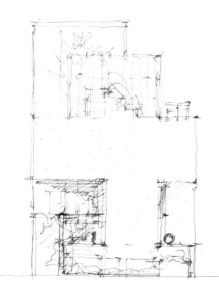

도쿄 1985

나선

나선(螺旋)은 현대미술과 건축의 산물인 여러 다양한 낯익은 요소들을 표현하고 있다. 이 요소들은 위로 움직여서 피뢰침에서 절정을 이루는 나선형 움직임을 암시한다. — 서지 샐러트, 「마키 후미히코: 파편화의 미학」, 뉴욕: 리졸리, 1988

공간적 경험은 그 주위에 전시공간이 있는 중앙의 카페로 이루어져 있다. 이런 배치가 카페 공간을 전시 공간과 통합시킨다. 산책로가 건물 입구에서 2층으로 이어지며 2층에 올라가면 커다란 창문들이 있어 바깥 도시의 활동을 한눈에 조망할 수 있다. 창문 앞에는 의자가 놓여 있어 방문객들이 앉아 쉬면서 도시를 내려다볼 수 있게 되어 있다. 산책로를 따라 테라스가 있어 고요하면서도 초현실적인 장소를 제공한다. 바깥에서 보면 나선형 빌딩은 형태들의 앙상블, 현대적 아이콘의 콜라주처럼 보인다. 이렇게 다양한 형태들을 모아놓은 것은 이 건물을 둘러싸고 있는 복합적인 도시 풍경을 반영하고 아울러 안에서도 바깥의 공간 경험을 맛볼 수 있게 하기 위함이었다. — 마키 후미히코, 이상림과의 인터뷰, 「공간」, 2006. 11

나선의 파사드는 수많은 요소들의 콜라주로서 구상되었다. 그러나 진짜 콜라주와는 달리, 도시 설계, 내부의 기능, 외피로서의 건물의 요소 등 다양한 고려가 그 구성에 배어 있다. 결과는 그런 고려를 반영하지만, 자율적인 콜라주가 되었다. — 서지 샐러트, 「마키 후미히코: 파편화의 미학」, 뉴욕: 리졸리, 1988

밤에 본 나선의 모습과 구성단계 초기의 컨셉트 스케치.

❛❛나선은 오늘날의 도시의 이미지—
파편화되어 있지만
바로 그 파편화의 상태를 통해서
끊임없이 그 생명력을
재충전하는 환경—를 상징한다. ❜❜

도시적 건축

건축에 대한 마키의 정의는 도시를 포함한다. 1950년대 후반에 그는 메타볼리스트(Metabolist)의 창설 멤버였다. 메타볼리스트는 유기적 성장 과정을 가능케 하는 대규모의 유동적인 구조를 특징으로 하는 이론적인 미래도시를 탐구하는 일본의 젊은 건축가들, 도시계획자들의 몽상적인 단체였다. 이 경험을 통해서 마키는 전체의 시원(始原)으로서 개별적인 요소들을 강조하는 그룹 형태의 분명한 철학을 정의했다.

도시와 건축의 상호간의 관계의 가장 중요한 측면은 건축물이 그 자체의 도시성을 가진다는 것이다. 우리가 도시성에 대해서 생각할 때, 중요한 것은 그것이 대중들이 공유하는 낯익은 느낌을 주어야 한다는 것이다.……나는 이런 친근한 느낌을 주는 건물들이 좋은 도시를 만드는 데에 필요하다고 생각한다. —마키 후미히코, 이상림과의 인터뷰, 「공간」, 2006. 11

도시는 개인들이 날마다 반복하는 전체 여정을 그려주고 있다. 건물들은 어떤 의미에서는 여정의 단면도이며, 동시에 한 장소를, 곧 비록 짧은 시간이라고 하더라도, 사람들이 공유하는 지기(地氣)를 만든다. 장소는 때때로 인간 집단을 위한 기억 재생 장치이며 현대의 신화적 의식들이 개최되는 드라마틱한 무대이다. 도시에 건축물을 세우는 것은 장소를 만드는 것이며, 생명에 "시간"을 부여하는 것이다(즉 과거, 현재 미래). —서지 샐러트, 「마키 후미히코: 파편화의 미학」, 뉴욕: 리졸리, 1988

건축과 도시 설계의 궁극적인 목표는 장소 만들기이다. 사람들은 편안함과 기쁨을 발견하는 장소에 이끌리게 마련이다. 만약 이런 공간들이 더 많이 있다면, 도시는 더 살기 좋고 더 일하기 좋은 장소가 될 것이다. —마키 후미히코, 이상림과의 인터뷰, 「공간」, 2006. 11

"집단적 형태"

1962년에 발표된 마키의 「집단적 형태에 대한 조사」는 평생에 걸친 그의 건축 행태의 핵심 이론이 되었다. 다음은 이 중요한 텍스트에서 발췌한 것이다.

우리는 아주 오랫동안 건물들을 우리가 지금 의미있는 환경을 만들 때에 공간적 언어의 부적합성으로 고통을 겪고 있는 격리된 실체로서 흔히 생각해왔다. 이런 환경에 의해서 나는 "집단적 형태"의 성격을 조사하게 되었다. 집단적 형태는 우리 도시들의 부분인 건물들과 유사 건물들의 그룹들과 관련이 있다. 그러나 집단적 형태는 서로 관계가 없는 격리된 건물들의 집합이 아니고 함께 있어야 할 이유를 가진 건물들의 집합이다.……나는 세 가지 주요한 접근법을 정립했다. 구성적 형태, 메가스트럭추얼/메가폼, 그리고 그룹 형태이다. —마키 후미히코, 「건물과 프로젝트」, 뉴욕: 프린스턴 건축 출판부, 1977

❛❛도시는 동시에 발생되고 있는
수많은 사건들의
총화라고 할 수 있다. ❜❜

……요소들의 집합에 기초한 도시적 질서의 개념, 나는 그것이 대규모 토목공사 위에 지은 엄청난 구조물들에 기초한 질서, 건축가들과 이상주의자들이 20세기가 시작된 이후로 제창해온 질서의 대안을 제공했다고 믿었다. —마키 후미히코, 「건물과 프로젝트」, 뉴욕: 프린스턴 건축 출판부, 1977

개개 건축 요소들의 자율성을 강조하고 그것들 사이의 약한 연계관계를 의도적으로 만듦으로써 우리는 그것들이 시간과 장소의 더욱 명확한 지표가 되도록 할 수 있다. 나는 반대와 조화가 사실상 많은 다른 수준에서의 관계들의 성격을 규정하고 그것들의 축적된 효과가 도시에 대한 우리의 실제 이미지를 결정한다는 것을 알게 되었다. —마키 후미히코, 「건물과 프로젝트」, 뉴욕: 프린스턴 건축 출판부, 1977

❛❛건축에서의 창조는
발명이 아니고 발견이다.
그것은 상상을 초월하는
어떤 것을 추구하는 것이 아니고
시간의 비전에 대한 공통된 상상에
반응하는 문화적 행동이다. ❜❜

도쿄 1969-1992

힐사이드 테라스 콤플렉스

······건축가로서의 나에게 가장 깊은 인상을 남긴 프로젝트로 나는 힐사이드 테라스 콤플렉스를 들겠다. 나는 지난 30년 동안 이 프로젝트의 설계와 시공에 관여해왔다. ─ 마키 후미히코, 이상림과의 인터뷰, 「공간」, 2006. 11

힐사이드 테라스 콤플렉스는 1969년 이후로 계속 변하는 도쿄의 환경에 반응하면서 7단계에 걸쳐 발전된 집단적 형태이다. 미묘한 지형적 변화의 존중, 층을 이룬 공간, 보호된 외부적 공적 공간 등 다양한 설계 전략이 사용되었다. 이 프로젝트의 성공은 민중 생활의 프로그램적 발전은 물론이고 공간적, 건축적 수단들─규모, 투명성 등─의 결과이다. ─프로젝트 설명, 마키 앤드 어소시에이츠 제공, www. maki-and-associates.co.jp

······힐사이드 테라스 프로젝트는 건물들 사이의 공간을 조정하는 데에 수목들을 이용하는 등 일련의 전통적인 요소들을 보여주고 있다. 또한 힐사이드 테라스 건물들의 입구는 코너에서 접근할 수 있다. 이것은 전통적인 일본 가옥의 입구 스타일을 반영하고 있다. 마지막으로 작은 지역 안에 다양한 공간들이 형성되어 있는데, 이것은 전통적인 일본 도시들의 열린 공간 스타일을 연상시킨다. 힐사이드 테라스 콤플렉스에서는 이들 전통적 요소들 하나하나가 모더니스트의 언어로 완성되었다. ─마키 후미히코, 이상림과의 인터뷰, 「공간」, 2006. 11

나에게 힐사이드 테라스 프로젝트는 지역사회 건축가로서 활동할 수 있는 기회였다. 이것은 매우 가치 있는 경험이었다.······힐사이드 테라스 콤플렉스는 주민들에 의해서 잘 유지되기 때문에 원래의 환경을 유지하고 있다.······ ─마키 후미히코, 이상림과의 인터뷰, 「공간」, 2006. 11

30여 년에 걸쳐 일곱 단계로 진행된 이 야심적인 프로젝트는 마키가 민중들의 삶을 위한 설계에 전념할 수 있는 특이한 기회가 되었다. 힐사이드 테라스 프로젝트의 성공적인 진화를 통해서 전통주의자가 모더니스트를 만나게 된 것이다.

일본의 유산

나의 외가는 건축업에 종사했다. 어렸을 적에 나는 건물들이 완성되면 찾아가보곤 했다. 이렇게 나는 모든 가족 구성원이 건축에 대해서 흥미를 가졌던 환경에서 자랐다. ―마키 후미히코, 이상림과의 인터뷰, 「공간」, 2006. 11

1965년에 내가 내 자신의 작품을 짓기 시작했을 때, 나는 나의 일본적 유산을 완전히 껴안을 수 있었다.……나는 단순히 일본의 전통적 건축물들의 지붕 모양과 목조 구조 양식을 모방하기보다는 일본 문화에 침투해 있는 공간 개념을 만들어내려고 한다. 예를 들면, 나는 내부와 외부 간의 특이한 관계를 고려하고 조정하는 수단으로 나무를 이용하며 금속 재료로 목조 구조의 특성을 표현하는 기술을 탐구한다. 이들 예들이 암시하는 것처럼 건축가로서 내가 초점을 맞추어온 중요한 목표 가운데 하나는 현대적인 건축 양식과 기술을 통해서 일본의 전통적 문화를 표현하는 것이었다. ―마키 후미히코, 이상림과의 인터뷰, 「공간」, 2006. 11

일본의 경우처럼, 토지의 모양이라는 다양한 불규칙한 틀 안에서 발전할 수밖에 없었던 도시 사회는 '마(ま[間])'와 '오쿠(おく[奧])'라는 일본적 개념의 공간 형성 및 인식의 전통적 기술을 발전시켰다. 이 기술은 무정형의 콜라주 같은, 아이러니컬하게도 서양의 도시들보다 더 모더니즘의 원칙에 부합하는―다시 말해서 양감보다는 공간에 우선순위를 주고 축(軸)보다는 비대칭의 질서에 관심을 가지는 융통성 있는 도시적 질서를 만드는 데에 기여하고 있다. ―서지 샐러트, 「마키 후미히코: 파편화의 미학」, 뉴욕: 리졸리, 1988

마(ま[間]) 또는 수키마(すきま[透き間])는 영어로는 residue라고 한다. 하지만 서구의 의미로는 residue는 단순한 "나머지"일 뿐이다. 그것은 우리의 경우에서처럼 형태와 공간의 조직에서 의미있는 역할을 하지 못한다. 우리는 의미있는 공간, 의미있는 "나머지"를 중요시한다. "마"는 어떤 면으로는 이런 점을 나타낸다. ―서지 샐러트, 「마키 후미히코: 파편화의 미학」, 뉴욕: 리졸리, 1988

교토의 국립 근대미술관은 이 도시의 역사적인 구역에 자리잡고 있다. 마키는 이 건물의 현대성이 프로젝트의 가장 중요한 설계 주제라고 생각했다.

교토 1986

국립 근대미술관, 교토

교토(京都)의 국립 근대미술관은 역사도시인 교토의 심장부에 자리잡고 있다. 따라서 이런 민감한 환경 속에서의 20세기 현대정신의 적절한 표현이 가장 중요한 설계 주제라고 생각되었다.……기본적인 외부 기본 단위로 가로세로 1.5미터의 격자 모양이 사용되었다. 이 격자 모양으로 나는 수평성과 수직성, 현재와 과거, 투명성과 덩어리, 그리고 일본적인 것과 서구적인 것의 이중성을 표현하려고 했다. ―프로젝트 설명, 마키 앤드 어소시에이츠 제공, www.maki-and-associates.co.jp

……모든 것은 깊이와 수평으로 생기고 수직으로 일어나지 않는다.……이것은 시간의 차원을 함축하는 공간 경험을 구조화하는 방식이다.…… ―서지 샐러트, 「마키 후미히코: 파편화의 미학」, 뉴욕: 리졸리, 1988

공간적 깊이

······우리는 반드시 절대적 높이나 길이로서 판단되지 않고 공간 속의 깊이감으로 판단되는 공간적 특질을 발전시키는 데에 관심이 있다. 그것을 성취하기 위해서는 공간의 층의 연속 또는 경계를 발전시켜야 한다. —서지 샐러트, 「마키 후미히코: 파편화의 미학」, 뉴욕: 리졸리, 1988

우리는 단순히 건물을 바라보거나 그것을 위에서 내려다봄으로써 도시의 공간을 물리적으로 경험하지 못한다. 공간은 연속적 움직임을 통해 서만 경험된다. —마키 후미히코, 「건물과 프로젝트」, 뉴욕: 프린스턴 건축 출판부, 1977

내가 도쿄에 살던 소년시절, 많은 동네들에 어둡고 보이지 않는 중심이 있었던 것을 나는 지금도 기억하고 있다. 하지만 그런 요소들이 현대로 접어들면서 서서히 사라지고 있는 듯하다. 그러므로 공간적 깊이의 느낌을 가지는 건축물을 만드는 것이 중요하다고 나는 생각한다. —마키 후미히코, 이상림과의 인터뷰, 「공간」, 2006. 11

세인트루이스, 2006
샘 폭스 디자인 시각예술학교

샘 폭스 디자인 시각예술학교는 시각예술 및 건축 연구와 관련된 모든 시설과 프로그램을 통합하고 증진하는 역할을 한다. 새로 지은 2개의 건물 밀드 레드 레인 켐퍼 미술관과 얼 E. 앤드 머틀 E. 워터 홀은 기존의 건물들과 조화를 이루면서 일련의 옥

외 공간들을 둘러싸고 있는 미니 캠퍼스를 형성하도록 배치되어 있다. 켐퍼 미술관은 캠퍼스 안의 시각예술의 상징이 되고 또한 보다 큰 세인트루이스 지역사회에 봉사하는 "중심건물"로 구상되었다. 건물은 상징적인 다목적 공간으로 구상된, 둥근 지붕이 있는 이중 높이의 중앙 홀을 둘러싸고 있는 모양으로 되어 있다. 3개의 전시실과 도서관이 이 홀을 향해서 열려 있다. 워커홀에는 무거운 내부시설을 필요로 하는 미술학교의 각 과들이 들어 있다. 이들 스튜디오들은 최고 수준의 융통성을 가능케 하는 열린 공간으로 배치되어 있다. 열린 공간을 최대화하기 위해서 모든 고정된 핵심 요소들은 건물의 끝에 집중되었다. 새 건물들은 석회석과 다양한 가벼운 광택제들로 입혀져 있다. 전통적 재료와 새로운 재료의 조화가 기존의 건축 환경과의 조화로운 대화를 만들어낼 것이다. —프로젝트 설명, 마키 앤드 어소시에이츠 제공, www.maki-and-associates.co.jp

세인트루이스의 샘 폭스 디자인 시각예술학교는 미니 캠퍼스를 형성하는 건물들로 이루어져 있다. 새 건물들은 다양한 가벼운 광택을 내는 요소들을 가진 석회석 건물이다.

당신이 3개의 독립적인 건물을 지으면서 그 건물들을 그 사이에 있는 열린 공간들과 관련시키려 한다고 하자. 서구의 건축에는 기하학의 법칙, 원근법에 의해서 지배되는 수많은 규칙과 원리가 개발되었다. 르네상스 시대의 건물들을 보면, 매우 엄격한 합리적 질서가 있고 당신은 그 질서를 통해서 그 건물들간의 관계를 구축할 수 있다. 그러나 우리(일본의 건축가들)는 그런 합리적 질서에 구애받지 않고 우리가 적합하다고 생각하는 대로 건물들을 배치한다. —서지 샐러트, 「마키 후미히코: 파편화의 미학」, 뉴욕: 리졸리, 1988

스케치하기

내가 아직 하버드에서 가르치고 있던 1960년대 초에 내 주위에는 르 코르뷔지에를 위해서 일한 경험이 있는 건축가들이 많이 있었다. 그들이 말하는 르 코르뷔지에와 관련된 다양한 일화들 중에서, 나에게 특별히 깊은 인상을 준 것은 그의 스케치북에 관한 것이었다. 그들의 이야기에 따르면, 르 코르뷔지에는 늘 자켓의 안주머니에 들어갈 만큼 얇은 스케치북을 지니고 다니면서 건축 설계뿐 아니라 다른 여러 가지 메모용으로도 사용했다고 한다. 16년쯤 전에 나도 아주 알맞은 스케치북을 찾아냈다. 너비가 16cm, 길이가 21cm 되는 스케치북으로 커버가 헝겊으로 되어 있었다. 격자형으로 줄이 쳐진 종이는 펠트펜으로 써도 잉크가 뒤에 비치지 않을 정도로 두꺼웠다. 300페이지쯤 되어 쓰기에 아주 편리했다. 나는 전처럼 트레이싱 페이퍼를 계속 썼지만, 계획중인 건물의 첫 번째 이미지를 이 스케치북에 그리는 것이 습관이 되었다. 결국 이 스케치북은 안경이나 열쇠처럼 내가 늘 지니고 다니는 물건 가운데 하나가 되었다.—마키 후미히코, 「도시와 건축에 대해서 발췌한 구절들」, 도쿄: 마키 앤드 어소시에이츠, 2000

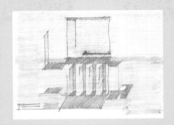

마키는 지니고 다니기에 완벽한 스케치북을 찾기까지 꽤 시간이 걸렸다고 말하고 있다. "결국 이 스케치북은 안경이나 열쇠처럼 내가 늘 지니고 다니는 물건 가운데 하나가 되었다."

건축 설계는 묘한 과정이다. 우리는 이미 발전된, 또는 이제 막 머리에 떠오른 형태 및 아이디어를 표현하기 위해서뿐만 아니라 또한 새로운 형태 및 아이디어를 끌어내기 위해서도 스케치를 한다. 나는 춤의 세계에 대해서는 문외한이지만, 스케치북에 쳐진 줄이 나에게는 다음 몸짓을 초대하는 하나의 몸짓이 아니라 하나의 선이 다른 선을 이끌어내는 무대처럼 보인다. 다소 자아도취같이 들릴지 모르지만, 건축가는 우선 자기가 그리는 선에 대해서 애정을 느껴야 한다.—마키 후미히코, 「도시와 건축에 대해서 발췌한 구절들」, 도쿄: 마키 앤드 어소시에이츠, 2000

스케치는 스케치를 하는 사람에게까지도 불분명한 것들을 남겨두며 텅 빈 부분들을 포함한다. 스케치는 실현되지 않을 꿈을 기록하기 때문에 매력적인 것이다.—마키 후미히코, 「도시와 건축에 대해서 발췌한 구절들」, 도쿄: 마키 앤드 어소시에이츠, 2000

◀◀ 다소 자아도취같이 들릴지 모르지만, 건축가는 우선 자기가 그리는 선에 대해서 애정을 느껴야 한다. ▶▶

도쿄 1990
도쿄 메트로폴리탄 체육관

도쿄 메트로폴리탄 체육관은 메이지 신궁의 바깥 정원에 위치해 있다. 이 체육관은 공원 같은 주위환경에 걸맞게, 다양한 외부 공간과 건축적 표현을 포함하도록 설계되었다. 각각의 건물(주경기장, 보조경기장, 실내 수영장)은 거대한 건물로서의 완전성을 유지하면서도 동시에 사람들을 위한 인간적인 외부 공간들을 확보하고 있다. 이들 요소들이 함께 "집단적 형태"를 이루고 있다. 보는 사람의 시각이 바뀜에 따라서 이들 건물들이 겹치면서 뜻밖의 실루엣을 만들어낸다.—프로젝트 설명, 마키 앤드 어소시에이츠 제공, www.maki-and-associates.co.jp

전반적 구성은 기하학적 상징적 부분들을 병렬시킴으로써 새로운 도시의 풍경을 만들어내려는 의도에서 이루어진 것이다. 그 결과 분명하게 정의된 기하학적 형태들이 들어서서 무정형의 구름 같은 전체를 이루게 되었다.—마키 후미히코 발표문, www.pritzkerprize.com

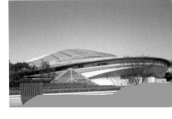

도쿄 메트로폴리탄 경기장은 실제로는 건물들의 시리즈이지만, 그중 가장 뚜렷한 구조물은 거대한 경기장이다. 주경기장은 그 벽이 광장에서 몇 층 높이 솟아 있기 때문에 온통 지붕인 것처럼 보인다. 공중에서 보면 지붕은 2개의 대칭을 이룬 잎사귀 모양이 서로 기대고 있는 것처럼 보인다.

시마네의 역사적 유물들과 어울리게 하기 위해
서 마키는 전통적인 타타라 강철과 유사한 코
르텐 강철을 재료로 선택했다.

시마네(島根) 2006

시마네의 고대 이즈모 박물관

이즈모 타이샤(出雲大社)로 들어가는 길 오른편에
인접한 부지는 이 신사(神社)의 남북 축을 따라 펼
쳐져 있으며, 배경을 이룬 키타야마 산맥이 운치를
더해준다. 건물의 외관은 간결하다. 2개의 접힌 지
붕이 건물의 덩어리를 주위의 경치와 섞이게 해서 위
로 올라가는 듯한 스카이라인을 만들어낸다. 앞
에서 바라보면 지붕이 정원의 부드러운 굴곡과 이
어지고 다시 그 뒤의 배경인 산맥의 평온한 이미지
와 연결되어 조화로운 풍경을 만든다. 코르텐 강철
로 된 외벽은 시마네의 역사(歷史)에서 중요한 재료
였던 "타타라 강철"을 생각나게 한다. 코르텐 강철
은 투명한 유리표면과 뚜렷한 대조를 이루면서 간
결하면서도 역동적인 질감을 나타낸다. — 프로젝트
설명, 마키 앤드 어소시에이츠 제공, www.maki-and-
associates.co.jp

설계 과정

마키의 건축의 특징인 절제는 그가 발표한 글이나 책에서도 발견된다. 하지만 그의 설계 과정에 대한 그의 생각에서 볼 수 있듯이, 건축에 대한 그의 생각은 놀랄 만큼 직관적이고 비이성적이다.

각각의 프로젝트의 특징은 체계화된 것처럼 보일지 모른다는 것이었다. 그러나 그것은 부분적으로는 기능적 유사성이나 지리적 조건 때문이다. 내 프로젝트들의 일관된 특징이 무엇이냐를 논리적으로 설명하기는 어렵겠지만, 나는 그것을 내 개성으로 돌리고 싶다. ― 마키 후미히코, 이상림과의 인터뷰, 「공간」, 2006. 11

나는 건물의 축을 이동시키는 경우가 아주 많다. 그러나 45도나 30도는 사용하지 않는다. 나는 그런 일을 할 때 내 눈과 마음만을 사용한다. 그것은 아마 느낌의 문제일 것이다. 마찬가지로 하나의 콤플렉스를 구성하기 위해서 두세 개의 건물을 배치할 때 나는 흔히 모형을 이용한다. 하지만 모형을 이용하되 역시 마지막 결정은 단순한 이동과 뒤섞기에 의해서 이루어진다. ― 서지 샐러트, 「마키 후미히코: 파편화의 미학」, 뉴욕: 리졸리, 1988

설계를 시작할 때 나는 아이디어를 가지고 있는 경우가 대부분이다. 전체에 대한 아이디어뿐 아니라 부분에 대한 아이디어까지도 이미 가지고 있는 것이다. 나는 그 아이디어를 발전시켜 서서히 전체적인 그림을 만들어낸다. 고전적 건물 같은 경우에는 전체적인 그림을 분명히 한 후, 그 틀에 적합한 부분들을 만들기 시작한다. ― 서지 샐러트, 「마키 후미히코: 파편화의 미학」, 뉴욕: 리졸리, 1988

건축가들은 영화감독과 비슷한 데가 있다.……영화에서 가장 중요한 것은 결정적인 순간에 어떤 씬, 어떤 경치를 만들어내느냐이다. 그런 다음 그 씬이나 풍경을 정당화하기 위해서 감독은 이야기를 이용하고 또는 직접 자기가 이야기를 쓰기도 한다.……건축가로서 나도 특별한 상황―풍경이나 신과 비슷한―에 매우 흥미를 느낀다. 와콜(나선)의 경우 그런 것은 지붕 또는 중앙 홀이었다. 그것은 매우 중요하다. 그것을 시작으로 우리는 건물의 나머지 부분을 짓기 시작한다. ― 서지 샐러트, 「마키 후미히코: 파편화의 미학」, 뉴욕: 리졸리, 1988

만약 건축이 예술이라면, 우리는 그 건축물이 가지고 있는 합리성을 무

시하고 개개의, 모든 내적 풍경으로 그것과 맞서야 한다고 나는 생각한다. 이미지는 우리가 단순히 이끌어낼 수 없는 것이다. 이미지는 당신의 내적 풍경과 매우 깊이 연관되어 있다. ― 서지 샐러트, 「마키 후미히코: 파편화의 미학」, 뉴욕: 리졸리, 1988

나는 커다란 조직에 매력을 느껴본 적이 없다. 한편, 작은 조직은 매우 편협한 관점을 가질 수도 있다. 내가 이상적으로 생각하는 조직은 사람들에게 다양한 상상력을 허용하는 그룹 구조, 끊임없이 변하는 환경에서 일하면서 자주 서로 충돌하면서도 건축물 같은 구체적인 어떤 것을 만들어내기 위해서 필요한, 계산되고 객관적으로 평가된 결정을 내릴 수 있는 그룹 구조이다. ― 마키 후미히코 전기, www.pritzkerprize.com

건축가들은 단기적인 경향보다는 그들이 오랫동안 품어온 이상에서 이끌어낸 건축물을 만들어내야 한다. ― 마키 후미히코, 이상림과의 인터뷰, 「공간」, 2006. 11

나는 정상에 빠르게 도달했다가 사라져버리는 건축가가 되고 싶지 않다. 나는 장기적인 목표를 가지고 꾸준히 일하면서 젊은 세대들에게 어떤 건축적 존재감을 보여주고 싶다. ― 마키 후미히코, 이상림과의 인터뷰, 「공간」, 2006. 11

❝건축은 100미터 경주가 아니고 마라톤과 같은 것이다.❞

스쳐 지나가는 이미지

나는 어떤 이론적 틀 안에서 작업
하지 않으며 여러분이 내 작품을 어떻
게 이해해야 하느냐에 대해서 어떤 열쇠도
제공하지 않는다. 내가 관심을 가지는 것은 특정한 장소의
잠재력—그곳의 주도적인 문화와 그에 따른 긴장과 갈등—을
최대한 이용하는 아직 이름이 붙지 않은 새로운 전개를 예기하는 프로젝
트들이다. 나는 단순히 어떤 아이디어에 물질적 형태를 주는 소극적 개념을 넘
어서는 제안, 동시에 모든 면을 장악하려고 함으로써 현실이 부딪히는 한계를 거부
하는 제안들을 찾는다. 그러니까 요점은 항상 정적인 이미지, 시간에서의 선적인 전개를
피하는 것이다. 모든 설계에서 우리는 설계의 모든 측면에서 스쳐지나가는 이미지의 구체적
인 순간을 진지하게 포착하려고 시도할 필요가 있다. 구체적으로 말하면, 그것은 내가 부
지의 상황을 평가하는 때부터 나에게는 프로젝트가 시작된다는 것을 의미한다.……나는
모든 종류의 요소들이 나에게 작용하도록 허용한다. 그 요소들이 모호할 수도 있지만 그
렇다고 그것들이 덜 중요한 것은 아니다.—알바루 시자 비에이라, 올레 보우만 및 로에메
르 반 토른과의 인터뷰, alvarosizavieira.com

알바루 시자 ALVARO SIZA

출생 1933년 6월 25일, 포르투갈 포르투

교육 건축사 학위, 포르투 대학교, 포르투갈 포르투, 1955

사무실 Rua do Aleixo, 53-2, Porto 4140-043 Portugal

주요 프로젝트 이베레 카마르구 재단, 브라질 포르투 알레그르, 2007; 산타 마리아 교회와 교구
센터, 포르투갈 마르쿠 데 카나베제스, 1997; 포르투 대학교 건축학부, 포르투갈, 1993; 세랄베스
현대미술관, 포르투칼 포르투, 1997; 보르헤스 & 이르망 은행, 포르투갈 빌라 두 콘두, 1986; 수
영장, 레사 다 팔메이라, 포르투갈 마토지뉴스, 1966; 보아 노바 찻집, 레사 다 팔메이라, 포르투
갈 마토지뉴스, 1963

마르쿠 데 카나베제스 1997

산타 마리아 교회와 교구 센터

새 건물들은 기존의 건축 환경을 보완하고 기존의 건물들과 함께 아드로(교회 뜰—자그마한 교회 광장 또는 만남의 장소)라고 불리는 특별한 공간을 형성하도록 배치된다. 교회가 구성의 한가운데에 자리잡고 보조 건물들이 교회와 주변 풍경 사이에서 중재 역할을 한다.—알바루 시자 사무실 제공

나는 어려서 가톨릭 교육을 받았다. 일요일마다 교회에 갔는데, 교회가 매우 어둡고 슬프고 닫혀 있어서 불편했던 어렸을 적의 기억을 많이 가지고 있었다. 신부가 설교를 하는 도중에 나갈 때도 있었고 어른들이 그러듯이 자라면서 서서히 담배도 피우게 되었다. 그러나 몰래 피워야 했다. 이런 모든 기억들이 되살아났다. 그 교회 창문들은 어린 마음에 얼마나 신비스럽게 느껴졌던가. 이 모든 신비와 열정 때문에 창문을 매우 높이 만드는 것이 의미가 있었다.……수평적인 창문—높이 자리잡은 이 창문이 아름다운 계곡을 내려다본다. 또 다른 생각은 내가 잠시 동안이라도 자유를 찾기 위해서 밖으로 나가고 싶었던 욕구, 밖을 내다보고 싶었던 욕구였다.—"건축가는 발명하지 않는다. 다만 현실을 변형시킬 뿐", 「Oris」 8권 41호, 2006

십자가 상징은 우리가 창조하는 것이 아니라고 나는 생각한다. 그것은 생활과 경험을 통해서 구체화되는 것이다.……나는 내 스스로 상징을 하나 만들기로 했다.……내가 처음에 스케치로 그린 것들은 모두 실패작이었다.……교회는 빌려온 십자가로 문을 열었다. 내가 그것을 만들 수 없었기 때문이다.……나는 2년 동안 여러 가지를 시도했다. 결국 금십자가로 낙착되었다. 그것을 보면 거기에 몸이 있는 것 같은 느낌을 받는다.—"건축가는 발명하지 않는다. 다만 현실을 변형시킬 뿐", 「Oris」 8권 41호, 2006

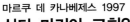

산타 마리아 교회는 조그만 도시의 광장을 만들고 있는 건물군의 일부이다. 시자는 그가 설계한 다른 건물들에서도 그러듯이, 제단을 향해서 늘어선 400개의 나무 의자 등 가구와 설치물도 디자인했다.

시자는 포르투 건축학교의 교사들을 층을 이룬 삼각형의 부지에 지어야 했다. 이 부지는 고속도로로 나가는 길과 기존의 도로, 그리고 퀸타 다 포부아의 전 소유지 등으로 3면이 둘러싸여 있었다. 북쪽에 있는 중심 건물은 도로의 시각적, 음향적 영향으로부터 보호되도록 설계했다.

포르투 1993
포르투 대학교 건축학부

"공원의 개념" 내가 부분적으로 보는 것은 작업 타입을 위한 전략뿐이다. 강 건너에서 건축학부와 그 부지를 보면 내가 하는 말의 의미를 파악할 수 있을 것이다. 그곳에서는 1960년대와 1970년대의 미의 개념을 형상화하고 있는 수많은 탑들이 보일 것이다. 그곳이 바로 내가 건물을 지어야만 했던 곳이다. 나는 이 탑들을 풍경과 부지의 환경 안으로 통합시키고 싶었다. 나는 그것을 영국 전통의 공원-정원으로 생각했다(사실 오포르투의 영국 거류민들 대다수가 거기 살고 있었다). 그곳은 매우 좋은 부지이다. 특히 남쪽이 매우 아름답다. 그래서 나는 그곳을 이 건물들이 이미 자리잡은 공원으로 보았다. 그리고 나는 풍경 속의 나의 파편으로 그것에 다른 부분을 첨가하고 싶었다. 그러나 안뜰 주위에 배치된 이 파편들은 어떤 면에서는 서로 관련되어 있었다. 그 건물들이 하나의 전체를 구성하는 것으로 볼 수 있었다. 사실 그 건물들은 전체로, 학교 또는 공공 건물로, 풍경과 관련된 전체로 보아야 한다. 건축가들의 작업들을 통합하고 연관시킨다는 것은 어려운 일이지만, 나는 내가 혼자 작업하고 있던 이 프로젝트로써 이미 존재하는 보다 큰 작품에 기여하고 싶었다. 공원 개념을 통해서 이 집합에 영향을 미치고 싶었다. ─ 돈 맥캔스, 「모자이크: 문학의 다른 분야와의 연관 연구 저널」, 2002. 12

나는 프로젝트가 한참 진행된 뒤에 마침내 이 관계들을 인식하게 되었다. 큰 건물은 단 하나의 볼륨으로 시작되었다가 다음에 나누어지고 배열되었다. 나중에 나는 그 나뉜 조각들이 정자의 기하학적 형태 비슷한 모양을 한 열린 뜰이 된 것을 볼 수 있었다. 이것은 미리 설정된 아이디어가 아니고 다른 문제들에 좌우된 진화의 결과로 생긴 것이었다. 프로그램과 몇몇 기존의 돌담을 그대로 두고 싶은 욕망, 그리고 지형의 어려움이 몇 달 전에 파빌리온을 암시하는 형태를 생각하게 했고 이것이 건물군의 전체 형태를 결정하는 데에 한몫을 했다. 이 프로젝트의 과정에는 참으로 연속성이 있었다. 마지막으로 특별한 이유 때문에, 방법으로서 생각한 것이 아닌데도 건물군과 작은 파빌리온이 유사성을 가지게 되었고 그래서 파빌리온이 건물군 전체의 건축을 진전시키는 지주 같은 역할을 하게 되었다. ─ 피터 테스타, 「하버드 건축 리뷰」 7권, 1989

"건축은 예술이다"

건축은 예술이지만, 예술은 건축이 아니다. 건축은 예술의 어머니가 아니다. 건축이 예술을 생성시키지는 않기 때문이다. 건축은 예술처럼 자율적이고 분산에 반대한다. —안토니오 안젤릴로, 「알바루 시자—건축에 관한 글」, 밀라노: 스키라, 1997

나는 [안토니오] 가우디의 건축에 매우 큰 흥미를 느꼈다. 실생활의 건물들과 이 유명한 건축물의 사진들을 비교해볼 때, 나는 그의 건축물은 조각 같다고 말했다. 사실 나는 건축으로서보다는 조각으로서의 그의 건축물에 더 흥미를 느꼈다. 내가 그곳에 가서 내 눈으로 직접 보았을 때, 나는 이 조각이 실상 집이며 정상적인 집의 모든 요소들—문과 창문, 굽도리 널 등—을 가지고 있다는 것을 알았다. 이것이 어떤 면에서 나로 하여금 건축의 세계에 눈뜨게 했다고 할 수 있다. 전에는 나는 그 작품을 조각으로 볼 수 있었지만, 이제 그것을 건축으로 볼 수 있게 되었던 것이다. —알바루 시자, 후타가와 유키오와의 인터뷰, 「GA 다큐멘트 엑스트라 11」, 1998

조각가가 되려고 했다

나는 조각가가 되려고 했다. 그러나 가족들은 그런 나의 생각을 좋아하지 않았다. 아버지는 엔지니어였다. 그러나 나는 엔지니어가 되고 싶은 생각은 없었다. 그래서 나는 그림과 조각, 건축을 모두 가르치는 학교로 갔다. 여차하면 건축에서 조각으로 전공을 바꿀 생각이었다. 그러나 나는 그렇게 하지 않았다. 건축을 발견했기 때문이다. 그리고 당시는 전쟁 직후의 매우 자극적인 시기였다. 내가 다니던 학교는 미술학교였지만 세상이 변하고 있었다. 젊은 교수들이 주도권을 잡아가고 있었다. —C. C. 설리번, 「건축—뉴욕과 워싱턴—미국 건축가 협회」 93권 7호, 2004

……건축은 회화 또는 조각, 영화, 문학을 낳는 소망과 동기와 똑같은 인간의 소망과 동기의 소산이다. 건축은 이해하고 표현하고 싶은 인간의 욕구에서 나온다. —돈 맥캔스, 「모자이크: 문학의 타분야와의 연관성 연구 저널」, 2002. 12

빌라 두 콘두 1996

보르헤스 & 이르망 은행

이 건물은 회전적 특성을 지니고 있다. 은행 카운터의 분명한 곡선, 천정, 외부의 끝 벽과 램프는 젖혀 놓더라도, 내부의 공간들과 연결 계단이 이런 특성을 강조하고 있다. 은행은 외부로 별로 드러나 있지 않고, 마찬가지로 내부에도 아주 은밀한 공간은 별로 없다. 모든 바닥이 단면으로 보면 시각적으로 연관되어 있다. 르 코르뷔지에의 카르타고 빌라를 생각나게 하는 모양이다. —알바루 시자 사무실 제공

빌라 두 콘두의 보르헤스 & 이르망 은행의 경우 곡선이 강조된 또 다른 이유가 있다. 고객들은 어떤 존재감을 가진 건물을 원했다. 그러나 부지의 정면이 너무 작아서 의미있는 어떤 작업을 할 수 없었다. 곡선은 수평적인 벽을 향해서 집 정면을 연장시킴으로써 그 규모를 계속 증대시키는 효과를 낸다. 곡선은 또한 새 광장으로의 접근을 위해서도 필요하다. 곡선이 도시 공간의 출구를 만드는 데에 도움이 되었다. —알레한드로 사에라-폴로, 「El Croquis」 68-69호, 1994

시자의 보르헤스 & 이르망 은행 설계에 사용된 곡선은 은행의 중후함을 높이는 데에 중심적 역할을 했다. 곡선을 이룬 내부가 빌딩 전체에서 시각적 흐름을 만들어낸다.

이베레 카마르구 재단 건물은 절벽과 분주한 거리 사이의 묘한 자리에 위치해 있다. 이 박물관은 8만 8,000제곱피트밖에 안 되는 비교적 작은 규모이다. 그러나 시자는 램프를 만들고 전시실 바닥의 높이를 서로 다르게 함으로써 건물을 더 크게 보이게 했다. 입구의 광장(오른편 사진)은 개방과 폐쇄의 느낌을 동시에 준다. **반대편 페이지 사진 :** 포르투의 풍경 속에 자리잡은 재단 건물을 보여주는 컨셉트 스케치.

포르투 알레그르 2007

이베레 카마르구 재단

건물의 가장 큰 몸체가 초목으로 덮인 절벽을 배경으로 들어섰다. 절벽 밑의 우묵한 부분을 차지하고 있는 이 건물의 중심부는 불규칙한 형태의 4층으로 되어 있으며 1층은 플랫폼과 같은 높이에 자리잡고 있다. 이 부분의 건물은 남쪽과 서쪽의 거의 수직을 이룬 벽과 북쪽과 동쪽의 들쑥날쑥한 벽으로 둘러싸여 있다. —알바루 시자 사무실 제공

건물 높이만큼 솟은 이 들쑥날쑥한 벽이 전시홀(위의 3개층까지 연결된 서로 다른 크기의 3개의 방), 그리고 1층에 있는 접수실, 옷 보관실, 책방으로 둘러싸인 입구의 안뜰을 감싸고 있다. 상시 전시 공간과 임시 전시 공간은 구분되지 않고 미술관의 형편에 따라서 융통성 있게 사용하도록 되어 있다. —알바루 시자 사무실 제공

설계 과정 : 소통

그(시자는 자신을 이렇게 지칭하고 있다)는 건축을 위한 요건으로 드로잉을 하지 않는다. 그는 즐거움을 위해서, 필요에 따라서, 그리고 어쩔 수 없이 드로잉을 한다. —1994년 3월 1일이라고 날짜가 적힌 스케치북 페이지에 쓰인 글, 안토니오 안젤릴로, 「알바루 시자—건축에 관한 글」, 밀라노: 스키라, 1997

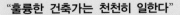
설계는 소통과 분석의 중요한 도구임은 물론이고, 우리를 선입견에서 해방시키고 뜻밖의 탐색 구역을 열어줌으로써 분위기를 파악할 수 있게 해준다.……—엔리코 모르테오, 「Domus」, 1993. 2

……프로젝트가 진행되는 동안 나는 주기적으로 드로잉들을 집으로 가져가서 설계도와 스케치를 유심히 살필 뿐 아니라 건물을 진정으로 파악하려고, 프로젝트를 정말로 알려고 정신을 집중한다. 나는 드로잉을 보지 않고도 머리 속에서 건물 전체를 걸어다닐 수 있어야 한다. 앉아서 건물 안을 걸어다니는 나 자신을 상상할 수 있어야 한다. 각각의 홀로 내려가보고 그 프로젝트가 주택이라면 욕실에도 들어가보고 거기서 손도 씻어보고 주방에도 가보아야 한다.……나는 이렇게 진전되어 가는 프로젝트를 살펴보기 위해서 온갖 노력을 한다. —돈 맥캔스, 「모자이크: 문학의 타분야와의 연관 연구 저널」, 2002. 12

[설계는] 비체계적으로 펼쳐지는 과정이다. 근년의 나의 경험으로 나는 어떤 요소라도 추측으로 프로젝트에서 제외하면 안 된다는 것을 알게 되었다. 건축은 모든 것과 관련이 있기 때문이다. 건축은 처음에는 모호해 보일지 모르지만, 문제가 제기되면서 밀도가 높아지는 혼합적 활동이다. —엔리코 모르테오, 「Domus」, 1993. 2

"훌륭한 건축가는 천천히 일한다"

당신이 어떤 기계를 고안하더라도, 분명한 것은 건축상의 문제의 해결법을 찾는 과정에서 취할 수 있는 지름길은 없을 것이다.……모든 서로 다른 측면들 간의 풍부한 상호관계—예를 들면 공간의 정확한 표현—그것은 저절로 생기지 않는다.……훌륭한 건축가는 천천히 일한다. —알바루 시자 비에이라, 올레 보우만 및 로에메르 반 토른과의 인터뷰, alvarosizavieira.com

나로 말하자면, 건축에 대해서 생각할 때, 나는 무엇보다도 안정성, 고요함, 그리고 존재감을 생각한다.……이 정보의 홍수 속에서 당신은 당신의 입장을 분명히 해야 한다. 많은 정보를 받아들일수록 나의 건축물은 더 평온해진다. —알바루 시자 비에이라, 올레 보우만 및 로에메르 반 토른과의 인터뷰, alvarosizavieira.com

그것은 곡선이 아니고 조절이다.……나는 전체를 지어야 했고 거기에는 바다와 같은 큰 강이 있었기 때문이다. 공간은 줄어들었고 층에 따라서 차이가 많았다. 공간을 침범한 것이 녹색의 식물인 것이 다행이었다. 나는 그 녹지를 건드리고 싶지 않다고 말했다. 그 아름다운 전체를 만든다는 것이 불가능했기 때문이다. 어려운 점은 내가 산허리에서 전시장에 접근해야 한다는 것이었다. 나는 산허리에서 전시장으로 들어갈 수 없었다.……그래서 나는 진입과 평행한 움직임을 만들어야 했다.……내가 그것을 설계하고 있을 때, 그곳으로 커다란 자동차가 지나가는 생각을 하고 있으려니, 곡선이 매우 강하에 보였다. 뒤에 램프를 설계했다. 나는 커다란 내부 공간을 만들었다. 구겐하임과 비슷하다고 말들 하는데 그것은 사실이다. 하지만 램프의 절반은 내부에 있고 다른 절반은 외부에 있다. 그리고 방들은 직사각형이다. 외부에서 보면 작은 창문들이 보인다. 그 창문들은 작다. 그러나 사실 그 창문으로 강을 볼 수 있고 또 어느 각도에서 보면 시가지 전체를 내다볼 수 있다. —"건축가는 발명하지 않는다. 다만 현실을 변형시킬 뿐", 「Oris」 8권 41호, 2006

직관적인 장인정신 나는 내가 어렸을 적에 좋아했던 것을 자주 이야기하곤 한다. 내가 자란 집의 뒷문 모양—여러분은 그것을 우리 어머니의 집 정문에서 볼 수 있을 것이다. 이제 그 문은 전세계에서 볼 수 있다. 그 문은 내셔널 갤러리의 세인스베리 건물 입구에도 있다. 내가 어려서 좋아했던 필라델피아 근대미술관 외벽의 선명한 갖가지 색깔의 테라코타가 우리가 지은 시애틀 미술관에 영향을 미쳤다. 이처럼 나는 내가 나의 어렸을 적의 직관을 존중해왔다는 것을 알고 있다. 내가 무엇을 좋아했는 지를 인정한 것이다. 예술가들은 그들이 직관적으로 좋아하는 것, 그리고 싫어하는 것을 모니터하지 않고, 그들이 좋아해야 하는 것을 억지로 좋아하려고 할 때, 그리고 그들이 순응해야 한다고 생각하는 이데올로기에 순응할 때 잘못될 수 있다고 나는 생각한다.…… 우리는 처음부터 "우리는 지도자가 될 것이다, 위대해질 것이다, 독창적이 되어야 한다"는 식으로 생각하지 않았다. 건축가로서의 당신은 장인이다. 따라서 당신은 매일 최선을 다하려고 노력해야 한다. 만약 당신이 지도자가 된다면, 당신이 독창적, 혁명적, 또는 그밖의 무엇이 된다면, 그것은 우연히 그렇게 되는 것이다. —로버트 맥스웰, "로버트 벤투리와 데니스 스콧 브라운: 로버트 맥스웰과의 인터뷰", 「건축 설계」 62권 5-6호, 1992

로버트 벤투리 ROBERT VENTURI

출생 1925년 6월 25일, 펜실베이니아주 필라델피아

교육 미술 석사, 건축 학사, 프린스턴 대학교, 뉴저지 주 프린스턴, 1950, 1947

사무실 Ventury, Scott Brown & Associates, Inc., 4236 Main Street, Philadelphia, Pennsylvania 19127-1696
전화 : +1 215-487-0400, 팩스 : +1 215-487-2520
www.vsba.com

주요 프로젝트 앤리안 의학연구 및 교육 센터, 예일 대학교 의과대학, 코네티컷 주 뉴헤이븐, 2003; 시애틀 미술관, 워싱턴주, 1991; 내셔널 갤러리 세인스베리 윙, 런던, 1991; 고든 우 홀, 프린스턴 대학교 버틀러 컬리지, 뉴저지주, 1983; 최상품 카탈로그 전시장, 펜실베이니아주 랭혼, 1978; 바나 벤투리 하우스, 펜실베이니아주 체스트넛 힐, 1964

라스베이거스로부터의 학습, 1972

로버트 벤투리, 데니스 스콧 브라운, 스티븐 이즈누어의 「라스베이거스로부터의 학습」은 1968년 예일 대학교에 있던 건축 스튜디오인 라스베이거스 스튜디오에서 비롯되었다. 당시 벤투리와 스콧 브라운의 조교였던 이즈누어와 12명의 학생들이 라스베이거스 "스트립"(카지노가 모여 있는 라스베이거스의 큰 거리/역주)을 조사하기 위한 조사여행에 두 건축가를 수행했

다. 이렇게 해서 나온 것이 "흉하고 평범한" 상업적 경관에 대한 날카로운 분석과 비판이었다. 불의의 죽음을 당한 2001년 당시 벤투리, 스콧 브라운 앤드 어소시에이츠의 사장이었던 스티븐 이즈누어는 회사의 전시와 그래픽 디자인, 프로젝트 설명, 조사연구, 사무실 관리를 관장했다.

여기에서 묘사된 라스베이거스는 디즈니랜드를 연상시키는 오늘날의 호화로운 라스베이거스가 아니고 1968년 무렵의 상가이다. ─로버트 벤투리와 데니스 스콧 브라운, 「기호와 시스템으로서의 건축, 매너리스트 타임에 기고한 글」, 매사추세츠주 케임브리지: 하버드 대학교 출판부의 벨크냅 프레스, 2004

[우리의] 첫 번째 반응은 스트립이 현대적으로 설계된 도시 풍경이 가지지 못한 특질과 활력─의미─을 가지고 있다는 것이었다. ─피터 아널, 테드 빅퍼드, 캐서린 버가트 편, 「캄피돌리오로부터의 관점: 에세이 선집 1953-1984 로버트 벤투리와 데니스 스콧 브라운」, 매사추세츠주 케임브리지: 하퍼 앤드 로우, 1984

「라스베이거스로부터의 학습」에서 우리는 상업적인 도로변 건물을 상징적 건축의 하나의 모델로 분석했고, 우리의 풋볼 명예의 전당 응모작(뉴저지주 뉴브런스윅, 1967, 건축되지 않음)을 도형으로 그렸다. 우리는 이 도형을 빌딩보드(billdingboard)라고 불렀다. 이런 싸인아플리케(sign-appliqués)에서 우리는 하나의 건물 타입과 건축에서의 장식을 위한 도구로서의 장식된 창고라는 아이디어를 개발했다. ─피터 아널, 테드 빅퍼드, 캐서린 버가트 편, 「캄

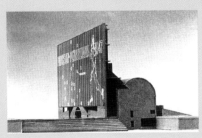

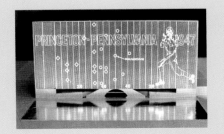

피돌리오로부터의 관점: 에세이 선집 1953-1984 로버트 벤투리와 데니스 스콧 브라운」, 매사추세츠주 케임브리지: 하퍼 앤드 로우, 1984

"상징주의"와 "도상(iconography)"과 연관된 건축은 「라스베이거스로부터의 학습」에서 많은 영향을 받았다. 「라스베이거스로부터의 학습」에서 우리는 기호화를 더욱 추진하는 건축 품질의 풍경을 분석했다. 우리는 그런 분석을 하면서 서구의 건축, 유럽과 미국의 건축의 역사를 공부했고 상징주의, 기호, 그래픽이 건축의 전역사에서 매우 중요한 요소였다는 것을 깨닫게 되었다. ─이상림, "로버트 벤투리와 데니스 스콧 브라운", 「공간」, 2006. 1

▟▟ 우리는 60년대 라스베이거스에서 눈이 확 뜨이는 것 같은 유쾌한 느낌을 받았다. ▙▙

우리가 로마의 공간들에서 배웠듯이, 우리는 라스베이거스의 상징주의에서 배웠다. 우리가 싸인(sign)을 "시각적 오염"이라고 무시한다면, 우리는 길을 잃게 된다는 것을 곧 알게 되었다. 우리가 건물들을 공간 속의 형태가 아니라 공간 속의 심벌로 볼 때, 풍경이 품질과 의미를 가지게 된다. ─피터 아널, 테드 빅퍼드, 캐서린 버가트 편, 「캄피돌리오로부터의 관점: 에세이 선집 1953-1984 로버트 벤투리와 데니스 스콧 브라운」, 매사추세츠주 케임브리지: 하퍼 앤드 로우, 1984

건축학도들과 로버트 벤투리, 데니스 스콧 브라운 찬양자들에게 「라스베이거스로부터의 학습」의 출간은 매우 중요했다. 그것은 또한 벤투리와 스콧 브라운의 작업을 위해서도 많은 도움이 되었다. 그 책은 벤투리가 풋볼 명예의 전당 공모에 응모하는 계기가 되었다(아래 사진들).

……벅스 카운티의 가장 큰 샤워 커튼!

랭혼 1978
최상품 카탈로그 전시장

법랑 자기의 패널로 된 파사드가 아름다운 꽃무늬와 그래픽으로 장식된 창고 겸 전시실은 규모가 고속도로에서도 볼 수 있을 만큼 큰데, 그 앞에는 주차장이 있다. 이런 설계에 의해서 이 건물 파사드는 벅스 카운티에서 가장 큰 샤워 커튼으로 알려지게 되었다. ―로버트 벤투리와 데니스 스콧 브라운, 「기호와 시스템으로서의 건축」, 매너리스트 타임, 매사추세츠주 케임브리지: 하버드 대학교 출판부의 벨크냅 프레스, 2004

많은 건축가들이 우리가 아직도 산업시대에 살고 있고 따라서 강철과 유리로 된, 공장처럼 보이는 사무실을 지어야 하는 것처럼 행동한다. 우리가 하고 있는 일은 광고업과 오락산업을 아이디어의 원천으로 이용하려고 하는 것이다. ―하노 라우터베르크, 「건축을 말하다: 건축가들과의 인터뷰」, 뮌헨: 프레스텔, 2008

호소력 있는 광고 : 벤투리의 최상품 카탈로그 전시장의 파사드는 참신한 작품이었고 금방 대중적 아이콘이 되었다.

우리의 건물들이 충분히 화려하게 보이지 않는 경우가 많다는 것은 아이러니이다. 하지만 한편으로는 우리가 건축적 표현으로서가 아니라 천박하고 상업적으로 너무 화려하다고 하는 사람들이 있다. ― "VSBA Today", 「건축 기록」, 1998. 2

평범함의 찬양

대다수 사람들에게 현대건축은 지나치게 추상적이다. 사람들은 그렇게 난해하지 않고 보다 평범한 생동감을 원한다.—하노 라우터베르크, 「건축을 말하다: 건축가들과의 인터뷰」, 뮌헨: 프레스텔, 2008

……20세기에는……건축은 공간에 관한 것이었다. 나는 그것이 추상적 미학을 위해서는 좋다고 생각한다. 그러나 이제는 공간이 아니고 기호—기호와 상징이다.—이상림, "로버트 벤투리와 데니스 스콧 브라운", 「공간」, 2006. 1.

우리가 말하려고 하는 것은 추상 예술은 끝났다는 것이다. 우리는 예술이 상징주의를 포용할 수 있는, 당신에게 얘기를 해줄 수 있고 그런 것을 지을 수 있는 위대한 전통으로 되돌아가자.—이상림, "로버트 벤투리와 데니스 스콧 브라운", 「공간」, 2006. 1

평범한 것을 관찰하고 거기서 아이디어를 얻는 예술의 오랜 전통이 있다.—하노 라우터베르크, 「건축을 말하다: 건축가들과의 인터뷰」, 뮌헨: 프레스텔, 2008

호소력 있는 건축

물론 당신은 건축의 첫 번째 목적이 주거와 배경이 되는 것이라는 것, 건축의 아름다움은 그 대부분이 취향의 문제라는 것을 잊어서는 안 된다. 하지만 요즘 유행하는 상자 모양의 건물만은 피했으면 한다. 이런 모양이 오늘날의 취향인지는 모르겠지만.—로버트 맥스웰, "로버트 벤투리와 데니스 스콧 브라운: 로버트 맥스웰과의 인터뷰", 「건축 설계」 62권 5-6호, 1992

우리에게 건축은 무엇보다도 배경 속에서의 예술이다. 적어도 거기서는 건축이 힘을 발휘한다. 건축은 구태여 전면으로 밀고 나오려고 할 필요가 없다. 그러나 예외가 있다. 건축이 광적이고 이기적이 될 수도 있다. 뉴욕 한복판의 타임스 스퀘어가 그 예이다.—하노 라우터베르크, 「건축을 말하다: 건축가들과의 인터뷰」, 뮌헨: 프레스텔, 2008

위대한 건축가를 알아보는 한 가지 방법은 그가 식별 가능한 개인적 표현형식을 사용했는지 알아보는 것이었다. 나는 오늘날 위대한 건축가의 정의가 정반대가 되었다고 말하고 싶다. 적응력과 다양한 표현

형식의 사용이 위대한 건축가의 요건인 것 같다. 이것은 취향, 문화, 이질성, 절충주의에 대한 우리 시대의 개념, 또 통일성보다 풍요로움을 더 선호하는 경향과 관계가 있다.—필리프 바리에르와 실비아 래빈, "데니스 스콧 브라운, 로버트 벤투리와의 인터뷰", 「Perspecta」 28호, 1997

사람들이 이해하는 데에 어려움을 겪는 듯 보이는, 그리고 우리를 "독창적인 두드러진 천재"의 반대가 되도록 하는 우리 작품의 또 다른 측면은 우리가 시간에 대해서 융통성이 있는 보통 건물—뉴잉글랜드풍의 방앗간, 지붕 밑 방, 이탈리아 궁전(팔라초) 등—의 가치를 어떻게 평가하느냐이다. 이탈리아 궁전은 장식을 빼면 400년 동안이나 똑같았다. 이 건물은 여러 가지 다른 방식으로 사용될 수 있는 건물이다. 벙어리장갑보다는 손가락이 있는 장갑을 만든다는 모더니즘적 개념에 반하는 건물이다. 관련된 논점은 건축의 내용은 형태를 왜곡하는 추상이 아니라 응용된 과시에서 나온다는 것이다.—"VSBA Today", 「건축 기록」, 1998. 2

❝ 규칙을 깨기 전에 먼저 규범을 참조해야 한다. ❞

많은 사람들이 우리를 모더니즘의 큰 적이라고 생각한다. 이것은 물론 헛소리이다. 우리는 알바르 알토 같은 건축가들을 사랑하고 르 코르뷔지에의 빌라 사부아에 경의를 표한다. 물론 우리는 모더니즘이 르네상스나 바로크 양식처럼 오래 전에 이미 역사가 되었다는 점을 알고 있지만 말이다.—하노 라우터베르크, 「건축을 말하다: 건축가들과의 인터뷰」, 뮌헨: 프레스텔, 2008

많은 건축가들이 성실성, 그들이 짓는다고 스스로 믿고 있는 정직한 건물들에 대한 믿음에 취해 있다. 하지만 정직한 장식, 건물에 의미를 주기 위해서 극히 의도적으로 사용되는 건물 장식도 있다. 이것을 어찌 위선적이라고 할 것인가?—하노 라우터베르크, 「건축을 말하다: 건축가들과의 인터뷰」, 뮌헨: 프레스텔, 2008

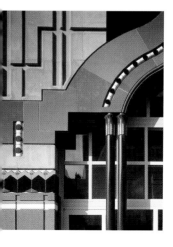

흡족하게 바라볼 만한 것 : 시애틀 미술관은 도시의 경건함에 대한 경쾌한 기여였다. 음각으로 새겨진 미술관의 이름은 높이가 14피트나 된다. 오른편의 육중한 예일 메디컬 센터는 44만 제곱피트로 건축될 당시 예일 대학교 최대의 프로젝트였다.

시애틀 1991
시애틀 미술관

이 건물은 하나의 예술작품으로 설계되었지만, 그러나 주역이 아니라 그 안에 전시되는 예술작품의 배경 역할을 하는 건물이 되도록 했다. 이 건물은 유기적으로 연결된 전시실이라는 요즘의 박물관 경향을 따르지 않고 옛 전통을 따랐다. 개조된 궁전이나 19세기의 웅장한 박물관, 그리고 독창적인 뉴욕의 MoMA를 본보기로 삼았다.—스타니슬라우스 본 모스, 「벤투리, 스콧 브라운 앤드 어소시에이츠, 1986–1998」, 뉴욕: 모나첼리, 1999

……시애틀 중심가의 특징인 10년대, 20년대에 지어진 10–12층 사무실 빌딩들의 풍요로움.……우리는 옛 전통을 강화하는 진정으로 새로운 무엇인가를 만들 수 있다.—데이비드 B. 브라운리, 데이비드 G. 드 롱, 캐스린 B. 히싱어, 「평범에서 벗어나서: 로버트 벤투리 데니스 스콧 브라운 앤드 어소시에이츠」, 예일 대학교 출판부 및 필라델피아 미술관, 2001

……아마 장식을 해야 할 것이다. 유감스럽지만, 이것은 사실이다. 표현을 포함한 추상적 패턴으로서, 그리고/또는 의미를 포함한 참고적 기호로서의 장식. 시애틀 미술관의 경우, 그 외부 표면의 장식은 다양한 테라코타와 석재 단위로 형상화된 다색의 무늬로 이루어진다. 이것은 파사드의 리듬과 스케일의 다양성을 형성하는 역할도 한다.—로버트 맥스웰, "로버트 벤투리와 데니스 스콧 브라운: 로버트 맥스웰과의 인터뷰", 「건축 설계」 62권 5–6호, 1992

박물관을 설계할 때—우리는 시애틀, 샌디에이고, 텍사스에서 박물관을 설계했다—우리는 공간의 3분의 1만이 전시에 사용된다는 사실을 발견하게 된다. 나머지 공간은 교육적 용도, 행정적 용도에 사용된다.—로버트 벤투리, 데이비드 보건, 찰스 젱킨스, "내셔널 갤러리—세인스베리 윙", 「건축 설계」 6권 5–6호, 1991

……미술관은 시의 것이며 또한 시민의 것이다. 시적인 규모가 거대한 계단이라는 수단을 통해 내부를 관통한다. 이 내부의 계단은 밖의 보도의 계단에서 보이며 서로 상응한다. 그래서 건물이 열려 있고 접근하기 쉽다는 느낌을 준다.—스타니슬라우스 본 모스, 「벤투리, 스콧 브라운 앤드 어소시에이츠: 건물과 프로젝트, 1986–1998」, 뉴욕: 모나켈리, 1999

뉴헤이븐 2003

예일 대학교 의과대학
앤리언 의학연구 및 교육 센터

융통성 있는 로프트들로 이루어진 거대한 건축 콤플렉스. 가시적인 크기와 규모는 다양한 재료로 이루어진 벽 표면의 무늬와 기호적, 장식적, 조각적 요소에 의해서 작아진다. 건물의 뒷면에는 늘어선 나무 모양의 전시물들이 있는데 이것이 근처 동네를 향한 친근한 얼굴이 되며 보안 펜스의 효과를 부드럽게 하는 역할을 한다. ─로버트 벤투리와 데니스 스콧 브라운, 「기호와 시스템으로서의 건축, 매너리스트 타임」, 매사추세츠주 케임브리지: 하버드 대학교 출판부의 벨크냅 프레스, 2004

"평범하면서 장식적인 건물"

건축은 여러 가지가 될 수 있다. 그러나 적절해야 한다. ─피터 아넬, 테드 빅퍼드, 캐서린 버가트 편, 「캄피돌리오로부터의 관점: 에세이 선집 1953-1984 로버트 벤투리와 데니스 스콧 브라운」, 매사추세츠주 케임브리지: 하퍼 앤드 로우, 1984

그러나 적절함에 대한 인식은 다양한 문화적 타입뿐만 아니라 문화적 가치의 계층구조에까지 적용되어야 한다. 즉 모든 건물들이 똑같이 중요하지는 않으며 모든 건물들이 고급 예술이어서는 안 된다. 대부분의 풍경은 평범하면서 장식적인 건물들을 포함해야 한다. ─피터 아넬, 테드 빅포드, 캐서린 버가트 편, 「캄피돌리오로부터의 관점: 에세이 선집 1953-1984 로버트 벤투리와 데니스 스콧 브라운」, 매사추세츠주 케임브리지: 하퍼 앤드 로우, 1984

어떤 사람은 우리의 건축물을 "흉하고 평범하다"고 했는데 우리는 그 말을 칭찬으로 받아들인다.……우리는 보기 흉하고 평범하며, 영웅적이거나 독창적이지 못하다. 건축의 훌륭한 전통은 근본적으로 변함이 없는

◀◀ 우리는 보로미니와 샤르트르뿐만 아니라 주유소로부터도 배운다. ▶▶

시스템에서 도출된다는 의미에서 평범함은 매우 좋은 것이다. ─이상림, "로버트 벤투리와 데니스 스콧 브라운", 「공간」, 2006. 1

우리는 과거로부터 또 우리의 환경으로부터 배워야 한다. 데니스와 나는 여행할 때 결코 지루함을 느끼지 않는다. 뉴욕과 필라델피아 사이를 기차로 이동할 때도 우리는 지루함을 모른다. 창문을 통해서 초기의 융성했던 블루칼라 동네의 아름다운 옛 교회도, 커다란 평범한 공장 건물도, 풍경에 생동감을 주는 매우 아름다운 입간판도 본다. 우리는 보로미니(바로크 건축의 창시자/역주)와 샤르트르(노트르담 대성당의 소재지/역주)뿐만 아니라 주유소로부터도 배운다. ─마틴 필러, "로버트 벤투리와 데니스 스콧 브라운", 「하우스 뷰티풀」, 2000. 6

프린스턴 1993
프린스턴 대학교 버틀러 컬리지 고든 우 홀

버틀러 칼리지의 중심을 표시하기 위해서 설계되고 위치를 잡은 벽돌로 된 식당건물은 모두 벽돌로 지은 기존의 기숙사들의 일부가 되었다. 건물의 입구는 건물을 꾸며주는 대담한 상징적 무늬에 의해서, 그렇지 않았으면 퇴행적으로 보였을 이 건물의 외관을 돋보이게 해준다. 이 무늬는 흔히 벽로 위에서 발견되는 엘리자베스 시대/제임스 1세 시대(Elizabethan/Jacobean)의 모티프로 엘리자베스 스타일의 캠퍼스의 환경에 어울린다.—로버트 벤투리와 데니스 스콧 브라운, 「기호와 시스템으로서의 건축, 매너리스트 타임」, 매사추세츠 주 케임브리지: 하버드 대학교 출판부의 벨크냅 프레스, 2004

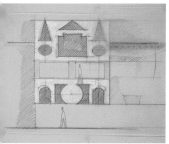

벤투리가 프린스턴 대학교의 고든 우 홀을 설계할 때 그는 인접한 기존의 기숙사들을 연결하는 "시각적 하이픈"이라고 묘사했다. 위의 드로잉은 빌딩 블록의 모티프를 보여준다.

이 건물의 설계는 주위에 있는 것들로부터 많은 영향을 받았다. 그러나 설계가 또한 그 자체의 정체성을 높여주고 있다. 건물의 긴 모양과 중앙이라는 위치는 이 건물을 기숙사들을 연결시켜주고 통합시키는 시각적 하이픈으로 만들고 있다. 벽돌, 석회석 장식, 중앙에서 벗어나 있는 입구에 붙어 있는 가늘고 긴 창문은 초기 르네상스 시대의 장식을 생각나게 하는, 건물뿐만 아니라 칼리지 전체의 입구를 상징하는 대담한 대리석과 회색 화강암 패널로 장식되어 있다.—닐 레바인, "역사주의의 귀환", 크리스토퍼 미드 편, 「로버트 벤투리의 건축」, 앨버쿼크: 뉴멕시코 대학교 출판부, 1989

영향과 혁신
루이스 칸 : "나는 그를 엘리베이터에서 보곤 했다"

나는 지방의 현대 건축가였던 로버트 몽고메리 브라운과 함께 여름 알바이트를 하고 있었다. 루이스 칸—아무도 그를 몰랐다—이 한 층 위의 사무실에 있었다. 나는 그를 엘리베이터에서 보곤 했다. 나는 또 그를 위해서 일하는 5, 6명의 젊은이들도 보았다. 그들은 나에게 말을 거는 일이 없었다. 내가

어리고 순진했기 때문이었다. 하지만 루이스 칸은 나에게 말을 걸었다. 그는 매우 친절했다. 석사 논문을 완성하기 위해서 프린스턴으로 돌아가면서 나는 칸에게 조지 하우와 함께 논문 심사위원이 되어 달라고 부탁했다.—필리프 바리에르와 실비아 래빈, "데니스 스콧 브라운, 로버트 벤투리와의 인터뷰", 「Perspecta」 28호, 1997

루이스 칸은 또한 나를 에로 사리넨에게 소개했고 나는 사리넨의 사무실에서 2년 반 동안 근무했다. 나는 거기서 그다지 편안하지 못했지만, 몇몇 훌륭한 친구들을 사귀었다. 그리고 사무실 운영에 대해서 많이 배웠다. 그후 나는 부모님의 과일 농산물사업을 운영하기 위해서 고향으로 돌아갔다. 아버님이 편찮으셨기 때문이다. 1년 반 동안 나는 가족회사에서 일했다. 나는 내가 평생 그 사업에 붙잡혀 있을까봐 두려웠다. 당시 나는 울적한 기분을 달래려고 칸의 사무실을 찾아가곤 했고 그는 나에게 큰 도움이 되었다.—필리프 바리에르와 실비아 레빈, "데니스 스콧 브라운, 로버트 벤투리와의 인터뷰", 「Perspecta」 28호, 1997

[로마 상을 받고] 돌아온 나는 루이스 칸을 위해서 일했고 또 그의 조수로 펜실베이니아대학에서 학생들을 가르쳤다. 뒤에—아마 61년이었을 것이다—펜실베이니아 건축학교 교장 홈스 퍼킨스가 나에게 건축이론 강의를 맡아달라고 부탁했다. 어떤 면에서 그 강의는 「복잡성과 모순」을 위한 준비가 되었다 데니스가 강의 준비를 도와주었고 그 노트가 책으로 발전했다.—필리프 바리에르와 실비아 래빈, "데니스 스콧 브라운, 로버트 벤투리와의 인터뷰", 「Perspecta」 28호, 1997

"학생들이 스승에게 영향을 준다"

글쎄, 칸은 데니스와 내가 취한 라스베이거스의 지침을 존중했지만, 자신은 받아들일 수 없었다. 뒤에 나온 그의 역사주의는 펜실베이니아에서 폴 크렛과 함께 한 그의 미술 교육에 연원을 두었지만, 나는 상당 부분이 내게서 나온 것이라고 본다. 학생들의 과제가 스승에게 영향을 준다는 것을 고려해야 한다.—필리프 바리에르와 실비아 래빈, "데니스 스콧 브라운, 로버트 벤투리와의 인터뷰", 「Perspecta」 28호, 1997

내가 칸에게서 배운 중요한 레슨은 서번트 공간이라는 개념, 일반적 공간과 작은 공간이 있다는 공간의 계층구조이다. 그런 공간들이 건물의

체계가 되었다. 나는 그런 개념이 전이나 지금이나 매우 유효하며 흥미롭다고 생각한다. 내 글에서 나는 그가 나에게서 배운 여러 가지를 지적했다. 그러나 그는 결코 그 점을 인정하지 않을 것이다. 사람들은 항상 서로 배우며, 우리가 참신한 아이디어를 얻을 때 우리는 그것을 인정해야 한다.—이상림, "로버트 벤투리와 데니스 스콧 브라운", 「공간」, 2006. 1

알바르 알토 : 그는 건축에 대해서 쓰지 않았다

알바르 알토의 작품은 현대의 거장들의 작품 가운데 나에게 가장 큰 의미를 가진 작품이었다. 그의 작품은 나에게 예술과 테크닉의 면에서 가장 감동적이고 가장 유효하며 가장 많은 것을 배울 수 있는 원천이다. 시대를 넘어 살아남는 모든 작품들이 그렇듯이, 알토의 작품은 여러 방식으로 해석될 수 있다. 각각의 해석은 그 순간에는 그 나름대로 진실이다. 그런 수준 높은 작품은 많은 측면과 의미의 층을 가지고 있기 때문이다.……하지만 이 에세이를 완성하기 위해서 애쓰는 나에게 알토의 가장 애착이 가는 특징은 그가 건축에 대해서 쓰지 않았다는 점이다.—피터 아널, 테드 빅포드, 캐서린 버가트 편, 「캄피돌리오로부터의 관점: 에세이 선집 1953-1984 로버트 벤투리와 데니스 스콧 브라운」, 매사추세츠주 케임브리지: 하퍼 앤드 로우, 1984

데니스 스콧 브라운 : "그녀가 나를 오염시켰다"

우연하게도 우리 두 사람은 삶이나 아이디어, 예술에의 접근방식이 비슷했다. 우리는 펜실페이니아 대학교에서 만났는데 데니스는 펜실베이니아를 떠나 캘리포니아로 갔다. 그리고 그녀가 나에게 라스베이거스를 처음으로 알려주었다. 나는 그녀가 나를 오염시켰다고 말하고 싶다. 그후 우리는 진정한 파트너가 되었다. 나는 우리가 비슷한 접근방식을 가진 것이 운명이라고 생각한다. 우리는 배경이 매우 다르다. 우리는 또한 건축의 사회학적, 사회적 측면에 대한 관심도 비슷하며 그런 관심이 젊어서부터 꽤 많았는데 우리는 그런 관심을 똑같이 가지고 있었다. 그래서 우리가 흥미를 느끼는 건축의 특이한 일들이 서로 비슷하게 되었다. 반면에 우리는 얼마간의 다른 점도 가졌다. 나는 건축적 스케일에 더 관심이 많고 그녀는 도시적 설계 스케일이나 도시 계획 단계에 더 빠져 있다. 그러나 그녀는 여전히 건축에 종사하며 나는 여전히 계획에 관여한다.—이상림, "로버트 벤투리와 데니스 스콧 브라운", 「공간」, 2006. 1

◀◀ 우리는 불가피하게 함께 일해야 한다. ▶▶

어떤 사람들은 우리를 이해하는 데 어려움을 겪는다. 그것은 그들이 우리를 개인적인 천재로 보기 때문이다. 그것은 잘못된 생각이다. 문학, 건축에는 파트너로서 생기는 창의성이 많이 있다. 아주 많은 사람들이 복잡하게 얽혀서 일하는 지금은 더욱 그렇다. 우리는 불가피하게 함께 일해야 한다.—이상림, "로버트 벤투리와 데니스 스콧 브라운", 「공간」, 2006. 1

선이 교차하는 곳 그 도시를 회상하면 나의 건축물뿐만 아니라 건축 전반을 생각하게 된다. 나는 내가 내 고유의 보는 방법, 관찰 방법을 가지고 있다고 생각한다. 그것은 심리학자나 지리학자의 관점이 아니라 엔지니어의 관점에 더 가까운 관점이다. 나는 구조물을 넓은 윤곽으로 이해하고 다음에 이 선들이 어떻게 교차하느냐를 생각하곤 한다. 이것은 인생과 관계의 경험과 다르지 않다. 사실의 핵은 항상 단순한 편이다. 사실이 단순하면 단순할수록 그것이 만들어내는 사건들과 충돌할 가능성이 더 커진다. 내가 무섭지만 매혹적이라고 생각했던 헤밍웨이의 한 문장이 생각난다. "모든 참으로 사악한 것들은 무해한 순간에 잉태된다." —알도 로시, 「과학적 자서전」, 매사추세츠주 케임브리지, MIT 출판부, 1981

알도 로시 ALDO ROSSI

출생 1931년 5월 3일, 이탈리아 밀라노; 1997년 9월 4일 타계

교육 건축학위, 밀라노 폴리테크니코, 이탈리아 밀라노, 1959

주요 프로젝트 본네판텐 박물관, 네덜란드 마스트리히트, 1995; 일 팔라초 호텔, 일본 후쿠오카, 1989; 산 카탈도 공동 영묘, 이탈리아 모데나, 1984; 테아트로 델 몬도, 베네치아, 1979; 파냐노 올로나 초등학교, 이탈리아 바레세, 1976; 갈라라테세 II 주택, 밀라노, 1974

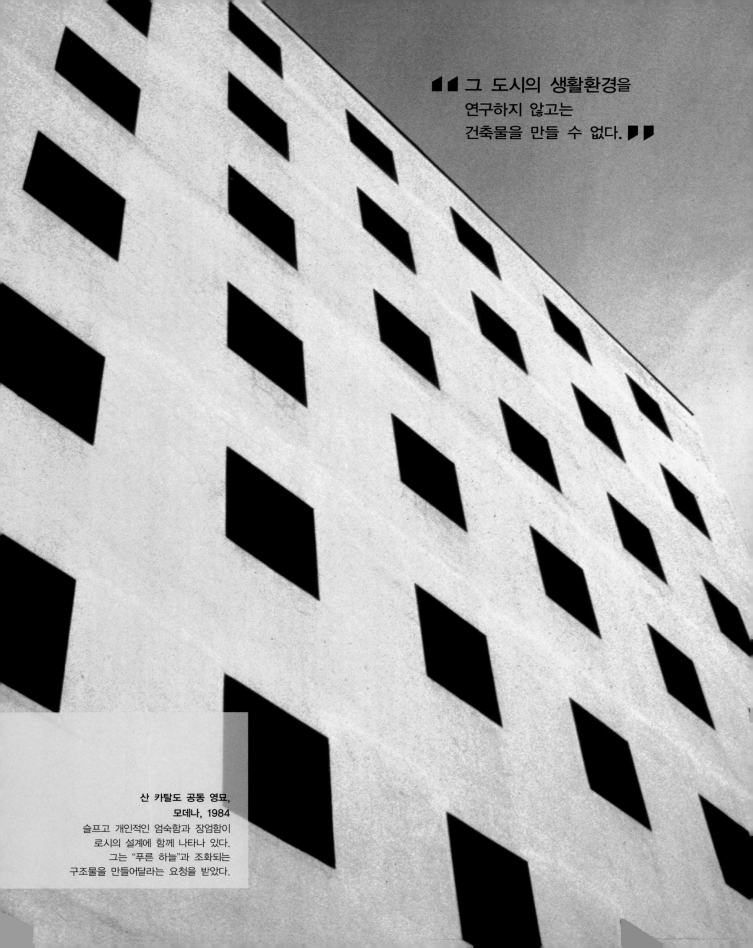

그 도시의 생활환경을
연구하지 않고는
건축물을 만들 수 없다.

**산 카탈도 공동 영묘,
모데나, 1984**
슬프고 개인적인 엄숙함과 장엄함이
로시의 설계에 함께 나타나 있다.
그는 "푸른 하늘"과 조화되는
구조물을 만들어달라는 요청을 받았다.

**▞▞ 빈 집으로서의
묘지의 모양은
살아 있는 사람들의
기억의 공간이다.▞▞**

모데나 1984

산 카탈도 공동 영묘(靈廟)

1971년 4월, 이스탄불로 가는 도중 벨그라드와 자그레브 사이에서 나는 심각한 자동차 사고를 당했다. 아마 이 사고의 결과로, 모데나 영묘 프로젝트가 슬라윈스키 브로드의 작은 병원에서 탄생했을 것이다. 그리고 나의 젊은 시절도 그때 끝났다. 나는 작은 1층 병실의 창가에 누워서 창문을 통해서 하늘과 작은 정원을 보았다. 거의 움직이지도 못하고 누워서 나는 과거에 대해서 생각했고 때로는 아무 생각도 하지 않았다. 멍하니 나무와 하늘을 바라보았다. 이런 것들의 존재, 그리고 그런 것들과 격리되어 있다는 인식, 그리고 뼛속에까지 느껴지는 통증이 나를 어린 시절로 데려갔다. 그 다음 여름 이 프로젝트의 구상을 하는 동안 아마 이 이미지와 내 뼛속의 통증만이 나에게 남아 있었던 것 같다. 나는 조각난 뼈들이 다시 맞춰지는 몸의 골격 구조를 머릿속에 그렸다. 슬라윈스키 브로드에서 나는 골격의 형태와 그것이 겪을 수 있는 변화를 죽음과 동일화했던 것이다. ─알도 로시, 「과학적 자서전」, 매사추세츠주 케임브리지: MIT 출판부, 1981

모데나의 영묘는 죽은 사람들을 위한 도시, 슬픔이 울려퍼지는 버려진 도시이다. 설계 공모(1971년에 실시)의 목적은 이탈리아의 전통적인 사자 숭배를 현대적 요건과 조화시키는 것이었다. 영묘의 세 부분은 구조물의 세 가지 타입에 상응하는 원추형과 입방체, 그리고 계단이 있는 날개이다. 이런 구조는 이탈리아 가톨릭 묘지의 전통과 규범을 반영하고 있다. 나는 이 세 부분에 각기 상징적 의미를 부여했다. ─알도 로시가 시카고의 미술 고급 연구반을 위한 그레이엄 재단에서 1979년 3월 1일에 한 강연, "알도 로시의 작품들"에 게재, 「CRIT」 5호, 1979. 봄

푸른 철판 지붕은 푸른 하늘과 계절을 반영하기 위해서 특별히 선택된 것이다.

영묘 설계의 지침이 된 설계 공모의 슬로건은 "하늘의 푸르름"이었다. 계절의 빛에는 물론이고 낮과 저녁의 빛에도 아주 민감한 크고 푸른 철판 지붕을 보면, 때로는 짙푸른 색으로 보이고 때로는 아주 맑은 하늘빛으로 보인다. 벽의 분홍색 치장벽토가 옛 묘지의 에밀리아 벽돌을 뒤덮어서 역시 빛의 효과를 낸다. 벽을 거

영화 : "소통하는 특이한 능력"

⋯⋯건축은 할 만큼 했으니 이제 나는 영화를 만들고 싶다. 영화촬영이 1950년대에 이탈리아에서 우리 세대에게 큰 의미를 가졌다는 것을 여러분은 이해해야 한다. 영화는 우리 문화의 토대였다. 우리는 파시즘과 레지스탕스에서 벗어나고 있었고 영화는 우리가 거의 예견할 수 없었던 새 세상의 한 양상이었다. 우리는 이탈리아의 네오레알리슴에, 비스콘티와 로셀리니에게, 그리고 뒤에는 클레어, 세르네트에게, 또한 미국의 초기의 위대한 영화들에서 깊은 인상을 받았고 매혹되었다. 이러한 영화에 대한 사랑은 내 안에서 항상 자라고 있었고 이제 건축에 어느 정도 신물이 난 나는 영화나 그림 같은 다른 예술을 시도해보고 싶다. 오늘날 영화는 특이한 소통 능력을 가지고 있다. 영화는 다른 어떤 예술과 달리, 우리의 개인적, 집단적 영혼에 영향을 미치고 또 그것들을 표현할 수 있다. ─ "도시의 건축: 알도 로시와의 인터뷰", 「스카이라인」, 1979. 9

나는 우리 시대의 카날레토와 피라네시스가 감독들, 영화인들이라고 믿는다. 그들은 현대 도시와 그 중심, 그 외곽을 묘사한다. ─ "알도 로시와의 인터뷰", 「프로세스: 건축」, 1987. 10

⋯⋯초현실주의는 내 건축의 중요한 일부이다. 예를 들면, 루이스 부뉴엘의 영화에서 부뉴엘은 주제의 리얼리티를 보여준다. 그러나 그가 보여주는 리얼리티는 특별한 눈으로 본, 또는 특별한 관점에서 본 리얼리티이다. 내 작품을 부뉴엘의 작품과 병치시켜보면 아주 흥미로울 것이라는 것이 나의 생각이다. 그것은 리바이벌이 아니고 리얼리즘 연구에서의 다양한 관점이다. ─ "알도 로시의 작품", 「CRIT」 5호, 1979. 봄

"선은 이제 더 이상 선이 아니다"

나의 모든 드로잉과 글은 두 가지 점에서 명확하다고 나는 생각한다. 하나는 그것들은 내 경험의 결론이며, 또 하나는 나는 더 이상 할 말이 없다는 것이다. ─ 알도 로시, 「과학적 자서전」, 매사추세츠주 케임브리지: MIT 출판부, 1981

"너는 아무것에 대해서도 말하지 않는다"는 아무 것도 말하지 않으면서 또한 모든 것을 이야기하는 것을 표현하는 방식이다. 나는 이 사실을 나의 드로잉들, 거기서는 선이 더 이상 선이 아니고 글인 드로잉의 타입에서 깨닫는다. ─ 알도 로시, 「과학적 자서전」, 매사추세츠주 케임브리지: MIT 출판부, 1981

다른 기예에서나 마찬가지로 건축에서 나를 가장 놀라게 하는 것은 하나의 프로젝트는 지어진 상태에서 하나의 생명을 가지고 또한 쓰여진 또는 그려진 상태에서 또다른 생명을 가지게 된다는 사실이다. ─ 알도 로시, 「과학적 자서전」, 매사추세츠주 케임브리지: MIT 출판부, 1981

나는 모든 기예의 목적이 대상을 그것의 상상과 일치시키는 것임을 알고 있다. 그러나 그 상상을 그 근본, 그 토대─땅과 살─로 되돌리는 것 또한 목적이다. ─ 알도 로시, 「과학적 자서전」, 매사추세츠주 케임브리지: MIT 출판부, 1981

❝ 이벤트가 없으면, 극장도, 건축도 없다. ❞

밀라노 1974
갈라라테세 Ⅱ 주택

기술에 대한 이 열정은 나의 프로젝트와 건축에 대한 나의 관심을 위해서 매우 중요하다. 나는 갈라라테세 구역에 있는 나의 빌딩이 무엇보다도 그 건축의 단순함 때문에, 그래서 그것을 쉽사리 반복할 수 있기 때문에 의미가 있다고 믿고 있다. ─ 알도 로시, 「과학적 자서전」, 매사추세츠주 케임브리지: MIT 출판부, 1981

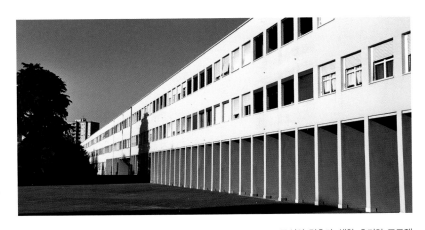

밀라노 갈라라테세 단지에 있는 나의 빌딩 설계는 다른 건물의 설계, 미술관의 모양을 연상시킨다.⋯⋯
　평면도는 아주 단순하다. 내가 가장 어려웠던 것은 건물의 공적 공간 역할을 하는 2층 주랑 현관의 설계였다. 주랑은 야외 시장으로 이용할 수도, 아이들의 놀이 장소가 될 수도 있다. ─ 알도 로시가 시카고의 미술 고급 연구반을 위한 그레이엄 연구 재단에서 1979년 3월 1일에 한 강연, "알도 로시의 작품"에 게재, 「CRIT」 5호, 1979. 봄

로시의 건축가 생활 초기의 프로젝트인 갈라라테세 주택 프로젝트는 도시 공간에 대한 그의 관점을 보여주는 그의 설계의 모델이었다. 긴 주랑이 블록 전체에 걸쳐 뻗어 있다.

후쿠오카(福岡) 1989

일 팔라초 호텔

이 프로젝트의 가장 중요한 요소는 말할 것도 없이 그 위치이다.……이 호텔은 공공 광장을 이루고 있는 토대 위에 약간 뒤로 물러서 있다.……주 출입구는 광장에 자리잡고 있다. 광장은 이탈리아의 많은 도시들에서 그렇듯이 건물 건축의 일부분이다.……광장에서는 건물의 파사드와 강둑을 볼 수 있다. 이곳에서의 건축은 과거에도 그랬듯이 도시 주민들과 관광객들의 주목의 대상이다. 그들은 건물에 가까이 다가와서 건물의 아름다움을 유심히 관찰한다. 광장은 로만 트래버틴으로 포장되어 있다. 건물의 파사드는 이란에서 가져온 불그스름한 트래버틴으로 되어 있다. 그 빛깔은 빛의 변화에 따라 영롱한 붉은 색에서 황금색으로 변한다. 광장을 내려다보는 건물 파사드는 녹색 페인트를 칠한 철로 된 아키트레이브(architrave)가 삽입되어 있어 층을 구별할 수 있게 해준다. 역시 돌로 되어 있는 건물의 두 측면은 호텔 객실의 창문들이 규칙적으로 배열되어 있을 뿐 다른 장식은 없다. ─ 지아니 그라기에리 편, 「알도 로시」, 바르셀로나: 에디토리알 구스타보 힐리, 1993

색채─밝고 역동적이고 장난스러운─와 모양이 흔히 일 팔라초의 특징으로 생각되고 있다.

변형과 진화

아마 사물의 관찰은 나의 가장 중요한 정식 교육이었을 것이다. 왜냐하면 관찰은 뒤에 기억으로 변형되기 때문이다. 지금 나는 내가 관찰한 모든 사물이 한 줄로 늘어선 의자들처럼 정리된 모양을 보고 있는 듯하다. 그것들은 식물 차트처럼, 또는 카탈로그 혹은 사전처럼 정렬되어 있다. 하지만 상상과 기억 중간쯤에 있는 이 카탈로그는 중립적이 아니다. 그것은 몇몇 물체들에서 다시 나타나서 그것들의 변형을 형성하고 어떤 방식으로 그것들의 진화를 촉진한다. ─ 알도 로시, 「과학적 자서전」, 매사추세츠주 케임브리지: MIT 출판부, 1981

내가 순수주의에 관심을 가졌던 최초의 프로젝트 이후로 줄곧, 나는 혼합과 사소한 변화, 자평, 그리고 반복을 좋아했다. ─ 알도 로시, 「과학적 자서전」, 매사추세츠주 케임브리지: MIT 출판부, 1981

나의 실현된 몇몇 프로젝트의 진전을 따라갈 때마다, 나는 건설현장에서 저질러진 실수, 약간의 변형, 뜻밖의 방식으로 교정 효과를 가져온 변화 등을 좋아했다. 사실 그런 것들은 나를 놀라게 하곤 했는데 그 이유는 그것들이 구조물의 생명처럼 보이기 시작했기 때문이었다. 사실 나는 어떤 원래의 주문도 실용적 변화를 향해 열려 있으며 원래의 계획은 인간 약점의 실패를 허용한다고 믿고 있다. 이런 믿음 때문에 내가 주력하는 바는 늘 나의 당대 건축가들이나 교수들이 주력하는 바와 근본적으로 다르다.…… ─ 알도 로시, 「과학적 자서전」, 매사추세츠주 케임브리지: MIT 출판부, 1981

"……건축물의 생명이 항상 중요하다."

내가 폴리테크니코의 학생이었을 때, 나는 늘 교수들로부터 본받아서는 안 될 인물이라는 말을 들었다. 이것은 분명히 나의 건축이 열정적인 어떤 것, 혐오스러운 어떤 것을 자극했다는 것을 뜻하는데 솔직히 나는 그 이유를 지금도 모르고 있다. 그러나 나는 우리 모두는 자기 작품 속에 자기 자신을 표현한다고, 나의 작품 속에는 개인적인 어떤 것이 담겨 있으며 그것은 다른 사람들에게 전해지기 마련이라고 믿고 있다. ─ "전통, 형식, 상징", 「일본 건축」, 1985. 1

……나는 인생에서 가장 중요한 것들은 도덕적, 시적인 원칙에 기초하고 있다고 믿고 있다. 나는 늘 몇몇 순간과 기억을 떠올리곤 한다. 도시의 기억은 매우 중요하다. 개인적 기억이 아니라 집단적 기억이 중요하다. 이런 의미에서 나는 건축의 생명이 항상 중요하다는 것을 발견한다. ─ "전통, 형식, 상징", 「일본 건축」, 1985. 1

사물 그 자체보다는 사물들간의 관계의 등장이 항상 새로운 의미를 낳게 된다. ─ 알도 로시, 「과학적 자서전」, 매사추세츠주 케임브리지: MIT 출판부, 1981

건물의 모든 측면이 예상되기 때문에, 그리고 자유를 허용하는 것은 바로 이 예상이기 때문에, 건축은 데이트, 허니문, 휴가와 비슷하다 ─ 일어날 수 있다고 예상되는 모든 것과 비슷하다. 나 또한 불확실한 것을 좋아하긴 하지만, 나는 늘 상상력이 빈약한 속좁은 사람들만이 조직이라는 신중한 행동에 반대한다고 생각해왔다. 종국적으로 재앙, 변화, 기쁨, 실망을 허용하는 것은 조직이라는 그런 노력이기 때문이다. ─ 알도 로시, 「과학적 자서전」, 매사추세츠주 케임브리지: MIT 출판부, 1981

건축 프로젝트는 소명 혹은 연애이다. 어느 경우이든, 그것은 건설이다. 이 소명이나 연애와 맞닥뜨렸을 때 뒤로 물러설 수는 있지만, 그러나 그것은 늘 해결되지 않은 일로 남아 있을 것이다. ─ 알도 로시, 과학적 자서전, 매사추세츠주 케임브리지: MIT 출판부, 1981

죽은 사람들의 집, 어린 시절의 집, 극장, 또는 전시관 ─ 이런 모든 프로젝트들과 건물들은 나에게는 계절들과 인생의 모든 나이들을 포용하는 것처럼 보인다. 그러나 그것들은 주제보다는 기능이 중요하다. 그것들은 삶 그러므로 죽음이 현현되는 형태들이다. ─ 알도 로시, 과학적 자서전, 매사추세츠주 케임브리지: MIT 출판부, 1981

▟▛ 나는 사물의 시작과 끝을 사랑한다. 그러나 아마 무엇보다도 고고학적 작업이나 외과 수술에서처럼 부서지고 그런 다음에 재조립되는 것들을 사랑할 것이다. ▟▛

개인적 노력 나 그리고 나를 위해서 일하는 사람들에게는, 어떤 면에서는 최종 생산품보다 그 최종 생산품을 성취하는 과정이 더 중요하다. 우리가 우리의 모든 시간을 소비하는 것이 바로 그 과정이기 때문이다. 따라서 우리가 훌륭한 고객, 훌륭한 조언자들과 함께 일하는 행운을 가졌다는 사실을 제쳐놓는다면, 우리에게 가장 중요한 것은 그 일을 하는 과정이다. 많은 사람들이 그 과정이 어떻다는 것을 모르고 있다. 그들은 그 과정을 살펴볼 기회가 없기 때문이다. 아마 가장 큰 실수는 가정을 하는 것일 것이다. 이 경우에는 우리가 기능이나 예산 따위는 생각하지 않는다는 가정, 우리가 구겨진 종이 주위에 둘러앉아 컴퓨터가 나머지 일을 하는 것을 지켜볼 것이라는 가정, 우리가 우리를 잡지 표지에 등장시켜줄 장엄한 건축물을 만드는 데에만 관심이 있을 것이라는 가정을 하는 것이다. —프랭크 O. 게리, 「사방으로 흐르기」, 로스앤젤레스: 서카 출판사, 2003

나는 그것을 개인적 노력이라고 생각한다. 나는 세계를 떠맡겠다는 식의 과대망상적 단어로 그것에 대해서 생각하지 않는다. 그것에 대해서 성공적이었던 것은 내가 개인적 진로 같은 것을 유지할 수 있었던 것이라고 생각한다. 다른 사람의 일에 잠깐 손을 댄 적도 더러 있지만, 나는 곧 물러나서 개인적 표현에 전념하려고 열심히 노력해왔다. 다른 단어로 표현할 수도 있겠지만, 나는 이 개인적 테마를 추구하려고 의식적으로 노력해왔다. 그 영향이 어떻게 나타날 것인지 나는 모른다. 개인적으로는 매우 만족스러웠으니, 나로서는 그것으로 족하다. —피터 아널, 테드 빅퍼드 편, 「프랭크 게리: 건물과 프로젝트」, 뉴욕: 리졸리, 1985

프랭크 O. 게리 FRANK O. GEHRY

출생 1929년 2월 28일, 캐나다 토론토

교육 건축학사, 남캘리포니아 대학교, 로스앤젤레스, 1954

사무실 Gehry Partners, LLP, 12541 Beatrice Street, Los Angeles, California, 90066
전화 : +1 310-482-3000, 팩스 : +1 310-482-3006
www.foga.com

주요 프로젝트 제이 프리츠커 전시관, 시카고 밀레니엄 공원, 2004; 월트 디즈니 콘서트 홀, 로스앤젤레스, 2003; 빌바오 구겐하임 미술관, 스페인, 1997; 비트라 디자인 박물관, 독일 바일 암 라인, 1989; 피시댄스 식당, 일본 고베, 1987; 게리 하우스, 캘리포니아주 샌타 모니카, 1978

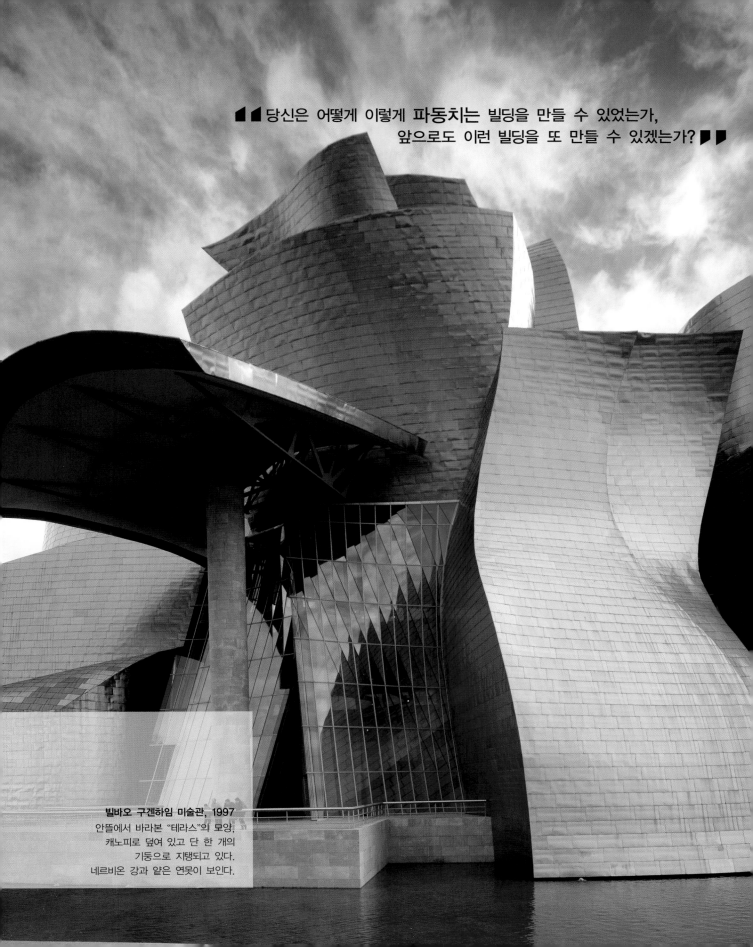

■■ 당신은 어떻게 이렇게 **파동치는** 빌딩을 만들 수 있었는가,
앞으로도 이런 빌딩을 또 만들 수 있겠는가? ■■

빌바오 구겐하임 미술관, 1997
안뜰에서 바라본 "테라스"의 모양.
캐노피로 덮여 있고 단 한 개의
기둥으로 지탱되고 있다.
네르비온 강과 얕은 연못이 보인다.

빌바오 1997
빌바오 구겐하임 미술관

사람들은 이 건물을 보고 내가 어떻게 이런 건물을 지었을까 의아해한다. 그들은 서둘러 어떤 판단을 내린다. 누군가가 빌바오 미술관에 관한 책에 실린 것 같은 이 프로젝트의 진화과정을 본다면, 그들이 처음부터 끝까지 사고가 진화한 과정을 보게 될 것이라고 나는 희망한다.……그러나 사람들은 그러지는 않고 마치 내가 무슨 마술이라도 부린 것처럼 이 건물을 바라보곤 한다. 하지만 결국 나는 이 모든 일에 그리 신경을 쓰지 않게 되었다. 나에게 가장 중요한 것은 건물들을 짓는 것이기 때문이다. ─프랭크 O. 게리, 후타가와 요시오와의 인터뷰, 「스튜디오 담화: 15명의 건축가들과의 인터뷰」, 도쿄: A. D. A. 에디타, 2002

……빌바오 미술관의 평면도를 그릴 때 나는 매우 행복했다. 아름다운 건물이라는 것을 깨달았기 때문이다. 나는 이런 건물을 본 적이 없었다. 저절로 이런 발상이 나왔다. 내가 의식적으로 한 것이 아니라 육감적으로 이런 발상이 나온 것이다.……나는 큰 프로젝트를 맡으면 그것을 조직하려고 하면서 그 복잡성을 즐긴다.……규모를 정하는 것은 어렵다. 인간적인 커다란 한 덩어리의 건물을 어떻게 만들 것인가? 나는 도시에 그것을 끼워 맞추려고 노력한다. 빌바오에서 나는 다리와 강을 유심히 살폈다. 그런 다음 이 19세기의 도시에 어울리는 건물을 지으려고 노력했다. ─밀드레드 프리드먼 편, 「게리가 말한다: 건축과 과정」, 뉴욕: 리졸리, 1999

게리에게 빌바오 미술관은 "아름다운 물건"으로 각인되었다. 초기의 컨셉트 스케치(맞은편 페이지)에서 그 모양을 짐작할 수 있다.

……나는 혼자 말했다. "예술가들은 도시 안에서 규모에 애를 먹는다. 도시가 너무 규모가 크기 때문이다. 그 누구도 예술가들에게 6층 높이의 조각을 만들어달라고 부탁하지 않는다. 어느 조각가가 6층 높이의 조각을 만들기 전까지는 그들의 작품은 엠파이어 스테이트 빌딩 옆에 서서 어떤 의미를 가지지 못할 것이다."

❝ 내 그림에서 나는 내가 건축에서
표현하고 싶어하는 것을
그릴 수 있는 자유를 누린다. **❞**

나는 이런 생각을 했다. 만약 예술가들이 그들의 능력을 맘껏 발휘할 수 있도록 하는 도시를 은유적으로 창조할 수 있다면, 효과가 있을지도 모른다. 그러자 나는 이것이 위대한 은유적 도시들의 전통에서 무엇인가를 만들 기회라는 것을 깨달았다. 그래서 나온 것이 이 건물이다. 나는 램프와 계단을 이용해서 은유적 도시─대도시를 만들었다. ─밀드레드 프리드먼 편, 「게리가 말한다: 건축과 과정」, 뉴욕: 리졸리, 1999

나는 빌바오로 돌아가기를 좋아한다. 그것들(건물들)은 모두 내 가족이나 마찬가지이다. ─밀드레드 프리드먼 편, 「게리가 말한다: 건축과 과정」, 뉴욕: 리졸리, 1999

결국 나의 작품은 나의 작품이다. 그것은 비평가의 작품이 아니다. 내가 만약 비평가의 생각이나 건축에 관한 규칙에 맞추기 위해서 내 작품을 고쳤다면, 빌바오 미술관은 건축되지 못했을 것이다. ─프랭크 O. 게리, 후타가와 요시오와의 인터뷰, 「스튜디오 담화: 15명의 건축가들과의 인터뷰」, 도쿄: A. D. A. 에디타, 2002

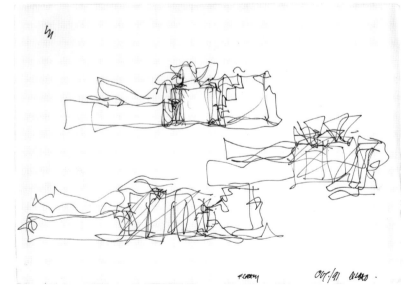

"진정한 규칙은 없다"

나는 느린 건축가이다. 나는 만들어내는 데에 오랜 시간이 필요하다. 따라서 나의 건축 아이디어가 느닷없이 튀어나왔다는 생각은 진실과는 아주 거리가 먼 생각이다. ─찰스 젱크스 편, 「프랭크 O. 게리: 개인의 상상력과 문화의 보존」, 뉴욕: 세인트 마틴스 프레스, 1995

나에게 그것은 자유연상이다. 그러나 그것은 책임감, 가치관─인간적 가치에서 나온다. 지역공동체와의 관련성의 중요함, 그 모든 문제들.……그리고 고객의 예산, 그들의 주머니 사정, 그들이 바라는 것. 하지만 그런 한도에서도 일정한 범위의 창의력이 가능하다. 나는 우리가 그 가능한 범위 안에서 창의력을 최대한 발휘하는 것이 마땅하다고 생각한다. 그것은 육감, 혹은 학습된 육감에서 나온다고 짐작한다. 우리는 그것을 할 수 있을 때까지 오랫동안 공부한다. 하지만 그것은 주위를 둘러보는 데서, 문화 속에서 무슨 일이 일어나고 있는지 이해하는 데서, 세상에서 어떤 일이 일어나고 있는지 이해하는 데서 나온다. 그것은 정말로 큰 그림이다. 거기에는 어떤 진정한 규칙도 없기 때문이다. ─"인터뷰: 프랭크 게리", 「성취 아카데미」, 1995. 6. 3

그래서 그것은 당신이 과정을 통해서 아이디어의 에너지를 취해서 느낌, 진정한 열정이 담긴 건물을 만들어내느냐의 문제가 되었다. ─밀드레드 프리드먼 편, 「게리가 말한다: 건축과 과정」, 뉴욕: 리졸리, 1999

나는 반건축주의자(deconstructivist)가 아니다! 이 말만 들으면 정말 화가 치솟는다. ─"아메리칸 센터: 프랭크 O. 게리와의 인터뷰", 「GA 건축 10」, 1993

사람들은 끈질기게 나를 상자 안에 가두려고 한다. 그들은 자신들이 카테고리 안에 넣을 수 없는 것이 있으면 편안치가 않은 것 같다. 나는 사람들이 자유롭게 들고날 수 있는, 열린 건물들에 매우 관심이 많은 것이 사실이다. 하지만 나의 건물들은 늘 그래왔다. 그 이유는 내가 개방성과 접근용이성에 관심이 있어서이지 구조적 장치로서 그것을 좋아하기 때문은 아니다. ─"아메리칸 센터: 프랭크 O. 게리와의 인터뷰", 「GA 건축 10」, 1993

나는 건축이 많은 탐색에서 나온다고 생각한다. 젊어서 막 시작할 때는 이런저런 건물을 지어보고 시험해볼 필요가 있다. 짓는 법을 배워야 한다. 그것은 쉬운 일이 아니다. 많은 사람들이 구태여 그것을 배우려고 하지 않는다. 그들은 짓는 법도 배우지 않고 곧바로 설계 이론으로 들어간다. 건축에는 그 나름의 기강이 있다. 건축업에는 그 나름의 메카니즘이 있다. 그 메커니즘을 제대로 이용하려면 그것을 배워야 한다. 건축가는 3차원의 물체를 다루기 때문이다. ─프랭크 O. 게리, 후타가와 요시오와의 인터뷰, 「스튜디오 담화: 15명의 건축가들과의 인터뷰」, 도쿄: A. D. A. 에디타, 2002

▶▶ ……아마 그 일은 내가 설계자로서 해야 했던 어떤 일 못지않게 어려웠을 것이다. [샌타 모니카의] 그 첫 번째 집의 설계는 한 건물 주위에 집을 짓는 설계였기 때문이다. ◀◀

샌타 모니카 1978
게리 하우스

나는 오래된 집을 한 채 산 다음, 그 주위에다 새 집을 지었다. 나는 옛 것과 새 것의 대화, 조각적으로 새로운 실체를 창조하려고 노력하는 일에 흥미를 느끼게 되었다. 그리고 이 새로운 실체는 옛 것에서 독립해서 새 것의 특질을 지니고 있어야 했다. 나는 시작할 때 이런 목표를 세웠다. 그리고 대충 이 목표를 이루었다. 나는 또 이음매가 없기를 바랐다. 어디서 새 것이 시작해서 어디서 끝나는지 알 수 없어야 했다. 이런 시도는 매우 성공적이었고 이것이 바로 이 집의 강점이었다. 사실 비평가들이 들어와서 벽토에 난 빗자국을 보고는 이렇게 말하곤 했다. "저건 고의적인 거요, 자연적으로 생긴 거요?" 그들은 나를 헐뜯고 있다고 생각했지만, 나는 옳다 됐구나 하고 생각했다. 나는 그들이 그런 말을 하기를 바라고 있었던 것이다. ─"인터뷰 : 프랭크 게리", 「성취 아카데미」, 1995. 6. 3

내 집은 전환점이었다. 내 돈이었고 나는 그 프로젝트를 R&D(연구와 개발)를 위해서 이용할 수 있다고 생각했다. 예산, 시간, 외관 등 무엇이나 내 마음대로 할 수 있었다. 그러나 이 집은 나의 개발업자 고객들을 흥분시켰다. ─피터 아널, 테드 빅퍼드 편, 「프랭크 게리: 건물과 프로젝트」, 뉴욕: 리졸리, 1985

나에게 사슬 고리(chain link)는 거부를 뜻하는 것이었다. 너무 많은 사슬 고리가 문화 속에 녹아들어 있었다. 그러니까 너무 많은 거부가 넘치고 있는 셈이었다. 나는 그것을 믿을 수 없었다. 그것은 예술과 반대되는 내 작품 속의 포퓰리즘이다. 사슬 고리가 뭐가 나쁜가? 나 역시 그것을 혐오한다. 하지만 우리가 아름답게 만들 수 없을까? 나는 이렇게 말했다. "우리가 그걸 아름답게 만든다면, 그리고 우리가 그걸 다량으

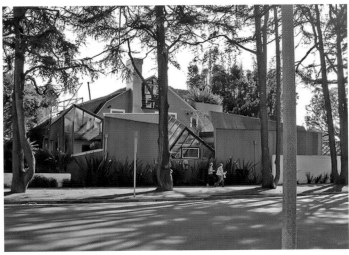

로 사용하려 한다면, 아마 우리는 그걸 아름답게 사용할 수 있을지도 모른다."—밀드레드 프리드먼 편,
「게리가 말한다: 건축과 과정」, 뉴욕: 리졸리, 1999

내 집은 이상했다.……나는 그 거부에 매혹되었다. 그래서 나는 그것을 인간화하려고 애쓰고 있었다. 이 집
을 사용하려고 한다면, 그것을 올바로 혹은 미학적으로 더욱 기쁘게 이용하는 어떤 방법을 찾아보자는 생
각이었다. — "인터뷰: 프랭크 게리", 「성취 아카데미」, 1995. 6. 3

……무엇을 하든 첫 번째 토론에서 구체적 계획이 수립되고 확정될 수는 없었다. 나는 "이것이 내가 하려고
하는 일이고 이것은 내가 한 일이다"라고 말할 수 없었다. 나는 무엇인가를 시작했고 그 다음에는 앞으로
똑바로 나아갔다. — 밀드레드 프리드먼 편, 「게리가 말한다: 건축과 과정」, 뉴욕: 리졸리, 1999

무엇이 의도적인 것이고 무엇이 그런 것이 아닌지 확실히 알 수 없었다. 그것은 만들어지고 있는 과정인 것
같았다. 내가 그것을 의도했는지 아닌지 분명치 않았다. 그 집에는 어딘지 신비스러운 데가 있었다. 그리고
나는 많은 사람들이 혐오하거나 비웃는 것이 바로 마법이라는 것을 알고 있었다. — 밀드레드 프리드먼 편,
「게리가 말한다: 건축과 과정」, 뉴욕, 리졸리, 1999

이미 있는 집 주위에 새 집을 설
계하는 어려움이 게리의 건축가
로서의 생애 초창기에 닥쳤다.

"건축은 확실히 예술이다"

나는 대칭광, 격자무늬광이었다. 나는 격자무늬를 고집했고 그러다가 생각하기 시작했다. 그 결과 그것들이 사슬이라는 것, 프랭크 로이드 라이트는 30-60 격자에 묶여 있다는 것, 그 안에서 그에게는 자유가 없다는 것, 격자가 하나의 집념, 버팀목이라는 것을 깨달았다. 우리가 공간과 형태, 모양을 창조할 수 있다면, 그런 것은 필요치 않다. 그것이 바로 예술가들이 하는 일이다. 예술가들은 격자나 버팀목을 가지고 있지 않다. 그들은 그냥 작업을 할 뿐이다. ─밀드레드 프리드먼 편, 「게리가 말한다: 건축과 과정」, 뉴욕: 리졸리, 1999

나는 그 순간을 진실의 순간이라고 불렀다.……진실의 순간, 요소들의 구성, 형태, 스케일, 재료, 색채의 선택, 이런 것들은 화가와 조각가들에게 닥치는 것과 똑같은 문제들이다. ─프랭크 O. 게리의 프리츠커상 수상 연설, 1989. 5. 18

내가 메트(뉴욕의 메트로폴리탄 미술관)에서 열린 콤바인 쇼(2005-2006)를 보면서 나는 초년에 내가 봅 라우센버그에게서 참 많이 배웠다는 생각을 했다. 사실 봅에게서 많이 배운 사람은 나뿐이 아니다. ─프랭크 O. 게리, 찰리 로즈와의 인터뷰, 「찰리 로즈」, 2006. 4. 10

> ◀◀ 건축은 확실히 예술이다.
> 그리고 건축이라는 예술에 종사하는 사람들은 확실히 건축가들이다. ▶▶

나는 예술가들이 무슨 일을 하는지, 그들이 재료와 기능을 가지고 어떻게 작업하는지 관심이 많았고 그 결과 그들로부터 많은 것을 배웠다. 나는 기능을 다루고 싶었고 실제로 건물을 짓는 사람들을 다루고 싶었으며 실제로 그들과 어울리고 싶었다. 이것은 우리가 건축가로서 훈련받은 방식이 아니다. 나는 그 장벽을 허물어버리고 싶었다. 이것은 두 번의 생애를 바쳐야 될 일이다. ─찰스 젱크스 편, 「프랭크 O. 게리: 개인의 상상력과 문화의 보존」, 뉴욕: 세인트 마틴스 프레스, 1995

"진실의 순간"

나의 예술가 친구들─재스퍼 존스, 봅 라우센버그, 에드 키엔홀츠, 클라에스 올덴부르크 같은 사람들─은 매우 값싼 재료들─부러진 나무와 종이 등─을 가지고 작업하고 있었다. 그들은 그런 재료로 아름다움을 만들어내고 있었다. 이 작품들은 표피적인 세부묘사가 아니고 직접적이었다. 그것이 무엇이 아름다운 것이냐의 문제를 제기했다. 나는 이용가능한 기능을 이용하기로 했고 그래서 기능인들과 함께 일하면서 그들의 한계에 대해서 불평하지 않았다.……나는 가공되지 않은 건자재들의 가공과정을 탐색하면서 형태에 느낌과 영혼을 주려고 노력했다. 나 자신의 표현의 정수를 찾으려고 노력하면서 나는 하얀 캔버스 앞에 서서 어떻게 붓을 댈까 고심하는 예술가를 머릿속에 그렸다.

그림과 조각이 나의 작업에 영향을 미친다. 예를 들면, 마돈나와 아기가 있는 벨리니의 그림을 보면서 나는 마돈나와 아기 전략이라는 건축 방침을 생각했다. 우리는 많은 작은 건물들을 거느린, 작은 전시관들이 앞에 있는, 큰 건물들을 본다. 나는 그런 건축을 마돈나와 아기 구성이라고 부른다. ─밀드레드 프리드먼 편, 「게리가 말한다: 건축과 과정」, 뉴욕: 리졸리, 1999

그림은 내가 건축에서 갈구했던 즉시성(immediacy)을 가졌다. ─프랭크 O. 게리의 프리츠커상 수상 연설, 1989. 5. 18

나는 건축가이다.……나는 많은 예술가들과 어울렸고 또 그중 여럿과 아주 친하다. 나는 그들의 작품에 깊이 관여한다. 나는 나의 많은 아이디어가 그런 과정에서 나왔다고 생각한다. 우리들의 관계에는 주고받음이 있다는 것이 나의 생각이다. 그래서 나는 가끔 예술가로 불리기도 한다. 어떤 사람은 이렇게 말할 것이다. "아, 프랭크는 예술가야." 나는 그 말에 다소 나를 나무라는 뜻이 담겨 있는 것이 아닌가 느낀다. 나는 내가 건축가라고 말하고 싶다. 나의 의도는 건축물을 만드는 것이다. ─피터 아넬, 테드 빅퍼드 편, 「프랭크 게리: 건물과 프로젝트」, 뉴욕, 리졸리, 1985

고베(神戶) 1987
피시댄스(fishdance) 식당

물고기 형태와 그 분석이 게리의 설계 과정, 특히 피시댄스 식당의 설계에 중요한 요소가 되었다.

나는 일찍부터 움직임을 찾고 있었는데, 물고기에서 그것을 발견했다. 물고기는 건축물을 움직이게 하는 방법에 대한 나의 이해를 굳혀주었다. 내가 워커 전시회를 위해서 설계한 물고기 형태─꼬리를 잘라버렸고 머리도 잘라버렸고 모든 것을 잘라버렸다. 그래도 아직 움직임의 느낌이 남아 있었다─는 나에게 정말로 강력했다(게리의 "서 있는 유리 물고기"는 미니애폴리스의 워커 아트 센터가 1986년에 의뢰한 것이다). ─밀드레드 프리드먼 편, 「게리가 말한다: 건축과 과정」, 뉴욕: 리졸리, 1999

고객들 : "정말로 강렬한 관계"

"나는 개인적인 관계를 필요로 한다. 나는 그것이 러브-인(히피 등의 사랑의 모임/역주)이 아니고 내가 말하는 상대가 중요한 사람이며 그들이 우리의 프로젝트에 참여하고 있다는 느낌을 가질 필요가 있다."—프랭크 O. 게리, 찰리 로즈와의 인터뷰, 「찰리 로즈」, 2006. 4. 10.

나는 아마도 다른 사람들보다 더 고객과 언쟁을 잘 하는 사람일 것이다. 나는 그들의 프로그램, 그들의 의도에 의문을 제기하곤 한다.……나는 정말로 강렬한 관계에 빠져들며 이런 관계가 궁극적으로 더욱 바람직한 결과를 가져온다고 생각한다. 왜냐하면 그 고객은 프로그램과 그들이 원하는 것에 대해서 생각하는 데에 더 많은 시간을 할애하게 되고 그럼으로써 더 깊이 참여하게 되기 때문이다.—피터 아넬, 테드 빅퍼드 편, 「프랭크 게리: 건물과 프로젝트」, 뉴욕: 리졸리, 1985

내가 그들(고객들)에게 말하려고 하는 것은 이런 것이다. "나는 당신을 나의 과정 속으로 끌어들이려고 한다. 지켜보고 참여하라. 내가 여기서 그치지 않을 것이라는 점을 이해해달라."—밀드레드 프리드먼 편, 「게리가 말한다: 건축과 과정」, 뉴욕: 리졸리, 1999

만약 고객이 프로젝트와 결혼했다고 느끼지 않는다면, 당신은 죽은 것일 것이다. 고객이 사들인다면, 당신은 마음을 놓아도 좋을 것이다. 그렇게 되면 무슨 일이 일어나더라도 그 고객은 당신과 함께 할 것이기 때문이다. 나의 성공은 그런 것이었다. 그렇게 되면 더 좋은 건물을 짓게 된다.—밀드레드 프리드먼 편, 「게리가 말한다: 건축과 과정」, 뉴욕: 리졸리, 1999

그러나 가장 중요한 것은 당신이 어떻게 일하는지를 충분히 이해하는 사람들과 일해야 한다는 것이다. 사실 마지막까지 당신의 일을 이해해주는 사람들은 많지 않다. 우리는 우리가 일하고 싶은 방식으로 일하도록 허용되어야 하고 그에 적합한 보수를 받아야 한다. 그것이 사실 당신이 하는 일의 종류를 제한한다. 내가 거대한 청사나 고층 빌딩, 비행장, 그리고 그와 유사한 프로젝트를 별로 하지 않은 이유가 바로 이것이다.—프랭크 O. 게리, 후타가와 요시오와의 인터뷰, 「GA 다큐먼트」 68호, 2002. 3

바일 암 라인 1989
비트라 디자인 박물관

이 박물관은 그(롤프 펠바움 : 비트라의 CEO)가 특별한 의자들을 전시하기 위해서 구상한 조그만 작업장 같은 박물관이었다. 우리가 작업을 시작했을 때 그는 단 200개의 의자들을 수집해놓고 있었다. 그는 소장품을 돌아가며 전시할 하나의 방이 필요하다고 생각했다. 그후 그는 인테리어 시스템 심포지움을 열 수 있는 또 하나의 방을 가지기로 했고 그래서 2개의 전시실을 원하게 되었다. ─밀드레드 프리드먼 편, 「게리가 말한다: 건축과 과정」, 뉴욕: 리졸리, 1999

[펠바움은] 박물관 설계에서 기쁨을 느꼈고 열의를 가지게 되었다. 입구가 멋있지 않으면 공장 안으로 들어가는 사람들이 무시당하는 것이라고 그는 느꼈다. 그래서 조각과 같은 공장의 입구가 나타나기 시작했고 그래서 나는 내가 흥미를 느끼는 것, 내가 들판에서 창조할 수 있었던 도시적 성격을 가진 것, 박물관과 그 입구들 사이에 도시적 성격을 가진 어떤 것을 만들어보려고 하기 시작했다.

나는 또한 내가 짓는 건물과 그 이전에 건설된 니콜라스 그림쇼의 첨단기술 공장 사이의 상호작용에도 흥미를 느꼈다. 나는 그림쇼의 첨단기술적인 건물을 훼손하고 싶지 않았다. 나는 그가 그것을 유지하고 나는 나대로 앞으로 나아가는 것이 좋다고 생각했다.……사실 나는 공장을 가지고 어떻게 해볼 돈이 없었고 그래서 벽에 커다란 구멍들을 뚫었다. 그러니까 그것이 구식 공장처럼 보였다. 건설되었을 때 공장은 어떤 면에서는 그것이 그림쇼의 공장 이전에 거기 있었던 것처럼 보였다. ─밀드레드 프리드먼 편, 「게리가 말한다: 건축과 과정」, 뉴욕: 리졸리, 1999

비트라 디자인 박물관은 비트라 사(社)의 역사를 더듬어보고 또 이 회사 사장이 수집한 미니어처 의자들을 소장하기 위해서 지은 것이다.

"개인적 표현"

건축가가 되는 것은 사회적 책임이 따르는 행동이라고 나는 믿었다. 자립할 수 있는 백그라운드를 가지고 학교에서 나왔을 때, 나는 부자들의 집을 짓고 싶지 않았다. 다만 큰 계획을 추진하고 싶었을 뿐이다. —찰스 젱크스 편, 「프랭크 O. 게리: 개인의 상상력과 문화의 보존」, 뉴욕: 세인트 마틴스 프레스, 1995

그러나 그것이 정말로 시작된 것은 어머니가 나를 데리고 미술관에 갔을 때, 내가 어렸을 때 음악을 들으러 갔을 때였다. 어머니는 그런 종류의 일에 나를 노출시키려고 하셨다. 그것은 매우 개인적이었고 나에게 매우 중요했다고 나는 생각한다. 나는 요즘도 그런 곳에 자주 간다. 나는 늘 음악회에 가서 음악, 고전음악을 듣는다. 나는 학자는 아니고 팬이다. 나에게는 그런 종류의 영감이 필요하다. 나는 어디를 가든 혼자서 미술사를 연구해왔다. —프랭크 O. 게리, 후타가와 요시오와의 인터뷰, 「스튜디오 담화: 15명의 건축가들과의 인터뷰」, 도쿄: A.D.A. 에디타, 2002

나는 공예가이다. 어렸을 때 공예수업을 들었다. 하지만 공예를 아주 잘하지는 못했다. 아버지는 가구공장을 하셨고 나는 아버지를 도와드렸다. 건축을 하는 것은 내게는 무엇인가를 가지고 무엇인가를 짓는 것처럼 생각되었다. 거기에는 사회적 이슈가 있고 환경이 있으며 "울타리는 어떻게 만들며 무엇으로 그것을 만들 것인가?"의 문제도 있다. —프리드먼 편, 「게리가 말한다: 건축과 과정」, 뉴욕: 리졸리, 1999

나는 트럭 운전수로 일하러 갔다. 당시 나는 고등학교를 막 졸업했고 나이는 17세 또는 18세였다.……나는 야간학교에 다녔다. 나는 대학에 갈 만한 여유가 없었다. —프랭크 O. 게리, 후타가와 요시오와의 인터뷰, 「스튜디오 담화: 15명의 건축가들과의 인터뷰」, 도쿄: A.D.A. 에디타, 2002

……그들이 일본에서 본 모든 건축물의 영향을 받은 건축가들(그레고리 메인, 개릿 엑크보, 세이무어 아이젠버그, 캘빈 스트로브)이 우리를 가르쳤다. 그들은 일본의 기술과 건축에 반해 있었다. 일본의 건축물은 매우 아름답고 목재로 지을 수 있기 때문이었다. 이곳에는 목재가 아주 풍부했고 그래서 모든 집들은 목재로 지었다. 목재로 지은 집은 남캘리포니아의 기후에 적합했다. 내가 초기에 지은 일부 건물들은 일본에서 온 것처럼 보인다. —프랭크 O. 게리, 후타가와 요시오와의 인터뷰, 「스튜디오 담화: 15명의 건축가들과의 인터뷰」, 도쿄: A.D.A. 에디타, 2002

나는 그의 정치 성향 때문에 프랭크 로이드 라이트를 좋아하지 않았다. 나는 그의 글이 매우 민주적이라고 생각하지 않았다. 나는 그 작품은 좋아했지만, 그 인간성과는 마찰을 빚었다. 사실 그가 남가주대학교에 강연을 하러 왔을 때, 나는 가지도 않았다. 몇 년 후, 내가 하버드

에 갔다가(게리는 1956년과 1957년 하버드 대학교 디자인 대학원에서 도시계획을 공부했다) 로스앤젤레스로 돌아올 때 나는 탈리신 웨스트를 지났다. 깃발이 올려져 있었다. 그것은 라이트 씨가 거기 있다는 뜻이었다. 나는 아내, 그리고 두 딸과 함께였고 들어가는 데 한 사람당 1달러씩 입장료를 받고 있었다. 그래서 나는 그만두겠다고 돌아섰다. —프랭크 O. 게리, 후타가와 요시오와의 인터뷰, 「스튜디오 담화: 15명의 건축가들과의 인터뷰」, 도쿄: A.D.A. 에디타, 2002

분명히 이론이 많지 않았다. 우리는 이론을 공부하지 않았다. 나는 미술에서 건축으로 전향한 사람이었다. 나는 늘 그림과 조각에 관심이 많았다. 나는 그 점에서 다른 건축가들과 달랐다. 하지만 학생시절에는 나는 그것을 깨닫지 못했다. 나는 건축가가 되고 한참 지난 후에야 비로소 그 사실을 깨달았다. —프랭크 O. 게리, 후타가와 요시오와의 인터뷰, 「스튜디오 담화: 15명의 건축가들과의 인터뷰」, 도쿄: A.D.A. 에디타, 2002

사실 누군가가 나와 함께 얼마간의 시간을 보낸다면, 그는 내가 매우 인습적이라는 것을 깨닫게 될 것이다. 나는 심지어 브룩스 형제들을 보러 가기까지 한다. 나는 내 일에 열심이고 깨어 있는 시간을 거의 모두 일에 바친다. 내 아이들과 아내를 사랑하지만 너무나 일에 열중한 나머지 생일이나 기념일 등은 잊어버린다. 나는 개인적인 것은 무엇이든 기억하지 못한다. 반면에 내 프로젝트는 예산에 맞추어 기한내에 완공한다. 예산을 철저히 지킨다. 나는 그런 일들에는 매우 진지하다. —피터 아넬, 테드 빅퍼드 편, 「프랭크 게리: 건물과 프로젝트」, 뉴욕: 리졸리, 1985

나는 우리 모두가 궁극적으로 우리 자신의 방식으로 우리 주위에서 일어나고 있는 일에 대해서 평한다고 생각한다. 나는 사물을 바라보는 특별한 방식이 있다. 나는 부드러운 부분, 아름다운 부분을 찾지 않는다. 그것이 비현실적으로 보이기 때문에 끌리지 않는 것이다. 나는 사람과 정치에 관해서 사회주의적, 또는 자유주의적 태도를 가지고 있다. 나는 굶주리는 아이들, 내가 어려서 덕을 본 자선행위들을 생각한다. —피터 아넬, 테드 빅퍼드 편, 「프랭크 게리: 건물과 프로젝트」, 뉴욕: 리졸리, 1985

나는 내가 지금 하고 있는 일이 내가 할 수 있는 유일한 일이라고 본다. 나는 그 일에 매진한다. 나는 그 외의 다른 것은 모른다. —피터 아넬, 테드 빅퍼드 편, 「프랭크 게리: 건물과 프로젝트」, 뉴욕: 리졸리, 1985

하지만 나는 건축이 어느 한 방향으로 치우쳐서는 안된다고 생각한다. 건축은 민주주의적이어야 한다. 많은 사람들이 서로 다른 아이디어를 가지고 있다. 이것은 흥분되는 일이다. —프랭크 O. 게리, 후타가와 요시오와의 인터뷰, 「GA 다큐멘트」 68호, 2002. 3

논리의 느낌 건축가는 자연적인 것이든 그림이든 조각이든 그래픽이든 건축물이든, 디자인된 것들이나 디자인을 가진 것들을 될 수 있는 대로 많이 보아야 한다고 나는 믿고 있다. 또 나는 이런 이야기를 나에게 귀를 기울이는 사람이면 누구에게나 해왔다. 건축가는 되도록 많이 보아야 한다. 건축가는 건물도 많이 보아야 하지만 박물관에서 위대한 예술작품을 보면서 가능한 한 많은 시간을 보내야 한다. 컴퓨터인 우리 두뇌는 우리가 그것을 인식하건 인식하지 못하건 간에 이 모든 것을 흡수한다는 것이 나의 기본적인 이론이다. 우리가 어떤 일에 착수할 때 우리가 많이 보면 볼수록 이 컴퓨터는 더 많이 뱉어낸다. 본 것이 많은 사람은 "나는 샤르트르의 성당 같은 건물을 짓고 싶다"라고 말하지 않는다. 당신은 건축물 이외에는 본 것이 아무 것도 없기 때문에 당신의 컴퓨터가 반쯤 비어 있다면 당신이 선택할 수 있는 것보다 무의식적으로 더 많은 선택 대상을 가지게 될 것이다.—"고든 번섀프트 인터뷰—SOM에 대하여", 「SOM 저널 3」, 독일 오스트필데른: 하톄 칸츠 출판사, 2004

고든 번섀프트
GORDON BUNSHAFT

출생 1909년 5월 9일, 뉴욕주 버팔로; 1990년 8월 6일 타계

교육 건축 석사, 건축 학사, 매사추세츠 공과대학교, 매사추세츠 주 케임브리지, 1935, 1933

주요 프로젝트 내셔널 커머셜 뱅크, 사우디아라비아 제다, 1983; 조지프 H. 허시혼 미술관 및 조각공원, 워싱턴 D.C., 1974; 바이네케 희귀 서적 및 원고 도서관, 예일 대학교, 코네티컷 주 뉴헤이븐, 1963; 매뉴팩처스 하노버 트러스트, 뉴욕, 1953; 레버 하우스, 뉴욕, 1952

■■나는 내 건축물이
'나'를 대신해서
말해주기를 바란다……■

바이네케 희귀 서적 및 원고 도서관,
예일 대학교, 1963
"바이네케에서 흥미로운 점은 바깥은
혹심한 추위이지만 일단 안으로 들어오면
매우 따뜻하고 풍요롭다는 것이다."
번섀프트는 이렇게 말했다

뉴헤이븐 1963

바이네케 희귀 서적 및 원고 도서관, 예일 대학교

번섀프트가 바이네케 형제들과 처음 만났을 당시, 에로 사리넨은 예일에서 기숙사를 설계하고 있었고 폴 루돌프는 미술 건축관을 건설중이었다.

바이네케 도서관 프로젝트는 폴 루돌프(예일 대학교 건축대학원 원장, 1958-1964)가 어느 날 오후 내게 전화를 걸어 설계 공모에 참여할 의사가 있느냐고 물으면서 시작되었다.……나는 폴에게 즉시 참가할 의향이 없다고 말했다. 그것은 좋은 건물을 짓는 방식이 아니라고 나는 덧붙였다. 설계 공모를 할 경우, 건물이 어떻게 되어야 할 것인지를 2, 3페이지에 걸쳐 제시하여야 하고 그것을 기초로 해서 그 건물을 사용할 사람들과는 아무런 상의도 하지 않고 해결책을 내놓아야 한다고 나는 설명했다.……그래서 설계 변경을 시작하게 되고 최종 결과는 타협의 결과가 될 수밖에 없다는 것이 나의 생각이었다. 나는 건물을 지을 때에 가장 중요한 일 가운데 하나는 프로그램을 작성하고 다음에 그 건물을 사용할 사람들과 살다시피 하면서 그들이 그 건물 안에서 어떻게 일하고 싶어하는지를 알아내는 것, 그들의 해결책에 귀를 기울이는 것이 아니라 그들의 필요에 귀를 기울이는 것이라고 믿고 있다. 프로그램을 종이에 작성하는 것은 어리석은 일이다. —"고든 번섀프트 인터뷰—SOM에 대하여", 「SOM 저널 3」, 독일 오스트필데른: 하톄 칸츠 출판사, 2004

우리가 그 일을 맡자마자 나는 희귀 서적 도서관에 대해서 생각하기 시작했다. 그런데 사실 그것에 대해서 알아야 할 것은 많지 않았다. 그것은 보안시설, 그리고 습기와 온도 조절장치가 있고 또한 책들이 층층이 쌓여 있는 거대한 창고이다. 거기 덧붙여서 큐레이터들이 사용할 몇 개의 사무실, 몇몇 학자들이 사용할 독서실, 그리고 책을 전시할 얼마간의 공간이 있다.……나는 책을 좋아한다. 특히 장정에 대해서 관심이 많다. 그래서 나는 이 도서관이 보물창고가 되어야 하며 유리 뒤에 수많은 아름다운 책들을 전시함으로써 그 사실을 표현해야 한다고 생각했다. —"고든 번섀프트 인터뷰—SOM에 대하여", 「SOM 저널 3」, 독일 오스트필데른: 하톄 칸츠 출판사, 2004

구조물은 마노로 덮기로 했다. 건물을 덮는 커다란 패널로 반투명의 마노를 사용하기로 한 것이다. 이런 아이디어는 이스탄불의 르네상스 양식의 궁전에서 내가 마노라고 생각한 것을 보면서 나왔다.……멋진 모형이 만들어졌다. 그것은 두께가 3밀리미터도 안 되게 깎은 진짜 마노로 만든 것이었다.……모두들 그 모형을 좋아했다. 우리가 그들에게 건설비 추정액을 알려주었는지 잘 생각이 나지 않는다. 풀러가 알려주었을 거라는 생각이 든다(풀러 건설회사는 레버 하우스 등을 시공한 당시 뉴욕의 일류 건설사였다). 추정액은 800만 달러였다. 그 다음부터는 만사가 순조롭게 진행되었다.……내가 마노를 생각한 것은 책들이 직사광선에 노출되면 안 되기 때문이었다. 모형은 보물상자처럼 보였다. 그것은 귀퉁이의 네 기둥에 의해서 지탱되었다. 건물의 외부는 트러스 같은 구조이다.……나는 처음부터 마노를 생각했는데 그 이유는 마노가 부드러운 빛만 통과시키고 햇빛은 차단하기 때문이었다. 도서관에 들어가면 사원 안에 있는 것 같은 분위기가 느껴진다. —"고든 번섀프트 인터뷰—SOM에 대하여", 「SOM 저널 3」, 독일 오스트필데른: 하톄 칸츠 출판사, 2004

바이네케에서 흥미로운 점은 밖은 춥고 살벌하지만 일단 안으로 들어오면 매우 따뜻하고 풍요롭다는 것이다. 햇빛이 스며들면, 풍성한 책들과 함께 멋진 모습이 연출된다. 누구나 이 안으로 들어가고 싶어한다. 사람들이 사원을 보기를 좋아하는 것도 같은 이유 때문이다.……그런 분위기를 사람들은 좋아한다. 그러나 나는 일반인들을 생각하지는 않았다. 우리의 공간은 그런 크기가 아니다. 그리고 중앙에 큰 무더기가 있다. 하지만 그것들을 잘 처리하기만 하면 사람들에게 감동적인 경험을 주기도 한다. 그것을 보는 순간 전율을 느꼈다는 내용의 편지를 내게 보낸 여자들이 있다. —"고든 번섀프트 인터뷰—SOM에 대하여", 「SOM 저널 3」, 독일 오스트필데른: 하톄 칸츠 출판사, 2004

나는 이 건물이 내가 설계한 그 어떤 건물보다도 더 나와 연관될 것이며 또 오래 남을 것이라고 생각한다. 그것이 그 건물이 훌륭하다는 것을 의미하는지는 잘 모르겠다. 그러나 장기적으로 볼 때 건물은 미래세대의 판단에 의해서 중요해진다. —"고든 번섀프트 인터뷰—SOM에 대하여", 「SOM 저널 3」, 독일 오스트필데른: 하톄 칸츠 출판사, 2004

> ❝ 내가 관여한 모든 건물에서 그 건물의 주된 목적은 그것을 사용하는 사람들을 위하는 것이다. ❞

SOM : "우리는 누구에게도 모더니즘을 강권할 필요가 없었다.……"

1990년 시카고 건축가 구술 기록 프로젝트를 위해서 베티 J. 블럼이 고든 번섀프트와 인터뷰해서 구술 기록을 작성했다. 이것은 이 위대한 건축가가 편안한 가운데 이야기하는 그의 관심사가 무엇인지 알고 싶어하는 사람들에게는 가뭄에 만난 비 같은 것이다. 천성적으로 말이 적은 사람—번섀프트의 1988년도 프리츠커상 수상 연설은 네 문장, 50단어로 된, 지금까지의 프리츠커상 수상 연설 중 가장 짧은 것이다—그는 이 인터뷰 당시 말이 많은 80세 노인이었다. 그는 블럼에게 이렇게 말했다. "난 늙었어. 그런데 앞으로 10년쯤은 과거를 회상하며 살 수 있겠지."

1947년 당시 나는 37세였고, 미국, 특히 뉴욕은 그때 건축 붐이 시작되었다. 고객들은 현대적인 건축물을 원했고 당시 나는 그에 알맞은 나이였다. 나는 현대적인 것을 좋아했고 1937년에 운좋게도 스키드모어, 오윙스 앤드 메릴에 들어갈 수 있었다. 당시 이 회사는 시카고의 [너새니얼] 오윙스와 뉴욕의 [루이스] 스키드모어, 그리고 다른 두 사람으로 구성되어 있었다.……그러니 그 회사는 계속 발전할 수밖에 없었다. 내가 1909년에 태어난 것을 행운이라고 생각하는 이유가 바로 여기에 있다. —고든 번섀프트, 베티 J. 블럼과의 인터뷰, 「고든 번섀프트의 구술 기록」, 시카고: 시카고 미술관, 1990

우리는 그 누구에게도 모더니즘을 강권할 필요가 없었다.……그것은 특이하고 놀라운 것, 전후의 상황이었다. 미스와 코르뷔지에의 제자들인 수많은 건축가들이 막 훈련과정을 마치고 무엇인가 새로운 것을 해보려는 열망에 차 있었다. 동시에 많은 큰 기업체들의 사장은 새로운 시설을 필요로 했다. 그들은 모두 새로운 모양의 무엇인가를 원했다. 그들은 모두 그들이 자랑할 수 있는 건물을 원했다. —캐럴 허셀 크린스키, 「스키드모어, 오윙스 앤드 메릴의 고든 번섀프트」, 뉴욕: 건축사 재단, 1988

미래 세기에 역사가 쓰여질 때, 스키드모어, 오윙스 앤드 메릴은 아마 이 세기의 가장 창의적인 건축가들이 아니라 이 세기의 가장 중요한 건축가들로 기록될 것이다. 그들은 예기하지 않았고 아무 것도 가지고 있지 않았고 또 철학이 없었기 때문이다.……이 회사에는 한 가지 기본적인 것이 있었다—관련된 모든 사람들이 건전하고 논리적인 생각을 가지고 있었다고 나는 생각한다. 그들은 몽상가들이 아니었다. SOM(스키드모어, 오윙스 앤드 메릴의 약칭/역주)이 오늘날 존재하는 이유는 그들이 일반 건축업계의 욕구에 부응할 수 있었기 때문이다. 그들이 얻는 일의 절반은 다른 사람들은 할 수 없는 일이다. SOM은 시대와 함께 자랐다. —"고든 번섀프트 인터뷰—SOM에 대하여", 「SOM 저널 3」, 독일 오스트필데른: 하톄 칸츠 출판사, 2004

뉴욕 1952
레버 하우스

레버 하우스를 설계하면서 고든 번섀프트는 많은 사람들이 현대적인 기업 오피스 빌딩의 전형이라고 생각하는 것을 만들어냈다. 미국 건물 타입의 정상이라고 할 수 있는 레버 하우스는 세계 곳곳에서 모방되었다. 번섀프트는 어떤 특정한 이데올로기와의 관련성을 주장하지 않았지만, 이 건물의 설계는 르 코르뷔지에와 미스 반 데어 로에가 제2차 세계대전 전에 제시한 유리 마천루의 비전과 1932년 인터내셔널 스타일 전시회에서 제시된 원칙에 비교되어왔다.

여러분도 아시겠지만, 레버 하우스가 코루뷔(코르뷔지에)라고 말하고 싶어하는 사람들이 더러 있다. 창문의 가느다란 중간 세로틀을 보고 그것이 미스라고 하는 사람들도 있다. 모두 실없는 소리들이다. 레버 하우스는 현대적인 건물이고 아마 코르뷔의 필로티(건물을 지면보다 높이 받치는 기둥)와 그밖의 것들의 영향을 받았을 것이다. 하지만 그것은 코르뷔지에에 대한 모독이다. 그러면 레버보다 훨씬 더 흥미로운 건물을 지었을 것이다. ─"고든 번섀프트 인터뷰─SOM에 대하여", 「SOM 저널 3」, 독일 오스트필데른: 하테 칸츠 출판사, 2004

사장 찰스 럭크먼이 회사를 뉴욕으로 옮기기로 결정했을 때, 레버 브러더스는 케임브리지에 본부를 두고 있었다. 그 직후에 럭크먼은 고든이 막 동업자로 가담한 SOM에 새 본부건물의 설계를 의뢰했다.

럭크먼은 1,000명이 일할 오피스 빌딩을 짓는 일을 제의했다. 그 건물은 훌륭한 건물이 되어야 한다는 것이었다.……그는 또한 내장은 레이먼드 로위가 해야 한다는 조건을 내걸었다. 이렇게 해서 우리가 그 일을 맡게 된 것이다. ─고든 번섀프트, 베티 J. 블럼과의 인터뷰, 「고든 번섀프트의 구술 기록」, 시카고: 시카고 미술관, 1990

어떤 부지에서 해야 할 첫 번째 일은 침범해서는 안 될 공중 공간이 어디이고 그 부지에서 얼마나 큰 건물을 지을 수 있는가 등 장소의 한계를 알아내는 일이다.……거기에는 얼마간의 에어 슬로프가 있었다. 우리는 유리 건물을 짓고 싶었다. 우리는 가능한 한 전위적이 되고 싶었다. 부지의 25%가 7,500제곱피트의 건물 바닥을 만들어냈다.……물론 우리는 무엇인가 새로운 것을 만들고 싶었다. 그래서 건물을 지주(支柱) 위에 올려놓았다. ─"고든 번섀프트 인터뷰─SOM에 대하여", 「SOM 저널 3」, 독일 오스트필데른: 하테 칸츠 출판사, 2004

1992년 완공된 지 40년이 된 레버 하우스는 그 의미를 인정받아 공식적인 랜드마크로 지정되었다.

뉴욕 1953
매뉴팩처스 하노버 트러스트

당시 매뉴팩처스 트러스트에 새 사장이 부임했는데 그는 이전 사장으로부터 43번로와 5번로에 지을 은행 지점의 완전한 설계도를 받아놓고 있었다. 그는 그 일에 대해서 많이 생각하지 않았던 것이 분명하다. 그는 매뉴팩처스 하노버 트러스트의 이사 가운데 한 사람으로 그의 친한 친구이며 뉴욕시의 가장 큰 하청회사 가운데 하나를 운영하던 류 크랜덜에게 그가 어떻게 해야 할까를 물었다. 크랜덜이 내게 전화를 걸어 자기가 이러이러한 설계도면을 가지고 있다고 말했다. 크랜덜이 레버 하우스를 지었기 때문에 우리는 친구 사이였다.……그가 말했다. "내가 은행 설계도를 보낼 테니 그걸 훑어보고 그 기본구조는 최소한 살리면서 훌륭한 설계를 할 수 있을지 생각해보아요."……내가 다시 그에게 전화를 걸어 말했다. "이보게, 새 은행을 지으면서 실무자들이 그린 설계도면을 살려 설계를 한다는 건 웃기는 일일세. 그 도면이 좋은 건물의 구상을 제한할 테니 말일세. 좋은 건물을 원한다면, 새로 시작하는 게 좋을 걸세."……그는 우리의 친한 친구가 된 많은 미래의 고객들 가운데 첫 번째였다. 그는 멋진 사람이었다. 우리는 그와 함께 일하면서 즐거운 시간을 가졌다. 나의 아내와 나는 공사의 진척상황을 보려고 밤에 공사장으로 찾아가곤 했는데 그럴 때면 우리는 그가 그의 아내와 함께 공사장 주위를 거니는 것을 발견하곤 했다. 그는 정말로 매력적인 사람이었다. 한번은 그가 내게 이렇게 말했다. "이게 잘되지 않으면"—온통 유리로 된 은행을 짓는 것은 당시로서는 아주 획기적인 일이었다—"우리 두 사람은 이 도시를 떠나야 할 걸세." 그럭저럭 건물은 별 말썽이 없었다. 그는 멋진 개점 파티를 열었다. 그후 그들의 사업은 급격히 확장되었고 그래서 그는 무척 기뻐했다.—고든 번새프트, 베티 J. 블룸과의 인터뷰, 「고든 번새프트의 구술 기록」, 시카고: 시카고 미술관, 1990

건물을 짓는 과정에서 많은 미술품이 설치되었다. 이 건물은 우리가 고객을 설득해서 업무 공간에 미술품을 설치하도록 한 최초의 건물이다.…… —고든 번새프트, 베티 J. 블룸과의 인터뷰, 「고든 번새프트의 구술 기록」, 시카고: 시카고 미술관, 1990

상금 단 50달러의 SOM의 내부 공모 회사에 3, 4명의 젊은 설계자들이 있었는데, 그(SOM의 창설멤버인 루이스 스키드모어)가 말했다. "자네들이 주말에 일하고 싶다면, 은행의 스케치를 그려보게. 내가 당선자에게 50달러를 주겠네." 이렇게 해서 그는 4명의 친구들을 주말 내내 일하게 했고 그중 가장 좋은 아이디어를 내놓은 사람에게 50달러를 주었다. 당선된 찰리 휴스는 매우 멋진 사람이었다. 그의 할아버지는 대법원장이었다(찰스 에반스 휴스 1세는 1930년부터 1941년까지 미국 대법원장으로 재직했다). 휴스가 유리상자라는 대강의 초안을 내놓았다. 어차피 우리는 유리상자 모양의 건물을 짓도록 되어 있었다.……얼마 후 스키드가 내게 말했다. "자네가 이 일을 맡게."—고든 번새프트, 베티 J. 블룸과의 인터뷰, 「고든 번새프트의 구술 기록」, 시카고: 시카고 미술관, 1990

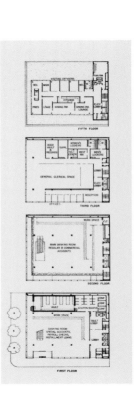

번새프트가 은행 금고까지 보일 정도라는 현대적인 매뉴팩처스 하노버 트러스트를 설계했을 때 은행업무는 결코 그렇게 투명하지 못했다. 레버 하우스와 마찬가지로 이 건물 역시 역사적 가치가 인정되어 1977년 뉴욕시의 랜드마크로 지정되었다.

｢｢ 기능을 가진 커다란 조각품.…… ｣｣

조지프 H. 허시혼 미술관 및 조각공원

이 미술관은 아마 건물의 3분의 1이 로비와 기념비적인 건축 장식물로 채워지지 않은 세계 유일의 미술관일 것이다. 이 미술관의 공간은 오직 미술품만을 위해 할애되었다.……나는 미술관을 위한 인공적 빛의 유용성을 믿는 사람이다. —캐럴 허셀 크린스키, 「스키드모어, 오윙스 앤드 메릴의 고든 번섀프트」, 뉴욕: 건축 역사 재단, 1988

구조적 방법 외에 건축자재의 선택이 번섀프트에게는 지극히 중요했다. 그는 미술관을 모래를 끼얹은 콘크리트로 싸바르기로 했는데 그렇게 한 데는 두 가지 중요한 이유가 있었다. 그것이 비바람을 잘 견딜 뿐만 아니라 원통 모양인 건물의 모양과 가장 잘 어울리기 때문이었다. 제너럴 서비스 어드미니스트래이션이 건물 표면을 석회석으로 해달라고 했지만, 그는 자기의 입장을 고수했다.

[석회석은] 햇빛이 나건 그늘이 지건 또는 날씨가 어떻든 똑같은 모양으로 보일 것이고……건물에 어떤 도움도 주지 못할 것이다. —캐럴 허셀 크린스키, 「스키드모어, 오윙스 앤드 메릴의 고든 번섀프트」, 뉴욕: 건축 역사 재단, 1988

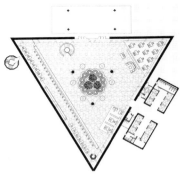

나는 이것이
나의 가장 훌륭한,
그리고 가장 특이한
프로젝트
가운데 하나라고
생각한다.

"……공중 정원……" — 고든 번
섀프트 전기, pritzkerprize.com

제다 1983
내셔널 커머셜 뱅크

그 주요 컨셉트가 특이하고 나 자신의 것이라고 내가 생각하는 유일한 건물이 제다에 있는 것(내셔널 커머셜 뱅크)이다. 이 건물은 지극히 덥고 건조한 기후인 지방의 사무실 건물을 짓는 완전히 새로운 방식이 적용된 건물이다. —"고든 번섀프트 인터뷰—SOM에 대하여", 「SOM 저널 3」, 독일 오스트필데른: 하톄 칸츠 출판사, 2004

레버는 좋은 건물이다. 그러나 그 건물은 르 코르뷔지에의 모더니즘 운동의 범주에 드는 건물이다. 이 건물(내셔널 커머셜 뱅크)은 그 누구의 영향도 받지 않은 건물이다. 이 건물은 세계의 특이한 지방에 대한 특이한 해결책이 적용된 건물이다. —고든 번섀프트, 베터 J. 블럼과의 인터뷰, 「고든 번섀프트의 구술 기록」, 시카고: 시카고 미술관, 1990

부지의 특성과 주차장 설치의 필요성, 안으로 향하는 사무실의 개념 모색 등으로 인해서 우리는 삼각형을 택했다. 그렇게 함으로써 우리는 뜰을 두 방향으로 열 수 있었고 건물 안에서 이동하는 사람들에게 시각의 변화를 줄 수 있었다.……지극히 덥고 불쾌한 환경에 비교적 높은 건물을 짓는 문제가 근본적으로 다뤄진 적이 없다.……내가 과거에 작업한 모든 건물들은 국제적 건축 사조를 따른 것이었다. 이 건물은 어떤 사조도 따르지 않은 건물이다. —캐럴 허셀 크린스키, 「스키드모어, 오윙스 앤드 메릴의 고든 번섀프트」, 뉴욕: 건축 역사 재단, 1988

허시혼 미술관은 조지프 허시혼의 현대미술 컬렉션을 수용하기 위해서 설계되었다. 번섀프트는 스미스소니언의 일부인 기존의 건물들과의 관계도 고려해야 했다. **이 페이지** : 제다의 내셔널 커머셜 뱅크는 지극히 건조하고 더운 기후를 고려해서 "안으로 향하는" 사무실로 설계되었다. 번섀프트로서는 삼각형이 설계의 핵심이었다.

고객들과 함께 일하기

우리, 특히 나의 접근방식에서 또 다른 중요한 점은 소유주가 프로젝트의 일부라는 사실이다. 우리가 방크 랑베르를 맡았을 때(1959–1962), 나는 소유주인 랑베르 남작부인에게 이렇게 말했다. "건축가를 고용하는 것은 4년 동안 섹스 없는 결혼을 하는 것과 같습니다." 사실 이 말은 맞는 말이다. — 고든 번섀프트, 베티 J. 블럼과의 인터뷰, 「고든 번섀프트의 구술 기록」, 시카고: 시카고 미술관, 1990

1947년 건물을 짓겠다는 고객들의 주문이 쇄도했다. 당시는 메디치 가문의 르네상스 시대를 능가하는 건축의 황금시대였다. 내가 고객이라고 하는 대상은 대개 기업체들이었다. 은행이건 기업체 건물이건, 기업체의 우두머리들은 그들의 회사를 드러내는, 그들이 자랑할 만한 건물을 짓고 싶어했다. 그 당시 기업체들의 사장들은 개인적으로 회사에 관여했고 그의 직원들을 위한 궁전을 짓는 일에도 직접 관여했다. 그들은 회사를 드러낼 뿐 아니라 자기네들에게 개인적 즐거움도 주는 건물을 짓고 싶어했다. 그들은 새 시대의 메디치 가문 사람들이었다. 당시 그런 사람들이 아주 많았다. — 고든 번섀프트, 베티 J. 블럼과의 인터뷰, 「고든 번섀프트의 구술 기록」, 시카고: 시카고 미술관, 1990

건물이 완성되면 고객은 일단 기뻐한다고 나는 생각한다. 그가 그 건물에 들어가고 3, 4년이 지난 후에도 여전히 행복하다면 — 내가 말하는 고객은 나의 상대방 회사의 우두머리이다 — 그 안에서 일하는 사람들도 행복하다. 그들이 행복한지 아닌지를 판단하는 가장 좋은 방법은 건물이 세심하게 관리되고 있느냐를 보는 것이다. 건물을 잘 보살핀다면 그들이 그 건물을 자랑스럽게 생각한다는 것을 뜻한다. 물론 이것이 가장 중요한 일이다. 나에게 두 번째로 중요한 일, 내가 건축가로서 살아오면서 가장 행복했던 일은 대다수의 나의 고객들이 나를 좋아했고 나도 그들을 좋아했으며 그래서 그들이 나의 평생 친구가 되었다는 사실이다. — 고든 번섀프트, 베티 J. 블럼과의 인터뷰, 「고든 번섀프트의 구술 기록」, 시카고: 시카고 미술관, 1990

처음에는 : "몰라서 즐거웠다"

그의 교육과 화려한 경력—MIT에서의 수학, 로치 트래블링 펠로우십, SOM에서의 42년 근무—에도 불구하고 번섀프트는 자기가 성공적인 삶을 살 수 있는 토대를 제공한 사람은 자기 부모님이었다고 말했다.

아마도 나에게 일어난 가장 중요한 일은 내가 1909년 5월 9일 내가 태어나기 1년 전에 러시아에서 막 미국으로 온 부모들에게서 태어난 것일 것이다.……아버지 데이비드와 어머니 예타는 두 분 다 결혼하기 전의 성(姓)이 번섀프트였다. 두 분은 사촌간이었다. 미국으로 왔을 때 두

분은 가난했지만 아버지는 열심히 일해서 돈을 모아 마치 내가 부잣집 아들이라도 되는 것처럼 MIT에 보내주셨다. — 고든 번섀프트, 베티 J. 블럼과의 인터뷰, 「고든 번섀프트의 구술 기록」, 시카고: 시카고 미술관, 1990

얼마를 벌든 간에 부모님은 그 일부를 저축하셨다. 1주에 2달러를 벌어도 저축했고 1주일에 100달러를 벌어도 일부를 떼어 저축하셨다.……그분들은 즐거움을 모르고 사셨다.……가족과 자녀 교육에 대한 헌신만이 전부였다. — 고든 번섀프트, 베티 J. 블럼과의 인터뷰, 「고든 번섀프트의 구술 기록」, 시카고: 시카고 미술관, 1990

나는 요즘 흔히들 말하는 빈민가(뉴욕주 버팔로의 빈민가)에서 태어났다. 어렸을 때 병치레가 잦았고 디프테리아에도 두 차례 걸렸다. 디프테리아에 두 번째 걸렸을 때는 8살이었던 것 같다.……아이들은 누구나 집 같은 것을 그리곤 한다는 것이 나의 짐작이다. 어떤 아이나 그렇게 한다. 그렇다고 건축가가 될 잠재력이 있는 것은 아니다. 그(번섀프트가의 주치의)가 내가 그린 그림들을 보고 어머니에게 이렇게 말했다. "고든은 건축가가 되어야 할 것 같습니다." 어머니는 그 말이 무엇을 의미하는지 알지 못하셨던 것 같다. 뒤에 나 역시 그 말의 뜻을 몰랐다.……내가 MIT에 가서 공부해서 건축가가 되겠다고 결심한 것이 아마 12살때쯤이었을 것이다.……내가 그 길을 택한 것은 아마 무지의 소치였을 것이다. 나는 그림을 그릴 줄 몰랐다. 나는 결코 그림을 잘 그릴 수 없었다. 하지만 7학년 때 나는 훌륭한 선생님을 만났고 그래서 MIT를 소개하는 카탈로그를 얻을 수 있었다.…… — 고든 번섀프트, 베티 J. 블럼과의 인터뷰, 「고든 번섀프트의 구술 기록」, 시카고: 시카고 미술관, 1990

나는 우리 집 지하실에 작은 작업장을 차렸다. 용돈으로 연장을 사곤 했다. 아이들과 어울려 돌아다니면서 말썽을 피우거나 소녀의 꽁무니를 쫓아다니는 아이가 아니었다. 계집애 같은 소년, 세상 물정에 어두운 바보 같은 아이였던 것 같다. — 고든 번섀프트, 베티 J. 블럼과의 인터뷰, 「고든 번섀프트의 구술 기록」, 시카고: 시카고 미술관, 1990

나는 괴짜였던 것 같다. 솔직히 말해서 나는 정상적인 아이는 아니었다. 정상적인 아이라면 고등학교 시절 저녁과 주말을 가구를 만들면서 보내지는 않았을 것이다(매주 그랬던 것은 아니지만 그러는 때가 꽤 잦았다). 대학에 가기 전에 나는 침대와 캐비넷, 그리고 각종 가구를 만들었다. 나는 내 용돈으로 목재를 사러 가곤 했다.……여자애들과도 외출하지 않았다. 나는 22살이 될 때까지 여자와 키스해본 적이 없었던 것 같다. 나의 아버지는 내가 술을 마시지 않는 것을 걱정하시곤 했다. — 고든 번섀프트, 베티 J. 블럼과의 인터뷰, 「고든 번섀프트의 구술 기록」, 시카고: 시카고 미술관, 1990

❝ 만약 건축가가 고객이 원하는 것에 무엇인가를 보태지 못한다면, 그는 일을 제대로 하고 있는 것이 아니다. ❞

영향 : "미스는 건축의 몬드리안이었고 르 코르뷔지에는 피카소였다" 하지만 MIT의 학생들인 우리는 도서관 안을 들여다보고 있었다. 내가 그런 것이 아니고 나의 친구들이 그랬다. 나는 그들이 책을 대출해오기를 기다렸다가 그 책을 함께 보곤 했다. 우리는 르 코르뷔지에를 보고 있었다. 나의 견해로는 르 코르뷔지에는 그의 책을 통해 전세계의 현대건축의 표준을 정립한 사람이다.……전세계의 모든 남쪽 국가들은 모두 콘크리트를 쓰는 국가들이었고 따라서 르 코르뷔지에의 건축은 그들에게 자연스럽게 다가왔다. 그는 책을 통해서 가르치는 건축의 으뜸가는 스승이었다.……미스는 르 코르뷔지에만큼 일찍 책을 내지는 않았다. 미스는 또한 미국에 오기 전까지는 그의 건축가로서의 명성을 떨치지 못했다. — 고든 번섀프트, 베티 J. 블럼과의 인터뷰, 「고든 번섀프트의 구술 기록」, 시카고: 시카고 미술관, 1990

나는 미스가 정말로 위대한 건축가였다고 생각한다. 그는 투겐트하트 하우스, 바르셀로나 전시관, 역사상 가장 훌륭한 사무실 건물인 시그램 빌딩 등 3, 4개의 웅장한 건물들을 지었다. 내 생각에 그는 뒤에 너무 많은 일을 맡았고 그래서 약간 반복적이 되었다. 나는 그가 적은 수의 건물만을 지었어야 했다고 생각한다. 물론 그가 지은 그 3채의 건물은 너무 훌륭해서 오래 남을 것이다. 3개의 길이 남을 건물을 가진 건축가는 정말 드물다. — 고든 번섀프트, 베티 J. 블럼과의 인터뷰, 「고든 번섀프트의 구술 기록」, 시카고: 시카고 미술관, 1990

본질적인 모더니스트. 1935년 스트렁크와 화이트가 이제는 유명해진 그들의 저서 「스타일의 요소」를 썼다. 이 책에 있는 많은 훌륭한 충고는 오늘날에도 아직 유효하다. 겉치레를 무시하는 그들의 태도는 말을 꾸미지 않는, 진지한 번섀프트에게 잘 맞았다. "정교한 것, 허세 부리는 것, 예쁜 것을 피하라. 10센트짜리 간편하고 준비된, 훌륭한 말이 있는데, 20달러짜리 말에 유혹당하지 말라."

나는 책을 읽지 않는다. 내 말은 소설이나 전기 같은 책들은 많이 읽지만 건축에 관련된 책들, 미술에 관한 책들은 거의 읽지 않는다는 뜻이다. 나는 그림이나 스케치를 본다. — 고든 번섀프트, 베티 J. 블럼과의 인터뷰, 「고든 번섀프트의 구술 기록」, 시카고: 시카고 미술관, 1990

내 생애의 나머지 기간 동안 나에게 도움이 된 것이 일종의 논리와 상식, 그리고 실천이었다고 생각한다. 나는 주저하지 않았다. 결코 주저하지 않았다. — 고든 번섀프트, 베티 J. 블럼과의 인터뷰, 「고든 번섀프트의 구술 기록」, 시카고: 시카고 미술관, 1990

근본적으로 건물은 기능을 다해야 한다. 현재 위대한 건축가들이 설계한 건물들 가운데 제 기능을 제대로 못하는 건물이 상당히 많이 있다. 구겐하임은 재난이다. 내가 나폴레옹이 아닌 것처럼 그 건물은 미술관이 아니다. — 고든 번섀프트, 베티 J. 블럼과의 인터뷰, 「고든 번섀프트의 구술 기록」, 시카고: 시카고 미술관, 1990

건물들은 소위 역사의식이 있다는 사람들이 도시의 모든 쓰레기 같은 건물들을 보존하지 않는 한 영원히 남지는 않는다. — 고든 번섀프트, 베티 J. 블럼과의 인터뷰, 「고든 번섀프트의 구술 기록」, 시카고: 시카고 미술관, 1990

나는 좋든 나쁘든 내 인격으로써 최선을 다하려고 노력한다. 내가 말할 수 있는 가장 단순한 말은 내 인생에 대해서 내가 매우 만족한다는 것이다. 그렇게 된 몇 가지 이유가 있다. 첫째, 내게는 내가 배우고 교육받을 모든 기회를 가지도록 보살핀 헌신적인 가족이 있었다는 것이다. 둘째, 내가 너무 시적이지 않고 매우 논리적인 매우 건전한 정신을 가지고 있었다는 것이다. 셋째는 내가 건축에 관한 한, 매우 알맞은 시기에 살았다는 것이다. 그밖에도 다른 이유가 있을 것이다. 그러나 무엇보다 중요한 것은 내가 믿는 것을 끈질기게 고수했다는 것일 것이다. 마지막 이유는 — 그러나 아마 무엇보다 더 중요한 이유일 것이다 — 내가 운이 매우 좋았다는 것이다. — "고든 번섀프트 인터뷰 — OM에 대하여", 「SOM 저널 3」, 독일 오스트필데른: 하톄 칸츠 출판, 2004

◀◀ 나는 사실 건물을 제외한 건축이 무엇인가에 대해서 아는 것이 별로 없었다. ▶▶

무아경 나는 항상 흔들림 없는 반항아
로 삶과 대결했다. 사르트르를 읽고 난 후,
나는 삶을 불공평하고 무자비한 비극으로 보
았다. 불과 15세의 젊은이였을 때, 나는 완전히 버
려지고 무방비 상태인 인간의 운명을 생각하고 괴
로워했다. 나는 어느 날엔가 영원히 사라져버릴 것
이라는 생각을 하며 두려움에 빠졌다. 다른 모든 사
람들이 그렇듯이, 나는 그런 생각들을 지워버리고 운
명이 우리와 상의하지도 않고 우리에게 베푸는 지구
위에서의 짧지만 즐거운 체류기간 동안의 즐거움을 누
리려고 노력했다. 나는 우리 주위의 환상적인 자연계에
서 황홀함을 느꼈고 친구들과 함께 하면서 내가 혼자
있을 때 나를 괴롭히는 불쾌한 생각들을 떨쳐버렸다.
나는 젊은이다운 낙관주의와 친화력이 있는 즐거운 유
머가 어린 얼굴을 하려고 노력했다. 나는 활달하고 자연스러운 성격
을 가진 사람으로 알려져 있었지만, 인간과 삶을 생각할 때면 내면 깊
숙이에서 엄청난 슬픔을 느끼곤 했다. ─오스카르 니에메예르, 「시간의
곡선: 오스카르 니에메예르 회고록」, 런던: 파이던, 2000

오스카르 니에메예르
OSCAR NIEMEYER

출생 1907년 12월 15일, 브라질 리우데자네이루; 2012년 12월 5일 타계

교육 건축기사, 국립 미술학교, 브라질 리우데자네이루, 1934

사무실 3940 Avenida Atlantica, Rio de Janeiro, Brazil

주요 프로젝트 니테로이 현대미술관, 브라질 리우데자네이루, 1996; 라틴 아메리카 기념관, 브라질 상파울루, 1987;
브라질리아 메트로폴리탄 성당, 브라질, 1970; 이타마라티 궁전, 브라질 브라질리아, 1960; 국회의사당, 브라질 브
라질리아, 1958; 아시시의 성 프란체스코 성당, 브라질 팜풀라, 1943

"나는 공산주의자가 되었다"

나는 중산계급의 가정에서 태어났다. 할아버지는 연방 내각의 장관이셨고 우리는 비교적 유복한 편이었다. 하지만 세상으로 나간 나는 세상이 불공평하다고 느꼈다. 만약 누가 나에게 나의 일에서 내가 좋아하는 것이 무엇이냐고 묻는다면, 그것은 내가 가난한 사람들 편을 들은 것, 내가 그들과 함께 일하려고 했던 것이라고 나는 대답할 것이다. 나는 공산당에 입당했다.……젊은이에게 가장 중요한 것은 투쟁에 가담하는 것, 저항할 준비가 되어 있는 것이다. ─오스카르 니에메예르, 브라이언 마이어와의 인터뷰, 「HUNCH」, 베를라게 건축대학교 리포트, 4호, 2001/2002

나는 늘 다소 반항적이었다. 가톨릭 가정의 오래된 편견을 모두 떨쳐버린 나는 세상이 정의롭지 못하고 받아들일 수 없다고 생각했다. 가난이 마치 자연스럽고 불가피한 현상인 것처럼 번지고 있었다. 나는 공산당에 가담했고 마르크스의 사상을 받아들였다. 이것은 지금도 마찬가지이다. ─오스카르 니에메예르, 「시간의 곡선: 오스카르 니에메예르 회고록」, 런던: 파이던, 2000

나는 내가 왜 항상 커다란 공공 건물들을 설계했는지 모르겠다. 그러나 이 건물들이 늘 사회적 정의에 봉사하지는 않기 때문에 나는 그 건물들을 아름답고 장엄하게 만들려고 노력했다. 가난한 사람들이 그 건물들을 바라보며 감동하고 열광하도록 하기 위해서였다. 그것이 건축가로서 내가 할 수 있는 일의 전부였다. ─오스카르 니에메예르, 「시간의 곡선: 오스카르 니에메예르 회고록」, 런던: 파이던, 2000

내가 설계한 건물들의 대다수는 정치적, 시민적 기념물들이다. 그러나 그중 몇몇은 아마 보통사람들─힘없는 사람들─에게 얼마간의 기쁨을 주었을 것이다. ─조너선 글랜시, 「가디언」, 2007. 8. 1

리우데자네이루 1996
니테로이 현대미술관

자연적 배경은 프로젝트에 도움을 줄 정도로 아름답다. 그것은 니테로이를 위해서 정말로 좋은 일이었다. 오늘날 미술관은 도시의 깃발 같은 것이 되었기 때문이다.……풍경은 훌륭했다. 그리고 나는 자연을 감추고 싶지 않았다. 나는 위로 올라가서 열어젖혀야 했다. 그래서 이 건물은 공간 속에서 한 송이 꽃처럼 두드러져 보인다. 자연이 땅위에서 영광을 누리고 있다. 이곳에 도착하는 사람은 건물과 풍경을 본다. 지나가는 건물들이 보이고 리우데자네이루의 만(灣)을 가로지르는 슈거 로프도 보인다. 그러면 당신은 건축 프로그램이 그것이 시행된 장소와 연관되어 있음을 알게 된다. 지역의 아름다움은 보존되어야 한다. ─오스카르 니에메예르, 브라이언 마이어와의 인터뷰, 「인덱스 매거진」, http://www.indexmagazine.com/interviews/oscar-niemeyer.shtml

■■ 건물이 공간 속에서 한 송이 꽃처럼 두드러져 보인다. ■■

이 단계에서 주도적인 생각은 내 건축의 성형의 자유뿐만 아니라 브라질의 기술 발전도 드러내자는 것이었다. ─오스카르 니에메예르, 「시간의 곡선: 오스카르 니에메예르 회고록」, 런던: 파이던, 2000

"……그것(한가운데의 지주)으로부터 건축물이 한 송이 꽃처럼 저절로 솟아올랐다." ─오스카르 니에메예르, 브라이언 마이어와의 인터뷰, 「인덱스 매거진」, http://www.indexmagazine.com/interviews/oscar-niemeyer.shtml

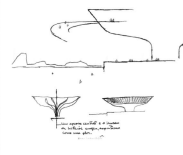

"나는 브라질리아를 위해서 산다"

브라질리아는 건축가 오스카르 니에메예르와 도시계획가 루시오 코스타에 의해서 설계된 비교적 역사가 짧은 브라질의 수도이다. 1957년 단지에서 건설이 시작되었고 1960년 4월 21일, 도시 건설이 채 끝나지 않았지만 브라질리아는 브라질의 새 수도로 지정되었다. 기념비적인 도시를 만든다는 생각이 소박한 마스터 플랜과 개개의 건물들에 구현되었다. 그러나 완공 직후 브라질리아의 이상적 비전은 두 개의 도시로 나타났다. 정부가 들어선 기념비적인 도시와 파벨라라고 불리는 저소득층 위성도시들로 나뉘어진 것이다. 브라질리아의 노동자들은 파벨라에 살면서 출퇴근을 했다. 니에메예르의 좌파적 정치관

에도 불구하고 브라질리아는 계급 구분에 의해서 사회적으로 나뉘어진 도시가 되고 만 것이다. 그럼에도 불구하고 브라질리아는 그 건축적 순수성과 구조적 논리를 통해서 브라질은 물론이고 전세계의 모더니즘 조류에 엄청난 영향을 미쳤다.

모든 것으로부터 그렇게 멀리 떨어진 곳에 세워진 도시는 일찍이 없었다. 브라질리아는 세상 끝에 세워졌다. 거기에는 전화도 없었고, 아무것도 없었다. 도로도 없었다. 모든 것을 끌어들여야 했다. 그나마 있던 얼마 안 되는 도로는 비포장도로였다. 교통이 심각한 문제였다. ─오스카르 니에메예르, 브라이언 마이어와의 인터뷰, 「인덱스 매거진」, http://www.indexmagazine.com/interviews/oscar-niemeyer.shtml

자동차를 타고 브라질리아로 가는 동안 나의 가장 큰 오락거리는 하늘에 떠 있는 구름의 모양을 관찰하는 것이었다. 얼마나 다양한, 의외의 가능성을 구름은 제시했던가! 신비스럽게 솟은 사원이 되기도 하고─그것은 분명 생택쥐페리의 사원이었다─어느 틈에 구름은 무자비한 전사, 하늘을 가로지르는 로마의 전차병으로 변했고 다음 순간에는 바람을 타고 쏜살같이 달리는 괴상한 모양의 괴물이 되었다. 또 사랑스런 여인이 구름에 기대 앉은 모습도 종종 보았다(아마 내가 늘 그런 모양을 찾아내려고 애썼기 때문이었을 것이다). ─오스카르 니에메예르, 「시간의 곡선: 오스카르 니에메예르 회고록」, 런던: 파이던, 2000

팜풀라(1943)에서 브라질리아(1956-1970)까지 나의 작품은 성형의 자유와 건축적 발명이라는 똑같은 궤적을 따랐고, 나는 건축적 논리의 제한에 대항해서 그것을 지키려는 관습을 인식하게 되었다. 그래서 내가 다른 모양을 설계할 경우, 나는 그것을 설명하기 위해서 논쟁을 벌

여야 했다. 예를 들면 부지에 외로이 서 있는 곡선으로 된 블록을 내가 설계할 때마다, 나는 곡선으로 된 기존의 지형이 그렇게 제시했다는 것을 보여주는 스케치를 그려 보이며 설명을 했다.……이런 방식으로 나는 나의 건축물과 팬터지를 지켰고 새로운 형태와 건축적 요소들을 창조했다. 이런 것들은 시간이 지나면서 우리 건축의 성형적 레퍼토리로 추가되었다.……─오스카르 니에메예르, 「시간의 곡선: 오스카르 니에메예르 회고록」, 런던: 파이던, 2000

내가 브라질리아에서 일을 시작할 때 이미 나는 그렇게 많은 설명을 준비하는 일에 진저리가 나 있었다는 점을 고백해야 할 것 같다. 나는 그런 설명을 일일이 하지 않아도 될 만큼 내가 경험을 쌓았다는 것을 알고 있었다. 그리고 나는 나의 설계가 분명히 일으킬 불가피한 비판에 대해서 신경을 덜 쓰게 되었다. ─오스카르 니에메예르, 「시간의 곡선: 오스카르 니에메예르 회고록」, 런던: 파이던, 2000

건축과 구조 : "함께 태어나야 할 두 가지"

니에메예르는 브라질리아를 그의 건축가 경력의 제2단계라고 보고 있다. 첫 단계의 중요한 건물은 그가 1943년에 설계한 팜풀라의 아시시의 성 프란체스코 교회였다.

다음에 한 것이 브라질리아였다. 거기서 나는 구조를 중시하고 그 안에 건축 스타일을 삽입했다. 구조가 완성되었을 때쯤에는 건축과 구조가 함께 태어나서 서로를 풍요롭게 해야 할 두 요소로서 거기 함께 있었다. ─오스카르 니에메예르, 「시간의 곡선: 오스카르 니에메예르 회고록」, 런던: 파이던, 2000

……브라질리아에서는 항의의 느낌이 나를 사로잡았다. 나를 화나게 한 것은 이제 직각의 사용이 아니고 건축적 순수성과 구조적 논리에 대한 지나친 관심, 나를 매혹시키는 자유롭고 창의적인 형태들을 배척하는 체계적인 캠페인, 그런 형태들을 값싸고 불필요한 것이라고 경멸하는 분위기였다. ─오스카르 니에메예르, 「시간의 곡선: 오스카르 니에메예르 회고록」, 런던: 파이던, 2000

브라질리아에 참여하기 전에는 나는 건축을 가벼운 마음으로 연습하는 운동쯤으로 생각했다. 지금은 나는 브라질리아를 위해서 산다. ─"예술: 브라질리아의 건축가", 「타임」, 1958. 7. 28

브라질리아 1958
국회의사당

브라질리아 건설은 대통령의 아이디어였다. 그는 그 일, 발전을 나라의 내부로 이전하는 것이 중요한 일이라고 생각했다. 그리고 나는 내 나름의 건축을 했다. ─ 오스카르 니에메예르, 브라이언 마이어와의 인터뷰, 「인덱스 매거진」, http://www.indexmagazine. com/interviews/oscar-niemeyer.shtml

나는 브라질리아를 책임진 건축가였고, 모두 알고 있었듯이, 공사 초기부터 휴가도 없이 정직하게 거의 보수도 받지 않고 거기서 일하고 있었다. 나는 의회에서 임명한 운영위원회의 일원이었다.…… ─ 오스카르 니에메예르, 「시간의 곡선: 오스카르 니에메예르 회고록」, 런던: 파이던, 2000

나는 같은 정도의 혁신적 건축 이념으로 나머지 건물들을 설계했다. 국회의사당에서는 돔과 받침접시 모양의 건물을 체계적으로 배열했다.…… ─ 오스카르 니에메예르, 「시간의 곡선: 오스카르 니에메예르 회고록」, 런던: 파이던, 2000

요즘 브라질리아를 찾으면, 나는 우리의 노력이 헛되지 않았다는 느낌, 브라질리아가 노동과 낙관주의의 영웅적 시대의 산물이었다는 느낌, 나의 건축 설계가 내 마음의 상태와 나를 가장 깊이 감동시킨 것을 드러내려는 나의 용기를 제대로 반영하고 있다는 느낌을 받는다. 나의 설계에서 나는 루시오 코스타의 마스터플랜에 나타난 볼륨과 자유로운 공간─기념비적이며 사람들을 환대하는 도시를 창조한, 특별한 창의적 특성을 존중했다. ─ 오스카르 니에메예르, 「시간의 곡선: 오스카르 니에메예르 회고록」, 런던: 파이던, 2000

브라질의 새로운 수도 브라질리아에 있는 의사당의 모습. 설계의 주요한 두 가지 요소─돔과 받침접시 모양의 건물─가 잘 드러나 있다.

"나는 아직 남아 있는 여생을 바라보기를 더 좋아한다."

나에게 건축은 늘 드로잉으로 시작되었다. 어머니는 내가 아주 어렸을 때 손가락으로 허공에 그림을 그리곤 했다고 말씀하셨다. 나에게는 연필이 필요했다. 연필을 하나 손에 들자 나는 그후로 매일 그림을 그렸다.……내가 건물을 지을 부지를 바라보고 예산을 따져보고 건물을 어떻게 지을지, 그 건물이 어떤 건물이 될지 생각할 때, 나는 우선 드로잉을 한다. 펜을 집어들면, 펜이 저절로 움직인다. 그리고 건물의 모습이 나타난다. ─ 조너선 글랜시, 「가디언」, 2007. 8. 1

나는 내가 그림 그리기를 좋아했기 때문에 학교에 들어갔다고 생각한다. 드로잉이 나를 건축으로 인도했다.……나는 내 나름의 아이디어를 가지고 있었다. 나는 더 자유롭고 더 부드러운 건축물을 원했다. 그런 건축을 해왔고 지금도 아직 하고 있다. 건축과 예술에서 결국은 언제나 직관이 승리한다고 나는 생각한다. 중요한 것은 무엇인가를 하고 싶어하는 것이다. ─ 오스카르 니에메예르, 브라이언 마이어와의 인터뷰, 「HUNCH」, 베를라게 건축대학원 리포트, 4호, 2001/2002

100살이 되어서 니에메예르는 두 번째 결혼을 했다. 그의 신부는 오랫동안 그의 조수였던 60세의 베라 루시아 카브레이라였다.

[실제 나이는 100살이지만] 나는 내가 60살밖에 안 되었다고 생각한다.……내가 60살에 할 수 있었던 일을 나는 지금도 할 수 있다. ─ 조너선 글랜시, 「가디언」, 2007. 8. 1

나는 내가 이렇게 오래 살 것이라고 생각한 적이 없다. 그러나 고백하건대 나는 아직 더 살고 싶다. 나는 지나간 일을 돌아보지 않는다. 나는 아직 남은 여생을 바라보기를 더 좋아한다. ─ 오스카르 니에메예르, 페드루 데 라 오즈와의 인터뷰, 「그랜마 데일리」, 2006. 8. 7

사람들이 미래에 누군가가 내가 설계한 건물을 바라보는 광경을 머릿속에 그리면서 즐거워하느냐고 내게 물으면, 나는 그 사람들에게 나 역시 사라질 것이라고 말해준다. 모든 것이 시작이 있고 끝이 있다. 당신도 나도, 건축도 마찬가지이다. 우리는 최선을 다하려고 노력하고 늘 겸손해야 한다. 아무것도 아주 오래 남지는 못한다. ─ 조너선 글랜시, 「가디언」, 2007. 8. 1

브라질리아 1960

이타마라티 궁전

구조적 문제들을 예상하는 것은 건축가들의 몫이었다는 것이 나의 생각이다. 건축가들은 그들의 상상력과 세련된 기술을 결합해서 사상의 조류에 상응하는 장엄한 건축물을 창조할 수 있었다. — 오스카르 니에메예르, 「시간의 곡선: 오스카르 니에메예르 회고록」, 런던: 파이던, 2000

나는 브라질리아의 궁전들에 다음과 같은 사고 노선을 적용하기로 했다. 그 궁전들은 제각기 혁신적인 구조적 형태를 그 특징으로 가질 것이다. 그 결과, 합리적인 건축의 사소한 디테일은 새로운 구조물의 두드러진 모습 뒤에 가려질 것이다. — 오스카르 니에메예르, 「시간의 곡선: 오스카르 니에메예르 회고록」, 런던: 파이던, 2000

맨 오른쪽에 보이는, 장식적인 연못 위에 놓인 긴 다리가 브라질 미술의 훌륭한 컬렉션으로 인도한다. 브루노 조르지의 조각 「유성(Meteor)」은 다섯 대륙의 통합을 상징한다. 정원은 호베르투 부를레 마르스가 조성한 것이다.

국회의사당이나 브라질리아의 궁전들을 보는 사람은 누구나 일단 건물의 구조적 틀이 완성되면 건축 설계가 이미 자리잡게 된다는 것을 즉시 깨닫게 된다.

　나는 강화 콘크리트로 실험을 했다. 끝으로 갈수록 점점 가늘어지는 지주를 가지고 주로 이런 실험을 했다. 이 지주들은 끝이 아주 가늘어서 지면과 거의 접촉하지 않은 것처럼 보였다. — 오스카르 니에메예르, 「시간의 곡선: 오스카르 니에메예르 회고록」, 런던: 파이던, 2000

브라질리아 1970
브라질리아 메트로폴리탄 성당

특이한 해결책을 찾는 모색이 나를 매혹시켰다.……나는 우리에게 죄를 상기시키는 고풍스러운 어두운 성당들을 만들어낸 종래의 해결책을 피했다. 반대로 나는 네이브로 들어가기 전의 대기실을 어둡게 했고 네이브는 밝게 빛이 비치도록 했다. 무한한 우주를 향하고 있는 창문의 아름답고 투명한 스테인드 글라스를 통해 오색 빛이 들어오도록 한 것이다. 나는 항상 성직자들로부터 이해와 지지를 받았다. 로마 교황 사절까지도 나를 지지했다. 그분은 성당을 방문하고 찬탄을 아끼지 않았다. "이 성당을 지은 건축가는 성인이 분명해요. 성인만이 네이브와 천국, 하느님 사이를 이렇게 훌륭하게 연결할 수 있지요."—오스카르 니에메예르, 「시간의 곡선: 오스카르 니에메예르 회고록」, 런던: 파이던, 2000

4개의 청동 조각 입상은 복음서 저자들이다. 안쪽의 세례장은 자기 타일로 덮여 있다.

브라질리아에서 더 기하학적이고 더 단순하고더 기념비적인 내 건축의 새로운 단계가 시작된다.—"예술: 브라질리아의 건축가", 「타임」, 1958. 7. 28

건축적 현실 건축적 창조는 현실을 이해하는 특별한 형태이다. 그것은 현실에 작용해서 현실을 풍요롭게 한다.……예술적 형태는……현실을 반영하면서 동시에 현실을 풍요롭게 하는 이중적 특질을 가지고 있다.……우리는 건축이라는 창조 방식에 의해서 형성되는 이미지를 통해서, 내부적 현실을 통해서 외부적 현실을 사색하고 주형한다.……이것이 건축이라는 창조의 논리이다.……우리가 세계적 관점에서 현대 건축의 발전을 뒤돌아볼 때, 두 가지 점이 우리의 관심을 끈다. 한편에는 표현의 형식에서 보편화, 국제화로 향하는 경향이 있다.……다른 편에는 현대 건축에 개별적, 구체적, 인격-주관적 경향이 있다.……다음에 우리는 우리 건축 작품 일부의 표현이 전통적인 수동적 태도에 의해서 영향받고 있다는 것을 인식하게 되고 그래서 우리는 그것을 극복하기 위한 적극적 입장을 취할 필요성을 깨닫기 시작한다.……현대 건축에서의 방법의 발전은 전통적 방식의 단순한 전수가 아니다. 그것은 건축을 오늘날의 현실과 대면케 함으로써만이 증진될 수 있다.— 단게 겐조, "오늘날의 건축에서의 창조와 일본의 전통", 「일본 건축가」, 1956. 6

단게 겐조 丹下健三

출생 1913년 9월 4일, 일본 시코쿠 섬 이마바리; 2005년 3월 2일 타계

교육 Ph D, 건축 석사, 건축 학사, 도쿄 대학교, 도쿄, 1959, 1945, 1938

사무실 Kenzo Tange Associates, 24 Daikyo-Cho, Shinjuku-Ku, Tokyo 160-0015 Japan
전화 : +81 3-3357-1888
www.ktaweb.com

주요 프로젝트 도쿄 시청, 도쿄, 1991; 쿠웨이트 국제공항 터미널, 쿠웨이트 파르와니야, 1979; 성모 마리아 성당, 도쿄, 1964; 국립 도쿄 올림픽 실내경기장, 도쿄, 1964; 히로시마 평화 기념관, 히로시마, 1952

❝ 나는 일본이 전쟁의 폐허에서 오늘날의 풍요로운
사회로 발전하는 것을
목격한 것을
큰 행운으로
생각한다. **❞**

**히로시마 평화 기념관,
히로시마, 1952**
기둥으로 이루어진 틀 안에 단게가 설계한
원폭 희생자 추모비와 1945년 8월 원폭 때
거의 대부분이 잔존한 전시실인
겐바쿠 돔("원폭" 돔이라는 별명으로
알려져 있다)이 보인다.

우리는 인간적 규모와 초인적 규모, 안정성과 이동성, 영구성과 변화, 정체성과 익명성, 포용성과 보편성 등 서로 상극적 요소들이 공존하는 세계에서 살고 있다. 이런 것들은 진보하는 기술과 역사적 존재로서의 인간 사이의 간극을 반영한다.

히로시마(廣島) 1952

히로시마 평화 기념관

단게 겐조는 제2차 세계대전 후 히로시마 재건의 책임자였고 1949년에는 히로시마 평화 기념관 설계 공모에 응모해서 당선되었다. 이 기념관은 대략 12만2,100제곱미터의 면적에 박물관, 강당, 회의장, 전시관, 도서관, 사무실, 호텔을 포함하게 되었다. 놀랍게도 이들 건물들에 둘러싸인 광장은 아치형 추모비 주위에 한꺼번에 5만 명의 사람들이 모일 수 있는 규모였다. 단게의 설계는 전후 일본 현대건축의 지침이 되었다. 평화 기념관은 전통문화에 대한 깊은 이해를 드러내고 있으면서 동시에 일본의 현대건축을 찾아가는 이정표였다.

1950년대에 우리의 관심을 끈 화제는 전후 일본이라는 엄혹한 환경에서 현대건축이 뿌리를 내리도록 하는 방법을 찾는 것이었다. ─ 단게 겐조, "설계 컨셉트의 개발과 방법론", 「일본 건축가」, 1996. 8-9

나의 관점에서 보면, 히로시마 프로젝트는 건축으로서도 큰 의미가 있었지만, 건축 이상의 상당한 의미를 가지고 있었다. 그 설계는 여러 가지 제한이 많던 시절인 제2차 세계대전 직후에 제의되었다. 그럼에도 불구하고 이 프로젝트는 좋으냐 나쁘냐의 문제를 넘어섰고 시간을 초월해서 히로시마의 상징이 되었다. ─ 단게 겐조, "미학의 현대적 체계를 창조하며", 「일본 건축가」, 1983. 1

건축가로서의 나의 발전의 가장 초기 단계는 히로시마 평화 센터(1946)에서 1950년대에 이르는 시기였다. 그 시기에 나는 현대 건축이 일본에 뿌리를 내리도록 하는 방법을 찾으려고 애쓰고 있었다. 그 시기에 일본 전통주의에 대한 토론과 건축 저널리즘에 등장한 수많은 사람들이 나에게 자극이 되었다는 것을 부인할 수 없다. ─ 단게 겐조, "설계 컨셉트의 개발과 방법론", 「일본 건축가」, 1996. 8-9

……히로시마 프로젝트는 기념비적 건축의 유지의 본보기로 남을 것이다. ─ 단게 겐조, "미학의 현대적 체계를 창조하며", 「일본 건축가」, 1983. 1

히로시마 원자탄 폭격에 대한 단게의 영웅적 반응은 일본에 현대건축을 소개하는 데에 도움이 되기도 했다.

**❝전통은 일단 그 과업이 완수되면
사라져버리는 촉매와 같은 것이다.❞**

전통과 창의성

단게의 건축은 전통과 모더니즘의 특이한 결합이었다. 현대 건축에 대한 그의 접근방식에는 현대 기능주의에 대한 비판과 함께 전통과 맞서 그것을 극복하는 일이 포함되어 있었다. 그는 기능에 대한 고려가 지나치게 강조되고 있다고 느꼈다. 지나친 기능주의에 대한 단게의 해독제는 창의성이었다.

오늘날(제2차 세계대전 후) 일본의 현실은 역사적으로 조건화된 세계적 현실의 일부이지만, 동시에 일본의 전통에 의해서 특이한 양태를 띠었다. 이런 현실 속에서 살면서 진취적 정신으로 현실을 새롭게 이해하려고 늘 애쓰는 우리에게 전통은 끈질기게 압력을 가해온다.……진취적인 태도를 취하는 사람들만이 전통이 존재하고 살아 있다는 것을 깨닫는다. 따라서 그런 사람들만이 전통에 맞서서 전통을 극복할 수 있다. 이것은 미래를 위한 화려한 계획을 세우는 것도, 운명적으로 과거에 얽매이는 것도 아니다. 오늘날의 가장 중요한 과업이 창의적으로 과거와 미래를 다 함께 들어올리는 것임을 인식하는 것이다. — 단게 겐조, "오늘날의 건축에서의 창조와 일본의 전통", 「일본 건축가」, 1956. 6

**❝나는 나의 작품들이
전통적인 것으로 보이도록 하고 싶은
욕망이 전혀 없다.❞**

내가 가장 성실하게 전통에 관심을 가질 때조차도 나는 나와 전통을 잇는 끈을 끊는 방법을 찾을 때 강한 감동을 받았다. 전통은 화학반응을 촉발시키고 화학반응이 끝나면 사라져버리는 촉매에 비유될 수 있다. — 시노하라 가즈요, "모더니즘 이후, 단게 겐조와 시노하라 가즈요의 대화", 「일본 건축가」, 1983. 11-12

나는 전통이 보존될 수 있다거나 창조적 충동으로 바뀔 수 있다고 믿지 않는다.……나의 작품들에서 전통의 냄새가 난다면.……그것은 우리의 창조적 능력이 만개하지 못했기 때문이다. 우리가 아직 창의성으로 가는 단계에 있기 때문이다. — 로빈 보이드, 「단게 겐조」, 뉴욕: 조지 브래질러, 1962

우리의 현대의 프로젝트들이 항상 전통과 관련되어 있는 것은 아니다. 그것들은 오히려 우리가 살고 있는 현실에 자리잡고 있다. 전통이 우리 내부에 자리잡고 있다는 것을 깨닫지 못하거나 단순히 전통과 마주

하기를 거부하는 태도는 진정한 의미에서 전통을 부정하거나 극복하는 결과를 가져오지 못한다. — 단게 겐조, "오늘날의 건축에서의 창조와 일본의 전통", 「일본 건축가」, 1956. 6

기술과 인간성

기술적인 것들이나 기술의 진보를 사회적 진보와 따로 떼어놓고 생각하는 것은 언제나 불가능하다. 따라서 우리는 기술적인 것들만을 따로 떼어 생각할 수 없다. 우리는 동시에 사회 변화가 건축에 어떤 영향을 미치는가를 생각해야 한다. — 존 피터, 「현대건축의 구술 기록: 20세기 위대한 건축가들과의 인터뷰」, 뉴욕: 해리 에이브럼스, 1994

**❝우리 시대에
창의적인 작품은
기술과 인간성의
결합으로서 표현된다.❞**

불일치가 생동감을 만들어낸다.……[가장 위대한 것은] 기술과 인간 존재의 대결에서 나온다. — 로빈 보이드, 「단게 겐조」, 뉴욕: 조지 브래질러, 1962

그것은 기술 대 인간성의 문제이다. 오늘날 건축가들과 도시 계획가들의 과업은 이 둘 사이에 다리를 놓는 것이다. — 로빈 보이드, 「단게 겐조」, 뉴욕: 조지 브래질러, 1962

콘크리트, 현실의 재료

단게가 1960년경에 이런 말을 했다는 것은 주목할 만하다.

우리는 현실에 따라 재료를 선택해야 한다. 일본의 경우, 현재 콘크리트가 가장 선호할 만한 기본적 재료이다. 콘크리트는 철보다 싸고 더 자유롭게 형태를 만들 수 있다.……과거에 나는 내 작품에 강철을 쓰고 싶어했다. 그러나 일본의 현실에서는 그것은 시기상조였다. 나는 내가 충분히 표현할 수 없고 내가 원하는 형태들을 만들 수 없다고 느꼈다. 그래서 나는 콘크리트에 많이 의존할 수밖에 없었다.…… — 존 피터, 「현대건축의 구술 기록: 20세기 위대한 건축가들과의 인터뷰」, 뉴욕: 해리 에이브럼스, 1994

도쿄 1964
성모 마리아 성당

단게는 성모 마리아 성당과 도쿄 올림픽 실내경기장을 설계하면서 "공간에서의 강한 느낌"에 흥미를 느끼고 그에 대한 연구를 위해서 몇몇 중세의 고딕 성당을 찾아가보았다.

그 성당들의 천국을 열망하는 장엄함과 말로 표현하기 힘든 신비스러운 공간들을 경험한 후, 나는 새로운 공간을 상상하기 시작했고 현대 기술을 이용해서 그런 공간을 창조하고 싶었다. ─ 단게 겐조 전기, 프리츠커 건축상, www.pritzkerprize.com/laureates/1987/bio.html

도쿄의 성모 마리아 성당은 제2차 세계대전 때 화재로 파괴된 원래의 성당을 대신하기 위해서 건축되었다. 지붕이 하늘에서만 볼 수 있는 십자가를 만든다. 그러나 이 십자가는 성당 안에서도 보인다.

1960년쯤에……나는 전에는 또렷하고 깨끗했던 공간에서 점착성 또는 풀 같은 끈적끈적한 것으로 비유적으로 묘사할 수 있는 것을 느끼기 시작했다. 다시 말해서 전에는 내가 물리적인 물건들을 찢어 발김으로써 창조되는 어떤 것으로 해석했던 공간이 풀과 같은 점착력을 가지고 있다는 느낌이 점점 더 강해졌다. 이런 관점의 변화는 사진의 네거티브와 포지티브 같은 것과 비교될 수 있다. 서서히 나는 공간을 텅 빈 것이 아니라 지극히 점착력이 강한 어떤 것, 그래서 다른 물건들이 거기 달라붙는 것으로 해석하게 되었다. ─ 시노하라 가즈요, "모더니즘 이후, 단게 겐조와 시노하라 가즈요의 대화", 「일본 건축가」, 1983, 11-12

도쿄 플랜

"도쿄 플랜 1960"은 도쿄의 급격한 경제적 팽창에 반응한 단게 겐조의 영향력 있는 도시계획 선언이었다. 단게의 이상향 설계는 수많은 다리와 인공섬, 그리고 물 위에 뜬 주차장 등으로 도시의 영역을 도쿄만까지 확장시키는 것이었다. 현실화되지 않은 이 프로젝트는 인구가 늘어날 도쿄의 미래의 필요에 민감한 프로젝트를 창조하려는 단게의 욕망을 이해하는 데에 도움이 된다.

……"도쿄 플랜 1960"은 도쿄라는 구체적 도시를 위한 제안이라기보다는 대도시의 최적의 조건을 향한 방법론적 접근, 건축과 도시를 위한 방법론에서의 구조 개념의 중요성을 명확히 하기 위한 실험적 시도였다. 이 계획에서는 그것을 따라 도시의 성장과 변화가 가능한 도쿄의 도시 축(軸)을 설정한다. 그러나 이 도시 축은 상징적 의미도 가지고 있다. 우리는 기능적 단위의 확인이 상징적 수준으로 승화되고 구조적 몸체들이 상징주의에 잠기는 것을 보게 되었다.—단게 겐조, "설계 컨셉트의 개발과 방법론", 「일본 건축가」, 1996. 8-9

도쿄를 구하는 길은 하나밖에 없다. 그것은 도시가 그 진정한 기본적 기능을 수행할 수 있도록 해줄 새로운 도시 구조를 만들어내는 것이다.—단게 겐조, "도쿄 플랜 1960: 구조 개편을 향해서", 「일본 건축가」, 1961. 4

우리의 계획은 사실상 시대의 스피드와 규모에 상응하고 우리의 역사적 도시생활의 계속을 허용하는 건축을 준비하는 것이다.—단게 겐조, "도쿄 플랜 1960: 구조 개편을 향해서", 「일본 건축가」, 1961. 4

아주 최근까지 일본은 계속 절대국가의 지배하에 있었고 국민 전체의 문화적 에너지—국민들이 그것으로 새로운 형식을 창조할 수도 있었을 에너지—는 제한되었고 억제되었다.……우리 시대에 와서 비로소 내가 말하는 그 에너지가 발산되기 시작했다. 그 에너지는 아직도 혼돈된 상태로 작용하고 있고 진정한 질서가 성취되기까지는 아직 할 일이 많다. 그러나 이 에너지가 일본의 전통을 새롭고 창조적인 어떤 것으로 바꾸는 데에 큰 몫을 하리라는 것은 분명하다.—케니스 프램턴, 「현대 건축, 비판적 역사」, 런던: 테임스 앤드 허드슨, 1980

도쿄 1964
국립 도쿄 올림픽 실내경기장

typification(티퍼피케이션)은 단게가 기능(function)이라는 말을 대치하기 위해서 만들어낸 용어이다. 티퍼피케이션은 "가장 인간적이고 가장 근본적이며 가장 미래지향적인" 건물의 요건과 기능을 포함하는 말이다.

　단게는 하나의 상징으로 실내경기장을 설계했지만, 이 건물은 또한 현란한 구조적 설계였다. 경기장의 타원형 볼륨은 콘크리트 들보에 걸린 쇠사슬 모양의 강철 지붕으로 덮여 있다. 콘크리트 들보는 또한 뒤로 경사진 위층 좌석들을 떠받치고 있다.

이런 종류의 티퍼피케이션 확인에 정신적의 내용이 수반될 때, 그것은 상징 표현의 차원에 다다른다. 나는 우리가 요요기에 위치한 도쿄 올림픽 실내경기장과 도쿄 성모 마리아 성당 설계에서 이런 문제를 고려하기 시작했다고 생각한다. — 단게 겐조, "설계 컨셉트의 개발과 방법론", 「일본 건축가」, 1996. 8-9

단게의 건축에서는 기념비적인 것이 인간적인 것과 만난다. 그가 언젠가 말했듯이, "우리 시대에는 창조적 작품은 기술과 인간성의 결합으로 표현된다."

표면적으로 고객은 여러 가지 요건을 내건다. 그러면 우리는 시민의 입장에서 그 요건을 다시 생각한다. 이런 과정과 연관해서 우리는 기능의 티퍼피케이션이라는 말을 사용한다. 그런 기준에 따라서 우리는 이런 종류의 건물에 대해서 제시된 여러 요건과 기능들 중에서 가장 인간적이고 가장 근본적이며 가장 미래지향적인 것을 선택한다. — 단게 겐조, "설계 컨셉트의 개발과 방법론", 「일본 건축가」, 1996. 8-9

◀◀ '설계한다'는 말 자체에
앞을 내다볼 수 있다는 뜻이 내포되어 있다. ▶▶

파르와니야 1979

쿠웨이트 국제공항 터미널

단게는 일본에서 그를 그 시대의 가장 선도적인 건축가
의 한 사람으로 부각시킨 작품들을 지었지만, 그는 또한
1970년대와 1980년대에 몇몇 외국의 건물들도 지어달라는 의뢰를 받았다. 이중 건축적으로 가장 성공적이었던
것이 쿠웨이트 공항이다. 히로시마 평화 기념관과 더불어 이 공항을 단게의 중요한 업적으로 보는 사람들이 많다.

……넓은 사막에 자리잡은 이 공항은 이 나라로 들어가는 상징적인 입구였다. 넓은 바깥세상에서 이 나라로
들어오는 방문객들에게 강한 인상을 주기 위해서 이 공항은 아름답게 지어졌다. ─단게 겐조 타계 기사, 「더
타임스」, 런던, 2005. 3. 25

이 지역을 업그레이드하는 계획의
일부로 쿠웨이트 왕가는 단게에
게 웅장한 공항을 지어달라고 의
뢰했다. 이 공항은 이 아랍의 도
시로 들어가는 상징적 입구였다.

우리가 담당하는 프로젝트가 여러 지역으로 확산되기 시작했다. 우리는 일본은 물론이고 미국, 유럽, 중동
에서도 일했다. 이들 지역은 그들 나름의 당대의 특성과 역사적 풍토를 지니고 있다. ─단게 겐조, "설계 컨셉
트의 개발과 방법론", 「일본 건축가」, 1996. 8-9

나에게는 2명의 스승이 있다. 미켈란제로와 르 코르뷔지에이다. ─"건
축: 일본인 단게 겐조 91세로 타계", 「ANSA 영어 매체 서비스」,
2005. 3. 22

나는 로마와 사랑에 빠져 있다. 나는 전후에 이 도시를 적어도 150번
은 찾아갔다. ─"건축: 일본인 단게 겐조 91세로 타계", 「ANSA 영어
매체 서비스」, 2005. 3. 22

나는 르 코르뷔지에의 작품을 가장 높이 평가한다. 나는 또한 미스의 작
품도 높이 평가한다. 그러나 미스는 자기 작품에 한계를 설정했기 때문
에 아무도 그것을 더 발전시킬 수 없다고 나는 생각한다. 따라서 내가 미
스를 높이 평가하는 것은 그가 하나의 노선으로 궁극적인 목표에 접근
했기 때문이다. 그 한계점에서 그것이 어떤 방향으로 발전할 것인지 나는
모른다. 발전이 불가능할지도 모른다. 이런 점에서 르 코르뷔지에는 아직
도 계속 자유로이 활보하고 있다. 그는 다양한 가능성을 남겨놓고 있다.
건축의 스승으로서 나는 그로피우스를 높이 평가한다. 그들은 우리의 위
대한 스승들이고 그래서 나는 그들을 매우 존경한다. 그러나 친구로서는
나는 사리넨을 가장 높이 평가한다. ─존 피터, 「현대건축의 구술 기록:

20세기 위대한 건축가들과의 인터뷰」, 뉴욕: 해리 애브람스, 1994

요즘 건축가들은 자기를 비하하는 경형이 있다. 자신들을 미래를 개선
할 힘이 없는 그저 평범한 시민쯤으로 생각한다. 그러나 나는 건축가
들이 특별한 의무와 사명을 가지고 있다고 생각한다.……건축가들은
건축의 사회문화적 발전과 도시 계획에 기여해야 한다. ─매기 잭슨,
"일본의 새 건축은 자유의 표현이다", 「AP 통신, 국제 뉴스」, 1987.
11. 22

나는 내가 일본이 전쟁의 폐허에서 오늘날의 풍요로운 사회로 변화하
는 것을 목격한 매우 운이 좋은 사람이었다고 생각하고 있다. 나는 나
자신이 특별한 특권을 누렸다고 생각하지만, 특히 내가 그런 신나는
프로젝트에 참가해서 일할 기회를 가졌던 것을 고맙게 생각한다. 아
직도 내가 성취하고 싶은 일들이 많이 남아 있다. 나는 내가 했던 일
을 반복하고 싶지는 않다. 나는 모든 프로젝트가 다음 프로젝트로 향
하는 도약대라는 것을 알게 된다. 과거에서 끊임없이 변하는 미래로 전
진하는 출발점인 것이다. ─단게 겐조 웹사이트, www.ktaweb.com/
profile/en-index.html

도쿄 1991

도쿄 시청

우리는 기능주의에 대한 비판으로 시작했다. 사람들은 많은 서로 다른 관점에서 많은 서로 다른 기능을 요구한다. 우리는 이 모든 자의적인 기능을 추구하고 그것들에 형태를 주는 것이 과연 우리의 책무일까 의심하게 되었다. 예를 들면, 시청 건물의 경우, 시장의 관점, 그 건물 안에서 일하는 사람들의 관점, 이 건물을 사용하는 시민들의 관점, 그리고 그 시민들을 대표하는 시의원들의 관점 등 많은 서로 다른 관점에서 온갖 요구가 쏟아져 들어오는 것이 사실이다. 우리가 이 모든 요구들을 받아들일 경우, 과연 어느 요구가 시청의 진정한 기능인가 하는 문제가 우리 방법론의 가장 중요한 문제가 된다. ─ 단게 겐조, "설계 컨셉트의 개발과 방법론", 「일본 건축가」, 1996. 8─9

도쿄 시청은 시정부뿐 아니라 도쿄도(東京都) 지사의 집무실이 들어 있는 3개의 건물로 이루어진 건물군이다. 이 건물군에는 도쿄 시의회 건물, 그리고 127명의 시의원과 그들의 참모진들을 수용하는 타워도 포함되어 있다.

"소통 공간"

나의 건축 철학은 어떤 설계가 정보사회의 이상적 표현일까에 대해 생각하는 것이다.……현대 건축은 산업사회의 표현이었다. 산업사회에서는 공간은 기능을 위한 장소로 간주되었다. 정보사회에서는 공간은 소통의 장(場)으로 간주되어야 한다.……어떤 사람들은 전자 커뮤니케이션을 사용하는 우리들은 돌아다닐 필요가 없다고 말한다. 사실은 그 반대이다. 이런 전자 커뮤니케이션 장치들을 사용하면 더 많은 직접적인 소통이 필요하게 될 것이다. 전화는 만날 약속을 하는 도구에 불과하다. ─더글러스 C. 맥길, 「뉴욕 타임스」, 1987. 3. 19

……1950년대에 일본은 급격하게 산업화사회로 진입했다. 그 결과 우리는 일상생활에서 전에는 상상조차 하지 못했던 새로운 기술과 밀접하게 접촉하게 되었다.……이렇게 산업화 사회에 상응하는 최신 기술을 표현에 이용하면서 우리 모두는 건축도 급격한 성장과 변화에 상응할 수 있게 하는 방법을 찾으려는 진지한 노력을 기울이게 되었다. ─시노하라 가즈요, "모더니즘 이후, 단게 겐조와 시노하라 가즈요오와의 대화", 「일본 건축가」, 1983. 11-12

구조에도 몇 가지 차원이 있다. 역동적 관계의 물리적 구조가 있다. 또 그것에 의해서 사물들이 연관되는 구조가 있다. 공간 자체가 사람에게 메시지를 전한다. 쓰여진 언어에 비유할 때, 구조는 그 메시지들의 문법을 확립한다. 더욱이 구조는 사람들이 그것을 수단으로 소통 공간에 참여할 수 있는 채널이다. ─단게 겐조, "설계 컨셉트의 개발과 방법론", 「일본 건축가」, 1996. 8-9

……이 경우에 구조적(structual)이라는 말은 사회 구조(social structures)라는 구절에서의 구조와 같은 뜻이다.……다시 말해서 소통 공간을 수단으로 하여 공간들을 연결하는 방법을 의미하는 것이다. ─시노하라 가즈요, "모더니즘 이후, 단게 겐조와 시노하라 가즈요의 대화", 「일본 건축가」, 1983. 11-12

건축에서 선호되는 것은 이제는 상자 모양의 형태가 아니라 인간 감

정에 호소하는 무언가를 가진 건물이다. 이런 새로운 요구가 작은 창문에서 거리의 풍경, 건물에 이르는 모든 것의 설계에 영향을 미쳤다. 기술적 고려는 정보 사회에서 건축과 도시에 매우 중요하다. 소위 지능형 건물의 발전은 자연스런 결과이며 오늘날의 사회는 개개의 건물들이 지능을 가지는 것과 똑같은 방식으로 전지구, 도시 전체가 "지능"을 가질 것이다.……의사 소통, 주위와의 관계를 매우 강조하는 사회가 개개 건물의 기능적 충족 못지 않게 고려의 대상이 되어야 할 것이다.

나는 내가 논의해온 세 가지 요소─인간적, 정서적, 감성적 요소; 기술적인 지능적 요소; 공간의 사회소통적 구조 ─에 대한 더 많은 연구와 작업의 결과로 새로운 건축 스타일이 발전될 것이라고 믿고 있다. ─단게 겐조 전기, 프리츠커 건축상, www.pritzkerprize/laureates/1987/bio.html

1970년대에는─최소한 일본에서는─에너지 위기 때문에 우리의 가치관이 물질적인 것들에서 비물질적인 것, 심지어 정신적인 것으로 이동하게 되었다. 이러한 변화는 비단 건축에서뿐만이 아니라 일상생활에서도 일어났다. 사람들이 물질적인 것보다 비물질적인 것을 더 좋아하는 경향을 보였기 때문이었다. 산업화에 대한 관심이 줄어들고 "정보─소통 사회"가 도래하면서 이전 시대의 근본적으로 합리적이고 기능적인 철학이 변하게 되었고 사람들은 정서와 감각에 호소하는 사물을 추구하게 되었다. ─단게 겐조, 프리츠커상 수상 연설, 1987. 5. 2

조화

1970년대 초반에 세상이 새로운 방향으로 강력하게 움직이기 시작했다.……1960년대의 경제발전의 속도가 심각한 오염을 초래했고 이 오염은 아직도 자연환경과 역사적 환경을 파괴하려고 위협하고 있다. 아주 자연스럽게 그런 파괴에 강력하게 저항하는 민중운동이 일어났다.……나는 자연환경과 인간이 만든 환경 사이의 조화, 현대적인 것과 역사적인 것 사이의 조화의 필요성을 깊이 느꼈다. 한 걸음 더 나아가서, 나는 그런 조화를 창조할 필요성을 확신했다. ─단게 겐조, "설계 컨셉트의 개발과 방법론", 「일본 건축가」, 1996. 8-9

자연스러운 연속 특히 제2차 세계대전 후에, 우리는 전 세계 도시에 넓은 흠집을 냈다. 우리는 도시를 가로지르는 커다란 교통 동맥을 뚫었고, 그 기능과 모양, 크기, 재료, 색깔이 기존의 도시 환경과 아무런 연관도 없는 건물들을 세웠다.

따라서 이런 상처를 치유하는 것, 긍정적인 부분은 유지하고 도시 환경의 필요한 접착력을 다시 회복시키는 것이 오늘날 중요하다. 그렇게 하면 우리는 우리가 옛 도시들을 산책하면서 그렇게 찬양하는 지역공동체의 자연스러운 느낌을 다시 한번 경험할 수 있게 될 것이다.……

나는 사람들에게 미치는 건축의 영향을 과대평가하지 않는다. 그러나 나는 우리 도시들의 물리적 소외가 우리가 조화롭게 함께 살 수 없게 하는 데에 한몫을 하고 있다고 확신하고 있다.……

건물은 인간의 공간이며 인간 위엄의 배경이다. 따라서 그 외면은 그 내용물과 기능을 반영해야 한다. 새로운 건물들은 우리 시대의 관심을 부정하거나 미화하지 않으면서 건축적으로, 역사적으로 그 주위환경과 자연스럽게 조화되어야 한다. 우리는 역사를 단순히 인용만 하거나, 우스갯소리라도 역사를 무시할 수는 없다. 반대로 역사는 존중되어야 할 자연스러운 연속이다.─고트프리트 뵘, 프리츠커상 수상 연설, 1986. 4. 17

고트프리트 뵘 GOTTFRIED BÖHM

출생 1920년 1월 23일, 독일 오펜바흐 암 마인

교육 베를린 미술상, 미술 아카데미, 독일 베를린, 1974; 건축석사, 기술대학교, 독일 뮌헨, 1947

사무실 Architekturbüro, Auf Dem Römerberg 25, 50968 Cologne, Germany
전화 : +49 0-221-9370150, 팩스 : +49 0-221-342864
www.boehmarchitektur.de, info@boemarchitektur.de

주요 프로젝트 공공 도서관, 독일 울름, 2003; 페크 & 클로펜부르크, 베를린, 1995; 취블린 AG 본부, 독일 슈투트가르트, 1985; 극장이 있는 시민회관, 독일 베르기쉬 글라트바흐, 1980; 그리스도 부활 교구 교회와 청년 센터, 독일 쾰른-멜라텐, 1970; 네피게스 순례 교회, 독일 펠베르트, 1968

> 나는 가능한 한 좋고 아름다운 건물을
> 만드는 것 외에는
> 나 자신을 표현할 줄 모른다.

네피게스 순례 교회,
펠베르트, 1968
뵘에게 교회 건축은 신을 지구로 끌어내려
자기 세계의 일부로 만들고 싶은
인간의 욕망을 눈에 보이게
표현하는 방법이었다.

펠베르트 1968

네피게스 순례 교회

네피게스 교회는 경사면에 자리잡고 있다. 우리는 이 경사를 교회 측면과 연관시켜 순례자들이 행렬을 지어 이동하는 길로 만들었다. 이 길은 교회 앞의 열린 앞뜰로 이어지고 다시 건물 안의 공간, 즉 이 길의 정상인 제단 부근까지 이어져 있다. —스베틀로차르 라에브 편, 「고트프리트 뵘: 건물 프로젝트 강연」, 취리히: 카를 크레머 페르라크, 1988

……목적지는 제단이다. 거기서 우리의 시선은 위로 향하게 된다. 이 교회 내부에서 벽과 천정의 구조적, 공간적 통일을 만들어내려는 욕망이 특별히 분명하게 드러나 있다.

    교회 앞 순례의 길 한 편으로 순례자 숙소가 자리잡고 있다. 숙소에는 편의 공간과 서비스 공간이 있고 위층에 자는 방이 있다. 여름에는 안뜰로 나가는 길이 주요 이벤트를 여는 야외 공간으로 이용되기도 한다. 천막 모양의 지붕이 그 공간의 일부를 덮을 수 있게 되어 있다. —스베틀로차르 라에브 편, 「고트프리트 뵘: 건물 프로젝트 강연」, 취리히: 카를 크레머 페르라크, 1988

방 전체가 얼마나 가벼워 보이는지! 벽은 얇고……기둥은 막대기처럼 가늘어진다.……나는 이것이 가장 중요하다고 생각한다. 이것이 강화 콘크리트를 사용하는 주거 및 기념비적 건축물 설계의 수많은 새로운 가능성을 제시한다. —볼프강 포이크트 편, 「고트프리트 뵘」, 프랑크푸르트: 요비스, 2006

교회 건축은 신을 천국에서 끌어내려 인간 세상의 일부로 만들려는 인간 속에 내재한 욕망의 가시적인 표현이다. 신자이건 의심하는 자이건, 또는 그 종교에 반대하는 자이건 상관없이, 교회를 세우는 일은 언제나 그 도시의 매우 특별한 사건이었다. 교회를 건축하는 나의 작업은 물론 나의 아버지의 그런 작업에서 많은 영향을 받았다. —스베틀로차르 라에브 편, 「고트프리트 뵘: 건물 프로젝트 강연」, 취리히: 카를 크레머 페르라크, 1988

네피게스 순례자 교회의 각이 날 카로운 외관은 빛이 충만한 지성소와 대조를 이루고 있다. 교회로 이르는 통로에 늘어선 방들이 순례자들의 숙소이다.

네피게스 순례 교회는 고트프리트 뵘이 그의 아버지 도미니쿠스 뵘의 건축을 기반으로 그의 작품과 건축을 발전시킨 과정을 잘 보여주고 있다. 고트프리트의 건축 비전은 제2차 세계대전 후 독일의 어려웠던 시절에 성장했다. 그 무렵 그는 건축 공부를 끝내고 콘크리트 건축을 실험하고 있었다. 조각가가 되려고 했던 초기의 의도가 건축가로서의 뵘의 발전과정에 많이 드러나 있다. 콘크리트의 새로운 응용인 "패브릭 천장(fabric ceilings)"의 개념은 그의 연구의 결과였다. 구조가 공간의 성격을 근본적으로 바꾸었다.

> 나는 다만
> **아름다운 교회를 짓고 싶었을 뿐이다.**

쾰른-멜라텐 1970
그리스도 부활 교구 교회와 청년 센터

……개별적으로 지은 몇 개의 볼륨들이 앙상블을 형성한다. 접힌 구조물을 만든다는 우리의 아이디어를 감안할 때, 이 구조물의 천정과 벽을 통일해서 하나의 공간적 실체를 형성하는 것이 더 일관성이 있을 것이라고 나는 생각했다. ─볼프강 포이크트 편, 「고트프리트 뵘」, 프랑크푸르트: 요비스, 2006

새로운 건물들과 함께 축제공간을 만드는 것이 가능할 듯 싶었다. ─볼프강 포이크트 편, 「고트프리트 뵘」, 프랑크푸르트: 요비스, 2006

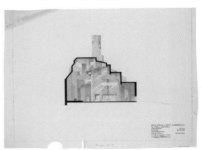

교구 교회는 네피게스 교회와 더불어 콘크리트의 중요성, 그리고 콘크리트를 조각적으로 사용하는 뵘의 방식을 확립시켰다.

"적절한 재료"

오늘날 우리는 "적절한 재료" 또는 "적절한 건축 형태"라는 말로 무엇을 의미하는가? 통상적 의미의 벽돌 작업이라는 말은 이제 존재하지 않는다. 우리가 요즘 짓는 벽돌 벽은 기껏해야 벽돌 반쪽의 벽 표면에 불과하다. 그 뒤에 열 절연 장치인 공동(空洞)과 콘크리트 또는 다른 벽돌 층이 있다.……오늘날의 외벽 초벌칠은 대개 두께가 몇 밀리미터에 불과한, 발포 폴리스티렌에 바른 플라스틱 코팅이다. 그리고 그 뒤에 온갖 것들이 감추어져 있다.…… ― 스베틀로차르 라에브 편, 「고트프리트 뵘: 건물 프로젝트 강연」, 취리히: 카를 크레머 페르라크, 1988

"세부에 관심을 기울인다"

강화 콘크리트는 구조를 읽기 쉽다는 점에서 비교적 명쾌한 재료인 것 같다. 진짜로 하중을 지탱하는 기둥이 있다.……이런 기둥 시스템은……조립식 건물에 적합하다. 조립된 콘크리트 요소들의 사용은 새로운 건축방식이 아니지만, 이 방식은 대개 무감각하게 사용되어왔기 때문에 평판이 좋지 않았다. 따라서 우리는 과연 이 방식이 개선될 수 있는지, 개선된다면 어떤 방식으로 그렇게 될 수 있을 것인지 자문해야 한다. 다시 말해서 더욱 매력적인 방식으로 건물을 짓는 데에 이 방식이 어떻게 이용될 수 있을 것인지 생각해야 한다. 오늘날 기능주의 철학에 사로잡혀 있는 우리가 기술적 완벽만을 추구하는, 그래서 우리의 도시들을 황량하게 만든, 거의 죽은 도시로 만들어버린 효용성에 대한 그릇된 이해로부터 우리 자신을 어떻게 해방시킬 수 있을 것인가? 오랫동안 사람들은 내용과 구조에 표현을 주는 문제를 완전히 무시한 채, 건물들을 가장 값싸고 가장 유지하기 쉬운 형태로 안전하게 "포장할" 수 있다고 믿었다.

옛날의 훌륭한 건물들 역시 기능적이었다. 그러나 그 건물들은 황량하지 않았다. 예를 들면, 쉥켈의 건물들의 파사드는 아주 단순한 시스템으로 되어 있다(카를 프리드리히 쉥켈[1781-1841]은 독일의 저명한 신고전주의 건축가로 미스 반 데어 로에에게 큰 영향을 미쳤다). 그러나 그는 기능과 건축에서 이끌어낸 세부에 주의를 기울임으로써 그 건물들을 풍요롭게 하는 방법을 알고 있었다. 그는 창문과 문, 벽의 가장자리, 건물의 바깥 모퉁이 등에 역점을 두었고 그럼으로써 그것들의 기능을 부각시켰다. 그는 또 약간의 과장으로 지붕과 벽의 기능을 표현하기도 했다. ― 스베틀로차르 라에브 편, 「고트프리트 뵘: 건물 프로젝트 강연」, 취리히: 카를 크레머 페르라크, 1988

뵘의 웅장한 교회들은 강화 콘크리트의 창의적 사용을 선보였다. 이런 혁신적 공법은 베를린의 페크 & 클로펜부르크 가게에서도 볼 수 있다. 이 건물에서는 파사드를 위한 특이한 유리판이 돋보인다.

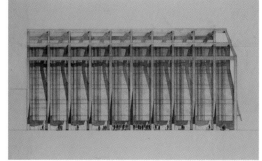

베를린 1995
페크 & 클로펜부르크

우리는 매우 미묘하고 억제된 방식으로 사물을 강조할 수도 있다. 그러나 우리는 어떤 이벤트가 일어나는 것 같은 느낌을 가지고 싶어한다. "더 적게" 자체가 항상 "더 많게"가 되지는 않는다. 우선 어떤 내재된 힘이 존재해야 한다. 이 힘이 억제된 방식으로 제시될 때, 비로소 그것이 "더 많게"가 될 수 있다. ― 스베틀로차르 라에브 편, 「고트프리트 뵘: 건물 프로젝트 강연」, 취리히: 카를 크레머 페르라크, 1988

❝❝ 나는 어떤 건물이
순전히 순간적으로 떠오른 영감에 의지해서
설계되지 않았을 때 그것이 좋아 보인다. ❞❞

울름 2003
공공 도서관

우리의 도시들에는 새로운 건물들만이 필요한 것
은 아니다. 과거와 현재를 연결해주는 역할을 하
는 건물들도 필요하다. 위대한 도시에서 우리가 찬
탄해 마지 않는 것은 그 도시의 모든 부분들이 서
로 연관되어 있다는 점이다. 나는 건축과 도시 계획
이 사람들의 공동체 의식을 높여주고 심지어 사람
들 사이의 관계에 영향을 줄 수도 있다고 믿고 있
다. ─ 더글러스 C. 맥길, 「뉴욕 타임스」, 1986. 4. 18

울름의 공공 도서관은 이 고도
(古都)의 다른 건물들에서 특징
적인 부분들을 따왔다. 피라미드
꼭지점은 이 지역에 있는 고딕
후기 및 르네상스 시대의 건물들
에서 따온 것이다. 붉은 나선형
계단은 건물 중심부의 눈에 띄는
구조물이다. 전반적인 인상 ─ 개
방성과 빛 ─ 은 대중들을 배움의
경험으로 초대하는 뵘의 의도를
전하고 있다.

> ◀◀ 햇빛이 안으로 비쳐들면, 컬러 톤으로 이루어진
> 놀라운 시각(視覺)의 음악이 형성된다. ▶▶

슈투트가르트 1985
취블린 AG 본부

취블린 사옥은 모든 면에서 특이하다. 뵘은 이 지역의 건물들에 사용된 재료들에도 신경을 썼다. 그는 유리로 된 중앙 홀을 설계해서 이 홀이 지역의 모임이나 오락을 위한 장소로도 이용될 수 있도록 했다. 그는 이 사옥 주위의 버려진 포도원에 덩굴식물을 심기까지 했다.

취블린[건설회사]의 행정본부를 지을 부지는 슈투트가르트 교외에 있었다. 슈투트가르트는 수많은 작은 교외 마을로 둘러싸여 있는데 이 부지 부근에는 뫼링겐과 파이힝겐이라는 마을이 있다. 이 두 마을은 그들 나름의 매우 개성적인 특성을 가지고 있다. 하지만 이 교외 마을들은 모두 점점 더 커지고 있다. 우선 계획 단계에서의 문제는 그 구분을 뚜렷하게 유지하면서 두 마을을 연결하는 방법을 찾아내는 것이다. 우리는 어디서 한 마을이 시작되고 어디서 다른 마을이 끝나는지, 또 어느 점에서 두 마을이 만나는지 말할 수 있었으면 한다. 이 부지의 특징들 가운데 하나는 이 부지가 동쪽과 서쪽에서만 다른 개발단지들과 접해 있다는 것이다. 북쪽과 남쪽은 비교적 오염되지 않은 시골과 접해 있다.

취블린 프로젝트의 경우, 우리는 2개의 직선 사무실 블록을 짓고, 가운데에 그것들을 연결해주는 중앙 홀을 만들었다. 단지는 이 점에서 뫼링겐과 파이힝겐의 교외 마을의 도시적 구조물들이 끝나고 눈에 보이는 연결고리에 의해서 서로 만나도록 펼쳐져 있다. 부지 남쪽과 북쪽의 두 녹색 지대들도 측면에서 홀에 의해서 연결되고 있으며 홀은 양쪽에서 풍경을 끌어들여 그 나름의 특별한 방식으로 그것들을 결합하는 커다란 투명한 공간의 성격을 띠고 있다. —스베틀로차르 라에브 편, 「고트프리트 뵘: 건물 프로젝트 강연」, 취리히: 카를 크레머 페르라크, 1988

홀 자체는 많은 서로 다른 종류의 활동 무대가 될 수 있다. 강연장, 도서관, 구내식장 그리고 그밖의 다른 방들이 1층 높이에서 이 홀과 연결되어 있다. 이런 방들은 필요할 경우 홀의 일부를 사용할 수 있도록 되어 있다. 이밖에 전시회도 이곳에서 열릴 수 있고 그밖의 다른 축제도 개최할 수 있다. 슈투트가르트의 시민들은 축제를 즐기는 사람들이다. 작은 음악회도 이 홀에서 열 수 있고 또한 오페라 무대를 이곳에 차릴 수 있도록 설계되었다. 나는 이곳에서 오페라 공연을 하면 아주 훌륭한 무대가 꾸며질 수 있을 것이라고 생각한다. ─ 스베틀로차르 라에브 편, 「고트프리트 뵘: 건물 프로젝트 강연」, 취리히: 카를 크레머 페르라크, 1988

홀의 한 쪽에는 "구도시"의 특징이 드러난 그림이 걸려 있고 다른 쪽에는 같은 건설회사가 20년 전에 세운 네비게스 교회 등 "신도시"의 특징을 보여주는 그림이 걸려 있다. ─ 스베틀로차르 라에브 편, 「고트프리트 뵘: 건물 프로젝트 강연」, 취리히: 카를 크레머 페르라크, 1988

재료를 선택할 때 우리는 늘 가까운 이웃을 참고로 한다. 주위의 단지들이 어느 정도 균일한 건축양식의 건물들로 이루어져 있을 때 특히 그렇다. 그러나 취블린 콤플렉스의 경우, 어느 하나의 재료가 특별히 눈에 띄지 않았다. 이웃 단지들에서는 벽돌, 콘크리트, 초벌칠 등 온갖 종류의 재료들이 눈에 띄었다. 그래서 건축 규제를 존중해서 재료를 선택하는 것이 옳을 듯했다. ─ 스베틀로차르 라에브 편, 「고트프리트 뵘: 건물 프로젝트 강연」, 취리히: 카를 크레머 페르라크, 1988

거푸집이 만들어지고 몇 시간 후에 외관에 콘크리트가 뿌려져서 콘크리트의 진정한 색깔과 조직이 드러나게 되었다. 색깔과 질감이 시간이 지나면서 점점 더 매력적으로 변한다. 이렇게 시간이 지나면서 점점 더 좋아지는 재료는 드물다. ─ 스베틀로차르 라에브 편, 「고트프리트 뵘: 건물 프로젝트 강연」, 취리히: 카를 크레머 페르라크, 1988

홀의 양 끝에 있는 2개의 타워는 넓은 화분에서 자라난 식물들로 뒤덮이게 될 것이다. 이 회사의 본부는 지금까지 포도원 부근에 있었다. 그래서 그 기억을 살리기 위해서 우리는 이들 화분에 덩굴식물을 심었다. 사무실의 한 구역에서 다른 구역으로 건너가려면 덩굴식물의 잎새 사이를 통과해야 한다. 그러니까 그 안에서 잠시 쉬면서 휴식을 취할 수도 있다. 또는 거기서 두 사람이 만날 수도 있다. 그것이 큰 회사에서의 생활의 일부이다. ─ 스베틀로차르 라에브 편, 「고트프리트 뵘: 건물 프로젝트 강연」, 취리히: 카를 크레머 페르라크, 1988

베르기쉬 글라트바흐 1980
극장이 있는 시민회관

국민의 대표들을 수용하는 건물들, 적어도 시의회 의사당만에라도 은행이나 보험회사 건물과는 구별되고 그런 건물들보다 더 나은, 위엄 같은 것을 주는 것이 우리들 건축가들에게 남은 과업이다.—스베틀로차르 라에브 편, 「고트프리트 뵘: 건물 프로젝트 강연」, 취리히: 카를 크레머 페르라크, 1988

라임스의 성당 같은 사원은 천국을 지구로 끌어내려 거기에 굳건하게 심어놓은 듯한 인상을 준다. 아헨이나 브레멘의 시청 같은, 같은 시기에 지은 시청 건물들은 외관의 위엄만을 보면 교회와 매우 비슷하다. 하지만 시청 건물들은 땅으로부터 위로 세운 것처럼 보인다. 마치 도시의 번잡한 번화가에서 실수와 약점이 더 적은 천국에 더 가까운 구역으로 이전된 것처럼 보인다.—스베틀로차르 라에브 편, 「고트프리트 뵘: 건물 프로젝트 강연」, 취리히: 카를 크레머 페르라크, 1988

베르기쉬 글라트바흐는 뵘이 사용한 재료의 두드러진 변화—성형된 콘크리트에서 유리 및 강철에로의—를 보여주었다.

자신의 재료 선택에 대해서 뵘은 이렇게 간단히 말했다. "나는 서로 다른 종류의 프로젝트에 서로 다른 종류의 재료를 사용한다. 오늘날 우리는 우리가 전에는 사용할 수 없었던 강철과 유리로 건물을 지을 수 있다."

나는 서로 다른 종류의 프로젝트에 서로 다른 종류의 재료를 사용한다. 오늘날 우리는 우리가 전에는 사용할 수 없었던 강철과 유리로 건물을 지을 수 있다.—고트프리트 뵘, 프리츠커상 수상 연설, 1986. 4. 17

"연결고리 만들기"

어떤 건물을 설계할 때 마음의 고결성을 유지하는 것이 중요하다. 그러나 오늘날에는 이웃 건물들을 둘러보고 그들의 공통점을 찾아내는 것이 특히 필요하다. ─고트프리트 뵘, 프리츠커상 수상 연설, 1986. 4. 17

나는 건축가들의 미래가, 열려 있는 시골의 더 많은 지역을 계속 건물로 덮어버리기보다는 기능과 구조, 재료 등등 사이의 고리를 만듦으로써 기존 도시와 마을의 질서를 되찾아주는 데에 있다고 믿고 있다. ─스베틀로차르 라에브 편, 「고트프리트 뵘: 건물 프로젝트 강연」, 취리히: 카를 크레머 페르라크, 1988

1920년대와 특히 미스 반 데어 로에의 시대는 우리에게 기본적인 것들을 절대적인 것은 아닐지 몰라도 중요한 것으로 간주하라고 가르쳤다. 미스의 경우, 벽은 그 자체가 하나의 요소, 구분을 표시하는 요소이다. 바닥과 천장 역시 그 나름의 자격을 갖춘 어엿한 요소들이다. 기둥도 마찬가지이다. 모든 요소는 다른 것들에 의존하고 있는 것처럼 보이지 않으며 다른 것들과의 관계 속으로 들어가기를 원치 않는 것 같다. 연결고리는 필요하지 않은 것처럼 보인다. 그래서 그것들은 가짜 접합부 같은 것 뒤에 숨어 가능한 한 눈에 띄지 않으려고 한다. 고전적 건축에서는 이렇지 않았다. 그리스의 기둥 역시 건물을 지탱하는 구성 요소이다. 그러나 그 기둥은 동시에 연결의 역할, 배경을 추구한다. 기둥은 대담하게 곧추 서 있다. 땅과의 연결이 토대에 의해서 강하게 강조되고 있다. 주두(柱頭)의 경우도 마찬가지이다. 엔타블레이처의 연결은 특별 이벤트로서 기념되었다.……

1920년대의 순수성의 개념은 건축에만 국한되지 않았다. 그림, 음악, 그리고 무엇보다도 도시 계획에서 그것을 발견할 수 있다. 도시 계획에서 순수성의 강조는 매우 긍정적인 면과 매우 부정적인 면을 동시에 가지고 있다.……요즘 널리 시행되고 있는 인도와 차도의 완전 분리에 대해서 생각해보자. 대부분의 경우 이것은 나쁜 결과를 가져왔다. "배달 거리"로 전락한 차도의 경우만 그런 것이 아니다. 보행구역 역시 불편하기는 마찬가지였다.……도시 계획 분야에서도 요소들의 "명확한" 구분은 이점만 가져온 것이 아니라 도시 환경에 많은 불리한 점도 가져왔다. 나는 기본적 요소들을 순수한 형태로 나타내는 것이 매우 유리하다는 것을 알게 되었다. 그래서 기본적인 것들에 대한 우리의 느낌을 어떤 대가를 치르더라도 유지해야 한다고 생각한다. 그럼에도 불구하고 우리는 감출 필요가 없는 연결고리를 만드는 것의 가치 또한 인식해야 한다. ─스베틀로차르 라에브 편, 「고트프리트 뵘: 건물 프로젝트 강연」, 취리히: 카를 크레머 페르라크, 1988

내가 보기에 문제는 우리가 세부를 눈에 띄게 하려고 너무 노력하면 기본적인 것처럼 보이는 것을 고안하는 위험에 빠지게 된다는 것이다. 우리는 그런 것들에 자신있게 건축적 형태를 줄 수도 없고 따라서 이것이 요소적 특질의 힘을 감소시키는 결과를 빚게 된다. 세부가 풍요로운 건물을 지으려고 하는 것은 중요하지 않다(요즘 역사적 모티프의 의미 없는 사용 등 이런 방향의 다양한 기도가 발견된다). 오늘날 필요한 것은 연결의 자극적인 특질을 허용하는 것, 결합이 그 자체로 하나의 이벤트가 되도록 허용하는 것이다. 이것은 작은 세부에만 적용되지 않고 우리의 도시들 안의 일반적 환경에도 적용된다. ─스베틀로차르 라에브 편, 「고트프리트 뵘: 건물 프로젝트 강연」, 취리히: 카를 크레머 페르라크, 1988

뒤돌아보기, 미래를 내다보기

고트프리트 뵘은 건축가 집안 출신이다. 그는 아버지를 위해서 일하다가 1947년부터 자기 일을 시작했다. 아버지 도미니쿠스 뵘은 로마 가톨릭 교회 및 종교적 건축물들로 국제적으로 인정을 받았던 건축가였다. 고트프리트 뵘은 아버지가 자기의 건축에 가장 큰 영향을 미친 인물이라고 말하고 있다. 그리고 집안의 전통은 이어지고 있다. 고트프리트 뵘의 네 아들 역시 건축가들이다.

학창시절에도 나는 나의 아버지의 건축물들에 매우 열광했다. 거미줄 같은 건축물로 공간을 풍요하게 채울 수 있다는 사실이 나를 매혹시켰다. 예를 들면, 중앙집중식 모양의 쾰른 리엘의 교회는 1930년대의 작품이다. 당시로서는 현대적이었던 이 교회의 공간 개념과 콘크리트 구조는 당시 상당한 센세이션을 일으켰다. ─스베틀로차르 라에브 편, 「고트프리트 뵘: 건물 프로젝트 강연」, 취리히: 카를 크레머 페르라크, 1988

죄를 지을 힘이 없는 사람이라고 해서 누구나 성자나 좋은 건축가가 되는 것은 아니다. 오히려 따분한 사람이 될 가능성이 더 높다. ─스베틀로차르 라에브 편, 「고트프리트 뵘: 건물 프로젝트 강연」, 취리히: 카를 크레머 페르라크, 1988

나는 건축의 미래가 계속 풍경을 채우는 데에 있지 않고 우리의 도시와 마을에 생명과 질서를 되돌려 주는 데에 있다고 생각한다. ─칼턴 나이트 3세, 「크리스천 사이언스 모니터」, 1986. 4. 25

제2차 세계대전 후에 우리는 전세계 도시들의 표면에 드넓은 생채기를 냈다. 나의 아내가 우리 아들들에게 하는 말처럼, "우리 세대는 많이 지었다. 그러나 너희들 세대는 그 상처를 치료하기 위해서 더욱 열심히 노력해야 할 것이다." ─보니 처칠, 「크리스천 사이언스 모니터」, 1996. 5. 9

안티 도그마 내가 건축에 끼어 들었을 당시, 기능주의 도그마가 만연했다고 나는 생각한다.……이런 상황 속에서 우리는 더 광범위한 해석을 접하게 되었고, 그 해석에 따라서 우리는 몇 가지 방향으로 나아갈 수 있었다. 하나의 진실만이 있는 것이 아니라 몇 가지 진실이 있다는 것이었다.……당시 기능은 물질적 기능을 다루고 있는 모든 것이라고 생각되었는데, 그러나 심리적 기능, 그리고 그 밖의 다른 기능들도 있다는 것이었다.……우리는 또한 건축 자체의 제한된 영역을 벗어나서 다른 분야로까지 진출하기 시작했다. 건축 설계에서 도시 설계, 제품 설계, 혹은 무대 설계로까지 진출했던 것이다. 이런 것들 사이에는 특별한 경계가 없었다. 유동적이었다. 나의 내부에는 늘 다른 분야로 퍼져나가 그 속으로 밀고 들어갈 수 있는 이 유동성이 있었다. 예술과 건축 간의 관계도 마찬가지다. 첫째로 건축 또한 예술이기 때문이다. 둘째로 우리는 예술가이면서 동시에 건축가가 될 수 있었다. 20세기 말인 오늘날 수많은 예술가, 조각가, 화가들이 건축계로 진출했다. 나는 그것이 아주 온당한 일이라고 생각한다. ─한스 홀라인, 이상림과의 인터뷰, 「공간」, 2007. 11

한스 홀라인 HANS HOLLEIN

출생 1934년 3월 30일, 오스트리아 빈; 2014년 4월 24일 타계

교육 건축 석사, 캘리포니아 대학교, 캘리포니아 주 버클리, 1960; 건축 석사, 빈 미술 아카데미, 오스트리아, 1956

사무실 Atelier Hollein, Argentinierstrasse 36, 1040 Vienna, Austria
전화 : +43 1-505-51-96, 팩스 : +43 1-505-88-94
www.hollein.com

주요 프로젝트 빌카니아, 오베르뉴, 프랑스, 2002; 오스트리아 대사관, 베를린, 2001; 게네랄리 미디어 타워, 빈, 2000; 근대미술관, 독일 프랑크푸르트, 1991; 압타이베르크 박물관, 독일 묀헨글라트바흐, 1982; 레티 조명 가게, 빈, 1966

나는 건축이 중립적이 되는 것에
절대 반대한다.

빌카니아,
오베르뉴, 2002
위로 갈수록 점점 가늘어지는 2개의
37미터 높이의 셸을 통해서 자연광이
박물관 안으로 쏟아져 들어온다.
이 셸 모양의 내부 표면은 반짝이는
황금색 스테인레스 스틸 비늘로 덮여 있다.

◀◀ 지하야말로
존재의 다른
상태에 대한
갖가지 가능성이
열리는
곳이다. ▶▶

뷜카니아

지구 속으로 들어간다는 생각이 늘 나를 매혹시켰다. 우리는 단테가 지옥으로 들어간 얘기를 알고 있다. 그리고 나는 뷜칸-박물관 프리젠테이션에서 의도적으로 귀스타브 도레가 그린 쥘 베른의 「지구 중심으로의 여행」 삽화의 콜라주를 사용했다. 그러나 건축에서 결정적인 것은 개념의 차이이다. 한편에서는 부분을 맞추는 축조 과정이 진행되고 다른 한편에서는 들어내고 빼내는 과정이 진행되었다. ─ 한스 홀라인, 디트마르 슈타이너와의 인터뷰, 「Domus」, 1999. 2

뷜카니아는 현무암 용암이 흐른 지역을 움푹 깎아내어 조각한 공원이다. 주위의 시골과의 경계선이 없다. ─ 한스 홀라인, arcspace.com, www.arcspace.com/architects/hollein/Vulcania

땅이 매우 깊이 잘린 곳이 있다. 우리는 산 속으로 들어간다. 마치 땅에 거대한 깔때기가 박혀 있는 모양이다. 우리는 갑자기 우리가 지하라고 알고 있는 상황 속에서 빠져나오게 된다. 그런데 여전히 하늘은 열려 있다. 지상이냐 지하냐의 느낌이 모호해진다. 여기서 법적인 측면의 토론이 있었다. 도대체 어디가 1층이냐? 맨 위냐, 아니면 저 아래 하늘이 열려 있는 그곳이냐? 이 문제는 비상 탈출로를 설치하기 위해서도 중요한 문제였다. 다음과 같은 어느 연극의 대사가 생각났다. 그들이 지금 지상에 있는지, 아니면 지하에 있는지 너는 아느냐? ─ 한스 홀라인, 디트마르 슈타이너와의 인터뷰, 「Domus」, 1999. 2

홀라인은 뷜카니아를 프랑스 오베르뉴의 용암이 흘렀던 지형을 우묵하게 깎아낸 조각공원으로 생각해야 한다고 말한다. 그는 사람들이 지구 아래의 세상, 눈이 지평선 위가 아니라 지평선과 접하는 곳을 상상하기를 원했다.

"우리는 지하를 활용하는 법을 배워야 한다." 나는 광부와 제련공 집안 출신이다. 광부나 제련공들은 생애의 많은 부분을 지하에서 보내는 사람들이다. ─ 한스 홀라인, 디트마르 슈타이너와의 인터뷰, 「Domus」, 1999. 2

우리는 지하를 활용하는 법을 배워야 한다. 아이맥스 영화관 같은 건물들은 빛을 전혀 필요로 하지 않는다. 그리고 오늘날의 기계와 기술을 감안할 때, 1제곱미터의 공간에 들어가는 비용은 그 공간이 지상에 있든 지하에 있든 똑같다. 지하에 있을 경우, 건물의 외면을 유지하는 비용이 절감된다. 중요한 것은 시선이 제로라인, 즉 지평선과 정면으로 접하는 새로운 환경, 그런 심리적 환경에서의 생각이다. ─ 한스 홀라인, 디트마르 슈타이너와의 인터뷰, 「Domus」, 1999. 2

"모든 방향으로 자유롭게 공간을 개발할 수 있다. 게리가 빌바오에서 한 것은 장엄하지만, 그것은 값비싼 조각품의 형태이다. 지하에서는 하중을 견디는 천정 위에 새 방을 만드는 데 제한을 받지 않는다. 축조의

▟▟ 사람들은 풍경 속을 통과하듯이 박물관 속을 통과한다. ▙▙

제한이 없는 것이다. 여기서는 안에서의 생활이나 움직임, 그리고 가능한 공간 형성에서 훨씬 더 큰 자유를 누릴 수 있다. —한스 홀라인, 디트마르 슈타이너와의 인터뷰, 「Domus」, 1999. 2

지하 건물을 설계할 때 나는 서로 다른 공간들을 만들 수 있다. 특별한 형태의 공간을 땅을 파서 만든다면, 다음 공간은 예를 들면 그 왼쪽 위에 설치할 수 있고 또 완전히 다른 형태를 취할 수도 있다. 층층이 쌓아올리는 통상적 건물과는 대조적으로, 그런 공간은 꼭 입방체일 필요도 없고, 쌓아올릴 필요도 없다. 갑자기 방향을 돌려 어떤 방향으로든 헤엄칠 수 있는 물고기처럼 다른 형태의 원리가 개념화될 수 있다. —한스 홀라인, 수잔 티츠와 칸탈 야코비와의 인터뷰, 「80년대와 70년대의 예술」, 프랑크푸르트: 레볼버, 2006

뮌헨글라트바흐 1982
압타이베르크 박물관

나는 독일 뮌헨글라트바흐의 이 박물관을 설계하면서 사실 박물관에 대한 새로운 아이디어를 개발했다. 내가 이 박물관을 설계할 때는 박물관에 관심을 가진 건축가가 없었다. 박물관 건설은 맡지 말아야 할 시대에 뒤떨어진 일거리라고 생각되었다. 그러나 나는 뮌헨글라트바흐에서 컨셉트 빌딩으로서의 박물관의 새로운 아이디어를 도입했다. 나는 티타늄 아연을 사용하기까지 했다. 그후로 박물관들은 금속으로 덮이게 되었고……프랭크 게리는 빌바오 개관 기자회견에서 뮌헨글라트바흐가 없었다면, 빌바오가 있을 수 없었을 것이라고 말했다. —한스 홀라인, 저스틴 맥거크와의 인터뷰, 「아이콘 018」, 2004. 12

한 가지 더—나는 건축 자재로 금속을 사용하기 시작했다. 파사드의 재료로는 일찍부터 사용하기 시작했고 그래서 뮌헨글라트바흐에서도 금속이 사용되었다. 이 박물관의 전시관 파사드는 티타늄 아연으로 싸여 있다.……흥미롭게도 뮌헨글라트바흐 이후로 대다수 박물관이 금속판으로 덮인 파사드를 가지게 되었다. —한스 홀라인, 베라 그림머, 사사 브라디츠, 안드리야 루산과의 인터뷰, 「Oris」 7권 31호, 2005

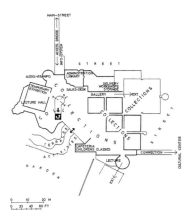

내가 피하려고 했던 것은……제1전시실에서 제20전시실까지 일직선으로 지나가는 것이다. 이것은 내가 꼭 피하려고 했던 것이다. 이런 선형 연결을 고수할 필요는 없다고 믿었기 때문이다. 특히 모더니즘에서는 그럴 필요가 없다고 나는 생각했다. 나는 매트릭스를 선택했다. 매트릭스 안에는 다양한 길이 있다. 가장 중요한 아이디어는 사람들이 풍경 속을 통과하듯이 박물관 속을 통과한다는 것이었다. —한스 홀라인, 베라 그림머, 사사 브라디츠, 안드리야 루산과의 인터뷰, 「Oris」 7권 31호, 2005

뮌헨글라트바흐 박물관은 포스트 모더니즘의 전형으로 명성을 얻게 되었다 —다양한 코너, 벽감, 비스타(vista)의 배열이 당시로서는 혁신적이었던 티타늄 아연의 사용으로 보완되었다.

"복잡한 이질성(complex heterogeneity)과 상황주의(contextualism)" 뮌헨글라트바흐 박물관은……그보다 몇 년 전, 그러니까 다른 모든 사람들이 신 코르뷔지에 양식, 즉 기능주의 양식을 따르고 있던 시절에 개발된 아이디어에 기초해서 설계된 박물관이다. 이 아이디어는 내가 복잡한 이질성이라고 부르는 것에 대한 믿음에서 나온다. 건물들은 복잡한 내용을 가지고 있다. 이 말로 나는 물질적 내용만이 아니라 정신적 의미를 암시하는 내용까지를 아우른다. 우리는 이런 방식으로 건물들을 계층구조로 나눌 수 있다. 어떤 설계가 어떤 특정한 환경—이것을 요즘 "상황(context)"이라고 한다—에서 통한다면, 그것은 복잡한 환경에서도 통한다.……또한 그 건물은 그 환경 속에 있는 이웃 건물들을 고려하는 더 작은 부분으로 이루어진다. 이런 과정에서 그 부분들은 그 지역사회에서 은유적 가치, 은유적 기능을 가지고 있는 다른 건물들을 봄으로써 그 지역의 분위기의 일정 부분을 고려하게 된다. 이런 개념이 그 주위 환경에 적절했기 때문에 나도 이런 과정을 거쳤다. ―"인터뷰: 한스 홀라인", 「Transition」, 1984. 4/7

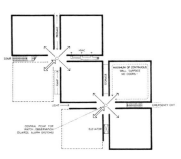

그것이 아직 상황주의라고 불리지는 않았지만, 나는 그것이 상황적(contextual) 고려의 완벽한 예라고 생각한다. 곧 어떻게 하면 새 건물을 옛 구조물 안으로 통합할 것인가, 어떻게 하면 그 건물이 옛 건물들처럼 보이지 않게 하면서 이미 어떤 장소에 존재할지도 모르는 경향들을 새 건물 안으로 통합할 것인가를 생각하는 것이 바로 상황적 고려이다. 이것은 역사주의가 아니고 어떤 주어진 부지의 역사적 상태 속에서 연속성을 찾는 방식이다. ―한스 홀라인, 야스미츠 마츠나가와의 인터뷰, 「일본 건축가」, 1984. 10

프랑크푸르트 1991
프랑크푸르트 근대미술관

박물관 건설에 관한 나의 생각이 더욱 발전했음을 보여주는 프랑크푸르트 근대미술관의 컨셉트는 그 이전에 우리들이 담당했던 프로젝트들에서 콘크리트를 사용한 경험에 기초하고 있다. 수혜자로서, 미술품의 창조자로서 미술에 관여한 나의 경험 또한 이 박물관 설계에 한몫을 했다. 그래서 치밀하고 대체로 대칭적인 삼각형의 건물이 만들어졌다. 삼각형의 꼭지점은 비록 건물 본체에 통합되기는 했지만 간명한 외톨이로 구상되었다. 먼 곳에서도 보이고 설계의 특징이 드러나보여야 한다는 것이 중요한 필요조건이었다.……중요한 특징은 현관 로비의 주 활동영역을 외부 거리와의 직접적 관계에서 독립시키고 접수실이나 외투 보관소 같은 부수적 기능에서도 격상시킨다는 것이었다. ―한스 홀라인, 「프랑크푸르트 암 마인 근대미술관」, 프랑크푸르트: 에른스트 & 존, 1991

……나는 부지를 받아들였다. 매우 조밀한 부지였다. 부지의 모양 때문에 삼각형 건물을 지을 수밖에 없었다. 나는 여기저기 흩어진 서로 다른 크기와 서로 다른 재료로 지은 전시관들을 지을 수도 있었을 것이다. 사실 수많은 공모자들이 그런 설계를 내놓았다(홀라인은 1983년의 설계 공모에서 당선되었다). 나는 그런 생각이 잘못된 것이라고 생각했다. 이 경우 설계가 부지의 단순한 조건이라는 강력한 힘에 순응해야 했다. 나는 그 문제를 검토했고 다듬어서 더욱 복잡하게 했다. 그러나 건물을 서로 다른 전시관으로 쪼개는 방식을 택하지 않았다. 나는 이것이 어떤 조건에 어떻게 대응하느냐의 문제라고 생각한다. ―"인터뷰: 한스 홀라인", 「Transition」, 1984. 4/7

내부의 전시실들과 통로들은 미술품을 경험하는 완전히 새로운 방식을 제시했다. 홀라인의 말을 빌리면 "풍경 속을 통과하듯이" 미술품을 감상하는 방식이었다.

건물은 재료의 선택은 물론이고 작은 벽감이나 요부(凹部)에 의해서도 표현된다. 본관 건물의 재료는 프랑크푸르트 공공건물의 특징적 스타일에 맞춰 붉은 사암을 썼고 벽에는 벽토를 발랐으며 지붕에 구리(그리고 알루미늄)를 썼다. 계단으로 올라가는 건물의 정상부는 거대한 조각품처럼 만들어 도시계획 측면에서도 어울리고 비상탈출로의 기능도 가지게 했다. ―한스 홀라인, 「프랑크푸르트 암 마인 근대미술관」, 프랑크푸르트: 에른스트 & 존, 1991

특이한 부지 때문에 특이한 접근법을 쓸 수밖에 없었다. 그 결과 프랑크푸르트의 번잡한 도심지에 쐐기처럼 박힌 삼각형 건물이 되었다.

건축 "가르치기"

가르치기는 홀라인이 매우 즐기는 일이다. 소망을 가진 각각의 건축가는 특이한 비전을 발전시킨다는 것이 그의 확신이다. 이 확신이 학생들을 가르치는 그의 추진력이 되고 있다. 홀라인은 세인트루이스의 워싱턴 대학교에서 두 차례(1963년부터 1964년까지, 그리고 1966년에) 가르쳤다. 1967년부터 1976년까지 홀라인은 뒤셀도르프 미술 아카데미의 교수였다. 그후로 그는 빈 응용미술대학의 교수로 있었다.

역사를 알아야 한다. 역사를 배우고 그것을 소화한 다음 자신만의 것을 내놓아야 한다. 나에게 독창성은 중요하다. —로렌스 본 뱀퍼드, "한스 홀라인: 특별 인터뷰", 「Dimensions」 3권, 1989

나는 세인트루이스의 워싱턴 대학교의 초청을 받았다. 당시 그곳은 여러 이념이 매우 흥미롭게 뒤섞여 있는 곳이었다. 팀 텐, 서트, 우즈, 프라이 오토 그리고 일본 출신의 마키 후미히코 같은 사람들이 그곳에 있었다. —한스 홀라인, 야스미츠 마츠나가와의 인터뷰, 「일본 건축가」, 1984. 10

학생에게 중요한 건축가가 되는 법을 가르칠 수는 없다. 그것은 어리석은 일이다. 많은 학생들은 당신이 특별한 비결을 가지고 있다고 생각하기 때문에 당신을 찾아온다. —로렌스 본 뱀퍼드, "한스 홀라인: 특별 인터뷰", 「Dimensions」 3권, 1989

비결은 없다. 작업과 아이디어, 이 둘이다. 나는 빈의 아카데미에서 작은 그룹들을 가르치기를 좋아한다. 나는 강연을 하지 않는다. 나는 한 학생, 한 학생을 개별적으로 대하려고 애쓴다. 그렇게 대하면서 그들이 그들 자신의 아이디어를 도출하는 것을 도와주고 그 학생의 출발점을 잡아주려고 애쓴다. 이것은 사람마다 다르다. —로렌스 본 뱀퍼드, "한스 홀라인: 특별 인터뷰:, 「Dimensions」 3권, 1989

……분명한 선례를 남기는 사람들은 언제나 개별적인 건축가들이다. 이런 선례를 대량 생산되는 건축물들이 따른다. 홍콩에 포스터나 페이의 그 훌륭한 타워들이 없었다면, 동남아시아에 그런 마천루 붐이 일지는 않았을 것이다. 투자자들이나 부동산 개발업자들이 따르는 선례를 남기는 사람은 언제나 별난 건축가들이다. 선례—하나의 건물—가 될 수 있는, 새로운 사회적, 경제적 과업이 있다고 느끼는 것 또한 건축가들의 엄청난 역량의 일부이다. —한스 홀라인, 디트마르 슈타이너와의 인터뷰, 「Domus」, 1996. 12

인간의 욕구 : "건축은 건물을 짓는 것만을 뜻하지 않는다"

……건축가들에게는 다양한 과업이 부과된다. 단순히 건물을 설계하는 것만이 건축가들의 과업은 아니다. 예를 들면, 어떤 집을 설계할 때 우리는 건축가가 그 집의 구조만을 설계하는 것이 아니고 가구와 다른 환경적 문제들에도 신경을 써야 한다는 것을 분명히 알 수 있다.—로렌스 본 뱀퍼드, "한스 홀라인: 특별 인터뷰", 「Dimensions」 3권, 1989

은유적으로 우리는 에이브러햄 링컨이 새로운 미국을 설계한 건축가였다고 말할 수 있을지 모른다. 우리는 "건축가"라는 용어를 이렇게 다양하게 사용한다. 건축은 집을 짓는 것만을 의미하지는 않는다.—로렌스 본 뱀퍼드, "한스 홀라인: 특별 인터뷰", 「Dimensions」 3권, 1989

나는 아직도 건축가를 "팔방미인", 다방면의 다양한 발전—사회적, 기술적, 3차원적, 회화적—을 종합해서 그것을 구체적 모양으로 통합하는 사람으로 보고 있다(나의 이런 견해는 금세기의 역사에 의해서 확인되었다). 어떤 프로젝트에 대한 건축가의 분명한 저작권이 아직 존재한다. 웃손의 시드니 오페라 하우스는 건축적 형태가 그 시대에 그 도시의 상징이 될 수 있다는 것을 보여주는 역사적인 본보기이다.—한스 홀라인, 디트마르 슈타이너와의 인터뷰, 「Domus」, 1996. 12

『『……건축은 분명한 경계와 울타리가 없는, 모든 것을 포괄하는 실체이다.』』

베를린 2001
오스트리아 대사관

베를린의 오스트리아 대사관은 표현주의(expressionism)와 상황주의(contextualism)가 균형을 이루는 건물이다. 대사관은 개성적이고 조각적인 건물들로 이루어져 있는데 이 건물들은 또한 주위의 건물들을 상황적으로 인식하고 있다. 건물의 입방체 모양, 그리고 곡선을 이루고 있는 몸체에는 영사업무 부서와 대사관 사무실, 또 대사의 관저가 들어 있다. 입방체 부분은 치장 벽토와 돌로 되어 있고 곡선 구조물은 구리로 덮여 있다.

대사관의 주요한 세 기능 각각을 위해서 건축가는 건물을 세 구역으로 나누어 설계했다. 공공 구역은 아래층에 두었고 각 부서와 접수구역은 위층에 배치했다.

오늘날의 건축은 기하학적으로 직사각형이며 주위의 풍경과 유기적으로 관련을 맺고 있고 그리고 새 천년을 지향하는 구조물들로 말한다.—한스 홀라인, 「구조」, http://en.structure.de/stuctures/data/index.cfm?id=s0005219

홀라인은 게네랄리 미디어 타워(맞은 편 페이지)가 빈의 스카이라인 속으로 표나지 않게 흡수되기를 바랐다.

빈 2000
게네랄리 미디어 타워

고층 빌딩은 그 자체가 하나의 카테고리를 이룬다.……
하지만 나는 항상 고층 빌딩에 흥미를 느껴왔다.……
문제는 마천루 또는 고층 빌딩의 정상부가 어떤 모양이
냐이다. 게네랄리 미디어 타워는 정상부가 복잡한 모양
을 하고 있다. 도시 환경에 잘 융합되도록 하기 위해서
세심하게 신경을 썼기 때문이다. 고층 빌딩은 19세기부
터 있던 주택들의 환경에서 생긴 것이다. 그래서 나는 이
블록 매트릭스를 부분적으로 이어갔다. 가까이에 빈 고
층건물의 제1세대에 속하는 분데스랜더게밴데가 있다.
나는 빌딩 라인에서 뒤로 물러선 금속 "박스"로 이 건물
에 대한 반응을 보였다. 그러자 거기 공공의 공간이 생
겼다. 위로 올라가면서 비스듬한 모양이 된 유리구조물
은 미래를 가리킨다. 이것는 단순히 개별 건물만을 세
운 것이 아니고 도시 구조에 융합된 물체를 구축한 것
이다.—한스 홀라인, 베라 그림머, 사샤 브라디츠, 안드
리야 루산과의 인터뷰, 「Oris」 7권 31호, 2005

살아 있는 도시는 끊임없이 변한다. 따라서 어떤 것들
은 변해야 한다. 그러나 올바르게 변화하도록 하는 것,
올바른 간섭을 하는 것, 이것이 다수의 유럽 도시들에
서 요구되는 과업이다.—한스 홀라인, 저스틴 맥거크
와의 인터뷰, 「아이콘 018」, 2004. 12

인간 환경—"중요한 것은 공간이었다"

홀라인의 작품에서 실험을 위한 매개물로서 그리고 인테리어 디자인
으로서 끈질기게 등장하는 주제는 공간이다. 이탈리아의 건축전문지
「Domus」 1980년 6월호에서 제임스 스털링은 한스 홀라인을 "세계에서
가장 훌륭한 인테리어 디자이너"라고 극찬했다.

나는 오래 전부터 건물이 아닌 매개물을 사용해서 공간을 만드는 일에
흥미를 느껴왔다. 음향이 공간을 만들 수 있다고 나는 생각한다. 나의
가장 흥미로운 경험 가운데 하나는 내가 이집트의 지하 파라오 무덤에
서 한 경험이다. 나는 어두운 통로를 통과하다가 소리의 반향을 경험했
다. 그 순간 나는 완전히 다른 느낌의 음향을 경험했다. 엄청난 공간이
있는 것 같은 느낌이었다.……—로렌스 본 뱀퍼드, "한스 홀라인: 특
별 인터뷰", 「Dimensions」 3권, 1989

나는 외부 건축과 내부 건축 사이에는 차이가 없다고 생각한다. 건물
의 내부도 외부 못지않게 중요하다. 건물을 설계할 때는 외부와 내부
를 동등하게 고려해야 한다. 건물의 내부야말로 세계의 대부분의 지역
에서 사람들이 살고 대부분의 시간을 보내는 공간이다. 건물 내부를
만드는 것, 그리고 만들어낸 내부의 분위기는 아주 중요하다.—로렌스
본 뱀퍼드, "한스 홀라인: 특별 인터뷰", 「Dimensions」 3권, 1989

……내가 미국에서 강연할 때, 리처드 마이어가 내게 이렇게 말했다.
"한스, 건물들을 보여주게. 하지만 건물 내부에 대해 이야기하거나 내
부의 슬라이드를 보여주진 말게. 이곳 미국에서는 내부는 내부 장식가
들의 몫이니까."

오늘날에는 상황이 완전히 바뀌었다. 모든 미국의 유명한 건축가
들—마이클 그레이브스, 리처드 마이어 등—이 인테리어, 가구, 테이
블웨어 등을 디자인하고 싶어한다. 나는 여러 해 전부터 인테리어 디자
인을 해왔다. 나는 그것을 당연한 일이라고 생각했고 그것은 또 인간
환경에 대한 나의 이해와 합치했다. 그것은 유행이나 풍조를 따라서 내
린 결정이 아니었다.—로렌스 본 뱀퍼드, "한스 홀라인: 특별 인터뷰",
「Dimensions」 3권, 1989

빈 1966
레티 조명 가게

"건축 선언" ……내가 처음으로 맡았던 일은 조명 가게였는데 그것은 내가 자격증을 따고 8년 후에 맡은 일이었다. 그후로도 가게 형태의 작은 일들이 들어왔고 뉴욕의 파이겐 미술관(1967–1969) 같은 일도 맡아서 했다. 레티 조명 가게는 크기가 14제곱미터밖에 안 되는 아주 작은 가게였다. 나는 물론 가게를 설계하고 싶었다. 그 건물의 용도가 바로 가게였기 때문이다. 그러나 나는 이 건물이 또한 건축 선언문 같은 것이 되어야 한다고 생각했다. 그래서 나는 의식적으로 나의 모든 에너지와 이념들을 이 작은 건물에 쏟아부었다. 나는 내가 건물을 지을 수 없었던 몇 해 동안 발전시킨 건축에 대한 나의 생각, 특정한 건물에 대해서만이 아니라 건축 전반과 그 배경에 대한 생각을 이 건물에 반영하려고 했다. 조명 가게는 지극히 기능적인 건물이고 그 재료들 또한 지극히 기능적이다. 예를 들면, 사용된 재료들은 그 당시 건축에 막 사용되기 시작한 재료들이었다. 알루미늄은 다음과 같은 선언의 일부였다. 나는 벽돌과 돌로 짓지 않고 금속이라는 새 재료로 짓겠다. —한스 홀라인, 이상림과의 인터뷰, 「공간」, 2007. 11

레티 조명 가게는 홀라인의 데뷔작으로는 특이한 것이었을지 모르지만, 그러나 이 작품은 개념적으로는 훌륭한 성공작이었다. 프로젝트의 한계—주로 크기—가 건축가에게 거울을 이용해서 환각을 일으키는 방법 등 수많은 해결책을 고안하게끔 했다.

나는 건축의 환각을 일으키는 측면이 매우 실제적인 요소라고 생각한다. 공간은 반드시 지음으로써만이 만들어지는 것은 아니다. 나는 레티 조명 가게에서 거울을 사용해서 이 사실을 입증했다. 거울에 비친 공간은 우리 눈에 보이는 변화된 공간이다. 물론 우리가 그 안으로 걸어 들어갈 수는 없다. 이 조명 가게의 계획된 환상은 우리가 앞으로 걸어 들어가서 거울 앞에서 원통을 보게 될 때 일어난다. 우리가 보는 것은 원통의 반이다. 원통의 반은 진짜고 나머지 반은 거울 때문에 생기는 환상이다. 그래서 원통 전체를 경험하게 된다. —로렌스 본 뱀퍼드, "한스 홀라인: 특별 인터뷰", 「Dimensions」 3권, 1989

"예술가도 될 수 있다"

불행하게도 나의 아버지는 내가 아주 어렸을 때 돌아가셨다. 어머니를 통해서 나는 예술과 접했다. 시각 예술뿐 아니라 음악도 접했다. 어렸을 때 나는 이미 예술에 관심이 아주 많았다. 하지만 우리 집안에 예술가나 건축가는 없었다. 엔지니어와 강철 전문가는 있었다. 그중 몇 분은 아주 진보적이었다.……화가가 될 것인가, 건축가가 될 것인가를 결정하려고 할 때, 나는 건축가가 되면 사회에 더 큰 영향을 미칠 수 있을 것이라고 생각했다. 도시 한복판이나 다음 세대들이 박물관에 갈 필요 없이 볼 수 있는 어딘가에 서 있는 무언가를 남길 가능성이 더 크다고 생각했던 것이다. 고딕풍 타워나 바로크풍 궁전들이 내 어린 시절과 내 삶의 일부였던 것처럼 내가 남긴 것이 다음 세대의 일상생활의 일부가 될 거라고 나는 생각했다. 나는 또한 건축가로서 내가 예술가도 될 수 있는 가능성이 있다는 생각도 했다. 나는 단순한 엔지니어나 청부업자, 또는 건축업자보다는 예술가가 되고 싶었다. —한스 홀라인, 이상림과의 인터뷰, 「공간」, 2007. 11

미국, 1958

나는 미국에 대해서 강한 친근감을 가지고 있다. 나는 나 자신을 특별히 오스트리아인이라고 생각하지 않는다. 물론 나는 오스트리아에서 태어난 오스트리아인이고 오스트리아의 문화의 영향을 받았지만, 그렇다고 나 자신을 오스트리아인이라고 밝히려고 애쓴 적이 없다. —로렌스 본 뱀퍼드, "한스 홀라인: 특별 인터뷰", 「Dimensions」 3권, 1989

1958년 후반에 나는 두 가지 이유 때문에 미국으로 갔다. 하나는 건축, 그 국민 등 미국 전반을 알기 위해서였다. 두 번째는 내가 미국에서 연구할 수 있는 펠로십을 얻었기 때문이었다. 나에게는 하버드나 예일, 그리고 그밖의 몇몇 유명 대학에서 공부할 수 있는 선택권이 주어져 있었다. 하지만 나는 아이비 리그, 즉 상아탑의 분위기에 휩싸이고 싶지 않다고 생각했다. 또한 나는 대도시 사람들의 일상생활을 알고 싶었다. 이런 이유, 그리고 미스 반 데어 로에의 작품에 대한 나의 관심 때문에 나는 일리노이 공과대학교(IIT)에 다니기로 했다. 시카고에서 살기로 한 것이다. 나는 시카고에서 1년간 머문 다음 캘리포니아로 가기로 작정했다. 나는 캘리포니아 대학교에 등록했고 버클리에서 석사과정을 마쳤다.

미국 체재 2년 동안 나는 많은 여행을 했다. 내 차를 타고 약 6만 마일을 달렸다. 나는 프랭크 로이드 라이트가 설계한 건물들을 대부분 보았다. 나는 또 루돌프 신들러에 대한 특별 연구를 좀 했다. 당시 신들러는 출판물에서 전혀 다루어지지 않았다. 나는 아메리카 인디언, 특히 푸에블로족의 건물들에 특별히 흥미를 느꼈다.……나에게 풍경은 건축 아이디어를 생성한다는 면에서 매우 중요한 요소였던 것이다. 이 단계가 내가 건축가로서 성장하는 데에 매우 중요했다. —로

렌스 본 뱀퍼드, "한스 홀라인: 특별 인터뷰", 「Dimensions」 3권, 1989

빈 사람들은 인생 아니 인생관에 대해서 매우 이중적인 접근방식을 가지고 있다. 빈 정신은 즐겁고 친절할 뿐 아니라 또한 매우 상스럽고 죽음 지향적이다. 이런 정신은 또한 바로크풍의 건물들에도 나타나 있다. 이런 접근방식이 나의 건축에도 특징으로 나타나 있다고 나는 생각한다. —한스 홀라인, 야스미츠 마츠나가와의 인터뷰, 「일본 건축가」, 1984. 10

풍경이 늘 나에게 많은 영향을 미쳤다. 사람들—나의 어머니와 아내, 친구들, 또는 가장 넓은 의미에서의 스승들—도 마찬가지로 영향을 미쳤다. 불과 몇 초, 몇 분 동안의 만남과 경험이 많은 영향을 미치기도 한다. —디르크 마이회퍼 편, 「유럽을 위한 건축적 비전」, 브라운슈바이크: 비베크, 1994

> **❝ 건축은 한편으로는 의식적(儀式的)인 것이고 다른 한편으로는 체온을 유지하는 수단이다. ❞**

나는 선정적인 것, 선정적인 요소들이 인생의 매우 중요한 요소들이며 예술의 매우 중요한 부분이라고 생각한다. 나는 에로티시즘이 없는 삶이 있을 수 있다고 생각하지 않는다. 물론 지나친 에로티시즘은 금물이다. 매우 은밀한 방식으로 그것을 가질 수 있다. 나에게 그것은 매우 의식적(儀式的)인 의미를 함축하고 있다. 나는 늘 다음 말을 건축의 짧은 정의로 제시하곤 한다. 건축은 한편으로는 의식적인 것이고 다른 한편으로는 체온을 유지하는 수단이다. —한스 홀라인, 야스미츠 마츠나가와의 인터뷰, 「일본 건축가」, 1984. 10

미켈란젤로는 자기 앞에 돌덩이 하나를 놓고 다비드가 나타날 때까지 그 주어진 재료에서 얼마쯤을 떼어냈다. 일이 잘못될 수도 있다. 목이 너무 길어지거나 발이 너무 짧아질 수도 있다. 그러나 여전히 공간적 상상은 이 과업을 위해서 중요하다. 우리 또한 건물의 개념을 머릿속에 그리고 있어야 한다. 그것이 내가 생각하고 작업하는 방식이다. —한스 홀라인, 디트마르 슈타이너와의 인터뷰, 「Domus」, 1999. 2

나는 내가 건축에, 그리고 내 작품이 위치한 장소에 무엇인가 기여한 건축가(그리고 예술가)로 기억되기를 바란다. 나는 모든 이슈를 포용하려고, 그리고 건축물이 하나의 예술품일 뿐 아니라 건축이 그 물질적 기능을 수행하는 것 외에 문화 기능도 가지는 것이라는 점을 받아들이려고 애쓴다. —한스 홀라인, 이상림과의 인터뷰, 「공간」, 2007. 11

빛과 공간 ……나의 미학에 대해서 말한다면, 그것은 빛과 공간에의 몰입이다.……여기서 말하는 공간의 질서와 정의는 빛, 인간의 척도, 건축문화와 연관되어 있다. 건축은 우리가 내포되어 있기 때문에 중요하고 오래 남는다. 건축은 공간, 우리가 움직이고 들어가고 사용하는 공간을 묘사한다. 나는 볼륨과 표면을 가지고 작업한다. 빛, 척도와 관점의 변화, 움직임과 정지 속에서 형태를 조작한다.……나의 작업은 질서감을 발견하고 재정의하려는 시도이다. 그리고 다음에 지금까지의 상태와 미래의 어떤 가능한 상태 사이의 관계를 이해하고, 무한하면서 동시에 시간적인 우리 문화에서 무언가를 뽑아내려고 하는 것이다. 나에게는 이것이 스타일의 기초이다. 즉 개인의 의지와 지성의 최종적 행사를 포함시키느냐 제외하느냐 하는 것—선택—이다. 이런 면에서 나의 스타일은 문화에서 태어났으면서도 개인적 경험과 깊은 관련이 있는 어떤 것이라고 말할 수 있을 것이다. 그러나 나의 관여를 어느 정도라도 파악하려면 작품을 참조할 필요가 있다. 근본적으로 나의 사색은 공간, 형태, 빛, 그리고 그것들을 만드는 방법에 관한 것이다. 내 목표는 존재이지 환상이 아니다. 나는 강력하게 존재를 추구하며 존재가 건축의 심장이며 영혼이라고 믿는다. —리처드 마이어, 프리츠커상 수상 연설, 1984. 5. 15

리처드 마이어 RICHARD MEIER

출생 1934년 10월 12일, 뉴저지 주 뉴어크

교육 건축학사, 코넬 대학교, 뉴욕 이타카, 1957

사무실 Richard Meier & Partners, Architects LLP, 475 Tenth Avenue, 6th Floor, New York, New York, 10018
전화 : +1 212-967-6060, 팩스 : +1 212-967-3207
www.richardmeier.com
mail@rmpla.com

주요 프로젝트 아라 파치스 박물관, 로마, 2006; 게티 센터, 로스앤젤레스, 1997; 장식미술 박물관, 독일 프랑크푸르트, 1984; 하이 미술관, 애틀란타, 1983; 아테니움, 인디애나 주 뉴하머니, 1979; 스미스 하우스, 코네티컷 주 대리언, 1965

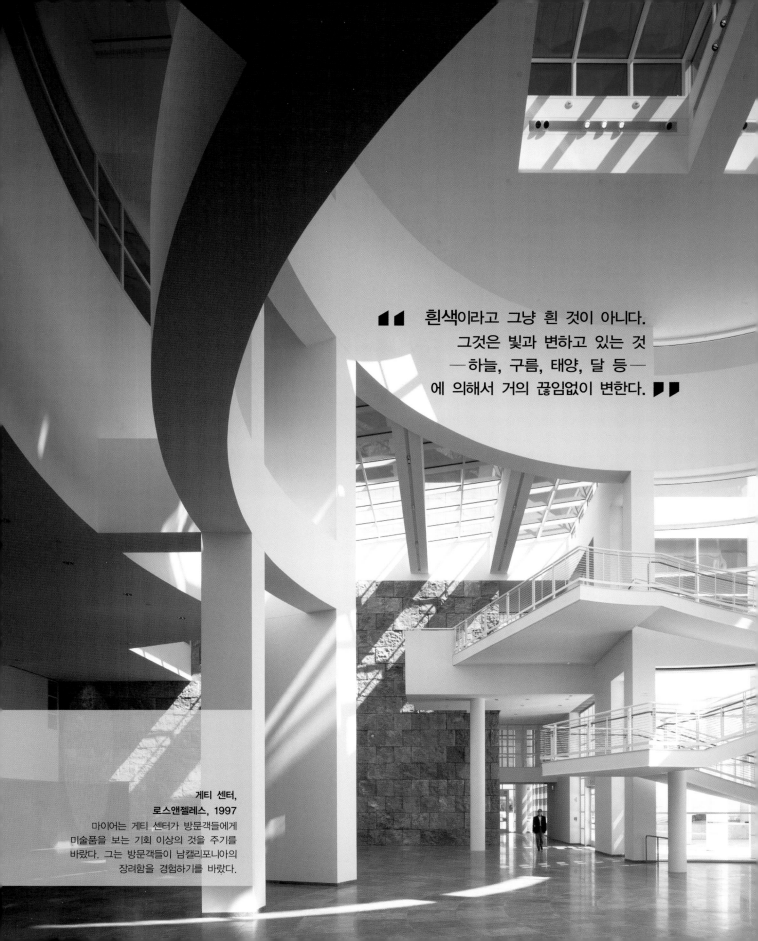

흰색이라고 그냥 흰 것이 아니다.
그것은 빛과 변하고 있는 것
—하늘, 구름, 태양, 달 등—
에 의해서 거의 끊임없이 변한다.

**게티 센터,
로스앤젤레스, 1997**
마이어는 게티 센터가 방문객들에게
미술품을 보는 기회 이상의 것을 주기를
바랐다. 그는 방문객들이 남캘리포니아의
장려함을 경험하기를 바랐다.

로스앤젤레스 1997
게티 센터

이 건물은 흰 건물이 아니다. 그렇게 된 데는 부지, 기후, 프로그램의 성격 등 여러 가지 이유가 있다. 그래서 이 건물은 불가피하게 내가 전에 설계한 건물들과는 매우 다른 건물이 될 것이다. — 리처드 마이어, 「리처드 마이어: 건물과 프로젝트 1979–1989」, 뉴욕: 세인트 마틴스 프레스, 1990

게티는 산허리를 지배하는 거대한 건물로 구상되지 않았다. 이 건물은 인간적인 규모이며 다양하고 복잡하다. 주위를 압도하는 건물이 아니고 품위와 특징이 있는 시골 마을 같은 분위기의 구조물이다. 무엇보다도 이 건물은 장엄한 건물로 구상된 건물이 아니다. — 리처드 마이어, 「리처드 마이어: 건물과 프로젝트 1979–1989」, 뉴욕: 세인트 마틴스 프레스, 1990

대부분의 마을들은 오랜 시간에 걸쳐 여러 건축가들이 지은 건물들로 이루어진다. 게티 센터는 다르다. 마치 작은 대학처럼 각 건물들이 한꺼번에 기획되었다. 단과대학에 더 가깝다. "게티 칼리지"라고 부르면 좋을지 모른다.……게티 센터는 작은 단과대학 캠퍼스와 닮았다. 그것은 각각 다른 성격을 가진 건물들의 모임이다. — 리처드 마이어, 「리처드 마이어: 건물과 프로젝트 1979–1989」, 뉴욕: 세인트 마틴스 프레스, 1990

게티는 영속성과 안정성의 느낌이 강한 재료를 필요로 했던 것 같다. 그리고 돌이 자기(磁器)와 유리와 잘 어울리는 재료처럼 보였다. 우리는 또한 너무 낯익지 않은 석재, 어떤 다른 건물군을 연상케 하지 않을 석재를 원했다.……표면이 갈라진 트래버틴이 선택되었다. 이 돌을 택하기 전에 우리는 이 세상의 온갖 돌들을 보아야 했다.……물론 트래버틴은 특이한 석재는 아니다. 하지만 그것을 다룬 방식 — 반질반질하게 하지 않고 거칠게 만들었다 — 이 특이하다. 우리는 그것이 오래된 것처럼 보이게 하기 위한 새로운 처리법을 고안했다. — 리처드 마이어, 스탠리 애버크롬비와의 인터뷰, 「인테리어 디자인」, 1996. 10

마이어가 까다로운 조건의 부지에 놀라운 건물을 짓는 데에는, 그리고 훌륭하고 방대한 컬렉션을 준비하는 데에는 몇 년이 걸렸다. 건물의 표면을 덮은, 우리가 예상하지도 못했던 석재 트래버틴이 훌륭한 효과를 내는 데에 이용되었다. 남캘리포니아 생활의 필요조건인 빛을 게티 센터의 어디서나 만끽할 수 있다. 특히 내부에서 빛을 충분히 즐길 수 있다.

**❝ 로마는 아름답다.
그러나 로마는 단순히 박물관이 아니라
살아 있는 도시이어야 한다. ❞**

로마 2006
아라 파치스 박물관

로마는 빛의 도시이다. 이곳의 빛은 우리를 취하게 한다. 그래서 우리는 이런 생각을 하게 된다.……어떻게 하면 서로 다른 방식으로 빛을 끌어들일 수 있을까? 어떻게 바깥을 볼 수 있을까? 어떻게 우리를 둘러싸고 있는 도시를 볼 것인가? 그리고 재료 면에서 볼 때, 이 박물관은 무솔리니 이후, 그러니까 제2차 세계대전 이후 로마 시 최초의 현대적 건물이다. 현대적 건물이기 때문에, 개방성, 투명성, 경쾌함이 있어야 하고 현대적 재료들도 사용해야 한다. 그러나 동시에 이곳은 로마이다. 로마는 돌의 도시, 트래버틴의 도시이다.……그리고 아라 파치스가 이 부지로 옮겨졌기 때문에, 다른 장소에서 이곳으로 자리를 옮겼기 때문에, 또한 그것이 원래 있던 곳을 되돌아보는 것이 필요하다고 생각되었다.……우리가 아라 파치스의 현재의 상황만을 고려하지 않고 있다는 것을 보여줄 필요가 있었다. ─"새로운 아라 파치스 박물관의 설계자 리처드 마이어와의 인터뷰", 「Musei in Comune Roma Museo dell'Ara Pacis」, 2008. 9. 4

마이어의 아라 파치스 박물관은 제2차 세계대전 후 로마에 처음으로 지은 현대적 건물이라는 의미를 가지고 있다. 부지의 조건, 일반 시민들의 요구, 그리고 박물관의 요구(강당, 서점, 추가 전시 공간)와 역사적 주위 환경 등이 마이어의 설계에 영향을 미쳤다.

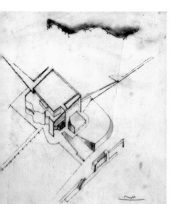

뉴하머니 1979
아테니움

전에는 이런 생각을 해본 적이 없지만, 생각해보니 내가 일한 지역에 따라 나의 건축가로서의 시기가 구분되는 것 같다. 예를 들면, 내가 미시건과 인디애나 등 미국 중부에서 일한 시기가 있었다. 나는 뉴욕에서 건축가로서 일하기 시작했고 한동안 유럽에서도 일했다. 현재는 서해안에서 많은 일을 하고 있다. 이런 식으로 나의 작품을 분류할 수 있을 것 같다. 1970년대는 중서부에서 일한 시대였다. ― 후타가와 요시오, 「스튜디오 담화: 15명의 건축가들과의 인터뷰」, 도쿄: A. D. A. 에디타, 2002

아테니움이 역사적 건물들처럼 보일 필요는 없었다. 물리적으로나 개념적으로나 그런 건물들과는 거리가 있었기 때문이다. 그래서 현재와 같은 모습을 가지게 된 것이다.……결과적으로 이 건물은 작은 마을처럼 되었다.…… ― 후타가와 요시오, 「스튜디오 담화: 15명의 건축가들과의 인터뷰」, 도쿄: A. D. A. 에디타, 2002

아테니움은 자연에 둘러싸여 있다. 그러나 부지는 다양한 성격을 가지고 있다. 강의 가장자리는 숲의 가장자리와 다르다. 건물의 한 면은 닫혀 있고 두 면은 열려 있다. 도로변도 있고 마을을 접한 곳도 있다. 이런 것들이 모두 다르다. 그래서 건물은 그 자체만이 아니라 그런 면들 사이의 차이도 표현해야 한다.……그러니까 각각의 장소에 맞는 설계를 해야 한다. ― 후타가와 요시오, 「스튜디오 담화: 15명의 건축가들과의 인터뷰」, 도쿄: A. D. A. 에디타, 2002

순환로가 이 건물에서 가장 중요한 부분이다. 그 안에서 램프는 분명히 가장 핵심적인 요소이다. 램프는 직각으로 교차하는 지점에서 출발해서 5도의 대각선을 이루며 이전 건물로 통하도록 되어 있다. ― 리처드 마이어, 「리처드 마이어: 건물과 프로젝트 1979-1989」, 뉴욕: 세인트 마틴스 프레스, 1990

아테니움은 실제로도 자기와 강철 패널로 지은 최초의 건물이었다.…… ― 리처드 마이어, 「리처드 마이어: 건물과 프로젝트 1979-1989」, 뉴욕: 세인트 마틴스 프레스, 1990

"수퍼 재료" : 금속 패널 나는 다양한 타입의 금속 패널 건축을 시험해보았다.……표현된 것은 건물의 부분이지 그 볼륨은 아니었다.……격자 무늬 구조는 건물을 통합시키는 요소이다.……따라서 격리된 기능적 시스템들은 병치된 층으로 읽혀질 수 있다.

　얇은 표피의 벽은 건물의 가장 표현적인 부분이며.……전체 건물의 의미를 정확하게 반영한다.……우리는 그것을 만들 수 있는 회사가 미국에 단 하나뿐이라는 것을 깨달았다.……그래서 우리는 거의 비슷한 기술로 몇 년 전에 한 일을 다시 하는 방법을 찾아냈다. ― 리처드 마이어, 「리처드 마이어: 건물과 프로젝트 1979-1989」, 뉴욕: 세인트 마틴스 프레스, 1990

정확성, 정확한 평면과 모양, 램프, 자족감 등 마이어가 박물관 설계에서 끈질기게 추구하는 표현방식들이 여기에 잘 나타나 있다. 2차원적 평면은 마이어가 "설계 아이디어의 가장 확실하고 근본적인 표현"이라고 말한 것이다. 인디애나 주 뉴하머니의 아테니움(위 사진)은 도자기와 강철 패널로 지은 최초의 건물이었다. 이 건물은 와바시 강 강변에 자리잡고 있는데 마이어가 사용한 램프와 유리벽, 필로티가 프랑스의 건축가 르 코르뷔지에의 작품을 연상시킨다.

모더니즘 : "목욕물과 함께 있는 아기"

나는 나 자신을 현대 건축의 연속선상의 일부라고 본다. 그 구조 안에서 아직 해야 할 탐색이 있기 때문이다.─리처드 마이어, 「리처드 마이어: 건물과 프로젝트 1979-1989」, 뉴욕: 세인트 마틴스 프레스, 1990

◀◀ 모더니즘이 목욕물과 함께 있는 아기를 던져버릴 필요는 없다. ▶▶

나는 모든 것을 반드시 새롭고 다르게 생각할 필요는 없다고 본다. 나는 건축은 과거와 관련이 있고 현재도 과거와 관련이 있으며 따라서 우리는 미래로 나아가기 위해서 과거로부터 배워야 한다고 믿는다.……나는 내가 르 코르뷔지에, 프랭크 로이드 라이트, 알바르 알토에게서는 물론이고 베르니니, 보로미니에게서도 배울 수 있다고 생각하고 싶다.─리처드 마이어, 리처드 마이어 앤드 파트너스, 아키텍츠 제공

나는 우리가 월요일 아침마다 새로운 프로젝트로 건축을 재발명한다고 생각하지는 않는다.─후타가와 요시오, 「스튜디오 담화: 15명의 건축가들과의 인터뷰」, 도쿄: A. D. A. 에디타, 2002

……나는 궁극적으로 그것(나의 작품)이 서로 통합된다고 믿는다. 나는 통합(integration)을 믿는다. 나는 우리가 통합을 위해서 노력하는 것만큼 열심히 프랭크 게리가 자신의 충돌(collision)을 위해서 노력한다는 것을 믿기는 하지만, 나는 충돌을 믿지 않는다.─리처드 마이어, 「리처드 마이어: 건물과 프로젝트 1979-1989」, 뉴욕: 세인트 마틴스 프레스, 1990

마이어가 마이어에 대해서

건축은 자연적 과정의 산물이 아니다. 그것은 우리가 만드는 것일 뿐이다.─"에세이: 리처드 마이어", 「Perspecta」 24호, 1988

빛과 공생관계를 이루는 건축은 단순히 낮과 밤에 빛 속에서 형태를 창조하는 데에 그치지 않고 빛이 형태가 되게끔 한다.─"리처드 마이어: 변하는 매체로서의 빛", 「건축 설계」, 1997. 3-4

마르셀 브로이어, 고든 번섀프트의 영향, 그리고 음악

나는 어렸을 때 건물에 관한 글을 읽기를 좋아했다. 내가 지하실에 제도 책상과 모형을 제작하는 곳을 가지고 있었던 생각이 난다. 어느 해 여름 나는 건축가 사무실에서 일했다. 고등학교 때는 건축 공사장에서 일했다. 나는 지붕에 지붕널을 놓는 일을 했다. 그러면서 언젠가부터 나는 건축가가 되어야겠다는 생각을 했다.─후타가와 요시오, 「스튜디오 담화: 15명의 건축가들과의 인터뷰」, 도쿄: A. D. A. 에디타, 2002

젊은 건축가였던 리처드 마이어는 스키드모어, 오윙스 앤드 메릴의 사무실에서, 그리고 고든 번섀프트의 문하에서, 또 마르셀 브로이어(1902-1981)의 사무실에서 일하면서 건축에 대한 모더니즘적 접근방식을 발전시켰다. 브로이어는 1920년대에 바우하우스에서 가르쳤고 1930년대에는 미국으로 이주한, 영향력 있는 모더니즘 건축가였다. 그는 하버드의 건축대학원에서 가르쳤는데 당시 그의 문하에 I. M. 페이, 필립 존슨, 폴 루돌프 등이 있었다. 그의 가장 유명한 작품은 특정한 물체(튜브로 만든 강철 와실리 의자[Wassily Chair], 1925)에서 1966년에 완공된 뉴욕의 휘트니 미국 미술 미술관 등 다양하다.

내가 로마에 있을 때, 브로이어의 사무실에서 편지가 왔다. 자리가 하나 비었다는 내용이었다. 나는 여행을 막 시작한 때였기 때문에, 그곳에서 일하고 싶지만, 곧바로 달려갈 준비는 되어 있지 않다는 답장을 보냈다. 나는 내가 미국으로 돌아갈 때까지 그 자리가 아직 비어 있기를 바랐다. 4개월이 흘렀고 내가 뉴욕으로 돌아갔을 때는 그 자리는 채워져 있었다. 그래서 나는 스키드 모어, 오윙스 앤드 메릴을 위해서 한동안 일했다. 6개월 후에 브로이어의 사무실에서 전화가 걸려왔다. 내가 원한다면 와서 일할 수 있다는 전화였다.─후타가와 요시오, 「스튜디오 담화: 15명의 건축가들과의 인터뷰」, 도쿄: A. D. A. 에디타, 2002

고든 번섀프트 밑에서 일할 기회를 잡은 것은 나로서는 큰 행운이었다.……나는 사실 많은 책임을 맡지는 않았다. 그러나 그 사무실은 일하기에 매우 흥미로운 사무실이었고 나에게는 매우 교육적이었다. 하지만 그 사무실은 내가 흥미를 느끼는 타입의 사무실은 아니었다. 그래서 나는 마르셀 브로이어에게로 가서 3년 동안 일했다.─후타가와 요시오, 「스튜디오 담화: 15명의 건축가들과의 인터뷰」, 도쿄: A. D. A. 에디타, 2002

◀◀ 건축은 예술의 어머니이다. ▶▶

나는 베토벤의 음악을 많이 듣는다. 나는 9개의 교향곡을 가장 먼저 작곡한 것부터 가장 나중에 작곡한 것까지 순서대로 듣는다. 그리고는 나는 예술가로서의 베토벤의 발전의 연속성과 완전함 그리고 아름다움에 놀라게 된다. 미스 반 데어 로에에 대해서 생각한다면 역시 똑같은 놀라움을 느끼게 된다. 그의 일생을 통해서 그의 작품이 발전해온 일관성에 경이감을 느끼는 것이다. 누군가가 내 작품에서 그런 연속성을 발견한다면, 나는 매우 행복할 것이다.─후타가와 요시오, 「스튜디오 담화: 15명의 건축가들과의 인터뷰」, 도쿄: A. D. A. 에디타, 2002

살아 있는 힘 나는 모더니즘 운동이 예술과 기술, 설계 분야에서 이룩한 의미 있는 업적에 대한 흔들림 없는 확신을 가지고 모더니즘 운동의 개척적 인식에 기초해서 건축 활동을 한 미국 건축가들의 세대에 속한다. 나는 모더니즘의 이름으로 여러 해에 걸쳐 지었던 진부한 많은 건축물들이 있다는 사실을 잘 알고 있다. 그럼에도 불구하고 이 전통이 지속될 것임을 믿는다. 모더니즘은 결코 과거의 유물이 아니고 현재에 영감과 정보를 주는 살아 있는 힘이기 때문이다.……설계하는 건축가들은 빛 속에서의 볼륨의 작용을 조사하고, 공간 속에서의 움직임의 신비를 탐색하며, 척도와 비례인 측정을 한다. 그들은 무엇보다도 장소의 정신인 특수한 속성을 추구한다. 어떤 건물도 홀로 존재하지 않기 때문이다.……나는 건축이 실용적인 예술임을 믿는다. 예술이 되기 위해서 건축물은 필요의 토대 위에 지어져야 한다. 나에게 표현의 자유는 내가 개개의 과업에 할당하는 측정된 범위 안에서의 움직임을 아는 데에 있다. 레오나르도 다 빈치의 다음과 같은 충고를 기억하는 것은 매우 유익하다. "힘은 구속으로부터 태어나고 자유 안에서 죽는다."―I. M. 페이, 프리츠커상 수상 연설, 1983. 5. 16

I. M. 페이 I. M. PEI(貝聿銘)

출생 1917년 4월 26일, 중국 광동(廣東)

교육 건축석사, 하버드 대학교, 매사추세츠 주 케임브리지, 1946; 건축학사, 매사추세츠 공과대학교(MIT), 매사추세츠주 케임브리지, 1940

사무실 Pei Cobb Freed & Partners, Architects LLP, 88 Pine Street, New York, New York, 10005
전화 : +1 212-751-3122, 팩스 : +1 212-872-5443
www.pcf.com

주요 프로젝트 쑤저우 박물관, 중국, 2006; 그랑 루브르, 파리, 1993; 모턴 H. 마이어슨 심포니 센터, 달라스, 1989; 중국은행, 홍콩, 1989; 내셔널 갤러리 동관, 워싱턴 D.C., 1978; 국립 대기연구 센터, 콜로라도 주 보울더, 1967

건축은 생활을 향상시키기 위해서 존재한다.
그것은 공간 속에 있는 보기 위한 하나의 물체에 그치지 않는다.
건축을 그렇게 격하시키는 것은 피상적인 견해일 것이다.
건축은 인간 활동을 포함해야 한다.
건축이 그런 활동을 고귀하게 해야 한다.

쑤저우(蘇州) 박물관,
중국, 2006
회색과 흰색 색조는 이 지역에 있던
고급 정원들을 보완하기 위해서
옛날 쑤저우에서 사용했던
전통적 색깔과의 조화를 위한 것이었다.
쑤저우의 정원 9개는
세계문화유산으로 등록되었다.

쑤저우 2006
쑤저우 박물관

이 프로젝트는 나에게는 아주 특별한 것이었다. 나는 상하이에서 그리 멀지 않은 곳에 있는 도시인 쑤저우 (蘇州)에서 자랐다.……[건축 부지의] 위치에 나는 흥분되지 않을 수 없었다. 아주 멋진 정원으로 둘러싸인 아주 특별한 부지였다. 나는 이 프로젝트가 나의 과거, 조상, 옛 고향과 나와의 관계에 영향을 미칠 것이라 고 생각했다. ─로버트 아이비, 「건축 기록」, 2004. 6

쑤저우 박물관과 프레이그런트 힐 호텔(베이징, 1982), 그리고 많은 다른 프로젝트들 사이에는 3차원적 형 태에서 차이가 있다. 다른 건물들은 모두 지붕이 평평하다. 나는 쑤저우 박물관에 특별한 형태를 주었다. 이 것이 주요한 변화이다. ─필립 조디디오와 재닛 애덤스 스트롱, 「I. M. 페이 작품 전집」, 뉴욕: 리졸리, 2008

쑤저우 박물관의 주정원은 쑤저우에 있는 페이 집안의 정원인 '사자 숲 정원'의 영향을 받았다.

밤이면 빛과 어둠의 대비가 뚜렷 해서 극장의 조명을 방불케 한 다. 낮에는 맞은편 페이지에서 볼 수 있는 것처럼 양감이 극적으로 부각된다.

우리 가문의 정원은 원나라 시대에 도교 도사들과 함께 시작되었다. 세월이 흐르면서 취향이 변했고 그래서 종조할아버지께서 정원을 바꾸셨다. 그분은 멀지 않은 곳에 있는 호수 타이호(太湖)에서 바위를 골랐다. 그 런 일을 중국에서는 바위 농사(rock farming)라고 한다. 화산암을 골라서 15년 또는 20년 동안 침식이 이루 어지도록 내버려둔다. 그리고는 바위에 구멍을 뚫어 다시 물 속에 집어넣고 다시 침식이 이루어지도록 한다. 이렇게 아름다운 바위가 될 때까지 기다린다. 쑤저우에서 볼 수 있는 정원석은 이렇게 해서 만들어진 것이다. 바위는 정원에서 매우 중요한 자리를 차지한다. 그것들은 조각품 같다. 시인과 화가들이 원나라 시대부터 바위 정원을 가꾸는 일을 했다. 하지만 지금은 시인이나 화가들이 그런 일을 더 이상 하지 않는다.……나는 한 젊은 건축가를 산둥(山東) 지방(한국에서 가깝다)으로 보냈다. 그 지방에는 채석장이 많다.……40 혹은 50개의 바위들을 쑤저우로 가져왔다. 나는 30개쯤을 골랐다. 그리고 2005년에 내가 그곳에 갔을 때 그 바 위들은 땅 위에 있었다. 나는 지금은 연못이 된 그 땅 한가운데에 있는 테이블에 앉아서 그 바위 벽을 바라보았다.……거기 학이 한 마리 있었다. 사람들이 내가 원하는 대로 바위들을 아래 위로 옮겼다. 나는 1주일 가까이 그 작업을 했고 그러자 괜찮아 보이는 모양이 되었다.—필립 조디디오와 재닛 애덤스 스트롱, 「I. M. 페이 작품 전집」, 뉴욕: 리졸리, 2008

나는 한참 시간이 지날 때까지 쑤저우의 경험을 통해서 내가 무엇인가 배운 것이 있다는 것을 깨닫지 못하고 있었다. 지금 그때를 뒤돌아보면서 나는 그 작업이 나에게 영향을 미쳤다는 점을 인정하지 않을 수 없다. 그 작업을 통해서 나는 자연이 홀로 있는 것도 아름답지만, 자연에 인간의 노력이 가해질 때 더욱 아름다워질 수 있다는 것을 깨닫게 되었다. 자연에 인간의 손이 가해질 때 창조의 정수가 나올 수 있다.—게로 폰 뵘, 「I. M. 페이와의 대화: 빛이 열쇠이다」, 뉴욕: 프레스텔, 2000

"상하이를 위한 박물관"

1940년대초 하버드 대학교 설계대학원에서 발터 그로피우스의 지도를 받는 학생이었던 I. M. 페이는 현대건축의 보편성에 의문을 제기했다. 그는 현대건축에서 생활과 문화의 차이가 모색되어야 한다고 제안했다.

……나는 나 자신에게 무엇인가를 증명하고 싶다고 말했다. 나는 건축의 국제화에는 한계가 있다는 것을 입증하고 싶었다. 내가 그런 말을 한 것은 지역에 따라 기후, 역사, 문화, 생활이 서로 다르기 때문이었다. 이 모든 것들이 건축적 표현에서 어떤 역할을 할 것이라는 생각이었다.……그로피우스가 말했다. "자넨 내 견해가 어떤 것인지 알고 있지. 하지만 자네의 견해가 옳다고 생각한다면 그걸 증명해보게. 아마 아주 흥미로울 걸세." 그래서 나는 주제를 선택했는데 그것은 상하이를 위한 박물관을 설계하는 것이었다.—게로 폰 뵘, 「I. M. 페이와의 대화: 빛이 열쇠이다」, 뉴욕: 프레스텔, 2000

나는 내 설계를 해서—어떤 면으로는 매우 입체파적인 설계였다—학교에 제출했다. 마르셀 브로이어는 그것이 하버드가 생산한 가장 중요한 프로젝트라고 생각했다.—게로 폰 뵘, 「I. M. 페이와의 대화: 빛이 열쇠이다」, 뉴욕: 프레스텔, 2000

[상하이를 위한 박물관은] 서양의 미술품들과는 매우 다른 미술품들을 수용하는 장소였다. 르네상스 시대부터 19세기까지의 유럽 미술은 대개 교회와 국가의 권력을 기리기 위해서 제작된 것이었다. 반면에 동양—이 단어로 나는 중국, 한국, 일본을 의미한다—의 미술은 대체로 사적인 즐거움을 위해서 제작되었다. 예를 들면, 중요한 회화들은 오랫동안 벽에 걸려 있지 않았다. 그 그림들은 두루마리[卷]로 되어 있어 펴서 보고 즐기고는 다시 둘둘 말아서 보관하곤 했다.—게로 폰 뵘, 「I. M. 페이와의 대화: 빛이 열쇠이다」, 뉴욕: 프레스텔, 2000

건축도 하나의 예술 형식이다. 그것은 의문의 여지가 없다. 내가 입체파 미술과 건축 간의 공생관계 같은 것을 인식했을 무렵부터 입체파 미술에 흥미를 가지게 된 것은 놀라운 일이 아니다. 그런 점에서 르 코르뷔지에의 작품이 나에게 영향을 미친 것은 분명하다.—게로 폰 뵘, 「I. M. 페이와의 대화: 빛이 열쇠이다」, 뉴욕: 프레스텔, 2000

❝ 생활과 문화의 이런 차이가 예술품을 보존하고 전시하는 박물관의 설계에 틀림없이 영향을 끼칠 것이다. ❞

"박물관은 항상 나의 관심의 대상이었다"

나는 언제나 시민적 작품에 가장 흥미를 느껴왔다. 가장 좋은 시민적 프로젝트는 박물관이라는 것이 나의 견해이다. 내가 박물관을 좋아하는 것은 그것이 모든 것을 요약하기 때문이다.……나는 박물관을 지을 때 많은 것을 배운다. 그리고 배우지 않는다면 나는 설계를 할 수 없다.—필립 조디디오와 재닛 애덤스 스트롱, 「I. M. 페이 작품 전집」, 뉴욕: 리졸리, 2008

> ❝ 그랑 루브르가 건축물로서는
> 내 일생에서
> 첫 번째 자리를 차지할 것이다. ❞

파리 1993
그랑 루브르

그들이 나에게 이 프로젝트를 의뢰했다는 것은 적지 않은 놀라움이었다. 프랑스 사람들, 특히 파리 시민들이 어떤 사람들인가. 그들은 루브르를 그들의 기념물로 생각한다. 그런 그들이 이런 중요한 프로젝트를 미국인에게 맡기리라고는 나는 예상하지 못했다.……[프랑수아] 미테랑은 건축 학도였다. 그는 나에게 전화를 걸기 전에 많은 조사작업을 했다. 그가 말했다. "당신은 워싱턴의 내셔널 갤러리에서 특별한 일을 했더군요. 당신은 옛 것과 새 것을 융합시켰어요."

매우 흥분했지만, 나는 그 프로젝트를 곧바로 수락하지 않았다. 나는 미테랑에게 수락하기 전에 그 프로젝트에 관해서 연구해보아야 하니 4개월의 시간을 달라고 말했다. 800년 동안 루브르는 프랑스 사람들에게 기념물이었다. 그 건물은 그들의 역사를 비치는 거울이다.……그 4개월 동안 나는 공부를 했다. 나는 루브르를 한 달에 한 차례씩 네 차례 방문하게 해달라고 요청했다.……미테랑은 이런 요구를 모두 들어주었다. 건축가는 자기가 무엇을 설계하는지 모르고는 제대로 설계를 할 수 없는 법이다. —로버트 아이비, 「건축 기록」, 2004. 6

어느 기준으로 보나 그랑 루브르의 설계는 꽤나 어려운 것이었다. 넓은 루브르 박물관 경내에서 이 피라미드는 대담하고 현란한 컨셉트였다.

나는 루브르의 건축에서 급격한 변화는 불가능하다는 것을 이해했다. 루브르가 워낙 강한 정체성을 가지고 있기 때문에 그 건물에 무엇인가가 첨가되는 것을 사람들의 눈이 받아들이지 않을 것이기 때문이다. 바로 이런 이유로 나는 건축가로서보다는 조경전문가로서 일하기로 작정했다. 르 노트르(앙드레 르 노트르, 1613–1700, 프랑스의 조경전문가)가 누구보

> ▟▟ 루브르는 일생에 단 한번
> 가질 수 있는 도전이다. ▟▟

다도 더 많이 나에게 영감을 주었다.……유리는 루브르와 하늘을 반사한다.……나는 비록 그것들이 미국인에 의해서 설계되었지만, 분수와 피라미드에 생명을 주는 것은 프랑스의 정신이라고 상상하고 싶었다. —필립 조디디오와 재닛 애덤스 스트롱, 「I. M. 페이 작품 전집」, 뉴욕: 리졸리, 2008

왜 피라미드인가?……형식적으로 피라미드가 루브르의 건축물들, 특히 루브르의 지붕 평면도와 가장 잘 어울린다.……그것은 유리와 강철로 지었기 때문에 과거의 건축 전통과의 단절을 의미한다. 그것은 우리 시대의 작품이다.……이 피라미드는 중심이 없는 서로 연결된 복잡한 건물군으로 들어가는 상징적 입구의 기능을 수행한다. —게로 폰 뵘, 「I. M. 페이와의 대화: 빛이 열쇠이다」, 뉴욕: 프레스텔, 2000

빛에 대한 고려

[마르셀 브로이어는] 하버드 시절의 나의 가장 친한 친구이며 스승이었다. 나와 나의 아내는 그 그리고 그의 아내 코니와 함께 그리스 여행을 두 차례 했다.……여행중에는 우리는 건축에 대한 이야기를 거의 하지 않았다. 그는 빛―그림자를 만드는 빛에 대한 관심이 아주 많았다. 그는 빛과 그림자에 대해서 끊임없이 이야기했다. 그리스에 뭔가 특별한 것이 있다면, 그곳의 특별한 빛이었다. 그가 빛을 바라보는 방식에 힘입어 나는 건축에서의 빛의 중요성을 더욱더 인식하게 되었다. ―게로 폰 뵘, 「I. M. 페이와의 대화: 빛이 열쇠이다」, 뉴욕: 프레스텔, 2000

빛은 나의 작품에서 계속 매우 중요한 역할을 했다. 내가 좋아하는 초기 입체파 조각은 빛이 없다면 감상이 불가능할 것이다. 실상 거의 모든 조각작품이 빛이 없으면 감상이 불가능하다.

따라서 우리는 이런 생각을 건축에까지 연장시킬 수 있다. 내가 건물을 설계할 때, 빛이 나의 첫 번째 고려 대상 가운데 하나라고 나는 생각하고 싶다. ―게로 폰 뵘, 「I. M. 페이와의 대화: 빛이 열쇠이다」, 뉴욕: 프레스텔, 2000

워싱턴 D.C. 1978
내셔널 갤러리 동관

이 건물은 1789년 랑팡(피에르 샤를 랑팡, 1754-1825, 프랑스 태생의 미국 건축가, 토목기사)에 의해서 처음 기획되고, 1900년 맥밀런(워싱턴 D.C.의 핵심부분 재설계를 적극 지원한 제임스 맥밀런 상원의원)에 의해서 다듬어진 다른 공공 건물들과 관련을 맺어야 했다. 나는 새 건물이 기존의 건물군, 특히 존 러셀 포프가 설계한 서관과 조화를 이루어야 한다고 느꼈다. 이것은 지역사회에서의 사람들 간의 관계와 비슷하다. 내가 보기에 똑같이 중요한 것이 그 시대의 건축이었다. 내가 이처럼 조화를 중시하는 것은 내가 중국인이기 때문일지도 모른다. 그런 생각은 이곳은 전체가 부분보다 더 중요한 곳이라는 믿음에 기인한 것이었다. ―게로 폰 뵘, 「I. M. 페이와의 대화: 빛이 열쇠이다」, 뉴욕: 프레스텔, 2000

처음에 페이는 내셔널 갤러리 동관을 지어야 할 삼각형 부지가 작업을 까다롭게 한다고 생각했다. 대부분의 건물들은 소실점이 2개뿐인 직각의 격자 형태로 설계된다. 3각형 격자 형태는 소실점이 3개가 된다. 그는 바로 이런 문제가 그에게 부지의 문제를 강점으로 바꾸도록 가르쳤다고 말했다.

부지는 삼각형 모양이다. 등변삼각형이 아니기 때문에 우리는 이웃에 최근에 지은 고전적 건물인 자매 건물 서관과 어떻게 마주서느냐의 문제에 당면하게 되었다. 서관은 우리 건물과 동서, 남북으로 완전 대칭인 부지에 세워져 있었다. 따라서 우리는 그 건물과 조화를 이루어야 했다. 그래서 축은 옛 건물에서 시작하고 그리고 불규칙한 부지로 이동하면서 거기 알맞은 하나의 삼각형을 만들어야 했고 나머지 부분은 또다른 삼각형이 되도록 해야 했다. 우리는 그렇게 시작했다. 자매 건물과 축으로 관계를 맺었고 나머지는 또다른 삼각형이 되었다. ―I. M. 페이, 존 투사와의 인터뷰, bbc.co.uk/radio3, 2008. 8. 18

바로크 양식 교회 : "비밀은 곡선 표면에 있었다" 이 부지는 삼각형이다. 처음에 나는 그 사실에 매우 불안해했다. 나는 내가 극복해야 할 제한이 있다고 느꼈다. 문제를 해결하려고 하다가 어떤 아이디어가 떠올라서 문제가 자산으로 바뀌는 경우가 더러 있다. 그런 아이디어는 관점과 관련된 것이어야 한다. 나는 많은 위대한 건물들을 찾아가보았다. 특히 유럽의 건물들을 유심히 관찰했고 거기서 나는 움직임과 관점에 관련된 교훈을 얻었다.……가장 확신을 주는 본보기는 내가 마지막으로 찾은 교회였다. 독일 남부에 있는 피르첸하일리겐이라는 순례 교회였다. 거기서 나는 육감적인 교회 설계를 보았다. 관능적이라고 할 수 있는 설계였다.……그 순간 나는 그것이 무엇을 뜻하는지 몰랐다. 그러나 삼각형 부지를 보고 나는 독일의 그 교회 생각을 했다.……나는 비밀이 그 교회에서 발견되는 곡선의 표면에 있다고 생각했다. 그 교회는 보로미니(바로크 양식의 건축가 프란체스코 보로미니, 1599-1667)의 직계 후손들로서 끊임없이 변하는 빛에서 활력을 얻었다. ─게로 폰 뵘, 「I. M. 페이와의 대화: 빛이 열쇠이다」, 뉴욕: 프레스텔, 2000

곡선의 표면은……끝없는 점들을 가지고 있다. 그런 공간 안에서 움직이며 관점이 끊임없이 변한다. 대다수의 건물들은 단 2개의 소실점만을 가지는 직각 격자구조로 설계된다. 반면에 삼각 격자구조는 소실점이 셋이다. 나에게 삼각형이라는 제한을 자산으로 바꾸는 법을 가르친 것은 바로 이 사실이었다. ─게로 폰 뵘, 「I. M. 페이와의 대화: 빛이 열쇠이다」, 뉴욕: 프레스텔, 2000

페이는 워싱턴의 내셔널 갤러리 동관이 주위의 다른 건물들, 특히 서관과 조화를 이루도록 해야 했다.

"자연의 힘 알아보기"

자연과 인간의 조화—그것은 내 피 속에 있다. 나는 그것을 중국에서 가져왔다. 바로 이런 이유 때문에 자연과 함께 하는 것이 내가 조국을 잃은 상실감을 어느 정도 극복하는 데에 도움이 되었다. —게로 폰 뷈, 「I. M. 페이와의 대화: 빛이 열쇠이다」, 뉴욕: 프레스텔, 2000

……그분(페이의 어머니)은 독실한 불교 신자였다. 어머니가 절에 불공 드리러 가면서 나를 데려갔던 생각이 난다. 나는 긴 시간 말 없이 앉아서 명상을 해야 했다. 그것—침묵에 귀를 기울이는 것—이 어머니가 내게 가르쳐준 것 가운데 하나이다. —게로 폰 뷈, 「I. M. 페이와의 대화: 빛이 열쇠이다」, 뉴욕: 프레스텔, 2000

내가 나의 건물에서 빛을 이용한다면, 그것은 자연의 힘을 이용하는 것이다. 내가 예를 들면 홍콩의 중국은행 같은 거대한 고층건물에 얼마간의 엄격함을 주기 위해서 기하학적 구조를 이용한다면, 그것 또한 자연의 힘을 인식하는 것일 것이다. 그것은 매우 자연스럽고 매우 기본적인 것처럼 보이지만, 그것에 민감해지는 데는 시간이 걸린다. —게로 폰 뷈, 「I. M. 페이와의 대화: 빛이 열쇠이다」, 뉴욕: 프레스텔, 2000

"한번의 붓질로 될 텐데 왜 두 번 붓질을 하나?"

한번으로 될 텐데 왜 두 번 붓질을 하는가?……프로젝트의 제한을 인식하고 받아들여야 한다. 그런 다음 그 제한요소들에 순번을 매긴다. 그래야 문제의 핵심에 도달할 수 있다.……다시 말해서 건축이 수용해야 하는 형태, 공간, 빛, 움직임 등을 다루기 전에, 매우 복잡한 요건들의 정수(精粹)를 뽑아내야 한다. 이것은 쉬운 일이 아니며 시간이 걸리는 일이다. 덜 중요한 것을 벗겨내고 요점만을 추출해야 한다. 나는 이 방법을 노자(老子)에게서 배웠다. 노자는 근본적인 것만 남을 때까지 말들을 제거했다. 나의 방식 역시 단순화하는 것이다.……이처럼 이 과정은 매우 복잡한 것으로 시작해서 더 단순해지고 가장 단순해진다. 그런 다음 건물이 완성되고 세분화하는 과정에서 다시 복잡해진다. —필립 조디디오와 재닛 애덤스 스트롱, 「I. M. 페이 작품 전집」, 뉴욕: 리졸리, 2008

설계 아이디어의 개발에서 건축 그리고 건물의 완공까지는 여러 해가 걸린다. 이 과정은 자주 나에게 바위 농사(rock farming)를 생각나게 한다. —게로 폰 뷈, 「I. M. 페이와의 대화: 빛이 열쇠이다」, 뉴욕: 프레스텔, 2000

보울더 1967
국립 대기연구 센터

……로키산맥 밑에 건물을 지을 때는 연약한 건물을 지을 수 없다. 그 위치에 알맞은 건물이어야 한다. 그러나 요새 같은 건물이 되어서는 안 되고 인간적인 건물이어야 한다. 동시에 그 건물은 그곳의 조건에 견딜 만한 튼튼한 건물이어야 한다. 나는 그런 문제를 해결하는 가장 좋은 방법은 자연과 싸우는 것이 아니고 자연과 하나가 되는 것이라는 것을 알게 되었다. —I. M. 페이, 존 투사와의 인터뷰, bbc.co.uk/radio3, 2008. 8. 18

장소를 물색하러 그곳에 갔을 때, 나는 조화에 대해서 많이 생각했다. 나는 내가 어렸을 때 어머니와 함께 보았던 장소들—산꼭대기의 절들을 회상했다.

나는 어머니가 가르쳐주셨던 것처럼 다시 침묵에 귀를 기울이려고 애썼다. 장소 물색은 나에게 일종의 종교적 경험이 되었다. 그리고 이 프로젝트는 나에게 바우하우스식 접근방식과 결별할 기회를 주었다. 그것이 바로 나의 목표였다. —게로 폰 뷈, 「I. M. 페이와의 대화: 빛이 열쇠이다」, 뉴욕: 프레스텔, 2000

[국립 대기연구 센터의 창립 이사이며 페이의 고객이었던 월터 로버츠 박사가] 말했다. "나는 효율적인 건물을 원하지 않습니다. 비효율적인 건물을 원합니다."……"그 이유를 말하지요." 그가 말했다. "아시다시피 과학자들은 복도에서 만나기를 좋아합니다. 만나서 얘기를 늘어놓지요. 얘기가 끝나면 그들은 사람들과 떨

❝ 나는 자연을 매우 사랑한다. ❞

어져 있기를 원하지요—그들은 사람들 만나기를 좋아하지 않아요. 격리되어 있기를 원하지요." 다시 말하면, 방이 하나, 둘, 셋, 넷이 늘어선 긴 복도를 만들지 말고 사람들이 만나서 얘기할 수 있고—우연한 만남이 매우 중요하다—원할 때는 격리될 수 있는 건물을 지으라는 얘기였다. 이것은 나에게는 완전히 새로운 규칙들이었다. 그런 점에서 나는 기뻤다. 나는 그것이 바로 내가 해보고 싶은 일이라고 말했다.—I. M. 페이, 존 투사와의 인터뷰, bbc. co.uk/radio3, 2008. 8. 18

내가 그에게 매력을 느꼈던 이유—그 역시 어느 정도 나에게 매력을 느꼈다고 나는 생각한다—는 자연에 대한 나의 사랑 때문이었다. 이 부지는 로키산맥 밑에 있었다. 거대한 산을 등지고 거기 건물을 지어야 했다. 건물은 작고 산은 엄청나게 컸다. 우리는 그 문제에 대해서 많은 얘기를 했다. 그런 부지에 어떻게 건물을 배치할 것인지—이런 문제 해결에 자연에 대한 나의 관심이 도움이 되었다.—I. M. 페이, 존 투사와의 인터뷰, bbc.co.uk/radio3, 2008. 8. 18

나는 자연과 하나가 되고 싶다. 그래서 나는 돌, 산에서 캐낸 돌을 사용해서 이 건물을 지었다.⋯⋯나는 그 돌을 새로운 방식으로 사용했다. 돌을 층층이 쌓아올리지 않고 콘크리트 속으로 쏟아부었다. 그랬더니 건물의 색깔이 산의 색깔이 되었다. 내가 로버츠 박사에게 이렇게 말했다. "이 집을 백만 년 전에 지었더라도 아마 똑같은 모양이 되었을 겁니다. 색깔이 똑같았을 겁니다." 물론 그 말은 과장이었다. 하지만 그렇게 건물이 자연과 잘 조화되었다. 나는 그 방식을 아메리카 인디언들에게서 배웠다. 그들은 그런 식으로 짓는다. 그들은 자연과 잘 어울린다. 왜? 그들은 자연의 일부이기 때문이다. 그들의 집은 자연 속으로 섞여 들어가다시피 한다.—I. M. 페이, 존 투사와의 인터뷰, bbc.co.uk/radio3, 2008. 8. 18

메사 베르데스는 그 입체적 형태가 세잔의 그림에서 나온 것처럼 보인다. 국립 대기연구 센터는 한 점의 입체파 작품처럼 보인다.—게로 폰 뵘, 「I. M. 페이와의 대화: 빛이 열쇠이다」, 뉴욕: 프레스텔, 2000

웅장한 로키산맥을 보고 페이는 "여기 연약한 건물을 지을 수는 없다"고 말했다. 건물의 색깔이 산맥의 색깔과 잘 어울린다. **맞은편 페이지 맨 아래 : 월터 로버츠 박사와 함께 있는 페이.**

건축과 음악 : "정신의 건축"

중국에서 우리는 서양 음악에 대해서 많이 알지 못했다. 내가 서양 음악을 처음 경험한 것은 미국에서도 가장 좋은 콘서트 홀 가운데 하나인 보스턴의 심포니 홀에서였다. 나는 베토벤의 교향곡 가운데 하나를 연주한 그 공연에 깊은 감동을 받았다. ─게로 폰 뵘, 「I. M. 페이와의 대화: 빛이 열쇠이다」, 뉴욕: 프레스텔, 2000

나는 중국 음악을 알고 있었다. 나의 어머니는 피리를 부셨다. 이상하게 생각할지 모르지만, 서양의 고전음악은 나에게는 새로운 것이었다. 상하이에서 나는 재즈 음악을 접했다. 그러나 그 음악은 고전음악은 아니었다. 그래서 내가 베토벤, 모차르트, 바흐, 슈베르트를 처음 접했을 때, 그 음악은 모두 나에게는 새로운 것이었다. 나는 물고기가 물을 만난 것처럼 그 음악에 빠져들었다. ─게로 폰 뵘, 「I. M. 페이와의 대화: 빛이 열쇠이다」, 뉴욕: 프레스텔, 2000

건축과 음악은 둘 다 정신의 산물이다. 둘 다 그것들에 형태를 주기 위해서는 구조를 필요로 하며 형태는 아이디어의 물리적 증거가 된다. 다음에 시간의 요소가 있다. 시간은 공간인 구성체 안에서 연속적 경험을 요구한다. 음악과 건축은 둘 다 형태, 구조, 색채, 공간에 대한 감각과 관련이 있다. ─게로 폰 뵘, 「I. M. 페이와의 대화: 빛이 열쇠이다」, 뉴욕: 프레스텔, 2000

달라스 1989
모턴 H. 마이어슨 심포니 센터

이 프로젝트에 관한 면담을 할 때 나는 이미 70대에 들어서 있었다. 나는 건립위원들에게 나는 음악을 사랑하지만, 음악에 대해서 아는 것이 별로 없다고 말했다. ─게로 폰 뵘, 「I. M. 페이와의 대화: 빛이 열쇠이다」, 뉴욕: 프레스텔, 2000

페이의 컨셉트 스케치는 이 건축가가 어떻게 뮤직 센터를 "구두 상자" 모양의 음향적 형태에 적응시켰는가를 보여준다.

나는 매우 솔직했다. 나는 건립위원회에 내가 콘서트 홀을 설계해본 적이 없으며 사실 콘서트 홀에 대해서 별로 아는 것이 없지만, 죽기 전에 훌륭한 작품을 하나 해보고 싶다고 말했다. ─필립 조디디오와 재닛 애덤스 스트롱, 「I. M. 페이 작품 전집」, 뉴욕: 리졸리, 2008

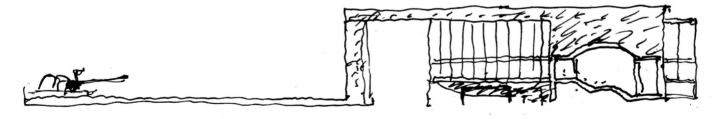

▄▄ ……공간이 펼쳐지면, 우리는 그 안으로 빨려 들어간다.…… 거기 신비와 놀라움이 있다. ▐▐

내가 그 일을 맡기 위해서 현장에 갔을 때, 음향전문가가 이미 선정되어 있었다. 그들은 벌써 세계에서 가장 좋은 콘서트 홀은 빈과 보스턴에 있는 원형들, 이중 입방체의 구두상자 모양이라는 데에 의견이 일치되어 있었다. 그것이 주어진 조건이었다.……이제 문제는 내가 그 외의 것, 홀 주위와 내부를 어떻게 하느냐 하는 것이었다.……나는 매우, 매우 보수적이었다. 나는 정신적으로 18세기, 19세기적이 되고 싶었다. 그 홀에서 그 시대의 음악이 연주될 것이기 때문이었다. 홀의 외부에 대해서는 나는 자유로워야 할 필요성을 느꼈다. 따라서 나는 구두상자 주위를 다른 형태로 둘러싸기 위해서 곡선의 형태……바로크(형식)를 사용하기 시작했다. 그렇게 해서 공간에 약간의 공간적 흥분을 주게 되었다. —게로 폰 뵘, 「I. M. 페이와의 대화: 빛이 열쇠이다」, 뉴욕: 프레스텔, 2000

마이어슨은 동관(내셔널 갤러리 동관)보다 더 좋은 건물이 아니다. 그러나 공간적으로는 더 복잡하다. 달라스의 이 건물은 뒤틀려 있어 공간이 더 유동적이고 육감적이다. 그냥 보아서는 이 건물을 제대로 알 수 없다. 그 안을 걸어보아야 한다. 공간이 펼쳐지면, 그 안으로 빨려들어간다.……거기 신비와 놀라움이 있다. —필립 조디디오와 재닛 애덤스 스트롱, 「I. M. 페이 작품 전집」, 뉴욕: 리졸리, 2008

"공간적 흥분"이 페이가 이 센터의 내부를 묘사하는 말이다. 그것은 외부에서는 쉽사리 감지할 수 없는 것이다.

> ❝ 모든 건축가들은
> 어느 정도 풍수(風水) 전문가들이다.
> 글자 그대로 해석하면
> '풍'은 바람이고 '수'는 물이다.
> 나는 건물의 자리를 잡을 때마다
> 이 문제를 다룬다.…… ❞

홍콩 1989
중국은행

1982년에 이 은행의 대표 두 사람이 아버지를 만나러 왔다. 아버지가 한때 이 은행의 총지배인이셨기 때문이었다.……그 두 대표가 아버지에게 이 건물의 설계를 맡아달라고 나를 설득해도 되겠느냐고 허락을 청했다. 그것은 존경심을 표하는 매우 중국적인 제스처였다.……아버지는 그 건물의 설계를 맡느냐 마느냐는 내가 결정할 일이니 그들이 나에게 직접 요청해야 한다고 말씀하셨다. 그래서 그들은 나에게 그런 요청을 했고 나는 수락했다. 우연한 일이지만, 아버지는 바로 20년대에 홍콩의 중국은행 구사옥 건축을 시작한 분이었다. 당시 아버지는 그 은행의 지배인이셨다. — 게로 폰 뵘, 「I. M. 페이와의 대화: 빛이 열쇠이다」, 뉴욕: 프레스텔, 2000

중국은행 건축은 페이와 개인적인 연관이 있었지만, 이 프로젝트는 그에게 맡겨질 때 이미 많은 장애물을 안고 있었다. 그중 가장 두드러진 것이 부지의 조건이었다. 페이는 토지 교환과 새 도로 건설이라는 조건을 믿고 이 일을 맡겠다고 수락했다. 풍수와 관련된 비판에 덧붙여, 중국은행 건축은 갖가지 논란에 휩싸였다. 그럼에도 불구하고 고객인 중국은행은 공사가 진행되는 동안 줄곧 페이를 뒷받침해주었다.

이 부지는 고가도로와 고속도로로 둘러싸여 있어 도로를 달리는 자동차들의 소음이 우리에게 걱정거리가 되었다.……바로 이런 이유로 우리는 건물 양쪽에 물을 채운 정원을 설치하기로 했다. — I. M. 페이, 베른하르트 라이트너와의 대화, 1985. 5, "교통 소음 속의 소리의 오아시스", 「Daidalos」 17호, 1985

[풍수는] 자연의 힘에 대한 숭배에 뿌리를 두고 있지만 때로는 미신의 형태로 전락하기도 했다. 홍콩에서 건물을 설계할 때는 이 문제에서 벗어날 수 없다.……내 설계를 공개하자마자 나는 즉시 공격을 받기 시작했다. 루브르 공사때만큼 심각한 공격이었지만, 그 이유는 전혀 달랐다. 예를 들면, 사람들은 우리가 설계한 건물이 날카로운 모서리들이 너무 많다고 공격했다. 그들은 이렇게 말했다. "그 모서리들은 칼날과 같다. 이웃에 악운을 가져올 것이다." 그밖에도 다른 많은 반대가 있었다. 다행히 나의 고객이 끝까지 나를 지지해주었다. — 게로 폰 뵘, 「I. M. 페이와의 대화: 빛이 열쇠이다」, 뉴욕: 프레스텔, 2000

I. M. 페이의 아버지는 한때 중국은행의 총지배인이었다. 그는 홍콩 중심가에 있던 중국은행 구사옥의 건설을 시작한 사람이었다. 그에 대한 존경심에서 중국인 은행원들은 페이의 아버지에게 그들이 그의 아들에게 홍콩에 이 은행의 신사옥을 짓는 일을 맡아달라고 부탁해도 되겠느냐고 물었다.

동(東)에서 서(西)로

쑤저우에서 나는 과거를 매우 많이 의식했다. 그러나 상하이에서 나는 미래 혹은 미래의 시작을 보았다. 상하이에 들어선 새 건물들이 분명히 나에게 영향을 미쳤다. 나는 그들이 점점 더 높은 건물을 지을 수 있다는 사실이 놀라웠다. 그것은 매우 특별한 일이었다. 쑤저우에는 1층, 2층, 또는 3층 건물들만이 있었다. 그러나 상하이에는 10층, 20층, 30층 건물이 있었다. 이 사실이 내게 건축에 더 큰 흥미를 가지게 했다. ─게로 폰 뵘, 「I. M. 페이와의 대화: 빛이 열쇠이다」, 뉴욕: 프레스텔, 2000

나는 버스터 키튼, 해롤드 로이드, 찰리 채플린, 빙 크로스비가 나오는 영화를 거의 놓치지 않고 보았다. 특히 크로스비가 나오는 영화들이 내가 공부하러 갈 곳으로 영국 대신 미국을 택하는 데에 큰 역할을 했다. 미국에서의 대학생활은 내게는 대체로 재미있는 게임처럼 보였다. 나는 진지해지기에는 너무 어렸으므로 그 일부가 되고 싶었다. ─게로 폰 뵘, 「I. M. 페이와의 대화: 빛이 열쇠이다」, 뉴욕: 프레스텔, 2000

나는 [하버드에서] 바우하우스의 소장이었던 발터 그로피우스 밑에서 공부했다. 그러나 나는 다른 많은 사람들처럼 그의 제자는 아니었다. 그의 이론은 내 심금을 울리지 못했고 그래서 나는 하버드를 졸업한 후 미스 반 데어 로에에게도 관심을 가지게 되었다. 그것이 여러분들에게는 대수롭지 않은 일처럼 보일지도 모른다. 그것은 사람들이 요즘 보통 하는 일─한 가지 일에서 다른 일로 옮겨가는─이기 때문이다. 하지만 그때는 달랐다. 그로피우스가 만약 내가 미스에게로 가려 한다는 풍문을 접했다면, 아마 제정신이 아니었을 것이다. 당시는 한 계파에 매달리는 것이 관례였다. ─하노 라우터베르크, 「건축을 말하다: 건축가들과의 인터뷰」, 뮌헨: 프레스텔, 2008

MIT와 하버드를 마친 후, 나는 고향으로 돌아가려고 했다. 그러나 중국은 전쟁중이었다. 내전이 진행중이었다. 나는 갈 준비가 되어 있었다. 그러나 아버지께서 그대로 있으라고 하셨다. 그 말씀이 내가 평생 들은 충고 가운데 가장 좋은 충고였다. 나는 그 때문에 아버지에게 깊이 감사하고 있다. ─게로 폰 뵘, 「I. M. 페이와의 대화: 빛이 열쇠이다」, 뉴욕: 프레스텔, 2000

"건축은 노인의 일"

내 아들 둘이 건축가가 되겠다고 했을 때─그들은 사실 지금 건축가이다─나는 다소 부정적이었다. 나는 건축가로 사는 것은 꽤 어려운 일이라고 말했다. 건축가가 되기 위해서는 자기가 종사하려는 직종을 무척 사랑해야 하고 성공하기까지 오랜 시일이 소요된다는 것이 나의 생각이었다. 그것은 노인의 일이다. 여러 해 일해야 인정을 받거나 자기 자신의 작품을 만들 기회가 주어진다. 건축은 꽤 많은 자본의 투자가 수반되는 일이다. 그러므로 사람들은 25살 젊은이에게 사무실 건물을 설계하라고 맡기지 않는다. 운이 좋으면 작은 집은 맡을 수도 있다.……나는 건축가가 되는 공부를 하라고 그 아이들을 격려하지도 않았고 그렇다고 하지 말라고 그들의 기를 꺾지도 않았다. 그들이 그래도 하고 싶다고 말했을 때, 나는 이렇게 말했다. "좋다, 그럼 해봐라." ─게로 폰 뵘, 「I. M. 페이와의 대화: 빛이 열쇠이다」, 뉴욕: 프레스텔, 2000

……나는 조각가가 되고 싶다. 나는 그들의 자유가 부럽다.…… ─하노 라우터베르크, 「건축을 말하다: 건축가들과의 인터뷰」, 뮌헨: 프레스텔, 2008

……내가 만약 형태 만들기만으로 시작한다면, 나는 조각가이지 건축가가 아닐 것이다. 건축가는 어떤 형태를 고안하기 전에 모든 것들을 종합해야 한다. 당신은 한번에 여러 가지를 고려해야 한다. 하지만 형태가 중요하지 않은 것은 아니다. 사실……형태가 전부는 아니지만. 건축가는 형태로 시작해서 되는 대로 기능을 끼워 넣어서는 안 된다. 나는 그렇게 하지 않는다. 그렇게 해가지고는 성공할 수 없다. ─I. M. 페이, 존 투사와의 인터뷰, bbc.co.uk/radio3, 2008. 8. 18

……나에게서 중국이 완전히 사라진 적은 없다. 나는 미국에서 68년이나 살아왔지만, 아직도 중국을 느낀다. 그것은 이상하지 않은가? 나는 새로운 피부를 가지게 되었지만, 그 안의 모든 것은 이미 전부터 있던 것들이다.……가끔 나는 중국 서예의 전통에서 영감을 느끼기도 하며 때로는 내가 가장 위대한 화가 가운데 한 사람이라고 생각하는 안셀름 키퍼 같은 서양 예술가에게서 영감을 받기도 한다. ─하노 라우터베르크, 「건축을 말하다: 건축가들과의 인터뷰」, 뮌헨: 프레스텔, 2008

원(圓)의 완성

한 건축가가 많이 배우고 그렇게 많은 장소에서 건물을 짓는다는 것이 어떻게 가능했을까? 중국인이 미국으로 가서 유럽을 위해서 설계를 하는 일이 어떻게 가능했을까? 생애의 끝무렵인 이제 나는 아시아를 위해서 나의 고향도시에서 박물관을 짓고 있다. ─하노 라우터베르크, 「건축을 말하다: 건축가들과의 인터뷰」, 뮌헨: 프레스텔, 2008

건축의 사회적 책임 우리는 성공적인 건물로 인해서 흥분하고 고무되고 기쁨을 느끼게 되는 경험을 알고 있다. 건물의 사진을 보고, 그 건물에 대해서 쓴 글을 읽고, 그 건물에 관련된 예술사 강의를 듣고, 또 이런저런 반응을 보인다. 그런 다음 그 건물을 찾아가본다. 그리고 문득 깜짝 놀란다. 그 건물에 대한 우리의 반응 때문에 놀라는 것이다. 완전히 압도당할 수도 있다. 한순간 그 건물을 보고 그 기억을 평생 간직하기도 한다. 다시는 그 건물을 그런 식으로 볼 수는 없을 것이다. 하지만 우리는 우리가 위대한 순간을 경험했다는 것을 알고 있다. 그것이 한 가지 방식이다. 또다른 방식은 건물을 오래된 구두처럼 사용하는 것이다. 그러면 그 건물이 우리에게 평생의 즐거움을 준다.

바로 이것이 설계 과정의 출발점이다. 설계는 사실 사용자와 보는 사람을 가지고서 시작된다. 관련된 두 종류의 사람들이 있다. 사용하는 사람들과 그 옆을 지나가는 사람들, 매일 그 건물을 보는 사람들과 그 건물을 한번 보거나 그 건물을 그들의 문화적 유산의 일부로 의식하는 사람들이 있는 것이다.—케빈 로치, "대화", 「Perspecta」 19호, 1982

케빈 로치 KEVIN ROCHE

출생 1922년 6월 14일, 아일랜드 더블린

교육 건축학사, 국립 아일랜드 대학교, 아일랜드 갤웨이, 1945

사무실 Kevin Roche John Dinkeloo and Associates LLC, 20 Davis Street, P. O. Box 6127, Hamden, Connecticut, 06517-0127
전화 : +1 203-777-7251, 팩스 : +1 203-776-2299
www.krjda.com

주요 프로젝트 부이그 SA 지주회사, 파리, 2006; 콜럼버스의 기사들 본부, 코네티컷 주 뉴헤이븐, 1969; 캘리포니아 오클랜드 박물관, 1969; 포드 재단 본부, 뉴욕, 1968; 메트로폴리탄 미술관, 뉴욕, 1967-2007; IBM 전시관, 뉴욕 세계박람회, 뉴욕, 1964

**『 건물을 짓는 데 따르는
가장 큰 보상은……
봉사할 기회이다. 』**

**포드 재단 본부,
뉴욕, 1968**
로치는 제2차 세계대전 후에 지은
사무실 빌딩의 로비를 생동하는 설계 요소로
바꾸어놓았다. 그는 12층 높이의 유리 지붕을
덮은 정원을 만들었다. 그는 뉴욕의
공공 공간이 사라져가고 있던 시기에
그런 결정을 내렸다.

> ▐▌ ……이것은 또 하나의 사무실 빌딩이 아니라
> 전혀 새로운 동물(animal)이다. ▐▌

뉴욕 1968
포드 재단 본부

포드 재단에서 나는 몇 가지 다른 것들을 탐색하려 하고 있었다. 나는 건물들이 점점 커지면서 시그램 빌딩(미스 반 데어 로에가 설계해서 1958년에 완공한 뉴욕의 사무실 건물)처럼, 거의 모든 건물이 상자 모양이 된 미국 전역에서 흔히 볼 수 있는 건물들처럼 단순히 내부 공간만의 확대가 될 수는 없다고 확신했다. 나는 누군가가 전통적 건축에 존재했던 일련의 스케일을 도입해야 한다고 확신했다. 인간적인 스케일로 시작해서 점점 더 단계를 높여 전체 건물에 적합한 최종 스케일까지, 부분들에 적합한 스케일까지 도달해야 한다는 것이 나의 생각이었다. 그것이 하나의 관심 분야였고 또다른 관심 분야는 건설 방법이었다. 나는 고속도로 엔지니어들이 다리를 건설하는 것과 똑같은 방식으로 건물을 지으려고 시도하고 있었다. 지탱은 콘크리트가 하고 가로 지탱은 강철이 하는 방법이었다. 그래서 기둥들은 모두 콘크리트를 쏟아부어 만들고 기둥들에 포켓을 만들어 가로지르는 강철 빔을 삽입하기로 했다. —프란체스코 달 코, 「케빈 로치」, 밀라노: 엘렉타, 1985

로치가 "인간적 스케일"이라고 부르는 것의 중요성이 우아한 포드재단 본부로 형상화되었다.

……포드 재단 빌딩은 여러 가지 면에서 훨씬 더 야심적인 빌딩이다. 왜냐하면 이 빌딩은 사람들 간의 관계를 돈독하게 하는 문제를 다루기 시작한 빌딩이기 때문이다. 공동체 의식, 가족 의식이 이 건물의 목적이다. —프란체스코 달 코, 「케빈 로치」, 밀라노: 엘렉타, 1985

"나는 사람들을 다루는 일을 좋아한다"

어떤 프로젝트에서 설계의 시작은 "사용자"이다. 사용자가 기대하는 것이 무엇인가? 사용자가 어떤 경험을 하게 될 것인가? 이 건물로부터 사용자는 어떻게 보상을 받을 것인가? 그래서 나는 구조나 축, 평면도나 색깔이 아니라 사용자의 관점에서 시작한다. 나는 개개인―"영혼"에서 시작한다. 그것이 건축가의 본분이기 때문이다. 그것이 우리의 사회적 책임이다. 우리가 사회에 기여할 수 있는 몫이다.―"케빈 로치", 「공간」, 2006. 7

나는 나를 고용하는 사람보다는 그 건물을 사용할 사람, 그러니까 오피스 빌딩의 경우는 사무실 근무자의 관점에서 시작한다. 나는 수천 명의 사무실 근무자들을 면담하고 그들에게 끈질기게 물었다. "무엇을 원합니까? 무엇을 봅니까? 무엇에 신경을 씁니까?" 사실 그것은 내게는 매우 자존심이 상하는 경험이다. 나는 건축 일을 수련할 때 사람들과 이야기를 나누고 그들의 말에 귀를 기울이는 법을 익히라고 권하고 싶다. 우리 건축가들은 그렇게 하지 않는 경향이 있기 때문이다.

우리는 "이렇게 하기로 하지" 하고 결정해버리는 경향이 있다. 그런 식으로 시작해서는 안 된다. 그 건물을 사용해야 하는 사람과 이야기를 나누는 것부터 시작해야 한다.―"'여기 내가 있소'라고 말하는 방식: Perspecta 40 인터뷰 케빈 로치", 「Perspecta」 40호, 2008

궁극적으로 건물―훌륭한 건물―은 모든 방식으로 말한다. 정확하고 기술적인 지방의 언어로 말하고 감성적이고 지적인 보편적인 언어로 말한다. 학자와 예술가와 보통사람이 구조나 형태 및 구문을 의식하지 않고 이해하는 언어를 창조하는 것이 기술이다. 이념이나 감성으로 파고들어가는 것이 모든 위대한 예술의 환경이다.―프란체스코 달 코, 「케빈 로치」, 밀라노: 엘렉타, 1985

건축은 추상적인 것이 아니다. 그것은 사람들의 일상생활과 매우 깊이 관련되어 있다. 감히 말하거니와 건축은 실용적인 예술이다.―"케빈 로치", 「공간」, 2006. 7

파리 2006
부이그 SA 지주회사

내가 많은 회사 사옥을 설계한다는 명성을 얻고 있는 동안에도 사실 나는 더 많은 회사 건물을 설계했으면 했다. 그것은 위대한 연인이라는 명성을 얻는 것이나 비슷한 데가 있다. 그게 사실이라면 좋을 텐데 하고 바라는 것이다.……나는 회사 사옥 설계를 정말로 좋아한다. 회사들은 엄청난 고객들이 있고 그래서 사회적 책임감을 발휘할 좋은 기회이기 때문이다. 물론 경영진의 태도가 비협조적인 예외도 더러 있긴 하지만.―프란체스코 달 코, 「케빈 로치」, 밀라노: 엘렉타, 1985

……나는 이런 리빙 룸들을 거대한 건물에 도입한다는 아이디어를 내놓았다. 사무실 빌딩도 가정이나 똑같다는 생각에서 그런 아이디어를 내놓게 된 것이다. 사무실 빌딩도 가정도 똑같은 요소들을 가지고 있다. 가정에는 정체성을 나타내는 앞문이 있고 공동체 공간인 리빙 룸이 있으며 역시 공유 공간인 식당, 차고가 있다. 사무실 빌딩도 같은 요소들을 많이 가졌다. 가족은 주방이나 식당에서 또는 리빙 룸에서 함께 모인다. 가족이 사람들 간의 관계를 정립하는 것은 이런 함께 하는 행동을 통해서이다.―프란체스코 달 코, 「케빈 로치」, 밀라노: 엘렉타, 1985

❝ 우리는 그 건물을 사용해야 하는 사람의 관점에서 시작해야 한다. ❞

부이그 빌딩은 앞에서 보면 작게 보일지 모르지만, 그 안에 강당과 사무실들, 그리고 정원이 내다보이는 식당들이 있다.

"잡역부"로서의 건축가

건축가의 역할은 서비스이다. 건축가는 지역사회의 종이다. 어떤 면에서는 "잡역부(handyman)"이다. —케빈 로치, 「공간」, 2006. 7

……나는 우리가 외부는 물론이고 내부까지도 컨트롤할 수 있는 건물, 우리가 거기서 일하는 사람들에게 적절한 환경을 마련해줄 기회를 가지는 빌딩을 짓고 싶다. 나는 지독한 권태를 무척 걱정하기 때문이다. 그것은 급료를 받는 노예생활이나 다를 것이 없다. 그것은 인간이 감당할 수 없는 것이다. 많은 종류의 신나는 일들이 있을 수 있다. 권태를 제거하지 못하면 20세기를 다룬 찰리 채플린의 영화 「모던 타임스」에서 볼 수 있는 견디기 어려운 상태가 연출될 것이다. 나는 우리가 무엇인가를 할 수 있다고 생각하고 싶다. 나는 사람들을 다루는 일을 하고 싶은 것이다. —케빈 로치, 「공간」, 2006. 7

건물을 짓는 데에 따르는 가장 큰 보상은 설계의 즐거움이 아니고 그 건물이 건축가에게 주는 봉사할 기회인 경우가 아주 많다. 그러나 공장을 설계할 때에는 걱정이 된다. 기계 앞에서 하루 8시간 서 있을 사람을 생각하면 걱정이 되는 것이다. 그를 못 본 체하기는 어렵다. 거기다 작은 하늘창을 설치한다. 그래도 그 친구가 여전히 기계 옆에 서 있는 것은 마찬가지이다. 그 친구에게 해준 것은 아무것도 없다. 문제를 해결할 수 없을 때에 우리는 그 문제를 외면하곤 한다. 그런 일이 종종 일어난다. 우리가 모든 문제를 해결할 수는 없다. 그러나 우리는 사람들의 욕구를 해결하려는 욕망을 가질 수는 있다. 문제의 핵심을 풀어보려고 최선의 노력을 다할 수는 있다. —케빈 로치, "대화", 「Perspecta」 19호, 1982

뉴헤이븐 1969
콜럼버스 기사단 본부

이곳 뉴헤이븐에서 우리는 고속도로 옆에 있는 부지에 건물을 짓는 문제를 해결해야 되었다.……약 30만 평방피트의 비교적 큰 건물을 짓기에는 매우 좁은 부지였다. 그래서 자동적으로 고층빌딩을 지을 수밖에 없었다.……그 건물은 모든 방향에서 보이는 건물이 될 것 같았다. 고속도로로 차를 몰 때에는 특히 잘 보인다. 이 타워 주위에서는 운동감을 느낄 수 있다. —존 W. 쿡과 하인리히 클로츠, 「건축가들과의 대화」, 코네티컷 주 웨스트포트: 프래거 출판사, 1973

"발전소" 이 건물은 중세 유럽과 아무 관련이 없다. 루이스 칸과도 아무 관련이 없다. 당시 우리는 앰허스트에 있는 매사추세츠 대학교 미술 센터(1975)도 맡고 있었다. 그래서 나는 아주 자주 차를 몰아야 했다.……4개의 굴뚝을 가진 발전소가 있었는데 그 굴뚝들은 몇 개의 강철 트러스로 서로 연결되어 지지되고 있었다. 그 옆을 몇 번 지나가면서 나는 이 4개의 원통 모양이 만들어낸 특별히 강한 형태와 서로를 연결해주는 강철 트러스의 멋진 모습에 깊은 인상을 받았다.

우리가 콜럼버스 기사단 건물을 맡기 전에 나는 4개의 원통과 그 사이를 가로지르는 강철 트러스가 있는 고층빌딩 스케치를 했다. 그 영상이 나에게 깊은 인상을 주었다. —프란체스코 달 코, 「케빈 로치」, 밀라노: 엘렉타, 1985

규모 기념비적인 건축은 내가 관여하고 싶지 않은 프로젝트이다. 나는 그런 존재를 믿지 않는다. 나는 그런 건물이 우리 사회에서 어떤 역할을 한다고 생각하지 않는다.……콜럼버스 기사단 빌딩은 분명히 설계 면에서 그런 의도가 들어가지 않은 건물이다. —존 W. 쿡과 하인리히 클로츠, 「건축가들과의 대화」, 코네티컷 주 웨스트포트: 프래거 출판사, 1973

콜럼버스 기사단 빌딩은 더 오래된 미국의 도시들에 대한 로치의 관심이 반영된 빌딩이다. 이 건물이 그에게 이 지역의 스카이라인을 세련되게 다듬을 기회를 주었다.

나는 규모에 대해서 생각하고 규모에 대한 공부를 하는 데에 많은 시간을 바쳤다. 어떤 단계에서는 규모의 본질과 그것이 건물과 사람들에게 어떤 영향을 주는지 이해하는 것이 중요한 연구과제가 된다. 나는 규모가 실생활에 주는 효과를 알아보려고 일부러 규모를 더 크게 해본 적도 있다. —프란체스코 달 코, 「케빈 로치」, 밀라노: 엘렉타, 1985

> 우리는 미술작품이
> 중요하다고 생각했고
> 건축이 그것을 침해해서는 안 된다고 느꼈다.

뉴욕 1967-2007
메트로폴리탄 미술관

케빈 로치, 존 딩켈루 앤드 어소시에이츠가 메트로폴
리탄 미술관 마스터 플랜을 시작한 것은 40여 년 전
이었다. 1967년에 시작된 첫단계는 미술관 앞의 광장
재설계였다. 그후로 이 회사는 리먼 파빌리언, 덴두르
사원을 위한 새클러 윙, 마이클 C. 록펠러 윙, 뉴아메
리칸 윙, 월리스 20세기 갤러리 등 이 미술관의 가장
중요한 추가 시설 가운데 일부를 설계했다.

······건축과 조경이 완전히 끝날 때, 우리는 비로소
하나의 건물을 이루는 도시 건축물과 공원 건축물의 원래의 의도된 효과를 보기 시작한다. 우리는 공원(센
트럴 파크)에 대해서 동정적이었다. 우리는 원래의 도로변 건물의 육중한 구조를 공원 안으로 확장시키지
않으려고 애썼다(그것이 적절치 않다고 생각했기 때문이다).······우리는 미술작품이 가장 중요하다고 생각
했고 건축이 그것을 침해해서는 안 된다고 느꼈다. 우리가 건설적 표현을 한 곳은 갤러리 공간이 아닌 정원
인 뜰이다.······그곳은 내가 공적인 공동체 공간이라고 생각한 구역이다. 그런 장소는 쉬면서 긴장을 푸는
장소, 미술관의 강렬한 경험에서 벗어날 수 있는 장소이다. 우리가 그런 공간을 마련한 목적이 바로 그런
데에 있다. 이런 공간들은 우리가 건축적 발언을 하는 곳이다. 나머지 공간은 컬렉션의 배경이다. ─프란체
스코 달 코, 「케빈 로치」, 밀라노: 엘렉타, 1985

메트로폴리탄 미술관의 추가 시
설들을 설계하면서 로치는 자기
는 "원래의 도로변 건물의 육중
한 구조"를 녹색 공간 쪽으로 확
장시키고 싶지 않았다고 말했다.

❦❦ ……그것은 매우 '캘리포니아적'이었다.……느긋한 성격. ❦❦

로치는 주위의 멋진 경관을 가리지 않기 위해서 캘리포니아 오클랜드 박물관의 모든 건물들을 매우 낮게 설계했다. 그는 계단을 측면의 벽과 결합시켰고 벤치를 삽입하는 대신 "길게 늘어선 의자들"을 설치했다.

오클랜드 1969

캘리포니아 오클랜드 박물관

우리는 어떤 면에서는 사실상 고객이 없다는 것을 금방 깨달았다. 아무런 계획도 없었다. 모두 박물관을 짓기를 원했지만, 그것이 정확히 무엇을 뜻하는지에 대해서 충분히 생각해본 사람은 아무도 없었다. 이런 점에서 그것은 특이한 기회였다. ─ 존 W. 쿡과 하인리히 클로츠, 「건축가들과의 대화」, 코네티컷 주 웨스트포트: 프래거 출판사, 1973

에로 사리넨은 1961년에 타계했고 나의 동업자인 존 딩켈루와 내가 그달 말 그들과 면담했다.……그들도 우리를 전혀 알지 못했다. 우리는 유명하지 않았다. 따라서 그들이 우리를 선택한 것은 우리의 용감한 행동이었다.……우리는 갑자기 박물관이 어때야 하는지, 지역사회에서 어떤 역할을 해야 하는지의 문제에 당면하게 되었다. ─ 존 W. 쿡과 하인리히 클로츠, 「건축가들과의 대화」, 코네티컷 주 웨스트포트: 프래거 출판사, 1973

……녹색 공간의 필요성을 인식하는 것, 다양한 박물관의 용도를 조화시키는 것, 사람들이 실제로 올 만한 공간을 창조하는 것, 그리 크지 않은 광장인 일반 목적의 공적 공간을 만드는 것─박물관의 구상 단계에서 이 모든 것들을 고려해야 했다. 미술품은 맨 위에, 문화사 관계 유물은 중간 층에, 자연사 관계 유물은 아래층에 배치했다. 각 구역에 관련된 사무실들이 있고 또 특별 정원, 전시물이 정기적으로 바뀌는 전시장, 강당, 교실들, 강연장, 식당도 있어야 했다.

박물관에서는 사람들의 주의력 유지 시간이 짧다. 특히 아이들은 더 그렇다. 그래서 밖으로 나가서 밖의 것을 볼 수 있어야 한다. 밖의 잔디밭으로 걸어나갈 수도 있다. 잔디밭은 창문에서 밑으로 경사지게 펼쳐져 있다. 그래서 사람들이 창문을 통해서 더 많은 녹색을 내다볼 수 있게 되었다. ─ 존 W. 쿡과 하인리히 클로츠, 「건축가들과의 대화」, 코네티컷 주 웨스트포트: 프래거 출판사, 1973

……박물관 안의 모든 것은 매우 낮게 설계되었다. 시야가 탁 트이도록 하기 위해서이다. 모든 담들은 그 위에 걸터앉을 수 있도록 설계되었다. 담의 높이는 모두 50cm이다. 어디에서나 우리는 계단을 옆의 담과 결합시켰다. 그렇게 해서 벤치 대신 긴 좌석을 만들었다. ─ 존 W. 쿡과 하인리히 클로츠, 「건축가들과의 대화」, 코네티컷 주 웨스트포트: 프래거 출판사, 1973

영향: 에로 사리넨, 미스 반 데어 로에, 그리고 찰스 임스

케빈 로치는 일리노이 공과대학교에서 미스 반 데어 로에 밑에서 연구하며 한 학기를 보냈다. 그러나 그가 건축에 대한 로에의 관점과 봉사의 개념을 더욱 발전시키고 다듬은 것은 미시건주 블룸필드 힐스에 있는 엘리엘과 에로 사리넨의 사무실에서 11년 동안 일하면서였다.

"결코 포기하지 말라"

내가 알고 있는 모든 것은 사실 에로에게서 배웠다. 그리고 사물에 대한 그의 접근방식—일하는 법, "결코 포기하지 않는" 태도, 제대로 알게 될 때까지 계속 천착하는 자세 등—도 배웠다. 그리고 그것을 고객에게 설명하는 기술도 습득했다. 모두 알고 있듯이, 대다수의 건축가들은 보통사람들이 이해하기 쉽게 설명하거나 의사소통을 하는 데에 그리 능숙하지 못하다. — 케빈 로치, 엘렌 로울리와의 인터뷰, 「미국 연구 아일랜드 저널」 1호, 2009. 여름

나는 그곳에서 11년간 있었다.……그 회사는 직원이 100명이 될 정도로 확장되었고 다양한 프로젝트를 수주했다. 나의 역할은 사실 에로가 설계할 때 옆에 앉아서 그와 대화를 하는 것으로 시작되었다. 우리는 그 프로젝트에 대해서 대화를 나누었고 그러면 나는 그 내용을 실제로 그 프로젝트를 맡아서 일하고 있는 사람들에게 전달하고 그들을 감독했다.……내가 그를 좋아한 것은 문제의 성격이 무엇인지 새로운 시각에서 바라보고 그로부터 해결책을 이끌어낼 수 있는 그의 능력 때문이었다. 그리고 그 해결책들은 천천히 짓고 있는 건물들에 매우 실용적으로 적용되었다. 그 건물들은 경제적인 기능을 가지고 있지만 동시에 또한 우리 시대의 대표적인 건축물이 되었다. — "케빈 로치", 「공간」, 2006. 7

나는 외곬수 미스 추종자로서 주견이 뚜렷했으므로 자주 그(사리넨)와 논쟁을 벌이곤 했다. 그는 나와 논쟁하기를 좋아했다. 나는 아주 가까운, 집안 친구가 되었다. 독신이었던 나는 늘 시간이 있었고 그래서 그의 양자 비슷한 처지가 되었다. 그는 많은 사람들에게 그랬듯이 나에게도 무척 관대했다. 50년대에 사무실이 더 커졌고 그래서 그는 일부 프로젝트의 통제를 다른 사람들에게 넘기기 시작했다. 에로는 모든 것을 포용하고 싶어했지만, 그의 두뇌는 한 점에 모인 집중된 빛처럼 작동했기 때문이다. — 프란체스코 달 코, 「케빈 로치」, 밀라노: 엘렉타, 1985

대단한 지적 교류가 있었다. 마치 우리가 세계 공동체의 일부가 된 것 같았다. 모든 것을 포용하려는 야망을 가진 에로는 어떤 의미에서는 미스와 반대되는 사람이었다. 미스는 모든 층들을 벗겨내고 핵심에 도달하려고 했다. 에로는 전체를 포용하고 싶어했다. — 프란체스코 달 코, 「케빈 로치」, 밀라노: 엘렉타, 1985

"절대주의적 환경"

에로 사리넨을 위해서 일하기 전에, 케빈 로치는 시카고의 일리노이 공과대학교에서 미스 반 데어 로에 밑에서 공부하기 위해서 1948년 아일랜드에서 미국으로 이주했다.

나는 미스와 짧은 만남을 가졌다. 그때 나는 올바른 방법과 그릇된 방법이 있다는 것을 배웠다. 그의 방식이 아닌 어떤 방식도 그릇된 것이었다. 그러나 에로에게는 올바른 방법과 그릇된 방법이 없었다. 그는 건물을 설계하기 전에 충분한 조사작업을 했다. — "'내가 여기 있소'라고 말하는 방식: Perspecta 40 인터뷰 케빈 로치", 「Perspecta」 40호, 2008

미스는 대단한 스승이었다. 그는 영어가 그리 능숙하지 않았기 때문에 말을 매우 많이 하지는 않았다. 그러나 그의 존재감은 엄청났다. — "케빈 로치", 「공간」, 2006. 7

미스는 완전히 흑백의 건축관을 가지고 있었다. 중간은 없었다. 그의 방법이 아니면 틀린 것이었다. 미스가 보기에, 사물을 부정확하게 결합하면 그것은 완전히 틀린 것이었다. 매우 엄격했지만 매우 좋은 태도였다. 물론 나는 과장하고 있을 것이다. 그러나 나는 모든 젊은 건축가들이 한동안 절대적 환경을 발견해서 거기 들어가보기를 권하고 싶다. 젊은 건축가가 그런 경험을 하면 아주 아주 좋은 일이 될 것이다. 자기 건축에 대해서 완전한 확신을 가진 누군가를 만나는 일보다 젊은이에게 더 좋은 일은 없다. — 케빈 로치, 제프리 이나바와의 인터뷰, 「볼륨」 13호, 2007

"찰스는 건축가들을 미워했다"

언제나 나의 흥미를 끈 사람들 가운데 하나는 찰스 임스였다. 찰스는 건축가들, 그리고 그들의 젠체하는 태도를 싫어했다. 그에게는 문제를 접하면 그 핵심을 짚어내는 능력이 있었다. 그는 항상 과정을 매우 세심하게 방법론적으로 다루었다. 그는 조사하고 연구했다. 그에게는 선입견이 없었다. 그는 그저 자기 방법을 고수했을 뿐이다. — 케빈 로치, "대화", 「Perspecta」 19호, 1982

뉴욕 세계박람회의 IBM 전시관
은 잘 알려진 이 회사의 로고가
찍힌 거대한 타원형 형체를 특징
으로 삼고 있다. 맞은편 페이지
의 그림은 전시관의 입면도.

뉴욕 세계박람회 IBM 전시관

IBM 전시관의 설계는 원래 에로 사리넨과 찰스 임스에게 의뢰되었다. 사리넨이 1961년에 타계했고 그래서 그의 사
무실 동료들이었던 케빈 로치와 존 딩켈루가 임스와 협력해서 IBM 전시관 등 주요 프로젝트들을 완성해야 했다.

또한 거의 비슷한 시기에 IBM이 그들의 1964년도
세계박람회 전시관에 대해서 생각하기 시작했다. 그
보다 몇 달 전에 IBM은 에로와 찰스 임스에게 설
계해달라고 의뢰했었지만, 에로가 작업을 시작하기
도 전에 세상을 떠나고 말았다. 찰스는 우리와 함
께 그 작업을 계속할 것인지 마음을 정하지 못했다.
그러나 한참 생각한 끝에 그와 IBM은 우리와 함
께 그 일을 진행하기로 합의했다. 이것 또한 우리에
대한 상당한 신뢰의 표시였다. ─프란체스코 달 코,
「케빈 로치」, 밀라노: 엘렉타, 1985

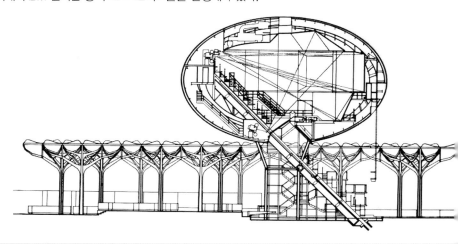

"나는 건축의 배경이 없었다.……"
나는 매우 행복한 어린 시절을 보냈다. 아일랜드가 독
립한 후, 나의 아버지는 농부들의 협업에 관여하셨다.
그리고 내가 어렸을 때, 부모님은 목재 및 금속 공장을
운영하셨다. 그래서 나도 거기서 일할 수 있었다. 나는
목공, 금속세공, 용접 등에 관한 매우 훌륭한 교육을
받았다. ─"케빈 로치", 「공간」, 2006. 7

우리 가족 중에는 건축에 종사하는 사람이 없었고 건축에 관련된 서적
도 전혀 없었다. 나는 아일랜드 남부에 있는 인구 2,000명 정도의 작
은 도시에서 자랐다. 그곳은 더블린이 아니었다. 그곳에는 영국인 정
착자들이 세운 성(城)이 하나 있었다. 그 사람들이 나에게 많은 영향을
미쳤다고 말할 수는 없다. 하지만 건축, 건물을 설계하는 일은 내가 늘
하고 싶어한 일이었다. 그 이유는 나도 모르지만 어린 시절부터 나는
그랬다. ─"케빈 로치", 「공간」, 2006. 7

나는 미국으로 가기로 결정했고 미스가 있던 IIT(일리노이 공과대학교)
와 하버드, 그리고 예일에 입학원서를 냈다. 나는 세 학교에 모두 합격
했다. 나는 미스에게 가기로 결정했다. 그가 나에게 도움이 될 사람이
라고 느꼈기 때문이다.…… ─"케빈 로치", 「공간」, 2006. 7

교양 있는 건축
건축가는 조각가의 유전인자를 가지고 있을 수도 있고, 화가의 유전인
자, 연기자의 유전인자, 개혁가─더 잘하려고 노력하는 사람이라는 의미
의 개혁가─의 유전인자, 봉사자의 유전인자도 좀 가지고 있을 수 있다.

이 모든 인자를 전부 가지고 있을 수도 있다. 그 모든 것
은 건축을 성공적으로 하는 데에 정말 필요하다. ─케빈
로치, 제프리 이나바와의 인터뷰, 「볼륨」 13호, 2007

나는 스타일에 특별히 신경을 쓰지는 않는다. 그러나
우리는 우리 시대에 살고 있다. 그리고 세상에는 많은
아이디어를 탐색하는 사람들이 있다. 이 모든 것이 분
위기를 형성하며 우리도 그 일부이다. 그러나 나는 어떤 스타일 운동의
지도자가 되려고 하지는 않는다. 나는 그런 데에 흥미가 없다. ─프란
체스코 달 코, 「케빈 로치」, 밀라노: 엘렉타, 1985

건축은 격리된 활동이 아니다. 건축은 사회의 일반적 움직임의 일부, 심
지어 부속물이다. 가끔 우리 건축가들은 우리가 앞에서 이끈다고 생각하
고 싶어한다. 그러나 물론 그렇지는 않다. ─존 W. 쿡과 하인리히 클로
츠, 「건축가들과의 대화」, 코네티컷 주 웨스트포트: 프래거 출판사, 1973

……건축은 대단한 직종이다. 정말로 그렇다. 내가 유감스럽게 생각하
는 것이 단 하나 있는데, 그것은 우리 건축가들이 지역사회에 대한 봉
사 의무를 충분히 다하지 않는다는 것이다. 우리가 올바른 생활 환경
을 창조하고 자연을 존중할 수 있다면, 우리도 의료 직종 종사자들 못
지않게 사회의 안녕과 인간 환경에 기여할 수 있을 것이다.……현대건
축은 살아갈 만한 환경을 만들어내지 못했다. 살아갈 만한 환경을 건
축하는 것은 오늘날 건축의 첫 번째 목적이 아니다. 그것이 첫 번째 목
적이 되어야 한다. 그것이 우리가 건축가인 이유가 되어야 한다. ─케빈
로치, 제프리 이나바와의 인터뷰, 「볼륨」 13호, 2007

도전적인 정의 바우하우스, 인터내셔널 스타일 등 현대건축의 추상적 어휘를 가지고 작업하는 건축가들에게 이런 언어는 반복적이고 단순하고 너무 제한적인 것이 되었다. 나로 말하면, 나는 모더니즘 운동의 혁명적 단계가 지나가는 것을 환영한다.……오늘날 우리는 과거를 뒤돌아보고 건축사 전체를 우리의 배경으로 바라볼 수 있다. 그 배경에는 분명히 첨단 기술 등 모더니즘 운동도 포함된다. 건축가들은 언제나 전진하기 위해서 뒤돌아보았고, 화가, 음악가, 조각가들과 마찬가지로 우리도 우리의 예술 안에 "추상적인(Abstract)" 것은 물론이고 "표상적인(Representational)" 것도 포함할 수 있어야 한다.……그렇게 유토피아의 부담에서 해방되고 더욱 무거워진 책임감―특히 시민적 분야에 대한―을 느끼게 된 우리는 더욱 자유로운 미래를 내다보며 아마도 기억과 계속되는 진화와의 연관에서 더욱 풍요로운 작품을 만들어내게 될 것이다.……표상과 추상에 덧붙여서 이 거대한 콤플렉스가 기념비적인 것과 비형식적인 것, 전통적인 것과 첨단기술적인 것을 지탱할 것이라고 나는 희망한다.―로버트 맥스웰 편, 「제임스 스털링, 건축에 관한 글」, 밀라노: 스키라, 1998

제임스 스털링 JAMES STIRLING

출생 1926년 4월 22일, 스코틀랜드 글래스고; 1992년 6월 25일 타계

교육 건축학사, 리버풀 대학교, 영국 리버풀, 1950

주요 프로젝트 넘버 원 폴트리 사무실 단지, 런던, 1996; 아서 M. 새클러 박물관, 하버드 대학교, 매사추세츠 주 케임브리지, 1985; 노이에 슈타츠갈레리, 독일 슈투트가르트, 1983; 기숙사, 세인트 앤드루스 대학교, 스코틀랜드, 1968; 역사학부, 케임브리지 대학교, 영국, 1967; 공학부, 레스터 대학교, 영국, 1963

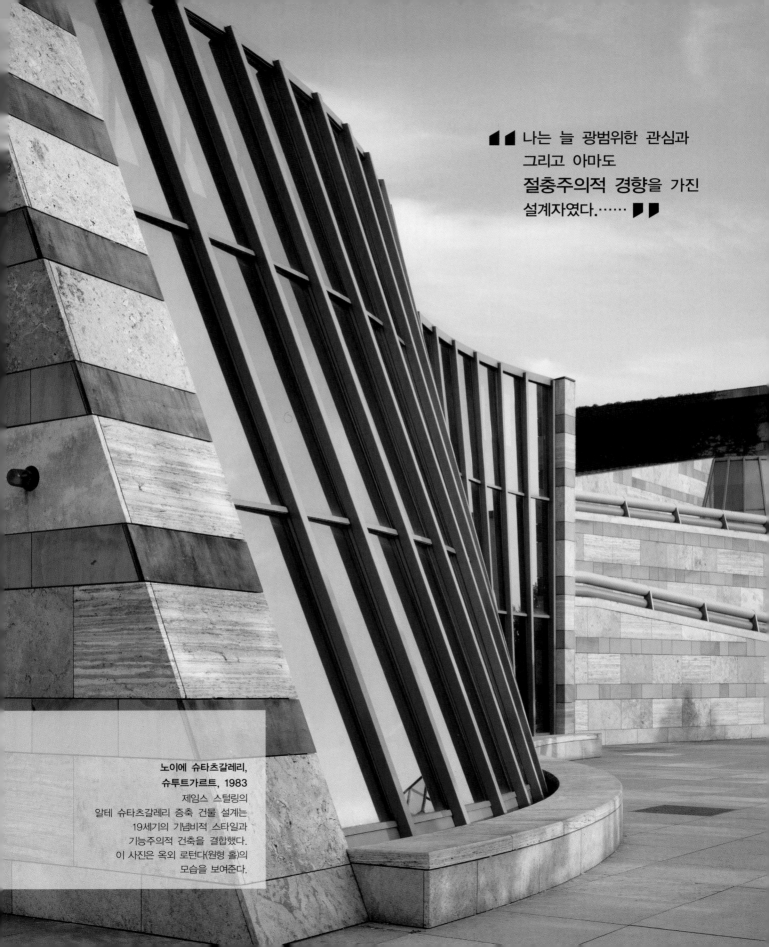

나는 늘 광범위한 관심과
그리고 아마도
절충주의적 경향을 가진
설계자였다.……

노이에 슈타츠갈레리,
슈투트가르트, 1983
제임스 스털링의
알테 슈타츠갈레리 증축 건물 설계는
19세기의 기념비적 스타일과
기능주의적 건축을 결합했다.
이 사진은 옥외 로턴다(원형 홀)의
모습을 보여준다.

> **◀◀ 모든 공공 건물은 최소한 두 가지 일을 해야 한다.
> 고객을 만족시켜야 하고, 또 도시에 주는 선물이어야 한다. ▶▶**

슈투트가르트 1983
노이에 슈타츠갈레리

우리의 프로젝트 거의 모두가 지역적이라고 말할 수 있다.……슈타츠갈레리도 슈투트가르트라는 도시, 사용한 재료 등에서 독일의 다른 역사적 박물관들과 비교할 때 지역적이라고 말할 수 있을 것이다. 우리는 이 건물이 독일의 이 지역에 많은 신고전주의 건물들과 일종의 지역적 관계를 맺고 있다고 말할 수 있을 것이다. ―로버트 맥스웰 편, 「제임스 스털링, 건축에 관한 글」, 밀라노: 스키라, 1998

내가 박물관 설계를 할 때, 나의 관심을 끄는 것은 그 박물관에 소장된 그림들이 아니라 그림들을 보기 위한 공간 또는 환경을 만들어내는 문제이다. ―제임스 스털링, "변천의 시대의 건축", 「Domus」, 1992. 9

판유리 창문 앞 콘크리트 테라스에 현대조각을 놓는다면, 그것은 매우 추상적인 앙상블이 될 것이다. 나는 그런 것을 원치 않았다. 나는 미술품을 더욱 낯익은 환경에 놓고 싶었다. 그래서 우리는 박물관 도처에 담쟁이와 식물들을 심었다. ―"제임스 스털링, 박물관의 개념에 대해서", 「기술과 건축」, 1986. 10-11

이 건물은 이제 담쟁이와 다른 덩굴에 덮여 있다. 지금 그 건물은 바로 지었을 때보다 더 폐허처럼 보인다. ―"제임스 스털링, 박물관의 개념에 대해서", 「기술과 건축」, 1986. 10-11

U자 모양의 전시실들은 박물관 구관의 전시실을 참조한 것이다. 그러나 스털링은 창문을 물결 모양으로 함으로써 유희적 요소를 도입했다. **위:** 스털링은 박물관을 대각선으로 가로지르는 보행로를 설치했다.

레스터 1963
공학부, 레스터 대학교

건축가들은 매우 과학적인 성격의 건물을 지을 때 어려운 입장에 처하게 된다. "건물의 개요"를 분석할 만한 전문지식이 없기 때문이다. 이 건물을 제대로 분석하려면 아마 4개 분야의 학위가 필요했을 것이다. 이런 상황에서는 필요에 따라 변경될 수 있는, 융통성이 내재된 일반적인 해결책을 제시하는 것이 기본이다. 우리는 이런 방향으로 워크숍을 진행했다. 우리가 확정할 수 있었던 것은 강연장, 계단 등 우리가 경험을 통해 이해할 수 있고 또 변경되지 않을 것이라고 어느 정도 확신할 수 있는 것뿐이었다.……뾰족하게 솟은 타워와 건물 부분은 순환이 건물 형태를 조직한 방식에서 나온 것이다. 이 건물 안에는 약 300명의 학생들이 있다. 건물을 빙산 모양으로 만듦으로써, 학생들의 움직임의 대부분을 아래 3개 층에 제한했다. 많은 학생들이 거기서 시간마다 강의실을 바꿔가면서 강의를 듣는다. — 로버트 맥스웰 편, 「제임스 스털링, 건축에 관한 글」, 밀라노: 스키라, 1998

그 안에서 일어나는 활동이 서로 다를 때에는 방들 간의 시각적 상호연관을 주려고 하지는 않았다. — 로버트 맥스웰 편, 「제임스 스털링, 건축에 관한 글」, 밀라노: 스키라, 1998

대학 교지에서 빌딩에 관한 특집을 했다. 교수들, 학생들, 방문객들의 글이 실렸다. 취향의 문제(색깔, 모양 등)에 관련된 약간의 비판이 있었다. 그러나 모든 기고자들은 그 빌딩 안에 있는 것이 매우 자극적이며 그 안에서 일하거나 공부하면서 강렬한 생동감을 느꼈다는 말로 그들의 글을 끝맺었다. 이것은 건축가에 대한 궁극적인 찬사이다. 방이건 건물이건 도시건 간에 그가 창조하는 환경의 질로 인간의 정신을 드높이는 것이 건축가 특유의 책무이기 때문이다. — 로버트 맥스웰 편, 「제임스 스털링, 건축에 관한 글」, 밀라노: 스키라, 1998

특수한 사람들을 위해서 설계를 해야 할 경우 건축가는 어떤 접근방법을 사용하는가? 스털링의 경우, 그의 컨셉트를 구성하는 것은 빌딩과의 연결의 문제였다. 이 경우 그는 학생들의 활발한 상호작용은 물론이고 다양한 일반적 요건을 통해서 그 문제를 해결했다.

"일상적인 기능주의자"

새로운 건축(스털링이 모더니즘 운동을 가리키는 말이다)이 기반으로 삼고 있는 원칙들을 수정하고 심지어 거부할 때는 낮은 경비와 편의성이라는 환경에서 현실적인 규칙과 방법으로 그 원칙을 대치하는 것이 필요하다. ─ 로버트 맥스웰 편, 「제임스 스털링, 건축에 관한 글」, 밀라노: 스키라, 1998

> ❝ ……나로서는 처음부터 건축의
> '기술'이 항상 우선이었다. ❞

우리는 또한 같은 건물에 가정 타입의 낮익은 창문 외에 첨단 기술을 쓸 커튼 월을 사용할 수도 있다. 그래야 건물의 파사드가 다른 장소에서 다른 연관을 가진 다른 스케일로 이루어지기 때문이다. ─ "제임스 스털링, 박물관의 개념에 대해서", 「기술과 건축」, 1986. 10-11

나는 나 자신을 일상적인 기능주의자라고 생각한다. 이 말로 나는 우리가 사는 시대에 적합한 건축방식, 제시되는 문제─부지, 기능, 재료, 비용 등─에 내재된 해결방식을 도출하는 것을 포함하는 논리적 패턴의 사용을 의미한다. 그러나 기능주의만으로는 충분치 않다. 건물은 또한 표현적이어야 한다. 우리는 어떤 건물을 보고 사람들이 서로 다른 일을 하고 있는 다양한 건물의 구성 요소들을 알아낼 수 있어야 한다. ─ 로버트 맥스웰 편, 「제임스 스털링, 건축에 관한 글」, 밀라노: 스키라, 1998

"스털링 스타일은 어디 있는가?"

음악처럼 건축도 레퍼토리가 다양해야 한다. 노먼 포스터의 작품으로 한 곡조의 매우 세련된 건축물을 만드는 것이 가능할 것처럼 보인다. 하지만 나로서는 그것이 충분히 음악적이라고 할 수는 없다. ─ "제임스 스털링, 박물관의 개념에 대해서", 「기술과 건축」, 1986. 10-11

수준 낮은 저널리스트들은 내가 하는 모든 건물이 이전의 건물과 달라 보인다는 데에 놀라움을 표하곤 한다.……스털링 스타일은 어디 있는가? 왜 일관성이 없는가? 다음에 그는 무엇을 할 것인가? 이것은 부분적으로는 모더니즘 운동의 오류이다. 미스 반 데어 로에와 바우하우스 건축가들의 경우, 우리는 그들이 어떤 건물을 지을지 짐작할 수 있었다. 그러나 그들의 작품이 항상 변하고 발전하는 많은 현대의 거장들─르 코르뷔지에, 프랭크 로이드 라이트 등─도 있다. ─ 휴 피어먼, 「선데이 타임스」런던, 1991. 4. 14

"다소 경박한 모더니즘 운동"

그로피우스 같은 건축가들이 목욕물과 함께 아기를 내던져버린 것은 20세기에 들어와서이다. 18세기, 그리고 사실 모든 세기에서 우리는 로마, 이집트, 고전 건축, 고딕 등을 존중하는 풍조를 볼 수 있었다. 바우하우스가 등장하면서 건축가들은 과거를 내던져버리기 시작했다. 이제 우리는 그것을 조금 되찾아야 한다고 나는 생각한다. ─ "제임스 스털링, 박물관의 개념에 대해서", 「기술과 건축」, 1986. 10-11

나는 첨단 기술 건축가들이 그들의 달걀을 한 바구니에 다 넣었다고 생각한다. 그것은 다소 제한되고, 모더니즘 운동처럼 다소 경박하다. ─ "제임스 스털링, 박물관의 개념에 대해서", 「기술과 건축」, 1986. 10-11

"여러 층의 역사적 선례"

어느 경우에나 나는 현대적이라고 자칭하는 건축보다 과거의 건축에 더 관심이 있다. 구체적으로 말한다면, 나는 신고전주의 건축의 장점으로 기하학적 형태와 추상을 꼽는다. 더욱 구체적으로 말한다면, 나는 신고전주의 후기, 빅토리아 시대로 넘어가던 19세기 말의 건축을 특히 좋아한다. 그 시대는 손과 바인브레너, 싱켈, 길리의 시대이며 그들에 뒤이어 '그리스인(the Greek)'이라고 불리던 기브스나 톰슨 같은 빅토리아 초기 건축가들이 등장했다. ─ 제임스 스털링, "변천의 시대의 건축", 「Domus」, 1992. 9

요즘 우리는 현대적 설계의 추상적 스타일과 여러 층의 역사적 선례를 참고 삼아 아무 죄의식 없이 똑같이 그릴 수 있다. ─ 로버트 맥스웰 편, 「제임스 스털링, 건축에 관한 글」, 밀라노: 스키라, 1998

……모더니즘 운동과 나의 밀월은 코르뷔지에 초기와 구성주의자들에서 마감되었다. 1950년대 초에 나는 매우 작은 것─농장, 헛간, 마을 주택 등─에서 매우 큰 것─창고, 산업 건물, 철도와 전시관 등 공학적 구조물 등─에 이르는 모든 지역적인 것들에 흥미를 느끼게 되었다. ─ 로버트 맥스웰 편, 「제임스 스털링, 건축에 관한 글」, 밀라노: 스키라, 1998

> ❝ 모더니즘 운동의 언어에만 의존하다가는
> 우리는 굶어죽고 말 것이다. ❞

루이스 칸
"심오하게 새로워진 현대의 설계"

나는 루이스 칸이 근래의 마지막 위대한 장인이었다고 생각한다.……그는 그의 역사적 인식을 통해서 건축의 표현방식에 장려함을 추가할 수 있었다. 1920년대의 추상적, 기하학적 스타일에 장려함이 추가됨으로써 건축은 더욱 풍요로워졌다.……그의 새로운 사고방식이 현대의 설계를 새롭게 했으며 그러한 요소들이 가끔 우리의 작품들 속에도 나타나고 있다고 나는 생각하고 싶다. ─ 제임스 스털링, "변천의 시대의 건축", 「Domus」, 1992. 9

기능적-상징적 요소들이 결합되는 특별한 방식, 그것이 건축의 '기술'일지도 모른다.

케임브리지 1967

역사학부, 케임브리지 대학교

이 건물에도 위로 갈수록 점점 가늘어지는 부분이 있다. 독서실(학생 280명)은 가장 많은 사람들이 사용하는 곳이므로 1층에 배치했다. 교수와 학생이 함께 쓰는 방들은 1층과 2층에 있고 그 위에 세미나 실이 있다. 교수실은 맨위 2개 층에 있다. 아래층에서의 학생들의 이동은 계단을 이용하도록 했고 그래서 맨위층으로 가는 교수들이 비교적 쉽게 엘리베이터를 이용할 수 있도록 했다.

　순환은 주요한 조직 요소이다. 위의 층들 주위의 복도는 전시실의 층처럼 설계되었다. 이 복도들은 독서실을 비치는 천정의 등 밑에 있다. 그래서 그 복도를 지나가면서 천정을 가로질러 바깥을 내다볼 수 있다. 또 거기서 시선을 돌리면 빌딩의 기계적 구조가 보이기도 한다. ─로버트 맥스웰 편, 「제임스 스털링, 건축에 관한 글」, 밀라노: 스키라, 1998

유리 건물이 영국의 기후에 적합하다고 나는 생각한다. 영국은 아마 너무 덥거나 너무 춥지 않은 날이 거의 없는 유일한 나라일 것이다. 그리고 구름 낀 날에도 하늘에는 양질의 빛이 분포되어 있다. 유리 덮개는 비는 막아주고 빛은 통과시킨다.……나는 유리를 안으로 밀거나 밖으로 밀어서 방의 모양을 조절할 수 있는 폴리에틸렌처럼 생각한다. 이렇게 해서 그 용도에 따라 방의 모양을 이상적으로 조정할 수 있다. 방들을 전반적으로 압축하는 형태로 만들지 않고 방의 모양을 가장 기능적으로 유지할 필요가 있다. 건물을 설계하면서 우리는 갖가지 모양의 방들을 만들고 그것을 완전히 조합할 수 있다. 그 다음 유리막으로 덮으면 된다. 이것은 구조적으로 어려운 일이 아니다. ─로버트 맥스웰 편, 「제임스 스털링, 건축에 관한 글」, 밀라노: 스키라, 1998

독서실의 중요성을 인식한 스털링은 잘 알려진 그의 관점을 밀고 나갔다. "건물의 모양은 그 용도, 즉 그 사용자들의 생활 방식을 나타내야─혹은 드러내야─한다."

> ……우리가 하는 건축은 모두 이런 분리와 복잡성, 그리고 규모의 다양함을 보여주고 있다. 그런 종류의 건축이 나에게 더 흥미롭기 때문이다. 나는 일반사람들에게도 그러리라고 생각한다.

세인트 앤드루스 1968
기숙사, 세인트 앤드루스 대학교

각 기숙사에는 남녀 250명의 학생이 있다. 학생들의 침실은 손가락 모양으로 배치되어 북해와 스코틀랜드의 산들의 장엄한 풍경을 내다볼 수 있게 되어 있다. 공동으로 이용하는 시설(식당이나 게임 룸 등)은 손가락들이 모이는 부분에 자리잡고 있다. 건물의 중간 높이 쯤에 유리를 끼운 산책로가 있다. 이 산책로에 내부 계단이 있어 아래층 혹은 위층 학생들의 방으로 갈 수 있게 되어 있다. 이 산책로는 중요한 순환통로로 학생들 간의 소통의 중요한 수단이 될 수 있도록 마련된 것이다. ─피터 아널과 테드 빅퍼드 편, 「제임스 스털링, 건물과 프로젝트, 1950-1980」, 뉴욕: 리졸리, 1985

스털링은 이 대학의 앤드루 멜빌 홀에 미리 조립된 콘크리트 모듈을 사용했다. 학생들은 북해와 인접한 골프 링크를 내다볼 수 있는 기숙사를 가지게 되었다.

아서 M. 새클러 박물관,
하버드 대학교

나는 새클러 박물관을 구경하는 방문객들이 일련의 작은 충격이나 놀라움을 경험하기를 희망한다. 우선 그들은 올라가지 않고 내려가야 건물 안으로 들어갈 수 있다. 다음에 기둥 사이의 유리 로비를 통과해서 들어가면 현관 홀의 십자가 축이 곧 걸음을 멈추게 한다. 홀 건너에서 계단이 축과 다시 만나고 꼭대기의 전시실에 다다르면 그 축은 오른쪽에 위치하게 된다. 짧은 단속적인 통로에서 정지와 진행의 축 변화의 반복이 바로크 양식의 건물의 변화하는 현관을 대신하고 있다. ─ 로버트 맥스웰 편, 「제임스 스털링, 건축에 관한 글」, 밀라노: 스키라, 1998

……보통 우리는 커다란 계단을 연속적인 시퀀스 속의 하나의 특징으로 생각한다. 그러나 나는 이 계단을 그 자체로 하나의 이벤트로 생각하고 싶다. 새클러 박물관의 순환 흐름은 우리가 현관 홀에서 계단을 올라가서 맨위층 전시실로 갈 때, 일련의 반축(contra axes)과 정지 움직임에 의해서 중단된다. 현관 홀이나 대기실 같은, 바로크식 건물에서 통상적으로 발견되는, 중간의 변화하는 요소들이 여기서는 제외되고 대신 예상하지 못한 기본적인 요소들이 병렬되어 나타난다. 그래서 계단이 전체적인 공간에서의 연속적인 요소라기보다는 그림 같은 요소가 되었다. ─ 로버트 맥스웰 편, 「제임스 스털링, 건축에 관한 글」, 밀라노: 스키라, 1998

이 방들은 거리를 내다볼 수 있어야 하고 또 건물 주위에서 일어나는 캠퍼스 활동에 참여가 용이해야 한다는 것이 우리의 느낌이었다. ─ 로버트 맥스웰 편, 「제임스 스털링, 건축에 관한 글」, 밀라노: 스키라, 1998

어느 부분에서는 우리가 손(유동적인 지붕을 고안하고 신비스러운 광원에서 나오는 빛을 도입한 사람, 건축가 존 손 경, 1753-1837)에게서 가끔 보는 모호함의 특징이 있기를 나는 희망한다. 예를 들면, 고대 그리스 전시실에서 계단을 통해서 들어온 곳을 돌아보면 문이 감추어져 있어 보이지 않는다. 사람들이 마치 벽 한가운데에서 나타난 것처럼 전시실에 나타나고 잠시 그곳에 있다가 다시 보면 흔적도 없이 사라지고 만다. ─ 로버트 맥스웰 편, 「제임스 스털링, 건축에 관한 글」, 밀라노: 스키라, 1998

전시실은 웅장한 느낌보다는 개방적인 느낌을 가지도록 했고 가정적인 분위기를 풍기도록 했다. 특히 고대 유물, 이슬람 유물, 동양의 유물을 전시하는 전시실은 그런 분위기를 풍기도록 신경을 썼다. 포그(포그 미술관, 하버드 대학교)를 연상시키는 매력적이고 다소 괴팍스런 레이아웃으로 배치한다면, 가정적인 성격이 더욱 강화되어야 한다. 전시실들이 더욱 아늑하고 공적 기관의 전시실이라기보다는 소유주의 개인 소장품을 전시하는 대주택 별채의 방들처럼 보였으면 하는 것이 나의 희망이다. ─ 로버트 맥스웰 편, 「제임스 스털링, 건축에 관한 글」, 밀라노: 스키라, 1998

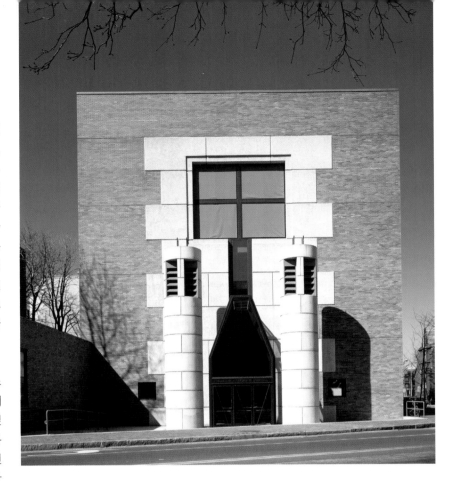

하버드 대학교의 새클러 박물관에는 돌로 된 웅장한 입구가 있다. 이 모양이 그 안에 있는 컬렉션의 내용을 암시한다. 이 박물관은 동양, 고대, 이슬람 미술품을 소장하고 있다.

**▮▮ 그것은
런던의 정수이다. ▮▮**

런던 1996

넘버 원 폴트리 사무실 단지

넘버 원 폴트리 사무실 단지는 스털링의 사후에 건축되었지만, 이 건물은 1988년에 완성된 그의 가장 훌륭한 설계가 될 수 있다고 생각되었다. 스털링의 설계 이전인 1967년에 같은 부지에 미스 반 데어 로에가 전혀 다른 건물—광장이 있는 강철과 유리로 된 타워—의 설계를 제시한 바 있다. 미스의 설계는 1985년에 거부되었다.

나는 마지막 순간까지 늘 폴트리에 50 대 50의 기회가 있다고 생각했다. 나는 러티엔스, 호크스무어, 댄스 같은 영웅들로 둘러싸인, 거미줄같이 복잡한 네거리에 자리잡은 이 부지가 매우 특별하다고 생각한다. 그것은 런던의 정수이다. —휴 피어먼, 「선데이 타임스」, 런던, 1991. 4. 14

이 모든 것이 이것과 대조를 이룬다(그가 잘림이 없이 완전한 파사드를 가진 미스의 타워 사진을 꺼내면서 하는 말이다). 나는 이 설계를 지지했고 아직도 지지하고 있다. 나는 이 도시에서 미스의 건물을 보고 싶다. 그러나 그것은 현대건축의 한 측면일 뿐이다. —휴 피어먼, 「선데이 타임스」, 런던, 1991. 4. 14

넘버 원 폴트리는 "런던의 정수"라는 스털링의 코멘트를 생각하면 시적인 정취 같은 것이 느껴진다. 사실 이 건물은 그런 찬사를 받을 만한 건물이 되었다. 이 건물은 그의 마지막 건물이 되었다.

"나는 매우 직관적으로 일한다"

우리는 매우 직선적인 길을 간다. 우리는 눈이 부시게 번쩍하는 것 같은 아이디어를 피하려고 한다. 어느 편인가 하면, 그것은 우리가 먼저 해야 할 일과 덜 중요한 일을 분명하게 구분하는 직선적인 과정이다. 그러니까 어떤 형태, 어떤 계획이 머릿속에서 형성된다. 우리는 그것을 낙서하듯 종이 위에 옮길 수는 있지만, 그 형태와 아이디어는 재료와는 아무 상관이 없다. 그것은 그저 형태일 뿐이다. 전체 컨셉트가 형성된 후에야 우리는 그것을 지탱해줄 가장 적합한 구조와 가장 적절한 건자재에 대한 느낌을 갖기 시작한다. ─제임스 스털링, "변천의 시대의 건축", 「Domus」, 1992. 9

그것은 내 손가락 끝에서 나오는 것과, 같은 시간에 내가 생각하는 것과의 결합이다. 나는 대개 이 일을 사무실에서 한다. 가끔 집에서 하기도 하고 때로는 비행기 안에서 하기도 한다. 처음에 이 일을 혼자 하고 다음에 그것에 대해서 사람들에게 이야기한다. 나는 그들에게 컨셉트를 유지하면서 일을 진행시켜달라고 부탁한다. 그래서 상호작용이 된다. ─로버트 맥스웰 편, 「제임스 스털링, 건축에 관한 글」, 밀라노: 스키라, 1998

> ❝ 건축은 테니스보다는 모든 선수들이
> 타자 주위에 있고
> 타자가 몇몇 방향으로 공을 쳐내는
> 크리켓 경기와 비슷하다. ❞

모형 사용하기

계획을 하는 두 달 동안, 우리는 적절한 드로잉, 평면도, 부등각 투영도 등의 드로잉부터 그리기 시작한다. 우리는 사실 설계 과정에는 모형을 사용하지 않는다. 스케치를 하고 투영도를 그리고 그밖의 드로잉들을 그리지만, 모형은 우리 작업방식의 일부가 아니다. 우리는 설계 초안의 막바지에 모형을 만들어서 기자들과 건물 기획자들, 또는 대학 건설위원회에 프리젠테이션을 하는 데에 사용한다. 그런 경우에 모형은 매우 유용하다. 그러나 설계는 이미 끝난 상태이다. ─제임스 스털링, "변천의 시대의 건축", 「Domus」, 1992. 9

"기능적 제도의 우아함"

……처음으로 돌아가면, 스코틀랜드-아일랜드계 교사였던 어머니는 일찍이 자기를 따라 바다로 나갔으면 하는 아버지의 소망을 따를 생각이 내게 없다는 것을 간파하셨다. 아버지는 전형적인 스코틀랜드 엔지니어였다. 아이러니컬하게도 내가 기능적 제도의 우아함에 처음 눈을 뜨게 된 것은 아버지가 "도제" 시절에 그린 드로잉들─기계 부품, 터빈, 배의 엔진들을 그린 푸른 색과 분홍색을 쓴 아름다운 드로잉들─을 보고 나서였다. ─로버트 맥스웰 편, 「제임스 스털링, 건축에 관한 글」, 밀라노: 스키라, 1998

나는 항상 광범위한 관심과 그리고 아마도 절충적인 경향을 가진 설계자였다. 젊은 시절에 나는 사무실이나 도제 노릇을 하며 배우는 영국적 시스템에서 일하지 않았다. 내가 건축학교에 갈 무렵(1945년경) 그 제도는 사라져가고 있는 것 같았다. 그래서 나의 문제는 장인 밑에서 일하는 것 또는 어떤 장인의 영향에서 벗어나는 것이 아니었다. ─로버트 맥스웰 편, 「제임스 스털링, 건축에 관한 글」, 밀라노: 스키라, 1998

> ❝ 나는 바우하우스 타입의
> 교육은 받은 적이 없다. ❞

요즘 세대들이 록 그룹과 팝 음악과 함께 자라는 것처럼 우리 세대는 영화와 함께 자랐다. 내가 어렸을 때는 영화가 크게 인기를 끌었다. 나는 경우에 따라서는 1주일에 두세 편의 영화를 보기도 했다. 나는 영화에 푹 빠져 있었다. 따라서 영화가 나에게 어떤 영향을 분명히 미쳤을 것이다. ─제임스 스털링, "변천의 시대의 건축", 「Domus」, 1992. 9

미국을 처음으로 방문했을 때, 나는 크라이슬러 타워 같은 뉴욕의 아르데코 빌딩들의 끝마무리가 믿을 수 없을 정도로 훌륭하다는 것을 알아차렸다. 내가 보기에 우리에게는 그에 근접할 만한 빌딩들이 없는 것 같았다. ─로버트 맥스웰 편, 「제임스 스털링, 건축에 관한 글」, 밀라노: 스키라, 1998

건축가들이 그들 자신의 미적 느낌에 맞추어 건물들을 기념물처럼 짓는 것은 언제나 무가치한 일이다. 오늘날 우리는 사회 문제들에 입각해서 실용적이고 논리적이고 적절한 건물을 지어야 한다. 이것은 도시 규모이든 마을 규모이든 아니면 거리나 개인의 집 같은 가장 작은 규모이든 마찬가지이다. ─로버트 맥스웰 편, 「제임스 스털링, 건축에 관한 글」, 밀라노: 스키라, 1998

나는 건물에서 드라마, 세련됨, 평온함을 원한다. 건축이 매우 드라마틱한 곳, 매우 낮은 자세를 보여주는 곳, 나는 그런 곳이 좋다. ─"제임스 스털링, 박물관의 개념에 대해서", 「기술과 건축」, 1986. 10-11

20세기 후반의 가장 영향력 있는 건축가들 가운데 한 사람이었던 제임스 스털링이 1992년에 66세의 아까운 나이로 타계한 것은 건축계의 큰 손실이었다. 세상을 떠나기 직전, 스털링에게 작위가 수여되었다. 그는 그것이 "사무실을 위해서 좋은 일"이라는 생각에서 작위를 마지못해 받았다.

건축적 단순함 속의 아름다움 나의 건축은 자
서전적이다.……내가 성취한 모든 것의 저변에는 내가 어
린 시절과 청소년 시절을 보낸 나의 아버지의 목장의 기억이
깔려 있다. 내 작품 속에서 나는 시골에서의 향수를 불러일으
키는 이 시절의 마법을 현대생활의 욕구에 적응시키려고 노력
해왔다. 내 조국의 시골마을과 소도시들의 다소곳한 건축물
에서 배운 교훈들은 영감의 영원한 원천이다. 예를 들면, 하얀
벽토를 칠한 담, 안뜰과 과수원의 평화로움, 색채가 현란한
거리, 그늘진 열린 통로들로 둘러싸인 마을 광장의 겸허한 위
용 등이 그런 것들이다. 그늘진 열린 통로들에 둘러싸인 이 두
광장 사이에는 깊은 역사적 고리가 있다. 이들 가르침과 북아
프리카, 모로코의 마을들이 주는 가르침들 간에도 깊은 역사
적 고리가 있다. 그런 것들 역시 건축적 단순함 속에 도사린
아름다움에 대한 나의 인식을 풍요롭게 해주었다. ─ 루이스
바라간, 프리츠커상 수상 연설, 1980. 6. 3

루이스 바라간 LUIS BARRAGÁN

출생 1902년 3월 9일, 멕시코 과달라하라; 1988년 11월 26일 타계

교육 토목기사, 엔지니어 프리 스쿨, 멕시코 과달라하라, 1924

주요 프로젝트 힐라르디 하우스, 멕시코 시티 차풀테펙, 1977; 로스 클루베스의 일부, 멕시코 시티, 1961~72;
로스 아르볼레다스의 일부, 멕시코 시티, 1958~63; 틀랄판 예배당, 멕시코 시티, 1960; 바라간 하우스, 멕시
코 시티 타쿠바야, 1948

> **고독은 좋은 친구이다.
> 나의 건축은 고독을
> 두려워하거나 피하는 사람들을
> 위한 것이 아니다.**

**힐라르디 하우스,
멕시코 시티, 1977**
실내 풀에서 솟아오른 밝은 분홍색의
벽은 순전히 장식용이다.
"그것은 아무것도 지탱하지 않는다."
건축가는 이렇게 말했다.
"그것은 즐거움을 느끼기 위한,
물 속의 약간의 색채이다."

색채와 빛

건축가로서의 나의 활동에서 색채와 빛은 늘 중요한 상수(常數)이다. 이 둘은 건축적 공간의 창조에 기본적인 요소이다. 이 둘이 건축적 공간의 개념을 변화시킬 수 있다. ―다니엘 폴리, 「바라간: 공간과 그림자, 벽과 색채」, 스위스 바젤: 비르크호이저, 2002

색채가 건축을 보완한다. 색채가 공간을 확장하거나 축소시킨다. 색채는 어떤 장소에 마술적 터치를 첨가하는 데에 유용하다. ―다니엘 폴리, 「바라간: 공간과 그림자, 벽과 색채」, 스위스 바젤: 비르크호이저, 2002

나는 색채를 사용한다. 그러나 그림을 그릴 때는 색채에 대한 생각을 하지 않는다. 나는 대개 공간이 형성될 때 색채에 대한 생각을 하기 시작한다. 그런 다음 하루의 서로 다른 시간에 그 장소를 자꾸 찾아가서 "색채를 상상하기" 시작한다. 가장 엉뚱한 색채에서 가장 믿을 만한 색채까지를 상상하는 것이다. ―다니엘 폴리, 「바라간: 공간과 그림자, 벽과 색채」, 스위스 바젤: 비르크호이저, 2002

그것들(색채)을 보는 즐거움을 위해서, 그것들을 한껏 즐기기 위해서. ―다니엘 폴리, 「바라간: 공간과 그림자, 벽과 색채」, 스위스 바젤: 비르크호이저, 2002

◀◀ 나는 아름다움에 감동하는 모든 사람들을 위한 상징이다. ▶▶

화가나 건축가

화가들이 캔버스 전체를 바꿀 수 있다면, 건축가들은 그들의 작품을 가지고 그렇게 해야 한다고 나는 생각한다. 짓는다는 행위는 그 자체가 창조적인 과정이다. ―다니엘 폴리, 「바라간: 공간과 그림자, 벽과 색채」, 스위스 바젤: 비르크호이저, 2002

◀◀ 나는 무엇보다도 색채에 대한 공부를 강조한다. ▶▶

나는 초현실주의 신봉자이다(나는 늘 상상력을 가진 사람들 편을 들어 왔다). ―페데리카 창코 편, 「루이스 바라간: 조용한 혁명」, 밀라노: 스키라, 바라간 재단, 비트라 디자인 박물관, 2001

그(조르조 데 키리코)에게서 나는 내가 늘 찾던 마법을 발견했다. 그의 그림을 보고 나는 이렇게 생각했다. "이것은 나도 조경에서 할 수 있는 것이다.……" ―다니엘 폴리, 「바라간: 공간과 그림자, 벽과 색채」, 스위스 바젤: 비르크호이저, 2002

"연필 한번 만지지 않고"

어떤 프로젝트를 시작할 때, 나는 대개 연필 한번 만지지 않고, 어떤 드로잉도 하지 않고 시작한다. 나는 자리에 앉아서 엉뚱한 것들을 상상해본다.……그런 아이디어를 상상해본 후, 나는 그 아이디어들이 내 머릿속에 하루 이틀, 때로는 더 오래 머물러 있도록 둔다. 그런 다음 그것들로 돌아가서 원근 화법으로 작은 스케치들을 하기 시작한다. 나는 흔히 의자에 앉아서 스케치판에 드로잉을 한다. 노트북 컴퓨터나 제도판은 사용하지 않는다. 뒤에 나는 그 스케치를 제도사에게 넘기고 그와 함께 평면도와 입면도를 그리기 시작한다. 우리는 거의 언제나 판지 모형을 만들고 그 모형을 계속 변화시키며 작업한다. ―다니엘 폴리, 「바라간: 공간과 그림자, 벽과 색채」, 스위스 바젤: 비르크호이저, 2002

멕시코 시티 1977
힐라르디 하우스

비밀을 하나 털어놓겠다. 이 수영장에는 아무것도 지탱하지 않는 핑크색 벽 또는 기둥이 있다. 그것은 즐거움을 위해서, 공간에 빛을 가져오기 위해서, 전반적인 균형을 개선하기 위해서 물 속에 배치한 한 점의 색채이다. ―다니엘 폴리, 「바라간: 공간과 그림자, 벽과 색채」, 스위스 바젤: 비르크호이저, 2002

……그 기둥은 구성 안에 또 하나의 색채를 형성하기 위해서 거기 있어야 했다. ―다니엘 폴리, 「바라간: 공간과 그림자, 벽과 색채」, 스위스 바젤: 비르크호이저, 2002

복도는 집을 통과해서 중요한 장소―지붕이 있는 수영장이 딸린 식당―에 이르는 통로이다. 느닷없이 수영장에 핑크색 벽이 솟아 있다. 물에서 솟아난 이 벽은 거의 천정에 닿을 듯이 솟아 있다. 이 벽이 공간에 의미를 준다. 공간을 마술적으로 만들며 주위에 긴장감을 조성한다. 천장에 있는 작은 채광창에서 내려오는 빛이 이 벽을 비추어 그 역할을 강조한다. ―다니엘 폴리, 「바라간: 공간과 그림자, 벽과 색채」, 스위스 바젤: 비르크호이저, 2002

힐라르디 하우스는 바라간의 색채 사랑, 그리고 그의 건축에서 색채가 가지는 중요성에 대한 증언이다.

> **신을 향한 욕망이 없다면, 우리 행성은 흉하고 보잘것없는 황야에 불과할 것이다.**

색채와 빛은 바라간의 도구상자에 들어 있는 매혹적인 도구들이다. 이 도구들은 영적 명상을 성취하기 위해서 사용될 때 더욱 효과적이다. 침묵의 "모양"이 깊이가 있어 보인다.

멕시코 시티 1960

틀랄판 예배당

나는 빛과 색채를 주의깊게 연구했다. 평온함과 영적 명상의 분위기를 만들어내고 싶었기 때문이다. 이 프로젝트에서는 반(半)어둠의 아이디어가 매우 중요했다. —다니엘 폴리, 「바라간: 공간과 그림자, 벽과 색채」, 스위스 바젤: 비르크호이저, 2002

종교와 신화. 우리를 예술적 현상의 근원으로 인도하는 종교적 영성과 신화적 뿌리를 부인한다면, 예술과 그 영광스런 역사를 이해할 수 없다. 그런 것들이 없었다면, 이집트와 멕시코의 피라미드가 생길 수 없었을 것이다. 그리스의 신전이나 고딕 사원들 역시 존재할 수 있었을까? —루이스 바라간, 프리츠커상 수상 연설, 1980. 6. 3

알고 있겠지만, 나는 열렬한 가톨릭 신자이다. 나는 사원들을 좋아하고 엄격한 분위기의 수도원도 좋아한다. 아시시의 성 프란체스코도 좋아한다. 그러나 나는 고백은 별로 좋아하지 않는다. 내가 참을 수 없는 것은 소음이다. —페데리카 창코 편, 「루이스 바라간: 조용한 혁명」, 밀라노: 스키라, 바라간 재단, 비트라 디자인 박물관, 2001

벽

바라간에게는 벽은 정서적 의미를 가지는 건축 구조이다. 바라간은 자신이 항상 신경을 쓰는 고독과 명징성의 요소라고 생각하는 것에 맞추기 위해서 벽을 한번 이상 옮긴 경우도 더러 있다고 알려져 있다.

◀◀ 벽은 '건축의 스트립 쇼'이다. ▶▶

나는 늘 직각을 가지고 작업을 했다. 나는 언제나 수평면과 수직면, 두 면이 교차하는 각도를 중요시했다. 나의 건축물에 입방체가 자주 사용되는 이유가 바로 여기에 있다. ─ 다니엘 폴리, 「바라간: 공간과 그림자, 벽과 색채」, 스위스 바젤: 비르크호이저, 2002

주위에 풍경 외에는 아무것도 없는 건물의 경우에도 아늑한 분위기의 코너를 만들기 위해서 몇 개인가의 벽이 필요하다. 이 모든 것은 우리가 포유동물이기 때문에 얼마간의 그늘을 필요로 하기 때문에 생기게 되는 현상이다. 이 그늘은 인간의 기본적인 욕구, 명상의 개념으로 나타나는 일종의 영적인 관심으로 생각될 수도 있다. 그리고 이런 명상은 종교적 경험과 관련된 것만은 아니고 우리가 가끔 자기 자신, 자신의 문제, 자신의 꿈을 꼼꼼히 따져보기 위해서도 필요하다. ─ 다니엘 폴리, 「바라간: 공간과 그림자, 벽과 색채」, 스위스 바젤: 비르크호이저, 2002

벽으로 제한된 거리도 그 벽들이 나무, 덩굴, 꽃들로 마치 수직의 정원처럼 조형적 관점에서 만족스럽게 처리된다면, 반대만 할 것은 아니라고 나는 말하고 싶다. ─ 루이스 바라간, "환경을 위한 정원", 「미국건축가협회 저널」, 1952. 4

◀◀ 아름다움을 박탈당한 인간의 생활은 인간의 생활이라고 부를 만한 가치가 없다. ▶▶

건축은 공간적일 뿐 아니라 또한 음악적이다. 음악은 물로 연주된다. 벽의 중요성은 우리를 거리의 외부적 공간과 격리시킨다는 데에 있다. 거리는 공격적이고 심지어 적대적이기까지 하다. 벽이 침묵을 만들어낸다. 그 침묵 속에서 우리는 물을 음악처럼 즐길 수 있다. 그러고 나면 그 음악이 우리를 둘러싼다. ─ 팀 스트리트-포터, 「카사 멕시카나」, 뉴욕: 스튜어트, 타보리 & 창, 1989

명징성, 침묵, 고독, 그리고 기쁨

벽에 관한 개념에 덧붙여서, 바라간은 영적인 탐색과 3S(serenity, silence, solitude)의 중요성을 강조했다.

건축을 다루는 출판물들에서 명징성, 침묵, 아늑함, 경이의 개념은 물론이고 아름다움, 영감, 마법, 매혹, 황홀 같은 단어들이 사라져버린 것은 경계할 일이다. 이 모든 것들은 내 영혼 속에 자리잡고 있다. 비록 내가 내 작품에서 이런 개념들을 충분히 실현하지 못했다는 것을 나는 충분히 인식하지만, 그것들은 언제나 나를 안내하는 등불이었다. ─ 루이스 바라간, 프리츠커상 수상 연설, 1980. 6. 3

명징성은 고통과 두려움을 치료할 수 있는 특효약이다. 그 집이 호화롭건 비천하건 상관없이 그것을 집안에 영주하는 손님으로 만드는 것이 오늘날 그 어느 때보다 더 건축가의 의무가 되었다. 작업을 하면서 나는 항상 명징성을 성취하려고 노력해왔다. 우리는 무분별한 팔레트의 사용으로 그 명징성이 파괴되지 않도록 주의해야 한다. ─ 루이스 바라간, 프리츠커상 수상 연설, 1980. 6. 3

◀◀ 이상적인 공간은 마법, 명징성, 요술, 그리고 신비의 요소들을 포함해야 한다. ▶▶

침묵. 내가 설계했던 정원과 집들에서 나는 항상 정적인 조용한 속삭임이 존재할 수 있도록 하려고 노력해왔다. 내가 만든 분수에서는 침묵이 노래하고 있다. ─ 루이스 바라간, 프리츠커상 수상 연설, 1980. 6. 3

고독. 고독과의 격의없는 교감 속에서만 인간은 자신을 발견할 수 있다. 고독은 좋은 친구이다. 나의 건축은 고독을 두려워하거나 피하는 사람들을 위한 것이 아니다. ─ 루이스 바라간, 프리츠커상 수상 연설, 1980. 6. 3

우리가 어떻게 기쁨을 잊을 수 있겠는가? 나는 예술작품은 그것이 조용한 기쁨과 명징성을 전달할 때 완벽해진다고 믿는다. ─ 루이스 바라간, 프리츠커상 수상 연설, 1980. 6. 3

**나는 말들에 대한 생각을 할 때면
시간 가는 줄을 모른다.**

**분수는 우리에게
평화, 기쁨 그리고
편안한 명징성을
준다.……**

바라간은 훌륭한 기수(騎手)였다. 따라서 목장과 말, 대농장 등이 그의 작품과 설계에 영향을 미쳤다. 그의 분수는 그가 사랑하는 말들이 물을 마시는 구유에서 영감을 얻은 것이다.

멕시코 시티 1961-1972
로스 클루베스의 일부

산 크리스토발은……내가 늘 찾아온 요소들—마 굿간, 수영장, 말들이 물을 마시는 구유, 집 등—의 결합체이다. —다니엘 폴리, 「바라간: 공간과 그림 자, 벽과 색채」, 스위스 바젤: 비르크호이저, 2002

나는 풍경과 그 풍경 속에서 노니는 동물들을 사랑 한다. 그중에서 말을 특히 좋아한다. 그래서 마굿간 도 좋아한다. 분수는 사실 말이 물을 마시는 구유 또는 말이 목욕하는 곳이다. 여기서 말들을 보호하 는 벽이 등장한다. —페데리카 창코 편, 「루이스 바 라간: 조용한 혁명」, 밀라노: 스키라, 바라간 재단, 비트라 디자인 박물관, 2001

나는 젊은 시절을 말을 타고 돌아다니며 집들을 둘 러보면서 보냈다. 평원을 달리며 노래도 불렀고 인기있는 페스티벌에도 가보았다. 나는 해가 서쪽으로 기울 때 벽 위로 떨어지던 그림자의 움직임을 기억하고 있다. 그림자는 변화하면서 각도가 달라지고 선이 끊기기 도 했다. 여기서 나의 수도교(水道橋)에 대한 집착이 생겼다. 멕시코의 목장에는 어디나 흐르는 물이 있다. 집이나 건물군에도 항상 못이나 흐르는 물, 또는 수도교의 일부가 있다. 나는 말에 대한 생각을 할 때면 시 간 가는 줄을 모른다. —페데리카 창코 편, 「루이스 바라간: 조용한 혁명」, 밀라노: 스키라, 바라간 재단, 비 트라 디자인 박물관, 2001

분수는 우리에게 평화와 기쁨, 그리고 편안한 명징성을 준다. 사람을 홀리는 그 힘으로 먼 세상에 대한 꿈 을 불러일으킬 때 분수의 효과는 절정에 달한다. —루이스 바라간, 프리츠커상 수상 연설, 1980. 6. 3

멕시코 시티 1958-1963
로스 아르볼레다스의 일부

나는 우리가 벽 뒤에 있는 나무의 꼭대기를 볼 때,
거기 신비가 있다고 생각한다. — 다니엘 폴리, 「바라
간: 공간과 그림자, 벽과 색채」, 스위스 바젤: 비르크
호이저, 2002

나는 건축가들이 집만 지을 것이 아니라 정원도 설계
해야 한다고 생각한다. 그것이 미적 감각, 미술에 대
한 취향, 그리고 그밖의 영적인 가치관을 함양하는
데에 도움을 줄 것이다. — 무리엘 에마누엘 편, 「오늘
날의 건축가들」, 뉴욕: 세인트 마틴스 프레스, 1980

"정원을 만들고 즐기는 것이 미
적 감각을 기르는 데에 도움이
된다"고 바라간은 말했다.

라틴 아메리카에서의 "현대성"

현대건축이 어떤 장소의 매력을 표현하는 본보기가 될 만한 작품을 만
들어내지 못했다는 것은 놀라운 일이다. 그런 작품은 정신적 욕망을
충족시켜주고 주민들에게 신뢰감을 줄 것이다. 나는 유럽보다 라틴 아
메리카에 더 많은 "현대성"이 있다고 생각한다. 다시 말해서 이곳에서
건축되는 모든 것—전부는 아니겠지만 그 대부분—이 현대적 건축물
이다. 그리고 주고객들(정부와 시당국, 종교 지도자들, 사업가들, 그리
고 빈부를 막론한, 주택을 짓고자 하는 사람들)이 모두 현대적 건축물
을 원한다. 그들은 우리 시대의 건축물을 지어 사용해야 한다는 생각

을 가지고 있다. 그것이 성공적일 수 있다. 그 안에 아름다움이 있을
수 있다. 또한 추함이 있을 수도 있다. 하지만 나는 라틴 아메리카의
정신이 유럽의 정신보다 더 현대적이고 진보적이라고 생각한다. — 데이
미언 베이언, "루이스 바라간과의 인터뷰", 「풍경 건축」, 1976. 11

진정한 전통은 마야인들이나 식민지 시대의 건축가들이 성취한 것을
만들려고 하는 것이 아니라 오늘날의 건축물을 만드는 데 있다고 나는
생각한다. — 엔리케 X. 데 안다 알라니스, 「루이스 바라간: 클라시코 델
실렌시오(콜렉시온 소모수르)」, 보고타-콜롬비아: 에스칼라, 1989

멕시코 시티 1948
바라간 하우스

나는 1943년에 지금 내가 살고 있는 이 집을 설계했다. 이 집은 나의 취향, 내가 느끼는 향수, 그리고 편안함에 대한 나의 개념을 표현한 집이다. 내가 지은 5채의 다른 집들 가운데 4채가 비슷한 스타일로 지어졌다. 나는 내가 이곳 멕시코에 살고 있다는 것을 느끼고 싶었고 그래서 당시 유행하던, 거짓되고 지나치게 장식적인, 수입된 "프랑스" 스타일을 배격했다. —엔리케 X. 데 안다 알라니스, 「루이스 바라간: 클라시코 델 실렌시오(콜렉시온 소모수르)」, 보고타─콜롬비아: 에스칼라, 1989

여분의 공간은 사색적인 것의 삭감이 아니라 그것에 도달하기 위한 수단이다. 바라간의 색채 캔버스는 건축의 요소로서의 역할뿐 아니라 정서적 효과를 내는 역할도 한다.

인간은 또한 자기가 숨어들어갈 곳, 물러갈 장소, 자기 자신을 그 안에 격리시킬 장소를 필요로 한다.⋯⋯ 여기에 나는 아름다운 창문을 냈다. 몇 달 후 나는 그 창문이 내 신경을 건드린다는 것을 깨달았고 그래서 그 창문을 봉해버렸다. 그리고 저기 식당과 우리가 지금 있는 이 방 사이에는 원래 칸막이가 없었다. 그래서 여기 앉아서 정원이 내다보였다. 그것이 또한 나의 신경을 건드렸다. 나는 그렇게 많은 빛이 필요하지 않았다. 그래서 나는 벽을 세웠고 벽 옆에다 지금 우리가 앉아 있는 이 좌석을 만들었다. 그랬더니 금방 느낌이 더 좋아졌다. 나는 밀폐된 공간이 우리에게 안정감을 준다고 생각한다. —다니엘 폴리, 「바라간: 공간과 그림자, 벽과 색채」, 스위스 바젤: 비르크호이저, 2002

개인적 틀

내가 학생이었을 때는 지금과 같은 예비훈련 과정이 없었다. 정당한 과정을 거쳐 나는 토목을 공부하기 위해서 공업학교(엔지니어 프리 스쿨, 멕시코 과달라하라)에 들어갔다. 그러나 이 학교에는 건축가들을 훈련시키는 적절한 프로그램이 없었다.…… —엔리케 X. 데 안다 알라니스, 「루이스 바라간: 클라스코 델 실렌시오(콜렉시온 소모수르)」, 보고타-콜롬비아: 에스칼라, 1989

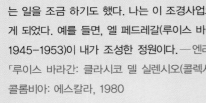
나는 집들과 그 안에서 이루어지는 삶, 특히 아랍 스타일의 주택에 매우 흥미를 느끼게 되었다. —엔리케 X. 데 안다 알라니스, 「루이스 바라간: 클라시코 델 실렌시오(콜렉시온 소모수르)」, 보고타-콜롬비아: 에스칼라, 1989

그러나 그 시절에 과달라하라에는 건축가들이 할 일이 없었다. 그래서 나는 돈을 벌려고 다른 일을 해보기로 했다. 다음에 나는 미국으로 갔다. 멕시코로 돌아온 나는 1936년에서 1940년까지 주택과 작은 건물들을 설계했다. 그러다가 다시 건축을 그만두고 1945년경까지 부동산 일에 전념했다. 그때 정원을 조성하는 일을 조금 하기도 했다. 나는 이 조경사업으로 어느 정도 명성을 얻게 되었다. 예를 들면, 엘 페드레갈(루이스 바라간의 엘 페드레갈 정원, 1945-1953)이 내가 조성한 정원이다. —엔리케 X. 데 안다 알라니스, 「루이스 바라간: 클라시코 델 실렌시오(콜렉시온 소모수르)」, 보고타-콜롬비아: 에스칼라, 1980

**나의 건축은
자서전적이다.**

정서적 건축

건축으로 돌아서기 전에 바라간은 상당히 재능 있는 조경사였다. 정원에 대한 사랑—그는 정원에서 자연의 아름다움을 보았다—은 뒤에 건축에 대한 그의 접근방식의 초석이 되었다.

나는 정서적인 건축을 믿는다. —다니엘 폴리, 「바라간: 공간과 그림자, 벽과 색채」, 스위스 바젤: 비르크호이저, 2002

……페르디낭 박(프랑스의 건축가 겸 삽화가, 1859-1952)의 매혹적인 정원의 발견, 이 발견은 사실상 나로서는 일종의 해방이었다. 그 발견이 나에게 상상력의 중요성을 깨닫게 해주었고 나를 수많은 전통적 개념으로부터 해방시켜주었기 때문이다. 이 발견을 계기로 나는 사람들이 자기 집에서 기능적으로뿐만 아니라 편안하게 살 수 있게 해주는 분위기를 만드는 것이 중요하다는 것을 깨닫게 되었다. 마티아스 괴리츠(독일 태생의 멕시코의 화가 겸 조각가, 1915-1990)는 뒤에 이것을 "정서적 건축"이라고 불렀다. —엔리케 X. 데 안다 알라니스, 「루이스 바라간: 클라시코 델 실렌시오(콜렉시온 소모수르)」, 보고타-콜롬비아: 에스칼라, 1989

건축의 아름다움은 인류를 위해서 매우 중요하다. 어떤 문제에 대한 똑같이 타당한 해결책이 많이 있다고 하더라도, 그 사용자에게 아름다움과 감동의 메시지를 주는 해결책은 바로 건축이다.…… —출처 불명

정원의 조성과 향유는 사람들을 아름다움, 아름다움의 본능적 이용, 그리고 아름다움의 추구로까지 유도한다.…… —무리엘 에마누엘 편, 「오늘날의 건축가들」, 뉴욕: 세인트 마틴스 프레스, 1980

나는 직관, 그리고 내가 독서를 하면서 또 여행을 하면서 보고 배운 것들에 많이 의존한다. —다니엘 폴리, 「바라간: 공간과 그림자, 벽과 색채」, 스위스 바젤: 비르크호이저, 2002

건축가에게는 보는 방법—비전이 이성적 분석에 의해서 압도당하지 않도록 보는 방법을 아는 것이 매우 중요하다. —루이스 바라간, 프리츠커상 수상 연설, 1980. 6. 3

건축에 대한 나의 생각을 말한다면, 나는 어떤 특별한 방법을 가진 적이 없다고 말할 수 있을 뿐이다. 나는 늘 직관이 나를 이끌도록 내버려두는 것을 좋아했다. —엔리케 X. 데 안다 알라니스, 「루이스 바라간: 클라시코 델 실렌시오(콜렉시온 소모수르)」, 보고타-콜롬비아: 에스칼라, 1989

일에 적합한 스타일 내가 약 반세기 전에 현대건축으로 갑자기 개종하던 때를 회상하면 지금도 이상하다고 생각한다. 그전에 나는 건축에 흥미를 가진—단지 흥미만 가진—철학과 고전을 공부하는 학생이었다.……개종의 순간은 1929년 내가 헨리-러셀 히치콕이 J. J. P. 오우트의 건축에 대해서 쓴 글을 읽고 있을 때 찾아왔다. 그 순간부터 현대건축, 오직 그 종류의 현대건축만이 나를 흥분시켰다.……나는 말로는 반대되는 이야기를 하기도 하지만, 기능주의자이다. 그러나 모순되는 이야기일지 모르지만, 나는 또한 절충주의자이다. 절충주의자라는 말은 내게는 내가 마음대로 역사를 산책하고 그러다 보면 "일에 적합한 스타일"을 좇는 태도에 공감하게 된다는 뜻이다.……우리는 변화의 시대에 살고 있다. 스타일은 일관성이 없는 것처럼 보인다.……감성이 빠르게 변한다. 하지만 어느 방향으로 변할까? 새로운 지역적 자존심도 없고 새로운 종교도 없고 새로운 청교도주의도 없고 새로운 마르크시즘도 없고 어떤 건축 패턴에 기울과 방향, 또는 힘을 줄 수 있는, 사회적 인식을 갖춘 새로운 도덕도 없다. 오늘날 우리는 너무 빨리 너무 많이 안다. 어떤 스타일을 만들기 위해서는 도덕적, 감성적 눈가리개가 필요하다. 자기가 옳다고 확신할 수 있어야 한다. 오늘날 누가 일어나서 "내가 옳다!"고 말할 수 있을까? 누가 과연 그러고 싶어할까?—필립 존슨, 「글」, 뉴욕: 옥스퍼드 대학교 출판부, 1979

필립 존슨 PHILIP JOHNSON

출생 1906년 7월 8일, 오하이오주 클리블랜드; 2005년 1월 25일 타계

교육 건축학사, 문학사, 하버드 대학교, 매사추세츠 주 케임브리지, 1943, 1927

사무실 Philip Johnson Alan Ritchie Architects, 4 Columbus Circle, New York, New York 10019
전화 : +1 212-319-5880, 팩스 : +1 212-319-5881

주요 프로젝트 AT&T 본부(지금의 소니 플라자 빌딩), 뉴욕, 1984; 트랜스코 타워(지금의 윌리엄스 타워), 텍사스 주 휴스턴, 1983; 콜럼버스 이전 시대 미술관(지금의 필립 존슨 전시관), 덤바턴 오크스, 워싱턴 D. C., 1963; 사계절 식당, 뉴욕, 1959; 글래스 하우스, 코네티컷 주 뉴 케이넌, 1949

건축은 예술이다.
다른 아무것도 아니다.

글래스 하우스,
뉴 케이넌, 1949
존슨의 유명한 글래스 하우스는
그의 건축가 경력 초기에 설계되었고
그가 98세의 나이로 세상을
떠날 때까지 살던 집이다.

"······이 건물은
계속 나를
놀라게 한다.
이 집은 나에게
매일 기쁨을
준다. **"**

존슨이 죽은 후에도 그의 글래스 하우스는 여전히 사람들의 순례지로 남아 있다.

뉴 케이넌 1949

글래스 하우스

제1회 프리츠커상 수상자인 필립 존슨은 20세기 후반의 가장 영향력 있는 건축가로 일컬어지고 있다. 직업생활 초기에 존슨은 주로 비평가, 큐레이터로 일했다. 그는 뉴욕 근대미술관 건축부의 제1대 책임자로 일했다. 미술관 건축부문 책임자로 있으면서 그는 알프레드 바 2세, 헨리―러셀 히치콕과 함께 1932년의 매우 중요한 전시회 "현대건축―인터내셔널 스타일"에서 건축의 미학적 면을 강조한 장본인으로 꼽힌다. 비교적 나이 들어서 건축 학위를 획득한 존슨은 그의 긴 생애의 나머지 기간 동안 건축에 종사했다. 그는 많은 업적을 남겼지만, 그러나 많은 논란을 불러일으킨 건축가이기도 했다. 그는 자기가 건축에 종사하고 10년도 안 되어서 설계한 글래스 하우스(Glass House)를 아주 소중하게 여겼다. 이 집은 98세로 그가 세상을 떠날 때까지 살았던 집이었다.

나는 내 집을 집이라기보다는(그것이 내 집인 것은 사실이지만)―내 자신의 작품 또는 다른 사람들의 작품을 통해서 뒤에 여과될 수 있는 아이디어 센터라고 생각한다. ― 셀던 로드먼, 「예술가들과의 대화」, 뉴욕: 데빈―어데어사(社), 1957

나는 그 부지와 좁고 바위가 많은, 튀어나온 갑(岬) 때문에 그 땅을 샀다. 내가 그 부지를 택한 것은 널리 알려진 일본인들의 다음과 같은 생각 때문이었다. 너의 집을 항상 낭떠러지의 암붕(岩棚)에 지어라. 좋은 귀신들은 그 집 뒤에 있는 언덕 때문에 그곳을 떠나지 못할 것이고, 악령들은 집 밑에 있는 언덕을 오르지 못할 것이다. 프랭크 로이드 라이트는 그것을 달리 표현했다. 그는 언덕 꼭대기에는 절대로 집을 짓지 말라고 했다. ― 힐러리 루이스와 존 오커너, 「필립 존슨: 자신에 대한 이야기」, 뉴욕: 리졸리, 1994

그것은 5에이커의 대지에 불과했다. 지금은 40에이커이다. 지난 50년 동안 내가 자꾸 손을 대면서 그 집이 이렇게 발전한 것이다.······그것은 사실 40년에 걸친 건축 설계라고 할 수 있다. 그것은 계속되는 과정이다. 그 집과 갑(岬)이 내가 조경한 첫 번째 부분이었다. 그후로 나는 이 모든 땅을 샀고, 그리고 영국의 풍경처럼 땅을 바깥으로 계속 확장하고 있다. ― 힐러리 루이스와 존 오커너, 「필립 존슨: 자신에 대한 이야기」, 뉴욕: 리졸리, 1994

이 집은 1920년대의 집이다. 가구는 모두 미스가 만든 것이다.······의자는 내가 만들었다. 그런데 아주 끔찍

하다. 거장의 것을 취하는 것이 좋다. 순가락을 다시 발명할 필요가 있겠는가?—힐러리 루이스와 존 오커너, 「필립 존슨: 자신에 대한 이야기」, 뉴욕: 리졸리, 1994

집 보기 나는 바로 집 바깥에 앉아 있다. 나무 밑에 앉는 자리가 있다. 맞은편에 경사면이 있으므로 돌아서면 경사면을 올려다볼 수 있다. 그런 다음 조각 전시실과 그림 전시실을 둘러볼 수도 있다.—힐러리 루이스와 존 오커너, 「필립 존슨: 자신에 대한 이야기」, 뉴욕: 리졸리, 1994

……밤에 눈이 내리면 건물이 공중에 떠 있는 것 같다. 눈이 비스듬히 내리면, 그 방향으로 올라가는 엘리베이터 안에 타고 있는 것 같다. 그 엘리베이터는 곧장 위로 올라가지는 않는다. 눈이 똑바로 내리는 경우는 없기 때문이다. 공중에 떠 있는 느낌이다. 이것이 나에게 깊은 인상을 주었다. 정말 환상적이다. 그것은 사실 건축과는 별로 상관이 없는 일이었다.—힐러리 루이스와 존 오커너, 「필립 존슨: 자신에 대한 이야기」, 뉴욕: 리졸리, 1994

실린더는 그것이 위로 솟아오른 플랫폼과 같은 벽돌로 만들어져 이 집의 주된 모티프를 형성하고 있다. 실린더는 미스 스타일은 아니고 내가 언젠가 본 타버린 어느 마을의 목조가옥의 이미지를 본뜬 것이다. 그 마을은 기초와 벽돌로 된 굴뚝 외에는 아무것도 남아 있지 않았다.—힐러리 루이스와 존 오커너, 「필립 존슨: 자신에 대한 이야기」, 뉴욕: 리졸리, 1994

건축의 4차원 불은 단순히 온기만을 의미하지 않는다. 그것—불과 불꽃—은 아주 많은 감각을 자극한다. 벽난로는 우리에게 열을 주고 물이 끓으면 소리를 내며 불꽃은 빛을 낸다. 이것이 건축의 깊이이다. 전에는 장식적인 공예품들로 이런 효과를 낼 수 있었다. 이제 우리는 그런 것들을 만들 수도 없고 원하지도 않는다. 시간의 문제이다. 건축에도 4차원을 도입해야 한다고 생각한다. 시대는 변한다. 이 글래스 하우스에서 나의 "벽지"가 하는 일이 바로 그런 일이다. 그것은 하루의 빛의 변화에 따라서 변한다. 그것은 또 바람과 계절에 따라서도 변한다. 이처럼 우리는 아름다운 장식—예를 들면 로코코 장식 같은, 물론 나는 로코코를 좋아한다—대신에 유리벽을 통해서 변하는 계절을 볼 수 있다.—존 피터, 「현대건축의 구술 기록: 20세기 위대한 건축가들과의 인터뷰」, 뉴욕: 해리 에이브럼스, 1994

글래스 하우스 대 판스워스 하우스 보다시피 이 집에서는 우리가 지금 앉아 있는 거실로 들어오는 절차가 판스워스보다 훨씬 더 복잡하다(1951년에 완공된 미스 반 데어 로에의 판스워스 하우스 역시 유리집이다). 판스워스는 단 한 채로 된 집이다. 이 집에는 굴뚝과 주방으로 윤곽이 이루어진 매우 중요한 현관 홀이 있어서 거실로 들어가기 전에 그곳을 거쳐야 한다. 내가 더 신경을 썼다는 생각이 든다. 건물 앞에서 차에서 내려 집 안으로 들어오면 몇 번 방향을 바꿔야 한다. 물론 이것은 건물에 대해서 항상 어떤 각도로 접근해야 하는 파르테논의 방식을 모방한 것이다. 그런 방식이 나의 의식에 영향을 주고 있다. 내 작품에는 선을 이루는 행렬적 공간에 대한 감각이 항상 있었으면 하는 것이 나의 바람이다.—존 피터, 「현대건축의 구술 기록: 20세기 위대한 건축가들과의 인터뷰」, 뉴욕: 해리 에이브럼스, 1994

글래스 하우스에 대한 비판 ……그들은 "글래스 하우스에 사는 사람들은 무도회를 지하실에서 열어야 할 것이다"라는 글을 잡지에 발표하기까지 했다. 하지만 나는 지하실이 없고 따라서 지하실에서 무도회를 열지

내부의 가구는 모두 미스 반 데어 로에가 디자인했다. 존슨은 의자는 자기가 디자인했지만, "끔찍하다"고 말했다.

않는다. 하지만 전시주의보다 훨씬 더 중요한 것이 건축의 의사소통, 온갖 종류의 멋진 실험을 하고 싶은 욕망이다.……누군가가 그냥 들여다볼지도 모른다는 글래스 하우스의 아이디어―물론 우리는 사람들이 들여다보는 것을 원치 않는다. 하지만 어쨌단 말인가? 들킬 수 있는 위험의 스릴이랄까.―힐러리 루이스와 존 오커너, 「필립 존슨: 자신에 대한 이야기」, 뉴욕: 리졸리, 1994

[에리히] 멘델존은 언젠가 건축가들은 그들이 지은 방 하나짜리 건물로 기억된다고 썼다. 정말 옳은 말이다.―존 피터, 「현대건축의 구술 기록: 20세기 위대한 건축가들과의 인터뷰」, 뉴욕: 해리 에이브럼스, 1994

덤바턴 오크스 1963
콜럼버스 이전 시대 미술관(지금의 필립 존슨 전시관)

……이것은 내가 맡았던 가장 흥미로운 일이었다. 이 건물을 짓는 것은 나에게 아주 즐거운 일이었다. 내 말은 내가 다른 건물들을 지으면서 부딪쳤던 어려운 일들이 전혀 없었다는 뜻이다.……―힐러리 루이스와 존 오커너, 「필립 존슨: 자신에 대한 이야기」, 뉴욕: 리졸리, 1994

예산이랄 것이 없었다. 예산이 아예 없었던 것이다. 비평가 피터 블레이크는 이 건물이 단위면적당 건설비가 가장 비싸게 먹힌 건물일 것이라고 말한 적이 있다.―힐러리 루이스와 존 오커너, 「필립 존슨: 자신에 대한 이야기」, 뉴욕: 리졸리, 1994

◀◀◀ 여러분도 알다시피, 나는 확신이란 것을 가지고 있지 않다. 그러나 확실히 취향은 가지고 있다. ▶▶▶

역사와 탈출

건축은 장식하고 세워야 한다. 건축은 의미를 필요로 하지 않는다. 건축은 정치나 철학이 아니다.……인류의 수많은 문제들을 해결하고자 하는 사람은 건축가가 되지 말고 정치가나 과학자가 되어야 한다. 아니면 택지개발업자가 되어 가난한 사람들이나 병든 사람들을 위한 시설을 지어야 한다. 훌륭한 건축가의 도움을 받을 수는 있을 것이다.……내 생각에는 모더니즘은 대체로 하나의 스타일이다. 나를 매혹시킨 것은 완전히 새로운 형태들이었다. 나는 혁명적 돌연변이, 변화를 좋아했다.……나는 건축은 이데올로기와는 아무 상관도 없다고 생각한다.……여러분도 알다시피, 나는 확신이란 것을 가지고 있지 않다. 그러나 확실히 취향은 가지고 있다.―하노 라우터베르크, 「건축을 말하다: 건축가들과의 인터뷰」, 뮌헨: 프레스텔, 2008

요즘은 열정을 보기가 매우 힘들다. 열정이 없다면 당신은 건축에 뛰어들어서는 안 된다.―"필립 존슨이 진실을 털어놓다: 영향을 미친 대부, 그의 후계자, 그를 울리는 것", 「메트로폴리스」, 1998. 11

나는 지금 여러분들에게 여러분들이 나가서 인터내셔널 스타일의 작품을 만들어야 한다고 말하고 있는 것이 아니다. 할 수 있는 사람들은 탈출해도 좋다. 손가락을 구부리듯이 스타일을 변경해도 좋다. [에로] 사리넨이 그렇게 하려고 노력하고 있고 나도 그렇게 하려고 애쓰고 있다. 자기 급료 값을 하는 건축가라면 누구나 기존의 틀에서 벗어나려고 애쓴다.―존 피터, 「현대건축의 구술 기록: 20세기 위대한 건축가들과의 인터뷰」, 뉴욕: 해리 에이브럼스, 1994

나는 내 작품을 역사의 연장선상에서 본다. 나는 역사와 현대적인 것 사이의 모순을 발견하지 못한다.―힐러리 루이스와 존 오커너, 「필립 존슨: 자신에 대한 이야기」, 뉴욕: 리졸리, 1994

……나는 역사에 대한 독특한 접근방식을 가지고 있다. 역사를 의심하지 않고 그것을 더욱더 이용한다. 예를 들면, 아이슨먼(미국 건축가 피터 아이슨먼, 1932년 출생)은 자신의 역사를 완벽하게 알고 있지만 그것을 이용할 생각을 하지 않는다.―힐러리 루이스와 존 오커너, 「필립 존슨: 자신에 대한 이야기」, 뉴욕: 리졸리, 1994

나는 역사를 믿는다. 나는 우리가 여기서 우리 작품을 시작하면서 발견한 건축에 대한 기본적 접근방식을 따르고 발전시켜 나가려고 한다. 나는 끊임없이 계속되는 혁명을 믿지 않는다. 나는 독창성을 가지려고 노력하지 않는다. 미스는 언젠가 나에게 이렇게 말했다. "필립, 독창적인 것보다 훌륭한 것이 훨씬 더 좋다네." 나는 그 말을 믿는다.―필립 존슨, "현대건축의 7개의 버팀목", 「학생들에게 한 스스럼없는 이야기」, 하버드 대학교 건축설계학교, 1954. 12. 7

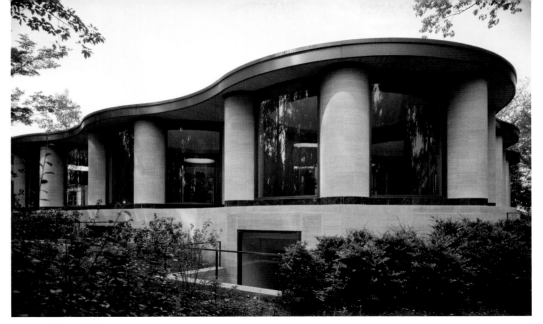

나에게는 동업자가 있었다. 블리스 부인이라는……완벽한 계획을 가지고 돈 걱정을 전혀 하지 않아도 되는 완벽한 고객을 만난다는 것은 매우 드문 일이다. 한두 예가 있을 뿐이다. 미스와 투겐트하트 하우스가 아마 그런 예일 것이다. — 힐러리 루이스와 존 오커너, 「필립 존슨: 자신에 대한 이야기」, 뉴욕: 리졸리, 1994

나는 이스탄불의 시난 모스크에서 길 건너에 있는 마드라사(이슬람 학교)를 보고 영감을 얻었다. 그 학교는 이 박물관과 아주 비슷한 모양이었다. 사실 반복되는 돔들의 아이디어는 이스탄불에서 나온 것이었다. 그리고 물론 덤바턴 오크스가 비잔틴 연구소라는 사실이 그런 모양과 상치되지 않았다. — 힐러리 루이스와 존 오커너, 「필립 존슨: 자신에 대한 이야기」, 뉴욕: 리졸리, 1994

사실 나에게 이슬람 건축을 연구할 의도는 없었다. 나는 다만 반복되는 돔들의 느낌이 모듈 속의 공간을 조직하는 꽤 재미있는 방식이라는 점을 기억했을 뿐이다. — 힐러리 루이스와 존 오커너, 「필립 존슨: 자신에 대한 이야기」, 뉴욕: 리졸리, 1994

덤바턴 오크스의 축은 물론 고전적이다. 그리고 돔은 이슬람식이다. 하지만 우리는 우리가 원하는 무엇이나 할 수 있다는 것이 나의 생각이다. 나에게는 그것들이 새로워 보였다. 나는 내가 그것들을 어디서 들여왔느냐에 대해서는 생각해본 적이 없다. — 힐러리 루이스와 존 오커너, 「필립 존슨: 자신에 대한 이야기」, 뉴욕: 리졸리, 1994

나의 생각은 건물을 숲으로 둘러싸자는 것이었다. 박물관에서 가장 나쁜 것은 유리이기 때문이다. 가장 피해야 할 것은 시선이 미술품을 떠나 다른 곳으로 향하는 것이다. — 힐러리 루이스와 존 오커너, 「필립 존슨: 자신에 대한 이야기」, 뉴욕: 리졸리, 1994

하지만 건물의 내부를 보는 순간 누구나 아이디어가 무엇인지 알게 된다. 이 건물은 순전히 "내부" 위주의 건물이다. 건물의 파사드가 아예 없다. — 힐러리 루이스와 존 오커너, 「필립 존슨: 자신에 대한 이야기」, 뉴욕: 리졸리, 1994

박물관 미국에서 어느 도시의 중요성의 상징으로서 살아남을 수 있는 하나의 건물이 있다면, 박물관이다. — 존 피터, 「현대건축의 구술 기록: 20세기 위대한 건축가들과의 인터뷰」, 뉴욕: 해리 에이브럼스, 1994

휘어진 유리벽은 덤바턴 오크스의 풍경을 고려한 것이다. 반면에 기둥들은 존슨의 이슬람 건축에 대한 관심을 반영하고 있다.

내가 후원자라고
이야기하는 사람들 가운데
그 누구도
돈을 중시하지는 않는다.

부(富)와 독립

필립 존슨은 부유한 가정에서 태어났다. 그가 하버드 대학교에 다니는 동안, 아버지는 엄청난 재산을 자녀들에게 분배했다. 그는 알코아 알루미늄의 주식을 받았고 따라서 평생의 재정적 독립이 보장되었으며 또한 그가 크게 성공하는 데에도 도움이 되었다. 예를 들면, 존슨은 하버드 대학교 설계대학원에 다닐 때 논문 프로젝트를 위해서 사치스러운 건물을 지었을 뿐 아니라 자신의 비용으로 글래스 하우스를 건축했다.

여러분도 아시겠지만, 돈이란 대단한 것이다. 열정이 있다면 그것에 탐닉할 수 있다. 이 세상에서 그 이상 무엇을 바라겠는가? 그림을 그릴 여가, 시를 쓸 여가가 있다고 해도 돈이 없다면 어떻게 그런 일을 할 수 있겠는가? 결혼도 해야 하는데……건축의 경우에도 마찬가지다.……돈 많은 집 딸, 사업가의 딸과 결혼을 하든지, 아니면 자신이 돈이 있어야 한다. 건축을 하자면 다른 길이 없다. — 프랭크 게리와 필립 존슨, 찰리 로즈와의 인터뷰, 「찰리 로즈」, 2005. 1. 27 방송

누군가가 와서 나의 어깨를 툭 치며 이렇게 말할까봐 나는 늘 두렵다. "존슨, 자네는 평생 건축을 하며 보냈지. 그리고 돈 걱정할 필요가 없었지. 그런데 왜 더 잘하지 못했나?" 나는 아직도 해야 할 큰 건물이 있다(이 말을 할 때 존슨의 나이는 86살이었다). — "필립 존슨이 털어놓는 말: 영향을 미친 대부, 그의 후계자, 그를 울리는 것", 「메트로폴리스」, 1998. 11

나는 일하기를 좋아한다. 나는 다른 사람들의 고려의 대상이 되는 것이 좋다. 나는 명성을 좋아한다. 그리고 권력도 좋아한다. 정상적인 것이다. 그런 것을 좋아하지 않는다고 말하는 사람들은 거짓말을 하고 있는 것이다. — 프랭크 게리와 필립 존슨, 찰리 로즈와의 인터뷰, 「찰리 로즈」, 2005. 1. 27 방송

휴스턴 1983
트랜스코 타워(지금의 윌리엄스 타워)

이 프로젝트와 다음 프로젝트 — AT&T 본부 — 는 존슨과 개발업자 하인스의 직업적 관계가 중요 역할을 했다.

그(개발업자 제럴드 하인스)와 바원(잭 바원, 트랜스코의 CEO)은 두 사람 다 모든 건물들을 능가하는 건물을 원했다. 그리고 그 사람들은 그런 욕망을 실현할 수 있는 돈을 어떻게든 마련할 수 있는 사람들이다. 이상한 일이다.……내가 후원자라고 이야기하는 사람들 가운데 그 누구도 돈만을 중시하지는 않는다. — 힐러리 루이스와 존 오커너, 「필립 존슨: 자신에 대한 이야기」, 뉴욕: 리졸리, 1994

> **나는 매춘부(whore)이다. 그래서 많은 보수를 받고 높은 빌딩을 짓는다.**

트랜스코의 잭 보원은 명예를 중시했다. 그는 큰 회사의 우두머리였고 미술에 관심이 있었다. 사실 그는 트랜스코 타워의 로비 하나를 미술품 전시장으로 바꾸었다. 제리 하인스(개발업자)는 지금 갤러리아라고 알려진 교외지역이 새로운 거대한 상업지구 개발의 시작이라고 생각했다. 부동산 경기 침체가 다행이었다. 그것이 때맞추어 닥쳤다. 그러지 않았다면, 트랜스코 타워는 다른 고층빌딩들에 둘러싸였을 것이다.……이렇게 된 것을 나는 혼자 좋아했다. 나는 주위에 다른 건물이 있는 것을 좋아하지 않는다. 제럴드 하인스는 바로 거기다가 다른 건물을 지으려고 했다. 그는 그곳이 개발에 가장 적당한 곳이라고 생각했다. 내가 말했다. "제리, 그렇지 않네! 그곳은 바로 이 건물의 문 앞일세. 트랜스코에게 공원으로 개발하라고 하게."……제리의 생각은 우리 모두가 이 개발로 결국에는 돈을 벌게 될 것이라는 것이었다. 하지만 그러기 전에, 한 20년 동안 이 지역이 정말로 개발되도록 하기 위해서 이 지역으로 사람들의 관심을 돌리기 위한 어떤 일을 하자는 것이었다. — 힐러리 루이스와 존 오커너, 「필립 존슨: 자신에 대한 이야기」, 뉴욕: 리졸리, 1994

트랜스코 타워를 정말로 두드러져 보이게 하는 특징은 그 주위에 다른 건물들이 없다는 사실 외에 그 건물이 매우 가늘어 보인다는 것이다. 이 건물은 바늘 모양의 마천루이다. — 힐러리 루이스와 존 오커너, 「필립 존슨: 자신에 대한 이야기」, 뉴욕: 리졸리, 1994

물벽 전체를 물로 덮을 생각이었다.……그런 분수를 만들자면 엄청난 비용이 들 것이었다! 믿기 어려운 일이었다. 하지만 제리는 어떻게 해서든 그것을 만들었다.…… — 힐러리 루이스와 존 오커너, 「필립 존슨: 자신에 대한 이야기」, 뉴욕: 리졸리, 1994

휴스턴의 트랜스코 타워(맞은편 페이지)는 "모든 빌딩을 능가하는 건물"로 기획된 것이었다. 적어도 존슨이 그 공사를 맡을 때 그의 고객들은 그에게 그렇게 말했다.

> **걸출한 건물을 지으려면 사랑보다는 미움을 받을 수밖에 없다.**

AT&T 빌딩은 뉴욕에서도 가장 잘 알려진 부지 가운데 하나에 자리잡고 있다. 핑크색 돌과 박공벽이 맨해튼의 스카이라인에서 이 건물을 더욱 두드러져 보이게 한다.

뉴욕 1984
AT&T 본부(지금의 소니 플라자 빌딩)

공간은 근본적으로 AT&T에 맞춰졌다. 위엄 있는 공간이다. 매디슨 애비뉴는 위엄 있는 거리가 아니라 쇼핑 거리이다. 그러나 AT&T는 그 로비에 란제리 가게가 있는 것을 원치 않았다. 그들은 이렇게 말했다. "로비를 우리 제국으로 들어가는 앞문으로 만드시오. 그곳을 지날 때 깊은 인상을 받도록 로비를 만듭시다." — 힐러리 루이스와 존 오커너, 「필립 존슨: 자신에 대한 이야기」, 뉴욕: 리졸리, 1994

드버츠(당시 AT&T 회장으로 존슨의 고객이었던 존 드버츠)가 나에게 말했다. "자, 보세요. 나는 그저 또 다른 평범한 빌딩을 짓고자 하는 게 아닙니다. 우리는 시그램 빌딩에서 한 걸음 더 나아간 고층빌딩을 짓고 싶습니다. 그런 빌딩을 지으십시오." 우리는 핑크색 돌을 사용할 생각이었다. 그러자 그는 기뻐서 어쩔 줄을 몰랐다. 그래서 우리는 그렇게 했다. 그것이 전부이다. — 힐러리 루이스와 존 오커너, 「필립 존슨: 자신에 대한 이야기」, 뉴욕: 리졸리, 1994

그 회사는 당당한 회사였고 그들도 자신들을 그렇게 생각하고 있었다. 드버츠 회장은 1인 민주주의자였다. 그는 빌딩을 짓고 싶어했다. 그러나 이사들은 그 누구도 건물을 짓는 것을 원치 않았다. — 힐러리 루이스와 존 오커너, 「필립 존슨: 자신에 대한 이야기」, 뉴욕: 리졸리, 1994

"건축가는 놀라움을 불러일으켜야 한다"

인생에서의 나의 주된 관심은 사람들이 자랑스럽게 생각할 건물들을 짓는 것이다. 그러자면 건물이 예술성, 장엄함, 기념비적 요소, 정서적 요소 등을 지녀야 한다.……나에게 한줄기 흐름처럼 일관되게 존재하는 한 가지는 행렬적 공간(processional space), 그곳을 지나가면서 인식되는 공간에 대한 나의 열정적 관심이다. 그것은 단순한 공간이 아니다. 공간에 대한 인식의 행렬이다. 나의 이런 성향의 일부는 미스에서 영향받았다. 그에게서 그것을 처음 접한 후, 나는 더 복잡한 행렬적 공간에 흥미를 느꼈다. ― 존 피터, 「현대건축의 구술 기록: 20세기 위대한 건축가들과의 인터뷰」, 뉴욕: 해리 에이브럼스, 1994

……건축가는 놀라움을 불러일으켜야 한다.……사람들에게 기쁨을 주고 그들의 기분을 상승시키고 심지어 그들에게 눈물까지 흘리게 해야 한다. 나의 경우, 13살 때 어머니와 함께 샤르트르 성당을 찾았을 때, 그런 일이 일어났다.……어떤 건축가가 이런 일을 조금이라도 성취할 수 있다면, 그는 훌륭한 건축가이다. 그가 어떻게 그것을 성취하느냐는 중요하지 않다. ― 하노 라우터베르크, 「건축을 말하다: 건축가들과의 인터뷰」, 뮌헨: 프레스텔, 2008

나는 [분수에서] 행렬적 공간에 대해서 느끼는 것과 같은 느낌을 받는다. 그것은 공간 안에 있는 정서적 느낌이다. 공간을 장식해서 그 품격을 높여주는 방식, 그것이 특이하다. ― 존 피터, 「현대건축의 구술 기록: 20세기 위대한 건축가들과의 인터뷰」, 뉴욕: 해리 에이브럼스, 1994

나는 물과 빛에 빠져든다. 움직이는 것, 초점을 만드는 것, 시간 속에 존재하는 것이 나를 매혹시킨다. ― 존 피터, 「현대건축의 구술 기록: 20세기 위대한 건축가들과의 인터뷰」, 뉴욕: 해리 에이브럼스, 1994

나의 철학적 관점은 오늘날 우리 모두가 순응하는 자유주의, 받아들일 만한 것, 정치적으로 올바른 노선과는 다른 사고방식에서 비롯되었다. 나에게는 진선미적 삶을 살아야 한다는 플라톤이 최악이었다. 착하거나 진실되거나 아름다운 것 같은 것은 없다. 나는 상대주의자, 허무주의자이다. ― 힐러리 루이스와 존 오커너, 「필립 존슨: 자신에 대한 이야기」, 뉴욕: 리졸리, 1994

의도적으로 한 것이 두 가지 있다. 거대한 기둥들과 정상부이다. 뉴욕에 이런 정상부를 가진 빌딩은 없다. 물론 이 빌딩의 정상부는 크라이슬러 빌딩 같은 고층건물의 꼭대기처럼 눈에 잘 띄지는 않는다. 이 빌딩의 정상부가 특이한 것은 일단 시야에 들어오면 그것을 잊어버리지 않는다는 점이다. 그것이 바로 내가 드버츠에게 한 말이다. 나는 이렇게 말했다. "우리가 저 정상부에 뭔가 특별한 것을 만들지 않으면, 당신은 당신의 빌딩이 저기 있다는 것을 모를 겁니다." ― 힐러리 루이스와 존 오커너, 「필립 존슨: 자신에 대한 이야기」, 뉴욕: 리졸리, 1994

물론 나는 초기 로마네스크 양식을 보고 있었다. 나는 내가 특별한 빌딩이나 책을 통해 그것을 보았다고는 생각하지 않는다. 나는 맥킴(20세기 초의 유명한 건축회사였던 맥킴, 미드 앤드 화이트의 찰스 폴런 맥킴[1847-1909])을 본다. ― 힐러리 루이스와 존 오커너, 「필립 존슨: 자신에 대한 이야기」, 뉴욕: 리졸리, 1994

AT&T 빌딩을 둘러싼 논쟁 물론 당시 포스트모더니즘이 크게 유행하고 있었다. 밥 스턴이 그 단어를 처음 사용했다. 나는 순전히 인터내셔널 스타일에 대한 피로감 때문에 그 풍조를 따랐다. 그런데 AT&T 빌딩에 대한 반응은 이 건물이 사람들에게 친화적이라는 것이었다. 내가 제정신이 아니었던 것이 분명하지만, 그런대로 이해할 만하다는 좋은 반응이었다. 그러니까 찬성과 반대가 반반이었다. 그런 두드러진 빌딩을 지으려면 칭찬보다는 미움을 받기 마련이다. ― 힐러리 루이스와 존 오커너, 「필립 존슨: 자신에 대한 이야기」, 뉴욕: 리졸리, 1994

놀라운 일이었다.……사실 유일한 나쁜 반응은 「뉴욕 매거진」뿐이었다. 이 잡지는 뉴욕 사람이 싫어하는 빌딩의 리스트를 만들었는데 그 리스트에서 AT&T 빌딩을 콜럼버스 서클에 있는 빌딩(1964년에 지은 이 건물은 원래는 현대미술 전시관이었다. 에드워드 더렐[1902-1978]이 설계했음)과 같은 급에 놓았다. 그러나 대다수의 사람들은 내가 이 건물 옆으로 걸어갈 때 나에게로 와서 이렇게 말한다. "이런 훌륭한 건물을 지어주셔서 감사합니다." ― 힐러리 루이스와 존 오커너, 「필립 존슨: 자신에 대한 이야기」, 뉴욕: 리졸리, 1994

초기의 논란에도 불구하고 AT&T 빌딩, 특히 유리로 된 중앙 홀은 도시 중심부의 오아시스로서 존재감을 드러냈다.

뉴욕 1959
사계절

사계절 식당(Four Seasons Restaurant)은 미스 반 데어 로에가 설계했고 1958년에 완공된 시그램 빌딩 안에 있다. 필립 존슨은 시그램 빌딩 건축에도 중요한 역할을 했다. 그는 협력 건축가 역할을 했을 뿐 아니라 미스와 그의 고객을 이어주는 중간 다리 역할도 했다. 시그램의 소유주 새뮤얼 브론프먼의 딸 필리스 램버트가 새 사옥을 설계할 건축가를 물색하면서 당시 MoMA의 건축 책임자였던 존슨과 상의했던 것이다. 존슨이 미스 반 데어 로에를 추천했고 그 결과 시그램 빌딩이 탄생하게 된 것이다.

빈 공간이 있었다. 우리는 그곳이 식당이 되리라는 것을 몰랐다. 그래서 우리는 이런 생각을 했다. "응, 여기 캐딜락 전시실을 만들려나 보군." 그런데 필리스 램버트(시그램 빌딩 기획 책임자)가 이렇게 말했다. "보세요. 이 공간에 무얼 만들어야 할까요?" 식당을 내면 임대료도 못낼 것 같았다. 그 공간은 1층에 있지 않았다. 그래서 거기다 가게를 낼 수도 없었다. 가게로는 적합지 않은 곳이었다. 그래서 브론프먼 씨와 필리스는 그 공간을 임대하는 사람에게는 보조금을 지급하기로 결정했다. ─힐러리 루이스와 존 오커너, 「필립 존슨: 자신에 대한 이야기」, 뉴욕: 리졸리, 1994

그런데 미스는 지쳐 있었다. "맙소사. 난 여기 죽치고 앉아서 식당을 만들고 싶지는 않네. 자네가 그걸 하게." 그는 시카고로 돌아가고 싶어했다. 그곳에 그의 여자친구와 생활이 있었기 때문이다. ─힐러리 루이스와 존 오커너, 「필립 존슨: 자신에 대한 이야기」, 뉴욕: 리졸리, 1994

사계절 식당의 탁 트인 우아함은 당시 유행하던 환상적인 프랑스 식당의 장식에 대한 모더니스트의 질책이었다. 2개의 커다란 정방형 방이 트래버틴(석재의 일종/역주) 통로로 연결되어 있고 흰색 대리석으로 된 수조가 주실(主室) 중앙에 자리잡고 있다.

식당은 까다롭다. 그리고 통상적으로 돈이 충분치 않다. 하지만 식당을 만들어야 했다. 그것이 우리가 그 공간을 사용할 수 있는 가장 싼 방법이었기 때문이다. 물론 어떤 식당도 우리처럼 하지는 않았을 것이다. 아마 틀림없이 화려하게 꾸몄을 것이다. 사계절은 하나의 건축물이 되었다. ─힐러리 루이스와 존 오커너, 「필립 존슨: 자신에 대한 이야기」, 뉴욕: 리졸리, 1994

THE GRAND LOUVRE
WILL HOLD THE FIRST PLACE
IN MY LIFE AS AN ARCHITECT.
I.M. PEI

IN THE END MY WORK IS MY WORK;
IT'S NOT A CRITIC'S WORK.
IF I HAD CHANGED MY WORK
TO CONFORM TO A CRITIC'S PERCEPTION
OR RULES ABOUT ARCHITECTURE,
BILBAO WOULD NEVER HAVE BEEN BUILT.
FRANK GEHRY

HIROSHIMA PROJECT WILL REMAIN AN EXAMPLE
OF THE MAINTENANCE
OF ARCHITECTURAL MONUMENTALITY.
KENZO TANGE

EVERYBODY WAS SAYING
THE POMPIDOU WAS MORE LIKE A FACTORY
THAN LIKE A MUSEUM,
AND WE WERE VERY PLEASED ABOUT THAT.
RENZO PIANO

LE CORBUSIER WAS THE PICASSO.
THAT'S VERY SIMPLE.
GORDON BUNSHAFT

AS A TEENAGER
I DISCOVERED THE VERY DIFFERENT WORLDS OF
FRANK LLOYD WRIGHT AND LE CORBUSIER—IMAGINE
THE CONTRAST OF A HOME ON THE PRAIRIE
WITH A VILLA AND A PARIS BOULEVARD.
NORMAN FOSTER

EVERYTHING I KNOW,
I LEARNED FROM EERO REALLY.
KEVIN ROCHE

FRANK LLOYD WRIGHT WAS CHAINED TO THE 30-60 GRID,
AND THERE WAS NO FREEDOM IN IT FOR HIM...
GRIDS ARE AN OBSESSION, A CRUTCH. YOU DON'T NEED THAT
IF YOU CAN CREATE SPACES AND FORMS AND SHAPES.
THAT'S WHAT ARTISTS DO,
AND THEY DON'T HAVE GRIDS AND CRUTCHES,
THEY JUST DO IT.
FRANK GEHRY

I'M PROUD OF MY ARCHITECTURE. . . .
I'M NOT AS GOOD AS—I KNOW I'M NOT A FRANK LLOYD WRIGHT;
I KNOW I'M NOT A MIES VAN DER ROHE.
BUT, MY GOD, THERE'S A LONG RANGE OF EXCELLENCE
IN BETWEEN THAT.
PHILIP JOHNSON

I THINK MY FATHER, A BUILDER,
WAS THE MOST INFLUENTIAL.
RENZO PIANO

LANDSCAPE HAS ALWAYS BEEN A GREAT INFLUENCE ON ME, BUT
SO HAVE PEOPLE—MY WIFE, FRIENDS OR TEACHERS
IN THE WIDEST SENSE OF THE TERM, COMRADES-IN-ARMS—
OFTEN ONLY ENCOUNTERS AND EXPERIENCES
THAT LASTED FOR SECONDS OR MINUTES.
HANS HOLLEIN

I REGARD MYSELF AS A
ROUTINE FUNCTIONALIST.
JAMES STIRLING

EVEN AS A STUDENT, I WAS VERY ENTHUSIASTIC
ABOUT THESE BUILDINGS OF MY FATHER'S.
GOTTFRIED BÖHM

THERI
SO TH

I LIKE THE GUGGENHEIM—BECAUSE OF THE ABILITY
TO SEE DIFFERENT PERSPECTIVES
ALL AT THE SAME TIME.
ZAHA HADID

BOTH OF US—FILM DI
INVENT

THE MUSEUM IS REALLY THE MOST IMPORTANT
NON-SECULAR COMMUNITY SPACE
THAT EXISTS IN THE WORLD.
RICHARD MEIER

OR 1
THE

HISTORY HAS A NATURAL CONTINUITY
THAT MUST BE RESPECTED.
GOTTFRIED BÖHM

I THII
QUIT

I SEE MY WORK IN A SEQUENCE OF HISTORY,
AND I SEE NO CONTRADICTION
BETWEEN THAT AND MODERN.
PHILIP JOHNSON

HISTORY SHOULD BE UNDERSTOOD.
YOU SHOULD LEARN HISTORY, DIGEST IT,
AND COME UP WITH SOMETHING OF YOUR OWI
ORIGINALITY IS VERY IMPORTANT WITH M
HANS HOLLEI

ALL NOSTALGIA ABOUT THE CITY IS UNDERST
BUT ONE CANNOT LIVE IN ANOTHER AGE.
JEAN NOUVEL

WELL, NOWADAYS ONE CAN DRAW EQUAL
WITHOUT GUILT, FROM THE ABSTRACT ST
MODERN DESIGN AND THE MULTIPLE L
OF HISTORICAL PREC
JAMES ST

PARADOXICALLY, ARCHITECTURE IS ALWAYS LINKED
TO A PRECEDENT, EVEN ARCHITECTURE
THAT LOOKS TO HAVE A MEANING IN THE FUTURE.
JEAN NOUVEL